本书由浙江省哲学社会科学重点研究基地
"浙江大学中华译学馆"资助

中华译学馆

莫言题

中华译学佳言佳字与

以中华为根　译与学并重
弘扬优秀文化　促进中外交流
拓展精神疆域　驱动思想创新

丁酉年冬月许钧撰　罗卫东书

中华译学馆·中华翻译家代表性译文库

许 钧 郭国良／总主编

# 鸠摩罗什 卷

张其海 王 宏／编

ZHEJIANG UNIVERSITY PRESS
浙江大学出版社
·杭州·

图书在版编目（CIP）数据

中华翻译家代表性译文库. 鸠摩罗什卷 / 张其海，
王宏编. -- 杭州：浙江大学出版社，2024.9. -- ISBN
978-7-308-25462-5

Ⅰ. C53；B948-53

中国国家版本馆 CIP 数据核字第 20244XG122 号

中华翻译家代表性译文库·鸠摩罗什卷

张其海　王　宏　编

| | | |
|---|---|---|
| 出 品 人 | 褚超孚 | |
| 丛书策划 | 陈　洁　包灵灵 | |
| 责任编辑 | 包灵灵 | |
| 责任校对 | 董　唯 | |
| 封面设计 | 程　晨 | |
| 出版发行 | 浙江大学出版社 | |
| | （杭州市天目山路 148 号　邮政编码 310007） | |
| | （网址：http://www.zjupress.com） | |
| 排　　版 | 浙江时代出版服务有限公司 | |
| 印　　刷 | 杭州高腾印务有限公司 | |
| 开　　本 | 710mm×1000mm　1/16 | |
| 印　　张 | 34 | |
| 字　　数 | 489 千 | |
| 版 印 次 | 2024 年 9 月第 1 版　2024 年 9 月第 1 次印刷 | |
| 书　　号 | ISBN 978-7-308-25462-5 | |
| 定　　价 | 98.00 元 | |

# 总　序

考察中华文化发展与演变的历史,我们会清楚地看到翻译所起到的特殊作用。梁启超在谈及佛经翻译时曾有过一段很深刻的论述:"凡一民族之文化,其容纳性愈富者,其增展力愈强,此定理也。我民族对于外来文化之容纳性,惟佛学输入时代最能发挥。故不惟思想界生莫大之变化,即文学界亦然。"[①]

今年是五四运动一百周年,以梁启超的这一观点去审视五四运动前后的翻译,我们会有更多的发现。五四运动前后,通过翻译这条开放之路,中国的有识之士得以了解域外的新思潮、新观念,使走出封闭的自我有了可能。在中国,无论是在五四运动这一思想运动中,还是自 1978 年改革开放以来,翻译活动都显示出了独特的活力。其最重要的意义之一,就在于通过敞开自身,以他者为明镜,进一步解放自己,认识自己,改造自己,丰富自己,恰如周桂笙所言,经由翻译,取人之长,补己之短,收"相互发明之效"[②]。如果打开视野,以历史发展的眼光,

---

① 梁启超. 翻译文学与佛典//罗新璋. 翻译论集. 北京:商务印书馆,1984:63.
② 陈福康. 中国译学理论史稿. 上海:上海外语教育出版社,1992:162.

从精神深处去探寻五四运动前后的翻译,我们会看到,翻译不是盲目的,而是在自觉地、不断地拓展思想的疆界。根据目前所掌握的资料,我们发现,在 20 世纪初,中国对社会主义思潮有着持续不断的译介,而这种译介活动,对社会主义学说、马克思主义思想在中国的传播及其与中国实践的结合具有重要的意义。在我看来,从社会主义思想的翻译,到马克思主义的译介,再到结合中国的社会和革命实践之后中国共产党的诞生,这是一条思想疆域的拓展之路,更是一条马克思主义与中国革命相结合的创造之路。

开放的精神与创造的力量,构成了我们认识翻译、理解翻译的两个基点。在这个意义上,我们可以说,中国的翻译史,就是一部中外文化交流、互学互鉴的历史,也是一部中外思想不断拓展、不断创新、不断丰富的历史。而在这一历史进程中,一位位伟大的翻译家,不仅仅以他们精心阐释、用心传译的文本为国人打开异域的世界,引入新思想、新观念,更以他们的开放性与先锋性,在中外思想、文化、文学交流史上立下了一个个具有引领价值的精神坐标。

对于翻译之功,我们都知道季羡林先生有过精辟的论述。确实如他所言,中华文化之所以能永葆青春,"翻译之为用大矣哉"。中国历史上的每一次翻译高潮,都会生发社会、文化、思想之变。佛经翻译,深刻影响了国人的精神生活,丰富了中国的语言,也拓宽了中国的文学创作之路,在这方面,鸠摩罗什、玄奘功不可没。西学东渐,开辟了新的思想之路;五四运动前后的翻译,更是在思想、语言、文学、文化各个层面产生了革命性的影响。严复的翻译之于思想、林纾的翻译之于文学的作用无须赘言,而鲁迅作为新文化运动的旗手,其翻译动机、翻译立场、翻译选择和翻译方法,与其文学主张、文化革新思想别无二致,其翻译起着先锋性的作用,引导着广大民众掌握新语言、接受新思想、表达自己的精神诉求。这条道路,是通向民主的道路,也是人民大众借助掌握的新语言创造新文化、新思想的道路。

回望中国的翻译历史,陈望道的《共产党宣言》的翻译,傅雷的文学翻译,朱生豪的莎士比亚戏剧翻译……一位位伟大的翻译家创造了经典,更创造了永恒的精神价值。基于这样的认识,浙江大学中华译学馆为弘扬翻译精神,促进中外文明互学互鉴,郑重推出"中华译学馆·中华翻译家代表性译文库"。以我之见,向伟大的翻译家致敬的最好方式莫过于(重)读他们的经典译文,而弘扬翻译家精神的最好方式也莫过于对其进行研究,通过他们的代表性译文进入其精神世界。鉴于此,"中华译学馆·中华翻译家代表性译文库"有着明确的追求:展现中华翻译家的经典译文,塑造中华翻译家的精神形象,深化翻译之本质的认识。该文库为开放性文库,入选对象系为中外文化交流做出了杰出贡献的翻译家,每位翻译家独立成卷。每卷的内容主要分三大部分:一为学术性导言,梳理翻译家的翻译历程,聚焦其翻译思想、译事特点与翻译贡献,并扼要说明译文遴选的原则;二为代表性译文选编,篇幅较长的摘选其中的部分译文;三为翻译家的译事年表。

需要说明的是,为了更加真实地再现翻译家的翻译历程和语言的发展轨迹,我们选编代表性译文时会尽可能保持其历史风貌,原本译文中有些字词的书写、词语的搭配、语句的表达,也许与今日的要求不尽相同,但保留原貌更有助于读者了解彼时的文化,对于历史文献的存留也有特殊的意义。相信读者朋友能理解我们的用心,乐于读到兼具历史价值与新时代意义的翻译珍本。

许　钧

2019 年夏于浙江大学紫金港校区

# 目　錄

## 第二編　法華經

## 第三編　維摩詰經

## 第四編　中　論

## 第五編　佛說阿彌陀經

## 第六編　大智度論

(本卷除总序外,正文采用繁体字,以最大程度还原译文之风貌。)

# 導　言


　　鳩摩羅什，晉秦高僧、四大譯經家①之首、“譯界第一流宗匠”②、中國佛教八宗共祖。他出身高貴，四方遊學；歷經困厄，亂世佈道；組織譯場，規模空前；“誠實誓”驗，身焚舌存。羅什譯文，文麗雋永，語趣天然，郎然旨顯。羅什譯經，開創譯經新紀元③，是中國翻譯史上“一座里程碑”④，具有劃時代意義。所譯經籍，“咸共弘通”⑤，影響深遠，惠及中國；般若《金剛》，流傳最廣；經王《法華》，長盛不衰；不二《維摩詰》，各宗共奉；中觀《中論》，三論之本；淨土《阿彌陀》，最負盛名；論王《大智》，佛學百科。羅什天賦異稟、佛理暢銷、梵漢皆通、嚴謹虔誠、桃李協助，使諸多譯本，千年永傳。羅什之學，百花綻放、多峰聳立，其傳奇經歷、譯經弘法、佛學思想、譯本譯文成爲學術各界研究重點。羅什功績，可與玄奘比肩，實乃前無古人。

---

①　四大譯經家有兩說：一：羅什、真諦、玄奘、不空。二：羅什、真諦、玄奘、義淨。詳見：許抗生．僧肇評傳．南京：南京大學出版社，1998：100．
②　梁啟超．佛學研究十八篇．北京：商務印書館，2014：179．
③　呂澂．中國佛學源流略講．北京：中華書局，1979：88．
④　董群．中國三論宗通史．南京：鳳凰出版社，2008：233．
⑤　[梁]釋慧皎．高僧傳．湯用彤，校注；湯一玄，整理．北京：中華書局，1992：54．

# 一、生平介紹

鳩摩羅什(公元 344—413 年①),梵語 Kumārajīva,意爲童壽,又名鳩

---

① 史料對羅什生卒年尤其卒年記載不一,學界爭議存在爭議,主要源於五部佛典。(1)《晉書》卷九十五列傳第六十五"鳩摩羅什"傳,謂羅什"死於長安",但並未記載具體年份。《出三藏記集》(以下簡稱《祐錄》)卷第十四"鳩摩羅什傳",載羅什"以晉義熙中卒於長安",未記載具體年份,"晉義熙"時期指公元 405—418 年,共計 14 年。《開元釋教錄》(以下簡稱《開元錄》)記載,弘始"十四年末,什仍未卒……知但卒弘始年中,不可定其年月也"。弘始時期指公元 399 年 9 月至 416 年 1 月,共計 18 年。詳見:[梁]釋僧祐. 出三藏記集. 蘇晉仁,蕭錬子,點校. 北京:中華書局,1995:535;[唐]房玄齡,等. 晉書. 北京:中華書局,1974:2502;[唐]智升,撰. 開元釋教錄. 富世平,點校. 北京:中華書局,2018:239-240.(2)《高僧傳》卷二"晉長安鳩摩羅什"傳末記載,"什死年月,諸記不同,或云弘始七年(公元 405 年),或云八年(公元 406 年),或云十一年(公元 409 年)",未曾確實是何年,但傾嚮於弘始十一年(公元 409 年),因文仲介紹羅什臨終告別辭後,遂記載"以僞秦弘始十一年(公元 409 年)八月二十日卒於長安,是歲晉義熙五年(公元 409 年)"。日本學者鐮田茂雄結合史料進行考證,認爲羅什生卒年分別爲公元 350 年、公元 409 年,呂澂認爲鐮田茂雄考證充分可信。詳見:[梁]釋慧皎,撰. 高僧傳. 湯用彤,校注;湯一玄,整理. 北京:中華書局,1992:54;鐮田茂雄,著. 中國佛教通史(第二冊).關世謙,譯. 高雄:佛光文化出版社,1986:234;呂澂,著. 中國佛學源流略講. 北京:中華書局,1979:87.(3)《廣弘明集》卷二十三僧肇"鳩摩羅什法師誄並序"中,則記載"癸丑之年,年七十,四月十三日薨乎大寺","癸丑之年"爲弘始十五年,即公元 413 年。陳寅恪認爲羅什誄文卒年最爲準確,國人學者亦大都依此推算生年,湯用彤認爲羅什生於約公元 343 年或 344 年,許抗生推算其生年爲公元 344 年,而熊宣東則推算爲公元 343 年。上海古籍出版社於 1993 年在《中論;百論;十二門論》出版說明中,將羅什生卒年記錄爲公元 343 年、413 年。1994 年新疆庫車召開的"紀念鳩摩羅什誕生 1650 周年學術討論會"、2004 年在陝西西安召開的"鳩摩羅什譯經與中日兩國佛教文化——紀念鳩摩羅什誕辰 1660 周年"國際學術研究會、2011 年印度新德里舉辦的"鳩摩羅什:哲人和先知"國際研討會均採用此年份,且國內外大多數學者亦如此,故筆者亦採用此年份。詳見:[隋]吉藏疏. 中論;百論;十二門論. 上海:上海古籍出版社,1993:出版說明 1;[唐]釋道宣,撰. 宋思溪藏本廣弘明集(第八冊). 北京:國家圖書館出版社,2018:152;陳寅恪,著. 陳寅恪集·讀書劄記三集(3 版). 北京:生活·讀書·新知三聯書店,2015:72;湯用彤,著. 漢魏兩晉南北朝佛教史. 北京:商務印書館,2015:222,233;許抗生,著. 僧肇評傳. 南京:南京大學出版社,1998:98;熊宣東. 鳩摩羅什//方夢之,莊智象,主編. 中國翻譯家研究(歷代卷). 上海:上海外語教育出版社,2017:109.

摩羅耆婆,略稱羅什,或什。祖籍天竺,出生於古代西域龜茲國(今新疆庫車一帶),家世顯赫。其父鳩摩炎放棄天竺相位,出家東渡,請爲龜茲國師。其母耆婆,爲龜茲王妹,身懷羅什時"神悟超群"①,雀離大寺聽法"忽自通天竺語"②。

羅什七歲隨母出家,師從小乘高僧佛圖舌彌,"日誦千偈"③(三萬二千字),初學小乘經典《毗曇》,經義精通。九歲赴罽賓國(今克什米爾地區),師從小乘大師槃頭達多,學《雜藏》《中阿含》《長阿含》;與外道名師論法,"乘隙而挫之"④,獲罽賓最上等供奉與尊崇。

十二歲隨母返龜茲,諸國以重爵聘請,羅什並不爲之所動。羅什途經沙勒國(今新疆喀什地區),頂戴佛缽,心智開啟。遂停留一年,誦習《阿毗曇》,"備達其妙"⑤;對於《六足》諸問,"無所滯礙"⑥。沙勒王設下法壇,邀羅什升座,講《轉法輪經》⑦。講法之餘,博覽外道經書⑧,通曉婆羅門、陰陽星算、吉凶占卜等雜學技藝,視野得以拓展。以大乘高僧須利耶蘇摩爲

① [梁]釋慧皎,撰.高僧傳.湯用彤,校注;湯一玄,整理.北京:中華書局,1992:45.
② [梁]釋慧皎,撰.高僧傳.湯用彤,校注;湯一玄,整理.北京:中華書局,1992:45.
　[梁]釋僧祐,撰.出三藏記集.蘇晉仁,蕭鍊子,點校.北京:中華書局,1995:530.
　[唐]智升,撰.開元釋教錄.富世平,點校.北京:中華書局,2018:233.
③ [梁]釋慧皎,撰.高僧傳.湯用彤,校注;湯一玄,整理.北京:中華書局,1992:46.
　[梁]釋僧祐,撰.出三藏記集.蘇晉仁,蕭鍊子,點校.北京:中華書局,1995:530.
　[唐]智升,撰.開元釋教錄.富世平,點校.北京:中華書局,2018:234.
④ [梁]釋慧皎,撰.高僧傳.湯用彤,校注;湯一玄,整理.北京:中華書局,1992:46.
　[梁]釋僧祐,撰.出三藏記集.蘇晉仁,蕭鍊子,點校.北京:中華書局,1995:530.
　[唐]智升,撰.開元釋教錄.富世平,點校.北京:中華書局,2018:234.
⑤ [梁]釋慧皎,撰.高僧傳.湯用彤,校注;湯一玄,整理.北京:中華書局,1992:47.
⑥ [梁]釋慧皎,撰.高僧傳.湯用彤,校注;湯一玄,整理.北京:中華書局,1992:47.
⑦ 此據《高僧傳》,而《祐錄》與《開元錄》均無相關記載。詳見:[梁]釋慧皎,撰.高僧傳.湯用彤,校注;湯一玄,整理.北京:中華書局,1992:47.
⑧ 此事與後文"師從蘇摩""改宗大乘"事件皆據《高僧傳》記載,而《開元錄》與《祐錄》則將此三件事視爲羅什返回龜茲國所爲。詳見:[梁]釋慧皎,撰.高僧傳.湯用彤,校注;湯一玄,整理.北京:中華書局,1992:47;釋僧祐,撰.出三藏記集.蘇晉仁,蕭鍊子,點校.北京:中華書局,1995:531;[唐]智升,撰.開元釋教錄.富世平,點校.北京:中華書局,2018:235.

師，由小乘改宗大乘，廣誦《中論》《百論》《十二門論》等佛典，深切體悟大乘要旨。自此，羅什憑藉博深佛理、慈悲心懷及堅毅精神，踏上大乘弘法之路。

十四歲隨母來到溫宿國（今新疆溫宿縣、烏什縣地帶），論勝外道，聲名鵲起。同年，被龜茲王白純親迎歸國，廣說大乘佛法，信徒雲集。二十歲時，在王宮受具足戒，師從卑摩羅叉，學習《十誦律》。一日，羅什在側宮偶得《放光經》，如醉如痴誦讀，然而魔來蔽文，心中意念愈加強烈，魔無奈而去，經文復顯，羅什繼而再讀。魔再來，羅什驅趕規勸："我心如地不可轉也"①。言畢，魔遂離去。② 羅什大乘追求不可動搖。龜茲王特造金師子座，鋪以大秦錦褥，恭請羅什升座講法，此為得道高僧最崇高禮遇。羅什欲先赴罽賓，嚮師盤頭達多講說大乘，然不久師遠至龜茲③。羅什先說《德女問經》，闡明因緣空假之義理，師以狂人細布之寓言故事反駁，羅什繼續引導。一月有餘，其師才信服，感嘆說，"和上是我大乘師，我是和上小乘師矣"④。西域諸國，皆贊譽羅什神駿；每年升座講法，"諸王皆長跪座側，令什踐而登焉"⑤。在龜茲弘法兩年，羅什創造了龜茲大乘最輝煌、最燦爛、最繁榮的歷史。

羅什弘法，不僅聲震西域諸國，而且遠播中原。苻堅前秦建元十三年（公元 377 年）正月，苻堅派遣使節去請羅什。建元十八年（公元 382 年）

---

① ［梁］釋慧皎，撰.高僧傳.湯用彤，校注；湯一玄，整理.北京：中華書局，1992：48.

② 此據《高僧傳》，而《祐錄》與《開元錄》記錄落羅什在新寺讀《大品經》、在雀離大寺讀大乘經時共被魔擾兩次。詳見：釋慧皎，撰.高僧傳.湯用彤，校注；湯一玄，整理.北京：中華書局，1992：8；釋僧祐，撰.出三藏記集.蘇晉仁、蕭鍊子，點校.北京：中華書局，1995：531；［唐］智升，撰.開元釋教錄.富世平，點校.北京：中華書局，2018：235.

③ 此據《高僧傳》，而《祐錄》與《開元錄》則記載羅什赴罽賓度化其師，且過程較略。詳見：［梁］釋慧皎，撰.高僧傳.湯用彤，校注；湯一玄，整理.北京：中華書局，1992：49；［梁］釋僧祐，撰.出三藏記集.蘇晉仁、蕭鍊子，點校.北京：中華書局，1995：531；［唐］智升，撰.開元釋教錄.富世平，點校.北京：中華書局，2018：235.

④ ［梁］釋慧皎，撰.高僧傳.湯用彤，校注；湯一玄，整理.北京：中華書局，1992：49.

⑤ ［梁］釋慧皎，撰.高僧傳.湯用彤，校注；湯一玄，整理.北京：中華書局，1992：49.

九月,苻堅命呂光帶兵七萬遠伐①,在長安建章宮餞行囑託說:"賢哲者,國之大寶。若克龜茲,即馳驛送什。"②建元二十年(公元 384 年),呂光攻陷龜茲,俘獲羅什。呂光以常人待羅什,迫其娶龜茲王女。呂光還令羅什騎坐猛牛野馬,觀其下摔慘狀。羅什忍辱,面無異色,呂光慚愧而止。呂光粗魯蒙昧,褻瀆佛教,導致龜茲佛教事業陷入暫時低迷。

　　羅什隨呂光大軍回師,東晉太元十年(公元 385 年)至涼州(今武威)。羅什赴涼、在涼期間,運用外道雜學,爲呂氏政權占卜吉凶,言無不驗,如預言呂光不可駐軍山下、呂光歸途可得福地、奸叛自會平定、呂纂討伐段業必敗、羅又治張資疾無效、下人謀上呂纂可成③。涼州政權動盪,民不聊生。呂氏父子無心弘法,羅什並未放棄,而是幾度忍辱,爲之努力。曾擔任政治參謀,規勸呂光奉佛止殺,進諫呂纂克棋修德,但皆未採納。休戰間隙,至宏藏寺講經,並宣說佛教本生故事,促使佛教與本土相融④。爲呂

---

① 　此據《高僧傳》,而《祐錄》與《開元錄》則將呂光征伐時間記載為建元十九年(公元
　　383 年)。詳見:〔梁〕釋慧皎,撰.高僧傳.湯用彤,校注;湯一玄,整理.北京:中
　　華書局,1992:49;〔梁〕釋僧祐,撰.出三藏記集.蘇晉仁,蕭鍊子,點校.北京:中
　　華書局,1995:532;〔唐〕智升,撰.開元釋教錄.富世平,點校.北京:中華書局,
　　2018:236.
② 　〔梁〕釋慧皎,撰.高僧傳.湯用彤,校注;湯一玄,整理.北京:中華書局,1992:49-
　　50.
③ 　羅什占卜,《高僧傳》與《祐錄》均有記載,而《開元錄》則無相關事宜。羅什在涼州
　　具體弘法事件,三部史書皆無相關記載,僅寥寥一句"蘊其深解,無所宣化"。2018
　　年宗教文化出版推出羅什研究新成果——《鳩摩羅什在涼州》,該史料為武威市檔
　　案局所編、李林山所撰,"深度挖掘《四庫全書》和隆印《大正藏》中沉埋的大量鮮為
　　人知羅什史料,整理佛史古籍中涉及鳩摩羅什事例的檔案文字達 900 多萬字,並
　　從英、法、俄藏敦煌文獻中收集到鳩摩羅什逸聞近百條",筆者認為可靠性較強。
　　據此,本卷下文論述羅什在涼州事件。詳見:〔梁〕釋慧皎,撰.高僧傳.湯用彤,校
　　注;湯一玄,整理.北京:中華書局,1992;51;〔梁〕釋僧祐,撰.出三藏記集.蘇晉
　　仁,蕭鍊子,點校.北京:中華書局,1995:532-533;〔唐〕智升,撰.開元釋教錄.富
　　世平,點校.北京:中華書局,2018:236;威武市檔案局,編.鳩摩羅什在涼州.李
　　林山,撰.北京:宗教文化出版社,2018:20.
④ 　威武市檔案局,編.鳩摩羅什在涼州.李林山,撰.北京:宗教文化出版社,2018:
　　205.

氏貴族講經，恪守臣規，不曾落座①。曾譯出《大品般若經》部分内容②、《大華嚴經》中"十住品"③。羅什苦學漢語，尤其是民間疊體偈，將佛經偈頌轉換爲漢語傳贊、詩賦、銘贊；運用漢語古詩式，創造偈語，其中《十喻詩》影響深遠。發現梵音"魯留而成班"理論，並進行闡發，對中國說唱文學影響巨大④。羅什系統學習文學、經史學，深得段業、宋繇等學者幫助與引導，可讀前譯佛經，如竺法護《法華經》譯本，並中肯修正⑤。龍飛三年（公元 398 年）以後，搜集佛經譯本，轉研梵漢音律，著有《通韻》，雖在中國已佚，但大英博物館已收藏敦煌寫卷孤殘本⑥。羅什研讀菩薩三傳，尤其是龍樹學說，僧肇來後，師徒討論更加勤奮⑦。羅什羈絆涼州，長達十七年之久，此其一生中最爲暗淡的時期。在俘虜生涯中，不忘弘法，精學漢語，潛研佛經，了解當時風土文化，爲後期弘法奠定了堅實基礎。

東晉太元九年（公元 384 年），姚萇建立後秦，敦請羅什，吕光不許。後秦建初九年（公元 394 年），姚興即位，再請，仍無功而返。後秦弘始三年（公元 401 年）九月，姚興終迎羅什入關；十二月二十日，羅什自涼州抵達長安，至弘始十五年（公元 413 年）辭世，共十二年時間，羅什掀起了一場轟轟烈烈、利益古今、聲震中外的譯經活動。姚興大興佛法，"待以國師

---

① 威武市檔案局，編．鳩摩羅什在涼州．李林山，撰．北京：宗教文化出版社，2018：209.
② 威武市檔案局，編．鳩摩羅什在涼州．李林山，撰．北京：宗教文化出版社，2018：150.
③ 威武市檔案局，編．鳩摩羅什在涼州．李林山，撰．北京：宗教文化出版社，2018：248.
④ 威武市檔案局，編．鳩摩羅什在涼州．李林山，撰．北京：宗教文化出版社，2018：198.
⑤ 威武市檔案局，編．鳩摩羅什在涼州．李林山，撰．北京：宗教文化出版社，2018：172,179.
⑥ 威武市檔案局，編．鳩摩羅什在涼州．李林山，撰．北京：宗教文化出版社，2018：194-195.
⑦ 威武市檔案局，編．鳩摩羅什在涼州．李林山，撰．北京：宗教文化出版社，2018：252.

之禮"①,長安成爲佛學重鎮,羅什成爲中心人物,"四方義士,萬里必集"②。龍光寺僧人道生,擔心講法有誤時,"入關請決"③。廬山僧人慧遠,弘法有疑時,"乃封以咨什"④。西域禪師覺賢,門徒中有虛偽者,詭詐妄言;羅什高徒僧䂮、道恒等謂其違律,譴之離開;這並非門人之過,而是宗派相異而不合⑤。

羅什仁厚博愛,聰悟絶倫。姚興擔心"法種無嗣"⑥,逼其與十女成婚,"別立廨舍"⑦。羅什深感苦痛,將自己喻爲"臭泥",講經時先强調:"譬如臭泥中生蓮花,但取蓮花,勿取臭泥。"⑧與師卑摩羅叉交談時,因違戒律,認爲不配爲師。羅什兩次破戒,一直被後世所爭議。當代文學家施蟄存(1992)⑨、學者龔斌(2013)⑩、作家徐兆壽(2017)⑪等筆下塑造的羅什形象皆有"破戒"一事,聚焦於人性欲望與宗教禁忌之間痛苦掙扎。在《維摩詰經》中,維摩詰居士有妻子眷屬,在世間普度衆生。蓮花與淤泥並存,出淤泥而不染,此乃人間常態。羅什一生,充滿傳奇,雖破色戒,但成就空前,偉業常青,大美永駐。

## 二、翻譯思想

鳩摩羅什所譯佛經種類多樣、書目頗豐⑫。所譯數量,《開元錄》刊定,

① ［梁］釋慧皎,撰. 高僧傳. 湯用彤,校注;湯一玄,整理. 北京:中華書局,1992:52.
② ［梁］釋慧皎,撰. 高僧傳. 湯用彤,校注;湯一玄,整理. 北京:中華書局,1992:52.
③ ［梁］釋慧皎,撰. 高僧傳. 湯用彤,校注;湯一玄,整理. 北京:中華書局,1992:53.
④ ［梁］釋慧皎,撰. 高僧傳. 湯用彤,校注;湯一玄,整理. 北京:中華書局,1992:53.
⑤ 湯用彤,著. 漢魏兩晉南北朝佛教史. 北京:商務印書館,2015:247.
⑥ ［梁］釋慧皎,撰. 高僧傳. 湯用彤,校注;湯一玄,整理. 北京:中華書局,1992:53.
⑦ ［梁］釋慧皎,撰. 高僧傳. 湯用彤,校注;湯一玄,整理. 北京:中華書局,1992:53.
⑧ ［梁］釋慧皎,撰. 高僧傳. 湯用彤,校注;湯一玄,整理. 北京:中華書局,1992:52.
⑨ 施蟄存. 施蟄存心理小說. 上海:上海文藝出版社,1992.
⑩ 龔斌,著. 鳩摩羅什傳. 上海:上海古籍出版社,2013.
⑪ 徐兆壽,著. 鳩摩羅什. 北京:作家出版社,2017.
⑫ 文中所言羅什譯經,實爲羅什與其高徒共譯.

共七十四部三百八十四卷①。呂澂(1979)認爲,"這一數字,據我們刊定,還有問題;現存只有三十九部,三百十三卷"②。羅什著述甚少,曾著《實相論》《金剛經注》《維摩詰經注》,其中前兩書已佚,第三書殘缺。另外,羅什與慧遠及王稚遠問答多篇,後人輯爲《大乘大義章》三卷十八章,原名《慧遠問大乘中深義十八科並羅什答》,又名《鳩摩羅什法師大義》,或《大乘義章》,後易名爲《遠什大乘要義問答》,書中問題涉獵廣泛,主要包括法身觀、色法觀、法性觀及大小乘觀③。

## (一)"嚼飯與人"文體一致

羅什與高徒僧祐在論"西方辭體"對話中,留下一千古妙喻,《高僧傳》《祐錄》《開元錄》皆有相關記載,差別甚微:

> 天竺國俗,甚重文制,其宮商體韻,以入絃爲善。凡覲國王,必有贊德,見佛之儀,以歌嘆爲貴,經中偈頌,皆其式也。但改梵爲秦,失其藻蔚,雖得大意,殊隔文體。有似嚼飯與人,非徒失味,乃令嘔噦也。④

---

① 羅什譯籍具體數量,不同史料記載不盡相同,即使同一史料,也有前後不一致之處。《高僧傳》二卷記載羅什所譯佛經 300 餘卷,但未刊明具體部數;《祐錄》卷二"新集撰出經律論錄第一"中記載鳩摩羅什譯經 35 部 294 卷,而卷十四"鳩摩羅什傳第一"中則記載 33 部 300 餘卷;《開元錄》卷四羅什記部分記載 74 部 380 餘卷,卷四總群經錄敘述中記載 74 部 384 卷。詳見:[梁]釋慧皎.高僧傳.湯用彤,校注;湯一玄,整理.北京:中華書局,1992:52;[梁]釋僧祐,撰.出三藏記集.蘇晉仁,蕭鍊子,點校.北京:中華書局,1995:51,534;[唐]智升,撰.開元釋教錄.富世平,點校.北京:中華書局,2018:223.

② 呂澂,著.中國佛學淵源略講.北京:中華書局,1979:87-88.

③ 星雲大師,總監修.大乘大義章.陳楊炯,釋譯.高雄:佛光山宗務委員會,1996:3,8.

④ 此據《高僧傳》。詳見:[梁]釋慧皎,撰.高僧傳.湯用彤,校注;湯一玄,整理.北京:中華書局,1992:53;[梁]釋僧祐,撰.出三藏記集.蘇晉仁,蕭鍊子,點校.北京:中華書局,1995:534;[唐]智升,撰.開元釋教錄.富世平,點校.北京:中華書局,2018:237-238.

"嚼飯與人"之喻歷來受到高度重視,對於羅什如何看待翻譯,學者觀點不盡相同。梁啟超(2014)①、朱志瑜、朱曉晨(2006)②、汪東萍(2018)③認爲羅什是持翻譯不可譯論者,陳福康(1992)④觀點與之相左,但卻承認,在中國翻譯史上羅什"最早提出了如何表現原文的文體與語趣的重要問題"。熊宣東(2017)⑤則認爲,羅什主張翻譯時刪減偈頌如同"嚼飯與人"、梵漢翻譯文體要一致。梵漢文體不同,梵文注重辭制,漢語長於簡約;佛經偈頌可唱可吟,爲梵文所特有;梵漢翻譯無論偈頌刪減與否,皆如"嚼飯與人",不但味道盡失,而且令人作嘔。理論上,羅什著實闡發翻譯不可譯,認爲,梵漢翻譯,文體不同,淡而失味。實踐上,羅什再現原文句式齊整、偈頌唱誦之特質,努力保持梵漢文體一致,是翻譯可譯論之踐行大家。羅什將天竺"語趣"特徵、偈頌辭體輸入古代漢語,成爲古漢語文學之新鮮血液,譯文廣泛贏得後世學人贊譽,北宋佛學家釋贊寧贊其"有天然西域之語趣"⑥。之前譯經稱爲"舊譯",羅什譯經則爲"新譯"。

## (二)組織譯場,盡其所能

羅什於長安組織譯場,規模宏大。羅什譯經,"興使沙門……八百餘人,咨受什旨"⑦,自稱"三千徒衆"⑧聽法。據《出三藏記集》卷八經序中記錄,"諸宿舊義業沙門……五百餘人"⑨翻譯《大品經》,"四方義學沙門二千

① 梁啟超,著.佛學研究十八篇.北京:商務印書館,2014:180.
② 朱志瑜,朱曉晨,著.中國佛籍譯論選輯評注.北京:清華大學出版社,2006:176.
③ 汪東萍.回歸翻譯本質:解讀鳩摩羅什的翻譯思想.學術研究,2018(12):169.
④ 陳福康,著.中國譯學史.上海:上海外語教育出版社,1992:27.
⑤ 熊宣東.鳩摩羅什//方夢之,莊智象,主編.中國翻譯家研究(歷代卷).上海:上海外語教育出版社,2017:135.
⑥ [宋]贊寧,撰.宋高僧傳.範祥雍,點校.北京:中華書局,1987:56.
⑦ [梁]釋慧皎,撰.高僧傳.湯用彤,校注;湯一玄,整理.北京:中華書局,1992:52.
　　[唐]智升,撰.開元釋教錄.富世平,點校.北京:中華書局,2018:237.
⑧ [梁]釋慧皎,撰.高僧傳.湯用彤,校注;湯一玄,整理.北京:中華書局,1992:54.
⑨ [梁]釋僧祐,撰.出三藏記集.蘇晉仁,蕭錬子,點校.北京:中華書局,1995:293.

餘人"①翻譯《法華經》,"義學沙門千二百人"②翻譯《維摩詰經》,二千餘人③翻譯《思益經》。國學大師季羨林稱贊道,"羅什門下之盛,譯場規模之大,恐怕是空前的了"④。

羅什譯場可程式簡化爲宣譯、筆受、校正、潤色、監護。羅什既"執經",又"宣譯",《法華經序》記載"手執胡經、口譯爲秦"⑤,《維摩詰經序》記載"手執胡本,口自宣譯"⑥。"筆受"爲記錄羅什"宣揚"的漢語。後秦姚興不僅撰典弘法,還帶領官員篤信佛教,親自參與譯場,校正文本,"興執舊經,以相讎校⑦","躬攬玄章,考正名於胡本"⑧。僧叡文筆流暢、文思泉湧,負責"參正"潤色⑨;朝廷官員負責監護事宜。羅什譯場人員分工明確、各司其責、各盡其能,但又並非一成不變,有些程式集體討論、共同參與、共同承擔,如"有衆多弟子爲其筆受"⑩,但翻譯重要事宜一般由羅什一人裁定。羅什譯經,"與衆詳究"⑪,邊譯邊講,講譯相融。譯場人員雖多,但直接參與譯經者有限,大都來聽羅什講佛、參與義理討論。當時受《法華經》啟悟之僧八百餘人,"皆是諸方英秀,一時之傑"⑫。主譯助譯通達聰慧,衆僧雲集,官方支持,使羅什譯場呈現空前盛況,註定在中國翻譯史、佛教史上佔據重要歷史位置。

東晉道安,將佛經譯場由私譯轉爲官譯;羅什,則開啟了官方譯場新

---

① [梁]釋僧祐,撰. 出三藏記集. 蘇晉仁,蕭鍊子,點校. 北京:中華書局,1995:306.
② [梁]釋僧祐,撰. 出三藏記集. 蘇晉仁,蕭鍊子,點校. 北京:中華書局,1995:310.
③ [梁]釋僧祐,撰. 出三藏記集. 蘇晉仁,蕭鍊子,點校. 北京:中華書局,1995:308.
④ 季羨林,著. 季羨林談佛(精裝珍藏版). 杭州:浙江人民出版社,2016:215.
⑤ [梁]釋僧祐,撰. 出三藏記集. 蘇晉仁,蕭鍊子,點校. 北京:中華書局,1995:306.
⑥ [梁]釋僧祐,撰. 出三藏記集. 蘇晉仁,蕭鍊子,點校. 北京:中華書局,1995:310.
⑦ [梁]釋慧皎,撰.高僧傳. 湯用彤,校注;湯一玄,整理. 北京:中華書局,1992:52.
⑧ [梁]釋僧祐,撰. 出三藏記集. 蘇晉仁,蕭鍊子,點校. 北京:中華書局,1995:387.
⑨ [梁]釋慧皎,撰.高僧傳. 湯用彤,校注;湯一玄,整理. 北京:中華書局,1992:245.
⑩ 《文史知識》編輯部,編. 佛教與中國文化. 北京:中華書局,1988:252.
⑪ [梁]釋僧祐,撰. 出三藏記集. 蘇晉仁,蕭鍊子,點校. 北京:中華書局,1995:306.
⑫ [梁]釋僧祐,撰. 出三藏記集. 蘇晉仁,蕭鍊子,點校. 北京:中華書局,1995:307.

時代①；之後，唐朝玄奘創設譯場，組織最成熟、隊伍最優秀。道安不通梵文，只能參譯；羅什梵漢皆通，擔任主譯；羅什將道安譯場主譯和宣譯融爲一體，實屬創新與進步。羅什譯經數量，雖遠遠不及玄奘 75 部 1335 卷②，然就人才培養而言，玄奘卻不能與之同日而語。玄奘逝後，後繼乏人，譯經終結，輝煌不續。羅什弟子，繼其衣鉢，弘其宗學，盡顯繁榮。

羅什弟子，傑出者衆多，"四聖""八俊""十哲"最負盛名。僧肇，譽爲"三論之祖""解空第一"，所著《肇論》影響深遠；僧叡，氣宇軒昂，勤於著述，姚興贊爲"四海之標領"③，羅什感慨"吾傳譯經論，得與子相值，真無所恨矣。"④道生，義學深邃，提出"頓悟成佛説"⑤，開創頓悟法門，譽爲"涅槃之聖"⑥。道融講經通達、博學善辯，羅什曾贊嘆，"佛法之興，融其人也"⑦。僧肇、僧叡、道融、道生合稱"四聖"，又譽"四傑""關中四子"。

### （三）發"誠實誓"，倫理盡顯

《高僧傳》《祐錄》與《開元錄》皆記載羅什臨終與衆僧告別辭，《祐錄》《開元錄》記載稍略⑧，而《高僧傳》記載較詳：

> ……願凡所宣譯，傳流後世，咸共弘通。今於衆前發誠實誓，若所傳無謬者，當使焚身之後，舌不燋爛。⑨

羅什認爲自己所譯佛經皆無謬傳，可澤被後世，於是發下誓言。羅什

---

① 季羨林，著. 季羨林談佛（精裝珍藏版）. 杭州：浙江人民出版社，2016：215.
② 熊宣東. 鳩摩羅什//方夢之，莊智象，主編. 中國翻譯家研究（歷代卷）. 上海：上海外語教育出版社，2017：201.
③ ［梁］釋慧皎，撰. 高僧傳. 湯用彤，校注；湯一玄，整理. 北京：中華書局，1992：244.
④ ［梁］釋慧皎，撰. 高僧傳. 湯用彤，校注；湯一玄，整理. 北京：中華書局，1992：245.
⑤ 王寶坤，著. 鳩摩羅什傳. 北京：北京大學出版社，2012：132，136.
⑥ 湯用彤，著. 漢魏兩晉南北朝佛教史. 北京：商務印書館，2015：259.
⑦ ［梁］釋慧皎，撰. 高僧傳. 湯用彤，校注；湯一玄，整理. 北京：中華書局，1992：241.
⑧ ［梁］釋僧祐，撰. 出三藏記集. 蘇晉仁，蕭鍊子，點校. 北京：中華書局，1995：535.
［唐］智升，撰. 開元釋教錄. 富世平，點校. 北京：中華書局，2018：239.
⑨ ［梁］釋慧皎，撰. 高僧傳. 湯用彤，校注；湯一玄，整理. 北京：中華書局，1992：54.

圓寂之後,舌存身焚,誓言成真。王東萍(2018)①認爲,羅什發"誠實誓"主要原因在於:對譯本有信心、對翻譯品行有信心。羅什一生致力弘佛譯經,不辭辛苦、忠心耿耿,臨終發誓,以示待翻譯之誠信、誠心,以證翻譯無誤、無謬,此著實映射出羅什翻譯倫理觀,尤其是譯文忠實倫理、譯事責任倫理、譯者職業倫理。羅什譯經忠實於梵文原文、誠實於僧衆讀者、忠誠於譯經譯事。

羅什翻譯倫理與追求"善美"密不可分。羅什認爲,東漢支讖、西晉竺法護所譯"未盡善美",於是"重爲宣譯"②。"善美"成了羅什衡量譯本優劣之標準,對於前譯、自譯③非"善美"譯本,羅什則重譯,勇擔忠實於原文之倫理。《法華經》"徒復搜研皓首"④,仍難悟其精髓;後秦姚嵩佛學造詣極深,發現前譯錯誤頗多,羅什重譯。據《開元錄》記載計算,羅什重譯佛典共五十八部⑤。弘始五年(公元403年)四月二十三日羅什於逍遙園始譯《大品經》,當年十二月十五日全部譯出,次年四月二十三日檢查整理結束。後與釋論《大智度論》進行對照,發現諸多義理未妥善表達;於是又譯釋論,並隨之更正;釋論譯完,《大品經》翻譯才最終定稿⑥。《祐錄》"大智釋論序"記載,羅什"爲姚天王出《釋論》,於七年(公元405年)十二月二十七日乃訖"⑦。據此推論,羅什自譯《大品經》,時間約兩年零八個月。羅什對《大品經》不斷校正、審核、對照、修改,既是追求譯文"善美"的過程,更是忠實於原作之倫理體現。

譯文實現"善美"過程,羅什態度嚴謹,秉承對僧衆讀者誠實之倫理。僧肇在《維摩詰經序》中記錄當時羅什譯經情形,"一言三復,陶冶精求,務

---

① 王東萍. 回歸翻譯本質:解讀鳩摩羅什的翻譯思想. 學術研究,2018(12):170.

② [梁]釋慧皎,撰.高僧傳.湯用彤,校注;湯一玄,整理.北京:中華書局,1992:141.

③ 此指羅什僧團譯者譯,旨在便於與前譯進行區分,下文同。

④ [梁]釋僧祐,撰.出三藏記集.蘇晉仁,蕭鍊子,點校.北京:中華書局,1995:307.

⑤ [唐]智升,撰.開元釋教錄.富世平,點校.北京:中華書局,2018:226-233.

⑥ [梁]釋僧祐,撰.出三藏記集.蘇晉仁,蕭鍊子,點校.北京:中華書局,1995:292-293.

⑦ [梁]釋僧祐,撰.出三藏記集.蘇晉仁,蕭鍊子,點校.北京:中華書局,1995:388.

存旨意"①,羅什一句三宣,一是細說義理、闡釋義旨,二是供僧衆討論商榷,基於僧衆理解裁定譯文,羅什與僧衆進行"譯"中交流、交流中定"譯",旨在嚮僧衆聽者讀者傳遞原文真義。《大品經序》中記載,"斯實匠者之公謹,筆受之重慎也"②,僧叡認爲,《大品經》翻譯之所以成功,是因爲羅什等人盡心盡力、謹小慎微。僧肇在《百論序》中記錄,羅什等人翻譯《百論》"考校正本,陶練覆疏"③,對佛典原本重新校訂、研讀精煉、反復論辯。羅什譯《十住經》,"一月餘日,疑難猶豫,尚未操筆",遂請其師佛陀耶舍反復推敲、共同"征決",嚴謹譯文方定,"皆嘆其當要"④。羅什譯經,馬祖毅給予高度贊揚,認爲"一向認真負責、一絲不苟"⑤。

"善美"之後的譯文,羅什宣導譯者署名,展現譯經職業忠誠之倫理。中國譯者署名制由羅什率先宣導⑥,羅什"提倡譯者署名,以負文責"⑦,這種署名制度實則宣導"譯文自負""文責自負"⑧,既是譯者榮譽地位提升之彰顯,又是譯者本身職業倫理之體現,在中國翻譯發展史中歷史意義及其重要。上述翻譯倫理分層,僅爲論述之需,實則一體,難以分割。

### (四)譯法齊用,文約旨婉

羅什精通佛學義理,掌握梵漢雙語,譯經遊刃有餘,譯文呈現出"文派"的鮮明特色。"文""質"是中國佛經翻譯思想的核心⑨,貫穿於中國佛經翻譯歷史長河中。佛經翻譯思想先是偏嚮於"文",以支謙爲代表;隨後

① [梁]釋僧祐,撰. 出三藏記集. 蘇晉仁,蕭鍊子,點校. 北京:中華書局,1995:310.
② [梁]釋僧祐,撰. 出三藏記集. 蘇晉仁,蕭鍊子,點校. 北京:中華書局,1995:293.
③ [梁]釋僧祐,撰. 出三藏記集. 蘇晉仁,蕭鍊子,點校. 北京:中華書局,1995:403.
④ [梁]釋慧皎,撰. 高僧傳. 湯用彤,校注;湯一玄,整理. 北京:中華書局,1992:67.
⑤ 馬祖毅. 佛經翻譯家鳩摩羅什. 翻譯通訊,1982(3):24-25.
⑥ 王宏印,著. 中國傳統譯論經典詮釋:從道安到傅雷. 大連:大連海事大學出版社,2017:30.
⑦ 馬祖毅. 佛經翻譯家鳩摩羅什. 翻譯通訊,1982(3):24-25.
⑧ 邵有學,著. 中國翻譯思想史新論. 北京:中國社會科學出版社,2018:161.
⑨ 朱志瑜,朱曉晨,著. 中國佛籍譯論選輯評注. 北京:清華大學出版社,2006:導論8.

側重於"質",以道安爲代表;繼而崇尚於"文",以羅什爲代表;進而宣導"文""質"並重,以慧遠爲代表。

"文""質"兩派初期觀點迥異、扞格不融。支謙偏文,爲便於士人接受、依附皇權及附庸儒道而改形編譯①。道安尚質,主張質樸全譯,反對刊削文飾。羅什則積極發揮"文""質"優勢,調和兩者衝突,強調"文""質"可並融兼顧,既宣導義旨要真實再現,又支持謹慎刪減以從文飾;羅什譯文"文""質"兼有,以"文"爲主。"質"之内涵不再過多強調全譯,而是更多關注語言風格;"文"之内涵不再過多強調刪減,而是更多側重漢語特點。儘管後來慧遠提出"質文有體"、"文""質"各用的"厥中論",但羅什對"文""質"調和所作出的貢獻不能小覷。文麗其辭乃羅什譯經顯著風格②,贏得後世廣泛贊譽。慧觀認爲,羅什譯《法華經》,"曲從方言,而趣不乖本"③。僧肇評價其師譯《維摩詰經》,"其文約而詣,其旨婉而彰"④。羅新璋認爲,羅什"只要能本旨,就不妨依實出華"⑤。簡約、文雅、文麗、達旨成爲羅什主要譯風文風,這得益於各種翻譯方法的綜合運用,如音譯、意譯、"裁而略之""裁而神之""闕而不傳""定之以字義"、以詩譯偈等。

佛教早期依附中國本土玄學,得以生存與發展,時人多以玄學之理格義闡釋⑥,然而"格義迁於乖本"⑦。羅什"正玄文、摘幽指"⑧,反對格義,對重要名相事數,採用音譯法和意譯法。音譯僅保留梵音,或加上漢字解釋。羅什譯文中,佛、鉢、菩薩、摩訶薩、阿那含、優婆夷、阿蘭那、阿僧祇、優婆塞等,皆是梵語音譯,無漢字解釋;魔鬼、懺文、塔林、曇花、恒河、須彌

---

① 熊宣東. 鳩摩羅什//方夢之,莊智象,主編. 中國翻譯家研究(歷代卷). 上海:上海外語教育出版社,2017:10.

② 王鐵鈞,著. 中國佛典翻譯史稿. 北京:中央編譯出版社,2006:124.

③ [梁]釋僧祐,撰. 出三藏記集. 蘇晉仁,蕭鍊子,點校. 北京:中華書局,1995:306.

④ [梁]釋僧祐,撰. 出三藏記集. 蘇晉仁,蕭鍊子,點校. 北京:中華書局,1995:387.

⑤ 羅新璋. 我國自成體系的翻譯理論. 翻譯通訊,1983(7):10.

⑥ 《文史知識》編輯部,編. 佛教與中國文化. 北京:中華書局,1988:48.

⑦ [梁]釋僧祐,撰. 出三藏記集. 蘇晉仁,蕭鍊子,點校. 北京:中華書局,1995:311.

⑧ [梁]釋僧祐,撰. 出三藏記集. 蘇晉仁,蕭鍊子,點校. 北京:中華書局,1995:311.

山、發阿耨多羅三藐三菩提心等,前字皆是梵音音譯,最後字爲附加漢字。法、忍、欲、世尊、如來、滅度、入流、不來、一往來、燃燈佛等,是梵語意譯。黃寶生(1994)①將羅什翻譯成爲"成熟的意譯"。

《大智度論》前三十四卷是般若初品的解釋,涉及般若幾乎所有名相事數,羅什採用音譯、意譯法,進行原汁原味全譯,實應當時社會之需。從般若二品至其他各品,爲摩訶衍論②,羅什因"以秦人好簡,裁而略之"③,成六十六卷,總共一百卷。原文三百二十萬字,裁略後譯文三十萬字。若進行全譯,則十倍與此。譯文"玄章婉旨,朗然可見"④,備受青睞。譯《中論》,因"辭不雅中"⑤,羅什對於其中"乖闕煩重"⑥之處,"裁而裨之"⑦,裁裨後"於經通之理盡矣"⑧。羅什譯《百論》,因後十品"於中土無益"⑨,所以"闕而不傳"⑩。

對前譯不合義理之處,"定之以字義"⑪,如《法華經》,竺法護所譯"調達",音短緊湊;羅什改譯"提婆達多",舒緩婉轉,更合乎梵文語境。原譯"六十八億那術百千",是天竺數量單位,表達欠曉暢,改譯"六百八十億那由它",簡潔明瞭。原譯"逮不起法忍",晦澀難懂,改譯"得無生法忍",通俗易懂。經羅什改譯,後世譯者皆摒棄"逮"字、沿用"那由它"。魏晉時期,佛教已開始獨立發展,羅什將佛教名相進行定名、正名,佛教明相已趨暢曉,極大推動了中國佛學嚮前發展。

---

① 黃寶生. 佛經翻譯文質論. 文學遺產,1994(6):10.
② 龍樹菩薩,著. 大智度論校勘(上). 鳩摩羅什,譯;弘學,校勘. 北京:社會科學文獻出版社,2014:前言 2.
③ [梁]釋僧祐,撰. 出三藏記集. 蘇晉仁,蕭鍊子,點校. 北京:中華書局,1995:387.
④ [梁]釋僧祐,撰. 出三藏記集. 蘇晉仁,蕭鍊子,點校. 北京:中華書局,1995:387.
⑤ [梁]釋僧祐,撰. 出三藏記集. 蘇晉仁,蕭鍊子,點校. 北京:中華書局,1995:401.
⑥ [梁]釋僧祐,撰. 出三藏記集. 蘇晉仁,蕭鍊子,點校. 北京:中華書局,1995:401.
⑦ [梁]釋僧祐,撰. 出三藏記集. 蘇晉仁,蕭鍊子,點校. 北京:中華書局,1995:401.
⑧ [梁]釋僧祐,撰. 出三藏記集. 蘇晉仁,蕭鍊子,點校. 北京:中華書局,1995:401.
⑨ [梁]釋僧祐,撰. 出三藏記集. 蘇晉仁,蕭鍊子,點校. 北京:中華書局,1995:403.
⑩ [梁]釋僧祐,撰. 出三藏記集. 蘇晉仁,蕭鍊子,點校. 北京:中華書局,1995:403.
⑪ [梁]釋僧祐,撰. 出三藏記集. 蘇晉仁,蕭鍊子,點校. 北京:中華書局,1995:293.

上文所提"嚼飯與人"之喻,盡顯翻譯之難,尤其偈頌翻譯。梵文偈頌,基本上"四句一詩節,每句八音節"①,語淺義深,朗朗上口,易於傳誦;羅什譯偈,採用中國詩性語言,五言最多,四言七言皆具,以無韻爲主,押韻極少。羅什譯本經中偈頌,《法華經》五言居多,兼具四言,無韻;《維摩詰經》五言七言並重,無韻;《中論》皆是五言,無韻;《大智度論》以五言爲主,兼具四言七言,大都無韻,押韻寥寥。羅什譯偈,豐富了古漢語文體,對中國文體、文學的發展產生了巨大影響。

## 三、對羅什的研究

對羅什所開展的研究,成果不斷湧現,甚爲豐碩。相關研究主要集中于羅什生平經歷、佛學思想、佛經翻譯、高足弟子、影響貢獻等層面,各個層面並非孤立存在,而是相互交織,内容或詳或略,範圍或狹或廣。

羅什生平經歷研究包括生卒年代、生平事蹟、釋傳評傳、新傳記書寫等。學界對羅什生卒年代雖有爭議,但多數學者持相同觀點②。羅什生平事蹟,史料記載大同小異,學人尚有新證。陳楠(2013)③依據《紅史》等藏族史籍,推測羅什並非壽終正寢,而是遭受冤獄。武威市檔案局(2018)④搜集、挖掘、梳理《四庫全書》與《大正藏》(隆印)等相關史料,勾勒出羅什在凉州的弘法踐行,"填補了國内鳩摩羅什在凉州十七年史事缺失的空白"⑤,爲羅什研究重要史學新作。鮑威爾(2019)⑥基於史料與他人記述,

---

① 屈玉麗. 鳩摩羅什偈頌翻譯和創作對王維詩文的影響,華南農業大學學報,2016(5):133.
② 詳見本前言首頁鳩摩羅什生卒年註脚。
③ 陳楠. 鳩摩羅什生平事蹟新證——漢藏文獻記載的比較研究. 世界宗教研究,2013(2):16-24.
④ 武威市檔案局,編. 鳩摩羅什在凉州. 李林山,撰. 北京:宗教文化出版社,2018.
⑤ 武威市檔案局,編. 鳩摩羅什在凉州. 李林山,撰. 北京:宗教文化出版社,2018:22.
⑥ 鮑威爾,主編. 知中·幸會! 鳩摩羅什. 北京:中信出版社,2019.

側重文化闡釋推出羅什事蹟研究最新成果。陳寅恪(2015)①、陸揚(2006)②聚焦於羅什傳記解讀研究,前者依據《高僧傳》底本,側重多家史料注釋,後者則兼論中國佛教文化與史學,側重多維深度闡釋。許抗生(1998)③、王寶坤(2012)④等研究爲羅什評傳研究代表,可窺探羅什傳奇一生、宏偉事蹟、巨大貢獻、後世影響。施蟄存(1992)⑤、張國領、裴孝曾(2008)⑥、靈悟法師(2011)⑦、龔斌(2013)⑧、尚永琪(2014)⑨、尚永琪(2017)⑩、徐兆壽(2017)⑪、王占黑(2018)⑫等學者開展的羅什新傳記書寫成果喜人、勢頭凸顯。這些研究還原羅什歷史原型,進行現代書寫,尋求與當今新時代發展之契機,喚起人們對歷史敬仰之情、尋根之旅。

羅什佛學思想研究,主要集中於羅什中觀學研究。Richard H. Robinson(1967)⑬、呂澂(1979)⑭、董群(2008)⑮、潘桂明(2009)⑯、賴永海(2010)⑰等學者基於羅什中觀譯籍、著述進行了積極思考與探索。

---

① 陳寅恪,著.陳寅恪集·讀書劄記三集(第3版).北京:生活·讀書·新知三聯書店,2015:28-74.
② 陸揚.解讀《鳩摩羅什傳》:兼談中國中古早期的佛教文化與史學//劉東,主編.中國學術(第23輯).北京:商務印書館,2006:31-90.
③ 許抗生,著.僧肇評傳.南京:南京大學出版社,1998:94-122.
④ 王寶坤,著.鳩摩羅什評傳.西安:西北大學出版社,2012.
⑤ 施蟄存,著.施蟄存心理小說.上海:上海文藝出版社,1992.
⑥ 張國領,裴孝曾,編著.佛教大師鳩摩羅什傳.烏魯木齊:新疆人民出版社,2008.
⑦ 靈悟法師,著.鳩摩羅什傳奇.北京:宗教文化出版社,2011.
⑧ 龔斌,著.鳩摩羅什傳.上海:上海古籍出版社,2013.
⑨ 尚永琪,著.鳩摩羅什及其時代.蘭州:蘭州大學出版社,2014.
⑩ 尚永琪,著.鳩摩羅什.西安:陝西師範大學出版總社,2017.
⑪ 徐兆壽,著.鳩摩羅什.北京:作家出版社,2017.
⑫ 王占黑,文.絲路傳奇——鳩摩羅什.拂袖山,繪.上海:上海人民出版社,2018.
⑬ Robison,R. H. *Early Mādhyamika in India and China*. Madison:University of Wisconsin Press,1967.
⑭ 呂澂,著.中國佛教淵流略講.北京:中華書局,1979:86-110.
⑮ 董群,著.中國三論宗通史.南京:鳳凰出版社,2008.
⑯ 潘桂明,著.中國佛教思想史稿(第一卷 漢魏兩晉南北朝卷).南京:江蘇人民出版社,2009:231-268.
⑰ 賴永海,主編.中國佛教通史(第二卷).南京:江蘇人民出版社,2010:265-278.

Richard H. Robinson 著墨於《大乘大義章》中大乘與小乘、語言與義理、緣起與緣滅等思想。賴永海則關注羅什對空與中道、智慧與慈悲、法身與淨土、大乘與小乘等問題的觀點。董群基於《注維摩詰經》《大乘大義章》，探究了空論、實相論、法身論、涅槃論。呂澂認爲，貫穿於《四論》中的主要思想爲中道實相；潘桂明認爲，"中觀學說以畢竟空來說明宇宙人生本質，是徹底的，無待的"①。此外，任繼愈（1985）②、郭鵬（1986）③、塗豔秋（2006）④、湯用彤（2015）⑤等也取得了羅什總體佛學思想、般若思想研究可喜成果，其中塗豔秋全面論述羅什般若思想在中國發展之歷程，是羅什佛學思想專論研究之典範，具有重要學術意義。

羅什譯經研究，涉及譯經活動、翻譯風格、翻譯貢獻、翻譯理論、翻譯思想、翻譯方法、翻譯藝術、翻譯態度等，中國翻譯史、翻譯理論、翻譯家研究中時有涉及，詳略有別，側重各異，各有千秋。

梁啟超（2014）⑥著墨於羅什文體、貢獻、影響研究，可謂羅什翻譯研究開山之作。羅新璋（1982）⑦、陳福康（1992）⑧聚焦於羅什文體觀與譯風，塗豔秋（2006）⑨著墨於名詞實相翻譯與羅什翻譯態度，鎌田茂雄（2010）⑩探究於羅什譯經活動與翻譯事業。馬祖毅（1982）⑪論述了羅什譯經數量、譯籍、譯場、過程、品質、風格、方法等多個層面，認爲，羅什"第一次把印度

---

① 潘桂明，著. 中國佛教思想史稿（第一卷 漢魏兩晉南北朝卷）. 南京：江蘇人民出版社，2009：245.

② 任繼愈，主編. 中國佛教史（第二卷）. 北京：中國社會科學出版社，1985.

③ 郭鵬，著. 漢魏兩晉南北朝佛教. 濟南：齊魯書社，1986：290-314.

④ 塗豔秋，著. 鳩摩羅什般若思想在中國. 臺北：裏仁書局 B171，2006.

⑤ 湯用彤，著. 漢魏兩晉南北朝佛教史. 北京：商務印書館，2015：222-271.

⑥ 梁啟超，著. 佛學研究十八篇. 北京：商務印書館，2014：160-199.

⑦ 羅新璋. 我國自成體系的翻譯理論. 翻譯通訊，1983（7）：9-13.
羅新璋. 我國自成體系的翻譯理論（續）. 翻譯通訊，1983（8）：8-12.

⑧ 陳福康，著. 中國譯學理論史稿. 上海：上海外語教育出版社，1992：24-27.

⑨ 塗豔秋，著. 鳩摩羅什般若思想在中國. 臺北：裏仁，2006：81-136.

⑩ 鎌田茂雄，著. 中國佛教通史（第二冊）. 關世謙，譯. 高雄：佛光文化出版社，1986：217-319.

⑪ 馬祖毅. 佛經翻譯家鳩摩羅什. 翻譯通訊，1982（3）：24-25.

佛學按本來面目介紹過來";王鐵鈞(2006)①將羅什譯經置於後秦時代背景下思考,就羅什譯風緣由、文麗特色、文體特色等提出自己觀點,認爲,羅什譯經,在中國譯經史上"代表新轉折"②。陳寅恪(1930)將羅什譯本與原本互校,認爲,羅什譯經"或刪去原文繁重,或不拘原文體制,或變易原文"③,胡適(2013,2014)④將其視爲羅什譯經的藝術。王文顏(1984)⑤首次提出羅什譯經理論,認爲可歸納三點:重視文飾、刪略增補經典、訂正名實。熊宣東(2017)⑥對羅什譯經研究較爲立體綜合,將羅什翻譯思想總結爲:追求盡"善"盡"美"、爲實現翻譯目的"操控"部分梵本、肇佛經翻譯文體研究之始、譯文"折中"、具備讀者意識。汪東萍(2018)⑦亦推出羅什翻譯思想研究重要成果。羅什譯經研究持續不斷,有升溫之勢,未來研究需要對各個層面進一步拓展、加深。同時需要將理論分析與實踐舉證、譯經活動與弘學講法、單經專論與同經異譯、譯文對比與梵漢對勘、漢文典籍與藏英文獻、譯經領域特殊性與翻譯共性指導性、翻譯本體與主體客體相結合,翻譯理論與批評及事件相融合。

　　羅什高徒、影響貢獻研究散見於上述各類研究中。羅什高徒專論研究以許抗生⑧(1998)爲代表,該研究以僧肇佛學思想爲重點,考察了僧肇佛學本體論、解脫論、歷史地位等層面。羅什著述弘法研究、譯者對比研究、綜述研究等也得了重要成果,如 Yuet Keung Lo(新加坡,

①　王鐵鈞. 中國佛典翻譯史稿. 北京:中央編譯出版社,2006;120-171.
②　王鐵鈞. 中國佛典翻譯史稿. 北京:中央編譯出版社,2006;137.
③　羅新璋,陳應年,編. 翻譯論集(修訂本). 北京:商務印書館,2009;128.
④　胡適,著. 胡適探佛學. 哈爾濱:哈爾濱出版社,2013.
　　胡適,著. 中國佛學史. 隆印法師,編. 上海:華東師範大學出版社,2014;243.
⑤　王文顏,著. 佛典漢譯之研究. 臺北:天華出版事業股份有限公司,1984.
⑥　熊宣東. 鳩摩羅什//方夢之,莊智象. 中古翻譯家研究(歷代卷). 上海:上海外語教育出版社, 2017;107-139.
⑦　汪東萍. 回歸翻譯本質:解讀鳩摩羅什的翻譯思想. 學術研究,2018(12):168-173.
⑧　許抗生,著. 僧肇評傳. 南京:南京大學出版社,1998.

2012)①、崔峰(2016)②、葛維鈞(1983)③、王克非(1988)④、桑榮(1994)⑤、劉國防(1994)⑥、黃夏年(1994,1995)⑦、王曉農(2013)⑧等學者。其中崔峰以羅什長安弘法事件研究基點,著重考察了羅什譯籍經典在中國的發展演變過程。

綜觀各類研究,成果喜人,呈現出新傳記研究勢頭凸顯、佛學思想研究平穩持續、翻譯研究深度不足、專論研究整體匱乏等態勢。專論研究相對較少,系統立體化研究需要進一步深入,鮮有翻譯專論問世。未來羅什研究要關注"四關聯""五融合":關注羅什生活時代與當今社會之關聯、弘佛譯經與中印關係之關聯、譯場組織運作與傳統文化弘揚之關聯、佛學思想觀與社會價值觀之關聯,將學術研究與人才培養相融合、個體研究與團隊建設相融合、意義挖掘與國家戰略相融合、重點培育與學術興趣相融合、經典闡釋與學術自信相融合,構建佛學界、翻譯界、哲學界、文學界等羅什學術研究共同體。

---

① Lo,Y. K. Persuasion and Entertainment at Once:Kumārajīva's Buddhist Storytelling in His Commentary on the Vimalakīrti-sūtra//中國文哲研究集刊(第21期),臺灣:"中央研究院"中國文哲研究所,2002:89-116.

② 崔峰,著. 文化的輸入與演變:鳩摩羅什長安弘法研究. 北京:中國社會科學出版社,2016.

③ 葛維鈞所撰研究單獨成冊,藍色封面封底,無出版信息。詳見:葛維鈞. 試談嚴復和鳩摩羅什翻譯的相似性特點,1983.

④ 王克非. 鳩摩羅什與嚴復. 中國翻譯,1988(4):38-39.

⑤ 桑榮. 鳩摩羅什研究概述. 西域研究,1994(4):96-101.

⑥ 劉國防. 紀念鳩摩羅什誕辰1650周年國際學術討論會綜述. 西域研究,1994(4):92-95.

⑦ 黃夏年. 四十五年來中國大陸鳩摩羅什研究的綜述. 佛學研究,1994:243-251.
黃夏年. "鳩摩羅什和中國民族文化"學術研討會綜述. 世界宗教研究,1995(1):141-144.

⑧ 王曉農. 新世紀以來國內關於鳩摩羅什的研究述評及展望——紀念鳩摩羅什大師逝世1600周年,河北聯合大學學報,2013(4):155-160.

## 四、譯文選擇原因與理據

羅什較爲重要的譯籍包括:(1)大乘般若經:《大品經》《小品經》《金剛經》;(2)大乘論傳:《中論》《百論》《十二門論》《大智度論》《大莊嚴經論》《大莊嚴經論》《馬鳴菩薩傳》《龍樹菩薩傳》《提婆菩薩傳》;(3)其他大乘經律:《阿彌陀經》《法華經》《維摩詰經》《思益經》《佛藏經》;(4)小乘論律:《成實論》《十誦律》①。羅什之功績似"全在翻譯"②,羅什譯經推動了中國佛學的形成與發展,譯籍中所含思想在佛教、文學、翻譯學、哲學、美學、書法等領域產生重要影響。

佛教在中國發展延綿兩千餘年,佛典浩如煙海,唯《金剛經》"流傳最廣,影響最大"③。《金剛經》注疏不斷,多達近千家,爲"佛經注釋之冠"④。《金剛經》蘊含全部般若最主要、最重要思想,"足以提舉般若學的綱要"⑤。共有六譯,羅什譯本爲首譯,公元 402 年於長安逍遙園譯出,名爲《金剛般若波羅蜜經》。其他譯本依次爲:北魏菩提流支譯本、梁陳真諦譯本、隋代達摩笈多譯本、唐代玄奘譯本、唐代義淨譯本。羅什譯本與其他譯本差別頗大,原因主要有三:羅什意譯風格、各家依據版本不同、各家學術師承有別。其中羅什譯本深得貴族與百姓青睞,"長幼高卑,盈於寰宇,靡不受持此經"⑥,然時間最早,但流傳最爲廣泛,最受歡迎,最具影響。

---

① 羅什初步譯出,共 58 卷,未及刪改;後卑摩羅叉整理、增補,成為 61 卷。詳見:[梁]釋僧祐,撰. 出三藏記集. 蘇晉仁,蕭鍊子,點校. 北京:中華書局,1995:63-64.
② 湯用彤,著. 漢魏兩晉南北朝佛教史. 北京:商務印書館,2015:238.
③ 史原朋.《金剛經》及其不同譯本研究. 中國宗教,2009(2):29-31.
④ 李利安,著. 金剛經鑒賞辭典. 上海:上海辭書出版社,2014:184.
⑤ 星雲大師,總監修. 金剛經. 程恭讓,釋譯. 高雄:佛光山宗務委員會,1996:題解 3.
⑥ 王文顏,著. 佛典漢譯之研究. 臺北:天華出版視野股份有限公司,1984:218.

　　《法華經》,譽爲“諸經之王”①,“最爲廣受尊崇與信奉”②,影響深廣,亦爲天臺宗立宗之源典、奉持之根本。《法華經》共有六譯,今存三譯。公元 406 年夏羅什於大寺譯出,名爲《妙法蓮華經》,前有西晉竺法護譯本,後有隋代闍那崛多與達摩笈多補譯本③。羅什譯本俊美,内容豐富無不④,羅什弟子及後世廣泛宣揚,使其流傳最廣、影響最大,後世普傳。

　　《維摩詰經》,譽爲“大乘佛教文獻寶冠之珠”⑤,“對中國佛教影響最大”⑥,在中國佛教發展史上“一直備受關注”⑦,贏得“所有宗派的共同重視”⑧,在中國文學史上堪稱一部“絶代佳作”⑨。《維摩詰經》共有七譯,今存三譯。公元 406 年,羅什以金陵刻經處本爲底本,於長安大興善寺譯出,名爲《維摩詰所說經》,共三卷。前譯吳支謙譯本,共兩卷;後譯玄奘譯本共六卷。三譯本義理不分上下,但羅什譯本創造力最高、體系性最強⑩、文筆最流暢、流傳最廣泛⑪,後世通用。

　　《中論》是印度中觀學派最具代表性的理論著作,對中國三論宗影響最大,是三論宗立宗之主要依據⑫,漢本共四譯。公元 409 年,羅什於長安大寺譯出青目釋本,名爲《中論》;前有元魏般若流支譯本,後有唐代波羅頗蜜多羅譯本、北宋惟淨與法護譯本⑬。三論宗宗旨,主要依據羅什所譯青目釋本。提及《中論》,多指龍樹菩提原著《中頌》及青目注釋的合成本,

---

① 平川彰等,著. 法華思想. 杜保堯,譯. 臺北:佛光山宗務委員會,1998:7.
② 平川彰等,著. 法華思想. 杜保堯,譯. 臺北:佛光山宗務委員會,1998:7.
③ 星雲大師,總監修. 法華經. 董群,釋譯. 高雄:佛光山宗務委員會,1996:3
④ 平川彰等,著. 法華思想. 杜保堯,譯. 臺北:佛光山宗務委員會,1998:7.
⑤ 賴永海,主編. 維摩詰經. 高永旺,張仲娟,譯注. 北京:中華書局,2010:前言 1.
⑥ 賴永海,主編. 維摩詰經. 高永旺,張仲娟,譯注. 北京:中華書局,2010:前言 4.
⑦ 星雲大師,總監修. 維摩詰經. 賴永海,釋譯. 高雄:佛光山宗務委員會,1997:8.
⑧ 維摩詰經譯注. 徐文明,譯注. 北京:中華書局,2012:導言:4.
⑨ 星雲大師,總監修. 維摩詰經. 賴永海,釋譯. 高雄:佛光山宗務委員會,1997:7.
⑩ 賴永海,主編. 維摩詰經. 高永旺,張仲娟,譯注. 北京:中華書局,2010:前言 5.
⑪ 星雲大師,總監修. 維摩詰經. 賴永海,釋譯. 高雄:佛光山宗務委員會,1997:271-272.
⑫ 中國佛學院三論學教研組,編.《中論》基礎教程. 北京:宗教文化出版社,2013:2.
⑬ 董群,著. 中國三論宗通史. 南京:鳳凰出版社,2008:70.

其影響巨大。

《阿彌陀經》可謂家喻戶曉,盡人皆知,"廣大佛教信徒及普通百姓最熟悉"①,已成爲衆多寺廟與居士修行誦讀之定課。共有三譯,今存兩譯。公元402年,羅什譯出,名爲《佛說無量壽經》,共一卷,另有玄奘譯本。兩譯本比較,玄奘譯本更準確、更完備;但羅什譯本文句更流暢、更優美②,成爲誦讀流通本。

《大智度論》,龍樹菩提造,爲詮釋《大品經》之論著。自從羅什譯出,流行甚盛,與"三論"融合而成"四論"學派,成爲"論中之王"③。羅什譯本爲首譯,現無梵本見存。《大智度論》不僅被中觀學派所推崇,而且被中國佛教宗派所重視,"歷來各宗所用援引之重要論典"④、譽爲"佛教理論之百科全書"⑤,成爲修佛習經必讀書目。

## 五、譯文介紹與研究

《金剛經》,全稱《金剛能斷般若波羅蜜經》,又名《能斷金剛般若波羅蜜經》《金剛般若波羅蜜經》等。以空慧爲主要内容,以緣起性空爲核心思想,旨在闡明般若法門。"教"無所說,"理"無著相,"行"無所住,"果"無所得。雖不直接談空,但般若空性,彰顯無遺。《金剛經》般若智慧爲修行淨心之最高智慧,遂爲"學佛之路徑"⑥。羅什譯文,五千餘字,"句偈清潤"

---

① 白話阿彌陀經. 魏琪,注譯. 西安:三秦出版社,2012:序1.
② (南北朝)鳩摩羅什,譯. 阿彌陀經:附無量壽經 觀無量壽經.王當輝,注譯. 鄭州:中州古籍出版社,2010:11.
③ 龍樹菩提,著. 大智度論校勘. 弘學,校勘. 北京:社會科學文獻出版社,2014:前言2.
④ 龍樹菩提,著. 大智度論校勘. 弘學,校勘. 北京:社會科學文獻出版社,2014:前言2.
⑤ 龍樹菩提,著. 大智度論校勘. 弘學,校勘. 北京:社會科學文獻出版社,2014:前言1.
⑥ 星雲大師,總監修. 金剛經. 程恭讓,釋譯. 高雄:佛光山宗務委員會. 1996:題解3.

“辭理兼暢”①,曆久不衰。“一切有爲法,如夢幻泡影,如露亦如電,應作如是觀”,乃性空幻有點睛之筆,經文粹美,代代相傳,成爲千古絕唱。

《法華經》,全稱《妙法蓮華經》,又稱《新法華經》《正法華經》,羅什所譯共七卷二十七品。南齊法獻於高昌所得《提婆達多品》、闍那崛多等所譯《普門品偈頌》、唐玄奘所譯《藥王菩薩咒》被後世補入羅什譯本,形成現今流通本七卷二十八品②。《法華經》最主要核心思想爲“開權顯實”“會三歸一”③。“開權顯實”,即“開方便門,顯真實義”,通過種種權宜、方便之法,顯實諸法真實要義;“會三歸一”,即會三乘於一乘,將聲聞乘、緣覺乘、菩薩乘歸於佛乘,唯有一乘佛才是真實妙法。《法華經》宣揚一乘與一切成佛。諸譯本中,“十如是”首出羅什譯本④,爲其所獨有⑤,意蘊豐富,適用性廣,用以闡釋諸法實相,成爲天臺宗建宗立義重要核心之一。

《維摩詰經》,全稱《維摩詰所說經》,又名《新維摩詰經》《佛說維摩詰經》《不可思議解脫經》《淨名經》等⑥。羅什譯本僧肇筆受,僧叡制序⑦。主人公維摩詰居士,爲饒益天下眾生,方便示疾教化,廣爲弘揚說法。“不二法門”是理論核心,基本成爲其獨一無二之標識⑧。淨心與淨佛土不二、

---

① 王文顏,著. 佛典漢譯之研究. 臺北:天華出版視野股份有限公司,1984:218.
② 妙法蓮華經. 鳩摩羅什,譯;李海波,注譯. 鄭州:中州古籍出版社,2017:4.
　 賴永海,主編. 法華經. 王彬,譯注. 北京:中華書局,2010:前言2.
③ 賴永海,主編. 法華經. 王彬,譯注. 北京:中華書局,2010:前言3.
④ 星雲大師,總監修. 法華經. 董群,釋譯. 高雄:佛光山宗務委員會,1996:254.
⑤ 賴永海,主編. 法華經. 王彬,譯注. 北京:中華書局,2010:前言7.
⑥ 賴永海,主編. 維摩詰經. 高永旺,張仲娟,譯注.北京:中華書局,2010:前言1.
　 星雲大師,總監修. 維摩詰經. 賴永海,釋譯. 高雄:佛光山宗務委員會,1997:271-272.
　 方廣錩,許培鈴. 敦煌遺書中的《維摩詰所說經》及其注梳. 敦煌研究,1994(4):145.
⑦ 此據《開元錄》,《祐錄》記載僧肇作序. 詳見:[梁]釋僧祐,撰. 出三藏記集. 蘇晉仁,蕭鍊子,點校. 北京:中華書局,1995:7;[唐]智升,撰. 開元釋教錄. 富世平,點校. 北京:中華書局,2018:228.
⑧ 米進忠,董群.《維摩詰經》與《壇經》“不二”思想之比較. 世界宗教文化,2018(4):104.

世間與出世間不二、中道不二、緣起與性空不二等思想貫穿全文,其中特設一品三十三種"不二"加以彰顯,唯有"文殊無言,淨名杜口"爲真入"不二法門"①。中國佛教佛性心性化傾嚮,源於此經之"心淨則佛土淨";對大乘佛教唯心淨土思想,此經論述"最是直截了當、生動透徹"②。"一切煩惱皆是佛種""非道即佛道",將世間與出世間統一於世間性空,彰顯出人間關懷、利他濟世之精神。

《中論》,全稱《中觀論》,又名《正觀論》。羅什譯本,僧叡制序一,曇影制序二。《中論》《百論》《十二門論》合稱中觀"三論",是印度大乘空宗三部代表作,羅什譯出首次全面將大乘性空思想介紹入中國③。《中論》作者龍樹菩提,爲三論宗"印度初祖"④、中國佛教"大乘八宗共祖"。《中論》共四卷二十七品,主要是破斥大乘教的執著與無明,開悟大乘教的義理與旨歸,核心思想爲"緣起性空",體現於真俗二諦,"八不"中道。

《阿彌陀經》,又名《佛說阿彌陀經》《小無量壽經》,簡稱《小經》。《阿彌陀經》與《無量壽經》《觀無量壽經》合稱淨土宗三經,雖《無量壽經》爲淨土宗之根本,但《阿彌陀經》更爲流通,這與僧衆廣泛修持及羅什"簡潔流暢、典雅優美"⑤之譯筆無不關係。《阿彌陀經》爲佛陀主動講法,正說詳說淨土莊嚴,宣導發願往生、行善積德、念佛修行。

《大智度論》,簡稱《智度論》《智論》《大論》,又名《摩訶般若釋論》《大智度經論》《大智釋論》《釋論》等。共一百卷⑥一百多萬字,其中包括《大品經》三十多萬字,經文詮釋六十多萬字,當時篇幅最大,使中國人首次系統

① 賴永海,主編. 維摩詰經. 高永旺,張仲娟,譯注. 北京:中華書局,2010:163.
② 星雲大師,總監修. 維摩詰經. 賴永海,釋譯. 高雄:佛光山宗務委員會,1997:6.
③ [隋]吉藏,梳. 中論;百論;二十門論(上). 上海:上海古籍出版社,2011:出版說明1.
④ 黃凱,著. 不二法門:三論宗及其祖庭. 西安:西安電子科技大學出版社,2016:12.
⑤ 阿彌陀經:附無量壽經·觀無量壽經. 鳩摩羅什,譯;王當輝,注譯. 鄭州:中州古籍出版社,2010:8.
⑥ 《開元錄》記載爲 70 卷或 110 卷. 詳見:智升,撰. 開元釋教錄. 富世平,點校. 北京:中華書局,2018:230.

而全面接觸到印度大乘中觀學說。以《大品經》原經敘述爲基本線索，採用"問""答"形式，立足諸法實相、緣起性空，詳論般若大要。對般若波羅蜜解釋，龍樹菩薩最爲概括、最爲經典。預證得般若波羅蜜，諸菩薩需具普度衆生之初發心、探求成佛之種智、證知諸法實相之妙慧。

羅什譯文研究，依託羅什譯本，時有玄奘譯本，間或其他譯本，主要涉及文獻研究、語言研究、文學研究等層面。

文獻研究中，已形成利用梵文開展研究新潮流，尤其是梵漢對勘研究。黃寶生(2011，2016，2018)①推出《維摩詰經》《法華經》《阿彌陀經》等梵漢對勘成果，對梵文佛經進行現代漢語今譯，提供對勘注釋，其中漢譯皆含羅什譯文。

語言研究涉及譯注、釋讀、語法等層面。1992 年三秦出版社推出"佛教文化精華叢書"，1994 年中國社會科學出版社推出"白話佛經"系列，1998 年黑龍江人民出版社推出"佛教十三經今譯"系列，2010 年、2012 年中華書局分別推出"佛教十三經"譯注系列、"佛教經典譯注叢書"，之後不斷再版。其中《金剛經》《法華經》《維摩詰經》《阿彌陀經》皆據羅什譯文，聚焦譯注。星雲(1997)②、沈家楨(1997，2004，2007)③、南懷瑾(2016)④、中國佛學院三論學教研組(2013)⑤等研究是《金剛經》《中論》義理闡釋重要成果。語法研究涵蓋詞彙、句法、篇章，基於單部或多部經書，如袁雪梅

① 梵漢對勘維摩詰所說經. 黃寶生，譯注.北京:中國社會科學出版社,2011:導言 3.
　　梵漢對勘阿彌陀經·無量壽經. 黃寶生，譯注. 北京:中國社會科學出版社,2016.
　　梵漢對勘妙法蓮華經. 黃寶生，譯注. 北京:中國社會科學出版社,2018.
② 星雲大師，總監修. 金剛經講話. 賴永海，釋譯. 臺北:佛光山宗務委員會,1997.
③ 沈家楨，著.《金剛經》的研究. 北京:北京八大處靈光寺,1997.
　　沈家楨，著. 金剛經的研究. 上海:上海佛學書局,2004.
　　沈家楨，著. 金剛經的研究. 北京:宗教文化出版社,2007.
④ 南懷瑾，著述. 金剛經說什麽. 上海:復旦大學出版社,2016.
⑤ 中國佛學院三論學教研組，編.《中論》基礎教程. 北京:宗教文化出版社,2013.

(2010)①、薑南(2011)②、龍國富(2013)③、李帥(2018)④等研究。

　　文學研究集中於《維摩詰經》《法華經》，關注文學特性、文學意義、文學影響，如王麗潔(2005)⑤、高人雄(2010)⑥、楊瑰瑰(2013)⑦等研究。

　　總而言之，羅什譯文，文獻研究日趨受到重視，語言研究得以不斷增長，文學研究文本相對集中，不同譯文研究不平衡。《金剛經》《法華經》《維摩詰經》研究成果豐富，而《阿彌陀經》《大智度論》《中論》成果薄弱。譯文除漢語、藏語外，大都尚有或有西夏文、滿文、回鶻文、於闐文、粟特文等文本，以及日文、英文等外文本。漢語文獻研究甚多，藏語文獻研究不足，其他語言文獻研究甚少。語言研究不僅要關注語法、考究文字、推敲語義、闡發理據，還要考察其發展進路、繼承弘揚、歷史地位、學術價值。文學研究中，詩歌影響居多，詞曲小說深入不足，敦煌維摩詰變相備受關注，其他石窟摩崖造像、維摩詰形象尚待探索。

　　未來譯文研究，需把握"五個維度"：推動版本校勘，尤其是梵漢對勘、多語對勘研究；重視譯文對比，尤其是同經異譯、多經多譯研究；拓展譯文視域，尤其是民俗養生、心理氣功研究；關注譯本傳播，尤其是思想輸入、文化接受研究；加強系統建設，尤其是宏觀微觀、縱嚮橫嚮研究。

張其海(蘇州大學翻譯學博士、山東航空學院講師)

王　　宏(蘇州大學教授)

2020 年 4 月於蘇州大學

①　袁雪梅,著. 中古漢語的關聯詞語：以鳩摩羅什譯經為考察基點. 北京：人民出版社,2010.

②　薑南,著. 基於梵漢對勘的《法華經》語法研究. 北京：商務印書館,2011.

③　龍國富,著. 《妙法蓮華經》語法研究. 北京：商務印書館,2013.

④　李帥,著. 鳩摩羅什譯經述賓結構研究. 長沙：中南大學出版社,2018.

⑤　王麗潔. 《妙法蓮華經》的一乘思想及其文學特徵. 上海：復旦大學,2005.

⑥　高人雄. 試析什譯《妙法蓮華經》的文學藝術特色(上)——繁縟的藝術風格. 西域研究,2010(2)：89-96, 124.

　　高人雄. 試析什譯《妙法蓮華經》的文學藝術特色(下)——想像誇飾的奇特風貌. 西域研究,2010(4)：115-123.

⑦　楊瑰瑰. 《維摩詰經》文獻與文學研究. 北京：中國社會科學出版社,2013.

第一编

# 金剛般若波羅蜜經

# 法會因由分第一

如是我聞。一時佛在舍衛國。祇樹給孤獨園。與大比丘眾。千二百五十人俱。爾時世尊。食時。著衣持缽。入舍衛大城乞食。於其城中。次第乞已。還至本處。飯食訖。收衣缽。洗足已。敷座而坐。

# 善現啟請分第二

時長老須菩提。在大眾中。即從座起。偏袒右肩。右膝著地。合掌恭敬。而白佛言。希有世尊。如來善護念諸菩薩。善付囑諸菩薩。世尊。善男子。善女人。發阿耨多羅三藐三菩提心。應云何住，云何降伏其心。佛言。善哉善哉。須菩提。如汝所說。如來善護念諸菩薩。善付囑諸菩薩。汝今諦聽。當爲汝說。善男子。善女人。發阿耨多羅三藐三菩提心。應如是住，如是降伏其心。唯然。世尊。願樂欲聞。

# 大乘正宗分第三

　　佛告須菩提。諸菩薩摩訶薩。應如是降伏其心。所有一切衆生之類。若卵生。若胎生。若濕生。若化生。若有色。若無色。若有想。若無想。若非有想。非無想。我皆令入無餘涅盤而滅度之。如是滅度無量無數無邊衆生。實無衆生得滅度者。何以故。須菩提。若菩薩有我相。人相。衆生相。壽者相。即非菩薩。

# 妙行無住分第四

　　復次。須菩提。菩薩於法。應無所住行於佈施。所謂不住色佈施。不住聲香味觸法佈施。須菩提！菩薩應如是佈施。不住於相。何以故？若菩薩不住相佈施。其福德不可思量。須菩提。於意云何。東方虛空可思量不。不也。世尊。須菩提。南西北方。四維上下。虛空可思不。不也。世尊。須菩提。菩薩無住相佈施。福德亦復如是。不可思量。須菩提。菩薩但應如所教住。

# 如理實見分第五

　　須菩提。於意云何。可以身相見如來不。不也。世尊。不可以身相得見如來。何以故。如來所說身相。即非身相。佛告須菩提。凡所有相。皆是虛妄。若見諸相非相。則見如來。

# 正信希有分第六

　　須菩提白佛言。世尊。頗有眾生。得聞如是言說章句。生實信不。佛告須菩提。莫作是說。如來滅後。後五百歲。有持戒修福者。於此章句。能生信心。以此爲實。當知是人。不於一佛二佛三四五佛而種善根。已於無量千萬佛所種諸善根。聞是章句。乃至一念生淨信者。須菩提。如來悉知悉見。是諸眾生。得如是無量福德。何以故。是諸眾生無復我相。人相。眾生相。壽者相。無法相。亦無非法相。何以故。是諸眾生。若心取相。則爲著我人眾生壽者。若取法相。即著我人眾生壽者。何以故。若取非法相，即著我人眾生壽者。是故不應取法。不應取非法。以是義故。如來常說。汝等比丘。知我說法。如筏喻者。法尚應舍。何況非法。

# 無得無說分第七

　　須菩提。於意云何。如來得阿耨多羅三藐三菩提耶。如來有所說法耶。須菩提言。如我解佛所說義。無有定法。名阿耨多羅三藐三菩提。亦無有定法。如來可說。何以故。如來所說法。皆不可取。不可說。非法非非法。所以者何。一切賢聖，皆以無爲法而有差別。

# 依法出生分第八

　　須菩提。於意云何。若人滿三千大千世界七寶。以用佈施。是人所得福德。寧爲多不。須菩提言。甚多。世尊。何以故。是福德即非福德性。是故如來說福德多。若復有人。於此經中受持乃至四句偈等。爲他人說。其福勝彼。何以故。須菩提。一切諸佛。及諸佛阿耨多羅三藐三菩提法。皆從此經出。須菩提。所謂佛法者。即非佛法。

# 一相無相分第九

　　須菩提。於意云何。須陀洹能作是念。我得須陀洹果不。須菩提言。不也。世尊。何以故。須陀洹名爲入流。而無所入。不入色聲香味觸法。是名須陀洹，須菩提。於意云何。斯陀含能作是念。我得斯陀含果不。須菩提言。不也。世尊。何以故。斯陀含名一往來。而實無往來。是名斯陀含。須菩提。於意云何。阿那含能作是念。我得阿那含果不。須菩提言。不也。世尊。何以故。阿那含名爲不來，而實無不來。是名阿那含。須菩提。於意云何。阿羅漢能作是念。我得阿羅漢道不。須菩提言。不也。世尊。何以故。實無有法名阿羅漢。世尊。若阿羅漢作是念。我得阿羅漢道。即著我人衆生壽者。世尊。佛說我得無諍三昧。人中最爲第一。是第一離欲阿羅漢。我不作是念。我是離欲阿羅漢。世尊。我若作是念。我得阿羅漢道。世尊則不說須菩提。是樂阿蘭那行者。以須菩提實無所行。而名須菩提。是樂阿蘭那行。

# 莊嚴淨土分第十

　　佛告須菩提。於意云何。如來昔在然燈佛所。於法有所得不。不也。世尊。如來在然燈佛所。於法實無所得。須菩提。於意云何。菩薩莊嚴佛土不。不也。世尊。何以故。莊嚴佛土者。即非莊嚴。是名莊嚴。是故須菩提。諸菩薩摩訶薩。應如是生清淨心。不應住色生心。不應住聲香味觸法生心。應無所住而生其心。須菩提。譬如有人。身如須彌山王，於意云何。是身爲大不。須菩提言。甚大。世尊。何以故。佛說非身。是名大身。

# 無爲福勝分第十一

　　須菩提。如恒河中所有沙數。如是沙等恒河。於意云何。是諸恒河沙。寧爲多不。須菩提言。甚多。世尊。但諸恒河尚多無數。何況其沙。須菩提。我今實言告汝。若有善男子。善女人。以七寶滿爾所恒河沙數三千大千世界。以用佈施。得福多不。須菩提言。甚多。世尊。佛告須菩提。若善男子。善女人。於此經中。乃至受持四句偈等。爲他人說。而此福德。勝前福德。

# 尊重正教分第十二

復次。須菩提。隨說是經。乃至四句偈等。當知此處。一切世間天人阿修羅。皆應供養。如佛塔廟。何況有人。盡能受持讀誦。須菩提。當知是人。成就最上第一希有之法。若是經典所在之處。即爲有佛。若尊重弟子。

# 如法受持分第十三

爾時。須菩提白佛言。世尊。當何名此經。我等云何奉持。佛告須菩提。是經名爲金剛般若波羅蜜。以是名字。汝當奉持。所以者何。須菩提。佛說般若波羅蜜。則非般若波羅蜜。須菩提。於意云何。如來有所說法不。須菩提白佛言。世尊。如來無所說。須菩提。於意云何。三千大千世界所有微塵。是爲多不。須菩提言。甚多。世尊。須菩提。諸微塵。如來說非微塵。是名微塵。如來說世界。非世界。是名世界。須菩提。於意云何。可以三十二相見如來不。不也。世尊。何以故。如來說三十二相。即是非相。是名三十二相。須菩提。若有善男子。善女人。以恒河沙等身命佈施。若復有人。於此經中。乃至受持四句偈等。爲他人說。其福甚多。

# 離相寂滅分第十四

爾時須菩提。聞說是經。深解義趣。涕淚悲泣。而白佛言。希有世尊。佛說如是甚深經典。我從昔來所得慧眼。未曾得聞如是之經。世尊。若復有人得聞是經。信心清淨。則生實相。當知是人。成就第一希有功德。世尊。是實相者。即是非相。是故如來說名實相。世尊。我今得聞如是經典。信解受持。不足爲難。若當來世。後五百歲。其有衆生。得聞是經。信解受持。是人則爲第一希有。何以故。此人無我相。無人相。無衆生相。無壽者相。所以者何。我相即是非相。人相衆生相壽者相即是非相。何以故。離一切諸相。則名諸佛。

佛告須菩提。如是如是。若復有人。得聞是經。不驚不怖不畏。當知是人甚爲希有。何以故。須菩提。如來說第一波羅蜜。即非第一波羅蜜。是名第一波羅蜜。須菩提。忍辱波羅蜜。如來說非忍辱波羅蜜。何以故。須菩提！如我昔爲歌利王割截身體。我於爾時。無我相。無人相。無衆生相。無壽者相。何以故。我於往昔節節支解時。若有我相人相衆生相壽者相。應生嗔恨。須菩提。又念過去於五百世作忍辱仙人。於爾所世。無我相。無人相。無衆生相。無壽者相。是故須菩提。菩薩應離一切相。發阿耨多羅三藐三菩提心。不應住色生心。不應住聲香味觸法生心。應生無所住心。若心有住則爲非住,是故佛說菩薩心不應住色佈施。須菩提。菩薩爲利益一切衆生。應如是佈施。如來說一切諸相。即是非相。又說一切衆生。即非衆生。須菩提。如來是眞語者。實語者。如語者。不誑語者。不異語者。須菩提。如來所得法。此法無實無虛。須菩提。若菩薩心。住於法而行佈施。如人入闇，則無所見。若菩薩心不住法而行佈施。如人有目。日光明照。見種種色。須菩提。當來之世。若有善男子。善女人。能於此經受持讀誦。則爲如來。以佛智慧。悉知是人。悉見是人。皆得成就無量無邊功德。

# 持經功德分第十五

須菩提。若有善男子。善女人。初日分。以恒河沙等身佈施。中日分。復以恒河沙等身佈施。後日分。亦以恒河沙等身佈施。如是無量百千萬億劫。以身佈施。若復有人，聞此經典。信心不逆。其福勝彼。何況書寫受持讀誦。爲人解說。須菩提。以要言之。是經有不可思議。不可稱量。無邊功德。如來爲發大乘者說。爲發最上乘者說。若有人能受持讀誦。廣爲人說。如來悉知是人。悉見是人。皆得成就不可量。不可稱。無有邊。不可思議功德。如是人等。則爲荷擔如來阿耨多羅三藐三菩提。何以故。須菩提。若樂小法者。著我見人見衆生見壽者見。則於此經。不能聽受讀誦。爲人解說。須菩提。在在處處。若有此經。一切世間天人阿修羅。所應供養。當知此處。則爲是塔。皆應恭敬。作禮圍繞。以諸華香而散其處。

# 能淨業障分第十六

復次。須菩提。若善男子。善女人。受持讀誦此經。若爲人輕賤。是人先世罪業。應墮惡道。以今世人輕賤故。先世罪業即爲消滅。當得阿耨多羅三藐三菩提。須菩提。我念過去無量阿僧祇劫。於然燈佛前。得值八百四千萬億那由他諸佛。悉皆供養承事。無空過者。若復有人。於後末世。能受持讀誦此經。所得功德。於我所供養諸佛功德。百分不及一。千萬億分乃至算數譬喻所不能及。須菩提。若善男子。善女人。於後末世。有受持讀誦此經。所得功德。我若具說者。或有人聞。心則狂亂。狐疑不信。須菩提。當知是經義不可思議。果報亦不可思議。

# 究竟無我分第十七

爾時須菩提白佛言。世尊。善男子。善女人。發阿耨多羅三藐三菩提心。云何應住？云何降伏其心？佛告須菩提。善男子。善女人。發阿耨多羅三藐三菩提者。當生如是心。我應滅度一切衆生。滅度一切衆生已。而無有一衆生實滅度者。何以故。須菩提。若菩薩有我相人相衆生相壽者相,則非菩薩。所以者何。須菩提。實無有法發阿耨多羅三藐三菩提者。須菩提。於意云何。如來於然燈佛所。有法得阿耨多羅三藐三菩提不。不也。世尊。如我解佛所說義。佛於然燈佛所。無有法得阿耨多羅三藐三菩提。佛言。如是如是。須菩提。實無有法如來得阿耨多羅三藐三菩提。須菩提。若有法得阿耨多羅三藐三菩提。然燈佛則不與我授記。汝於來世。當得作佛。號釋迦牟尼。以實無有法得阿耨多羅三藐三菩提。是故然燈佛與我授記。作是言。汝於來世。當得作佛。號釋迦牟尼。何以故。如來者。即諸法如義。若有人言。如來得阿耨多羅三藐三菩提。須菩提。實無有法。佛得阿耨多羅三藐三菩提。須菩提。如來所得阿耨多羅三藐三菩提。於是中無實無虛。是故如來說一切法皆是佛法。須菩提。所言一切法者。即非一切法。是故名一切法。須菩提。譬如人身長大。須菩提言。世尊。如來說人身長大。則為非大身。是名大身。須菩提。菩薩亦如是。若作是言。我當滅度無量眾生。則不名菩薩。何以故。須菩提。無有法名為菩薩。是故佛說。一切法無我無人無眾生無壽者。須菩提。若菩薩作是言。我當莊嚴佛土。是不名菩薩。何以故。如來說莊嚴佛土者。即非莊嚴。是名莊嚴。須菩提。若菩薩通達無我法者。如來說名真是菩薩。

# 一體同觀分第十八

須菩提。於意云何。如來有肉眼不。如是。世尊。如來有肉眼。須菩提。於意云何。如來有天眼不。如是。世尊。如來有天眼。須菩提。於意云何。如來有慧眼不。如是。世尊。如來有慧眼。須菩提。於意云何。如來有法眼不。如是。世尊。如來有法眼。須菩提。於意云何。如來有佛眼不。如是。世尊。如來有佛眼。須菩提。於意云何。恒河中所有沙。佛說是沙不。如是。世尊。如來說是沙。須菩提。於意云何。如一恒河中所有沙。有如是沙等恒河。是諸恒河所有沙數佛世界，如是寧爲多不。甚多。世尊。佛告須菩提。爾所國土中。所有衆生，若干種心。如來悉知。何以故。如來說諸心皆爲非心。是名爲心。所以者何。須菩提。過去心不可得。現在心不可得。未來心不可得。

# 法界通化分第十九

須菩提。於意云何。若有人滿三千大千世界七寶。以用佈施。是人以是因緣。得福多不。如是。世尊。此人以是因緣。得福甚多。須菩提。若福德有實。如來不說得福德多。以福德無故。如來說得福德多。

# 離色離相分第二十

須菩提。於意云何。佛可以具足色身見不。不也。世尊。如來不應以具足色身見。何以故。如來說。具足色身。即非具足色身。是名具足色身。須菩提。於意云何。如來可以具足諸相見不。不也。世尊。如來不應以具足諸相見。何以故。如來說諸相具足。即非具足。是名諸相具足。

# 非說所說分第二十一

須菩提。汝勿謂如來作是念。我當有所說法。莫作是念。何以故。若人言如來有所說法。即爲謗佛。不能解我所說故。須菩提。說法者。無法可說。是名說法。爾時慧命須菩提白佛言。世尊。頗有衆生。於未來世。聞說是法。生信心不。佛言。須菩提。彼非衆生。非不衆生。何以故。須菩提。衆生衆生者。如來說非衆生。是名衆生。

# 無法可得分第二十二

須菩提白佛言。世尊。佛得阿耨多羅三藐三菩提。爲無所得耶。佛言。如是。如是。須菩提。我於阿耨多羅三藐三菩提。乃至無有少法可得。是名阿耨多羅三藐三菩提。

# 淨心行善分第二十三

　　復次。須菩提。是法平等。無有高下。是名阿耨多羅三藐三菩提。以無我無人無衆生無壽者。修一切善法。即得阿耨多羅三藐三菩提。須菩提。所言善法者。如來說即非善法。是名善法。

# 福智無比分第二十四

　　須菩提。若三千大千世界中。所有諸須彌山王。如是等七寶聚。有人持用佈施。若人以此般若波羅蜜經。乃至四句偈等。受持。爲他人說。於前福德。百分不及一。百千萬億分。乃至算數譬喻所不能及。

# 化無所化分第二十五

須菩提。於意云何。汝等勿謂如來作是念。我當度衆生。須菩提。莫作是念。何以故。實無有衆生如來度者。若有衆生如來度者。如來則有我人衆生壽者。須菩提。如來說有我者。即非有我。而凡夫之人以爲有我。須菩提。凡夫者。如來說即非凡夫。

# 法身非相分第二十六

須菩提。於意云何。可以三十二相觀如來不。須菩提言。如是如是以三十二相觀如來。佛言。須菩提。若以三十二相觀如來者。轉輪聖王即是如來。須菩提白佛言。世尊。如我解佛所說義。不應以三十二相觀如來。爾時。世尊而說偈言。若以色見我。以音聲求我。是人行邪道。不能見如來。

# 無斷無滅分第二十七

　　須菩提。汝若作是念。如來不以具足相故。得阿耨多羅三藐三菩提。須菩提。莫作是念。如來不以具足相故。得阿耨多羅三藐三菩提。須菩提。汝若作是念。發阿耨多羅三藐三菩提心者。說諸法斷滅。莫作是念。何以故。發阿耨多羅三藐三菩提心者。於法不說斷滅相。

# 不受不貪分第二十八

　　須菩提。若菩薩以滿恒河沙等世界七寶佈施。若復有人知一切法無我。得成於忍。此菩薩勝前菩薩所得功德。何以故。須菩提。以諸菩薩不受福德故。須菩提白佛言。世尊。云何菩薩不受福德。須菩提。菩薩所作福德。不應貪著。是故說不受福德。

# 威儀寂淨分第二十九

須菩提。若有人言。如來若來若去。若坐若臥。是人不解我所說義。何以故。如來者。無所從來。亦無所去。故名如來。

# 一合理相分第三十

須菩提。若善男子。善女人。以三千大千世界碎爲微塵。於意云何。是微塵衆寧爲多不。甚多。世尊。何以故。若是微塵衆實有者。佛則不說是微塵衆。所以者何。佛說。微塵衆。即非微塵衆。是名微塵衆。世尊。如來所說三千大千世界。即非世界。是名世界。何以故。若世界實有。即是一合相。如來說。一合相。即非一合相。是名一合相。須菩提。一合相者。即是不可說。但凡夫之人貪著其事。

# 知見不生分第三十一

須菩提。若人言。佛說我見人見衆生見壽者見。須菩提。於意云何。是人解我所說義不。不也。世尊。是人不解如來所說義。何以故。世尊說。我見人見衆生見壽者見，即非我見人見衆生見壽者見，是名我見人見衆生見壽者見。須菩提。發阿耨多羅三藐三菩提心者。於一切法。應如是知。如是見。如是信解。不生法相。須菩提。所言法相者。如來說即非法相。是名法相。

# 應化非真分第三十二

須菩提。若有人以滿無量阿僧祇世界七寶持用佈施。若有善男子。善女人發菩提心者。持於此經。乃至四句偈等。受持讀誦。爲人演說。其福勝彼。云何爲人演說。不取於相。如如不動。何以故。一切有爲法。如夢幻泡影。如露亦如電。應作如是觀。佛說是經已。長老須菩提。及諸比丘。比丘尼。優婆塞。優婆夷。一切世間天人阿修羅。聞佛所說。皆大歡喜。信受奉行。

第二編

# 妙法蓮華經

# 卷第一

## ～～ 序品第一 ～～

如是我聞：一時，佛住王舍城耆闍崛山中，與大比丘眾萬二千人俱，皆是阿羅漢，諸漏已盡，無復煩惱，逮得己利，盡諸有結，心得自在。其名曰：阿若憍陳如、摩訶迦葉、優樓頻螺迦葉、伽耶迦葉、那提迦葉、舍利弗、大目犍連、摩訶迦旃延、阿㝹樓馱、劫賓那、憍梵波提、離婆多、畢陵伽婆蹉、薄拘羅、摩訶拘絺羅、難陀、孫陀羅難陀、富樓那彌多羅尼子、須菩提、阿難、羅睺羅，如是眾所知識大阿羅漢等；復有學、無學二千人，摩訶波闍波提比丘尼與眷屬六千人俱，羅睺羅母耶輸陀羅比丘尼亦與眷屬俱；菩薩摩訶薩八萬人，皆於阿耨多羅三藐三菩提不退轉，皆得陀羅尼樂說辯才，轉不退轉法輪，供養無量百千諸佛，於諸佛所殖眾德本，常為諸佛之所稱嘆，以慈修身，善入佛慧，通達大智，到於彼岸，名稱普聞無量世界，能度無數百千眾生，其名曰：文殊師利菩薩、觀世音菩薩、得大勢菩薩、常精進菩薩、不休息菩薩、寶掌菩薩、藥王菩薩、勇施菩薩、寶月菩薩、月光菩薩、滿月菩薩、大力菩薩、無量力菩薩、越三界菩薩、跋陀婆羅菩薩、彌勒菩薩、寶積菩薩、導師菩薩，如是等菩薩摩訶薩八萬人俱。

爾時，釋提桓因與其眷屬二萬天子俱，復有名月天子、普香天子、寶光天子、四大天王與其眷屬萬天子俱，自在天子、大自在天子與其眷屬三萬天子俱，娑婆世界主梵天王、屍棄大梵、光明大梵等與其眷屬萬二千天子俱;有八龍王——難陀龍王、跋難陀龍王、娑伽羅龍王、和修吉龍王、德叉迦龍王、阿那婆達多龍王、摩那斯龍王、優缽羅龍王等,各與若干百千眷屬俱;有四緊那羅王——法緊那羅王、妙法緊那羅王、大法緊那羅王、持法緊那羅王,各與若干百千眷屬俱;有四乾闥婆王——樂乾闥婆王、樂音乾闥婆王、美乾闥婆王、美音乾闥婆王,各與若干百千眷屬俱;有四阿修羅王——婆稚阿修羅王、佉羅騫馱阿修羅王、毗摩質多羅阿修羅王、羅睺阿修羅王,各與若干百千眷屬俱;有四迦樓羅王——大威德迦樓羅王、大身迦樓羅王、大滿迦樓羅王、如意迦樓羅王,各與若干百千眷屬俱;韋提希子阿闍世王,與若干百千眷屬俱,各禮佛足退坐一面。

爾時世尊,四衆圍繞,供養恭敬,尊重、讚嘆,爲諸菩薩說大乘經,名《無量義》,教菩薩法,佛所護念。佛說此經已,結跏趺坐,入於無量義處三昧,身心不動。是時,天雨曼陀羅華、摩訶曼陀羅華、曼殊沙華、摩訶曼殊沙華,而散佛上及諸大衆,普佛世界,六種震動。爾時,會中比丘、比丘尼、優婆塞、優婆夷,天龍、夜叉、乾闥婆、阿修羅、迦樓羅、緊那羅、摩睺羅伽、人非人,及諸小王、轉輪聖王,是諸大衆得未曾有,歡喜合掌,一心觀佛。爾時,佛放眉間白毫相光,照東方萬八千世界,靡不周遍,下至阿鼻地獄,上至阿迦尼吒天。於此世界,盡見彼土六趣衆生,又見彼土現在諸佛,及聞諸佛所說經法,並見彼諸比丘、比丘尼、優婆塞、優婆夷諸修行得道者,復見諸菩薩摩訶薩種種因緣、種種信解、種種相貌行菩薩道,復見諸佛般涅槃者,復見諸佛般涅槃後,以佛舍利起七寶塔。

爾時,彌勒菩薩作是念:"今者世尊現神變相,以何因緣而有此瑞?今佛世尊入於三昧,是不可思議,現希有事,當以問誰?誰能答者?"復作此念:"是文殊師利法王之子,已曾親近供養過去無量諸佛,必應見此希有之相,我今當問。"爾時,比丘、比丘尼、優婆塞、優婆夷,及諸天、龍、鬼神等咸作此念:"是佛光明神通之相,今當問誰?"爾時,彌勒菩薩欲自決疑,又觀四衆比丘、比丘尼、優婆塞、優婆夷,及諸天、龍、鬼神等衆會之心,而問文殊師利言:"以何因緣而有此瑞神通之相,放大光明照於東方萬八千土,悉見彼佛國界莊嚴?"

於是，彌勒菩薩欲重宣此義，以偈問曰：

"文殊師利！導師何故？眉間白毫，大光普照。
雨曼陀羅、曼殊沙華。栴檀香風，悅可眾心。
以是因緣，地皆嚴淨。而此世界，六種震動。
時四部眾，咸皆歡喜，身意快然，得未曾有。
眉間光明，照於東方，萬八千土，皆如金色，
從阿鼻獄，上至有頂，諸世界中，六道眾生，
生死所趣，善惡業緣，受報好醜，於此悉見。
又睹諸佛，聖主師子，演說經典，微妙第一。
其聲清淨，出柔軟音，教諸菩薩，無數億萬。
梵音深妙，令人樂聞，各於世界，講說正法。
種種因緣，以無量喻，照明佛法，開悟眾生：
若人遭苦，厭老病死，爲說涅槃，盡諸苦際；
若人有福，曾供養佛，志求勝法，爲說緣覺；
若有佛子，修種種行，求無上慧，爲說淨道。
文殊師利！我住於此，見聞若斯，及千億事，
如是眾多，今當略說。我見彼土，恒沙菩薩，
種種因緣，而求佛道：或有行施，金銀珊瑚，
真珠摩尼，硨磲瑪瑙，金剛諸珍，奴婢車乘，
寶飾輦輿，歡喜佈施，回嚮佛道，願得是乘，
三界第一，諸佛所嘆；或有菩薩，駟馬寶車，
欄楯華蓋，軒飾佈施；復見菩薩，身肉手足，
及妻子施，求無上道；又見菩薩，頭目身體，
欣樂施與，求佛智慧。文殊師利！我見諸王，
往詣佛所，問無上道，便舍樂土，宮殿臣妾，
剃除鬚髮，而被法服；或見菩薩，而作比丘，
獨處閑靜，樂誦經典；又見菩薩，勇猛精進，
入於深山，思惟佛道；又見離欲，常處空閑，

深修禪定,得五神通;又見菩薩,安禪合掌,
以千萬偈,贊諸法王;復見菩薩,智深志固,
能問諸佛,聞悉受持;又見佛子,定慧具足,
以無量喻,爲衆講法,欣樂說法,化諸菩薩,
破魔兵衆,而擊法鼓;又見菩薩,寂然宴默,
天龍恭敬,不以爲喜;又見菩薩,處林放光,
濟地獄苦,令入佛道;又見佛子,未嘗睡眠,
經行林中,勤求佛道;又見具戒,威儀無缺,
淨如寶珠,以求佛道;又見佛子,住忍辱力,
增上慢人,惡罵捶打,皆悉能忍,以求佛道;
又見菩薩,離諸戲笑,及痴眷屬,親近智者,
一心除亂,攝念山林,億千萬歲,以求佛道;
或見菩薩,肴膳飲食,百種湯藥,施佛及僧,
名衣上服,價值千萬,或無價衣,施佛及僧,
千萬億種,栴檀寶舍,衆妙臥具,施佛及僧,
清淨園林,華果茂盛,流泉浴池,施佛及僧,
如是等施,種果微妙,歡喜無厭,求無上道;
或有菩薩,說寂滅法,種種教詔,無數衆生;
或見菩薩,觀諸法性,無有二相,猶如虛空;
又見佛子,心無所著,以此妙慧,求無上道。
文殊師利! 又有菩薩,佛滅度後,供養舍利:
又見佛子,造諸塔廟,無數恒沙,嚴飾國界,
寶塔高妙,五千由旬,縱廣正等,二千由旬,
一一塔廟,各千幢幡,珠交露幔,寶鈴和鳴,
諸天龍神,人及非人,香華伎樂,常以供養。
文殊師利! 諸佛子等,爲供舍利,嚴飾塔廟,
國界自然,殊特妙好,如天樹王,其華開敷。
佛放一光,我及衆會,見此國界,種種殊妙,

諸佛神力，智慧希有，放一淨光，照無量國。

我等見此，得未曾有。佛子文殊，願決衆疑，

四衆欣仰，瞻仁及我。世尊何故，放斯光明？

佛子時答，決疑令喜，何所饒益，演斯光明？

佛坐道場，所得妙法，爲欲說此，爲當授記，

示諸佛土，衆寶嚴淨，及見諸佛，此非小緣。

文殊當知，四衆龍神，瞻察仁者，爲說何等。”

爾時，文殊師利語彌勒菩薩摩訶薩及諸大士：“善男子等！如我惟忖，今佛世尊，欲說大法，雨大法雨，吹大法螺，擊大法鼓，演大法義。諸善男子！我於過去諸佛曾見此瑞，放斯光已，即說大法，是故當知。今佛現光，亦復如是，欲令衆生咸得聞知一切世間難信之法，故現斯瑞。諸善男子！如過去無量無邊不可思議阿僧祇劫，爾時有佛，號日月燈明如來、應供、正遍知、明行足、善逝、世間解、無上士、調禦丈夫、天人師、佛、世尊，演說正法，初善、中善、後善，其義深遠，其語巧妙，純一無雜，具足清白梵行之相。爲求聲聞者，說應四諦法，度生老病死究竟涅槃；爲求辟支佛者，說應十二因緣法；爲諸菩薩說應六波羅蜜，令得阿耨多羅三藐三菩提，成一切種智。次復有佛，亦名日月燈明；次復有佛，亦名日月燈明；如是二萬佛，皆同一字，號日月燈明。又同一姓，姓頗羅墮。彌勒當知，初佛、後佛皆同一字，名日月燈明，十號具足，所可說法初、中、後善。其最後佛未出家時，有八王子：一名有意、二名善意、三名無量意、四名寶意，五名增意、六名除疑意、七名向意、八名法意。是八王子，威德自在，各領四天下。是諸王子，聞父出家，得阿耨多羅三藐三菩提，悉舍王位，亦隨出家，發大乘意，常修梵行，皆爲法師，已於千萬佛所植諸善本。是時，日月燈明佛說大乘經，名《無量義》，教菩薩法，佛所護念。說是經已，即於大衆中結跏趺坐，入於無量義處三昧，身心不動。是時，天雨曼陀羅華、摩訶曼陀羅華、曼殊沙華、摩訶曼殊沙華，而散佛上，及諸大衆，普佛世界，六種震動。爾時，會中比丘、比丘尼、優婆塞、優婆夷，天、龍、夜叉、乾闥婆、阿修羅、迦樓羅、緊那羅、摩睺羅伽、人非人，及諸小王、轉輪聖王等，是諸大衆，得未曾有，歡喜

合掌，一心觀佛。

"爾時，如來放眉間白毫相光，照東方萬八千佛土，靡不周遍，如今所見，是諸佛土。彌勒當知：爾時會中有二十億菩薩樂欲聽法，是諸菩薩見此光明普照佛土，得未曾有，欲知此光所爲因緣。時有菩薩名曰妙光，有八百弟子。是時，日月燈明佛從三昧起，因妙光菩薩說大乘經，名《妙法蓮華》，教菩薩法，佛所護念，六十小劫不起於座。時，會聽者亦坐一處，六十小劫，身心不動，聽佛所說，謂如食頃。是時，衆中無有一人，若身若心，而生懈倦。日月燈明佛於六十小劫說是經已，即於梵、魔、沙門、婆羅門及天、人、阿修羅衆中，而宣此言：'如來於今日中夜當入無餘涅槃。'時，有菩薩名曰德藏，日月燈明佛即授其記，告諸比丘：'是德藏菩薩次當作佛，號曰淨身多陀阿伽度、阿羅訶、三藐三佛陀。'佛授記已，便於中夜入無餘涅槃。佛滅度後，妙光菩薩持《妙法蓮華經》，滿八十小劫爲人演說。日月燈明佛八子皆師妙光。妙光教化，令其堅固阿耨多羅三藐三菩提。是諸王子供養無量百千萬億佛已，皆成佛道。其最後成佛者，名曰燃燈。八百弟子中，有一人號曰求名，貪著利養，雖復讀誦衆經，而不通利，多所忘失，故號求名。是人亦以種諸善根因緣故，得值無量百千萬億諸佛，供養恭敬，尊重讚嘆。彌勒當知：爾時妙光菩薩，豈異人乎？我身是也；求名菩薩，汝身是也。今見此瑞，與本無異，是故惟忖：今日如來當說大乘經，名《妙法蓮華》，教菩薩法，佛所護念。"

爾時，文殊師利於大衆中欲重宣此義，而說偈言：

"我念過去世，無量無數劫，有佛人中尊，號日月燈明。

世尊演說法，度無量衆生，無數億菩薩，令入佛智慧。

佛未出家時，所生八王子，見大聖出家，亦隨修梵行。

時佛說大乘，經名《無量義》，於諸大衆中，而爲廣分別。

佛說此經已，即於法座上，跏趺坐三昧，名無量義處。

天雨曼陀華，天鼓自然鳴，諸天龍鬼神，供養人中尊。

一切諸佛土，即時大震動，佛放眉間光，現諸希有事。

此光照東方，萬八千佛土，示一切衆生，生死業報處。

有見諸佛土，以衆寶莊嚴，琉璃頗梨色，斯由佛光照。
及見諸天人，龍神夜叉衆，乾闥緊那羅，各供養其佛。
又見諸如來，自然成佛道，身色如金山，端嚴甚微妙，
如淨琉璃中，內現真金像。世尊在大衆，敷演深法義，
一一諸佛土，聲聞衆無數，因佛光所照，悉見彼大衆。
或有諸比丘，在於山林中，精進持淨戒，猶如護明珠。
又見諸菩薩，行施忍辱等，其數如恒沙，斯由佛光照。
又見諸菩薩，深入諸禪定，身心寂不動，以求無上道。
又見諸菩薩，知法寂滅相，各於其國土，說法求佛道。
爾時四部衆，見日月燈佛，現大神通力，其心皆歡喜，
各各自相問，是事何因緣？天人所奉尊，適從三昧起，
贊妙光菩薩：汝爲世間眼，一切所歸信，能奉持法藏，
如我所說法，唯汝能證知。世尊既讚嘆，令妙光歡喜，
說是《法華經》，滿六十小劫，不起於此座。所說上妙法，
是妙光法師，悉皆能受持。佛說是《法華》，令衆歡喜已，
尋即於是日，告於天人衆：諸法實相義，已爲汝等說。
我今於中夜，當入於涅槃。汝一心精進，當離於放逸，
諸佛甚難值，億劫時一遇。世尊諸子等，聞佛入涅槃，
各各懷悲惱，佛滅一何速！聖主法之王，安慰無量衆：
我若滅度時，汝等勿憂怖，是德藏菩薩，於無漏實相，
心已得通達，其次當作佛，號曰爲淨身，亦度無量衆。
佛此夜滅度，如薪盡火滅，分佈諸舍利，而起無量塔。
比丘比丘尼，其數如恒沙，倍復加精進，以求無上道。
是妙光法師，奉持佛法藏，八十小劫中，廣宣《法華經》。
是諸八王子，妙光所開化，堅固無上道，當見無數佛。
供養諸佛已，隨順行大道，相繼得成佛，轉次而授記。
最後天中天，號曰燃燈佛，諸仙之導師，度脫無量衆。
是妙光法師，時有一弟子，心常懷懈怠，貪著於名利。

求名利無厭,多遊族姓家,棄捨所習誦,廢忘不通利。

以是因緣故,號之爲求名。亦行衆善業,得見無數佛,

供養於諸佛,隨順行大道,具六波羅蜜,今見釋師子,

其後當作佛,號名曰彌勒,廣度諸衆生,其數無有量。

彼佛滅度後,懈怠者汝是;妙光法師者,今則我身是。

我見燈明佛,本光瑞如此,以是知今佛,欲說《法華經》。

今相如本瑞,是諸佛方便,今佛放光明,助發實相義。

諸人今當知,合掌一心待,佛當雨法雨,充足求道者。

諸求三乘人,若有疑悔者,佛當爲除斷,令盡無有餘。"

## ～～ 方便品第二 ～～

爾時,世尊從三昧安詳而起,告舍利弗:"諸佛智慧甚深無量,其智慧門難解難入,一切聲聞、辟支佛所不能知。所以者何?佛曾親近百千萬億無數諸佛,盡行諸佛無量道法,勇猛精進,名稱普聞,成就甚深,未曾有法,隨宜所說,意趣難解。舍利弗!吾從成佛已來,種種因緣,種種譬喻,廣演言教,無數方便,引導衆生,令離諸著。所以者何?如來方便、知見波羅蜜皆已具足。舍利弗!如來知見廣大深遠,無量、無礙、力、無所畏、禪定、解脫、三昧,深入無際,成就一切未曾有法。舍利弗!如來能種種分別巧說諸法,言辭柔軟,悅可衆心。舍利弗!取要言之,無量無邊未曾有法,佛悉成就。止!舍利弗!不須復說。所以者何?佛所成就第一希有難解之法,唯佛與佛乃能究盡諸法實相,所謂諸法如是相、如是性、如是體、如是力、如是作、如是因、如是緣、如是果、如是報、如是本末究竟等。"

爾時,世尊欲重宣此義,而說偈言:

"世雄不可量,諸天及世人,一切衆生類,無能知佛者。

佛力無所畏,解脫諸三昧,及佛諸餘法,無能測量者。

本從無數佛,具足行諸道,甚深微妙法,難見難可了。

於無量億劫,行此諸道已,道場得成果,我已悉知見。

如是大果報，種種性相義，我及十方佛，乃能知是事。

是法不可示，言辭相寂滅，諸餘眾生類，無有能得解。

除諸菩薩眾，信力堅固者，諸佛弟子眾，曾供養諸佛，

一切漏已盡，住是最後身，如是諸人等，其力所不堪。

假使滿世間，皆如舍利弗，盡思共度量，不能測佛智。

正使滿十方，皆如舍利弗，及餘諸弟子，亦滿十方剎，

盡思共度量，亦復不能知。辟支佛利智，無漏最後身，

亦滿十方界，其數如竹林，斯等共一心，於億無量劫，

欲思佛實智，莫能知少分。新發意菩薩，供養無數佛，

了達諸義趣，又能善說法，如稻麻竹葦，充滿十方剎，

一心以妙智，於恒河沙劫，咸皆共思量，不能知佛智。

不退諸菩薩，其數如恒沙，一心共思求，亦復不能知。

又告舍利弗：無漏不思議，甚深微妙法，我今已具得，

唯我知是相，十方佛亦然。舍利弗當知，諸佛語無異，

於佛所說法，當生大信力。世尊法久後，要當說真實，

告諸聲聞眾，及求緣覺乘，我令脫苦縛，逮得涅槃者，

佛以方便力，示以三乘教，眾生處處著，引之令得出。"

爾時，大眾中有諸聲聞、漏盡阿羅漢阿若憍陳如等千二百人，及發聲聞、辟支佛心比丘、比丘尼、優婆塞、優婆夷，各作是念："今者世尊，何故殷勤稱嘆方便，而作是言：佛所得法甚深難解，有所言說意趣難知，一切聲聞、辟支佛所不能及。佛說一解脫義，我等亦得此法，到於涅槃。而今不知是義所趣？"

爾時，舍利弗知四眾心疑，自亦未了，而白佛言："世尊！何因何緣殷勤稱嘆諸佛第一方便、甚深微妙難解之法？我自昔來，未曾從佛聞如是說。今者四眾咸皆有疑，唯願世尊敷演斯事。世尊！何故殷勤稱嘆甚深微妙難解之法？"爾時，舍利弗欲重宣此義，而說偈言：

"慧日大聖尊，久乃說是法，自說得如是，力無畏三昧，

禪定解脫等，不可思議法。道場所得法，無能發問者，

我意難可測，亦無能問者。無問而自說，稱嘆所行道，

智慧甚微妙，諸佛之所得。無漏諸羅漢，及求涅槃者，

今皆墮疑網，佛何故說是。其求緣覺者，比丘比丘尼，

諸天龍鬼神，及乾闥婆等，相視懷猶豫，瞻仰兩足尊。

是事爲云何？願佛爲解說。於諸聲聞衆，佛說我第一，

我今自於智，疑惑不能了，爲是究竟法？爲是所行道？

佛口所生子，合掌瞻仰待，願出微妙音，時爲如實說。

諸天龍神等，其數如恒沙，求佛諸菩薩，大數有八萬。

又諸萬億國，轉輪聖王至，合掌以敬心，欲聞具足道。”

爾時，佛告舍利弗：“止！止！不須復說。若說是事，一切世間諸天及人皆當驚疑。”

舍利弗重白佛言：“世尊！唯願說之，唯願說之。所以者何？是會無數百千萬億阿僧祇衆生曾見諸佛，諸根猛利，智慧明瞭，聞佛所說，則能敬信。”

爾時，舍利弗欲重宣此義，而說偈言：

“法王無上尊，唯說願勿慮。是會無量衆，有能敬信者。”

佛復止舍利弗：“若說是事，一切世間天人阿修羅皆當驚疑，增上慢比丘將墜於大坑。”

爾時，世尊重說偈言：

“止止不須說，我法妙難思。諸增上慢者，聞必不敬信。”

爾時，舍利弗重白佛言：“世尊！唯願說之，唯願說之。今此會中，如我等比百千萬億世世已曾從佛受化。如此人等，必能敬信，長夜安隱，多所饒益。”

爾時，舍利弗欲重宣此義，而說偈言：

“無上兩足尊，願說第一法。我爲佛長子，唯垂分別說。

是會無量衆，能敬信此法。佛已曾世世，教化如是等，

皆一心合掌，欲聽受佛語。我等千二百，及餘求佛者，

願爲此衆故，唯垂分別說。是等聞此法，則生大歡喜。”

爾時，世尊告舍利弗：「汝已殷勤三請，豈得不說？汝今諦聽，善思念之，吾當爲汝分別解說。」

說此語時，會中有比丘、比丘尼、優婆塞、優婆夷五千人等，即從座起，禮佛而退。所以者何？此輩罪根深重及增上慢，未得謂得，未證謂證，有如此失，是以不住。世尊默然，而不制止。

爾時，佛告舍利弗：「我今此衆，無復枝葉，純有貞實。舍利弗！如是增上慢人，退亦佳矣。汝今善聽，當爲汝說。」

舍利弗言：「唯然，世尊！願樂欲聞。」

佛告舍利弗：「如是妙法，諸佛如來時乃說之，如優曇鉢華時一現。舍利弗！汝等當信佛之所說言不虛妄。舍利弗！諸佛隨宜說法，意趣難解。所以者何？我以無數方便、種種因緣、譬喻言辭演說諸法，是法非思量分別之所能解，唯有諸佛乃能知之。

「所以者何？諸佛世尊，唯以一大事因緣故出現於世。舍利弗！云何名諸佛世尊唯以一大事因緣故出現於世？諸佛世尊，欲令衆生開佛知見，使得清淨故出現於世，欲示衆生佛之知見故出現於世，欲令衆生悟佛知見故出現於世，欲令衆生入佛知見道故出現於世。舍利弗！是爲諸佛以一大事因緣故出現於世。」

佛告舍利弗：「諸佛如來，但教化菩薩。諸有所作，常爲一事，唯以佛之知見示悟衆生。舍利弗！如來但以一佛乘故，爲衆生說法，無有餘乘，若二若三。舍利弗！一切十方諸佛法亦如是。

「舍利弗！過去諸佛以無量無數方便、種種因緣、譬喻言辭，而爲衆生演說諸法。是法皆爲一佛乘故。是諸衆生從諸佛聞法，究竟皆得一切種智。

「舍利弗！未來諸佛當出於世，亦以無量無數方便、種種因緣、譬喻言辭，而爲衆生演說諸法。是法皆爲一佛乘故，是諸衆生從佛聞法，究竟皆得一切種智。

「舍利弗！現在十方無量百千萬億佛土中諸佛世尊，多所饒益安樂衆生。是諸佛亦以無量無數方便、種種因緣、譬喻言辭，而爲衆生演說諸法。

是法皆爲一佛乘故,是諸衆生從佛聞法,究竟皆得一切種智。

"舍利弗!是諸佛但教化菩薩,欲以佛之知見示衆生故,欲以佛之知見悟衆生故,欲令衆生入佛之知見故。

"舍利弗!我今亦復如是。知諸衆生有種種欲,深心所著,隨其本性,以種種因緣、譬喻言辭、方便力而爲說法。舍利弗!如此皆爲得一佛乘一切種智故。舍利弗!十方世界中尚無二乘,何況有三?

"舍利弗!諸佛出於五濁惡世,所謂劫濁、煩惱濁、衆生濁、見濁、命濁如是。舍利弗!劫濁亂時,衆生垢重,慳貪嫉妬,成就諸不善根故,諸佛以方便力,於一佛乘,分別說三。舍利弗!若我弟子,自謂阿羅漢、辟支佛者,不聞不知諸佛如來但教化菩薩事,此非佛弟子,非阿羅漢,非辟支佛。

"又舍利弗!是諸比丘、比丘尼自謂已得阿羅漢,是最後身,究竟涅槃,便不復志求阿耨多羅三藐三菩提,當知此輩皆是增上慢人。所以者何?若有比丘實得阿羅漢,若不信此法,無有是處。除佛滅度後,現前無佛。所以者何?佛滅度後,如是等經,受持、讀誦、解義者,是人難得。若遇餘佛,於此法中,便得決了。舍利弗!汝等當一心信解、受持佛語。諸佛如來,言無虛妄,無有餘乘,唯一佛乘。"

爾時,世尊欲重宣此義,而說偈言:

"比丘比丘尼,有懷增上慢,優婆塞我慢,優婆夷不信。

如是四衆等,其數有五千,不自見其過,於戒有缺漏,

護惜其瑕疵,是小智已出,衆中之糟糠,佛威德故去。

斯人尟福德,不堪受是法,此衆無枝葉,唯有諸貞實。

舍利弗善聽,諸佛所得法,無量方便力,而爲衆生說。

衆生心所念,種種所行道,若干諸欲性,先世善惡業,

佛悉知是已,以諸緣譬喻,言辭方便力,令一切歡喜。

或說修多羅,伽陀及本事,本生未曾有,亦說於因緣。

譬喻並祇夜,優波提舍經。鈍根樂小法,貪著於生死,

於諸無量佛,不行深妙道,衆苦所惱亂,爲是說涅槃。

我設是方便,令得入佛慧,未曾說汝等,當得成佛道。

所以未曾說，說時未至故，今正是其時，決定說大乘。
我此九部法，隨順衆生說，入大乘爲本，以故說是經。
有佛子心淨，柔軟亦利根，無量諸佛所，而行深妙道。
爲此諸佛子，說是大乘經，我記如是人，來世成佛道。
以深心念佛，修持淨戒故，此等聞得佛，大喜充遍身。
佛知彼心行，故爲說大乘。聲聞若菩薩，聞我所說法，
乃至於一偈，皆成佛無疑。十方佛土中，唯有一乘法，
無二亦無三，除佛方便說，但以假名字，引導於衆生。
說佛智慧故，諸佛出於世。唯此一事實，餘二則非真。
終不以小乘，濟度於衆生。佛自住大乘，如其所得法，
定慧力莊嚴，以此度衆生。自證無上道，大乘平等法。
若以小乘化，乃至於一人，我則墮慳貪，此事爲不可。
若人信歸佛，如來不欺誑，亦無貪嫉意，斷諸法中惡。
故佛於十方，而獨無所畏，我以相嚴身，光明照世間，
無量衆所尊，爲說實相印。舍利弗當知，我本立誓願，
欲令一切衆，如我等無異。如我昔所願，今者已滿足，
化一切衆生，皆令入佛道。若我遇衆生，盡教以佛道，
無智者錯亂，迷惑不受教。我知此衆生，未曾修善本，
堅著於五欲，痴愛故生惱。以諸欲因緣，墜墮三惡道，
輪回六趣中，備受諸苦毒。受胎之微形，世世常增長。
薄德少福人，衆苦所逼迫，入邪見稠林，若有若無等。
依止此諸見，具足六十二，深著虛妄法，堅受不可舍。
我慢自矜高，諂曲心不實，於千萬億劫，不聞佛名字，
亦不聞正法，如是人難度。是故舍利弗，我爲設方便，
說諸盡苦道，示之以涅槃。我雖說涅槃，是亦非真滅，
諸法從本來，常自寂滅相。佛子行道已，來世得作佛，
我有方便力，開示三乘法。一切諸世尊，皆說一乘道。
今此諸大衆，皆應除疑惑，諸佛語無異，唯一無二乘。

過去無數劫，無量滅度佛，百千萬億種，其數不可量。
如是諸世尊，種種緣譬喻，無數方便力，演說諸法相。
是諸世尊等，皆說一乘法，化無量眾生，令入於佛道。
又諸大聖主，知一切世間，天人群生類，深心之所欲，
更以異方便，助顯第一義。若有眾生類，值諸過去佛，
若聞法佈施，或持戒忍辱，精進禪智等，種種修福慧，
如是諸人等，皆已成佛道。諸佛滅度已，若人善軟心，
如是諸眾生，皆已成佛道。諸佛滅度已，供養舍利者，
起萬億種塔，金銀及頗梨，硨磲與瑪瑙，玫瑰琉璃珠，
清淨廣嚴飾，莊校於諸塔；或有起石廟，栴檀及沉水，
木櫁並餘材，磚瓦泥土等；若於曠野中，積土成佛廟；
乃至童子戲，聚沙為佛塔，如是諸人等，皆已成佛道。
若人為佛故，建立諸形像，刻雕成眾相，皆已成佛道。
或以七寶成，鍮石赤白銅，白鑞及鉛錫，鐵木及與泥，
或以膠漆布，嚴飾作佛像，如是諸人等，皆已成佛道。
彩畫作佛像，百福莊嚴相，自作若使人，皆已成佛道。
乃至童子戲，若草木及筆，或以指爪甲，而畫作佛像。
如是諸人等，漸漸積功德，具足大悲心，皆已成佛道，
但化諸菩薩，度脫無量眾。若人於塔廟，寶像及畫像，
以華香幡蓋，敬心而供養。若使人作樂，擊鼓吹角貝，
簫笛琴箜篌，琵琶鐃銅鈸，如是眾妙音，盡持以供養。
或以歡喜心，歌唄頌佛德，乃至一小音，皆已成佛道。
若人散亂心，乃至以一華，供養於畫像，漸見無數佛。
或有人禮拜，或復但合掌，乃至舉一手，或復小低頭，
以此供養像，漸見無量佛，自成無上道，廣度無數眾，
入無餘涅槃，如薪盡火滅。若人散亂心，入於塔廟中，
一稱南無佛，皆已成佛道。於諸過去佛，在世或滅度，
若有聞是法，皆已成佛道。未來諸世尊，其數無有量，

是諸如來等,亦方便說法。一切諸如來,以無量方便,
度脫諸衆生,入佛無漏智。若有聞法者,無一不成佛。
諸佛本誓願,我所行佛道,普欲令衆生,亦同得此道。
未來世諸佛,雖說百千億,無數諸法門,其實爲一乘。
諸佛兩足尊,知法常無性,佛種從緣起,是故說一乘。
是法住法位,世間相常住,於道場知已,導師方便說。
天人所供養,現在十方佛,其數如恒沙,出現於世間,
安隱衆生故,亦說如是法,知第一寂滅,以方便力故,
雖示種種道,其實爲佛乘。知衆生諸行,深心之所念,
過去所習業,欲性精進力,及諸根利鈍,以種種因緣,
譬喻亦言辭,隨應方便說。今我亦如是,安隱衆生故,
以種種法門,宣示於佛道。我以智慧力,知衆生性欲,
方便說諸法,皆令得歡喜。舍利弗當知,我以佛眼觀,
見六道衆生,貧窮無福慧,入生死嶮道,相續苦不斷,
深著於五欲,如犛牛愛尾,以貪愛自蔽,盲瞑無所見,
不求大勢佛,及與斷苦法。深入諸邪見,以苦欲捨苦。
爲是衆生故,而起大悲心。我始坐道場,觀樹亦經行,
於三七日中,思惟如是事。我所得智慧,微妙最第一,
衆生諸根鈍,著樂痴所盲,如斯之等類,云何而可度?
爾時諸梵王,及諸天帝釋,護世四天王,及大自在天,
並餘諸天衆,眷屬百千萬,恭敬合掌禮,請我轉法輪。
我即自思惟,若但贊佛乘,衆生没在苦,不能信是法。
破法不信故,墜於三惡道。我寧不說法,疾入於涅槃,
尋念過去佛,所行方便力。我今所得道,亦應說三乘。
作是思惟時,十方佛皆現,梵音慰喻我,善哉釋迦文,
第一之導師,得是無上法。隨諸一切佛,而用方便力,
我等亦皆得,最妙第一法。爲諸衆生類,分別說三乘。
少智樂小法,不自信作佛,是故以方便,分別說諸果。

雖復說三乘，但爲教菩薩。舍利弗當知，我聞聖師子，
深淨微妙音，喜稱南無佛；復作如是念，我出濁惡世，
如諸佛所說，我亦隨順行。思惟是事已，即趣波羅柰，
諸法寂滅相，不可以言宣，以方便力故，爲五比丘說，
是名轉法輪，便有涅槃音，及以阿羅漢，法僧差別名。
從久遠劫來，讚示涅槃法，生死苦永盡，我常如是說。
舍利弗當知，我見佛子等，志求佛道者，無量千萬億，
咸以恭敬心，皆來至佛所，曾從諸佛聞，方便所說法。
我即作是念，如來所以出，爲說佛慧故，今正是其時。
舍利弗當知：鈍根小智人，著相憍慢者，不能信是法。
今我喜無畏，於諸菩薩中，正直舍方便，但說無上道。
菩薩聞是法，疑網皆已除，千二百羅漢，悉亦當作佛。
如三世諸佛，說法之儀式，我今亦如是，說無分別法。
諸佛興出世，懸遠值遇難，正使出於世，說是法復難。
無量無數劫，聞是法亦難。能聽是法者，斯人亦復難。
譬如優曇華，一切皆愛樂，天人所希有，時時乃一出。
聞法歡喜讚，乃至發一言，則爲已供養，一切三世佛。
是人甚希有，過於優曇華，汝等勿有疑，我爲諸法王，
普告諸大衆，但以一乘道，教化諸菩薩，無聲聞弟子。
汝等舍利弗，聲聞及菩薩，當知是妙法，諸佛之秘要。
以五濁惡世，但樂著諸欲，如是等衆生，終不求佛道。
當來世惡人，聞佛說一乘，迷惑不信受，破法墮惡道。
有慚愧清淨，志求佛道者，當爲如是等，廣讚一乘道。
舍利弗當知，諸佛法如是，以萬億方便，隨宜而說法。
其不習學者，不能曉了此，汝等既已知，諸佛世之師，
隨宜方便事，無復滅諸疑惑，心生大歡喜，自知當作佛。

# 卷第二

## ～～ 譬喻品第三 ～～

爾時，舍利弗踴躍歡喜，即起合掌，瞻仰尊顏，而白佛言："今從世尊，聞此法音，心懷踴躍，得未曾有。所以者何？我昔從佛，聞如是法，見諸菩薩授記作佛，而我等不豫斯事，甚自感傷，失於如來無量知見。世尊！我常獨處山林樹下，若坐若行，每作是念：我等同入法性，云何如來以小乘法而見濟度？是我等咎，非世尊也。所以者何？若我等待說所因成就阿耨多羅三藐三菩提者，必以大乘而得度脫。然我等不解方便隨宜所說，初聞佛法，遇便信受，思惟取證。世尊！我從昔來，終日竟夜每自克責，而今從佛聞所未聞未曾有法，斷諸疑悔，身意泰然，快得安隱。今日乃知，真是佛子，從佛口生，從法化生，得佛法分。"

爾時，舍利弗欲重宣此義，而說偈言：

"我聞是法音，得所未曾有，心懷大歡喜，疑網皆已除。

昔來蒙佛教，不失於大乘，佛音甚希有，能除眾生惱。

我已得漏盡，聞亦除憂惱。我處於山谷，或在樹林下，

若坐若經行，常思惟是事，嗚呼深自責，云何而自欺？

我等亦佛子，同入無漏法，不能於未來，演說無上道。

金色三十二，十力諸解脫，同共一法中，而不得此事。

八十種妙好，十八不共法，如是等功德，而我皆已失。

我獨經行時,見佛在大衆,名聞滿十方,廣饒益衆生。
自惟失此利,我爲自欺誑。我常於日夜,每思惟是事,
欲以問世尊,爲失爲不失?我常見世尊,稱讚諸菩薩,
以是於日夜,籌量如此事。今聞佛音聲,隨宜而說法,
無漏難思議,令衆至道場。我本著邪見,爲諸梵志師,
世尊知我心,拔邪說涅槃。我悉除邪見,於空法得證。
爾時心自謂,得至於滅度,而今乃自覺,非是實滅度。
若得作佛時,具三十二相,天人夜叉衆,龍神等恭敬,
是時乃可謂,永盡滅無餘。佛於大衆中,說我當作佛,
聞如是法音,疑悔悉已除。初聞佛所說,心中大驚疑,
將非魔作佛,惱亂我心耶?佛以種種緣,譬喻巧言說,
其心安如海,我聞疑網斷。佛說過去世,無量滅度佛,
安住方便中,亦皆說是法。現在未來佛,其數無有量,
亦以諸方便,演說如是法。如今者世尊,從生及出家,
得道轉法輪,亦以方便說。世尊說實道,波旬無此事,
以是我定知,非是魔作佛,我墮疑網故,謂是魔所爲。
聞佛柔軟音,深遠甚微妙,演暢清淨法,我心大歡喜。
疑悔永已盡,安住實智中,我定當作佛,爲天人所敬,
轉無上法輪,教化諸菩薩。"

爾時,佛告舍利弗:"吾今於天人、沙門、婆羅門等大衆中說,我昔曾於二萬億佛所,爲無上道故,常教化汝,汝亦長夜隨我受學。我以方便引導汝故,生我法中。舍利弗!我昔教汝志願佛道,汝今悉忘,而便自謂已得滅度。我今還欲令汝憶念本願所行道故,爲諸聲聞說是大乘經,名《妙法蓮華》,教菩薩法,佛所護念。

"舍利弗!汝於未來世,過無量無邊不可思議劫,供養若干千萬億佛,奉持正法,具足菩薩所行之道,當得作佛,號曰華光如來、應供、正遍知、明行足、善逝、世間解、無上士、調禦丈夫、天人師、佛、世尊,國名離垢。其土平正,清淨嚴飾,安隱豐樂,天人熾盛。琉璃爲地,有八交道。黃金爲繩,

以界其側，其傍各有七寶行樹，常有華果。華光如來亦以三乘教化眾生。

"舍利弗！彼佛出時，雖非惡世，以本願故，說三乘法，其劫名大寶莊嚴。何故名曰大寶莊嚴？其國中以菩薩為大寶故。彼諸菩薩無量無邊不可思議，算數譬喻所不能及，非佛智力，無能知者。若欲行時，寶華承足。此諸菩薩非初發意，皆久殖德本，於無量百千萬億佛所淨修梵行，恒為諸佛之所稱嘆，常修佛慧，具大神通，善知一切諸法之門，質直無偽，志念堅固。如是菩薩充滿其國。

"舍利弗！華光佛壽十二小劫，除為王子，未作佛時。其國人民，壽八小劫。華光如來過十二小劫，授堅滿菩薩阿耨多羅三藐三菩提記，告諸比丘：是堅滿菩薩，次當作佛，號曰華足安行多陀阿伽度、阿羅訶、三藐三佛陀。其佛國土，亦復如是。舍利弗！是華光佛滅度之後，正法住世三十二小劫，像法住世亦三十二小劫。"

爾時，世尊欲重宣此義，而說偈言：

"舍利弗來世，成佛普智尊，號名曰華光，當度無量眾。

供養無數佛，具足菩薩行，十力等功德，證於無上道。

過無量劫已，劫名大寶嚴，世界名離垢，清淨無瑕穢，

以琉璃為地，金繩界其道，七寶雜色樹，常有華果實。

彼國諸菩薩，志念常堅固，神通波羅蜜，皆已悉具足。

於無數佛所，善學菩薩道，如是等大士，華光佛所化。

佛為王子時，棄國捨世榮，於最末後身，出家成佛道。

華光佛住世，壽十二小劫，其國人民眾，壽命八小劫。

佛滅度之後，正法住於世，三十二小劫，廣度諸眾生。

正法滅盡已，像法三十二。舍利廣流佈，天人普供養。

華光佛所為，其事皆如是，其兩足聖尊，最勝無倫匹，

彼即是汝身，宜應自欣慶。"

爾時，四部眾比丘、比丘尼、優婆塞、優婆夷，天、龍、夜叉、乾闥婆、阿修羅、迦樓羅、緊那羅、摩睺羅伽等大眾，見舍利弗於佛前受阿耨多羅三藐三菩提記，心大歡喜，踴躍無量，各各脫身所著上衣，以供養佛。釋提桓

因、梵天王等，與無數天子，亦以天妙衣、天曼陀羅華、摩訶曼陀羅華等供養於佛。所散天衣住虛空中，而自迴轉。諸天伎樂百千萬種，於虛空中一時俱作，雨眾天華，而作是言：「佛昔於波羅奈初轉法輪，今乃復轉無上最大法輪。」

爾時，諸天子欲重宣此義，而說偈言：

「昔於波羅奈，轉四諦法輪，分別說諸法，五眾之生滅。

今復轉最妙，無上大法輪，是法甚深奧，少有能信者。

我等從昔來，數聞世尊說，未曾聞如是，深妙之上法。

世尊說是法，我等皆隨喜。大智舍利弗，今得受尊記。

我等亦如是，必當得作佛，於一切世間，最尊無有上。

佛道叵思議，方便隨宜說。我所有福業，今世若過世，

及見佛功德，盡迴嚮佛道。」

爾時，舍利弗白佛言：「世尊！我今無復疑悔，親於佛前得受阿耨多羅三藐三菩提記。是諸一千二百位心自在者，昔住學地，佛常教化，言：我法能離生老病死，究竟涅槃。是學、無學人，亦各自以離我見及有無見等，謂得涅槃。而今於世尊前聞所未聞，皆墮疑惑。善哉世尊！願爲四眾說其因緣，令離疑悔。」

爾時，佛告舍利弗：「我先不言諸佛世尊以種種因緣、譬喻、言辭方便說法，皆爲阿耨多羅三藐三菩提耶？是諸所說，皆爲化菩薩故。然，舍利弗！今當復以譬喻更明此義。諸有智者，以譬喻得解。

「舍利弗！若國邑聚落，有大長者，其年衰邁，財富無量，多有田宅，及諸僮僕。其家廣大，唯有一門。多諸人眾，一百、二百，乃至五百人，止住其中。堂閣朽故，牆壁隤落，柱根腐敗，梁棟傾危。周匝俱時，欻然火起，焚燒舍宅。長者諸子，若十、二十，或至三十，在此宅中。長者見是大火，從四面起，即大驚怖，而作是念：『我雖能於此所燒之門，安隱得出，而諸子等，於火宅內，樂著嬉戲，不覺、不知，不驚、不怖，火來逼身，苦痛切己，心不厭患，無求出意。』舍利弗！是長者作是思惟：『我身手有力，當以衣裓，若以機案，從舍出之。』復更思惟：『是舍唯有一門，而復狹小。諸子幼稚，

未有所識,戀著戲處,或當墮落,爲火所燒。我當爲說怖畏之事,此舍已燒,宜時疾出,無令爲火之所燒害。'作是念已,如所思惟,具告諸子:'汝等速出。'父雖憐愍,善言誘喻,而諸子等,樂著嬉戲,不肯信受,不驚不畏,了無出心,亦復不知何者是火、何者爲舍、云何爲失,但東西走,戲視父而已。爾時,長者即作是念:'此舍已爲大火所燒,我及諸子,若不時出,必爲所焚。我今當設方便,令諸子等,得免斯害。'父知諸子先心各有所好,種種珍玩奇異之物,情必樂著,而告之言:汝等所可玩好,希有難得。汝若不取,後必憂悔。如此種種羊車、鹿車、牛車,今在門外,可以遊戲。汝等於此火宅,宜速出來,隨汝所欲,皆當與汝。'爾時,諸子聞父所說,珍玩之物,適其願故,心各勇銳,互相推排,競共馳走,爭出火宅。是時,長者見諸子等安隱得出,皆於四衢道中露地而坐,無復障礙,其心泰然,歡喜踴躍。時,諸子等各白父言:'父先所許玩好之具,羊車、鹿車、牛車,願時賜與。'

"舍利弗!爾時,長者各賜諸子等一大車,其車高廣,衆寶莊校。周匝欄楯,四面懸鈴。又於其上,張設幰蓋,亦以珍奇雜寶而嚴飾之。寶繩絞絡,垂諸華纓。重敷綩綖,安置丹枕。駕以白牛,膚色充潔,形體姝好,有大筋力,行步平正,其疾如風。又多僕從,而侍衛之。所以者何? 是大長者財富無量,種種諸藏,悉皆充溢,而作是念:'我財物無極,不應以下劣小車,與諸子等。今此幼童,皆是吾子,愛無偏黨。我有如是七寶大車,其數無量,應當等心,各各與之,不宜差別。所以者何? 以我此物周給一國,猶尚不匱,何況諸子?'是時,諸子各乘大車,得未曾有,非本所望。舍利弗!於汝意云何,是長者等與諸子珍寶大車,寧有虛妄不?"

舍利弗言:不也,世尊! 是長者,但令諸子,得免火難,全其軀命,非爲虛妄。何以故? 若全身命,便爲已得玩好之具,況復方便,於彼火宅而拔濟之? 世尊! 若是長者,乃至不與最小一車,猶不虛妄。何以故? 是長者先作是意:我以方便令子得出。以是因緣無虛妄也。何況長者自知財富無量,欲饒益諸子,等與大車。"

佛告舍利弗:"善哉! 善哉! 如汝所言。舍利弗! 如來亦復如是,則爲一切世間之父,於諸怖畏、衰惱、憂患、無明、闇蔽,永盡無餘,而悉成就無量知見、力、無所畏，有大神力及智慧力，具足方便智慧波羅蜜，大慈大悲，常無懈倦，恒求善事，利益一切。而生三界朽故火宅，爲度衆生生老病死、憂悲苦惱、愚痴、闇蔽三毒之火，教化令得阿耨多羅三藐三菩提。見諸衆生爲生老病死、憂悲苦惱之所燒煮，亦以五欲財利故受種種苦，又以貪著追求故現受衆苦，後受地獄、畜生、餓鬼之苦，若生天上及在人間，貧窮困苦、愛別離苦、怨憎會苦，如是等種種諸苦。衆生沒在其中，歡喜遊戲，不覺、不知，不驚、不怖，亦不生厭，不求解脫。於此三界火宅，東西馳走，雖遭大苦，不以爲患。舍利弗！佛見此已，便作是念：我爲衆生之父，應拔其苦難，與無量無邊佛智慧樂，令其遊戲。

"舍利弗！如來復作是念：若我但以神力及智慧力，舍於方便，爲諸衆生贊如來知見、力、無所畏者，衆生不能以是得度。所以者何？是諸衆生，未免生老病死、憂悲苦惱，而爲三界火宅所燒，何由能解佛之智慧？舍利弗！如彼長者，雖復身手有力而不用之，但以殷勤方便，勉濟諸子火宅之難，然後各與珍寶大車。如來亦復如是，雖有力、無所畏，而不用之，但以智慧方便，於三界火宅拔濟衆生，爲說三乘聲聞、辟支佛、佛乘，而作是言：汝等莫得樂住三界火宅，勿貪麤弊色、聲、香、觸也。若貪著生愛，則爲所燒。汝速出三界，當得三乘聲聞、辟支佛、佛乘。我今爲汝保任此事，終不虛也。汝等但當勤修精進。如來以是方便誘進衆生。

"復作是言：汝等當知，此三乘法皆是聖所稱嘆，自在無系，無所依求。乘是三乘，以無漏根力、覺道、禪定、解脫三昧等，而自娛樂，便得無量安隱快樂。

"舍利弗！若有衆生，內有智性，從佛世尊聞法信受，殷勤精進，欲速出三界，自求涅槃，是名聲聞乘，如彼諸子爲求羊車出於火宅。若有衆生，從佛世尊聞法信受，殷勤精進，求自然慧，樂獨善寂，深知諸法因緣，是名辟支佛乘，如彼諸子爲求鹿車出於火宅。若有衆生，從佛世尊聞法信受，勤修精進，求一切智、佛智、自然智、無師智，如來知見、力、無所畏，愍念安樂無量衆生，利益天人度脫一切，是名大乘。菩薩求此乘故，名爲摩訶薩，如彼諸子爲求牛車出於火宅。

“舍利弗！如彼長者，見諸子等安隱得出火宅，到無畏處，自惟財富無量，等以大車而賜諸子。如來亦復如是，爲一切衆生之父，若見無量億千衆生以佛教門出三界苦怖畏險道，得涅槃樂，如來爾時便作是念：我有無量無邊智慧、力、無畏等諸佛法藏，是諸衆生皆是我子，等與大乘，不令有人獨得滅度，皆以如來滅度而滅度之。是諸衆生脫三界者，悉與諸佛禪定、解脫等娛樂之具，皆是一相一種，聖所稱嘆，能生淨妙第一之樂。舍利弗！如彼長者，初以三車誘引諸子，然後但與大車，寶物莊嚴，安隱第一。然彼長者，無虛妄之咎。如來亦復如是，無有虛妄，初說三乘引導衆生，然後但以大乘而度脫之。何以故？如來有無量智慧、力、無所畏諸法之藏，能與一切衆生大乘之法，但不盡能受。舍利弗！以是因緣，當知諸佛方便力故，於一佛乘分別說三。”

佛欲重宣此義，而說偈言：

“譬如長者，有一大宅。其宅久故，而復頓弊。
堂舍高危，柱根摧朽。梁棟傾斜，基陛隤毀。
牆壁圮坼，泥塗褫落。覆苫亂墜，椽梠差脫。
周障屈曲，雜穢充遍。有五百人，止住其中。
鴟梟雕鷲，烏鵲鳩鴿，蚖蛇蝮蝎，蜈蚣蚰蜒，
守宮百足，狖狸鼷鼠，諸惡蟲輩，交橫馳走。
屎尿臭處，不淨流溢，蜣蜋諸蟲，而集其上。
狐狼野幹，咀嚼踐蹋，嚌齧死屍，骨肉狼藉。
由是群狗，競來搏撮，饑羸慞惶，處處求食，
鬥諍摣掣，啀喍嗥吠。其舍恐怖，變狀如是，
處處皆有，魑魅魍魎，夜叉惡鬼，食噉人肉。
毒蟲之屬，諸惡禽獸，孚乳產生，各自藏護。
夜叉競來，爭取食之，食之既飽，惡心轉熾，
鬥諍之聲，甚可怖畏。鳩槃荼鬼，蹲踞土埵，
或時離地，一尺二尺。往返遊行，縱逸嬉戲，
捉狗兩足，撲令失聲，以腳加頸，怖狗自樂。

復有諸鬼，其身長大，裸形黑瘦，常住其中，
發大惡聲，叫呼求食。復有諸鬼，其咽如針。
復有諸鬼，首如牛頭，或食人肉，或復啗狗，
頭髮蓬亂，殘害兇險，饑渴所逼，叫喚馳走。
夜叉餓鬼，諸惡鳥獸，饑急四嚮，窺看窗牖。
如是諸難，恐畏無量。是朽故宅，屬於一人。
其人近出，未久之間，於後舍宅，忽然火起，
四面一時，其炎俱熾。棟樑椽柱，爆聲震裂，
摧折墮落，牆壁崩倒。諸鬼神等，揚聲大叫。
雕鷲諸鳥，鳩槃荼等，周章惶怖，不能自出。
惡獸毒蟲，藏竄孔穴，毗舍闍鬼，亦住其中。
薄福德故，爲火所逼，共相殘害，飲血啗肉。
野幹之屬，並已前死，諸大惡獸，競來食啗。
臭煙熢勃，四面充塞。蜈蚣蚰蜒，毒蛇之類，
爲火所燒，爭走出穴，鳩槃荼鬼，隨取而食。
又諸餓鬼，頭上火燃，饑渴熱惱，周章悶走。
其宅如是，甚可怖畏，毒害火災，衆難非一。
是時宅主，在門外立，聞有人言：汝諸子等，
先因遊戲，來入此宅，稚小無知，歡娛樂著。
長者聞已，驚入火宅，方宜救濟，令無燒害。
告喻諸子，說衆患難，惡鬼毒蟲，災火蔓延，
衆苦次第，相續不絕。毒蛇蚖蝮，及諸夜叉，
鳩槃荼鬼，野幹狐狗，雕鷲鵄梟，百足之屬，
饑渴惱急，甚可怖畏，此苦難處，況復大火？
諸子無知，雖聞父誨，猶故樂著，嬉戲不已。
是時長者，而作是念：諸子如此，益我愁惱。
今此舍宅，無一可樂，而諸子等，耽湎嬉戲，
不受我教，將爲火害，即便思惟，設諸方便，

告諸子等：我有種種，珍玩之具，妙寶好車，
羊車鹿車，大牛之車，今在門外。汝等出來，
吾爲汝等，造作此車，隨意所樂，可以遊戲。
諸子聞說，如此諸車，即時奔競，馳走而出，
到於空地，離諸苦難。長者見子，得出火宅，
住於四衢，坐師子座，而自慶言：我今快樂。
此諸子等，生育甚難，愚小無知，而入險宅。
多諸毒蟲，魑魅可畏，大火猛炎，四面俱起；
而此諸子，貪樂嬉戲，我已救之，令得脫難，
是故諸人，我今快樂。爾時諸子，知父安坐，
皆詣父所，而白父言：願賜我等，三種寶車，
如前所許，諸子出來，當以三車，隨汝所欲，
今正是時，唯垂給與。長者大富，庫藏衆多，
金銀琉璃，硨磲瑪瑙。以衆寶物，造諸大車，
莊校嚴飾，周匝欄楯，四面懸鈴，金繩交絡，
真珠羅網，張施其上。金華諸瓔，處處垂下。
衆彩雜飾，周匝圍繞。柔軟繒纊，以爲茵蓐。
上妙細氎，價值千億，鮮白淨潔，以覆其上。
有大白牛，肥壯多力，形體姝好，以駕寶車。
多諸儐從，而侍衛之。以是妙車，等賜諸子。
諸子是時，歡喜踊躍，乘是寶車，遊於四方，
嬉戲快樂，自在無礙。告舍利弗：我亦如是，
衆聖中尊，世間之父。一切衆生，皆是吾子，
深著世樂，無有慧心。三界無安，猶如火宅，
衆苦充滿，甚可怖畏。常有生老，病死憂患，
如是等火，熾然不息。如來已離，三界火宅，
寂然閑居，安處林野。今此三界，皆是我有，
其中衆生，悉是吾子。而今此處，多諸患難，

唯我一人，能爲救護。雖復教詔，而不信受，
於諸欲染，貪著深故。以是方便，爲說三乘，
令諸衆生，知三界苦，開示演說，出世間道。
是諸子等，若心決定，具足三明，及六神通，
有得緣覺，不退菩薩。汝舍利弗，我爲衆生，
以此譬喩，說一佛乘。汝等若能，信受是語，
一切皆當，成得佛道。是乘微妙，清淨第一，
於諸世間，爲無有上，佛所悅可，一切衆生，
所應稱讚，供養禮拜，無量億千，諸力解脫，
禪定智慧，及佛餘法。得如是乘，令諸子等，
日夜劫數，常得遊戲。與諸菩薩，及聲聞衆，
乘此寶乘，直至道場。以是因緣，十方諦求，
更無餘乘，除佛方便。告舍利弗：汝諸人等，
皆是吾子，我則是父。汝等累劫，衆苦所燒，
我皆濟拔，令出三界。我雖先說，汝等滅度，
但盡生死，而實不滅。今所應作，唯佛智慧。
若有菩薩，於是衆中，能一心聽，諸佛實法。
諸佛世尊，雖以方便，所化衆生，皆是菩薩。
若人小智，深著愛欲，爲此等故，說於苦諦。
衆生心喜，得未曾有。佛說苦諦，真實無異。
若有衆生，不知苦本，深著苦因，不能暫舍。
爲是等故，方便說道。諸苦所因，貪欲爲本，
若滅貪欲，無所依止。滅盡諸苦，名第三諦。
爲滅諦故，修行於道，離諸苦縛，名得解脫。
是人於何，而得解脫？但離虛妄，名爲解脫，
其實未得，一切解脫。佛說是人，未實滅度，
斯人未得，無上道故。我意不欲，令至滅度。
我爲法王，於法自在，安隱衆生，故現於世。

汝舍利弗，我此法印，爲欲利益，世間故說，
在所遊方，勿妄宣傳。若有聞者，隨喜頂受，
當知是人，阿鞞跋致。若有信受，此經法者，
是人已曾，見過去佛，恭敬供養，亦聞是法。
若人有能，信汝所說，則爲見我，亦見於汝，
及比丘僧，並諸菩薩。斯《法華經》，爲深智說，
淺識聞之，迷惑不解。一切聲聞，及辟支佛，
於此經中，力所不及。汝舍利弗，尚於此經，
以信得入，況餘聲聞！其餘聲聞，信佛語故，
隨順此經，非己智分。又舍利弗，憍慢懈怠，
計我見者，莫說此經。凡夫淺識，深著五欲，
聞不能解，亦勿爲說。若人不信，毀謗此經，
則斷一切，世間佛種。或復顰蹙，而懷疑惑，
汝當聽說，此人罪報。若佛在世，若滅度後，
其有誹謗，如斯經典，見有讀誦，書持經者，
輕賤憎嫉，而懷結恨，此人罪報，汝今復聽：
其人命終，入阿鼻獄，具足一劫，劫盡更生，
如是展轉，至無數劫，從地獄出，當墮畜生，
若狗野幹，其影顩瘦，黧黮疥癩，人所觸嬈，
又復爲人，之所惡賤，常困饑渴，骨肉枯竭，
生受楚毒，死被瓦石，斷佛種故，受斯罪報，
若作駱駝，或生中驢，身常負重，加諸杖捶，
但念水草，餘無所知，謗斯經故，獲罪如是。
有作野幹，來入聚落，身體疥癩，又無一目，
爲諸童子，之所打擲，受諸苦痛，或時致死。
於此死已，更受蟒身，其形長大，五百由旬，
聾騃無足，宛轉腹行，爲諸小蟲，之所唼食，
晝夜受苦，無有休息，謗斯經故，獲罪如是。

若得爲人,諸根闇鈍,矬陋攣躄,盲聾背傴,
有所言說,人不信受。口氣常臭,鬼魅所著。
貧窮下賤,爲人所使。多病痟瘦,無所依怙。
雖親附人,人不在意。若有所得,尋復忘失。
若修醫道,順方治病,更增他疾,或復致死。
若自有病,無人救療,設服良藥,而復增劇。
若他反逆,抄劫竊盜,如是等罪,橫羅其殃。
如斯罪人,永不見佛,衆聖之王,說法教化。
如斯罪人,常生難處,狂聾心亂,永不聞法。
於無數劫,如恒河沙,生輒聾啞,諸根不具。
常處地獄,如遊園觀。在餘惡道,如己舍宅。
駝驢豬狗,是其行處。謗斯經故,獲罪如是。
若得爲人,聾盲瘖啞,貧窮諸衰,以自莊嚴。
水腫乾痟,疥癩癰疽,如是等病,以爲衣服。
身常臭處,垢穢不淨。深著我見,增益瞋恚,
淫欲熾盛,不擇禽獸。謗斯經故,獲罪如是。
告舍利弗:謗斯經者,若說其罪,窮劫不盡,
以是因緣,我故語汝,無智人中,莫說此經。
若有利根,智慧明瞭,多聞強識,求佛道者,
如是之人,乃可爲說。若人曾見,億百千佛,
殖諸善本,深心堅固,如是之人,乃可爲說。
若人精進,常修慈心,不惜身命,乃可爲說。
若人恭敬,無有異心,離諸凡愚,獨處山澤,
如是之人,乃可爲說。又舍利弗,若見有人,
舍惡知識,親近善友,如是之人,乃可爲說。
若見佛子,持戒清潔,如淨明珠,求大乘經,
如是之人,乃可爲說。若人無瞋,質直柔軟,
常愍一切,恭敬諸佛,如是之人,乃可爲說。

復有佛子,於大眾中,以清淨心,種種因緣,
譬喻言辭,說法無礙,如是之人,乃可爲說。
若有比丘,爲一切智,四方求法,合掌頂受,
但樂受持,大乘經典,乃至不受,余經一偈,
如是之人,乃可爲說。如人至心,求佛舍利,
如是求經,得已頂受,其人不復,志求余經,
亦未曾念,外道典籍,如是之人,乃可爲說。
告舍利弗:我說是相,求佛道者,窮劫不盡,
如是等人,則能信解,汝當爲說,《妙法華經》。"

## 信解品第四

爾時,慧命須菩提、摩訶迦旃延、摩訶迦葉、摩訶目犍連,從佛所聞未曾有法,世尊授舍利弗阿耨多羅三藐三菩提記,發希有心歡喜踴躍,即從座起,整衣服,偏袒右肩,右膝著地,一心合掌,曲躬恭敬,瞻仰尊顏,而白佛言:"我等居僧之首,年並朽邁,自謂已得涅槃,無所堪任,不復進求阿耨多羅三藐三菩提。世尊往昔說法既久,我時在座,身體疲懈,但念空、無相、無作,於菩薩法、遊戲神通、淨佛國土、成就眾生,心不喜樂。所以者何? 世尊令我等出於三界,得涅槃證;又今我等年已朽邁,於佛教化菩薩阿耨多羅三藐三菩提不生一念好樂之心。我等今於佛前聞授聲聞阿耨多羅三藐三菩提記,心甚歡喜,得未曾有,不謂於今忽然得聞希有之法,深自慶幸,獲大善利,無量珍寶,不求自得。

"世尊! 我等今者,樂說譬喻,以明斯義。譬若有人,年既幼稚,舍父逃逝,久住他國,或十、二十,至五十歲。年既長大,加復窮困,馳騁四方,以求衣食,漸漸遊行,遇嚮本國。其父先來,求子不得,中止一城。其家大富,財寶無量,金銀琉璃、珊瑚虎珀、頗梨珠等,其諸倉庫,悉皆盈溢。多有僮僕,臣佐吏民,象馬車乘,牛羊無數。出入息利,乃遍他國,商估賈客,亦甚眾多。時貧窮子,遊諸聚落,經歷國邑,遂到其父所止之城。父母念子,

與子離別五十餘年，而未曾嚮人說如此事，但自思惟，心懷悔恨。自念老朽，多有財物，金銀珍寶，倉庫盈溢。無有子息，一旦終没，財物散失，無所委付。是以殷勤，每憶其子，復作是念：我若得子，委付財物，坦然快樂，無復憂慮。

"世尊！爾時窮子，傭賃展轉，遇到父舍，住立門側，遙見其父，踞師子床，寶機承足。諸婆羅門、刹利居士，皆恭敬圍繞，以真珠瓔珞，價值千萬，莊嚴其身。吏民僮僕，手執白拂，侍立左右。覆以寶帳，垂諸華幡，香水灑地，散衆名華，羅列寶物，出内取與。有如是等種種嚴飾，威德特尊。窮子見父有大力勢，即懷恐怖，悔來至此，竊作是念：此或是王，或是王等，非我傭力得物之處，不如往至貧裏肆力有地，衣食易得。若久住此，或見逼迫，強使我作。作是念已，疾走而去。

"時富長者，於師子座，見子便識，心大歡喜。即作是念：我財物庫藏，今有所付。我常思念此子，無由見之，而忽自來，甚適我願。我雖年朽，猶故貪惜。即遣傍人，急追將還。爾時使者，疾走往捉。窮子驚愕，稱怨大喚：我不相犯，何爲見捉？使者執之愈急，強率將還。於時窮子自念：無罪而被囚執，此必定死。轉更惶怖，悶絕躄地。父遙見之，而語使言：不須此人，勿強將來。以冷水灑面，令得醒悟，莫復與語。所以者何？父知其子，志意下劣，自知豪貴，爲子所難。審知是子，而以方便，不語他人，云是我子。使者語之：我今放汝，隨意所趣。窮子歡喜，得未曾有，從地而起，往至貧裏，以求衣食。

"爾時長者，將欲誘引其子，而設方便。密遣二人，形色憔悴，無威德者：汝可詣彼，徐語窮子，此有作處，倍與汝直。窮子若許，將來使作。若言欲何所作？便可語之，雇汝除糞，我等二人，亦共汝作。時二使人即求窮子，既已得之，具陳上事。爾時窮子先取其價，尋與除糞。其父見子，愍而怪之。又以他日，於窗牖中，遙見子身，羸瘦憔悴，糞土塵坌，污穢不淨，即脫瓔珞，細軟上服，嚴飾之具，更著粗弊垢膩之衣，塵土坌身，右手執持除糞之器，狀有所畏，語諸作人：汝等勤作，勿得懈息。以方便故，得近其子。後復告言：咄男子！汝常此作，勿復餘去，當加汝價。諸有所須，瓫器米面鹽醋之屬，莫自疑難。亦有老弊使人，須者相給，好自安意。我如汝父，勿復憂慮。所以者何？我年老大，而汝少壯，汝常作時，無有欺怠瞋恨怨言，都不見汝有此諸惡，如餘作人。自今已後，如所生子。即時長者更與作字，名之爲兒。爾時窮子，雖欣此遇，猶故自謂客作賤人。由是之故，於二十年中，常令除糞。過是已後，心相體信，入出無難。然其所止，猶在本處。

"世尊！爾時長者有疾，自知將死不久，語窮子言：我今多有金銀珍寶，倉庫盈溢，其中多少，所應取與，汝悉知之。我心如是，當體此意。所以者何？今我與汝，便爲不異，宜加用心，無令漏失。爾時窮子，即受教敕，領知眾物，金銀珍寶，及諸庫藏，而無悕取一餐之意。然其所止，故在本處。下劣之心，亦未能捨。復經少時，父知子意漸已通泰，成就大志，自鄙先心。臨欲終時，而命其子，並會親族、國王大臣、刹利居士，皆悉已集，即自宣言：諸君當知，此是我子，我之所生，於某城中舍吾逃走，伶俜辛苦五十餘年，其本字某，我名某甲。昔在本城，懷憂推覓，忽於此間，遇會得之。此實我子，我實其父，今我所有一切財物，皆是子有。先所出內，是子所知。世尊！是時窮子聞父此言，即大歡喜，得未曾有，而作是念：我本無心有所希求，今此寶藏自然而至。

"世尊！大富長者則是如來，我等皆似佛子，如來常說我等爲子。世尊！我等以三苦故，於生死中受諸熱惱，迷惑無知，樂著小法。今日世尊令我等思惟蠲除諸法戲論之糞，我等於中勤加精進，得至涅槃一日之價。既得此已，心大歡喜，自以爲足，而便自謂：於佛法中勤精進故，所得弘多。然世尊先知我等心著弊欲，樂於小法，便見縱捨，不爲分別，汝等當有如來知見寶藏之分。世尊以方便力說如來智慧，我等從佛得涅槃一日之價，以爲大得，於此大乘，無有志求。我等又因如來智慧爲諸菩薩開示演說，而自於此無有志願。所以者何？佛知我等心樂小法，以方便力隨我等說，而我等不知真是佛子。今我等方知，世尊於佛智慧無所悋惜。所以者何？我等昔來真是佛子，而但樂小法。若我等有樂大之心，佛則爲我說大乘法。於此經中唯說一乘，而昔於菩薩前毀呰聲聞樂小法者，然佛實以大乘教化。是故我等說本無心有所悕求,今法王大寶自然而至,如佛子所應得者,皆已得之。"

爾時,摩訶迦葉欲重宣此義,而說偈言:

"我等今日,聞佛音教,歡喜踴躍,得未曾有。
佛說聲聞,當得作佛,無上寶聚,不求自得。
譬如童子,幼稚無識,舍父逃逝,遠到他土。
周流諸國,五十餘年,其父憂念,四方推求。
求之既疲,頓止一城,造立舍宅,五欲自娛。
其家巨富,多諸金銀,硨磲瑪瑙,真珠琉璃;
象馬牛羊,輦輿車乘,田業僮僕,人民衆多;
出入息利,乃遍他國,商估賈人,無處不有;
千萬億衆,圍繞恭敬,常爲王者,之所愛念,
群臣豪族,皆共宗重,以諸緣故,往來者衆。
豪富如是,有大力勢。而年朽邁,益憂念子,
夙夜惟念:死時將至,痴子舍我,五十餘年,
庫藏諸物,當如之何? 爾時窮子,求索衣食,
從邑至邑,從國至國。或有所得,或無所得,
饑餓羸瘦,體生瘡癬。漸次經歷,到父住城,
傭賃展轉,遂至父舍。爾時長者,於其門內,
施大寶帳,處師子座,眷屬圍繞,諸人侍衛。
或有計算,金銀寶物,出內財產,注記券疏。
窮子見父,豪貴尊嚴,謂是國王,若是王等,
驚怖自怪,何故至此? 覆自念言:我若久住,
或見逼迫,強驅使作。思惟是已,馳走而去,
借問貧裏,欲往傭作。長者是時,在師子座,
遙見其子,默而識之,即敕使者,追捉將來。
窮子驚喚,迷悶躄地:是人執我,必當見殺,
何用衣食,使我至此? 長者知子,愚痴狹劣,

不信我言，不信是父。即以方便，更遣餘人，
眇目矬陋，無威德者：汝可語之，云當相雇，
除諸糞穢，倍與汝價。窮子聞之，歡喜隨來，
爲除糞穢，淨諸房舍。長者於牖，常見其子，
念子愚劣，樂爲鄙事。於是長者，著弊垢衣，
執除糞器，往到子所，方便附近，語令勤作：
既益汝價，並塗足油，飲食充足，薦席厚暖，
如是苦言，汝當勤作。又以軟語：若如我子。
長者有智，漸令入出，經二十年，執作家事，
示其金銀，真珠頗梨，諸物出入，皆使令知。
猶處門外，止宿草庵，自念貧事，我無此物。
父知子心，漸已廣大，欲與財物，即聚親族。
國王大臣，刹利居士，於此大眾，說是我子，
捨我他行，經五十歲，自見子來，已二十年。
昔於某城，而失是子，周行求索，遂來至此。
凡我所有，舍宅人民，悉以付之，恣其所用。
子念昔貧，志意下劣，今於父所，大獲珍寶，
並及舍宅，一切財物，甚大歡喜，得未曾有。
佛亦如是，知我樂小，未曾說言：汝等作佛。
而說我等，得諸無漏，成就小乘，聲聞弟子。
佛敕我等，說最上道，修習此者，當得成佛。
我承佛教，爲大菩薩，以諸因緣，種種譬喻，
若干言辭，說無上道。諸佛子等，從我聞法，
日夜思惟，精勤修習。是時諸佛，即授其記：
汝於來世，當得作佛。一切諸佛，秘藏之法，
但爲菩薩，演其實事。而不爲我，說斯真要，
如彼窮子，得近其父，雖知諸物，心不希取。
我等雖說，佛法寶藏，自無志願，亦復如是。

我等内滅,自謂爲足,唯了此事,更無餘事。
我等若聞,淨佛國土,教化衆生,都無欣樂。
所以者何? 一切諸法,皆悉空寂,無生無滅,
無大無小,無漏無爲。如是思惟,不生喜樂。
我等長夜,於佛智慧,無貪無著,無復志願,
而自於法,謂是究竟。我等長夜,修習空法,
得脫三界,苦惱之患,住最後身,有餘涅槃。
佛所教化,得道不虛,則爲已得,報佛之恩。
我等雖爲,諸佛子等,說菩薩法,以求佛道,
而於是法,永無願樂。導師見捨,觀我心故,
初不勸進,說有實利。如富長者,知子志劣,
以方便力,柔伏其心,然後乃付,一切財物。
佛亦如是,現希有事,知樂小者,以方便力,
調伏其心,乃教大智。我等今日,得未曾有,
非先所望,而今自得。如彼窮子,得無量寶。
世尊我今,得道得果,於無漏法,得清淨眼。
我等長夜,持佛淨戒,始於今日,得其果報。
法王法中,久修梵行,今得無漏,無上大果。
我等今者,真是聲聞,以佛道聲,令一切聞。
我等今者,真阿羅漢,於諸世間,天人魔梵,
普於其中,應受供養。世尊大恩,以希有事,
憐愍教化,利益我等,無量億劫,誰能報者?
手足供給,頭頂禮敬,一切供養,皆不能報。
若以頂戴,兩肩荷負,於恒沙劫,盡心恭敬,
又以美膳,無量寶衣,及諸臥具,種種湯藥,
牛頭栴檀,及諸珍寶,以起塔廟,寶衣布地,
如斯等事,以用供養,於恒沙劫,亦不能報。
諸佛希有,無量無邊,不可思議,大神通力,

無漏無爲。諸法之王,能爲下劣,忍於斯事,
取相凡夫,隨宜爲說。諸佛於法,得最自在,
知諸衆生,種種欲樂,及其志力,隨所堪任,
以無量喻,而爲說法。隨諸衆生,宿世善根,
又知成熟,未成熟者,種種籌量。分別知已,
於一乘道,隨宜說三。"

# 卷第三

## 藥草喻品第五

爾時,世尊告摩訶迦葉及諸大弟子:"善哉!善哉!迦葉!善說如來真實功德。誠如所言。如來復有無量無邊阿僧祇功德,汝等若於無量億劫,說不能盡。迦葉!當知如來是諸法之王,若有所說,皆不虛也,於一切法,以智方便而演說之,其所說法,皆悉到於一切智地。如來觀知一切諸法之所歸趣,亦知一切眾生深心所行,通達無礙,又於諸法究盡明了,示諸眾生一切智慧。迦葉!譬如三千大千世界山川、溪谷、土地所生卉木、叢林,及諸藥草,種類若干,名色各異。密雲彌佈,遍覆三千大千世界,一時等澍,其澤普洽卉木、叢林及諸藥草:小根、小莖、小枝、小葉,中根、中莖、中枝、中葉,大根、大莖、大枝、大葉。諸樹大小,隨上、中、下,各有所受。一雲所雨,稱其種性,而得生長,華果敷實。雖一地所生、一雨所潤,而諸草木各有差別。

"迦葉!當知如來亦復如是。出現於世,如大雲起,以大音聲,普遍世界、天、人、阿修羅,如彼大雲遍覆三千大千國土,於大眾中而唱是言:我是如來、應供、正遍知、明行足、善逝、世間解、無上士、調禦丈夫、天人師、佛、世尊,未度者令度,未解者令解,未安者令安,未涅槃者令得涅槃,今世後世,如實知之。我是一切知者,一切見者,知道者,開道者,說道者。汝等天、人、阿修羅眾,皆應到此,爲聽法故。

　　"爾時,無數千萬億種衆生來至佛所而聽法。如來於時,觀是衆生諸根利鈍、精進懈怠,隨其所堪,而爲說法,種種無量,皆令歡喜,快得善利。是諸衆生聞是法已,現世安隱,後生善處,以道受樂,亦得聞法。既聞法已,離諸障礙,於諸法中,任力所能,漸得入道。如彼大雲雨,於一切卉木、叢林及諸藥草,如其種性,具足蒙潤,各得生長。如來說法,一相一味,所謂解脫相、離相、滅相,究竟至於一切種智。其有衆生聞如來法,若持讀誦,如說修行,所得功德,不自覺知。所以者何? 唯有如來,知此衆生種相體性,念何事、思何事、修何事,云何念、云何思、云何修,以何法念、以何法思、以何法修,以何法得何法。衆生住於種種之地,唯有如來如實見之,明瞭無礙。如彼卉木,叢林諸藥草等,而不自知上、中、下性。如來知是一相一味之法,所謂解脫相、離相、滅相、究竟涅槃常寂滅相,終歸於空。佛知是已,觀衆生心欲,而將護之,是故不即爲說一切種智。汝等迦葉,甚爲希有,能知如來隨宜說法,能信能受。所以者何? 諸佛世尊隨宜說法,難解難知。"

　　爾時,世尊欲重宣此義,而說偈言:

　　"破有法王,出現世間,隨衆生欲,種種說法。

　　如來尊重,智慧深遠,久默斯要,不務速說。

　　有智若聞,則能信解;無智疑悔,則爲永失。

　　是故迦葉,隨力爲說,以種種緣,令得正見。

　　迦葉當知,譬如大雲,起於世間,遍覆一切,

　　慧雲含潤,電光晃曜,雷聲遠震,令衆悅豫。

　　日光掩蔽,地上清涼,靉靆垂佈,如可承攬。

　　其雨普等,四方俱下,流澍無量,率土充洽。

　　山川險谷,幽邃所生,卉木藥草,大小諸樹,

　　百穀苗稼,甘蔗蒲萄,雨之所潤,無不豐足,

　　乾地普洽,藥木並茂。其雲所出,一味之水,

　　草木叢林,隨分受潤。一切諸樹,上中下等,

　　稱其大小,各得生長。根莖枝葉,華果光色,

一雨所及,皆得鮮澤。如其體相,性分大小,
所潤是一,而各滋茂。佛亦如是,出現於世,
譬如大雲,普覆一切。既出於世,爲諸衆生,
分別演說,諸法之實。大聖世尊,於諸天人,
一切衆中,而宣是言:我爲如來,兩足之尊,
出於世間,猶如大雲,充潤一切,枯槁衆生,
皆令離苦,得安隱樂,世間之樂,及涅槃樂。
諸天人衆,一心善聽,皆應到此,覲無上尊。
我爲世尊,無能及者,安隱衆生,故現於世,
爲大衆說,甘露淨法。其法一味,解脫涅槃,
以一妙音,演暢斯義,常爲大乘,而作因緣。
我觀一切,普皆平等,無有彼此,愛憎之心。
我無貪著,亦無限礙,恒爲一切,平等說法,
如爲一人,衆多亦然。常演說法,曾無他事,
去來坐立,終不疲厭,充足世間,如雨普潤。
貴賤上下,持戒毀戒,威儀具足,及不具足,
正見邪見,利根鈍根,等雨法雨,而無懈倦。
一切衆生,聞我法者,隨力所受,住於諸地:
或處人天,轉輪聖王,釋梵諸王,是小藥草;
知無漏法,能得涅槃,起六神通,及得三明,
獨處山林,常行禪定,得緣覺證,是中藥草;
求世尊處,我當作佛,行精進定,是上藥草;
又諸佛子,專心佛道,常行慈悲,自知作佛,
決定無疑,是名小樹;安住神通,轉不退輪,
度無量億,百千衆生。如是菩薩,名爲大樹。
佛平等說,如一味雨,隨衆生性,所受不同,
如彼草木,所稟各異。佛以此喻,方便開示,
種種言辭,演說一法,於佛智慧,如海一渧。

我雨法雨，充滿世間，一味之法，隨力修行。
如彼叢林，藥草諸樹，隨其大小，漸增茂好。
諸佛之法，常以一味，令諸世間，普得具足，
漸次修行，皆得道果。聲聞緣覺，處於山林，
住最後身，聞法得果，是名藥草，各得增長；
若諸菩薩，智慧堅固，了達三界，求最上乘，
是名小樹，而得增長；復有住禪，得神通力，
聞諸法空，心大歡喜，放無數光，度諸衆生，
是名大樹，而得增長。如是迦葉，佛所說法，
譬如大雲，以一味雨，潤於人華，各得成實。
迦葉當知，以諸因緣，種種譬喻，開示佛道，
是我方便，諸佛亦然。今爲汝等，說最實事，
諸聲聞衆，皆非滅度，汝等所行，是菩薩道，
漸漸修學，悉當成佛。」

## ～ 授記品第六 ～

爾時，世尊說是偈已，告諸大衆，唱如是言：「我此弟子摩訶迦葉，於未來世當得奉覲三百萬億諸佛世尊，供養恭敬，尊重讚嘆，廣宣諸佛無量大法，於最後身得成爲佛，名曰光明如來，應供、正遍知、明行足、善逝、世間解、無上士、調禦丈夫、天人師、佛、世尊。國名光德，劫名大莊嚴，佛壽十二小劫，正法住世二十小劫，像法亦住二十小劫。國界嚴飾，無諸穢惡、瓦礫荆棘、便利不淨。其土平正，無有高下、坑坎、堆阜，琉璃爲地，寶樹行列，黃金爲繩，以界道側，散諸寶華，周遍清淨。其國菩薩無量千億，諸聲聞衆亦復無數，無有魔事，雖有魔及魔民，皆護佛法。」

爾時，世尊欲重宣此義，而說偈言：

「告諸比丘：我以佛眼，見是迦葉，於未來世，
過無數劫，當得作佛。而於來世，供養奉覲，

三百萬億，諸佛世尊，爲佛智慧，淨修梵行。

供養最上，二足尊已，修習一切，無上之慧，

於最後身，得成爲佛。其土清淨，琉璃爲地，

多諸寶樹，行列道側，金繩界道，見者歡喜。

常出好香，散衆名華，種種奇妙，以爲莊嚴，

其地平正，無有丘坑。諸菩薩衆，不可稱計，

其心調柔，逮大神通，奉持諸佛，大乘經典。

諸聲聞衆，無漏後身，法王之子，亦不可計，

乃以天眼，不能數知。其佛當壽，十二小劫，

正法住世，二十小劫，像法亦住，二十小劫，

光明世尊，其事如是。"

爾時，大目犍連、須菩提、摩訶迦栴延等皆悉悚栗，一心合掌，瞻仰尊顏，目不暫舍，即共同聲，而說偈言：

"大雄猛世尊，諸釋之法王，哀愍我等故，而賜佛音聲。

若知我深心，見爲授記者，如以甘露灑，除熱得清凉。

如從饑國來，忽遇大王膳，心猶懷疑懼，未敢即便食，

若復得王教，然後乃敢食。我等亦如是，每惟小乘過，

不知當云何，得佛無上慧。雖聞佛音聲，言我等作佛，

心尚懷憂懼，如未敢便食，若蒙佛授記，爾乃快安樂。

大雄猛世尊，常欲安世間，願賜我等記，如饑須教食。

爾時，世尊知諸大弟子心之所念，告諸比丘："是須菩提，於當來世，奉覲三百萬億那由他佛，供養恭敬，尊重讚嘆，常修梵行，具菩薩道，於最後身，得成爲佛，號曰名相如來、應供、正遍知、明行足、善逝、世間解、無上士、調禦丈夫、天人師、佛、世尊。劫名有寶，國名寶生。其土平正，頗梨爲地，寶樹莊嚴，無諸丘坑、沙礫、荊棘、便利之穢，寶華覆地，周遍清淨。其土人民，皆處寶臺珍妙樓閣。聲聞弟子，無量無邊，算數譬喻所不能知。諸菩薩衆，無數千萬億那由他。佛壽十二小劫，正法住世二十小劫，像法亦住二十小劫。其佛常處虛空，爲衆說法，度脫無量菩薩及聲聞衆。"

爾時,世尊欲重宣此義,而說偈言:

"諸比丘衆,今告汝等,皆當一心,聽我所說。

我大弟子,須菩提者,當得作佛,號曰名相。

當供無數,萬億諸佛,隨佛所行,漸具大道。

最後身得,三十二相,端正姝妙,猶如寶山。

其佛國土,嚴淨第一,衆生見者,無不愛樂。

佛於其中,度無量衆。其佛法中,多諸菩薩,

皆悉利根,轉不退輪,彼國常以,菩薩莊嚴;

諸聲聞衆,不可稱數,皆得三明,具六神通,

住八解脫,有大威德。其佛說法,現於無量,

神通變化,不可思議。諸天人民,數如恒沙,

皆共合掌,聽受佛語。其佛當壽,十二小劫,

正法住世,二十小劫,像法亦住,二十小劫。"

爾時,世尊復告諸比丘衆:"我今語汝:是大迦旃延,於當來世,以諸供具供養奉事八千億佛,恭敬尊重。諸佛滅後,各起塔廟,高千由旬,縱廣正等五百由旬,皆以金銀、琉璃、硨磲、瑪瑙、真珠、玫瑰七寶合成,衆華、瓔珞、塗香、末香、燒香、繒蓋、幢幡,供養塔廟。過是已後,當復供養二萬億佛,亦復如是。供養是諸佛已,具菩薩道,當得作佛,號曰閻浮那提金光如來,應供、正遍知、明行足、善逝、世間解、無上士、調御丈夫、天人師、佛、世尊。其土平正,頗梨爲地,寶樹莊嚴,黃金爲繩,以界道側,妙華覆地,周遍清淨,見者歡喜。無四惡道,地獄、餓鬼、畜生、阿修羅道,多有天、人、諸聲聞衆,及諸菩薩無量萬億,莊嚴其國。佛壽十二小劫,正法住世二十小劫,像法亦住二十小劫。"

爾時,世尊欲重宣此義,而說偈言:

"諸比丘衆,皆一心聽,如我所說,真實無異。

是迦栴延,當以種種,妙好供具,供養諸佛。

諸佛滅後,起七寶塔,亦以華香,供養舍利。

其最後身,得佛智慧,成等正覺,國土清淨。

度脫無量,萬億衆生,皆爲十方,之所供養。

佛之光明,無能勝者,其佛號曰,閻浮金光。

菩薩聲聞,斷一切有,無量無數,莊嚴其國。”

爾時,世尊復告大衆:“我今語汝,是大目犍連,當以種種供具供養八千諸佛,恭敬尊重。諸佛滅後,各起塔廟,高千由旬,縱廣正等五百由旬,皆以金銀、琉璃、硨磲、瑪瑙、真珠、玫瑰七寶合成,衆華、瓔珞、塗香、末香、燒香、繒蓋、幢幡,以用供養。過是已後,當復供養二百萬億諸佛,亦復如是。當得成佛,號曰多摩羅跋栴檀香如來,應供、正遍知、明行足、善逝、世間解、無上士、調禦丈夫、天人師、佛、世尊,劫名喜滿,國名意樂,其土平正,頗梨爲地,寶樹莊嚴,散真珠華,周遍清淨,見者歡喜。多諸天、人、菩薩、聲聞,其數無量。佛壽二十四小劫,正法住世四十小劫,像法亦住四十小劫。”

爾時,世尊欲重宣此義,而說偈言:

“我此弟子,大目犍連,舍是身已,得見八千,

二百萬億,諸佛世尊。爲佛道故,供養恭敬,

於諸佛所,常修梵行,於無量劫,奉持佛法。

諸佛滅後,起七寶塔,長表金刹,華香伎樂,

而以供養,諸佛塔廟。漸漸具足,菩薩道已,

於意樂國,而得作佛,號多摩羅,栴檀之香。

其佛壽命,二十四劫,常爲天人,演說佛道。

聲聞無量,如恒河沙,三明六通,有大威德。

菩薩無數,志固精進,於佛智慧,皆不退轉。

佛滅度後,正法當住,四十小劫,像法亦爾。

我諸弟子,威德具足,其數五百,皆當授記,

於未來世,咸得成佛。我及汝等,宿世因緣,

吾今當說,汝等善聽。”

## 化城喻品第七

佛告諸比丘："乃往過去無量無邊不可思議阿僧祇劫,爾時有佛,名大通智勝如來、應供、正遍知、明行足、善逝、世間解、無上士、調御丈夫、天人師、佛、世尊,其國名好成,劫名大相。諸比丘! 彼佛滅度已來甚大久遠。譬如三千大千世界所有地種,假使有人磨以爲墨,過於東方千國土乃下一點,大如微塵,又過千國土復下一點,如是展轉盡地種墨,於汝等意云何? 是諸國土,若算師若算師弟子,能得邊際,知其數不?"

"不也,世尊。"

"諸比丘! 是人所經國土,若點不點,盡末爲塵,一塵一劫。彼佛滅度已來,復過是數無量無邊百千萬億阿僧祇劫。我以如來知見力故,觀彼久遠,猶若今日。"

爾時,世尊欲重宣此義,而說偈言:

"我念過去世,無量無邊劫,有佛兩足尊,名大通智勝。

如人以力磨,三千大千土,盡此諸地種,皆悉以爲墨。

過於千國土,乃下一塵點,如是展轉點,盡此諸塵墨。

如是諸國土,點與不點等,復盡末爲塵,一塵爲一劫。

此諸微塵數,其劫復過是,彼佛滅度來,如是無量劫。

如來無礙智,知彼佛滅度,及聲聞菩薩,如見今滅度。

諸比丘當知,佛智淨微妙,無漏無所礙,通達無量劫。"

佛告諸比丘:"大通智勝佛,壽五百四十萬億那由他劫。其佛本坐道場,破魔軍已,垂得阿耨多羅三藐三菩提,而諸佛法不現在前。如是一小劫,乃至十小劫,結跏趺坐,身心不動,而諸佛法猶不在前。

"爾時,忉利諸天先爲彼佛於菩提樹下敷師子座,高一由旬。佛於此座,當得阿耨多羅三藐三菩提。適坐此座,時諸梵天王,雨衆天華,面百由旬。香風時來,吹去萎華,更雨新者。如是不絕,滿十小劫供養於佛,乃至滅度,常雨此華。四王諸天爲供養佛,常擊天鼓,其餘諸天作天伎樂,滿十小劫,至於滅度,亦復如是。諸比丘！大通智勝佛,過十小劫,諸佛之法乃現在前,成阿耨多羅三藐三菩提。

"其佛未出家時,有十六子,其第一者,名曰智積。諸子各有種種珍異玩好之具。聞父得成阿耨多羅三藐三菩提,皆舍所珍,往詣佛所。諸母涕泣而隨送之。其祖轉輪聖王,與一百大臣及餘百千萬億人民,皆共圍繞,隨至道場,咸欲親近大通智勝如來,供養恭敬,尊重讚嘆。到已,頭面禮足,繞佛畢已,一心合掌,瞻仰世尊,以偈頌曰:

'大威德世尊,爲度衆生故,於無量億劫,爾乃得成佛,
諸願已具足,善哉吉無上！世尊甚希有,一坐十小劫,
身體及手足,靜然安不動。其心常惔怕,未曾有散亂,
究竟永寂滅,安住無漏法。今者見世尊,安隱成佛道,
我等得善利,稱慶大歡喜。衆生常苦惱,盲瞑無導師,
不識苦盡道,不知求解脫。長夜增惡趣,減損諸天衆,
從冥入於冥,永不聞佛名。今佛得最上,安隱無漏道。
我等及天人,爲得最大利,是故咸稽首,歸命無上尊。'

"爾時,十六王子偈讚佛已,勸請世尊轉於法輪,咸作是言:

'世尊說法,多所安隱,憐愍、饒益諸天人民。'重說偈言:

'世雄無等倫,百福自莊嚴,得無上智慧,願爲世間說。
度脫於我等,及諸衆生類,爲分別顯示,令得是智能。
若我等得佛,衆生亦復然。世尊知衆生,深心之所念,
亦知所行道,又知智慧力,欲樂及修福,宿命所行業。
世尊悉知已,當轉無上輪。'"

佛告諸比丘:"大通智勝佛得阿耨多羅三藐三菩提時,十方各五百萬億諸佛世界六種震動,其國中間幽冥之處,日月威光所不能照,而皆大明,其中衆生各得相見,咸作是言:'此中云何忽生衆生?'又其國界諸天宮殿,乃至梵宮六種震動,大光普照,遍滿世界,勝諸天光。

"爾時,東方五百萬億諸國土中,梵天宮殿光明照曜,倍於常明。諸梵天王各作是念:'今者宮殿光明,昔所未有,以何因緣而現此相?'是時,諸

梵天王即各相詣，共議此事。時，彼眾中有一大梵天王，名救一切，爲諸梵
眾而說偈言：

我等諸宮殿，光明昔未有，此是何因緣？宜各共求之。

爲大德天生，爲佛出世間，而此大光明，遍照於十方。

"爾時，五百萬億國土諸梵天王與宮殿俱，各以衣裓盛諸天華，共詣西
方，推尋是相。見大通智勝如來處於道場，菩提樹下，坐師子座，諸天、龍
王、乾闥婆、緊那羅、摩睺羅伽、人非人等恭敬圍繞，及見十六王子請佛轉
法輪。即時，諸梵天王頭面禮佛，繞百千匝，即以天華而散佛上，其所散華
如須彌山，並以供養佛菩提樹，其菩提樹高十由旬。華供養已，各以宮殿
奉上彼佛，而作是言：'唯見哀愍、饒益我等，所獻宮殿，願垂納受。'時，諸
梵天王即於佛前，一心同聲，以偈頌曰：

'世尊甚希有，難可得值遇，具無量功德，能救護一切。

天人之大師，哀愍於世間，十方諸眾生，普皆蒙饒益。

我等所從來，五百萬億國，舍深禪定樂，爲供養佛故。

我等先世福，宮殿甚嚴飾，今以奉世尊，唯願哀納受。'

"爾時，諸梵天王偈讚佛已，各作是言：'唯願世尊，轉於法輪，度脫眾
生，開涅槃道。'時，諸梵天王一心同聲，而說偈言：

'世雄兩足尊，唯願演說法，以大慈悲力，度苦惱眾生。'

"爾時，大通智勝如來默然許之。

"又諸比丘！東南方五百萬億國土諸大梵王，各自見宮殿光明照曜，
昔所未有，歡喜踊躍，生希有心，即各相詣，共議此事。時彼眾中，有一大
梵天王，名曰大悲，爲諸梵眾，而說偈言：

'是事何因緣，而現如此相，我等諸宮殿，光明昔未有？

爲大德天生？爲佛出世間？未曾見此相，當共一心求。

過千萬億土，尋光共推之。多是佛出世，度脫苦眾生。'

"爾時，五百萬億諸梵天王與宮殿俱，各以衣裓盛諸天華，共詣西北
方，推尋是相。見大通智勝如來處於道場，菩提樹下，坐師子座，諸天、龍
王、乾闥婆、緊那羅、摩睺羅伽、人非人等恭敬圍繞，及見十六王子請佛轉

法輪。時，諸梵天王頭面禮佛，繞百千匝，即以天華而散佛上，所散之華如須彌山，並以供養佛菩提樹。華供養已，各以宮殿奉上彼佛，而作是言：'唯見哀愍、饒益我等，所獻宮殿，願垂納受。'

"爾時，諸梵天王即於佛前一心同聲，以偈頌曰：

聖主天中王，迦陵頻伽聲，哀愍眾生者，我等今敬禮。

世尊甚希有，久遠乃一現，一百八十劫，空過無有佛，

三惡道充滿，諸天眾減少。今佛出於世，為眾生作眼。

世間所歸趣，救護於一切，為眾生之父，哀愍饒益者。

我等宿福慶，今得值世尊。'

"爾時，諸梵天王偈贊佛已，各作是言：唯願世尊，哀愍一切，轉於法輪，度脫眾生。時，諸梵天王一心同聲，而說偈言：

'大聖轉法輪，顯示諸法相，度苦惱眾生，令得大歡喜。

眾生聞此法，得道若生天，諸惡道減少，忍善者增益。'

"爾時，大通智勝如來默然許之。

"又諸比丘！南方五百萬億國土諸大梵王，各自見宮殿光明照曜，昔所未有，歡喜踊躍，生希有心，即各相詣，共議此事：'以何因緣，我等宮殿有此光曜？'時，彼眾中有一大梵天王，名曰妙法，為諸梵眾，而說偈言：

'我等諸宮殿，光明甚威曜，此非無因緣，是相宜求之。

過於百千劫，未曾見是相，為大德天生？為佛出世間？

"爾時，五百萬億諸梵天王與宮殿俱，各以衣裓盛諸天華，共詣北方，推尋是相。見大通智勝如來處於道場，菩提樹下，坐師子座，諸天、龍王、乾闥婆、緊那羅、摩睺羅伽、人非人等恭敬圍繞，及見十六王子請佛轉法輪。時，諸梵天王頭面禮佛，繞百千匝，即以天華而散佛上，所散之華如須彌山，並以供養佛菩提樹。華供養已，各以宮殿奉上彼佛，而作是言：'唯見哀愍、饒益我等，所獻宮殿，願垂納受。'

"爾時，諸梵天王即於佛前，一心同聲，以偈頌曰：

'世尊甚難見，破諸煩惱者，過百三十劫，今乃得一見。

諸饑渴眾生，以法雨充滿。昔所未曾見，無量智慧者，

如優曇缽華,今日乃值遇。我等諸宮殿,蒙光故嚴飾,

世尊大慈悲,唯願垂納受。'

"爾時,諸梵天王偈讚佛已,各作是言:'唯願世尊,轉於法輪,令一切世間諸天、魔梵、沙門、婆羅門,皆獲安隱,而得度脫。'時,諸梵天王一心同聲,以偈頌曰:

'唯願天人尊,轉無上法輪,擊於大法鼓,而吹大法螺,

普雨大法雨,度無量眾生,我等咸歸請,當演深遠音。'

"爾時,大通智勝如來默然許之。

"西南方,乃至下方,亦復如是。

"爾時,上方五百萬億國土諸大梵王皆悉自睹所止宮殿光明威曜,昔所未有,歡喜踴躍,生希有心,即各相詣,共議此事:以何因緣,我等宮殿有斯光明?'時,彼眾中有一大梵天王,名曰屍棄,為諸梵眾,而說偈言:

'今以何因緣,我等諸宮殿,威德光明曜,嚴飾未曾有?

如是之妙相,昔所未聞見,為大德天生?為佛出世間?'

"爾時,五百萬億諸梵天王與宮殿俱,各以衣裓盛諸天華,共詣下方,推尋是相。見大通智勝如來處於道場,菩提樹下,坐師子座,諸天、龍王、乾闥婆、緊那羅、摩睺羅伽、人非人等恭敬圍繞,及見十六王子請佛轉法輪。時,諸梵天王頭面禮佛,繞百千匝,即以天華而散佛上,所散之華如須彌山,並以供養佛菩提樹。華供養已,各以宮殿奉上彼佛,而作是言:'唯見哀愍、饒益我等,所獻宮殿,願垂納受。'時,諸梵天王即於佛前,一心同聲,以偈頌曰:

'善哉見諸佛,救世之聖尊,能於三界獄,勉出諸眾生。

普智天人尊,哀愍群萌類,能開甘露門,廣度於一切。

於昔無量劫,空過無有佛,世尊未出時,十方常闇冥,

三惡道增長,阿修羅亦盛,諸天眾轉減,死多墮惡道。

不從佛聞法,常行不善事,色力及智慧,斯等皆減少。

罪業因緣故,失樂及樂想,住於邪見法,不識善儀則,

不蒙佛所化,常墮於惡道。佛為世間眼,久遠時乃出,

哀愍諸衆生，故現於世間。超出成正覺，我等甚欣慶，

及餘一切衆，喜嘆未曾有。我等諸宮殿，蒙光故嚴飾，

今以奉世尊，唯垂哀納受。願以此功德，普及於一切，

我等與衆生，皆共成佛道。'

"爾時，五百萬億諸梵天王偈贊佛已，各白佛言：'唯願世尊，轉於法輪，多所安隱，多所度脱。'時諸梵天王而說偈言：

'世尊轉法輪，擊甘露法鼓，度苦惱衆生，開示涅槃道。

唯願受我請，以大微妙音，哀愍而敷演，無量劫習法。'

"爾時，大通智勝如來受十方諸梵天王及十六王子請，即時三轉十二行法輪，若沙門、婆羅門，若天、魔、梵及餘世間所不能轉，謂是苦、是苦集、是苦滅、是苦滅道，及廣說十二因緣法，無明緣行、行緣識、識緣名色、名色緣六入、六入緣觸、觸緣受、受緣愛、愛緣取、取緣有、有緣生、生緣老死憂悲苦惱，無明滅則行滅、行滅則識滅、識滅則名色滅、名色滅則六入滅、六入滅則觸滅、觸滅則受滅、受滅則愛滅、愛滅則取滅、取滅則有滅、有滅則生滅、生滅則老死憂悲苦惱滅。

"佛於天人大衆之中說是法時，六百萬億那由他人，以不受一切法故，而於諸漏心得解脱，皆得深妙禪定、三明、六通，具八解脱。第二、第三、第四說法時，千萬億恒河沙那由他等衆生，亦以不受一切法故，而於諸漏心得解脱。從是已後，諸聲聞衆無量無邊不可稱數。

"爾時，十六王子皆以童子出家而爲沙彌，諸根通利，智慧明瞭，已曾供養百千萬億諸佛，淨修梵行，求阿耨多羅三藐三菩提，俱白佛言：'世尊！是諸無量千萬億大德聲聞皆已成就。世尊！亦當爲我等說阿耨多羅三藐三菩提法。我等聞已，皆共修學。世尊！我等志願如來知見，深心所念佛自證知。'爾時，轉輪聖王所將衆中八萬億人，見十六王子出家，亦求出家。王即聽許。

"爾時，彼佛受沙彌請，過二萬劫已，乃於四衆之中說是大乘經，名《妙法蓮華》，教菩薩法，佛所護念。說是經已，十六沙彌爲阿耨多羅三藐三菩提故，皆共受持，諷誦通利。說是經時，十六菩薩沙彌皆悉信受，聲聞衆中

亦有信解，其餘眾生千萬億種皆生疑惑。佛說是經，於八千劫未曾休廢。說此經已，即入靜室，住於禪定八萬四千劫。

"是時，十六菩薩沙彌知佛入室寂然禪定，各升法座，亦於八萬四千劫，爲四部眾廣說分別妙《法華經》，一一皆度六百萬億那由他恒河沙等眾生，示教利喜，令發阿耨多羅三藐三菩提心。

"大通智勝佛過八萬四千劫已，從三昧起，往詣法座，安詳而坐，普告大眾：'是十六菩薩沙彌甚爲希有，諸根通利，智慧明瞭，已曾供養無量千萬億數諸佛，於諸佛所常修梵行，受持佛智，開示眾生，令入其中。汝等皆當數數親近而供養之。所以者何？若聲聞、辟支佛及諸菩薩，能信是十六菩薩所說經法，受持不毀者，是人皆當得阿耨多羅三藐三菩提如來之慧。'"

佛告諸比丘："是十六菩薩常樂說是《妙法蓮華經》，一一菩薩所化六百萬億那由他恒河沙等眾生，世世所生，與菩薩俱，從其聞法，悉皆信解。以此因緣，得值四百萬億諸佛世尊，於今不盡。

"諸比丘！我今語汝：彼佛弟子十六沙彌，今皆得阿耨多羅三藐三菩提，於十方國土現在說法，有無量百千萬億菩薩聲聞以爲眷屬。其二沙彌東方作佛，一名阿閦，在歡喜國；二名須彌頂。東南方二佛，一名師子音，二名師子相。南方二佛，一名虛空住，二名常滅。西南方二佛，一名帝相，二名梵相。西方二佛，一名阿彌陀，二名度一切世間苦惱。西北方二佛，一名多摩羅跋栴檀香神通，二名須彌相。北方二佛，一名云自在，二名云自在王。東北方佛名壞一切世間怖畏，第十六我釋迦牟尼佛，於娑婆國土成阿耨多羅三藐三菩提。

"諸比丘！我等爲沙彌時，各各教化無量百千萬億恒河沙等眾生，從我聞法，爲阿耨多羅三藐三菩提。此諸眾生於今有住聲聞地者，我常教化阿耨多羅三藐三菩提。是諸人等，應以是法漸入佛道。所以者何？如來智慧難信難解。爾時所化無量恒河沙等眾生者，汝等諸比丘，及我滅度後未來世中聲聞弟子是也。

"我滅度後，復有弟子不聞是經，不知不覺菩薩所行，自於所得功德生滅度想，當入涅槃。我於餘國作佛，更有異名。是人雖生滅度之想，入於涅槃，而於彼土求佛智慧，得聞是經，唯以佛乘而得滅度，更無餘乘，除諸如來方便說法。

"諸比丘！若如來自知涅槃時到，衆又清淨，信解堅固，了達空法，深入禪定，便集諸菩薩及聲聞衆爲說是經。世間無有二乘而得滅度，唯一佛乘得滅度耳。比丘當知，如來方便，深入衆生之性。如其志樂小法，深著五欲，爲是等故說於涅槃，是人若聞，則便信受。

"譬如五百由旬險難惡道，曠絕無人，怖畏之處。若有多衆，欲過此道至珍寶處。有一導師，聰慧明達，善知險道通塞之相，將導衆人，欲過此難。所將人衆，中路懈退，白導師言：'我等疲極，而復怖畏，不能復進。前路猶遠，今欲退還。'導師多諸方便，而作是念：'此等可愍，云何舍大珍寶而欲退還？'作是念已，以方便力，於險道中過三百由旬。化作一城，告衆人言：'汝等勿怖，莫得退還。今此大城，可於中止，隨意所作。若入是城，快得安隱。若能前至，寶所亦可得去。'是時，疲極之衆心大歡喜，嘆未曾有：'我等今者免斯惡道，快得安隱。'於是衆人前入化城，生已度想，生安隱想。爾時，導師知此人衆既得止息，無復疲惓，即滅化城，語衆人言：'汝等去來，寶處在近。嚮者大城，我所化作，爲止息耳。'

"諸比丘！如來亦復如是。今爲汝等作大導師，知諸生死煩惱惡道險難長遠，應去應度。若衆生但聞一佛乘者，則不欲見佛，不欲親近，便作是念：'佛道長遠，久受勤苦，乃可得成佛。'知是心怯弱下劣，以方便力，而於中道，爲止息故，說二涅槃。若衆生住於二地，如來爾時即便爲說：'汝等所作未辦。汝所住地近於佛慧，當觀察籌量，所得涅槃，非真實也，但是如來方便之力，於一佛乘分別說三。'如彼導師，爲止息故，化作大城，既知息已，而告之言：'寶處在近。此城非實，我化作耳。'"

爾時，世尊欲重宣此義，而說偈言：

"大通智勝佛，十劫坐道場，佛法不現前，不得成佛道。

諸天神龍王，阿修羅衆等，常雨於天華，以供養彼佛。

諸天擊天鼓，並作衆伎樂，香風吹萎華，更雨新好者。

過十小劫已,乃得成佛道。諸天及世人,心皆懷踴躍。
彼佛十六子,皆與其眷屬,千萬億圍繞,俱行至佛所,
頭面禮佛足,而請轉法輪,聖師子法雨,充我及一切。
世尊甚難值,久遠時一現,爲覺悟群生,震動於一切。
東方諸世界,五百萬億國,梵宮殿光曜,昔所未曾有。
諸梵見此相,尋來至佛所,散華以供養,並奉上宮殿。
請佛轉法輪,以偈而讚嘆。佛知時未至,受請默然坐。
三方及四維,上下亦復爾,散華奉宮殿,請佛轉法輪。
世尊甚難值,願以大慈悲,廣開甘露門,轉無上法輪。
無量慧世尊,受彼衆人請,爲宣種種法,四諦十二緣。
無明至老死,皆從生緣有,如是衆過患,汝等應當知。
宣暢是法時,六百萬億姟,得盡諸苦際,皆成阿羅漢。
第二說法時,千萬恒沙衆,於諸法不受,亦得阿羅漢。
從是後得道,其數無有量,萬億劫算數,不能得其邊。
時十六王子,出家作沙彌,皆共請彼佛,演說大乘法。
我等及營從,皆當成佛道,願得如世尊,慧眼第一淨。
佛知童子心,宿世之所行,以無量因緣,種種諸譬喻,
說六波羅蜜,及諸神通事,分別真實法,菩薩所行道。
說是《法華經》,如恒河沙偈。彼佛說經已,靜室入禪定,
一心一處坐,八萬四千劫。是諸沙彌等,知佛禪未出,
爲無量億衆,說佛無上慧。各各坐法座,說是大乘經,
於佛宴寂後,宣揚助法化。一一沙彌等,所度諸衆生,
有六百萬億,恒河沙等衆。彼佛滅度後,是諸聞法者,
在在諸佛土,常與師俱生。是十六沙彌,具足行佛道,
今現在十方,各得成正覺。爾時聞法者,各在諸佛所,
其有住聲聞,漸教以佛道。我在十六數,曾亦爲汝說,
是故以方便,引汝趣佛慧。以是本因緣,今說《法華經》,
令汝入佛道,慎勿懷驚懼。譬如險惡道,迥絕多毒獸,

又復無水草,人所怖畏處。無數千萬衆,欲過此險道,
其路甚曠遠,經三百由旬。時有一導師,強識有智慧,
明了心決定,在險濟衆難。衆人皆疲惓,而白導師言:
我等今頓乏,於此欲退還。導師作是念:此輩甚可愍,
如何欲退還,而失大珍寶?尋時思方便,當設神通力,
化作大城郭,莊嚴諸舍宅。周匝有園林,渠流及浴池,
重門高樓閣,男女皆充滿。即作是化已,慰衆言勿懼:
汝等入此城,各可隨所樂。諸人既入城,心皆大歡喜,
皆生安隱想,自謂已得度。導師知息已,集衆而告言:
汝等當前進,此是化城耳。我見汝疲極,中路欲退還,
故以方便力,權化作此城。汝等勤精進,當共至寶所。
我亦復如是,爲一切導師。見諸求道者,中路而懈廢,
不能度生死,煩惱諸險道。故以方便力,爲息說涅槃,
言汝等苦滅,所作皆已辦。既知到涅槃,皆得阿羅漢。
爾乃集大衆,爲說真實法。諸佛方便力,分別說三乘,
唯有一佛乘,息處故說二。今爲汝說實,汝所得非滅,
爲佛一切智,當發大精進。汝證一切智,十力等佛法,
具三十二相,乃是真實滅。諸佛之導師,爲息說涅槃,
既知是息已,引入於佛慧。"

# 卷第四

## ～～ 五百弟子受記品第八 ～～

爾時，富樓那彌多羅尼子從佛聞是智慧方便隨宜說法，又聞授諸大弟子阿耨多羅三藐三菩提記，復聞宿世因緣之事，復聞諸佛有大自在神通之力，得未曾有，心淨踊躍。即從座起，到於佛前，頭面禮足，卻住一面，瞻仰尊顏，目不暫舍，而作是念：「世尊！甚奇特，所爲希有，隨順世間若干種性，以方便知見而爲說法，拔出衆生處處貪著。我等於佛功德言不能宣，唯佛世尊能知我等深心本願。」

爾時，佛告諸比丘：「汝等見是富樓那彌多羅尼子不？我常稱其於說法人中最爲第一，亦常嘆其種種功德，精勤護持，助宣我法。能於四衆，示教利喜，具足解釋佛之正法，而大饒益同梵行者，自舍如來，無能盡其言論之辯。汝等勿謂富樓那但能護持助宣我法，亦於過去九十億諸佛所護持助宣佛之正法，於彼說法人中亦最第一，又於諸佛所說空法，明瞭通達，得四無礙智，常能審諦清淨說法，無有疑惑，具足菩薩神通之力，隨其壽命，常修梵行。彼佛世人，咸皆謂之實是聲聞。而富樓那以斯方便，饒益無量百千衆生，又化無量阿僧祇人，令立阿耨多羅三藐三菩提，爲淨佛土故，常作佛事，教化衆生。

「諸比丘！富樓那亦於七佛說法人中而得第一，今於我所說法人中亦爲第一，於賢劫中當來諸佛說法人中亦復第一，而皆護持助宣佛法，亦於未來護持助宣無量無邊諸佛之法，教化饒益無量衆生，令立阿耨多羅三藐三菩提，爲淨佛土故，常勤精進，教化衆生，漸漸具足菩薩之道，過無量阿僧祇劫，當於此土得阿耨多羅三藐三菩提，號曰法明如來、應供、正遍知、明行足、善逝、世間解、無上士、調禦丈夫、天人師、佛、世尊。其佛以恒河沙等三千大千世界爲一佛土，七寶爲地，地平如掌，無有山陵、溪澗、溝壑。七寶臺觀，充滿其中。諸天宮殿，近處虛空，人天交接，兩得相見。無諸惡道，亦無女人。一切衆生，皆以化生，無有淫欲，得大神通，身出光明，飛行自在，志念堅固，精進智慧，普皆金色，三十二相，而自莊嚴。其國衆生常以二食：一者法喜食，二者禪悅食。有無量阿僧祇千萬億那由他諸菩薩衆，得大神通、四無礙智，善能教化衆生之類。其聲聞衆，算數校計所不能知，皆得具足六通、三明及八解脫。其佛國土，有如是等無量功德莊嚴成就，劫名寶明，國名善淨。其佛壽命無量阿僧祇劫，法住甚久。佛滅度後，起七寶塔，遍滿其國。”

爾時，世尊欲重宣此義，而說偈言：

“諸比丘諦聽，佛子所行道，善學方便故，不可得思議。

知衆樂小法，而畏於大智，是故諸菩薩，作聲聞緣覺，

以無數方便，化諸衆生類，自說是聲聞，去佛道甚遠，

度脫無量衆，皆悉得成就。雖小欲懈怠，漸當令作佛，

內祕菩薩行，外現是聲聞，少欲厭生死，實自淨佛土。

示衆有三毒，又現邪見相，我弟子如是，方便度衆生。

若我具足說，種種現化事，衆生聞是者，心則懷疑惑。

今此富樓那，於昔千億佛，勤修所行道，宣護諸佛法。

爲求無上慧，而於諸佛所，現居弟子上，多聞有智慧。

所說無所畏，能令衆歡喜，未曾有疲倦，而以助佛事。

已度大神通，具四無礙智，知諸根利鈍，常說清淨法。

演暢如是義，教諸千億衆，令住大乘法，而自淨佛土。

未來亦供養，無量無數佛，護助宣正法，亦自淨佛土。

常以諸方便，說法無所畏，度不可計衆，成就一切智。

供養諸如來，護持法寶藏，其後得成佛，號名曰法明。
其國名善淨，七寶所合成，劫名爲寶明。菩薩衆甚多，
其數無量億，皆度大神通，威德力具足，充滿其國土。
聲聞亦無數，三明八解脫，得四無礙智，以是等爲僧。
其國諸衆生，淫欲皆已斷，純一變化生，具相莊嚴身。
法喜禪悅食，更無餘食想。無有諸女人，亦無諸惡道。
富樓那比丘，功德悉成滿。當得斯淨土，賢聖衆甚多。
如是無量事，我今但略說。"

爾時，千二百阿羅漢心自在者作是念："我等歡喜，得未曾有。若世尊各見授記如餘大弟子者，不亦快乎！"

佛知此等心之所念，告摩訶迦葉："是千二百阿羅漢，我今當現前，次第與授阿耨多羅三藐三菩提記。於此衆中，我大弟子憍陳如比丘，當供養六萬二千億佛，然後得成爲佛，號曰普明如來、應供、正遍知、明行足、善逝、世間解、無上士、調禦丈夫、天人師、佛、世尊。其五百阿羅漢，優樓頻螺迦葉、伽耶迦葉、那提迦葉、迦留陀夷、優陀夷、阿㝹樓馱、離婆多、劫賓那、薄拘羅、周陀、莎伽陀等，皆當得阿耨多羅三藐三菩提，盡同一號，名曰普明。"

爾時，世尊欲重宣此義，而說偈言：

"憍陳如比丘，當見無量佛，過阿僧祇劫，乃成等正覺。
常放大光明，具足諸神通，名聞遍十方，一切之所敬，
常說無上道，故號爲普明。其國土清淨，菩薩皆勇猛，
咸升妙樓閣，遊諸十方國，以無上供具，奉獻於諸佛。
作是供養已，心懷大歡喜，須臾還本國，有如是神力。
佛壽六萬劫，正法住倍壽，像法復倍是，法滅天人憂。
其五百比丘，次第當作佛，同號曰普明，轉次而授記。
我滅度之後，某甲當作佛，其所化世間，亦如我今日。
國土之嚴淨，及諸神通力，菩薩聲聞衆，正法及像法，
壽命劫多少，皆如上所說。迦葉汝已知，五百自在者，
餘諸聲聞衆，亦當復如是，其不在此會，汝當爲宣說。"

爾時，五百阿羅漢於佛前得受記已，歡喜踊躍，即從座起，到於佛前，頭面禮足，悔過自責："世尊！我等常作是念，自謂已得究竟滅度，今乃知之，如無智者。所以者何？我等應得如來智慧，而便自以小智爲足。

"世尊！譬如有人至親友家，醉酒而臥。是時，親友官事當行，以無價寶珠繫其衣裏，與之而去。其人醉臥，都不覺知。起已遊行，到於他國，爲衣食故，勤力求索，甚大艱難。若少有所得，便以爲足。於後親友會遇見之，而作是言：'咄哉丈夫！何爲衣食乃至如是？我昔欲令汝得安樂，五欲自恣，於某年日月，以無價寶珠繫汝衣裏，今故現在。而汝不知，勤苦憂惱，以求自活，甚爲痴也。汝今可以此寶貿易所須，常可如意，無所乏短。'佛亦如是。爲菩薩時，教化我等，令發一切智心。而尋廢忘，不知不覺。既得阿羅漢道，自謂滅度，資生艱難，得少爲足，一切智願，猶在不失。今者，世尊覺悟我等，作如是言：'諸比丘，汝等所得，非究竟滅。我久令汝等種佛善根，以方便故，示涅槃相，而汝謂爲實得滅度。'世尊，我今乃知實是菩薩，得受阿耨多羅三藐三菩提記，以是因緣，甚大歡喜，得未曾有。"

爾時，阿若憍陳如等欲重宣此義，而說偈言：

"我等聞無上，安隱授記聲，歡喜未曾有，禮無量智佛。

今於世尊前，自悔諸過咎：於無量佛寶，得少涅槃分，

如無智愚人，便自以爲足。譬如貧窮人，往至親友家，

其家甚大富，具設諸肴膳。以無價寶珠，繫著內衣裏，

默與而舍去，時臥不覺知。是人既已起，遊行詣他國，

求衣食自濟，資生甚艱難。得少便爲足，更不願好者，

不覺內衣裏，有無價寶珠。與珠之親友，後見此貧人，

苦切責之已，示以所繫珠。貧人見此珠，其心大歡喜，

富有諸財物，五欲而自恣。我等亦如是。世尊於長夜，

常愍見教化，令種無上願。我等無智故，不覺亦不知，

得少涅槃分，自足不求餘。今佛覺悟我，言非實滅度，

得佛無上慧，爾乃爲真滅。我今從佛聞，授記莊嚴事，

及轉次受決，身心遍歡喜。"

## ～～ 授學無學人記品第九 ～～

爾時,阿難、羅睺羅而作是念:"我等每自思惟:設得受記,不亦快乎!"即從座起,到於佛前,頭面禮足,俱白佛言:"世尊! 我等於此,亦應有分。唯有如來,我等所歸。又,我等爲一切世間天、人、阿修羅所見知識,阿難常爲侍者,護持法藏,羅睺羅是佛之子。若佛見授阿耨多羅三藐三菩提記者,我願既滿,衆望亦足。"

爾時,學、無學聲聞弟子二千人,皆從座起,偏袒右肩,到於佛前,一心合掌,瞻仰世尊,如阿難、羅睺羅所願,住立一面。

爾時,佛告阿難:"汝於來世,當得作佛,號山海慧自在通王如來,應供、正遍知、明行足、善逝、世間解、無上士、調禦丈夫、天人師、佛、世尊。當供養六十二億諸佛,護持法藏,然後得阿耨多羅三藐三菩提,教化二十千萬億恒河沙諸菩薩等,令成阿耨多羅三藐三菩提。國名常立勝幡,其土清淨,琉璃爲地,劫名妙音遍滿。其佛壽命無量千萬億阿僧祇劫,若人於千萬億無量阿僧祇劫中,算數校計不能得知。正法住世,倍於壽命;像法住世,復倍正法。阿難! 是山海慧自在通王佛,爲十方無量千萬億恒河沙等諸佛如來所共讚嘆,稱其功德。"

爾時,世尊欲重宣此義,而說偈言:

"我今僧中說:阿難持法者,當供養諸佛,然後成正覺,
號曰山海慧,自在通王佛。其國土清淨,名常立勝幡。
教化諸菩薩,其數如恒沙。佛有大威德,名聞滿十方。
壽命無有量,以愍衆生故,正法倍壽命,像法復倍是。
如恒河沙等,無數諸衆生,於此佛法中,種佛道因緣。"

爾時,會中新發意菩薩八千人咸作是念:"我等尚不聞諸大菩薩得如是記,有何因緣而諸聲聞得如是決?"

爾時,世尊知諸菩薩心之所念,而告之曰:"諸善男子! 我與阿難等,於空王佛所同時發阿耨多羅三藐三菩提心。阿難常樂多聞,我常勤精進。

是故,我已得成阿耨多羅三藐三菩提;而阿難護持我法,亦護將來諸佛法藏,教化成就諸菩薩眾。其本願如是,故獲斯記。”

阿難面於佛前,自聞授記及國土莊嚴,所願具足,心大歡喜,得未曾有,即時憶念過去無量千萬億諸佛法藏,通達無礙,如今所聞,亦識本願。

爾時,阿難而說偈言:

“世尊甚希有,令我念過去,無量諸佛法,如今日所聞。

我今無復疑,安住於佛道,方便為侍者,護持諸佛法。”

爾時,佛告羅睺羅:“汝於來世,當得作佛,號蹈七寶華如來,應供、正遍知、明行足、善逝、世間解、無上士、調御丈夫、天人師、佛、世尊。當供養十世界微塵等數諸佛如來,常為諸佛而作長子,猶如今也。是蹈七寶華佛,國土莊嚴、壽命劫數、所化弟子、正法像法,亦如山海慧自在通王如來無異,亦為此佛而作長子,過是已後,當得阿耨多羅三藐三菩提。”

爾時,世尊欲重宣此義,而說偈言:

“我為太子時,羅睺為長子。我今成佛道,受法為法子。

於未來世中,見無量億佛,皆為其長子,一心求佛道。

羅睺羅密行,唯我能知之,現為我長子,以示諸眾生。

無量億千萬,功德不可數,安住於佛法,以求無上道。”

爾時,世尊見學、無學二千人其意柔軟,寂然清淨,一心觀佛。佛告阿難:“汝見是學、無學二千人不?”

“唯然,已見。”

“阿難!是諸人等,當供養五十世界微塵數諸佛如來,恭敬尊重,護持法藏。末後,同時於十方國各得成佛,皆同一號,名曰寶相如來,應供、正遍知、明行足、善逝、世間解、無上士、調御丈夫、天人師、佛、世尊,壽命一劫,國土莊嚴、聲聞菩薩、正法像法,皆悉同等。”

爾時,世尊欲重宣此義,而說偈言:

“是二千聲聞,今於我前住,悉皆與授記,未來當成佛。

所供養諸佛,如上說塵數,護持其法藏,後當成正覺。

各於十方國,悉同一名號,俱時坐道場,以證無上慧。

皆名爲寶相,國土及弟子,正法與像法,悉等無有異。

咸以諸神通,度十方衆生,名聞普周遍,漸入於涅槃。"

爾時,學、無學二千人聞佛授記,歡喜踴躍,而說偈言:

"世尊慧燈明,我聞授記音,心歡喜充滿,如甘露見灌。"

## 〜〜 法師品第十 〜〜

爾時,世尊因藥王菩薩告八萬大士:"藥王!汝見是大衆中無量諸天、龍王、夜叉、乾闥婆、阿修羅、迦樓羅、緊那羅、摩睺羅伽、人與非人,及比丘、比丘尼、優婆塞、優婆夷,求聲聞者,求辟支佛者,求佛道者,如是等類,咸於佛前,聞妙《法華經》一偈一句,乃至一念隨喜者,我皆與授記,當得阿耨多羅三藐三菩提。"

佛告藥王:"又如來滅度之後,若有人聞《妙法華經》。乃至一偈、一句、一念隨喜者,我亦與授阿耨多羅三藐三菩提記。若復有人受持、讀誦、解說、書寫《妙法華經》,乃至一偈,於此經卷敬視如佛,種種供養,華香、瓔珞、末香、塗香、燒香、繒蓋、幢幡、衣服、伎樂,乃至合掌恭敬,藥王當知,是諸人等已曾供養十萬億佛,於諸佛所成就大願,愍衆生故,生此人間。

"藥王!若有人問:何等衆生,於未來世當得作佛?應示是諸人等於未來世必得作佛。何以故?若善男子善女人,於《法華經》,乃至一句受持、讀誦、解說、書寫,種種供養經卷,華香、瓔珞、末香、塗香、燒香、繒蓋、幢幡、衣服、伎樂,合掌恭敬,是人一切世間所應瞻奉,應以如來供養而供養之。當知此人是大菩薩,成就阿耨多羅三藐三菩提,哀愍衆生,願生此間,廣演分別《妙法華經》。何況盡能受持、種種供養者!藥王當知,是人自舍清淨業報,於我滅度後,愍衆生故,生於惡世,廣演此經。若是善男子善女人,我滅度後,能竊爲一人說《法華經》,乃至一句,當知是人,則如來使、如來所遣、行如來事。何況於大衆中廣爲人說!

"藥王!若有惡人以不善心,於一劫中現於佛前,常毀罵佛,其罪尚輕。若人以一惡言,毀呰在家、出家讀誦《法華經》者,其罪甚重。

"藥王！其有讀誦《法華經》者，當知是人，以佛莊嚴而自莊嚴，則爲如來肩所荷擔。其所至方應，隨嚮禮，一心合掌，恭敬供養，尊重讚嘆，華香、瓔珞、末香、塗香、燒香、繒蓋、幢幡、衣服、肴饌，作諸伎樂，人中上供而供養之，應持天寶而以散之，天上寶聚應以奉獻。所以者何？是人歡喜說法，須臾聞之，即得究竟阿耨多羅三藐三菩提故。"

爾時，世尊欲重宣此義，而說偈言：

"若欲住佛道，成就自然智，常當勤供養，受持《法華》者。

其有欲疾得，一切種智慧，當受持是經，並供養持者。

若有能受持，妙《法華經》者，當知佛所使，愍念諸衆生。

諸有能受持，妙《法華經》者，舍於清淨土，愍衆故生此。

當知如是人，自在所欲生，能於此惡世，廣說無上法。

應以天華香，及天寶衣服，天上妙寶聚，供養說法者。

吾滅後惡世，能持是經者，當合掌禮敬，如供養世尊。

上饌衆甘美，及種種衣服，供養是佛子，冀得須臾聞。

若能於後世，受持是經者，我遣在人中，行於如來事。

若於一劫中，常懷不善心，作色而罵佛，獲無量重罪。

其有讀誦持，是《法華經》者，須臾加惡言，其罪復過彼。

有人求佛道，而於一劫中，合掌在我前，以無數偈贊。

由是贊佛故，得無量功德，嘆美持經者，其福復過彼。

於八十億劫，以最妙色聲，及與香味觸，供養持經者。

如是供養已，若得須臾聞，則應自欣慶，我今獲大利。

藥王今告汝，我所說諸經，而於此經中，《法華》最第一。"

爾時，佛復告藥王菩薩摩訶薩："我所說經典無量千萬億，已說、今說、當說，而於其中，此《法華經》最爲難信難解。藥王！此經是諸佛秘要之藏，不可分佈，妄授與人，諸佛世尊之所守護，從昔已來，未曾顯說。而此經者，如來現在，猶多怨嫉，況滅度後！

"藥王當知，如來滅後，其能書、持、讀、誦、供養、爲他人說者，如來則爲以衣覆之，又爲他方現在諸佛之所護念，是人有大信力及志願力、諸善根力。當知，是人與如來共宿，則爲如來手摩其頭。

“藥王！在在處處，若說、若讀、若誦、若書，若經卷所住處，皆應起七寶塔，極令高廣嚴飾，不須復安舍利。所以者何？此中已有如來全身。此塔應以一切華香、瓔珞、繒蓋、幢幡、伎樂歌頌，供養恭敬，尊重讚嘆。若有人得見此塔，禮拜供養，當知是等皆近阿耨多羅三藐三菩提。

“藥王！多有人在家、出家行菩薩道，若不能得見、聞、讀、誦、書、持、供養是《法華經》者，當知是人未善行菩薩道。若有得聞是經典者，乃能善行菩薩之道。其有衆生求佛道者，若見、若聞是《法華經》，聞已信、解、受持者，當知是人得近阿耨多羅三藐三菩提。

“藥王！譬如有人，渴乏須水，於彼高原穿鑿求之。猶見乾土，知水尚遠。施功不已，轉見濕土。遂漸至泥，其心決定，知水必近。菩薩亦復如是。若未聞、未解、未能修習是《法華經》者，當知是人去阿耨多羅三藐三菩提尚遠。若得聞、解、思惟、修習，必知得近阿耨多羅三藐三菩提。所以者何？一切菩薩阿耨多羅三藐三菩提皆屬此經。此經開方便門，示真實相。是《法華經》藏，深固幽遠，無人能到。今佛教化成就菩薩，而爲開示。

“藥王！若有菩薩聞是《法華經》，驚疑怖畏，當知是爲新發意菩薩。若聲聞人聞是經，驚疑怖畏，當知是爲增上慢者。

“藥王！若有善男子善女人，如來滅後，欲爲四衆說是《法華經》者，云何應說？是善男子善女人入如來室，著如來衣，坐如來座，爾乃應爲四衆廣說斯經。如來室者，一切衆生中大慈悲心是。如來衣者，柔和忍辱心是。如來座者，一切法空是。安住是中，然後以不懈怠心，爲諸菩薩及四衆廣說是《法華經》。

“藥王！我於餘國，遣化人爲其集聽法衆，亦遣化比丘、比丘尼、優婆塞、優婆夷聽其說法。是諸化人，聞法信受，隨順不逆。若說法者在空閑處，我時廣遣天、龍、鬼、神、乾闥婆、阿修羅等聽其說法。我雖在異國，時時令說法者得見我身。若於此經忘失句逗，我還爲說，令得具足。”

爾時，世尊欲重宣此義，而說偈言：

“欲舍諸懈怠，應當聽此經，是經難得聞，信受者亦難。

如人渴須水,穿鑿於高原,猶見乾燥土,知去水尚遠,
漸見濕土泥,決定知近水。藥王汝當知,如是諸人等,
不聞《法華經》,去佛智甚遠。若聞是深經,決了聲聞法,
是諸經之王,聞已諦思惟,當知此人等,近於佛智慧。
若人說此經,應入如來室,著於如來衣,而坐如來座。
處衆無所畏,廣爲分別說,大慈悲爲室,柔和忍辱衣,
諸法空爲座,處此爲說法。若說此經時,有人惡口罵,
加刀杖瓦石,念佛故應忍。我千萬億土,現淨堅固身,
於無量億劫,爲衆生說法。若我滅度後,能說此經者,
我遣化四衆,比丘比丘尼,及清信士女,供養於法師,
引導諸衆生,集之令聽法。若人欲加惡,刀杖及瓦石,
則遣變化人,爲之作衛護。若說法之人,獨在空閑處,
寂寞無人聲,讀誦此經典,我爾時爲現,清淨光明身。
若忘失章句,爲說令通利。若人具是德,或爲四衆說,
空處讀誦經,皆得見我身。若人在空閑,我遣天龍王,
夜叉鬼神等,爲作聽法衆。是人樂說法,分別無罣礙,
諸佛護念故,能令大衆喜。若親近法師,速得菩薩道,
隨順是師學,得見恒沙佛。"

## 〰 見寶塔品第十一 〰

爾時,佛前有七寶塔,高五百由旬,縱廣二百五十由旬,從地踴出,住
在空中,種種寶物而莊校之。五千欄楯,龕室千萬,無數幢幡,以爲嚴飾。
垂寶瓔珞,寶鈴萬億而懸其上。四面皆出多摩羅跋栴檀之香,充遍世界。
其諸幡蓋,以金銀、琉璃、硨磲、瑪瑙、真珠、玫瑰七寶合成,高至四天王宮。
三十三天,雨天曼陀羅華,供養寶塔。餘諸天、龍、夜叉、乾闥婆、阿修羅、
迦樓羅、緊那羅、摩睺羅伽、人非人等千萬億衆,以一切華香、瓔珞、幡蓋、
伎樂供養寶塔,恭敬、尊重、讚嘆。

爾時，寶塔中出大音聲，嘆言：善哉！善哉！釋迦牟尼世尊能以平等大慧教菩薩法、佛所護念《妙法華經》，爲大衆說。如是如是，釋迦牟尼世尊如所說者皆是真實。”

爾時，四衆見大寶塔住在空中，又聞塔中所出音聲，皆得法喜，怪未曾有，從座而起，恭敬合掌，卻住一面。

爾時，有菩薩摩訶薩名大樂說，知一切世間天、人、阿修羅等心之所疑，而白佛言：“世尊！以何因緣有此寶塔從地踊出？又於其中發是音聲？”

爾時，佛告大樂說菩薩：“此寶塔中有如來全身。乃往過去東方無量千萬億阿僧祇世界，國名寶淨，彼中有佛，號曰多寶。其佛行菩薩道時，作大誓願：若我成佛，滅度之後，於十方國土，有說《法華經》處，我之塔廟，爲聽是經故，踊現其前，爲作證明，贊言善哉。彼佛成道已，臨滅度時，於天人大衆中告諸比丘：我滅度後，欲供養我全身者，應起一大塔。其佛以神通願力，十方世界在在處處，若有說《法華經》者，彼之寶塔皆踊出其前，全身在於塔中，贊言‘善哉善哉’。大樂說！今多寶如來塔聞說《法華經》故，從地踊出，贊言善哉善哉。”

是時，大樂說菩薩以如來神力故，白佛言：“世尊！我等願欲見此佛身。”

佛告大樂說菩薩摩訶薩：“是多寶佛有深重願：‘若我寶塔，爲聽《法華經》故，出於諸佛前時，其有欲以我身示四衆者，彼佛分身諸佛，在於十方世界說法，盡還集一處，然後我身乃出現耳。’大樂說，我分身諸佛，在於十方世界說法者，今應當集。”

大樂說白佛言：“世尊！我等亦願欲見世尊分身諸佛，禮拜供養。”

爾時，佛放白毫一光，即見東方五百萬億那由他恒河沙等國土諸佛。彼諸國土，皆以頗梨爲地，寶樹寶衣以爲莊嚴，無數千萬億菩薩充滿其中，遍張寶幔寶網羅上。彼國諸佛，以大妙音而說諸法。及見無量千萬億菩薩，遍滿諸國，爲衆說法。南、西、北方、四維、上、下，白毫相光所照之處，亦復如是。

爾時,十方諸佛各告衆菩薩言:"善男子！我今應往娑婆世界釋迦牟尼佛所,並供養多寶如來寶塔。"

時,娑婆世界即變清淨,琉璃爲地,寶樹莊嚴,黃金爲繩,以界八道,無諸聚落、村營、城邑、大海、江河、山川、林藪,燒大寶香,曼陀羅華遍佈其地,以寶網幔羅覆其上,懸諸寶鈴。唯留此會衆,移諸天人置於他土。

是時,諸佛各將一大菩薩以爲侍者,至娑婆世界,各到寶樹下。一一寶樹,高五百由旬,枝葉華果,次第莊嚴。諸寶樹下,皆有師子之座,高五由旬,亦以大寶而校飾之。

爾時,諸佛各於此座結跏趺坐,如是展轉遍滿三千大千世界,而於釋迦牟尼佛一方所分之身猶故未盡。

時,釋迦牟尼佛欲容受所分身諸佛故,八方各更變二百萬億那由他國,皆令清淨,無有地獄、餓鬼、畜生及阿修羅。又移諸天人,置於他土所化之國。亦以琉璃爲地,寶樹莊嚴,樹高五百由旬,枝葉華果次第嚴飾,樹下皆有寶師子座高五由旬,種種諸寶以爲莊校,亦無大海、江河,及目真鄰陀山、摩訶目真鄰陀山、鐵圍山、大鐵圍山、須彌山等諸山王,通爲一佛國土,寶地平正,寶交露幔,遍覆其上,懸諸幡蓋,燒大寶香,諸天寶華,遍佈其地。

釋迦牟尼佛爲諸佛當來坐故,復於八方,各更變二百萬億那由他國,皆令清淨,無有地獄、餓鬼、畜生及阿修羅。又移諸天人,置於他土。所化之國亦以琉璃爲地,寶樹莊嚴,樹高五百由旬,枝葉華果,次第莊嚴。樹下皆有寶師子座,高五由旬,亦以大寶而校飾之,亦無大海、江河及目真鄰陀山、摩訶目真鄰陀山、鐵圍山、大鐵圍山、須彌山等諸山王,通爲一佛國土,寶地平正,寶交露幔,遍覆其上,懸諸幡蓋,燒大寶香,諸天寶華,遍佈其地。

爾時,東方釋迦牟尼佛所分之身,百千萬億那由他恒河沙等國土中諸佛,各各說法,來集於此。如是次第十方諸佛皆悉來集,坐於八方。爾時,一一方四百萬億那由他國土諸佛如來遍滿其中。

是時,諸佛各在寶樹下,坐師子座,皆遣侍者問訊釋迦牟尼佛,各賫寶華滿掬,而告之言:"善男子!汝往詣耆闍崛山釋迦牟尼佛所,如我辭曰:少病少惱?氣力安樂?及菩薩聲聞衆悉安隱不?以此寶華散佛供養,而作是言:彼某甲佛,與欲開此寶塔。"諸佛遣使,亦復如是。

爾時,釋迦牟尼佛見所分身佛悉已來集,各各坐於師子之座,皆聞諸佛與欲同開寶塔,即從座起,住虛空中。一切四衆起立合掌,一心觀佛。

於是,釋迦牟尼佛以右指開七寶塔戶,出大音聲,如卻關鑰,開大城門。即時,一切衆會皆見多寶如來,於寶塔中坐師子座,全身不散,如入禪定。又聞其言:"善哉!善哉!釋迦牟尼佛快說是《法華經》。我爲聽是經故,而來至此。"

爾時,四衆等見過去無量千萬億劫滅度佛說如是言,嘆未曾有,以天寶華聚,散多寶佛及釋迦牟尼佛上。

爾時,多寶佛於寶塔中分半座與釋迦牟尼佛,而作是言:"釋迦牟尼佛可就此座。"即時,釋迦牟尼佛入其塔中,坐其半座,結跏趺坐。

爾時,大衆見二如來在七寶塔中師子座上結跏趺坐,各作是念:佛座高遠,唯願如來以神通力令我等輩俱處虛空。即時,釋迦牟尼佛以神通力接諸大衆皆在虛空,以大音聲普告四衆:"誰能於此娑婆國土廣說《妙法華經》,今正是時。如來不久當入涅槃,佛欲以此《妙法華經》付囑有在。"

爾時,世尊欲重宣此義,而說偈言:

"聖主世尊,雖久滅度,在寶塔中,尚爲法來。
諸人云何,不勤爲法?此佛滅度,無央數劫,
處處聽法,以難遇故,彼佛本願:我滅度後,
在在所往,常爲聽法。又我分身,無量諸佛,
如恒沙等,來欲聽法。及見滅度,多寶如來,
各舍妙土,及弟子衆,天人龍神,諸供養事,
令法久住,故來至此。爲坐諸佛,以神通力,
移無量衆,令國清淨。諸佛各各,詣寶樹下,
如清淨池,蓮華莊嚴。其寶樹下,諸師子座,
佛坐其上,光明嚴飾,如夜闇中,燃大炬火。

身出妙香,遍十方國,衆生蒙薰,喜不自勝。
譬如大風,吹小樹枝,以是方便,令法久住。
告諸大衆:我滅度後,誰能護持,讀說斯經,
今於佛前,自說誓言。其多寶佛,雖久滅度,
以大誓願,而師子吼:多寶如來,及與我身,
所集化佛,當知此意。諸佛子等,誰能護法,
當發大願,令得久住。其有能護,此經法者,
則爲供養,我及多寶。此多寶佛,處於寶塔,
常遊十方,爲是經故。亦復供養,諸來化佛。
莊嚴光飾,諸世界者。若說此經,則爲見我,
多寶如來,及諸化佛。諸善男子,各諦思惟。
此爲難事,宜發大願。諸餘經典,數如恒沙,
雖說此等,未足爲難;若接須彌,擲置他方,
無數佛土,亦未爲難;若以足指,動大千界,
遠擲他國,亦未爲難;若立有頂,爲衆演說,
無量餘經,亦未爲難;若佛滅後,於惡世中,
能說此經,是則爲難。假使有人,手把虛空,
而以遊行,亦未爲難;於我滅後,若自書持,
若使人書,是則爲難。若以大地,置足甲上,
升於梵天,亦未爲難;佛滅度後,於惡世中,
暫讀此經,是則爲難。假使劫燒,擔負乾草,
入中不燒,亦未爲難。我滅度後,若持此經,
爲一人說,是則爲難。若持八萬,四千法藏,
十二部經,爲人演說,令諸聽者,得六神通,
雖能如是,亦未爲難;於我滅後,聽受此經,
問其義趣,是則爲難。若人說法,令千萬億,
無量無數,恒沙衆生,得阿羅漢,具六神通,
雖有是益,亦未爲難。於我滅後,若能奉持,

如斯經典，是則爲難。我爲佛道，於無量土，

從始至今，廣說諸經，而於其中，此經第一。

若有能持，則持佛身。諸善男子，於我滅後，

誰能受持，讀誦此經，今於佛前，自說誓言。

此經難持，若暫持者，我則歡喜，諸佛亦然。

如是之人，諸佛所嘆。是則勇猛，是則精進，

是名持戒，行頭陀者，則爲疾得，無上佛道。

能於來世，讀持此經，是真佛子，住淳善地。

佛滅度後，能解其義，是諸天人，世間之眼，

於恐畏世，能須臾說。一切天人，皆應供養。"

## 提婆達多品第十二

爾時，佛告諸菩薩及天人四衆："吾於過去無量劫中，求《法華經》無有懈惓，於多劫中常作國王，發願求於無上菩提，心不退轉，爲欲滿足六波羅蜜，勤行佈施，心無恡惜象馬七珍、國城、妻子、奴婢、僕從、頭目、髓腦、身肉、手足，不惜軀命。時世人民壽命無量，爲於法故，捐捨國位，委政太子，擊鼓宣令，四方求法：'誰能爲我說大乘者，吾當終身供給走使'。時有仙人來白王言：'我有大乘，名《妙法華經》。若不違我，當爲宣說。'王聞仙言，歡喜踊躍，即隨仙人，供給所須，采果汲水，拾薪設食，乃至以身而爲床座，身心無惓。於時奉事，經於千歲，爲於法故，精勤給侍，令無所乏。"

爾時，世尊欲重宣此義，而說偈言：

"我念過去劫，爲求大法故，雖作世國王，不貪五欲樂，

捶鐘告四方，誰有大法者，若爲我解說，身當爲奴僕。

時有阿私仙，來白於大王：我有微妙法，世間所希有，

若能修行者，吾當爲汝說。時王聞仙言，心生大喜悅，

即便隨仙人，供給於所須。采薪及果蓏，隨時恭敬與，

情存妙法故，身心無懈惓。普爲諸衆生，勤求於大法，

亦不爲己身，及以五欲樂。故爲大國王，勤求獲此法，

遂致得成佛，今故爲汝說。”

佛告諸比丘：“爾時王者，則我身是；時仙人者，今提婆達多是。由提婆達多善知識故，令我具足六波羅蜜、慈悲喜舍、三十二相、八十種好、紫磨金色、十力、四無所畏、四攝法、十八不共神通道力，成等正覺，廣度衆生，皆因提婆達多善知識故。”告諸四衆：“提婆達多，卻後過無量劫，當得成佛，號曰天王如來、應供、正遍知、明行足、善逝、世間解、無上士、調禦丈夫、天人師、佛、世尊，世界名天道。時，天王佛住世二十中劫，廣爲衆生說於妙法，恒河沙衆生得阿羅漢果，無量衆生發緣覺心，恒河沙衆生發無上道心，得無生忍，至不退轉。時，天王佛般涅槃後，正法住世二十中劫。全身舍利起七寶塔，高六十由旬，縱廣四十由旬，諸天人民悉以雜華、末香、燒香、塗香、衣服、瓔珞、幢幡、寶蓋、伎樂、歌頌，禮拜供養七寶妙塔，無量衆生得阿羅漢果，無量衆生悟辟支佛，不可思議衆生發菩提心至不退轉。”

佛告諸比丘：“未來世中，若有善男子善女人，聞《妙法華經·提婆達多品》，淨心信敬，不生疑惑者，不墮地獄、餓鬼、畜生，生十方佛前，所生之處常聞此經。若生人天中，受勝妙樂。若在佛前，蓮華化生。”

於時，下方多寶世尊所從菩薩名曰智積，白多寶佛：“當還本土。”

釋迦牟尼佛告智積曰：“善男子！且待須臾。此有菩薩，名文殊師利，可與相見，論說妙法，可還本土。”

爾時，文殊師利坐千葉蓮華大如車輪，俱來菩薩亦坐寶蓮華，從於大海娑竭羅龍宮自然踴出，住虛空中，詣靈鷲山，從蓮華下至於佛所，頭面敬禮二世尊足。修敬已畢，往智積所共相慰問，卻坐一面。

智積菩薩問文殊師利：“仁往龍宮所化衆生，其數幾何？”

文殊師利言：“其數無量，不可稱計，非口所宣，非心所測。且待須臾，自當有證。”

所言未竟，無數菩薩坐寶蓮華從海踴出，詣靈鷲山，住在虛空。此諸菩薩，皆是文殊師利之所化度，具菩薩行，皆共論說六波羅蜜。本聲聞人，在虛空中說聲聞行，今皆修行大乘空義。

文殊師利謂智積曰："於海教化，其事如是。"

爾時，智積菩薩以偈贊曰：

"大智德勇健，化度無量衆，今此諸大會，及我皆已見。

演暢實相義，開闡一乘法，廣導諸衆生，令速成菩提。"

文殊師利言："我於海中唯常宣說《妙法華經》。"

智積問文殊師利言："此經甚深微妙，諸經中寶，世所希有，頗有衆生勤加精進，修行此經，速得佛不？"

文殊師利言："有娑竭羅龍王女，年始八歲，智慧利根，善知衆生諸根行業，得陀羅尼。諸佛所說，甚深祕藏，悉能受持。深入禪定，了達諸法。於刹那頃，發菩提心，得不退轉。辯才無礙，慈念衆生，猶如赤子，功德具足，心念口演，微妙廣大，慈悲仁讓，志意和雅，能至菩提。"

智積菩薩言："我見釋迦如來於無量劫難行苦行，積功累德，求菩提道，未曾止息。觀三千大千世界，乃至無有如芥子許，非是菩薩捨身命處，爲衆生故，然後乃得成菩提道。不信此女，於須臾頃，便成正覺。"

言論未訖，時龍王女忽現於前，頭面禮敬，卻住一面，以偈贊曰：

"深達罪福相，遍照於十方，微妙淨法身，具相三十二，

以八十種好，用莊嚴法身，天人所戴仰，龍神咸恭敬。

一切衆生類，無不宗奉者。聞成菩提，唯佛當證知，

我闡大乘教，度脫苦衆生。"

時，舍利弗語龍女言："汝謂不久得無上道，是事難信。所以者何？女身垢穢，非是法器，云何能得無上菩提？佛道懸曠，經無量劫，勤苦積行，具修諸度，然後乃成。又女人身猶有五障：一者不得作梵天王，二者帝釋，三者魔王，四者轉輪聖王，五者佛身。云何女身速得成佛？"

爾時，龍女有一寶珠，價值三千大千世界，持以上佛，佛即受之。龍女謂智積菩薩、尊者舍利弗言："我獻寶珠，世尊納受，是事疾不？"

答言："甚疾。"

女言："以汝神力觀我成佛，復速於此。"

當時，衆會皆見龍女忽然之間變成男子，具菩薩行，即往南方無垢世

界,坐寶蓮華,成等正覺,三十二相,八十種好,普爲十方一切衆生演說妙法。爾時,娑婆世界菩薩、聲聞、天龍八部、人與非人,皆遙見彼龍女成佛,普爲時會人天說法,心大歡喜,悉遙敬禮。無量衆生,聞法解悟得不退轉。無量衆生,得受道記。無垢世界,六反震動。娑婆世界三千衆生住不退地,三千衆生發菩提心,而得受記。智積菩薩及舍利弗,一切衆會,默然信受。

## ～ 勸持品第十三 ～

爾時,藥王菩薩摩訶薩及大樂說菩薩摩訶薩,與二萬菩薩眷屬俱,皆於佛前作是誓言:"唯願世尊,不以爲慮。我等於佛滅後,當奉持、讀、誦、說此經典。後惡世衆生,善根轉少,多增上慢,貪利供養,增不善根,遠離解脫,雖難可教化,我等當起大忍力讀、誦此經,持、說、書、寫,種種供養,不惜身命。"

爾時,衆中五百阿羅漢得受記者白佛言:"世尊! 我等亦自誓願:於異國土廣說此經。"

復有學、無學八千人得受記者,從座而起,合掌嚮佛,作是誓言:"世尊! 我等亦當於他國土廣說此經。所以者何? 是娑婆國中人多弊惡,懷增上慢,功德淺薄,瞋濁諂曲,心不實故。"

爾時,佛姨母摩訶波闍波提比丘尼與學、無學比丘尼六千人俱,從座而起,一心合掌,瞻仰尊顏,目不暫舍。

於時,世尊告憍曇彌:"何故憂色而視如來? 汝心將無謂我不說汝名授阿耨多羅三藐三菩提記耶? 憍曇彌,我先總說一切聲聞皆已授記,今汝欲知記者,將來之世,當於六萬八千億諸佛法中爲大法師,及六千學、無學比丘尼俱爲法師。汝如是漸漸具菩薩道,當得作佛,號一切衆生喜見如來,應供、正遍知、明行足、善逝、世間解、無上士、調御丈夫、天人師、佛、世尊。憍曇彌! 是一切衆生喜見佛及六千菩薩,轉次授記,得阿耨多羅三藐三菩提。"

爾時，羅睺羅母耶輸陀羅比丘尼作是念："世尊於授記中獨不說我名。"

佛告耶輸陀羅："汝於來世百千萬億諸佛法中，修菩薩行，爲大法師，漸具佛道，於善國中當得作佛，號具足千萬光相如來，應供、正遍知、明行足、善逝、世間解、無上士、調御丈夫、天人師、佛、世尊，佛壽無量阿僧祇劫。"

爾時，摩訶波闍波提比丘尼及耶輸陀羅比丘尼，並其眷屬，皆大歡喜，得未曾有。即於佛前，而說偈言：

"世尊導師，安隱天人，我等聞記，心安具足。"

諸比丘尼說是偈已，白佛言："世尊！我等亦能於他方國土廣宣此經。"

爾時，世尊視八十萬億那由他諸菩薩摩訶薩。是諸菩薩，皆是阿惟越致，轉不退法輪，得諸陀羅尼，即從座起，至於佛前，一心合掌，而作是念："若世尊告敕我等持說此經者，當如佛教，廣宣斯法。"復作是念："佛今默然，不見告敕，我當云何？"

時，諸菩薩敬順佛意，並欲自滿本願，便於佛前作師子吼，而發誓言："世尊！我等於如來滅後，周旋往返十方世界，能令衆生書寫此經，受持讀誦，解說其義，如法修行，正憶念，皆是佛之威力。唯願世尊，在於他方遙見守護。"

即時，諸菩薩俱同發聲，而說偈言：

"唯願不爲慮，於佛滅度後，恐怖惡世中，我等當廣說。
有諸無智人，惡口罵詈等，及加刀杖者，我等皆當忍。
惡世中比丘，邪智心諂曲，未得謂爲得，我慢心充滿。
或有阿練若，納衣在空閑，自謂行真道，輕賤人間者，
貪著利養故，與白衣說法，爲世所恭敬，如六通羅漢。
是人懷惡心，常念世俗事，假名阿練若，好出我等過，
而作如是言。此諸比丘等，爲貪利養故，說外道論議，
自作此經典，誑惑世間人。爲求名聞故，分別於是經，

常在大衆中,欲毀我等故,嚮國王大臣,婆羅門居士,
及餘比丘衆,誹謗說我惡,謂是邪見人,說外道論議,
我等敬佛故,悉忍是諸惡。爲斯所輕言,汝等皆是佛,
如此輕慢言,皆當忍受之。濁劫惡世中,多有諸恐怖,
惡鬼入其身,罵詈毀辱我。我等敬信佛,當著忍辱鎧,
爲說是經故,忍此諸難事。我不愛身命,但惜無上道,
我等於來世,護持佛所囑。世尊自當知,濁世惡比丘,
不知佛方便,隨宜所說法。惡口而顰蹙,數數見擯出,
遠離於塔寺,如是等衆惡,念佛告敕故,皆當忍是事。
諸聚落城邑,其有求法者,我皆到其所,說佛所囑法。
我是世尊使,處衆無所畏,我當善說法,願佛安隱住。
我於世尊前,諸來十方佛,發如是誓言,佛自知我心。"

# 卷第五

## ～ 安樂行品第十四 ～

爾時,文殊師利法王子菩薩摩訶薩白佛言:"世尊! 是諸菩薩甚爲難有,敬順佛故,發大誓願,於後惡世護持讀說是《法華經》。世尊! 菩薩摩訶薩,於後惡世云何能說是經?"

佛告文殊師利:"若菩薩摩訶薩,於後惡世欲說是經,當安住四法:一者安住菩薩行處及親近處,能爲衆生演說是經。文殊師利! 云何名菩薩摩訶薩行處? 若菩薩摩訶薩住忍辱地,柔和善順,而不卒暴,心亦不驚,又復於法無所行,而觀諸法如實相,亦不行不分別,是名菩薩摩訶薩行處。

"云何名菩薩摩訶薩親近處? 菩薩摩訶薩不親近國王、王子、大臣、官長,不親近諸外道、梵志、尼揵子等,及造世俗文筆、贊詠、外書,及路伽耶陀、逆路伽耶陀者,亦不親近諸有凶戲、相扠、相撲及那羅等種種變現之戲,又不親近旃陀羅及畜豬羊雞狗、畋獵漁捕諸惡律儀;如是人等或時來者,則爲說法,無所悕望。又不親近求聲聞比丘、比丘尼、優婆塞、優婆夷,亦不問訊;若於房中,若經行處,若在講堂中,不共住止;或時來者,隨宜說法,無所悕求。文殊師利! 又菩薩摩訶薩,不應於女人身取能生欲想相而爲說法,亦不樂見;若入他家,不與小女、處女、寡女等共語。亦復不近五種不男之人以爲親厚,不獨入他家;若有因緣須獨入時,但一心念佛。若爲女人說法,不露齒笑,不現胸臆;乃至爲法猶不親厚,況復餘事? 不樂畜年少弟子、沙彌、小兒,亦不樂與同師。常好坐禪,在於閑處修攝其心。文殊師利!是名初親近處。

　　"復次,菩薩摩訶薩觀一切法空,如實相,不顛倒、不動、不退、不轉,如虛空無所有性,一切語言道斷,不生、不出、不起,無名、無相,實無所有,無量、無邊、無礙、無障,但以因緣有,從顛倒生故說。常樂觀如是法相,是名菩薩摩訶薩第二親近處。"

　　爾時,世尊欲重宣此義,而說偈言:

　　"若有菩薩,於後惡世,無怖畏心,欲說是經,
　　應入行處,及親近處。常離國王,及國王子,
　　大臣官長,兇險戲者,及旃陀羅,外道梵志。
　　亦不親近,增上慢人,貪著小乘,三藏學者,
　　破戒比丘,名字羅漢,及比丘尼,好戲笑者,
　　深著五欲,求現滅度,諸優婆夷,皆勿親近。
　　若是人等,以好心來,到菩薩所,為聞佛道,
　　菩薩則以,無所畏心,不懷悕望,而為說法。
　　寡女處女,及諸不男,皆勿親近,以為親厚。
　　亦莫親近,屠兒魁膾,畋獵漁捕,為利殺害,
　　販肉自活,炫賣女色,如是之人,皆勿親近。
　　兇險相撲,種種嬉戲,諸淫女等,盡勿親近。
　　莫獨屏處,為女說法。若說法時,無得戲笑。
　　入裏乞食,將一比丘。若無比丘,一心念佛。
　　是則名為,行處近處。以此二處,能安樂說。
　　又復不行,上中下法,有為無為,實不實法,
　　亦不分別,是男是女,不得諸法,不知不見,
　　是則名為,菩薩行處。一切諸法,空無所有,
　　無有常住,亦無起滅,是名智者,所親近處。
　　顛倒分別,諸法有無,是實非實,是生非生。
　　在於閑處,修攝其心,安住不動,如須彌山。

觀一切法,皆無所有,猶如虛空,無有堅固,

不生不出,不動不退,常住一相,是名近處。

若有比丘,於我滅後,入是行處,及親近處,

說斯經時,無有怯弱。菩薩有時,入於靜室,

以正憶念,隨義觀法,從禪定起,爲諸國王,

王子臣民,婆羅門等,開化演暢,說斯經典,

其心安隱,無有怯弱。文殊師利,是名菩薩,

安住初法,能於後世,說《法華經》。"

"又文殊師利!如來滅後,於末法中欲說是經,應住安樂行。若口宣說,若讀經時,不樂說人及經典過,亦不輕慢諸餘法師,不說他人好惡長短,於聲聞人亦不稱名說其過惡,亦不稱名讚嘆其美,又亦不生怨嫌之心。善修如是安樂心故,諸有聽者,不逆其意,有所難問,不以小乘法答,但以大乘而爲解說,令得一切種智。"

爾時,世尊欲重宣此義,而說偈言:

"菩薩常樂,安隱說法。於清淨地,而施床座,

以油塗身,澡浴塵穢,著新淨衣,內外俱淨,

安處法座,隨問爲說。若有比丘,及比丘尼,

諸優婆塞,及優婆夷,國王王子,群臣士民,

以微妙義,和顏爲說。若有難問,隨義而答,

因緣譬喻,敷演分別。以是方便,皆使發心,

漸漸增益,入於佛道。除懶惰意,及懈怠想,

離諸憂惱,慈心說法,晝夜常說,無上道教,

以諸因緣,無量譬喻,開示衆生,咸令歡喜。

衣服臥具,飲食醫藥,而於其中,無所悕望,

但一心念,說法因緣,願成佛道,令衆亦爾,

是則大利,安樂供養。我滅度後,若有比丘,

能演說斯,《妙法華經》,心無嫉恚,諸惱障礙,

亦無憂愁,及罵詈者,又無怖畏,加刀杖等,

亦無擯出，安住忍故。智者如是，善修其心，

能住安樂。如我上說，其人功德，千萬億劫，

算數譬喻，說不能盡。”

“又文殊師利！菩薩摩訶薩，於後末世法欲滅時，受持、讀誦斯經典者，無懷嫉妒諂誑之心，亦勿輕罵學佛道者，求其長短。若比丘、比丘尼、優婆塞、優婆夷，求聲聞者、求辟支佛者、求菩薩道者，無得惱之，令其疑悔，語其人言：‘汝等去道甚遠，終不能得一切種智。所以者何？汝是放逸之人，於道懈怠故。’又亦不應戲論諸法，有所諍競。當於一切眾生起大悲想，於諸如來起慈父想，於諸菩薩起大師想，於十方諸大菩薩常應深心恭敬禮拜，於一切眾生平等說法，以順法故，不多不少，乃至深愛法者，亦不爲多說。

“文殊師利！是菩薩摩訶薩，於後末世法欲滅時，有成就是第三安樂行者，說是法時無能惱亂，得好同學共讀誦是經，亦得大眾而來聽受，聽已能持，持已能誦，誦已能說，說已能書，若使人書，供養經卷，恭敬、尊重、讚嘆。”

爾時，世尊欲重宣此義，而說偈言：

“若欲說是經，當舍嫉恚慢，諂誑邪偽心，常修質直行。

不輕蔑於人，亦不戲論法，不令他疑悔，云汝不得佛。

是佛子說法，常柔和能忍，慈悲於一切，不生懈怠心。

十方大菩薩，愍眾故行道，應生恭敬心，是則我大師，

於諸佛世尊，生無上父想，破於憍慢心，說法無障礙。

第三法如是，智者應守護，一心安樂行，無量眾所敬。”

“又文殊師利！菩薩摩訶薩，於後末世法欲滅時，有持是《法華經》者，於在家、出家人中生大慈心，於非菩薩人中生大悲心，應作是念：‘如是之人則爲大失如來方便隨宜說法，不聞、不知、不覺、不問、不信、不解。其人雖不問、不信、不解是經，我得阿耨多羅三藐三菩提時，隨在何地，以神通力、智慧力引之，令得住是法中。’

“文殊師利！是菩薩摩訶薩，於如來滅後，有成就此第四法者，說是法

時，無有過失；常爲比丘、比丘尼、優婆塞、優婆夷、國王、王子、大臣、人民、婆羅門、居士等供養、恭敬、尊重、讚歎；虛空諸天爲聽法故，亦常隨侍；若在聚落城邑、空閑林中，有人來欲難問者，諸天晝夜常爲法故而衛護之；能令聽者，皆得歡喜。所以者何？此經是一切過去、未來、現在諸佛神力所護故。

"文殊師利！是《法華經》，於無量國中，乃至名字，不可得聞，何況得見、受持、讀、誦？

"文殊師利！譬如強力轉輪聖王，欲以威勢降伏諸國，而諸小王不順其命，時轉輪王起種種兵而往討罰。王見兵衆戰有功者，即大歡喜，隨功賞賜：或與田宅、聚落、城邑，或與衣服嚴身之具，或與種種珍寶、金銀、琉璃、硨磲、瑪瑙、珊瑚、虎珀、象、馬、車乘、奴婢、人民，唯髻中明珠不以與之。所以者何？獨王頂上有此一珠。若以與之，王諸眷屬必大驚怪。文殊師利！如來亦復如是，以禪定智慧力得法國土，王於三界，而諸魔王不肯順伏。如來賢聖諸將與之共戰，其有功者心亦歡喜，於四衆中爲說諸經，令其心悅，賜以禪定、解脫、無漏、根、力諸法之財，又復賜與涅槃之城，言得滅度，引導其心，令皆歡喜，而不爲說是《法華經》。文殊師利！如轉輪王見諸兵衆有大功者，心甚歡喜，以此難信之珠久在髻中，不妄與人，而今與之。如來亦復如是，於三界中爲大法王，以法教化一切衆生，見賢聖軍與五陰魔、煩惱魔、死魔共戰，有大功勳，滅三毒，出三界，破魔網。爾時如來亦大歡喜，此《法華經》能令衆生至一切智，一切世間多怨難信，先所未說而今說之。文殊師利！此《法華經》是諸如來第一之說，於諸說中最爲甚深，末後賜與。如彼強力之王，久護明珠，今乃與之。文殊師利！此《法華經》，諸佛如來秘密之藏，於諸經中最在其上，長夜守護，不妄宣說，始於今日，乃與汝等而敷演之。"

爾時，世尊欲重宣此義，而說偈言：

"常行忍辱，哀愍一切，乃能演說，佛所贊經。

後末世時，持此經者，於家出家，及非菩薩，

應生慈悲。斯等不聞，不信是經，則爲大失。

我得佛道，以諸方便，爲說此法，令住其中。
譬如強力，轉輪之王，兵戰有功，賞賜諸物。
象馬車乘，嚴身之具，及諸田宅，聚落城邑。
或與衣服，種種珍寶，奴婢財物，歡喜賜與。
如有勇健，能爲難事，三解髻中，明珠賜之。
如來亦爾，爲諸法王，忍辱大力，智慧寶藏。
以大慈悲，如法化世。見一切人，受諸苦惱，
欲求解脫，與諸魔戰。爲是衆生，說種種法，
以大方便，說此諸經。既知衆生，得其力已，
末後乃爲，說是法華。如王解髻，明珠與之，
此經爲尊，衆經中上，我常守護，不妄開示，
今正是時，爲汝等說。我滅度後，求佛道者，
欲得安隱，演說斯經，應當親近，如是四法。
讀是經者，常無憂惱，又無病痛，顏色鮮白，
不生貧窮，卑賤醜陋，衆生樂見，如慕賢聖。
天諸童子，以爲給使。刀杖不加，毒不能害，
若人惡罵，口則閉塞。遊行無畏，如師子王，
智慧光明，如日之照。若於夢中，但見妙事。
見諸如來，坐師子座，諸比丘衆，圍繞說法。
又見龍神，阿修羅等，數如恒沙，恭敬合掌，
自見其身，而爲說法。又見諸佛，身相金色，
放無量光，照於一切，以梵音聲，演說諸法。
佛爲四衆，說無上法，見身處中，合掌贊佛，
聞法歡喜，而爲供養。得陀羅尼，證不退智。
佛知其心，深入佛道，即爲授記，成最正覺。
汝善男子，當於來世，得無量智。佛之大道，
國土嚴淨，廣大無比，亦有四衆，合掌聽法。
又見自身，在山林中，修習善法，證諸實相，

深入禪定，見十方佛。

諸佛身金色，百福相莊嚴。聞法爲人說，常有是好夢。

又夢作國王，舍宮殿眷屬，及上妙五欲，行詣於道場。

在菩提樹下，而處師子座，求道過七日，得諸佛之智。

成無上道已，起而轉法輪，爲四衆說法，經千萬億劫，

說無漏妙法，度無量衆生，後當入涅槃，如煙盡燈滅。

若後惡世中，說是第一法，是人得大利，如上諸功德。”

## 〰 從地踊出品第十五 〰

爾時，他方國土諸來菩薩摩訶薩，過八恒河沙數，於大衆中起立，合掌作禮，而白佛言：“世尊！若聽我等：於佛滅後，在此娑婆世界，勤加精進，護持讀、誦、書寫、供養是經典者，當於此土而廣說之。”

爾時，佛告諸菩薩摩訶薩衆：“止！善男子，不須汝等護持此經。所以者何？我娑婆世界，自有六萬恒河沙等菩薩摩訶薩。一一菩薩，各有六萬恒河沙眷屬。是諸人等，能於我滅後，護持讀誦，廣說此經。”

佛說是時，娑婆世界三千大千國土地皆震裂。而於其中，有無量千萬億菩薩摩訶薩同時踊出。是諸菩薩，身皆金色，三十二相，無量光。，先盡在此娑婆世界之下，此界虛空中住。是諸菩薩，聞釋迦牟尼佛所說音聲，從下發來。一一菩薩，皆是大衆唱導之首，各將六萬恒河沙眷屬，況將五萬四萬三萬二萬一萬恒河沙等眷屬者，況復乃至一恒河沙半恒河沙四分之一，乃至千萬億那由他分之一，況復千萬億那由他眷屬，況復億萬眷屬，況復千萬百萬乃至一萬，況復一千一百乃至一十，況復將五四三二一弟子者，況復單己樂遠離行，如是等比，無量無邊算數譬喻所不能知。是諸菩薩從地出已，各詣虛空七寶妙塔多寶如來、釋迦牟尼佛所。到已，嚮二世尊頭面禮足。及至諸寶樹下師子座上佛所，亦皆作禮，右繞三匝，合掌恭敬。以諸菩薩種種讚法，而以讚歎，住在一面，欣樂瞻仰於二世尊。是諸菩薩摩訶薩從初踊出，以諸菩薩種種讚法而讚於佛，如是時間，經五十小

劫。是時,釋迦牟尼佛默然而坐,及諸四眾亦皆默然。五十小劫,佛神力故,令諸大眾謂如半日。

爾時,四眾亦以佛神力故,見諸菩薩遍滿無量百千萬億國土虛空。是菩薩眾中有四導師:一名上行,二名無邊行,三名淨行,四名安立行。是四菩薩,於其眾中最爲上首唱導之師,在大眾前各共合掌,觀釋迦牟尼佛,而問訊言:"世尊! 少病少惱,安樂行不? 所應度者,受教易不? 不令世尊生疲勞耶?"

爾時,四大菩薩而說偈言:

"世尊安樂,少病少惱? 教化眾生,得無疲倦?

又諸眾生,受化易不? 不令世尊,生疲勞耶?"

爾時,世尊於菩薩大眾中而作是言:"如是如是,諸善男子! 如來安樂,少病少惱,諸眾生等,易可化度,無有疲勞。所以者何? 是諸眾生,世世已來,常受我化,亦於過去諸佛,供養尊重,種諸善根。此諸眾生,始見我身,聞我所說,即皆信受,入如來慧,除先修習學小乘者。如是之人,我今亦令得聞是經,入於佛慧。"

爾時,諸大菩薩而說偈言:

"善哉善哉,大雄世尊! 諸眾生等,易可化度,

能問諸佛,甚深智慧,聞已信行,我等隨喜。"

於時,世尊讚嘆上首諸大菩薩:"善哉! 善哉! 善男子! 汝等能於如來發隨喜心。"

爾時,彌勒菩薩及八千恒河沙諸菩薩眾皆作是念:"我等從昔已來,不見不聞如是大菩薩摩訶薩眾,從地踊出,住世尊前,合掌供養,問訊如來。"

時,彌勒菩薩摩訶薩知八千恒河沙諸菩薩等心之所念,並欲自決所疑,合掌向佛,以偈問曰:

"無量千萬億,大眾諸菩薩,昔所未曾見,願兩足尊說:

是從何所來? 以何因緣集? 巨身大神通,智慧叵思議,

其志念堅固,有大忍辱力,眾生所樂見,爲從何所來?

一一諸菩薩,所將諸眷屬,其數無有量,如恒河沙等。

或有大菩薩,將六萬恒沙,如是諸大眾,一心求佛道。

是諸大師等,六萬恒河沙,俱來供養佛,及護持是經。

將五萬恒沙,其數過於是,四萬及三萬,二萬至一萬,

一千一百等,乃至一恒沙,半及三四分,億萬分之一,

千萬那由他,萬億諸弟子,乃至於半億,其數復過上。

百萬至一萬,一千及一百,五十與一十,乃至三二一,

單己無眷屬,樂於獨處者,俱來至佛所,其數轉過上。

如是諸大眾,若人行籌數,過於恒沙劫,猶不能盡知。

是諸大威德,精進菩薩眾,誰爲其說法,教化而成就?

從誰初發心? 稱揚何佛法? 受持行誰經? 修習何佛道?

如是諸菩薩,神通大智力,四方地震裂,皆從中踊出。

世尊我昔來,未曾見是事,願說其所從,國土之名號。

我常遊諸國,未曾見是眾,我於此眾中,乃不識一人。

忽然從地出,願說其因緣,今此之大會,無量百千億。

是諸菩薩等,皆欲知此事,是諸菩薩眾,本末之因緣。

無量德世尊,唯願決眾疑。"

爾時,釋迦牟尼分身諸佛從無量千萬億他方國土來者,在於八方諸寶樹下師子座上結跏趺坐。其佛侍者,各各見是菩薩大眾於三千大千世界四方從地踊出,住於虛空,各白其佛言:"世尊! 此諸無量無邊阿僧祇菩薩大眾,從何所來?"

爾時,諸佛各告侍者:"諸善男子! 且待須臾。有菩薩摩訶薩,名曰彌勒,釋迦牟尼佛之所授記,次後作佛,以問斯事,佛今答之,汝等自當因是得聞。"

爾時,釋迦牟尼佛告彌勒菩薩:"善哉! 善哉! 阿逸多! 乃能問佛如是大事。汝等當共一心,被精進鎧,發堅固意。如來今欲顯發宣示諸佛智慧、諸佛自在神通之力、諸佛師子奮迅之力、諸佛威猛大勢之力。"

爾時,世尊欲重宣此義,而說偈言:

"當精進一心,我欲說此事,勿得有疑悔,佛智叵思議。

汝今出信力，住於忍善中，昔所未聞法，今皆當得聞。

我今安慰汝，勿得懷疑懼，佛無不實語，智慧不可量。

所得第一法，甚深叵分別，如是今當說，汝等一心聽。”

爾時，世尊說此偈已，告彌勒菩薩：“我今於此大衆，宣告汝等。阿逸多！是諸大菩薩摩訶薩無量無數阿僧祇，從地踊出，汝等昔所未見者，我於是娑婆世界，得阿耨多羅三藐三菩提已，教化示導是諸菩薩，調伏其心，令發道意。此諸菩薩皆於是娑婆世界之下此界虛空中住，於諸經典讀誦通利、思惟分別、正憶念。阿逸多！是諸善男子等，不樂在衆，多有所說，常樂靜處，勤行精進，未曾休息，亦不依止人天而住，常樂深智，無有障礙，亦常樂於諸佛之法，一心精進，求無上慧。”

爾時，世尊欲重宣此義，而說偈言：

“阿逸汝當知，是諸大菩薩，從無數劫來，修習佛智慧。

悉是我所化，令發大道心，此等是我子，依止是世界。

常行頭陀事，志樂於靜處。捨大衆憒鬧，不樂多所說。

如是諸子等，學習我道法，晝夜常精進，爲求佛道故。

在娑婆世界，下方空中住，志念力堅固，常勤求智慧。

說種種妙法，其心無所畏，我於伽耶城，菩提樹下坐，

得成最正覺，轉無上法輪。爾乃教化之，令初發道心，

今皆住不退，悉當得成佛。我今說實語，汝等一心信，

我從久遠來，教化是等衆。”

爾時，彌勒菩薩摩訶薩，及無數諸菩薩等，心生疑惑，怪未曾有，而作是念：“云何世尊於少時間教化如是無量無邊阿僧祇諸大菩薩，令住阿耨多羅三藐三菩提？”即白佛言：“世尊，如來爲太子時，出於釋宮，去伽耶城不遠，坐於道場，得成阿耨多羅三藐三菩提。從是已來，始過四十餘年。世尊！云何於此少時大作佛事，以佛勢力、以佛功德，教化如是無量大菩薩衆當成阿耨多羅三藐三菩提？世尊！此大菩薩衆，假使有人，於千萬億劫數不能盡，不得其邊，斯等久遠已來，於無量無邊諸佛所，殖諸善根，成就菩薩道，常修梵行，世尊！如此之事，世所難信。譬如有人，色美髮黑，

年二十五,指百歲人言:‘是我子。’其百歲人,亦指年少言:‘是我父,生育我等。’是事難信。佛亦如是。得道已來,其實未久,而此大眾諸菩薩等,已於無量千萬億劫,爲佛道故,勤行精進,善入、出、住無量百千萬億三昧,得大神通,久修梵行,善能次第習諸善法,巧於問答,人中之寶,一切世間甚爲希有。今日世尊方云:得佛道時,初令發心,教化示導,令嚮阿耨多羅三藐三菩提。世尊得佛未久,乃能作此大功德事,我等雖復信佛隨宜所說,佛所出言未曾虛妄,佛所知者皆悉通達,然諸新發意菩薩,於佛滅後,若聞是語,或不信受,而起破法罪業因緣。唯然世尊,願爲解說,除我等疑,及未來世諸善男子,聞此事已,亦不生疑。

爾時,彌勒菩薩欲重宣此義,而說偈言:

“佛昔從釋種,出家近伽耶,坐於菩提樹,爾來尚未久。

此諸佛子等,其數不可量,久已行佛道,住於神通力。

善學菩薩道,不染世間法,如蓮華在水。從地而踊出,

皆起恭敬心,住於世尊前。是事難思議,云何而可信?

佛得道甚近,所成就甚多? 願爲除衆疑,如實分別說。

譬如少壯人,年始二十五,示人百歲子,髮白而面皺,

是等我所生,子亦說是父。父少而子老,舉世所不信。

世尊亦如是,得道來甚近,是諸菩薩等,志固無怯弱,

從無量劫來,而行菩薩道。巧於難問答,其心無所畏,

忍辱心決定,端正有威德。十方佛所贊,善能分別說。

不樂在人衆,常好在禪定,爲求佛道故,於下空中住。

我等從佛聞,於此事無疑,願佛爲未來,演說令開解。

若有於此經,生疑不信者,即當墮惡道,願今爲解說。

是無量菩薩,云何於少時,教化令發心,而住不退地?”

## 如來壽量品第十六

爾時,佛告諸菩薩及一切大衆諸善男子:“汝等當信解如來誠諦之

語。"復告大眾："汝等當信解如來誠諦之語。"又復告諸大眾："汝等當信解如來誠諦之語。"

是時，菩薩大眾，彌勒爲首，合掌白佛言："世尊！唯願說之，我等當信受佛語。"如是三白已，復言："唯願說之，我等當信受佛語。"

爾時，世尊知諸菩薩三請不止，而告之言："汝等諦聽，如來秘密神通之力。一切世間天人及阿修羅，皆謂今釋迦牟尼佛出釋氏宮，去伽耶城不遠，坐於道場，得阿耨多羅三藐三菩提。然善男子，我實成佛已來無量無邊百千萬億那由他劫，譬如五百千萬億那由他阿僧祇三千大千世界，假使有人末爲微塵，過於東方五百千萬億那由他阿僧祇國，乃下一塵，如是東行，盡是微塵。諸善男子，於意云何，是諸世界可得思惟校計、知其數不？"

彌勒菩薩等俱白佛言："世尊！是諸世界無量無邊，非算數所知，亦非心力所及，一切聲聞、辟支佛以無漏智不能思惟、知其限數。我等住阿惟越致地，於是事中亦所不達。世尊！如是諸世界無量無邊。"

爾時，佛告大菩薩眾："諸善男子！今當分明宣語汝等。是諸世界，若著微塵及不著者，盡以爲塵，一塵一劫。我成佛已來，復過於此百千萬億那由他阿僧祇劫。自從是來，我常在此娑婆世界說法教化，亦於餘處百千萬億那由他阿僧祇國導利眾生。

"諸善男子！於是中間，我說燃燈佛等，又復言其入於涅槃，如是皆以方便分別。諸善男子！若有眾生來至我所，我以佛眼觀其信等諸根利鈍，隨所應度，處處自說名字不同、年紀大小，亦復現言當入涅槃。又以種種方便說微妙法，能令眾生發歡喜心。諸善男子！如來見諸眾生樂於小法、德薄垢重者，爲是人說我少出家得阿耨多羅三藐三菩提，然我實成佛已來久遠若斯，但以方便，教化眾生令入佛道，作如是說。諸善男子！如來所演經典，皆爲度脫眾生，或說己身，或說他身，或示己身，或示他身，或示己事，或示他事，諸所言說，皆實不虛。所以者何？如來如實知見三界之相，無有生死，若退若出，亦無在世及滅度者，非實非虛，非如非異，不如三界，見於三界。如斯之事，如來明見，無有錯謬。以諸眾生有種種性、種種欲、種種行、種種憶想分別故，欲令生諸善根，以若干因緣譬喻言辭種種說法，所作佛事未曾暫廢，如是我成佛已來甚大久遠，壽命無量阿僧祇劫，常住不滅。

"諸善男子！我本行菩薩道，所成壽命，今猶未盡，復倍上數。然今非實滅度，而便唱言'當取滅度'，如來以是方便教化衆生，所以者何？若佛久住於世，薄德之人不種善根，貧窮下賤貪著五欲，入於憶想妄見網中，若見如來常在不滅，便起憍恣而懷厭怠，不能生難遭之想、恭敬之心，是故如來以方便說。比丘當知，諸佛出世難可值遇。所以者何？諸薄德人，過無量百千萬億劫，或有見佛，或不見者，以此事故，我作是言。諸比丘！如來難可得見，斯衆生等聞如是語，必當生於難遭之想，心懷戀慕，渴仰於佛，便種善根。是故如來雖不實滅，而言滅度。

"又善男子！諸佛如來法皆如是，爲度衆生，皆實不虛。譬如良醫，智慧聰達，明練方藥，善治衆病。其人多諸子息，若十、二十乃至百數。以有事緣，遠至餘國。諸子於後，飲他毒藥，藥發悶亂，宛轉於地。是時，其父還來歸家，諸子飲毒，或失本心，或不失者，遙見其父，皆大歡喜，拜跪問訊：'善安隱歸。我等愚癡，誤服毒藥，願見救療，更賜壽命。'父見子等苦惱如是，依諸經方，求好藥草，色香美味皆悉具足，搗篩和合，與子令服。而作是言：'此大良藥，色香美味皆悉具足，汝等可服，速除苦惱，無復衆患。'其諸子中不失心者，見此良藥，色香俱好，即便服之，病盡除愈。余失心者，見其父來，雖亦歡喜問訊，求索治病，然與其藥而不肯服。所以者何？毒氣深入，失本心故，於此好色香藥而謂不美。父作是念：'此子可愍，爲毒所中，心皆顛倒，雖見我喜，求索救療，如是好藥，而不肯服。我今當設方便，令服此藥。'即作是言：'汝等當知，我今衰老，死時已至，是好良藥，今留在此，汝可取服，勿憂不差。'作是教已，復至他國，遣使還告：'汝父已死。'是時，諸子聞父背喪，心大憂惱，而作是念：'若父在者，慈愍我等，能見救護。今者舍我，遠喪他國，自惟孤露，無復恃怙。'常懷悲感，心遂醒悟，乃知此藥色味香美，即取服之，毒病皆愈。其父聞子悉已得差，尋便來歸咸使見之。

"諸善男子！於意云何，頗有人能說此良醫虛妄罪不？"

“不也,世尊!”

佛言:“我亦如是。成佛已來,無量無邊百千萬億那由他阿僧祇劫,爲眾生故,以方便力,言當滅度,亦無有能如法說我虛妄過者。”

爾時,世尊欲重宣此義,而說偈言:

“自我得佛來,所經諸劫數,無量百千萬,億載阿僧祇。
常說法教化,無數億眾生,令入於佛道,爾來無量劫。
爲度眾生故,方便現涅槃,而實不滅度,常住此說法。
我常住於此,以諸神通力,令顛倒眾生,雖近而不見。
眾見我滅度,廣供養舍利,咸皆懷戀慕,而生渴仰心。
眾生既信伏,質直意柔軟,一心欲見佛,不自惜身命。
時我及眾僧,俱出靈鷲山,我時語眾生,常在此不滅,
以方便力故,現有滅不滅。餘國有眾生,恭敬信樂者,
我復於彼中,爲說無上法。汝等不聞此,但謂我滅度,
我見諸眾生,沒在於苦惱,故不爲現身,令其生渴仰,
因其心戀慕,乃出爲說法。神通力如是,於阿僧祇劫,
常在靈鷲山,及餘諸住處。眾生見劫盡,大火所燒時,
我此土安隱,天人常充滿,園林諸堂閣,種種寶莊嚴,
寶樹多花果,眾生所遊樂。諸天擊天鼓,常作眾伎樂,
雨曼陀羅華,散佛及大眾。我淨土不毀,而眾見燒盡,
憂怖諸苦惱,如是悉充滿。是諸罪眾生,以惡業因緣,
過阿僧祇劫,不聞三寶名。諸有修功德,柔和質直者,
則皆見我身,在此而說法。或時爲此眾,說佛壽無量,
久乃見佛者,爲說佛難值。我智力如是,慧光照無量,
壽命無數劫,久修業所得。汝等有智者,勿於此生疑,
當斷令永盡,佛語實不虛。如醫善方便,爲治狂子故,
實在而言死,無能說虛妄。我亦爲世父,救諸苦患者,
爲凡夫顛倒,實在而言滅。以常見我故,而生憍恣心,
放逸著五欲,墮於惡道中。我常知眾生,行道不行道,

隨所應可度，爲說種種法。每自作是意，以何令衆生，

得入無上慧，速成就佛身。」

## 〜〜〜 分別功德品第十七 〜〜〜

爾時，大會聞佛說壽命劫數長遠如是，無量無邊阿僧祇衆生得大饒益。

於時，世尊告彌勒菩薩摩訶薩：「阿逸多！我說是如來壽命長遠時，六百八十萬億那由他恒河沙衆生，得無生法忍；復有千倍菩薩摩訶薩，得聞持陀羅尼門；復有一世界微塵數菩薩摩訶薩，得樂說無礙辯才；復有一世界微塵數菩薩摩訶薩，得百千萬億無量旋陀羅尼；復有三千大千世界微塵數菩薩摩訶薩，能轉不退法輪；復有二千中國土微塵數菩薩摩訶薩，能轉清淨法輪；復有小千國土微塵數菩薩摩訶薩，八生當得阿耨多羅三藐三菩提；復有四四天下微塵數菩薩摩訶薩，四生當得阿耨多羅三藐三菩提；復有三四天下微塵數菩薩摩訶薩，三生當得阿耨多羅三藐三菩提；復有二四天下微塵數菩薩摩訶薩，二生當得阿耨多羅三藐三菩提；復有一四天下微塵數菩薩摩訶薩，一生當得阿耨多羅三藐三菩提；復有八世界微塵數衆生，皆發阿耨多羅三藐三菩提心。」

佛說是諸菩薩摩訶薩得大法利時，於虛空中雨曼陀羅華、摩訶曼陀羅華，以散無量百千萬億衆寶樹下師子座上諸佛，並散七寶塔中師子座上釋迦牟尼佛及久滅度多寶如來，亦散一切諸大菩薩及四部衆；又雨細末栴檀沉水香等；於虛空中，天鼓自鳴，妙聲深遠；又雨千種天衣，垂諸瓔珞、真珠瓔珞、摩尼珠瓔珞、如意珠瓔珞，遍於九方；衆寶香爐，燒無價香，自然周至，供養大會。一一佛上，有諸菩薩執持幡蓋，次第而上，至於梵天。是諸菩薩，以妙音聲，歌無量頌，讚嘆諸佛。

爾時，彌勒菩薩從座而起，偏袒右肩，合掌嚮佛，而說偈言：

「佛說希有法，昔所未曾聞，世尊有大力，壽命不可量。

無數諸佛子，聞世尊分別，說得法利者，歡喜充遍身。

或住不退地，或得陀羅尼，或無礙樂說，萬億旋總持；

或有大千界，微塵數菩薩，各各皆能轉，不退之法輪；

復有中千界，微塵數菩薩，各各皆能轉，清淨之法輪；

復有小千界，微塵數菩薩，餘各八生在，當得成佛道；

復有四三二，如此四天下，微塵諸菩薩，隨數生成佛；

或一四天下，微塵數菩薩，餘有一生在，當成一切智。

如是等眾生，聞佛壽長遠，得無量無漏，清淨之果報。

復有八世界，微塵數眾生，聞佛說壽命，皆發無上心。

世尊說無量，不可思議法，多有所饒益，如虛空無邊。

雨天曼陀羅，摩訶曼陀羅，釋梵如恒沙，無數佛土來，

雨栴檀沉水，繽紛而亂墜，如鳥飛空下，供散於諸佛。

天鼓虛空中，自然出妙聲，天衣千萬種，旋轉而來下。

眾寶妙香爐，燒無價之香，自然悉周遍，供養諸世尊。

其大菩薩眾，執七寶幡蓋，高妙萬億種，次第至梵天。

一一諸佛前，寶幢懸勝幡，亦以千萬偈，歌詠諸如來。

如是種種事，昔所未曾有，聞佛壽無量，一切皆歡喜。

佛名聞十方，廣饒益眾生，一切具善根，以助無上心。"

爾時，佛告彌勒菩薩摩訶薩："阿逸多！其有眾生，聞佛壽命長遠如是，乃至能生一念信解，所得功德無有限量。若有善男子善女人，爲阿耨多羅三藐三菩提故，於八十萬億那由他劫行五波羅蜜——檀波羅蜜、屍羅波羅蜜、羼提波羅蜜、毗梨耶波羅蜜、禪波羅蜜，除般若波羅蜜。以是功德，比前功德，百分、千分、百千萬億分不及其一，乃至算數、譬喻所不能知。若善男子、善女人有如是功德，於阿耨多羅三藐三菩提退者，無有是處。"

爾時，世尊欲重宣此義，而說偈言：

若人求佛慧，於八十萬億，那由他劫數，行五波羅蜜。

於是諸劫中，佈施供養佛，及緣覺弟子，並諸菩薩眾，

珍異之飲食，上服與臥具，栴檀立精舍，以園林莊嚴。

如是等佈施，種種皆微妙，盡此諸劫數，以迴嚮佛道。

若復持禁戒，清淨無缺漏，求於無上道，諸佛之所嘆。

若復行忍辱，住於調柔地，設衆惡來加，其心不傾動。

諸有得法者，懷於增上慢，爲此所輕惱，如是亦能忍。

若復勤精進，志念常堅固，於無量億劫，一心不懈息。

又於無數劫，住於空閑處，若坐若經行，除睡常攝心。

以是因緣故，能生諸禪定，八十億萬劫，安住心不亂。

持此一心福，願求無上道，我得一切智，盡諸禪定際。

是人於百千，萬億劫數中，行此諸功德，如上之所說。

有善男女等，聞我說壽命，乃至一念信，其福過於彼。

若人悉無有，一切諸疑悔，深心須臾信，其福爲如此。

其有諸菩薩，無量劫行道，聞我說壽命，是則能信受。

如是諸人等，頂受此經典，願我於未來，長壽度衆生，

如今日世尊，諸釋中之王，道場師子吼，說法無所畏。

我等未來世，一切所尊敬，坐於道場時，說壽亦如是。

若有深心者，清淨而質直，多聞能總持，隨義解佛語。

如是諸人等，於此無有疑。"

"又阿逸多！若有聞佛壽命長遠，解其言趣，是人所得功德無有限量，能起如來無上之慧，何況廣聞是經！若教人聞，若自持、若教人持，若自書、若教人書，若以華香、瓔珞、幢幡、繒蓋、香油、酥燈供養經卷，是人功德無量無邊，能生一切種智。

"阿逸多！若善男子、善女人，聞我說壽命長遠，深心信解，則爲見佛常在耆闍崛山，共大菩薩諸聲聞衆圍繞說法；又見此娑婆世界，其地琉璃，坦然平正，閻浮檀金以界八道，寶樹行列，諸臺樓觀皆悉寶成，其菩薩衆咸處其中。若有能如是觀者，當知是爲深信解相。又復如來滅後，若聞是經，而不毀呰，起隨喜心，當知已爲深信解相。何況讀誦受持之者！斯人則爲頂戴如來。阿逸多！是善男子善女人，不須爲我復起塔寺、及作僧坊、以四事供養衆僧。所以者何？是善男子善女人，受持讀誦是經典者，

爲已起塔、造立僧坊、供養衆僧；則爲以佛舍利起七寶塔，高廣漸小，至於梵天，懸諸幡蓋及衆寶鈴，華香、瓔珞、末香、塗香、燒香、衆鼓、伎樂、簫笛、箜篌、種種舞戲，以妙音聲歌唄讚頌；則爲於無量千萬億劫作是供養已。

“阿逸多！若我滅後，聞是經典，有能受持，若自書、若教人書，則爲起立僧坊，以赤栴檀作諸殿堂三十有二，高八多羅樹，高廣嚴好，百千比丘於其中止，園林、浴池、經行、禪窟，衣服、飲食、床褥、湯藥一切樂具，充滿其中，如是僧坊、堂閣若干百千萬億，其數無量，以此現前供養於我及比丘僧。是故我說如來滅後，若有受持、讀誦、爲他人說，若自書、若教人書，供養經卷，不須復起塔寺，及造僧坊，供養衆僧，況復有人能持是經，兼行佈施、持戒、忍辱、精進、一心、智慧，其德最勝，無量無邊。譬如虛空，東、西、南、北、四維、上、下無量無邊，是人功德亦復如是無量無邊，疾至一切種智。若人讀誦受持是經，爲他人說，若自書、若教人書，復能起塔，及造僧坊，供養讚嘆聲聞衆僧，亦以百千萬億讚嘆之法，讚嘆菩薩功德，又爲他人種種因緣、隨義解說此《法華經》，復能清淨持戒，與柔和者而共同止，忍辱無瞋，志念堅固，常貴坐禪，得諸深定，精進勇猛，攝諸善法，利根智慧，善答問難。

“阿逸多！若我滅後，諸善男子善女人受持、讀誦是經典者，復有如是諸善功德，當知是人已趣道場，近阿耨多羅三藐三菩提，坐道樹下。阿逸多！是善男子、善女人，若坐、若立、若行處，此中便應起塔，一切天人皆應供養如佛之塔。”

爾時，世尊欲重宣此義，而說偈言：

若我滅度後，能奉持此經，斯人福無量，如上之所說。
是則爲具足，一切諸供養，以舍利起塔，七寶而莊嚴。
表刹甚高廣，漸小至梵天，寶鈴千萬億，風動出妙音。
又於無量劫，而供養此塔，華香諸瓔珞，天衣衆伎樂，
燃香油酥燈，周匝常照明。惡世法末時，能持是經者，
則爲已如上，具足諸供養。若能持此經，則如佛現在，
以牛頭栴檀，起僧坊供養。堂有三十二，高八多羅樹，

上饌妙衣服,床卧皆具足。百千眾住處,園林諸浴池,
經行及禪窟,種種皆嚴好。若有信解心,受持讀誦書,
若復教人書,及供養經卷。散華香末香,以須曼瞻蔔,
阿提目多伽,薰油常燃之。如是供養者,得無量功德,
如虛空無邊,其福亦如是。況復持此經,兼佈施持戒,
忍辱樂禪定,不瞋不惡口。恭敬於塔廟,謙下諸比丘,
遠離自高心,常思惟智慧,有問難不瞋,隨順爲解說,
若能行是行,功德不可量。若見此法師,成就如是德,
應以天華散,天衣覆其身,頭面接足禮,生心如佛想。
又應作是念,不久詣道樹,得無漏無爲,廣利諸人天。
其所住止處,經行若坐卧,乃至說一偈,是中應起塔,
莊嚴令妙好,種種以供養。佛子住此地,則是佛受用,
常在於其中,經行及坐卧。"

# 卷第六

## 隨喜功德品第十八

爾時,彌勒菩薩摩訶薩白佛言:"世尊!若有善男子善女人,聞是《法華經》隨喜者,得幾所福?"而說偈言:

"世尊滅度後,其有聞是經,若能隨喜者,爲得幾所福?"

爾時,佛告彌勒菩薩摩訶薩:"阿逸多!如來滅後,若比丘、比丘尼、優婆塞、優婆夷,及餘智者,若長若幼,聞是經隨喜已,從法會出,至於餘處,若在僧坊、若空閑地,若城邑、巷陌、聚落、田裏,如其所聞,爲父母、宗親、善友知識隨力演說,是諸人等,聞已隨喜,復行轉教,餘人聞已,亦隨喜轉教,如是展轉,至第五十。阿逸多!其第五十善男子、善女人隨喜功德,我今說之,汝當善聽。若四百萬億阿僧祇世界六趣、四生眾生——卵生、胎生、濕生、化生,若有形、無形,有想、無想,非有想非無想,無足、二足、四足、多足,如是等在眾生數者,有人求福,隨其所欲,娛樂之具,皆給與之,一一眾生與滿閻浮提金銀、琉璃、硨磲、瑪瑙、珊瑚、琥珀諸妙珍寶,及象、馬、車、乘,七寶所成宮殿樓閣等,是大施主,如是佈施滿八十年已,而作是念:'我已施眾生娛樂之具,隨意所欲,然此眾生皆已衰老,年過八十,髮白麵皺,將死不久,我當以佛法而訓導之。'即集此眾生,宣佈法化,示教利喜,一時皆得須陀洹道、斯陀含道、阿那含道、阿羅漢道,盡諸有漏,於深禪定皆得自在,具八解脫,於汝意云何,是大施主所得功德寧爲多不?"

彌勒白佛言："世尊！是人功德甚多，無量無邊。若是施主，但施衆生一切樂具，功德無量，何況令得阿羅漢果。"

佛告彌勒："我今分明語汝，是人以一切樂具，施於四百萬億阿僧祇世界六趣衆生，又令得阿羅漢果，所得功德，不如是第五十人聞《法華經》一偈隨喜功德，百分、千分、百千萬億分不及其一，乃至算數、譬喻所不能知。阿逸多！如是第五十人展轉聞《法華經》隨喜功德尚無量無邊阿僧祇，何況最初於會中聞而隨喜者，其福復勝無量無邊阿僧祇，不可得比。

"又阿逸多！若人爲是經故，往詣僧坊，若坐若立，須臾聽受，緣是功德，轉身所生，得好上妙象馬、車乘、珍寶、輦輿，及乘天宮。若復有人，於講法處坐，更有人來，勸令坐聽，若分座令坐，是人功德，轉身得帝釋坐處，若梵王坐處，若轉輪聖王所坐之處。阿逸多！若復有人語餘人言：有經名《法華》，可共往聽。即受其教，乃至須臾間聞，是人功德，轉身得與陀羅尼菩薩共生一處，利根智慧，百千萬世終不瘖瘂，口氣不臭，舌常無病，口亦無病，齒不垢黑，不黃不踈，亦不缺落，不差不曲，唇不下垂，亦不褰縮，不麁澀，不瘡胗，亦不缺壞，亦不喎斜，不厚不大，亦不黧黑，無諸可惡，鼻不匾㔌，亦不曲戾，面色不黑，亦不狹長，亦不窊曲，無有一切不可喜相，唇、舌、牙、齒悉皆嚴好，鼻修高直，面貌圓滿，眉高而長，額廣平正，人相具足，世世所生，見佛聞法，信受教誨。阿逸多！汝且觀是勸於一人令往聽法功德如此，何況一心聽說讀誦，而於大衆爲人分別，如說修行。"

爾時，世尊欲重宣此義，而說偈言：

"若人於法會，得聞是經典，乃至於一偈，隨喜爲他說。

如是展轉教，至於第五十，最後人獲福，今當分別之。

如有大施主，供給無量衆，具滿八十歲，隨意之所欲。

見彼衰老相，髮白而面皺，齒踈形枯竭，念其死不久，

我今應當教，令得於道果，即爲方便說，涅槃真實法。

世皆不牢固，如水沫泡焰，汝等咸應當，疾生厭離心。

諸人聞是法，皆得阿羅漢，具足六神通，三明八解脫。

最後第五十，聞一偈隨喜，是人福勝彼，不可爲譬喻。

如是展轉聞，其福尚無量，何況於法會，初聞隨喜者？

若有勸一人，將引聽《法華》，言此經深妙，千萬劫難遇。

即受教往聽，乃至須臾聞，斯人之福報，今當分別說。

世世無口患，齒不疎黃黑，脣不厚褰缺，無有可惡相。

舌不乾黑短，鼻高修且直，額廣而平正，面目悉端嚴，

爲人所喜見。口氣無臭穢，優缽華之香，常從其口出。

若故詣僧坊，欲聽《法華經》，須臾聞歡喜，今當說其福。

後生天人中，得妙象馬車，珍寶之輦輿，及乘天宮殿。

若於講法處，勸人坐聽經是福因緣得，釋梵轉輪座。

何況一心聽，解說其義趣，如說而修行，其福不可量。”

## 〜〜 法師功德品第十九 〜〜

爾時，佛告常精進菩薩摩訶薩：“若善男子善女人，受持是《法華經》，若讀、若誦、若解說、若書寫，是人當得八百眼功德、千二百耳功德、八百鼻功德、千二百舌功德、八百身功德、千二百意功德，以是功德莊嚴，六根皆令清淨。是善男子善女人，父母所生清淨肉眼，見於三千大千世界內外所有山林河海，下至阿鼻地獄，上至有頂，亦見其中一切衆生及業因緣果報生處，悉見悉知。”

爾時，世尊欲重宣此義，而說偈言：

“若於大衆中，以無所畏心，說是《法華經》，汝聽其功德。

是人得八百，功德殊勝眼，以是莊嚴故，其目甚清淨。

父母所生眼，悉見三千界，內外彌樓山，須彌及鐵圍，

並諸餘山林，大海江河水，下至阿鼻獄，上至有頂處，

其中諸衆生，一切皆悉見。雖未得天眼，肉眼力如是。”

“復次常精進！若善男子善女人受持此經，若讀、若誦、若解說、若書寫，得千二百耳功德。以是清淨耳，聞三千大千世界，下至阿鼻地獄，上至有頂，其中內外種種語言音聲，象聲、馬聲、牛聲、車聲、啼哭聲、愁嘆聲、螺

聲、鼓聲、鐘聲、鈴聲，笑聲、語聲，男聲、女聲、童子聲、童女聲，法聲、非法聲，苦聲、樂聲，凡夫聲、聖人聲，喜聲、不喜聲，天聲、龍聲、夜叉聲、乾闥婆聲、阿修羅聲、迦樓羅聲、緊那羅聲、摩睺羅伽聲，火聲、水聲、風聲，地獄聲、畜生聲、餓鬼聲，比丘聲、比丘尼聲，聲聞聲、辟支佛聲，菩薩聲、佛聲，以要言之，三千大千世界中一切內外所有諸聲。雖未得天耳，以父母所生清淨常耳，皆悉聞知如是分別種種音聲，而不壞耳根。”

爾時，世尊欲重宣此義，而說偈言：

“父母所生耳，清淨無濁穢，以此常耳聞，三千世界聲。

象馬車牛聲，鐘鈴螺鼓聲，琴瑟箜篌聲，簫笛之音聲，

清淨好歌聲，聽之而不著，無數種人聲，聞悉能解了。

又聞諸天聲，微妙之歌音，及聞男女聲，童子童女聲。

山川嶮谷中，迦陵頻伽聲，命命等諸鳥，悉聞其音聲。

地獄眾苦痛，種種楚毒聲，餓鬼饑渴逼，求索飲食聲。

諸阿修羅等，居在大海邊，自共語言時，出於大音聲。

如是說法者，安住於此間，遙聞是眾聲，而不壞耳根。

十方世界中，禽獸鳴相呼，其說法之人，於此悉聞之。

其諸梵天上，光音及遍淨，乃至有頂天，言語之音聲，

法師住於此，悉皆得聞之。一切比丘眾，及諸比丘尼，

若讀誦經典，若為他人說，法師住於此，悉皆得聞之。

復有諸菩薩，讀誦於經法，若為他人說，撰集解其義，

如是諸音聲，悉皆得聞之。諸佛大聖尊，教化眾生者，

於諸大會中，演說微妙法，持此《法華》者，悉皆得聞之。

三千大千界，內外諸音聲，下至阿鼻獄，上至有頂天，

皆聞其音聲，而不壞耳根，其耳聰利故，悉能分別知。

持是《法華》者，雖未得天耳，但用所生耳，功德已如是。”

“復次常精進！若善男子善女人受持是經，若讀、若誦、若解說、若書寫，成就八百鼻功德。以是清淨鼻根，聞於三千大千世界上、下、內、外種種諸香，須曼那華香、闍提華香、末利華香、瞻蔔華香、波羅羅華香、赤蓮華

香、青蓮華香、白蓮華香、華樹香、果樹香、栴檀香、沉水香、多摩羅跋香、多伽羅香，及千萬種和香，若末、若丸、若塗香。持是經者，於此間住，悉能分別。又復別知眾生之香，象香、馬香、牛羊等香、男香、女香、童子香、童女香、及草木叢林香，若近若遠所有諸香，悉皆得聞，分別不錯。持是經者，雖住於此，亦聞天上諸天之香，波利質多羅、拘鞞陀羅樹香，及曼陀羅華香、摩訶曼陀羅華香、曼殊沙華香、摩訶曼殊沙華香，栴檀沉水、種種末香、諸雜華香，如是等天香、和合所出之香，無不聞知。又聞諸天身香，釋提桓因在勝殿上五欲娛樂嬉戲時香，若在妙法堂上爲忉利諸天說法時香，若於諸園遊戲時香，及餘天等男女身香，皆悉遙聞。如是展轉乃至梵世，上至有頂諸天身香，亦皆聞之。並聞諸天所燒之香，及聲聞香、辟支佛香、菩薩香、諸佛身香，亦皆遙聞，知其所在。雖聞此香，然於鼻根不壞不錯。若欲分別，爲他人說，憶念不謬。”

爾時，世尊欲重宣此義，而說偈言：

“是人鼻清淨，於此世界中，若香若臭物，種種悉聞知。

須曼那闍提，多摩羅栴檀，沉水及桂香，種種華果香。

及知眾生香，男子女人香，說法者遠住，聞香知所在。

大勢轉輪王，小轉輪及子，群臣諸宮人，聞香知所在。

身所著珍寶，及地中寶藏，轉輪王寶女，聞香知所在。

諸人嚴身具，衣服及瓔珞，種種所塗香，聞香知其身。

諸天若行坐，遊戲及神變，持是法華者，聞香悉能知。

諸樹華果實，及酥油香氣，持經者住此，悉知其所在。

諸山深嶮處，栴檀樹花敷，眾生在中者，聞香皆能知。

鐵圍山大海，地中諸眾生，持經者聞香，悉知其所在，

阿修羅男女，及其諸眷屬，鬥諍遊戲時，聞香皆能知。

曠野嶮隘處，師子象虎狼，野牛水牛等，聞香知所在。

若有懷妊者，未辯其男女，無根及非人，聞香悉能知。

以聞香力故，知其初懷妊，成就不成就，安樂產福子。

以聞香力故，知男女所念，染欲痴恚心，亦知修善者。

地中衆伏藏,金銀諸珍寶,銅器之所盛,聞香悉能知。

種種諸瓔珞,無能識其價,聞香知貴賤,出處及所在。

天上諸華等,曼陀曼殊沙,波利質多樹,聞香悉能知。

天上諸宮殿,上中下差別,衆寶華莊嚴,聞香悉能知。

天園林勝殿,諸觀妙法堂,在中而娛樂,聞香悉能知。

諸天若聽法,或受五欲時,來往行坐臥,聞香悉能知。

天女所著衣,好華香莊嚴,周旋遊戲時,聞香悉能知。

如是展轉上,乃至於梵世,入禪出禪者,聞香悉能知。

光音遍淨天,乃至於有頂,初生及退沒,聞香悉能知。

諸比丘衆等,於法常精進,若坐若經行,及讀誦經法,

或在林樹下,專精而坐禪,持經者聞香,悉知其所在。

菩薩志堅固,坐禪若讀誦,或爲人說法,聞香悉能知,

在在方世尊,一切所恭敬,愍衆而說法,聞香悉能知。

衆生在佛前,聞經皆歡喜,如法而修行,聞香悉能知。

雖未得菩薩,無漏法生鼻,而是持經者,先得此鼻相。"

"復次,常精進!若善男子善女人受持是經,若讀、若誦、若解說、若書寫,得千二百舌功德。若好、若醜,若美、不美,及諸苦澀物,在其舌根,皆變成上味,如天甘露,無不美者。若以舌根,於大衆中有所演說,出深妙聲,能入其心,皆令歡喜快樂。又諸天子、天女、釋梵、諸天,聞是深妙音聲,有所演說,言論次第,皆悉來聽。及諸龍、龍女,夜叉、夜叉女,乾闥婆、乾闥婆女,阿修羅、阿修羅女,迦樓羅、迦樓羅女,緊那羅、緊那羅女,摩睺羅伽、摩睺羅伽女,爲聽法故,皆來親近,恭敬供養。及比丘、比丘尼、優婆塞、優婆夷、國王、王子、群臣、眷屬,小轉輪王、大轉輪王,七寶千子內外眷屬,乘其宮殿俱來聽法,以是菩薩善說法故,婆羅門、居士、國內人民,盡其形壽隨侍供養。又諸聲聞、辟支佛、菩薩、諸佛,常樂見之,是人所在方面,諸佛皆嚮其處說法,悉能受持一切佛法,又能出於深妙法音。"

爾時,世尊欲重宣此義,而說偈言:

"是人舌根淨,終不受惡味,其有所食噉,悉皆成甘露。

以深淨妙聲,於大眾說法,以諸因緣喻,引導眾生心。

聞者皆歡喜,設諸上供養。諸天龍夜叉,及阿修羅等,

皆以恭敬心,而共來聽法。是說法之人,若欲以妙音,

遍滿三千界,隨意即能至。大小轉輪王,及千子眷屬,

合掌恭敬心,常來聽受法。諸天龍夜叉,羅剎毗舍闍,

亦以歡喜心,常樂來供養。梵天王魔王,自在大自在,

如是諸天眾,常來至其所。諸佛及弟子,聞其說法音,

常念而守護,或時爲現身。"

"復次,常精進!若善男子、善女人受持是經,若讀、若誦、若解說、若書寫,得八百身功德,得清淨身,如淨琉璃,眾生喜見。其身淨故,三千大千世界眾生,生時、死時,上、下、好、醜,生善處、惡處,悉於中現。及鐵圍山、大鐵圍山、彌樓山、摩訶彌樓山等諸山,及其中眾生,悉於中現。下至阿鼻地獄,上至有頂,所有及眾生,悉於中現。若聲聞、辟支佛、菩薩、諸佛說法,皆於身中現其色像。"

爾時,世尊欲重宣此義,而說偈言:

"若持《法華》者,其身甚清淨,如彼淨琉璃,眾生皆喜見。

又如淨明鏡,悉見諸色像。菩薩於淨身,皆見世所有,

唯獨自明了,餘人所不見。三千世界中,一切諸群萌,

天人阿修羅,地獄鬼畜生,如是諸色像,皆於身中現。

諸天等宮殿,乃至於有頂,鐵圍及彌樓,摩訶彌樓山,

諸大海水等,皆於身中現。諸佛及聲聞,佛子菩薩等,

若獨若在眾,說法悉皆現。雖未得無漏,法性之妙身,

以清淨常體,一切於中現。"

"復次,常精進!若善男子、善女人,如來滅後,受持是經,若讀、若誦、若解說、若書寫,得千二百意功德。以是清淨意根,乃至聞一偈一句,通達無量無邊之義。解是義已,能演說一句一偈,至於一月、四月,乃至一歲,諸所說法,隨其義趣,皆與實相不相違背。若說俗間經書、治世語言、資生業等,皆順正法。三千大千世界六趣眾生,心之所行,心所動作,心所戲

論,皆悉知之。雖未得無漏智慧,而其意根清淨如此,是人有所思惟、籌量、言說,皆是佛法,無不真實,亦是先佛經中所說。"

爾時,世尊欲重宣此義,而說偈言:

"是人意清淨,明利無穢濁,以此妙意根,知上中下法。

乃至聞一偈,通達無量義,次第如法說,月四月至歲。

是世界內外,一切諸眾生,若天龍及人,夜叉鬼神等,

其在六趣中,所念若干種,持《法華》之報,一時皆悉知。

十方無數佛,百福莊嚴相,爲眾生說法,悉聞能受持。

思惟無量義,說法亦無量,終始不忘錯,以持《法華》故。

悉知諸法相,隨義識次第,達名字語言,如所知演說。

此人有所說,皆是先佛法,以演此法故,於眾無所畏。

持《法華經》者,意根淨若斯,雖未得無漏,先有如是相。

是人持此經,安住希有地,爲一切眾生,歡喜而愛敬。

能以千萬種,善巧之語言,分別而說法,持《法華經》故。

## 〰〰 常不輕菩薩品第二十 〰〰

爾時,佛告得大勢菩薩摩訶薩:"汝今當知,若比丘、比丘尼、優婆塞、優婆夷持《法華經》者,若有惡口罵詈誹謗,獲大罪報如前所說,其所得功德,如嚮所說眼、耳、鼻、舌、身、意清淨。得大勢!乃往古昔過無量無邊不可思議阿僧祇劫,有佛名威音王如來,應供、正遍知、明行足、善逝、世間解、無上士、調禦丈夫、天人師、佛、世尊,劫名離衰,國名大成。其威音王佛,於彼世中爲天、人、阿修羅說法,爲求聲聞者,說應四諦法,度生老病死,究竟涅槃;爲求辟支佛者,說應十二因緣法;爲諸菩薩因阿耨多羅三藐三菩提,說應六波羅蜜法,究竟佛慧。得大勢!是威音王佛,壽四十萬億那由他恒河沙劫,正法住世劫數,如一閻浮提微塵;像法住世劫數,如四天下微塵。其佛饒益眾生已,然後滅度。正法、像法滅盡之後,於此國土復有佛出,亦號威音王如來,應供、正遍知、明行足、善逝、世間解、無上士、調

禦丈夫、天人師、佛、世尊。如是次第有二萬億佛,皆同一號。

　　"最初威音王如來既已滅度,正法滅後,於像法中,增上慢比丘有大勢力。爾時,有一菩薩比丘名常不輕,得大勢! 以何因緣名常不輕? 是比丘凡有所見,若比丘、比丘尼、優婆塞、優婆夷,皆悉禮拜讚嘆,而作是言:'我深敬汝等,不敢輕慢。所以者何? 汝等皆行菩薩道,當得作佛。'而是比丘不專讀誦經典,但行禮拜。乃至遠見四衆,亦復故往禮拜讚嘆,而作是言:'我不敢輕於汝等,汝等皆當作佛。'四衆之中,有生瞋恚心不淨者,惡口罵詈言:'是無智比丘,從何所來? 自言我不輕汝,而與我等授記當得作佛。我等不用如是虛妄授記。'如此經歷多年,常被罵詈,不生瞋恚,常作是言:'汝當作佛。'說是語時,衆人或以杖木瓦石而打擲之,避走遠住,猶高聲唱言:'我不敢輕於汝等,汝等皆當作佛。'以其常作是語故,增上慢比丘、比丘尼、優婆塞、優婆夷,號之爲'常不輕'。

　　"是比丘臨欲終時,於虛空中,具聞威音王佛先所說《法華經》,二十千萬億偈悉能受持,即得如上眼根清淨,耳、鼻、舌、身、意根清淨。得是六根清淨已,更增壽命二百萬億那由他歲,廣爲人說是《法華經》。於時,增上慢四衆比丘、比丘尼、優婆塞、優婆夷,輕賤是人,爲作'不輕'名者,見其得大神通力、樂說辯力、大善寂力,聞其所說,皆信伏隨從。是菩薩復化千萬億衆,令住阿耨多羅三藐三菩提。命終之後得值二千億佛,皆號日月燈明,於其法中說是《法華經》,以是因緣復值二千億佛,同號云自在燈王,於此諸佛法中受持、讀誦、爲諸四衆說此經典故,得是常眼清淨,耳、鼻、舌、身、意諸根清淨,於四衆中說法心無所畏。得大勢! 是常不輕菩薩摩訶薩供養如是若干諸佛,恭敬、尊重、讚嘆,種諸善根。於後復值千萬億佛,亦於諸佛法中說是經典,功德成就,當得作佛。得大勢! 於意云何,爾時常不輕菩薩豈異人乎? 則我身是。若我於宿世,不受持、讀誦此經,爲他人說者,不能疾得阿耨多羅三藐三菩提。我於先佛所受持、讀誦此經,爲人說故,疾得阿耨多羅三藐三菩提。

　　"得大勢! 彼時四衆比丘、比丘尼、優婆塞、優婆夷,以瞋恚意輕賤我故,二百億劫常不值佛,不聞法,不見僧,千劫於阿鼻地獄受大苦惱。畢是罪已,復遇常不輕菩薩教化阿耨多羅三藐三菩提。得大勢!於汝意云何,爾時四衆常輕是菩薩者豈異人乎?今此會中跋陀婆羅等五百菩薩、師子月等五百比丘尼、思佛等五百優婆塞,皆於阿耨多羅三藐三菩提不退轉者是。得大勢!當知是《法華經》,大饒益諸菩薩摩訶薩,能令至於阿耨多羅三藐三菩提。是故諸菩薩摩訶薩,於如來滅後,常應受持、讀誦、解說、書寫是經。"

爾時,世尊欲重宣此義,而說偈言:

"過去有佛,號威音王,神智無量,將導一切,
天人龍神,所共供養。是佛滅後,法欲盡時,
有一菩薩,名常不輕。時諸四衆,計著於法。
不輕菩薩,往到其所,而語之言:我不輕汝,
汝等行道,皆當作佛。諸人聞已,輕毀罵詈。
不輕菩薩,能忍受之。其罪畢已,臨命終時,
得聞此經,六根清淨,神通力故,增益壽命,
復爲諸人,廣說是經。諸著法衆,皆蒙菩薩,
教化成就,令住佛道。不輕命終,值無數佛,
說是經故,得無量福,漸具功德,疾成佛道。
彼時不輕,則我身是。時四部衆,著法之者,
聞不輕言:汝當作佛。以是因緣,值無數佛。
此會菩薩,五百之衆,並及四部,清信士女,
今於我前,聽法者是。我於前世,勸是諸人,
聽受斯經,第一之法,開示教人,令住涅槃。
世世受持,如是經典,億億萬劫,至不可議,
時乃得聞,是《法華經》。億億萬劫,至不可議。
諸佛世尊,時說是經,是故行者,於佛滅後,
聞如是經,勿生疑惑。應當一心,廣說此經,
世世值佛,疾成佛道。"

## 〰〰 如來神力品第二十一 〰〰

爾時,千世界微塵等菩薩摩訶薩從地踊出者,皆於佛前一心合掌,瞻仰尊顏,而白佛言:"世尊,我等於佛滅後,世尊分身所在國土滅度之處,當廣說此經。所以者何?我等亦自欲得是真淨大法,受持、讀誦、解說、書寫而供養之。"

爾時,世尊於文殊師利等無量百千萬億舊住娑婆世界菩薩摩訶薩,及諸比丘、比丘尼、優婆塞、優婆夷,天、龍、夜叉、乾闥婆、阿修羅、迦樓羅、緊那羅、摩睺羅伽、人非人等一切衆前,現大神力,出廣長舌,上至梵世,一切毛孔放於無量無數色光,皆悉遍照十方世界。衆寶樹下,師子座上諸佛亦復如是,出廣長舌,放無量光。釋迦牟尼佛及寶樹下諸佛現神力時,滿百千歲,然後還攝舌相,一時謦欬,俱共彈指。是二音聲,遍至十方諸佛世界,地皆六種震動。其中衆生,天、龍、夜叉、乾闥婆、阿修羅、迦樓羅、緊那羅、摩睺羅伽、人非人等,以佛神力故,皆見此娑婆世界無量無邊百千萬億衆寶樹下師子座上諸佛,及見釋迦牟尼佛共多寶如來在寶塔中坐師子座,又見無量無邊百千萬億菩薩摩訶薩,及諸四衆恭敬圍繞釋迦牟尼佛。既見是已,皆大歡喜,得未曾有。

即時,諸天於虛空中高聲唱言:"過此無量無邊百千萬億阿僧祇世界,有國名娑婆,是中有佛,名釋迦牟尼。今爲諸菩薩摩訶薩說大乘經,名《妙法蓮華》,教菩薩法,佛所護念。汝等當深心隨喜,亦當禮拜供養釋迦牟尼佛。"

彼諸衆生聞虛空中聲已,合掌嚮娑婆世界作如是言:"南無釋迦牟尼佛!南無釋迦牟尼佛!"以種種華香、瓔珞、幡蓋及諸嚴身之具,珍寶妙物,皆共遙散娑婆世界。所散諸物從十方來,譬如雲集,變成寶帳,遍覆此間諸佛之上。於時,十方世界通達無礙,如一佛土。

爾時,佛告上行等菩薩大衆:"諸佛神力如是無量無邊不可思議,若我以是神力,於無量無邊百千萬億阿僧祇劫,爲囑累故說此經功德,猶不能盡。以要言之，如來一切所有之法，如來一切自在神力，如來一切秘要之藏，如來一切甚深之事，皆於此經宣示顯說。是故汝等於如來滅後，應一心受持、讀誦、解說、書寫，如說修行。所在國土，若有受持、讀誦、解說、書寫、如說修行，若經卷所住之處，若於園中、若於林中，若於樹下、若於僧坊、若白衣舍、若在殿堂、若山谷曠野，是中皆應起塔供養。所以者何？當知是處即是道場。諸佛於此得阿耨多羅三藐三菩提，諸佛於此轉於法輪，諸佛於此而般涅槃。”

爾時，世尊欲重宣此義，而說偈言：

“諸佛救世者，住於大神通，爲悅衆生故，現無量神力。
舌相至梵天，身放無數光，爲求佛道者，現此希有事。
諸佛謦欬聲，及彈指之聲，周聞十方國，地皆六種動。
以佛滅度後，能持是經故，諸佛皆歡喜，現無量神力。
囑累是經故，讚美受持者，於無量劫中，猶故不能盡。
是人之功德，無邊無有窮，如十方虛空，不可得邊際。
能持是經者，則爲已見我，亦見多寶佛，及諸分身者，
又見我今日，教化諸菩薩。能持是經者，令我及分身，
滅度多寶佛，一切皆歡喜。十方現在佛，並過去未來，
亦見亦供養，亦令得歡喜。諸佛坐道場，所得秘要法，
能持是經者，不久亦當得。能持是經者，於諸法之義，
名字及言辭，樂說無窮盡，如風於空中，一切無障礙。
於如來滅後，知佛所說經，因緣及次第，隨義如實說。
如日月光明，能除諸幽冥，斯人行世間，能滅衆生闇，
教無量菩薩，畢竟住一乘。是故有智者，聞此功德利，
於我滅度後，應受持斯經，是人於佛道，決定無有疑。”

## ～ 囑累品第二十二 ～

爾時，釋迦牟尼佛從法座起，現大神力，以右手摩無量菩薩摩訶薩頂，

而作是言："我於無量百千萬億阿僧祇劫，修習是難得阿耨多羅三藐三菩提法，今以付囑汝等。汝等應當一心流佈此法，廣令增益。"如是三摩諸菩薩摩訶薩頂，而作是言："我於無量百千萬億阿僧祇劫，修習是難得阿耨多羅三藐三菩提法，今以付囑汝等，汝等當受持、讀誦、廣宣此法，令一切眾生普得聞知。所以者何？如來有大慈悲，無諸慳悋，亦無所畏，能與眾生佛之智慧、如來智慧、自然智慧。如來是一切眾生之大施主，汝等亦應隨學如來之法，勿生慳悋。於未來世，若有善男子善女人，信如來智慧者，當爲演說此《法華經》，使得聞知，爲令其人得佛慧故。若有眾生不信受者，當於如來餘深法中示教利喜。汝等若能如是，則爲已報諸佛之恩。"

時，諸菩薩摩訶薩聞佛作是說已，皆大歡喜遍滿其身，益加恭敬，曲躬低頭，合掌嚮佛，俱發聲言："如世尊敕，當具奉行。唯然世尊，願不有慮。"諸菩薩摩訶薩眾如是三反俱發聲言："如世尊敕，當具奉行。唯然世尊，願不有慮。"

爾時，釋迦牟尼佛令十方來諸分身佛各還本土，而作是言："諸佛各隨所安，多寶佛塔還可如故。"

說是語時，十方無量分身諸佛坐寶樹下師子座上者，及多寶佛，並上行等無邊阿僧祇菩薩大眾，舍利弗等聲聞四眾，及一切世間天、人、阿修羅等，聞佛所說，皆大歡喜。

## 藥王菩薩本事品第二十三

爾時，宿王華菩薩白佛言："世尊！藥王菩薩云何遊於娑婆世界？世尊！是藥王菩薩，有若干百千萬億那由他難行苦行，善哉世尊！願少解說。"諸天、龍神、夜叉、乾闥婆、阿修羅、迦樓羅、緊那羅、摩睺羅伽、人非人等，又他國土諸來菩薩，及此聲聞眾，聞皆歡喜。

爾時，佛告宿王華菩薩："乃往過去無量恒河沙劫，有佛號日月淨明德如來，應供、正遍知、明行足、善逝、世間解、無上士、調御丈夫、天人師、佛、世尊。其佛有八十億大菩薩摩訶薩、七十二恒河沙大聲聞眾，佛壽四萬二千劫,菩薩壽命亦等。彼國無有女人、地獄、餓鬼、畜生、阿修羅等,及以諸難。地平如掌,琉璃所成。寶樹莊嚴,寶帳覆上,垂寶華幡,寶瓶香爐,周遍國界。七寶爲臺,一樹一臺,其樹去臺,盡一箭道。此諸寶樹,皆有菩薩、聲聞而坐其下。諸寶臺上,各有百億諸天作天伎樂,歌嘆於佛,以爲供養。爾時,彼佛爲一切衆生喜見菩薩及衆菩薩、諸聲聞衆說《法華經》。

“是一切衆生喜見菩薩樂習苦行,於日月淨明德佛法中精進經行,一心求佛。滿萬二千歲已,得現一切色身三昧。得此三昧已,心大歡喜,即作念言:‘我得現一切色身三昧,皆是得聞《法華經》力,我今當供養日月淨明德佛及《法華經》。’即時入是三昧,於虛空中雨曼陀羅華、摩訶曼陀羅華,細末堅黑栴檀,滿虛空中如雲而下,又雨海此岸栴檀之香,此香六銖,價值娑婆世界,以供養佛。作是供養已,從三昧起,而自念言:‘我雖以神力供養於佛,不如以身供養。’即服諸香、栴檀、薰陸、兜樓婆、畢力迦、沉水、膠香,又飲瞻蔔諸華香油,滿千二百歲已,香油塗身,於日月淨明德佛前,以天寶衣而自纏身,灌諸香油,以神通力願,而自然身,光明遍照八十億恒河沙世界。其中諸佛同時贊言:‘善哉善哉! 善男子,是真精進,是名真法供養如來。若以華香、瓔珞、燒香、末香、塗香、天繒、幡蓋,及海此岸栴檀之香,如是等種種諸物供養所不能及,假使國城、妻子佈施亦所不及。善男子! 是名第一之施,於諸施中最尊、最上,以法供養諸如來故。’作是語已,而各默然。其身火燃千二百歲,過是已後,其身乃盡。

“一切衆生喜見菩薩作如是法供養已,命終之後,復生日月淨明德佛國中,於淨德王家,結跏趺坐,忽然化生,即爲其父而說偈言:

‘大王今當知,我經行彼處,实時得一切,現諸身三昧。

勤行大精進,舍所愛之身,供養於世尊,爲求無上慧。’

“說是偈已,而白父言:‘日月淨明德佛,今故現在。我先供養佛已,得解一切衆生語言陀羅尼,復聞是《法華經》八百千萬億那由他甄迦羅、頻婆羅、阿閦婆等偈。大王! 我今當還供養此佛。’白已,即坐七寶之臺,上升虛空,高七多羅樹,往到佛所,頭面禮足,合十指爪,以偈贊佛:

‘容顏甚奇妙,光明照十方,我適曾供養,今復還親覲。’

"爾時,一切衆生喜見菩薩說是偈已,而白佛言:'世尊!世尊!猶故在世。'爾時,日月淨明德佛告一切衆生喜見菩薩:'善男子!我涅槃時到,滅盡時至,汝可安施床座,我於今夜當般涅槃。'又敕一切衆生喜見菩薩:'善男子!我以佛法囑累於汝,及諸菩薩大弟子,並阿耨多羅三藐三菩提法。亦以三千大千七寶世界,諸寶樹寶臺,及給侍諸天,悉付於汝。我滅度後所有舍利亦付囑汝,當令流佈,廣設供養,應起若干千塔。'如是日月淨明德佛敕一切衆生喜見菩薩已,於夜後分入於涅槃。

"爾時,一切衆生喜見菩薩見佛滅度,悲感懊惱,戀慕於佛,即以海此岸栴檀爲積,供養佛身,而以燒之。火滅已後,收取舍利,作八萬四千寶瓶,以起八萬四千塔,高三世界,表刹莊嚴,垂諸幡蓋,懸衆寶鈴。

"爾時,一切衆生喜見菩薩復自念言:'我雖作是供養,心猶未足,我今當更供養舍利。'便語諸菩薩大弟子,及天、龍、夜叉等一切大衆:'汝等當一心念,我今供養日月淨明德佛舍利。'作是語已,即於八萬四千塔前然百福莊嚴臂,七萬二千歲,而以供養,令無數求聲聞衆、無量阿僧祇人發阿耨多羅三藐三菩提心,皆使得住現一切色身三昧。

"爾時,諸菩薩、天、人、阿修羅等,見其無臂,憂惱悲哀,而作是言:'此一切衆生喜見菩薩,是我等師,教化我者,而今燒臂,身不具足。'於時,一切衆生喜見菩薩於大衆中立此誓言:'我捨兩臂,必當得佛金色之身。若實不虛,令我兩臂還復如故。'作是誓已,自然還復,由斯菩薩福德智慧淳厚所致。當爾之時,三千大千世界六種震動,天雨寶華,一切人天得未曾有。"

佛告宿王華菩薩:"於汝意云何,一切衆生喜見菩薩豈異人乎?今藥王菩薩是也。其所捨身佈施如是無量百千萬億那由他數。宿王華!若有發心欲得阿耨多羅三藐三菩提者,能燃手指,乃至足一指供養佛塔,勝以國城、妻子,及三千大千國土、山林、河池、諸珍寶物而供養者。若復有人,以七寶滿三千大千世界供養於佛,及大菩薩、辟支佛、阿羅漢,是人所得功德,不如受持此《法華經》,乃至一四句偈,其福最多。宿王華!譬如一切川流江河諸水之中,海爲第一,此《法華經》亦復如是,於諸如來所說經中最爲深大。又如土山、黑山、小鐵圍山、大鐵圍山，及十寶山，衆山之中須彌山爲第一，此《法華經》亦復如是，於諸經中最爲其上。又如衆星之中，月天子最爲第一，此《法華經》亦復如是，於千萬億種諸經法中，最爲照明。又如日天子能除諸闇，此經亦復如是，能破一切不善之闇。又如諸小王中，轉輪聖王最爲第一，此經亦復如是，於衆經中最爲其尊。又如帝釋，於三十三天中王，此經亦復如是，諸經中王。又如大梵天王，一切衆生之父，此經亦復如是，一切賢聖學、無學，及發菩薩心者之父。又如一切凡夫人中，須陀洹、斯陀含、阿那含、阿羅漢、辟支佛爲第一，此經亦復如是，一切如來所說，若菩薩所說、若聲聞所說，諸經法中最爲第一。有能受持是經典者，復如是，一切衆生中亦爲第一。一切聲聞、辟支佛中，菩薩爲第一，此經亦復如是，於一切諸經法中最爲第一。如佛爲諸法王，此經亦復如是，諸經中王。

"宿王華！此經能救一切衆生者，此經能令一切衆生離諸苦惱，此經能大饒益一切衆生，充滿其願，如清涼池，能滿一切諸渴乏者，如寒者得火、如裸者得衣、如商人得主、如子得母、如渡得船、如病得醫、如闇得燈、如貧得寶、如民得王、如賈客得海、如炬除闇，此《法華經》亦復如是，能令衆生離一切苦、一切病痛，能解一切生死之縛。若人得聞此《法華經》，若自書、若使人書，所得功德，以佛智慧籌量多少不得其邊。若書是經卷，華香、瓔珞、燒香、末香、塗香、幡蓋、衣服，種種之燈、酥燈、油燈、諸香油燈、瞻蔔油燈、須曼那油燈、波羅羅油燈、婆利師迦油燈、那婆摩利油燈供養，所得功德亦復無量。

"宿王華！若有人聞是《藥王菩薩本事品》者，亦得無量無邊功德。若有女人，聞是《藥王菩薩本事品》，能受持者，盡是女身，後不復受；若如來滅後後五百歲中，若有女人聞是經典，如說修行，於此命終，即往安樂世界阿彌陀佛大菩薩衆圍繞住處，生蓮華中，寶座之上，不復爲貪欲所惱，亦復不爲瞋恚、愚痴所惱，亦復不爲憍慢、嫉妒諸垢所惱，得菩薩神通、無生法忍。得是忍已，眼根清淨，以是清淨眼根，見七百萬二千億那由他恒河沙等諸佛如來。是時諸佛遙共讚言：'善哉善哉！善男子，汝能於釋迦牟尼佛法中受持、讀誦、思惟是經，爲他人說，所得福德無量無邊，火不能燒，水不能漂，汝之功德千佛共說，不能令盡。汝今已能破諸魔賊，壞生死軍，諸餘怨敵，皆悉摧滅。善男子！百千諸佛以神通力共守護汝，於一切世間天人之中無如汝者，唯除如來。其諸聲聞、辟支佛，乃至菩薩智慧禪定，無有與汝等者。

"宿王華！此菩薩成就如是功德智慧之力。若有人聞是《藥王菩薩本事品》，能隨喜贊善者，是人現世口中常出青蓮華香，身毛孔中常出牛頭栴檀之香，所得功德如上所說。是故宿王華！以此《藥王菩薩本事品》囑累於汝。我滅度後後五百歲中，廣宣流佈於閻浮提，無令斷絕，惡魔、魔民、諸天、龍、夜叉、鳩槃荼等得其便也。宿王華！汝當以神通之力，守護是經。所以者何？此經則爲閻浮提人病之良藥。若人有病，得聞是經，病即消滅，不老不死。宿王華！汝若見有受持是經者，應以青蓮花盛滿末香供散其上，散已作是念言：'此人不久必當取草坐於道場，破諸魔軍，當吹法螺，擊大法鼓，度脫一切衆生老病死海。'是故求佛道者，見有受持是經典人，應當如是生恭敬心。"

說是《藥王菩薩本事品》時，八萬四千菩薩得解一切衆生語言陀羅尼，多寶如來於寶塔中贊宿王華菩薩言："善哉善哉！宿王華，汝成就不可思議功德，乃能問釋迦牟尼佛如此之事，利益無量一切衆生。"

# 卷第七

## 妙音菩薩品第二十四

爾時,釋迦牟尼佛放大人相肉髻光明,及放眉間白毫相光,遍照東方百八萬億那由他恒河沙等諸佛世界。過是數已,有世界名淨光莊嚴,其國有佛,號淨華宿王智如來、應供、正遍知、明行足、善逝、世間解、無上士、調御丈夫、天人師、佛、世尊,爲無量無邊菩薩大衆恭敬圍繞,而爲說法。釋迦牟尼佛白毫光明遍照其國。

爾時,一切淨光莊嚴國中,有一菩薩名曰妙音,久已殖衆德本,供養親近無量百千萬億諸佛,而悉成就甚深智慧,得妙幢相三昧、法華三昧、淨德三昧、宿王戲三昧、無緣三昧、智印三昧、解一切衆生語言三昧、集一切功德三昧、清淨三昧、神通遊戲三昧、慧炬三昧、莊嚴王三昧、淨光明三昧、淨藏三昧、不共三昧、日旋三昧,得如是等百千萬億恒河沙等諸大三昧。

釋迦牟尼佛光照其身,即白淨華宿王智佛言:"世尊! 我當往詣娑婆世界,禮拜、親近、供養釋迦牟尼佛,及見文殊師利法王子菩薩、藥王菩薩、勇施菩薩、宿王華菩薩、上行意菩薩、莊嚴王菩薩、藥上菩薩。"

爾時,淨華宿王智佛告妙音菩薩:"汝莫輕彼國,生下劣想。善男子! 彼娑婆世界,高下不平,土石諸山穢惡充滿,佛身卑小。諸菩薩衆,其形亦小。而汝身四萬二千由旬,我身六百八十萬由旬。汝身第一端正,百千萬福光明殊妙。是故汝往,莫輕彼國,若佛、菩薩及國土,生下劣想。"

妙音菩薩白其佛言："世尊！我今詣娑婆世界，皆是如來之力，如來神通遊戲，如來功德智慧莊嚴。"

於是，妙音菩薩不起於座，身不動搖，而入三昧。以三昧力，於耆闍崛山，去法座不遠，化作八萬四千衆寶蓮華，閻浮檀金爲莖，白銀爲葉，金剛爲須，甄叔迦寶以爲其臺。爾時，文殊師利法王子見是蓮華，而白佛言："世尊！是何因緣，先現此瑞？有若干千萬蓮華，閻浮檀金爲莖，白銀爲葉，金剛爲須，甄叔迦寶以爲其臺。"

爾時，釋迦牟尼佛告文殊師利："是妙音菩薩摩訶薩，欲從淨華宿王智佛國，與八萬四千菩薩圍繞而來至此娑婆世界，供養、親近、禮拜於我，亦欲供養聽《法華經》。"

文殊師利白佛言："世尊！是菩薩種何善本，修何功德，而能有是大神通力？行何三昧？願爲我等說是三昧名字，我等亦欲勤修行之。行此三昧，乃能見是菩薩色相大小、威儀進止。唯願世尊，以神通力，彼菩薩來，令我得見。"

爾時，釋迦牟尼佛告文殊師利："此久滅度多寶如來，當爲汝等而現其相。"

時，多寶佛告彼菩薩："善男子！來，文殊師利法王子欲見汝身。"

於時，妙音菩薩於彼國没，與八萬四千菩薩俱共發來。所經諸國，六種震動，皆悉雨於七寶蓮華，百千天樂不鼓自鳴。是菩薩目如廣大青蓮華葉，正使和合百千萬月，其面貌端正，復過於此。身真金色，無量百千功德莊嚴，威德熾盛，光明照曜，諸相具足，如那羅延堅固之身。入七寶臺上升虛空，去地七多羅樹，諸菩薩衆恭敬圍繞，而來詣此娑婆世界耆闍崛山。

到已，下七寶臺，以價值百千瓔珞，持至釋迦牟尼佛所，頭面禮足，奉上瓔珞，而白佛言："世尊！淨華宿王智佛問訊世尊，少病少惱，起居輕利，安樂行不？四大調和不？世事可忍不？衆生易度不？無多貪欲、瞋恚、愚痴、嫉妒、慳慢不？無不孝父母、不敬沙門、邪見、不善心、不攝五情不？世尊！衆生能降伏諸魔怨不？久滅度多寶如來在七寶塔中來聽法不？"又問訊多寶如來："安隱少惱，堪忍久住不？世尊！我今欲見多寶佛身，唯願世尊示我令見。”

爾時，釋迦牟尼佛語多寶佛：“是妙音菩薩欲得相見。”

時，多寶佛告妙音言：“善哉善哉！汝能爲供養釋迦牟尼佛，及聽《法華經》，並見文殊師利等，故來至此。”

爾時，華德菩薩白佛言：“世尊！是妙音菩薩，種何善根，修何功德，有是神力？”

佛告華德菩薩：“過去有佛，名雲雷音王多陀阿伽度、阿羅訶、三藐三佛陀，國名現一切世間，劫名喜見。妙音菩薩於萬二千歲，以十萬種伎樂，供養雲雷音王佛，並奉上八萬四千七寶缽，以是因緣果報，今生淨華宿王智佛國，有是神力。華德！於汝意云何，爾時雲雷音王佛所妙音菩薩伎樂供養奉上寶器者，豈異人乎？今此妙音菩薩摩訶薩是。華德！是妙音菩薩，已曾供養、親近無量諸佛，久殖德本，又值恒河沙等百千萬億那由他佛。華德！汝但見妙音菩薩其身在此，而是菩薩現種種身，處處爲諸衆生說是經典，或現梵王身、或現帝釋身、或現自在天身、或現大自在天身、或現天大將軍身、或現毗沙門天王身、或現轉輪聖王身、或現諸小王身、或現長者身、或現居士身、或現宰官身、或現婆羅門身、或現比丘、比丘尼、優婆塞、優婆夷身，或現長者居士婦女身、或現宰官婦女身，或現婆羅門婦女身、或現童男童女身，或現天、龍、夜叉、乾闥婆、阿修羅、迦樓羅、緊那羅、摩睺羅伽、人非人等身，而說是經。諸有地獄、餓鬼、畜生，及衆難處，皆能救濟。乃至於王后宮，變爲女身，而說是經。華德！是妙音菩薩能救護娑婆世界諸衆生者，是妙音菩薩如是種種變化現身，在此娑婆國土，爲諸衆生說是經典，於神通變化智慧無所損減。是菩薩，以若干智慧，明照娑婆世界，令一切衆生各得所知，於十方恒河沙世界中亦復如是。若應以聲聞形得度者，現聲聞形而爲說法；應以辟支佛形得度者，現辟支佛形而爲說法；應以菩薩形得度者，現菩薩形而爲說法；應以佛形得度者，即現佛形而爲說法。如是種種，隨所應度，而爲現形，乃至應以滅度而得度者，示現滅度。華德！妙音菩薩摩訶薩成就大神通智慧之力，其事如是。”

爾時，華德菩薩白佛言：“世尊！是妙音菩薩深種善根。世尊！是菩薩住何三昧,而能如是在所變現度脫衆生?"

佛告華德菩薩:"善男子!其三昧名現一切色身,妙音菩薩住是三昧中,能如是饒益無量衆生。"

說是《妙音菩薩品》時,與妙音菩薩俱來者八萬四千人,皆得現一切色身三昧。此娑婆世界無量菩薩,亦得是三昧及陀羅尼。

爾時,妙音菩薩摩訶薩供養釋迦牟尼佛及多寶佛塔已,還歸本土。所經諸國,六種震動,雨寶蓮華,作百千萬億種種伎樂。既到本國,與八萬四千菩薩圍繞,至淨華宿王智佛所,白佛言:"世尊!我到娑婆世界饒益衆生,見釋迦牟尼佛,及見多寶佛塔禮拜供養,又見文殊師利法王子菩薩,及見藥王菩薩、得勤精進力菩薩、勇施菩薩等,亦令是八萬四千菩薩得現一切色身三昧。"

說是《妙音菩薩來往品》時,四萬二千天子得無生法忍,華德菩薩得法華三昧。

## 觀世音菩薩普門品第二十五

爾時,無盡意菩薩即從座起,偏袒右肩,合掌嚮佛,而作是言:"世尊!觀世音菩薩,以何因緣名觀世音?"

佛告無盡意菩薩:"善男子!若有無量百千萬億衆生受諸苦惱,聞是觀世音菩薩,一心稱名,觀世音菩薩即時觀其音聲,皆得解脫。若有持是觀世音菩薩名者,設入大火,火不能燒,由是菩薩威神力故。若爲大水所漂,稱其名號,即得淺處。若有百千萬億衆生,爲求金銀、琉璃、硨磲、瑪瑙、珊瑚、琥珀、真珠等寶,入於大海,假使黑風吹其船舫,飄墮羅刹鬼國,其中若有乃至一人,稱觀世音菩薩名者,是諸人等,皆得解脫羅刹之難,以是因緣名觀世音。

"若復有人,臨當被害,稱觀世音菩薩名者,彼所執刀杖,尋段段壞,而得解脫。若三千大千國土滿中夜叉羅刹,欲來惱人,聞其稱觀世音菩薩名者,是諸惡鬼,尚不能以惡眼視之,況復加害。設復有人,若有罪若無罪,

杻械枷鎖檢繫其身,稱觀世音菩薩名者,皆悉斷壞,即得解脫。若三千大
千國土滿中怨賊,有一商主,將諸商人,賫持重寶,經過嶮路,其中一人,作
是唱言:諸善男子勿得恐怖,汝等應當一心稱觀世音菩薩名號,是菩薩能
以無畏施於眾生,汝等若稱名者,於此怨賊當得解脫。眾商人聞,俱發聲
言"南無觀世音菩薩",稱其名故,即得解脫。無盡意! 觀世音菩薩摩訶
薩,威神之力,巍巍如是。

"若有眾生多於淫欲,常念恭敬觀世音菩薩,便得離欲。若多瞋恚,常
念恭敬觀世音菩薩,便得離瞋。若多愚痴,常念恭敬觀世音菩薩,便得離
痴。無盡意! 觀世音菩薩,有如是等大威神力,多所饒益,是故眾生常應
心念。

"若有女人,設欲求男,禮拜供養觀世音菩薩,便生福德智慧之男;設
欲求女,便生端正有相之女,宿殖德本,眾人愛敬。無盡意! 觀世音菩薩
有如是力。若有眾生,恭敬禮拜觀世音菩薩,福不唐捐。

"是故眾生皆應受持觀世音菩薩名號。無盡意! 若有人受持六十二
億恒河沙菩薩名字,復盡形供養飲食衣服臥具醫藥,於汝意云何,是善男
子善女人功德多不?"

無盡意言:"甚多,世尊!"

佛言:"若復有人受持觀世音菩薩名號,乃至一時禮拜供養,是二人福
正等無異,於百千萬億劫不可窮盡。無盡意! 受持觀世音菩薩名號,得如
是無量無邊福德之利。"

無盡意菩薩白佛言:"世尊! 觀世音菩薩云何遊此娑婆世界? 云何而
爲眾生說法? 方便之力,其事云何?"

佛告無盡意菩薩:"善男子! 若有國土眾生應以佛身得度者,觀世音
菩薩即現佛身而爲說法;應以辟支佛身得度者,即現辟支佛身而爲說法;
應以聲聞身得度者,即現聲聞身而爲說法;應以梵王身得度者,即現梵王
身而爲說法;應以帝釋身得度者,即現帝釋身而爲說法;應以自在天身得
度者,即現自在天身而爲說法;應以大自在天身得度者,即現大自在天身
而爲說法;應以天大將軍身得度者,即現天大將軍身而爲說法;應以毗沙

門身得度者,即現毗沙門身而爲說法;應以小王身得度者,即現小王身而爲說法;應以長者身得度者,即現長者身而爲說法;應以居士身得度者,即現居士身而爲說法;應以宰官身得度者,即現宰官身而爲說法;應以婆羅門身得度者,即現婆羅門身而爲說法;應以比丘、比丘尼、優婆塞、優婆夷身得度者,即現比丘、比丘尼、優婆塞、優婆夷身而爲說法;應以長者、居士、宰官、婆羅門婦女身得度者,即現婦女身而爲說法;應以童男、童女身得度者,即現童男、童女身而爲說法;應以天、龍、夜叉、乾闥婆、阿修羅、迦樓羅、緊那羅、摩睺羅伽、人非人等身得度者,即皆現之而爲說法;應以執金剛身得度者,即現執金剛身而爲說法。

"無盡意! 是觀世音菩薩成就如是功德,以種種形遊諸國土,度脫衆生。是故汝等應當一心供養觀世音菩薩。是觀世音菩薩摩訶薩,於怖畏急難之中能施無畏,是故此娑婆世界,皆號之爲施無畏者。"

無盡意菩薩白佛言:"世尊! 我今當供養觀世音菩薩。"即解頸衆寶珠瓔珞,價值百千兩金,而以與之,作是言:"仁者,受此法施珍寶瓔珞。"時,觀世音菩薩不肯受之,無盡意復白觀世音菩薩言:"仁者愍我等故,受此瓔珞。"

爾時,佛告觀世音菩薩:"當愍此無盡意菩薩,及四衆、天、龍、夜叉、乾闥婆、阿修羅、迦樓羅、緊那羅、摩睺羅伽、人非人等故,受是瓔珞。即時,觀世音菩薩愍諸四衆及於天龍人非人等,受其瓔珞,分作二分:一分奉釋迦牟尼佛,一分奉多寶佛塔。無盡意,觀世音菩薩有如是自在神力,遊於娑婆世界。

爾時,無盡意菩薩以偈問曰:

"世尊妙相具,我今重問彼:佛子何因緣,名爲觀世音?

具足妙相尊,偈答無盡意,汝聽觀音行,善應諸方所。

弘誓深如海,歷劫不思議,侍多千億佛,發大清淨願。

我爲汝略說,聞名及見身,心念不空過,能滅諸有苦。

假使興害意,推落大火坑,念彼觀音力,火坑變成池。

或漂流巨海,龍魚諸鬼難,念彼觀音力,波浪不能没。

或在須彌峰，爲人所推墮，念彼觀音力，如日虛空住。

或被惡人逐，墮落金剛山，念彼觀音力，不能損一毛。

或值怨賊繞，各執刀加害，念彼觀音力，咸即起慈心。

或遭王難苦，臨刑欲壽終，念彼觀音力，刀尋段段壞。

或囚禁枷鎖，手足被杻械，念彼觀音力，釋然得解脫。

咒詛諸毒藥，所欲害身者，念彼觀音力，還著於本人。

或遇惡羅刹，毒龍諸鬼等，念彼觀音力，時悉不敢害。

若惡獸圍繞，利牙爪可怖，念彼觀音力，疾走無邊方。

蚖蛇及蝮蝎，氣毒煙火燃，念彼觀音力，尋聲自回去。

雲雷鼓掣電，降雹澍大雨，念彼觀音力，應時得消散。

衆生被困厄，無量苦逼身，觀音妙智力，能救世間苦。

具足神通力，廣修智方便，十方諸國土，無刹不現身。

種種諸惡趣，地獄鬼畜生，生老病死苦，以漸悉令滅。

真觀清淨觀，廣大智慧觀，悲觀及慈觀，常願常瞻仰。

無垢清淨光，慧日破諸闇，能伏災風火，普明照世間。

悲體戒雷震，慈意妙大雲，澍甘露法雨，滅除煩惱焰。

諍訟經官處，怖畏軍陣中，念彼觀音力，衆怨悉退散。

妙音觀世音，梵音海潮音，勝彼世間音，是故須常念。

念念勿生疑，觀世音淨聖，於苦惱死厄，能爲作依怙，

具一切功德，慈眼視衆生，福聚海無量，是故應頂禮。”

爾時，持地菩薩即從座起，前白佛言：“世尊！若有衆生，聞是《觀世音菩薩品》自在之業、普門示現神通力者，當知是人功德不少。”佛說是《普門品》時，衆中八萬四千衆生，皆發無等等阿耨多羅三藐三菩提心。

## ～～ 陀羅尼品第二十六 ～～

爾時，藥王菩薩即從座起，偏袒右肩，合掌嚮佛，而白佛言：“世尊！若善男子、善女人，有能受持《法華經》者，若讀誦通利，若書寫經卷，得

幾所福？"

佛告藥王："若有善男子、善女人，供養八百萬億那由他恒河沙等諸佛，於汝意云何，其所得福寧爲多不？"

"甚多，世尊！"

佛言："若善男子、善女人，能於是經，乃至受持一四句偈，讀誦解義，如說修行，功德甚多。"

爾時，藥王菩薩白佛言："世尊！我今當與說法者陀羅尼咒以守護之。"即說咒曰：

"安爾　曼爾　摩禰　摩摩禰　旨隸　遮梨第　賖咩　賖履　多瑋膻帝　目帝　目多履　娑履　阿瑋娑履　桑履　娑履　叉裔　阿叉裔阿耆膩　膻帝　賖履　陀羅尼　阿盧伽婆娑　簸蔗毗叉膩　禰毗剃阿便哆　邏禰履剃　阿亶哆波隸輸地　漚究隸　牟究隸　阿羅隸　波羅隸　首迦差　阿三磨三履　佛馱毗吉利裒帝　達磨波利差帝　僧伽涅瞿沙禰　婆舍婆舍輸地　曼哆邏　曼哆邏叉夜多　郵樓哆　郵樓　哆憍舍略　惡叉邏　惡叉冶多冶　阿婆盧　阿摩若　那多夜

"世尊！是陀羅尼神咒，六十二億恒河沙等諸佛所說。若有侵毀此法師者，則爲侵毀是諸佛已。"

時，釋迦牟尼佛贊藥王菩薩言："善哉善哉藥王！汝愍念擁護此法師故，說是陀羅尼，於諸衆生多所饒益。"

爾時，勇施菩薩白佛言："世尊！我亦爲擁護讀誦受持《法華經》者說陀羅尼。若此法師得是陀羅尼，若夜叉、若羅刹、若富單那、若吉遮、若鳩槃荼、若餓鬼等，伺求其短，無能得便。"即於佛前而說咒曰：

"痤隸　摩訶痤隸　鬱枳　目枳　阿隸　阿羅婆第　涅隸第　涅隸多婆第　伊致柅　韋致柅　旨致柅　涅隸墀柅　涅犁墀婆底"世尊！是陀羅尼神咒，恒河沙等諸佛所說，亦皆隨喜。若有侵毀此法師者，則爲侵毀是諸佛已。"

爾時，毗沙門天王護世者白佛言："世尊！我亦爲愍念衆生、擁護此法師故，說是陀羅尼。即說咒曰：

"阿梨　那梨　㝹那梨　阿那盧　那履　拘那履

"世尊！以是神咒，擁護法師。我亦自當擁護持是經者，令百由旬內無諸衰患。"

爾時，持國天王在此會中，與千萬億那由他乾闥婆眾恭敬圍繞，前詣佛所，合掌白佛言："世尊！我亦以陀羅尼神咒擁護持《法華經》者。"即說咒曰：

"阿伽禰　伽禰　瞿利　幹陀利　旃陀利　摩蹬耆　常求利　浮樓莎柅　頞底

"世尊！是陀羅尼神咒，四十二億諸佛所說，若有侵毀此法師者，則為侵毀是諸佛已。"

爾時，有羅剎女等，一名藍婆，二名毗藍婆，三名曲齒，四名華齒，五名黑齒，六名多髮，七名無厭足，八名持瓔珞，九名睪帝，十名奪一切眾生精氣。是十羅剎女，與鬼子母並其子，及眷屬，俱詣佛所，同聲白佛言："世尊！我等亦欲擁護讀誦、受持《法華經》者，除其衰患，若有伺求法師短者，令不得便。"即於佛前而說咒曰：

"伊提履　伊提泯　伊提履　阿提履　伊提履　泥履　泥履　泥履　泥履　泥履　樓醯樓醯　樓醯　樓醯　多醯　多醯　多醯　兜醯　㝹醯

"寧上我頭上，莫惱於法師。若夜叉、若羅剎、若餓鬼、若富單那、若吉遮、若毗陀羅、若犍馱、若烏摩勒伽、若阿跋摩羅、若夜叉吉遮、若人吉遮、若熱病，若一日、若二日、若三日、若四日、乃至七日，若常熱病，若男形、若女形，若童男形、若童女形，乃至夢中，亦復莫惱。"即於佛前而說偈言：

"若不順我咒，惱亂說法者，頭破作七分，如阿梨樹枝，

如殺父母罪，亦如壓油殃，鬥秤欺誑人，調達破僧罪。

犯此法師者，當獲如是殃。"

諸羅剎女說此偈已，白佛言："世尊！我等亦當身自擁護受持、讀誦、修行是經者，令得安隱，離諸衰患，消眾毒藥。"

佛告諸羅剎女："善哉善哉！汝等但能擁護受持《法華》名者，福不可

量，何況擁護具足受持供養經卷，華香瓔珞、末香、塗香、燒香，幡蓋、伎樂，燃種種燈、酥燈、油燈、諸香油燈、蘇摩那華油燈、瞻蔔華油燈、婆師迦華油燈、優缽羅華油燈，如是等百千種供養者。罣帝！汝等及眷屬應當擁護如是法師。”

## 妙莊嚴王本事品第二十七

　　爾時，佛告諸大眾：“乃往古世，過無量無邊不可思議阿僧祇劫，有佛名雲雷音宿王華智多陀阿伽度、阿羅訶、三藐三佛陀，國名光明莊嚴，劫名喜見。彼佛法中有王，名妙莊嚴。其王夫人，名曰淨德。有二子，一名淨藏，二名淨眼。是二子有大神力福德智慧，久修菩薩所行之道，所謂檀波羅蜜、屍羅波羅蜜、羼提波羅蜜、毗梨耶波羅蜜、禪波羅蜜、般若波羅蜜、方便波羅蜜，慈悲喜捨，乃至三十七品助道法，皆悉明瞭通達。又得菩薩淨三昧，日星宿三昧、淨光三昧、淨色三昧、淨照明三昧、長莊嚴三昧、大威德藏三昧，於此三昧亦悉通達。

　　“爾時，彼佛欲引導妙莊嚴王，及愍念眾生故，說是《法華經》。

　　“時，淨藏、淨眼二子，到其母所，合十指爪掌白言：‘願母往詣雲雷音宿王華智佛所，我等亦當侍從、親近、供養、禮拜。所以者何？此佛於一切天人眾中說《法華經》，宜應聽受。’母告子言：‘汝父信受外道，深著婆羅門法。汝等應往白父，與共俱去。’淨藏、淨眼合十指爪掌白母：‘我等是法王子，而生此邪見家。’母告子言：‘汝等當憂念汝父，爲現神變。若得見者，心必清淨，或聽我等往至佛所。’

　　“於是，二子念其父故，踴在虛，空高七多羅樹，現種種神變，於虛空中行、住、坐、臥，身上出水，身下出火，身下出水、身上出火；或現大身滿虛空中，而復現小，小復現大，於空中滅，忽然在地，入地如水，履水如地。現如是等種種神變，令其父王心淨信解。

　　“時，父見子神力如是，心大歡喜，得未曾有，合掌嚮子言：‘汝等師爲是誰？誰之弟子？’二子白言：‘大王！彼雲雷音宿王華智佛，今在七寶菩

提樹下法座上坐,於一切世間天人衆中廣說《法華經》,是我等師,我是弟子。'父語子言:'我今亦欲見汝等師,可共俱往。'

"於是,二子從空中下,到其母所,合掌白母:'父王今已信解,堪任發阿耨多羅三藐三菩提心。我等爲父已作佛事,願母見聽於彼佛所出家修道。'

"爾時,二子欲重宣其意,以偈白母:

'願母放我等,出家作沙門,諸佛甚難值,我等隨佛學。

如優曇鉢羅,值佛復難是,脫諸難亦難,願聽我出家。'

"母即告言:'聽汝出家。所以者何?佛難值故。'於是,二子白父母言:'善哉父母!願時往詣雲雷音宿王華智佛所親近供養。所以者何?佛難得值,如優曇鉢羅華,又如一眼之龜值浮木孔。而我等宿福深厚,生值佛法,是故父母當聽我等令得出家。所以者何?諸佛難值,時亦難遇。'

"彼時,妙莊嚴王後宮八萬四千人,皆悉堪任受持是《法華經》。淨眼菩薩於法華三昧久已通達;淨藏菩薩已於無量百千萬億劫通達離諸惡趣三昧,欲令一切衆生離諸惡趣故;其王夫人,得諸佛集三昧,能知諸佛秘密之藏。二子如是以方便力善化其父,令心信解,好樂佛法。於是,妙莊嚴王與群臣眷屬俱,淨德夫人與後宮婇女眷屬俱,其王二子與四萬二千人俱,一時共詣佛所。到已,頭面禮足,繞佛三匝,卻住一面。

"爾時,彼佛爲王說法,示教利喜,王大歡悅。

"爾時,妙莊嚴王及其夫人解頸真珠瓔珞,價值百千,以散佛上,於虛空中化成四柱寶臺,臺中有大寶牀,敷百千萬天衣,其上有佛,結跏趺坐,放大光明。

"爾時,妙莊嚴王作是念:'佛身希有,端嚴殊特,成就第一微妙之色。'時,雲雷音宿王華智佛告四衆言:'汝等見是妙莊嚴王於我前合掌立不?此王於我法中作比丘,精勤修習,助佛道法,當得作佛,號娑羅樹王,國名大光,劫名大高王。其娑羅樹王佛有無量菩薩衆,及無量聲聞,其國平正,功德如是。'

"其王即時以國付弟,與夫人、二子,並諸眷屬,於佛法中出家修道。

"王出家已，於八萬四千歲常勤精進修行《妙法華經》。過是已後，得一切淨功德莊嚴三昧，即升虛空，高七多羅樹，而白佛言：'世尊！此我二子已作佛事，以神通變化轉我邪心，令得安住於佛法中，得見世尊。此二子者是我善知識，為欲發起宿世善根，饒益我故，來生我家。'

"爾時，雲雷音宿王華智佛告妙莊嚴王言：'如是如是，如汝所言。若善男子、善女人，種善根故，世世得善知識。其善知識，能作佛事，示教利喜，令入阿耨多羅三藐三菩提。大王當知，善知識者是大因緣，所謂化導令得見佛，發阿耨多羅三藐三菩提心。大王！汝見此二子不？此二子已曾供養六十五百千萬億那由他恒河沙諸佛，親近恭敬，於諸佛所受持《法華經》，愍念邪見眾生，令住正見。'

"妙莊嚴王即從虛空中下，而白佛言：'世尊！如來甚希有，以功德智慧故，頂上肉髻光明顯照，其眼長廣而紺青色，眉間毫相白如珂月，齒白齊密常有光明，唇色赤好如頻婆果。'

"爾時，妙莊嚴王讚歎佛如是等無量百千萬億功德已，於如來前一心合掌，復白佛言：'世尊！未曾有也。如來之法具足成就，不可思議微妙功德，教誡所行安隱快善。我從今日不復自隨心行，不生邪見、憍慢、瞋恚諸惡之心。'說是語已，禮佛而出。"

佛告大眾："於意云何，妙莊嚴王豈異人乎？今華德菩薩是。其淨德夫人，今佛前光照莊嚴相菩薩是。哀愍妙莊嚴王及諸眷屬故，於彼中生，其二子者，今藥王菩薩、藥上菩薩是。是藥王、藥上菩薩，成就如此諸大功德，已於無量百千萬億諸佛所殖眾德本，成就不可思議諸善功德。若有人識是二菩薩名字者，一切世間，諸天人民，亦應禮拜。"

佛說是《妙莊嚴王本事品》時，八萬四千人遠塵離垢，於諸法中得法眼淨。

## ～ 普賢菩薩勸發品第二十八 ～

爾時，普賢菩薩以自在神通力威德名聞，與大菩薩無量無邊不可稱數,從東方來。所經諸國,普皆震動,雨寶蓮華,作無量百千萬億種種伎樂。又與無數諸天、龍、夜叉、乾闥婆、阿修羅、迦樓羅、緊那羅、摩睺羅伽、人非人等大衆圍繞,各現威德神通之力,到娑婆世界耆闍崛山中,頭面禮釋迦牟尼佛,右繞七匝,白佛言:"世尊! 我於寶威德上王佛國,遙聞此娑婆世界說《法華經》,與無量無邊百千萬億諸菩薩衆共來聽受。唯願世尊,當爲說之:若善男子善女人,於如來滅後,云何能得是《法華經》?"

佛告普賢菩薩:"若善男子善女人成就四法,於如來滅後,當得是《法華經》:一者爲諸佛護念,二者殖衆德本,三者入正定聚,四者發救一切衆生之心。善男子、善女人,如是成就四法,於如來滅後必得是經"。

爾時,普賢菩薩白佛言:"世尊! 於後五百歲濁惡世中,其有受持是經典者,我當守護,除其衰患,令得安隱,使無伺求得其便者,若魔、若魔子、若魔女、若魔民、若爲魔所著者,若夜叉、若羅刹、若鳩槃茶、若毗舍闍、若吉遮、若富單那、若韋陀羅等,諸惱人者皆不得便。是人若行若立,讀誦此經,我爾時乘六牙白象王,與大菩薩衆俱詣其所,而自現身,供養守護,安慰其心,亦爲供養《法華經》故。是人若坐思惟此經,爾時我復乘白象王現其人前。其人若於《法華經》,有所忘失一句一偈,我當教之,與共讀誦,還令通利。爾時,受持讀誦《法華經》者,得見我身,甚大歡喜,轉復精進。以見我故,即得三昧及陀羅尼,名爲旋陀羅尼、百千萬億旋陀羅尼、法音方便陀羅尼,得如是等陀羅尼。世尊! 若後世後五百歲濁惡世中,比丘、比丘尼、優婆塞、優婆夷,求索者、受持者、讀誦者、書寫者,欲修習是《法華經》,於三七日中,應一心精進。滿三七日已,我當乘六牙白象,與無量菩薩而自圍繞,以一切衆生所喜見身,現其人前,而爲說法,示教利喜,亦復與其陀羅尼咒,得是陀羅尼故,無有非人能破壞者,亦不爲女人之所惑亂,我身亦自常護是人。唯願世尊,聽我說此陀羅尼咒。"即於佛前,而說咒曰:

"阿檀地 檀陀婆地 檀陀婆帝 檀陀鳩舍隸 檀陀修陀隸 修陀隸 修陀羅婆底 佛馱波膻禰 薩婆陀羅尼阿婆多尼 薩婆婆沙阿婆多尼 修阿婆多尼 僧伽婆履叉尼 僧伽涅伽陀尼 阿僧祇 僧伽波伽地 帝隸阿惰僧伽兜略 阿羅帝 婆羅帝 薩婆僧伽三摩地伽蘭地 薩婆

達磨修波利刹帝　　薩婆薩埵樓馱憍舍略阿㝹伽地　　辛阿毗吉利地帝

"世尊！若有菩薩得聞是陀羅尼者，當知普賢神通之力。若《法華經》行閻浮提，有受持者，應作此念：皆是普賢威神之力。若有受持、讀誦、正憶念、解其義趣、如說修行，當知是人行普賢行，於無量無邊諸佛所深種善根，爲諸如來手摩其頭。若但書寫，是人命終當生忉利天上，是時八萬四千天女作衆伎樂而來迎之。其人即著七寶冠，於婇女中娛樂快樂。何況受持、讀誦、正憶念、解其義趣、如說修行？若有人受持、讀誦、解其義趣，是人命終爲千佛授手，令不恐怖，不墮惡趣，即往兜率天上彌勒菩薩所。彌勒菩薩有三十二相，大菩薩衆所共圍繞，有百千萬億天女眷屬，而於中生，有如是等功德利益。是故智者應當一心自書、若使人書，受持、讀誦、正憶念、如說修行。世尊！我今以神通力故，守護是經，於如來滅後閻浮提內廣令流佈，使不斷絕。"

爾時，釋迦牟尼佛贊言："善哉！善哉！普賢！汝能護助是經，令多所衆生安樂利益。汝已成就不可思議功德，深大慈悲，從久遠來發阿耨多羅三藐三菩提意，而能作是神通之願守護是經，我當以神通力守護能受持普賢菩薩名者。

"普賢！若有受持、讀誦、正憶念、修習、書寫是《法華經》者，當知是人則見釋迦牟尼佛，如從佛口聞此經典，當知是人供養釋迦牟尼佛，當知是人佛贊'善哉'，當知是人爲釋迦牟尼佛手摩其頭，當知是人爲釋迦牟尼佛衣之所覆。如是之人，不復貪著世樂，不好外道經書手筆，亦復不喜親近其人及諸惡者，若屠兒、若畜豬羊雞狗、若獵師、若衒賣女色，是人心意質直，有正憶念，有福德力，是人不爲三毒所惱，亦復不爲嫉妒、我慢、邪慢、增上慢所惱，是人少欲知足，能修普賢之行。

"普賢！若如來滅後後五百歲，若有人見受持、讀誦《法華經》者，應作是念：此人不久當詣道場，破諸魔衆，得阿耨多羅三藐三菩提，轉法輪，擊法鼓，吹法螺，雨法雨，當坐天人大衆中師子法座上。

"普賢！若於後世受持、讀誦是經典者，是人不復貪著衣服、臥具、飲食、資生之物，所願不虛，亦於現世得其福報。若有人輕毀之言：'汝狂人耳,空作是行,終無所獲'。如是罪報,當世世無眼。若有供養讚嘆之者,當於今世,得現果報。若復見受持是經者,出其過惡,若實若不實,此人現世得白癩病。若有輕笑之者,當世世牙齒踈缺,醜唇平鼻,手腳繚戾,眼目角睞,身體臭穢,惡瘡膿血,水腹短氣,諸惡重病。是故普賢,若見受持是經典者,當起遠迎,當如敬佛。"

說是《普賢勸發品》時,恒河沙等無量無邊菩薩得百千萬億旋陀羅尼,三千大千世界微塵等諸菩薩具普賢道。佛說是經時,普賢等諸菩薩、舍利弗等諸聲聞及諸天龍人非人等,一切大會,皆大歡喜,受持佛語,作禮而去。

第三編

# 維摩詰所說經

# 佛國品第一

　　如是我聞：一時，佛在毗耶離庵羅樹園，與大比丘衆八千人俱，菩薩三萬二千，衆所知識，大智本行，皆悉成就；諸佛威神之所建立；爲護法城，受持正法；能師子吼，名聞十方；衆人不請，友而安之；紹隆三寶，能使不絕；降伏魔怨，制諸外道；悉已清淨，永離蓋纏；心常安住，無礙解脫；念、定、總持、辯才不斷；布施、持戒、忍辱、精進、禪定、智慧及方便力，無不具足；逮無所得，不起法忍；已能隨順，轉不退輪；善解法相，知衆生根；蓋諸大衆，得無所畏；功德智慧，以修其心；相好嚴身，色像第一；捨諸世間，所有飾好；名稱高遠，逾於須彌；深信堅固，猶若金剛；法寶普照，而雨甘露；於衆言音，微妙第一；深入緣起，斷諸邪見；有無二邊，無復餘習；演法無畏，猶師子吼；其所講說，乃如雷震；無有量，已過量；集衆法寶，如海導師；了達諸法，深妙之義；善知衆生往來所趣及心所行；近無等等佛自在慧、十力、無畏、十八不共；關閉一切諸惡趣門，而生五道以現其身；爲大醫王，善療衆病，應病與藥，令得服行；無量功德皆成就，無量佛土皆嚴淨；其見聞者，無不蒙益；諸有所作，亦不唐捐；如是一切功德皆悉具足，其名曰：等觀菩薩、不等觀菩薩、等不等觀菩薩、定自在王菩薩、法自在王菩薩、法相菩薩、光相菩薩、光嚴菩薩、大嚴菩薩、寶積菩薩、辯積菩薩、寶手菩薩、寶印手菩薩、常舉手菩薩、常下手菩薩、常慘菩薩、喜根菩薩、喜王菩薩、辯音菩薩、虛空藏菩薩、執寶炬菩薩、寶勇菩薩、寶見菩薩、帝網菩薩、明網菩薩、無緣觀菩薩、慧積菩薩、寶勝菩薩、天王菩薩、壞魔菩薩、電德（得）菩薩、自在王菩薩、功德相嚴菩薩、師子吼菩薩、雷音菩薩、山相擊音菩薩、香象菩薩、白香象菩薩、常精進菩薩、不休息菩薩、妙生菩薩、華嚴菩薩、觀世音菩薩、得大勢菩薩、梵網菩薩、寶杖菩薩、無勝菩薩、嚴土菩薩、金髻菩薩、珠髻菩薩、彌勒菩薩、文殊師利法王子菩薩,如是等三萬二千人。

復有萬梵天王屍棄等,從餘四天下來詣佛所而聽法;復有萬二千天帝,亦從餘四天下來在會坐;並餘大威力諸天、龍神、夜叉、乾闥婆、阿修羅、迦樓羅、緊那羅、摩睺羅伽等,悉來會坐;諸比丘、比丘尼、優婆塞、優婆夷,俱來會坐。彼時,佛與無量百千之衆,恭敬圍繞而爲說法。譬如須彌山王,顯於大海,安處衆寶師子之座,蔽於一切諸來大衆。

爾時,毗耶離城有長者子,名曰寶積,與五百長者子,俱持七寶蓋,來詣佛所,頭面禮足,各以其蓋共供養佛。佛之威神,令諸寶蓋合成一蓋,遍覆三千大千世界,而此世界廣長之相,悉於中現。又此三千大千世界諸須彌山、雪山、目真鄰陀山、摩訶目真鄰陀山、香山、寶山、金山、黑山、鐵圍山、大鐵圍山,大海江河、川流泉源,及日月星辰,天宮龍宮,諸尊神宮,悉現於寶蓋中。又十方諸佛,諸佛說法,亦現於寶蓋中。爾時,一切大衆睹佛神力,嘆未曾有!合掌禮佛,瞻仰尊顏,目不暫舍。長者子寶積,即於佛前,以偈頌曰:

目淨修廣如青蓮,心淨已度諸禪定,
久積淨業稱無量,導衆以寂故稽首。
既見大聖以神變,普現十方無量土,
其中諸佛演說法,於是一切悉見聞。
法王法力超群生,常以法財施一切,
能善分別諸法相,於第一義而不動。
已於諸法得自在,是故稽首此法王,
說法不有亦不無,以因緣故諸法生。
無我無造無受者,善惡之業亦不亡,
始在佛樹力降魔,得甘露滅覺道成。
已無心意無受行,而悉摧伏諸外道,
三轉法輪於大千,其輪本來常清淨。

天人得道此爲證，三寶於是現世間，

以斯妙法濟群生，一受不退常寂然。

度老病死大醫王，當禮法海德無邊，

毀譽不動如須彌，於善不善等以慈。

心行平等如虛空，孰聞人寶不敬承！

今奉世尊此微蓋，於中現我三千界。

諸天龍神所居宮，乾闥婆等及夜叉，

悉見世間諸所有。十力哀現是化變，

衆睹希有皆嘆佛。今我稽首三界尊，

大聖法王衆所歸，淨心觀佛靡不欣，

各見世尊在其前，斯則神力不共法。

佛以一音演說法，衆生隨類各得解，

皆謂世尊同其語，斯則神力不共法。

佛以一音演說法，衆生各各隨所解，

普得受行獲其利，斯則神力不共法。

佛以一音演說法，或有恐畏或歡喜，

或生厭離或斷疑，斯則神力不共法。

稽首十力大精進，稽首已得無所畏，

稽首住於不共法，稽首一切大導師，

稽首能斷衆結縛，稽首已到於彼岸，

稽首能度諸世間，稽首永離生死道。

悉知衆生來去相，善於諸法得解脫。

不著世間如蓮華，常善入於空寂行，

達諸法相無罣礙，稽首如空無所依。

爾時，長者子寶積說此偈已，白佛言："世尊！是五百長者子，皆已發阿耨多羅三藐三菩提心，願聞得佛國土清淨，唯願世尊說諸菩薩淨土之行。"佛言："善哉！寶積！乃能爲諸菩薩，問於如來淨土之行，諦聽！諦聽！善思念之！當爲汝說。"於是寶積及五百長者子受教而聽。

佛言："寶積！衆生之類是菩薩佛土。所以者何？菩薩隨所化衆生而取佛土，隨所調伏衆生而取佛土，隨諸衆生應以何國入佛智慧而取佛土，隨諸衆生應以何國起菩薩根而取佛土。所以者何？菩薩取於淨國，皆爲饒益諸衆生故。譬如有人，欲於空地，造立宮室，隨意無礙；若於虛空，終不能成！菩薩如是，爲成就衆生故，願取佛國，願取佛國者，非於空也。

"寶積當知，直心是菩薩淨土，菩薩成佛時，不諂衆生來生其國；深心是菩薩淨土，菩薩成佛時，具足功德衆生來生其國；大乘心是菩薩淨土，菩薩成佛時，大乘衆生來生其國；布施是菩薩淨土，菩薩成佛時，一切能捨衆生來生其國；持戒是菩薩淨土，菩薩成佛時，行十善道滿願衆生來生其國；忍辱是菩薩淨土，菩薩成佛時，三十二相莊嚴衆生來生其國；精進是菩薩淨土，菩薩成佛時，勤修一切功德衆生來生其國；禪定是菩薩淨土，菩薩成佛時，攝心不亂衆生來生其國；智慧是菩薩淨土，菩薩成佛時，正定衆生來生其國；四無量心是菩薩淨土，菩薩成佛時，成就慈悲喜捨衆生來生其國；四攝法是菩薩淨土，菩薩成佛時，解脫所攝衆生來生其國；方便是菩薩淨土，菩薩成佛時，於一切法方便無礙衆生來生其國；三十七道品是菩薩淨土，菩薩成佛時，念處、正勤、神足、根、力、覺、道衆生來生其國；回嚮心是菩薩淨土，菩薩成佛時，得一切具足功德國土；說除八難是菩薩淨土，菩薩成佛時，國土無有三惡八難；自守戒行、不譏彼闕是菩薩淨土，菩薩成佛時，國土無有犯禁之名；十善是菩薩淨土，菩薩成佛時，命不中夭，大富梵行，所言誠諦，常以軟語，眷屬不離，善和諍訟，言必饒益，不嫉不恚，正見衆生來生其國。如是寶積，菩薩隨其直心，則能發行；隨其發行，則得深心；隨其深心，則意調伏；隨意調伏，則如說行；隨如說行，則能回向；隨其回嚮，則有方便；隨其方便，則成就衆生；隨成就衆生，則佛土淨；隨佛土淨，則說法淨；隨說法淨，則智慧淨；隨智慧淨，則其心淨；隨其心淨，則一切功德淨。是故寶積，若菩薩欲得淨土，當淨其心；隨其心淨，則佛土淨。"

爾時，舍利弗承佛威神作是念："若菩薩心淨，則佛土淨者，我世尊本爲菩薩時，意豈不淨，而是佛土不淨若此？"佛知其念，即告之言："於意云何？日月豈不淨耶？而盲者不見。"對曰："不也，世尊！是盲者過，非日月咎。""舍利弗！衆生罪故，不見如來佛土嚴淨，非如來咎。舍利弗！我此土淨，而汝不見。"

爾時，螺髻梵王語舍利弗："勿作是意，謂此佛土以爲不淨，所以者何？我見釋迦牟尼佛土清淨，譬如自在天宮。"舍利弗言："我見此土丘陵坑坎，荆棘沙礫，土石諸山，穢惡充滿。"螺髻梵言："仁者心有高下，不依佛慧，故見此土爲不淨耳！舍利弗！菩薩於一切衆生，悉皆平等，深心清淨，依佛智慧，則能見此佛土清淨。"

於是佛以足指按地，即時三千大千世界，若干百千珍寶嚴飾，譬如寶莊嚴佛無量功德寶莊嚴土，一切大衆嘆未曾有，而皆自見坐寶蓮華。佛告舍利弗："汝且觀是佛土嚴淨！"舍利弗言："唯然，世尊！本所不見，本所不聞，今佛國土嚴淨悉現。"佛語舍利弗："我佛國土，常淨若此，爲欲度斯下劣人故，示是衆惡不淨土耳！譬如諸天，共寶器食，隨其福德，飯色有異；如是舍利弗，若人心淨，便見此土功德莊嚴。"

當佛現此國土嚴淨之時，寶積所將五百長者子，皆得無生法忍，八萬四千人皆發阿耨多羅三藐三菩提心。佛攝神足，於是世界還復如故。求聲聞乘，三萬二千天及人，知有爲法，皆悉無常，遠塵離垢，得法眼淨；八千比丘，不受諸法，漏盡意解。

# 方便品第二

　　爾時,毗耶離大城中有長者名維摩詰,已曾供養無量諸佛。深植善本,得無生忍;辯才無礙,遊戲神通,逮諸總持;獲無所畏,降魔勞怨;入深法門,善於智度,通達方便,大願成就;明瞭衆生心之所趣,又能分別諸根利鈍;久於佛道,心已純淑,決定大乘;諸有所作,能善思量;住佛威儀,心大如海。諸佛咨嗟,弟子、釋、梵、世主所敬。欲度人故,以善方便居毗耶離。資財無量,攝諸貧民;奉戒清淨,攝諸毀禁;以忍調行,攝諸恚怒;以大精進,攝諸懈怠;一心禪寂,攝諸亂意;以決定慧,攝諸無智。雖爲白衣,奉持沙門清淨律行;雖處居家,不著三界;示有妻子,常修梵行;現有眷屬,常樂遠離;雖服寶飾,而以相好嚴身;雖復飲食,而以禪悅爲味。若至博弈戲處,輒以度人;受諸異道,不毀正信;雖明世典,常樂佛法;一切見敬,爲供養中最;執持正法,攝諸長幼;一切治生諧偶,雖獲俗利,不以喜悅;遊諸四衢,饒益衆生。入治政法,救護一切;入講論處,導以大乘;入諸學堂,誘開童蒙;入諸淫舍,示欲之過;入諸酒肆,能立其志。若在長者,長者中尊,爲說勝法;若在居士,居士中尊,斷其貪著;若在剎利,剎利中尊,教以忍辱;若在婆羅門,婆羅門中尊,除其我慢;若在大臣,大臣中尊,教以正法;若在王子,王子中尊,示以忠孝;若在内官,内官中尊,化正宮女;若在庶民,庶民中尊,令興福力;若在梵天,梵天中尊,誨以勝慧;若在帝釋,帝釋中尊,示現無常;若在護世,護世中尊,護諸衆生。長者維摩詰,以如是等無量方便饒益衆生。

　　其以方便,現身有疾。以其疾故,國王、大臣、長者居士、婆羅門等,及諸王子，並餘官屬，無數千人，皆往問疾。其往者，維摩詰因以身疾，廣爲說法："諸仁者！是身無常無強，無力無堅，速朽之法，不可信也！爲苦爲惱，衆病所集。諸仁者！如此身，明智者所不怙。是身如聚沫，不可撮摩；是身如泡，不得久立；是身如焰，從渴愛生；是身如芭蕉，中無有堅；是身如幻，從顛倒起；是身如夢，爲虛妄見；是身如影，從業緣現；是身如響，屬諸因緣；是身如浮雲，須臾變滅；是身如電，念念不住。是身無主，爲如地；是身無我，爲如火；是身無壽，爲如風；是身無人，爲如水；是身不實，四大爲家；是身爲空，離我我所；是身無知，如草木瓦礫；是身無作，風力所轉；是身不淨，穢惡充滿；是身爲虛偽，雖假以澡浴衣食，必歸磨滅；是身爲災，百一病惱；是身如丘井，爲老所逼；是身無定，爲要當死；是身如毒蛇、如怨賊、如空聚，陰界諸入所共合成。

"諸仁者！此可患厭，當樂佛身，所以者何？佛身者，即法身也，從無量功德智慧生，從戒、定、慧、解脫、解脫知見生，從慈、悲、喜、舍生，從布施、持戒、忍辱柔和、勤行精進、禪定解脫三昧、多聞智慧諸波羅蜜生，從方便生，從六通生，從三明生，從三十七道品生，從止觀生，從十力、四無所畏、十八不共法生，從斷一切不善法、集一切善法生，從真實生，從不放逸生，從如是無量清淨法生如來身。諸仁者！欲得佛身，斷一切衆生病者，當發阿耨多羅三藐三菩提心。"

如是長者維摩詰，爲諸問疾者，如應說法，令無數千人皆發阿耨多羅三藐三菩提心。

# 弟子品第三

爾時，長者維摩詰，自念寢疾於床，世尊大慈，寧不垂愍？

佛知其意，即告舍利弗："汝行詣維摩詰問疾。"舍利弗白佛言："世尊！我不堪任詣彼問疾。所以者何？憶念我昔曾於林中宴坐樹下。時維摩詰來謂我言：'唯，舍利弗！不必是坐爲宴坐也。夫宴坐者，不於三界現身意，是爲宴坐；不起滅定而現諸威儀，是爲宴坐；不捨道法而現凡夫事，是爲宴坐；心不住內亦不在外，是爲宴坐；於諸見不動，而修行三十七品，是爲宴坐；不斷煩惱而入涅槃，是爲宴坐。若能如是坐者，佛所印可。'時我，世尊！聞說是語，默然而止，不能加報！故我不任詣彼問疾。"

佛告大目犍連："汝行詣維摩詰問疾。"目連白佛言："世尊！我不堪任詣彼問疾。所以者何？憶念我昔入毗耶離大城，於裏巷中爲諸居士說法。時維摩詰來謂我言：'唯，大目連！爲白衣居士說法，不當如仁者所說。夫說法者，當如法說。法無衆生，離衆生垢故；法無有我，離我垢故；法無壽命，離生死故；法無有人，前後際斷故；法常寂然，滅諸相故；法離於相，無所緣故；法無名字，言語斷故；法無有說，離覺觀故；法無形相，如虛空故；法無戲論，畢竟空故；法無我所，離我所故；法無分別，離諸識故；法無有比，無相待故；法不屬因，不在緣故；法同法性，入諸法故；法隨於如，無所隨故；法住實際，諸邊不動故；法無動搖，不依六塵故；法無去來，常不住故；法順空，隨無相，應無作；法離好醜，法無增損；法無生滅，法無所歸；法過眼耳鼻舌身心；法無高下，法常住不動，法離一切觀行。唯，大目連！法相如是，豈可說乎？夫說法者，無說無示；其聽法者，無聞無得。譬如幻士,爲幻人說法,當建是意而爲說法;當了衆生,根有利鈍;善於知見,無所望礙;以大悲心,贊於大乘,念報佛恩,不斷三寶,然後說法。'維摩詰說是法時,八百居士發阿耨多羅三藐三菩提心。我無此辯,是故不任詣彼問疾。"

佛告大迦葉:"汝行詣維摩詰問疾。"迦葉白佛言:"世尊!我不堪任詣彼問疾。所以者何?憶念我昔於貧裏而行乞,時維摩詰來謂我言:'唯,大迦葉!有慈悲心而不能普,舍豪富,從貧乞。迦葉!住平等法,應次行乞食;爲不食故,應行乞食;爲壞和合相故,應取揣食;爲不受故,應受彼食;以空聚想,入於聚落;所見色與盲等,所聞聲與響等,所嗅香與風等,所食味不分別,受諸觸如智證,知諸法如幻相,無自性,無他性,本自不然,今則無滅。迦葉!若能不舍八邪,入八解脫,以邪相入正法;以一食施一切,供養諸佛及衆賢聖,然後可食。如是食者,非有煩惱,非離煩惱;非入定意,非起定意;非住世間,非住涅槃。其有施者,無大福,無小福;不爲益,不爲損,是爲正入佛道,不依聲聞。迦葉!若如是食,爲不空食人之施也。'時我,世尊!聞說是語,得未曾有,即於一切菩薩深起敬心。復作是念:斯有家名,辯才智慧乃能如是!其誰不發阿耨多羅三藐三菩提心?我從是來,不復勸人以聲聞、辟支佛行。是故不任詣彼問疾。"

佛告須菩提:"汝行詣維摩詰問疾。"須菩提白佛言:"世尊!我不堪任詣彼問疾。所以者何?憶念我昔入其舍,從乞食。時維摩詰取我鉢,盛滿飯,謂我言:'唯,須菩提!若能於食等者,諸法亦等,諸法等者,於食亦等。如是行乞,乃可取食。若須菩提不斷淫、怒、痴,亦不與俱;不壞於身,而隨一相;不滅痴愛,起於明脫;以五逆相而得解脫,亦不解不縛;不見四諦,非不見諦;非得果,非不得果;非凡夫,非離凡夫法;非聖人,非不聖人;雖成就一切法,而離諸法相,乃可取食。若須菩提,不見佛,不聞法,彼外道六師:富蘭那迦葉、末伽梨拘賖梨子、刪闍夜毗羅胝子、阿耆多翅舍欽婆羅、迦羅鳩馱迦旃延、尼犍陀若提子等,是汝之師。因其出家,彼師所墮,汝亦隨墮,乃可取食。若須菩提,入諸邪見,不到彼岸;住於八難,不得無難;同於煩惱,離清淨法;汝得無諍三昧,一切衆生亦得是定。其施汝者,不名福田;供養汝者,墮三惡道;爲與衆魔共一手,作諸勞侶;汝與衆魔及諸塵勞,等無有異;於一切衆生而有怨心,謗諸佛、毀於法,不入衆數,終不得滅度。汝若如是,乃可取食。'時我,世尊! 聞此茫然,不識是何言,不知以何答,便置缽欲出其舍。維摩詰言:'唯,須菩提! 取缽勿懼。於意云何? 如來所作化人,若以是事詰,寧有懼不?'我言:'不也。'維摩詰言:'一切諸法,如幻化相,汝今不應有所懼也。所以者何? 一切言說,不離是相;至於智者,不著文字,故無所懼。何以故? 文字性離,無有文字,是則解脫;解脫相者,則諸法也。'維摩詰說是法時,二百天子得法眼淨,故我不任詣彼問疾。"

佛告富樓那彌多羅尼子:"汝行詣維摩詰問疾。"富樓那白佛言:"世尊! 我不堪任詣彼問疾。所以者何? 憶念我昔於大林中,在一樹下,爲諸新學比丘說法。時維摩詰來謂我言:"唯,富樓那! 先當入定觀此人心,然後說法。無以穢食置於寶器,當知是比丘心之所念,無以琉璃同彼水精。汝不能知衆生根源,無得發起以小乘法。彼自無瘡,勿傷之也。欲行大道,莫示小徑;無以大海,內於牛跡;無以日光,等彼螢火。富樓那! 此比丘久發大乘心,中忘此意,如何以小乘法而教導之? 我觀小乘智慧微淺,猶如盲人,不能分別一切衆生根之利鈍。'時維摩詰即入三昧,令此比丘自識宿命,曾於五百佛所殖衆德本,迴嚮阿耨多羅三藐三菩提,即時豁然,還得本心。於是諸比丘稽首禮維摩詰足。時維摩詰因爲說法,於阿耨多羅三藐三菩提不復退轉。我念聲聞不觀人根,不應說法,是故不任詣彼問疾。"

佛告摩訶迦旃延:"汝行詣維摩詰問疾。"迦旃延白佛言:"世尊! 我不堪任詣彼問疾。所以者何? 憶念昔者,佛爲諸比丘略說法要,我即於後敷演其義,謂無常義、苦義、空義、無我義、寂滅義。時維摩詰來謂我言:'唯,迦旃延! 無以生滅心行說實相法。迦旃延! 諸法畢竟不生不滅,是無常義;五受陰洞達,空無所起,是苦義;諸法究竟無所有,是空義;於我無我而不二,是無我義;法本不然,今則無滅,是寂滅義。'說是法時,彼諸比丘心得解脫。故我不任詣彼問疾。"

　　佛告阿那律：“汝行詣維摩詰問疾。”阿那律白佛言：“世尊！我不堪任詣彼問疾。所以者何？憶念我昔於一處經行，時有梵王名曰嚴淨，與萬梵俱，放淨光明，來詣我所，稽首作禮，問我言：‘幾何阿那律天眼所見？’我即答言：‘仁者！吾見此釋迦牟尼佛土三千大千世界，如觀掌中菴摩勒果。’時維摩詰來謂我言：‘唯，阿那律！天眼所見，爲作相耶？無作相耶？假使作相，則與外道五通等；若無作相，即是無爲，不應有見。’世尊！我時默然。彼諸梵聞其言，得未曾有！即爲作禮而問曰：‘世孰有真天眼者？’維摩詰言：‘有佛世尊，得真天眼，常在三昧，悉見諸佛國，不以二相。’於是嚴淨梵王及其眷屬五百梵天，皆發阿耨多羅三藐三菩提心，禮維摩詰足已，忽然不現！故我不任詣彼問疾。”

　　佛告優波離：“汝行詣維摩詰問疾。”優波離白佛言：“世尊！我不堪任詣彼問疾。所以者何？憶念昔者，有二比丘犯律行以爲恥，不敢問佛，來問我言：‘唯，優波離！我等犯律，誠以爲恥，不敢問佛，願解疑悔，得免斯咎！’我即爲其如法解說。時維摩詰來謂我言：‘唯，優波離！無重增此二比丘罪！當直除滅，勿擾其心。所以者何？彼罪性不在內，不在外，不在中間。如佛所說，心垢故衆生垢，心淨故衆生淨。心亦不在內，不在外，不在中間，如其心然，罪垢亦然，諸法亦然，不出於如。如優波離以心相得解脫時，寧有垢不？’我言：‘不也。’維摩詰言：‘一切衆生心相無垢，亦復如是。唯，優波離！妄想是垢，無妄想是淨；顛倒是垢，無顛倒是淨；取我是垢，不取我是淨。優波離！一切法生滅不住，如幻如電，諸法不相待，乃至一念不住；諸法皆妄見，如夢如焰，如水中月、如鏡中像，以妄想生。其知此者，是名奉律；其知此者，是名善解。’於是二比丘言：‘上智哉！是優波離所不能及，持律之上而不能說。’我答言：‘自舍如來，未有聲聞及菩薩能制其樂說之辯，其智慧明達，爲若此也！’時二比丘疑悔即除，發阿耨多羅三藐三菩提心，作是願，言：‘令一切衆生皆得是辯。’故我不任詣彼問疾。”

　　佛告羅睺羅：“汝行詣維摩詰問疾。”羅睺羅白佛言：“世尊！我不堪任詣彼問疾。所以者何？憶念昔時，毗耶離諸長者子來詣我所，稽首作禮，問我言：‘唯，羅睺羅！汝佛之子，舍轉輪王位，出家爲道。其出家者，有何等利?'我即如法爲說出家功德之利。時維摩詰來謂我言:'唯,羅睺羅!
不應說出家功德之利。所以者何? 無利無功德,是爲出家。有爲法者,可
說有利有功德;夫出家者,爲無爲法,無爲法中,無利無功德。羅睺羅! 出
家者,無彼無此,亦無中間;離六十二見,處於涅槃;智者所受,聖所行處;
降伏衆魔,度五道,淨五眼,得五力,立五根;不惱於彼,離衆雜惡;摧諸外
道,超越假名;出淤泥,無係著;無我所,無所受;無擾亂,内懷喜;護彼意,
隨禪定,離衆過。若能如是,是真出家。'於是維摩詰語諸長者子:'汝等於
正法中宜共出家,所以者何? 佛世難值!'諸長者子言:'居士! 我聞佛言,
父母不聽,不得出家。'維摩詰言:'然,汝等便發阿耨多羅三藐三菩提心,
是即出家,是即具足。'爾時,三十二長者子皆發阿耨多羅三藐三菩提心。
故我不任詣彼問疾。"

佛告阿難:"汝行詣維摩詰問疾。"阿難白佛言:"世尊! 我不堪任詣彼
問疾。所以者何? 憶念昔時,世尊身小有疾,當用牛乳,我即持缽,詣大婆
羅門家門下立。時維摩詰來謂我言:'唯,阿難! 何爲晨朝持缽住此?'我
言:'居士! 世尊身小有疾,當用牛乳,故來至此。'維摩詰言:'止止! 阿
難! 莫作是語。如來身者,金剛之體,諸惡已斷,衆善普會,當有何疾? 當
有何惱? 默往阿難,勿謗如來,莫使異人聞此粗言;無令大威德諸天,及他
方淨土諸來菩薩得聞斯語。阿難! 轉輪聖王以少福故,尚得無病,豈況如
來無量福會普勝者哉! 行矣,阿難! 勿使我等受斯恥也。外道梵志若聞
此語,當作是念:何名爲師? 自疾不能救,而能救諸疾人? 可密速去,勿使
人聞。當知,阿難! 諸如來身即是法身,非思欲身。佛爲世尊,過於三界;
佛身無漏,諸漏已盡;佛身無爲,不墮諸數。如此之身,當有何疾?'時我,
世尊! 實懷慚愧,得無近佛而謬聽耶! 即聞空中聲曰:'阿難! 如居士言。
但爲佛出五濁惡世,現行斯法,度脫衆生。行矣,阿難! 取乳勿慚。'世尊!
維摩詰智慧辯才,爲若此也,是故不任詣彼問疾。"

如是五百大弟子,各各向佛說其本緣,稱述維摩詰所言,皆曰不任詣
彼問疾。

# 菩薩品第四

　　於是佛告彌勒菩薩："汝行詣維摩詰問疾。"彌勒白佛言："世尊！我不堪任詣彼問疾。所以者何？憶念我昔爲兜率天王及其眷屬，說不退轉地之行，時維摩詰來謂我言：'彌勒！世尊授仁者記，一生當得阿耨多羅三藐三菩提，爲用何生得受記乎？過去耶？未來耶？現在耶？若過去生，過去生已滅；若未來生，未來生未至；若現在生，現在生無住。如佛所說，比丘，汝今即時，亦生亦老亦滅。若以無生得受記者，無生即是正位，於正位中亦無受記，亦無得阿耨多羅三藐三菩提，云何彌勒受一生記乎？爲從如生得受記耶？爲從如滅得受記耶？若以如生得受記者，如無有生；若以如滅得受記者，如無有滅。一切衆生皆如也，一切法亦如也，衆聖賢亦如也，至於彌勒亦如也。若彌勒得受記者，一切衆生亦應受記，所以者何？夫如者，不二不異。若彌勒得阿耨多羅三藐三菩提者，一切衆生皆亦應得。所以者何？一切衆生即菩提相。若彌勒得滅度者，一切衆生亦當滅度，所以者何？諸佛知一切衆生畢竟寂滅，即涅槃相，不復更滅。是故彌勒無以此法誘諸天子，實無發阿耨多羅三藐三菩提心者，亦無退者。彌勒！當令此諸天子舍於分別菩提之見，所以者何？菩提者不可以身得，不可以心得。寂滅是菩提，滅諸相故；不觀是菩提，離諸緣故；不行是菩提，無憶念故；斷是菩提，舍諸見故；離是菩提，離諸妄想故；障是菩提，障諸願故；不入是菩提，無貪著故；順是菩提，順於如故；住是菩提，住法性故；至是菩提，至實際故；不二是菩提，離意法故；等是菩提，等虛空故；無爲是菩提，無生住滅故；知是菩提，了衆生心行故；不會是菩提，諸入不會故；不合是菩提，離煩惱習故;無處是菩提,無形色故;假名是菩提,名字空故;如化是菩提,無取捨故;無亂是菩提,常自靜故;善寂是菩提,性清淨故;無取是菩提,離攀緣故;無異是菩提,諸法等故;無比是菩提,無可喻故;微妙是菩提,諸法難知故。'世尊! 維摩詰說是法時,二百天子得無生法忍。故我不任詣彼問疾。"

佛告光嚴童子:"汝行詣維摩詰問疾。"光嚴白佛言:"世尊! 我不堪任詣彼問疾。所以者何? 憶念我昔出毗耶離大城,時維摩詰方入城,我即爲作禮而問言:'居士從何所來?'答我言:'吾從道場來。'我問:'道場者何所是?'答曰:'直心是道場,無虛假故;發行是道場,能辦事故;深心是道場,增益功德故;菩提心是道場,無錯謬故;佈施是道場,不望報故;持戒是道場,得願具故;忍辱是道場,於諸衆生心無礙故;精進是道場,不懈退故;禪定是道場,心調柔故;智慧是道場,現見諸法故。慈是道場,等衆生故;悲是道場,忍疲苦故;喜是道場,悅樂法故;舍是道場,憎愛斷故。神通是道場,成就六通故;解脫是道場,能背舍故;方便是道場,教化衆生故;四攝是道場,攝衆生故;多聞是道場,如聞行故;伏心是道場,正觀諸法故;三十七品是道場,舍有爲法故;四諦是道場,不誑世間故;緣起是道場,無明乃至老死皆無盡故;諸煩惱是道場,知如實故;衆生是道場,知無我故;一切法是道場,知諸法空故。降魔是道場,不傾動故;三界是道場,無所趣故;師子吼是道場,無所畏故;力、無畏、不共法是道場,無諸過故;三明是道場,無餘礙故;一念知一切法是道場,成就一切智故。如是,善男子! 菩薩若應諸波羅蜜,教化衆生,諸有所作,舉足下足,當知皆從道場來,住於佛法矣!'說是法時,五百天子皆發阿耨多羅三藐三菩提心,故我不任詣彼問疾。"

佛告持世菩薩:"汝行詣維摩詰問疾。"持世白佛言:"世尊! 我不堪任詣彼問疾。所以者何? 憶念我昔住於靜室,時魔波旬從萬二千天女,狀如帝釋,鼓樂弦歌,來詣我所。與其眷屬,稽首我足,合掌恭敬,於一面立。我意謂是帝釋,而語之言:'善來,憍屍迦! 雖福應有,不當自恣。當觀五欲無常,以求善本,於身命財而修堅法。'即語我言:'正士! 受是萬二千天女,可備掃灑。'我言:'憍屍迦! 無以此非法之物要我沙門釋子,此非我宜。'所言未訖,時維摩詰來謂我言:'非帝釋也,是爲魔來嬈固汝耳!'即語魔言：‘是諸女等，可以與我，如我應受。’魔即驚懼，念維摩詰：‘將無惱我？’欲隱形去，而不能隱，盡其神力，亦不得去。即聞空中聲曰：‘波旬，以女與之，乃可得去。’魔以畏故，俛仰而與。爾時，維摩詰語諸女言：‘魔以汝等與我，今汝皆當發阿耨多羅三藐三菩提心。’即隨所應而爲說法，令發道意。復言：“汝等已發道意，有法樂可以自娛，不應復樂五欲樂也。’天女即問：‘何謂法樂？’答言：‘樂常信佛，樂欲聽法，樂供養衆，樂離五欲；樂觀五陰如怨賊，樂觀四大如毒蛇，樂觀內入如空聚；樂隨護道意，樂饒益衆生，樂敬養師；樂廣行施，樂堅持戒，樂忍辱柔和，樂勤集善根，樂禪定不亂，樂離垢明慧；樂廣菩提心，樂降伏衆魔；樂斷諸煩惱，樂淨佛國土；樂成就相好故，修諸功德；樂莊嚴道場；樂聞深法不畏；樂三脫門，不樂非時；樂近同學，樂於非同學中，心無恚礙；樂將護惡知識，樂親近善知識；樂心喜清淨，樂修無量道品之法，是爲菩薩法樂。’於是波旬告諸女言：‘我欲與汝俱還天宮。’諸女言：‘以我等與此居士有法樂，我等甚樂，不復樂五欲樂也。’魔言：‘居士，可舍此女！一切所有施於彼者，是爲菩薩。’維摩詰言：‘我已舍矣！汝便將去，令一切衆生得法願具足。’於是諸女問維摩詰：‘我等云何，止於魔宮？’維摩詰言：‘諸姊！有法門名無盡燈，汝等當學。無盡燈者，譬如一燈，燃百千燈，冥者皆明，明終不盡。如是，諸姊！夫一菩薩開導百千衆生，令發阿耨多羅三藐三菩提心，於其道意亦不滅盡，隨所說法，而自增益一切善法，是名無盡燈也。汝等雖住魔宮，以是無盡燈，令無數天子天女發阿耨多羅三藐三菩提心者，爲報佛恩，亦大饒益一切衆生。’爾時，天女頭面禮維摩詰足，隨魔還宮，忽然不現。世尊！維摩詰有如是自在神力，智慧辯才，故我不任詣彼問疾。”

佛告長者子善德：“汝行詣維摩詰問疾。”善德白佛言：“世尊！我不堪任詣彼問疾。所以者何？憶念我昔，自於父捨設大施會，供養一切沙門、婆羅門，及諸外道貧窮下賤孤獨乞人，期滿七日。時維摩詰來入會中，謂我言：‘長者子！夫大施會，不當如汝所設，當爲法施之會，何用是財施會爲？’我言：‘居士！何謂法施之會？’‘法施會者，無前無後，一時供養一切衆生，是名法施之會。’曰：‘何謂也？’‘謂以菩提，起於慈心；以救衆生，起大悲心;以持正法,起於喜心;以攝智慧,行於捨心。以攝慳貪,起檀波羅蜜;以化犯戒,起屍羅波羅蜜;以無我法,起羼提波羅蜜;以離身心相,起毗梨耶波羅蜜;以菩提相,起禪波羅蜜;以一切智,起般若波羅蜜。教化衆生,而起於空;不舍有爲法,而起無相;示現受生,而起無作。護持正法,起方便力;以度衆生,起四攝法;以敬事一切,起除慢法;於身命財,起三堅法;於六念中,起思念法;於六和敬,起質直心;正行善法,起於淨命;心淨歡喜,起近賢聖;不憎惡人,起調伏心;以出家法,起於深心;以如說行,起於多聞;以無諍法,起空閑處;趣向佛慧,起於宴坐;解衆生縛,起修行地;以具相好及淨佛土,起福德業;知一切衆生心念,如應說法,起於智業;知一切法,不取不舍,入一相門,起於慧業;斷一切煩惱、一切障礙、一切不善法,起一切善業;以得一切智慧、一切善法,起於一切助佛道法。如是,善男子,是爲法施之會。若菩薩住是法施會者,爲大施主,亦爲一切世間福田。'世尊!維摩詰說是法時,婆羅門衆中二百人,皆發阿耨多羅三藐三菩提心。我時心得清淨,嘆未曾有!稽首禮維摩詰足,即解瓔珞價值百千以上之。不肯取。我言:'居士願必納受,隨意所與。'維摩詰乃受瓔珞,分作二分,持一分施此會中一最下乞人,持一分奉彼難勝如來。一切衆會皆見光明國土難勝如來,又見珠瓔在彼佛上變成四柱寶臺,四面嚴飾,不相障蔽。時維摩詰現神變已,又作是言:'若施主等心施一最下乞人,猶如如來福田之相,無所分別,等於大悲,不求果報,是則名曰具足法施。'城中一最下乞人,見是神力,聞其所說,皆發阿耨多羅三藐三菩提心。故我不任詣彼問疾。"

如是諸菩薩各各向佛說其本緣,稱述維摩詰所言,皆曰:"不任詣彼問疾。"

# 文殊師利問疾品第五

爾時,佛告文殊師利:"汝行詣維摩詰問疾。"文殊師利白佛言:"世尊!彼上人者,難爲酬對,深達實相,善說法要,辯才無滯,智慧無礙;一切菩薩法式悉知,諸佛祕藏無不得入;降伏衆魔,遊戲神通,其慧方便,皆已得度。雖然,當承佛聖旨,詣彼問疾。"於是衆中諸菩薩大弟子、釋梵四天王等,咸作是念:"今二大士,文殊師利、維摩詰共談,必說妙法。"即時八千菩薩,五百聲聞,百千天人,皆欲隨從。於是文殊師利與諸菩薩大弟子衆,及諸天人恭敬圍繞,入毗耶離大城。

爾時,長者維摩詰心念:"今文殊師利與大衆俱來。"即以神力空其室內,除去所有,及諸侍者,唯置一床,以疾而臥。

文殊師利,既入其舍,見其室空,無諸所有,獨寢一床。

時維摩詰言:"善來,文殊師利!不來相而來,不見相而見。"

文殊師利言:"如是!居士!若來已,更不來;若去已,更不去。所以者何?來者無所從來,去者無所至,所可見者,更不可見。且置是事,居士!是疾寧可忍不?療治有損,不至增乎?世尊殷勤,致問無量,居士是疾,何所因起?其生久如?當云何滅?"

維摩詰言:"從痴有愛,則我病生;以一切衆生病,是故我病;若一切衆生病滅,則我病滅。所以者何?菩薩爲衆生故入生死,有生死則有病;若衆生得離病者,則菩薩無復病。譬如長者,唯有一子,其子得病,父母亦病;若子病癒,父母亦愈。菩薩如是,於諸衆生愛之若子。衆生病則菩薩病,衆生病癒,菩薩亦愈。又言是疾何所因起,菩薩病者,以大悲起。"

文殊師利言:"居士此室,何以空無侍者?"維摩詰言:"諸佛國土,亦復皆空。"又問:"以何爲空?"答曰:"以空空。"又問:"空何用空?"答曰:"以無分別空故空。"又問:"空可分別耶?"答曰:"分別亦空。"又問:"空當於何求?"答曰:"當於六十二見中求。"又問:"六十二見當於何求?"答曰:"於諸佛解脫中求。"又問:"諸佛解脫當於何求?"答曰:"當於一切衆生心行中求。又仁所問:何無侍者? 一切衆魔及諸外道皆吾侍也。所以者何? 衆魔者樂生死,菩薩於生死而不舍;外道者樂諸見,菩薩於諸見而不動。"

文殊師利言:"居士所疾,爲何等相?"維摩詰言:"我病無形不可見。"

又問:"此病身合耶? 心合耶?"答曰:"非身合,身相離故;亦非心合,心如幻故。"又問:"地大、水大、火大、風大,於此四大,何大之病?"答曰:"是病非地大,亦不離地大;水火風大,亦復如是。而衆生病從四大起,以其有病,是故我病。"

爾時,文殊師利問維摩詰言:"菩薩應云何慰喻有疾菩薩?"維摩詰言:"說身無常,不說厭離於身;說身有苦,不說樂於涅槃;說身無我,而說教導衆生;說身空寂,不說畢竟寂滅;說悔先罪,而不說入於過去;以己之疾,愍於彼疾;當識宿世無數劫苦,當念饒益一切衆生;憶所修福,念於淨命;勿生憂惱,常起精進;當作醫王,療治衆病。菩薩應如是慰喻有疾菩薩,令其歡喜。"

文殊師利言:"居士! 有疾菩薩云何調伏其心?"

維摩詰言:"有疾菩薩應作是念:今我此病,皆從前世妄想顛倒諸煩惱生,無有實法,誰受病者! 所以者何? 四大合故,假名爲身;四大無主,身亦無我;又此病起,皆由著我,是故於我,不應生著。既知病本,即除我想及衆生想,當起法想。應作是念:但以衆法,合成此身;起唯法起,滅唯法滅。又此法者,各不相知,起時不言我起,滅時不言我滅。彼有疾菩薩,爲滅法想,當作是念:此法想者,亦是顛倒,顛倒者是即大患,我應離之。云何爲離? 離我我所。云何離我我所? 謂離二法。云何離二法? 謂不念內外諸法行於平等。云何平等? 爲我等涅槃等。所以者何? 我及涅槃,此二皆空。以何爲空? 但以名字故空。如此二法,無決定性,得是平等,無有餘病,唯有空病,空病亦空。是有疾菩薩以無所受而受諸受,未具佛法,亦不滅受而取證也。

"設身有苦,念惡趣眾生,起大悲心,我既調伏,亦當調伏一切眾生;但除其病,而不除法,爲斷病本而教導之。何謂病本?謂有攀緣。從有攀緣,則爲病本。何所攀緣?謂之三界。云何斷攀緣?以無所得,若無所得,則無攀緣。何謂無所得?謂離二見。何謂二見?謂內見外見,是無所得。文殊師利!是爲有疾菩薩調伏其心,爲斷老病死苦,是菩薩菩提。若不如是,己所修治,爲無慧利。譬如勝怨,乃可爲勇,如是兼除老病死者,菩薩之謂也。

"彼有疾菩薩應復作是念:如我此病,非真非有,眾生病亦非真非有。作是觀時,於諸眾生若起愛見大悲,即應舍離,所以者何?菩薩斷除客塵煩惱而起大悲。愛見悲者,則於生死有疲厭心,若能離此,無有疲厭,在在所生,不爲愛見之所覆也。所生無縛,能爲眾生說法解縛。如佛所說:若自有縛,能解彼縛,無有是處;若自無縛,能解彼縛,斯有是處。是故菩薩不應起縛。何謂縛?何謂解?貪著禪味,是菩薩縛;以方便生,是菩薩解。又無方便慧縛,有方便慧解;無慧方便縛,有慧方便解。何謂無方便慧縛?謂菩薩以愛見心莊嚴佛土,成就眾生;於空無相無作法中而自調伏,是名無方便慧縛。何謂有方便慧解?謂不以愛見心莊嚴佛土成就眾生,於空無相無作法中,以自調伏而不疲厭,是名有方便慧解。何謂無慧方便縛?謂菩薩住貪欲瞋恚邪見等諸煩惱,而殖眾德本,是名無慧方便縛。何謂有慧方便解?謂離諸貪欲瞋恚邪見等諸煩惱,而植眾德本,回向阿耨多羅三藐三菩提,是名有慧方便解。文殊師利!彼有疾菩薩應如是觀諸法,又復觀身無常、苦、空、非我,是名爲慧。雖身有疾,常在生死,饒益一切而不厭倦,是名方便。又復觀身,身不離病,病不離身,是病是身,非新非故,是名爲慧。設身有疾,而不永滅,是名方便。

"文殊師利!有疾菩薩應如是調伏其心,不住其中,亦復不住不調伏心。所以者何?若住不調伏心,是愚人法;若住調伏心,是聲聞法。是故菩薩不當住於調伏不調伏心,離此二法,是菩薩行。在於生死,不爲污行;

住於涅槃,不永滅度,是菩薩行;非凡夫行,非賢聖行,是菩薩行;非垢行,非淨行,是菩薩行;雖過魔行,而現降眾魔,是菩薩行;求一切智,無非時求,是菩薩行;雖觀諸法不生,而不入正位,是菩薩行;雖觀十二緣起,而入諸邪見,是菩薩行;雖攝一切眾生,而不愛著,是菩薩行;雖樂遠離,而不依身心盡,是菩薩行;雖行三界,而不壞法性,是菩薩行;雖行於空,而殖眾德本,是菩薩行;雖行無相,而度眾生,是菩薩行;雖行無作,而現受身,是菩薩行;雖行無起,而起一切善行,是菩薩行;雖行六波羅蜜,而遍知眾生心心數法,是菩薩行;雖行六通,而不盡漏,是菩薩行;雖行四無量心,而不貪著生於梵世,是菩薩行;雖行禪定解脫三昧,而不隨禪生,是菩薩行;雖行四念處,而不永離身受心法,是菩薩行;雖行四正勤,而不捨身心精進,是菩薩行;雖行四如意足,而得自在神通,是菩薩行;雖行五根,而分別眾生諸根利鈍,是菩薩行;雖行五力,而樂求佛十力,是菩薩行;雖行七覺分,而分別佛之智慧,是菩薩行;雖行八聖道,而樂行無量佛道,是菩薩行;雖行止觀助道之法,而不畢竟墮於寂滅,是菩薩行;雖行諸法不生不滅,而以相好莊嚴其身,是菩薩行;雖現聲聞、辟支佛威儀,而不捨佛法,是菩薩行;雖隨諸法究竟淨相,而隨所應爲現其身,是菩薩行;雖觀諸佛國土永寂如空,而現種種清淨佛土,是菩薩行;雖得佛道轉於法輪、入於涅槃,而不舍於菩薩之道,是菩薩行。"

　　說是語時,文殊師利所將大眾,其中八千天子皆發阿耨多羅三藐三菩提心。

# 不思議品第六

爾時,舍利弗見此室中無有床座,作是念:"斯諸菩薩大弟子衆,當於何坐?"

長者維摩詰知其意,語舍利弗言:"云何仁者爲法來耶,求床座耶?"舍利弗言:我爲法來,非爲床座。維摩詰言:"唯!舍利弗,夫求法者,不貪軀命,何況床座?夫求法者,非有色、受、想、行、識之求,非有界、入之求,非有欲、色、無色之求。唯,舍利弗!夫求法者,不著佛求,不著法求,不著衆求;夫求法者,無見苦求,無斷集求,無造盡證、修道之求。所以者何?法無戲論。若言我當見苦、斷集、證滅、修道,是則戲論,非求法也。唯,舍利弗!法名寂滅,若行生滅,是求生滅,非求法也;法名無染,若染於法,乃至涅槃,是則染著,非求法也;法無行處,若行於法,是則行處,非求法也;法無取捨,若取捨法,是則取捨,非求法也;法無處所,若著處所,是則著處,非求法也;法名無相,若隨相識,是則求相,非求法也;法不可住,若住於法,是則住法,非求法也;法不可見、聞、覺、知,若行見、聞、覺、知,是則見、聞、覺、知,非求法也;法名無爲,若行有爲,是求有爲,非求法也。是故,舍利弗,若求法者,於一切法應無所求。

說是語時,五百天子,於諸法中得法眼淨。

爾時,長者維摩詰問文殊師利:"仁者遊於無量千萬億阿僧祇國,何等佛土有好上妙功德成就師子之座?"文殊師利言:"居士!東方度三十六恒河沙國,有世界名須彌相,其佛號須彌燈王,今現在。彼佛身長八萬四千由旬,其師子座高八萬四千由旬,嚴飾第一。"於是長者維摩詰現神通力,即時彼佛遣三萬二千師子座,高廣嚴淨,來入維摩詰室。諸菩薩大弟子,釋梵四天王等,昔所未見!其室廣博,悉皆包容三萬二千師子座,無所妨礙。於毗耶離城,及閻浮提四天下,亦不迫迮,悉見如故。爾時,維摩詰語文殊師利就師子座,與諸菩薩上人俱坐,當自立身如彼座像。其得神通菩薩,即自變形爲四萬二千由旬,坐師子座。諸新發意菩薩及大弟子,皆不能升。

爾時,維摩詰語舍利弗:"就師子座。"舍利弗言:"居士!此座高廣,吾不能升。"維摩詰言:"唯,舍利弗!燈王如來作禮,乃可得坐。"於是新發意菩薩及大弟子,即爲須彌燈王如來作禮,便得坐師子座。

舍利弗言:"居士!未曾有也,如是小室乃容受此高廣之座,於毗耶離城,無所妨礙,又於閻浮提聚落城邑,及四天下諸天龍王鬼神宮殿亦不迫迮。"維摩詰言:"唯,舍利弗!諸佛菩薩,有解脫名'不可思議',若菩薩住是解脫者,以須彌之高廣,內芥子中,無所增減,須彌山王本相如故,而四天王、忉利諸天,不覺不知己之所入,唯應度者乃見須彌入芥子中,是名'不可思議解脫法門'。又以四大海水入一毛孔,不嬈魚鱉黿鼉水性之屬,而彼大海本相如故,諸龍、鬼、神、阿修羅等,不覺不知己之所入,於此衆生,亦無所嬈。又舍利弗!住不可思議解脫菩薩,斷取三千大千世界,如陶家輪,著右掌中,擲過恒河沙世界之外,其中衆生,不覺不知己之所往。又復還置本處,都不使人有往來想,而此世界本相如故。又舍利弗!或有衆生,樂久住世而可度者,菩薩即延七日以爲一劫,令彼衆生謂之一劫。或有衆生,不樂久住而可度者,菩薩即促一劫以爲七日,令彼衆生謂之七日。又舍利弗!住不可思議解脫菩薩,以一切佛土嚴飾之事,集在一國,示於衆生。又菩薩以一佛土衆生,置之右掌,飛到十方,遍示一切,而不動本處。又舍利弗!十方衆生供養諸佛之具,菩薩於一毛孔皆令得見。又十方國土所有日月星宿,於一毛孔,普使見之。又舍利弗!十方世界所有諸風,菩薩悉能吸著口中,而身無損,外諸樹木亦不摧折。又十方世界劫盡燒時,以一切火內於腹中,火事如故,而不爲害。又於下方過恒河沙等諸佛世界,取一佛土,舉著上方過恒河沙無數世界,如持針鋒舉一棗葉,而無所嬈。又舍利弗！住不可思議解脫菩薩，能以神通現作佛身，或現辟支佛身，或現聲聞身，或現帝釋身，或現梵王身，或現世主身，或現轉輪王身。又十方世界所有衆聲上中下音，皆能變之令作佛聲，演出無常、苦、空、無我之音，及十方諸佛所說種種之法，皆於其中，普令得聞。舍利弗！我今略說菩薩不可思議解脫之力，若廣說者，窮劫不盡。

是時，大迦葉聞說菩薩不可思議解脫法門，嘆未曾有，謂舍利弗：譬如有人，於盲者前現衆色像，非彼所見；一切聲聞，聞是不可思議解脫法門，不能解了，爲若此也。智者聞是，其誰不發阿耨多羅三藐三菩提心？我等何爲永絶其根，於此大乘，已如敗種。一切聲聞，聞是不可思議解脫法門，皆應號泣，聲震三千大千世界；一切菩薩應大欣慶，頂受此法。若有菩薩信解不可思議解脫法門者，一切魔衆無如之何。大迦葉說是語時，三萬二千天子，皆發阿耨多羅三藐三菩提心。

爾時，維摩詰語大迦葉：仁者，十方無量阿僧祇世界中作魔王者，多是住不可思議解脫菩薩，以方便力教化衆生現作魔王。又迦葉，十方無量菩薩，或有人從乞手足耳鼻、頭目髓腦、血肉皮骨、聚落、城邑、妻子、奴婢、象、馬、車乘、金、銀、琉璃、硨磲、瑪瑙、珊瑚、琥珀、真珠、珂貝、衣服、飲食，如此乞者，多是住不可思議解脫菩薩，以方便力而往試之，令其堅固。所以者何？住不可思議解脫菩薩，有威德力，故現行逼迫，示諸衆生如是難事；凡夫下劣，無有力勢，不能如是逼迫菩薩。譬如龍象蹴踏，非驢所堪。是名住不可思議解脫菩薩智慧方便之門。

# 觀衆生品第七

爾時,文殊師利問維摩詰言:菩薩云何觀於衆生?維摩詰言:譬如幻師見所幻人,菩薩觀衆生爲若此;如智者見水中月,如鏡中見其面像,如熱時焰,如呼聲響,如空中雲,如水聚沫,如水上泡,如芭蕉堅,如電久住,如第五大,如第六陰,如第七情,如十三入,如十九界,菩薩觀衆生爲若此;如無色界色,如焦穀芽,如須陀洹身見,如阿那含入胎,如阿羅漢三毒,如得忍菩薩貪恚毀禁,如佛煩惱習,如盲者見色,如入滅盡定出入息,如空中鳥跡,如石女兒,如化人起煩惱,如夢所見已寤,如滅度者受身,如無煙之火,菩薩觀衆生爲若此。

文殊師利言:若菩薩作是觀者,云何行慈?維摩詰言:菩薩作是觀已,自念:我當爲衆生說如斯法,是即真實慈也。行寂滅慈,無所生故;行不熱慈,無煩惱故;行等之慈,等三世故;行無諍慈,無所起故;行不二慈,內外不合故;行不壞慈,畢竟盡故;行堅固慈,心無毀故;行清淨慈,諸法性淨故;行無邊慈,如虛空故;行阿羅漢慈,破結賊故;行菩薩慈,安衆生故;行如來慈,得如相故;行佛之慈,覺衆生故;行自然慈,無因得故;行菩提慈,等一味故;行無等慈,斷諸愛故;行大悲慈,導以大乘故;行無厭慈,觀空無我故;行法施慈,無遺惜故;行持戒慈,化毀禁故;行忍辱慈,護彼我故;行精進慈,荷負衆生故;行禪定慈,不受味故;行智慧慈,無不知時故;行方便慈,一切示現故;行無隱慈,直心清淨故;行深心慈,無雜行故;行無誑慈,不虛假故;行安樂慈,令得佛樂故。菩薩之慈,爲若此也。

文殊師利又問:何謂爲悲?答曰:菩薩所作功德,皆與一切衆生共之。

何謂爲喜？答曰：有所饒益，歡喜無悔。何謂爲舍？答曰：所作福祐，無所悕望。

文殊師利又問：生死有畏，菩薩當何所依？維摩詰言：菩薩於生死畏中，當依如來功德之力。文殊師利又問：菩薩欲依如來功德之力，當於何住？答曰：菩薩欲依如來功德力者，當住度脫一切衆生。又問：欲度衆生，當何所除？

答曰：欲度衆生，除其煩惱。又問：欲除煩惱，當何所行？答曰：當行正念。又問：云何行於正念？答曰：當行不生、不滅。又問：何法不生？何法不滅？答曰：不善不生，善法不滅。又問：善、不善孰爲本？答曰：身爲本。又問：身孰爲本？答曰：欲貪爲本。又問：欲貪孰爲本？答曰：虛妄分別爲本。又問：虛妄分別孰爲本？答曰：顛倒想爲本。又問：顛倒想孰爲本？答曰：無住爲本。又問：無住孰爲本？答曰：無住則無本。文殊師利！從無住本，立一切法。

時維摩詰室有一天女，見諸天人，聞所說法，便現其身，即以天華散諸菩薩、大弟子上。華至諸菩薩，即皆墮落；至大弟子，便著不墮。一切弟子神力去華，不能令去。爾時，天女問舍利弗：何故去華？答曰：此華不如法，是以去之。

天曰：勿謂此華爲不如法。所以者何？是華無所分別，仁者自生分別想耳！若於佛法出家，有所分別，爲不如法；若無所分別，是則如法。觀諸菩薩華不著者，已斷一切分別想故。譬如人畏時，非人得其便，如是弟子畏生死故，色、聲、香、味、觸得其便也；已離畏者，一切五欲無能爲也。結習未盡，華著身耳；結習盡者，華不著也。

舍利弗言：天止此室，其已久如？答曰：我止此室，如耆年解脫。舍利弗言：止此久耶？天曰：耆年解脫，亦何如久？舍利弗默然不答。天曰：如何耆舊，大智而默？答曰：解脫者，無所言說，故吾於是不知所云。

天曰：言說文字皆解脫相。所以者何？解脫者，不內不外，不在兩間；文字亦不內不外，不在兩間。是故，舍利弗，無離文字說解脫也。所以者何？一切諸法是解脫相。舍利弗言：不復以離淫、怒、痴爲解脫乎？天曰：

佛爲增上慢人，說離淫、怒、痴爲解脫耳！若無增上慢者，佛說淫、怒、痴性即是解脫。舍利弗言：善哉！善哉！天女，汝何所得，以何爲證，辯乃如是？天曰：我無得無證，故辯如是。所以者何？若有得有證者，即於佛法爲增上慢。

　　舍利弗問天：汝於三乘，爲何志求？天曰：以聲聞法化衆生故，我爲聲聞；以因緣法化衆生故，我爲辟支佛；以大悲法化衆生故，我爲大乘。舍利弗，如人入瞻蔔林，唯嗅瞻蔔，不嗅餘香。如是若入此室，但聞佛功德之香，不樂聞聲聞、辟支佛功德香也。舍利弗，其有釋、梵、四天王，諸天、龍、鬼、神等，入此室者，聞斯上人講說正法，皆樂佛功德之香，發心而出。舍利弗，吾止此室，十有二年，初不聞說聲聞、辟支佛法，但聞菩薩大慈大悲、不可思議諸佛之法。

　　舍利弗，此室常現八未曾有難得之法。何等爲八？此室常以金色光照，晝夜無異，不以日月所照爲明，是爲一未曾有難得之法。此室入者，不爲諸垢之所惱也，是爲二未曾有難得之法。此室常有釋、梵、四天王、他方菩薩，來會不絶，是爲三未曾有難得之法。此室常說六波羅蜜、不退轉法，是爲四未曾有難得之法。此室常作天人第一之樂，弦出無量法化之聲，是爲五未曾有難得之法。此室有四大藏，衆寶積滿，賙窮濟乏，求得無盡，是爲六未曾有難得之法。此室釋迦牟尼佛、阿彌陀佛、阿閦佛、寶德、寶炎、寶月、寶嚴、難勝、師子響、一切利成，如是等十方無量諸佛，是上人念時，即皆爲來，廣說諸佛秘要法藏，說已還去，是爲七未曾有難得之法。此室一切諸天嚴飾宮殿、諸佛淨土，皆於中現，是爲八未曾有難得之法。舍利弗！此室常現八未曾有難得之法，誰有見斯不思議事，而復樂於聲聞法乎？

　　舍利弗言：汝何以不轉女身？天曰：我從十二年來，求女人相了不可得，當何所轉？譬如幻師，化作幻女，若有人問：何以不轉女身？是人爲正問不？

　　舍利弗言：不也。幻無定相，當何所轉？天曰：一切諸法，亦復如是，無有定相，云何乃問不轉女身？即時天女以神通力，變舍利弗令如天女，天自化身如舍利弗,而問言:何以不轉女身? 舍利弗以天女像而答言:我今不知何轉而變爲女身? 天曰:舍利弗若能轉此女身,則一切女人亦當能轉。如舍利弗,非女而現女身;一切女人亦復如是,雖現女身而非女也。是故佛說:一切諸法,非男非女。即時天女還攝神力,舍利弗身還復如故。天問舍利弗:女身色相,今何所在? 舍利弗言:女身色相,無在、無不在。天曰:一切諸法,亦復如是,無在、無不在。夫無在、無不在者,佛所說也。舍利弗問天:汝於此沒,當生何所? 天曰:佛化所生,吾如彼生。曰:佛化所生,非沒生也。天曰:衆生猶然,無沒生也。

舍利弗問天:汝久如當得阿耨多羅三藐三菩提? 天曰:如舍利弗還爲凡夫,我乃當成阿耨多羅三藐三菩提。舍利弗言:我作凡夫,無有是處。天曰:我得阿耨多羅三藐三菩提,亦無是處。所以者何? 菩提無住處,是故無有得者。

舍利弗言:今諸佛得阿耨多羅三藐三菩提,已得、當得如恒河沙,皆謂何乎?

天曰:皆以世俗文字數故,說有三世,非謂菩提有去、來、今。天曰:舍利弗,汝得阿羅漢道耶? 曰:無所得故而得。天曰:諸佛菩薩,亦復如是,無所得故而得。

爾時,維摩詰語舍利弗:是天女已曾供養九十二億佛,已能遊戲菩薩神通,所願具足,得無生忍,住不退轉。以本願故,隨意能現,教化衆生。

# 佛道品第八

　　爾時，文殊師利問維摩詰言：菩薩云何通達佛道？維摩詰言：若菩薩行於非道，是爲通達佛道。又問：云何菩薩行於非道？答曰：若菩薩行五無間，而無惱恚；至於地獄，無諸罪垢；至於畜生，無有無明、憍慢等過；至於餓鬼，而具足功德；行色、無色界道，不以爲勝；示行貪欲，離諸染著；示行瞋恚，於諸衆生無有恚閡；示行愚癡，而以智慧調伏其心；示行慳貪，而舍内外所有，不惜身命；示行毀禁，而安住淨戒，乃至小罪猶懷大懼；示行瞋恚，而常慈忍；示行懈怠，而勤修功德；示行亂意，而常念定；示行愚癡，而通達世間、出世間慧；示行諂偽，而善方便，隨諸經義；示行憍慢，而於衆生猶如橋樑；示行諸煩惱，而心常清淨；示入於魔，而順佛智慧，不隨他教；示入聲聞，而爲衆生說未聞法；示入辟支佛，而成就大悲，教化衆生；示入貧窮，而有寶手功德無盡；示入刑殘，而具諸相好以自莊嚴；示入下賤，而生佛種姓中，具諸功德；示入羸劣醜陋，而得那羅延身，一切衆生之所樂見；示入老病，而永斷病根，超越死畏；示有資生，而恒觀無常，實無所貪；示有優伶、子女，而常遠離五欲淤泥；現於訥鈍，而成就辯才，總持無失；示入邪濟，而以正濟度諸衆生；現遍入諸道，而斷其因緣；現於涅槃，而不斷生死。文殊師利，菩薩能如是行於非道，是爲通達佛道。

　　於是維摩詰問文殊師利：何等爲如來種？文殊師利言：有身爲種，無明、有愛爲種，貪、恚、癡爲種，四顛倒爲種，五蓋爲種，六入爲種，七識處爲種，八邪法爲種，九惱處爲種，十不善道爲種。以要言之，六十二見及一切煩惱，皆是佛種。曰：何謂也？答曰：若見無爲入正位者，不能復發阿耨多羅三藐三菩提心。譬如高原陸地，不生蓮華；卑濕淤泥，乃生此華。如是見無爲法入正位者，終不復能生於佛法；煩惱泥中，乃有衆生起佛法耳！又如植種於空，終不得生；糞壤之地，乃能滋茂。如是入無爲正位者，不生佛法；起於我見如須彌山，猶能發於阿耨多羅三藐三菩提心，生佛法矣！是故當知，一切煩惱爲如來種。譬如不下巨海，不能得無價寶珠；如是不入煩惱大海，則不能得一切智寶。

爾時，大迦葉嘆言：善哉！善哉！文殊師利，快說此語。誠如所言，塵勞之疇爲如來種。我等今者，不復堪任發阿耨多羅三藐三菩提心；乃至五無間罪，猶能發意生於佛法，而今我等永不能發。譬如根敗之士，其於五欲不能復利；如是聲聞諸結斷者，於佛法中無所復益，永不志願。是故，文殊師利，凡夫於佛法有返復，而聲聞無也。所以者何？凡夫聞佛法，能起無上道心，不斷三寶；正使聲聞終身聞佛法、力、無畏等，永不能發無上道意。

爾時，會中有菩薩名普現色身，問維摩詰言：居士父母、妻子、親戚、眷屬、吏民、知識，悉爲是誰？奴婢、僮僕、象馬、車乘，皆何所在？

於是維摩詰以偈答曰：

智度菩薩母，方便以爲父，一切衆導師，無不由是生。

法喜以爲妻，慈悲心爲女，善心誠實男，畢竟空寂捨。

弟子衆塵勞，隨意之所轉，道品善知識，由是成正覺。

諸度法等侶，四攝爲妓女，歌詠誦法言，以此爲音樂。

總持之園苑，無漏法林樹，覺意淨妙華，解脫智慧果。

八解之浴池，定水湛然滿，佈以七淨華，浴此無垢人。

象馬五通馳，大乘以爲車，調禦以一心，遊於八正路。

相具以嚴容，衆好飾其姿，慚愧之上服，深心爲華鬘。

富有七財寶，教授以滋息，如所說修行，回向爲大利。

四禪爲床座，從於淨命生，多聞增智慧，以爲自覺音。

甘露法之食，解脫味爲漿，淨心以澡浴，戒品爲塗香。

摧滅煩惱賊，勇健無能逾，降伏四種魔，勝幡建道場。

雖知無起滅，示彼故有生，悉現諸國土，如日無不見。

供養於十方，無量億如來，諸佛及己身，無有分別想。

雖知諸佛國，及與衆生空，而常修淨土，教化於群生。

諸有衆生類，形聲及威儀，無畏力菩薩，一時能盡現。

覺知衆魔事，而示隨其行，以善方便智，隨意皆能現。

或示老病死，成就諸群生，了知如幻化，通達無有礙。

或現劫盡燒，天地皆洞燃，衆人有常想，照令知無常。

無數億衆生，俱來請菩薩，一時到其舍，化令向佛道。

經書禁咒術，工巧諸伎藝，盡現行此事，饒益諸群生。

世間衆道法，悉於中出家，因以解人惑，而不墮邪見。

或作日月天，梵王世界主，或時作地水，或復作風火。

劫中有疾疫，現作諸藥草，若有服之者，除病消衆毒。

劫中有饑饉，現身作飲食，先救彼饑渴，卻以法語人。

劫中有刀兵，爲之起慈心，化彼諸衆生，令住無諍地。

若有大戰陣，立之以等力，菩薩現威勢，降伏使和安。

一切國土中，諸有地獄處，輒往到於彼，勉濟其苦惱。

一切國土中，畜生相食啖，皆現生於彼，爲之作利益。

示受於五欲，亦復現行禪，令魔心憒亂，不能得其便。

火中生蓮華，是可謂希有，在欲而行禪，希有亦如是。

或現作淫女，引諸好色者，先以欲鉤牽，後令入佛道。

或爲邑中主，或作商人導，國師及大臣，以祐利衆生。

諸有貧窮者，現作無盡藏，因以勸導之，令發菩提心。

我心憍慢者，爲現大力士，消伏諸貢高，令住無上道，

其有恐懼衆，居前而慰安，先施以無畏，後令發道心。

或現離淫欲，爲五通仙人，開導諸群生，令住戒忍慈。

見須供事者，現爲作僮僕，既悅可其意，乃發以道心。

隨彼之所須，得入於佛道，以善方便力，皆能給足之。

如是道無量，所行無有涯，智慧無邊際，度脫無數衆。

假令一切佛，於無量億劫，贊嘆其功德，猶尚不能盡。

誰聞如是法，不發菩提心！除彼不肖人，痴冥無智者。

# 入不二法門品第九

爾時，維摩詰謂衆菩薩言：諸仁者，云何菩薩入不二法門？各隨所樂說之。

會中有菩薩名法自在，說言：諸仁者，生、滅爲二。法本不生，今則無滅，得此無生法忍，是爲入不二法門。

德守菩薩曰：我、我所爲二。因有我故，便有我所；若無有我，則無我所，是爲入不二法門。

不眴菩薩曰：受、不受爲二。若法不受，則不可得，以不可得，故無取、無舍，無作、無行，是爲入不二法門。

德頂菩薩曰：垢、淨爲二。見垢實性，則無淨相，順於滅相，是爲入不二法門。

善宿菩薩曰：是動、是念爲二。不動則無念，無念則無分別，通達此者，是爲入不二法門。

善眼菩薩曰：一相、無相爲二。若知一相即是無相，亦不取無相，入於平等，是爲入不二法門。

妙臂菩薩曰：菩薩心、聲聞心爲二。觀心相空如幻化者，無菩薩心、無聲聞心，是爲入不二法門。

弗沙菩薩曰：善、不善爲二。若不起善、不善，入無相際而通達者，是爲入不二法門。

師子菩薩曰：罪、福爲二。若達罪性，則與福無異，以金剛慧決了此相，無縛無解者，是爲入不二法門。

師子意菩薩曰：有漏、無漏爲二。若得諸法等，則不起漏、不漏想，不著於相，亦不住無相，是爲入不二法門。

淨解菩薩曰：有爲、無爲爲二。若離一切數，則心如虛空，以清淨慧無所礙者，是爲入不二法門。

那羅延菩薩曰：世間、出世間爲二。世間性空，即是出世間，於其中不入、不出，不溢、不散，是爲入不二法門。

善意菩薩曰：生死、涅槃爲二。若見生死性，則無生死，無縛無解，不生不滅，如是解者，是爲入不二法門。

現見菩薩曰：盡、不盡爲二。法若究竟盡，若不盡，皆是無盡相，無盡相即是空，空則無有盡、不盡相，如是入者，是爲入不二法門。

普守菩薩曰：我、無我爲二。我尚不可得，非我何可得？見我實性者，不復起二，是爲入不二法門。

電天菩薩曰：明、無明爲二。無明實性即是明，明亦不可取，離一切數，於其中平等無二者，是爲入不二法門。

喜見菩薩曰：色、色空爲二，色即是空，非色滅空，色性自空；如是受想行識、識空爲二，識即是空，非識滅空，識性自空。於其中而通達者，是爲入不二法門。

明相菩薩曰：四種異、空種異爲二。四種性即是空種性，如前際、後際空故，中際亦空，若能如是知諸種性者，是爲入不二法門。

妙意菩薩曰：眼、色爲二，若知眼性，於色不貪、不恚、不痴，是名寂滅。如是耳、聲，鼻、香，舌、味，身、觸，意、法爲二，若知意性，於法不貪、不恚、不痴，是名寂滅。安住其中，是爲入不二法門。

無盡意菩薩曰：佈施、回向一切智爲二，佈施性即是回向一切智性；如是持戒、忍辱、精進、禪定、智慧，回向一切智爲二，智慧性即是回向一切智性。於其中入一相者，是爲入不二法門。

深慧菩薩曰：是空、是無相、是無作爲二。空即無相，無相即無作，若空、無相、無作，則無心、意、識，於一解脫門即是三解脫門者，是爲入不二法門。

寂根菩薩曰：佛、法、衆爲二。佛即是法，法即是衆，是三寶皆無爲相，與虛空等，一切法亦爾。能隨此行者，是爲入不二法門。

心無礙菩薩曰：身、身滅爲二。身即是身滅。所以者何？見身實相者，不起見身及見滅身，身與滅身無二無分別，於其中不驚不懼者，是爲入不二法門。

上善菩薩曰：身、口、意善爲二。是三業皆無作相，身無作相即口無作相，口無作相即意無作相，是三業無作相，即一切法無作相。能如是隨無作慧者，是爲入不二法門。

福田菩薩曰：福行、罪行、不動行爲二。三行實性即是空，空則無福行、無罪行、無不動行，於此三行而不起者，是爲入不二法門。

華嚴菩薩曰：從我起二爲二。見我實相者，不起二法；若不住二法，則無有識，無所識者，是爲入不二法門。

德藏菩薩曰：有所得相爲二。若無所得，則無取捨，無取捨者，是爲入不二法門。

月上菩薩曰：闇與明爲二。無闇、無明，則無有二。所以者何？如入滅受想定，無闇、無明，一切法相亦復如是。於其中平等入者，是爲入不二法門。

寶印手菩薩曰：樂涅槃、不樂世間爲二。若不樂涅槃、不厭世間，則無有二。所以者何？若有縛，則有解；若本無縛，其誰求解？無縛無解，則無樂厭，是爲入不二法門。

珠頂王菩薩曰：正道、邪道爲二。住正道者則不分別是邪、是正，離此二者，是爲入不二法門。

樂實菩薩曰：實、不實爲二。實見者尚不見實，何況非實？所以者何？非肉眼所見，慧眼乃能見，而此慧眼，無見、無不見，是爲入不二法門。

如是諸菩薩各各說已，問文殊師利：何等是菩薩入不二法門？文殊師利曰：如我意者，於一切法，無言無說，無示無識，離諸問答，是爲入不二法門。

於是文殊師利問維摩詰：我等各自說已，仁者當說，何等是菩薩入不二法門？時維摩詰默然無言。文殊師利嘆曰：善哉！善哉！乃至無有文字語言，是真入不二法門。

　　說是入不二法門品時，於此衆中，五千菩薩皆入不二法門，得無生法忍。

# 香積佛品第十

於是舍利弗心念：日時欲至，此諸菩薩當於何食？時維摩詰知其意而語言：佛說八解脫，仁者受行，豈雜欲食而聞法乎？若欲食者，且待須臾，當令汝得未曾有食。

時維摩詰即入三昧，以神通力示諸大衆，上方界分，過四十二恒河沙佛土，有國名衆香，佛號香積，今現在。其國香氣，比於十方諸佛世界人天之香，最爲第一。彼土無有聲聞、辟支佛名，唯有清淨大菩薩衆，佛爲說法。其界一切，皆以香作樓閣，經行香地，苑園皆香。其食香氣，周流十方無量世界。時彼佛與諸菩薩方共坐食，有諸天子皆號香嚴，悉發阿耨多羅三藐三菩提心，供養彼佛及諸菩薩。此諸大衆，莫不目見。

時維摩詰問衆菩薩言：諸仁者，誰能致彼佛飯？以文殊師利威神力故，咸皆默然。維摩詰言：仁此大衆，無乃可恥？文殊師利曰：如佛所言，勿輕未學。

於是維摩詰不起於座，居衆會前，化作菩薩，相好光明，威德殊勝，蔽於衆會，而告之曰：汝往上方界分，度如四十二恒河沙佛土，有國名衆香，佛號香積，與諸菩薩方共坐食。汝往到彼，如我辭曰：維摩詰稽首世尊足下，致敬無量！問訊起居，少病少惱，氣力安不？願得世尊所食之餘，當於娑婆世界施作佛事，令此樂小法者得弘大道，亦使如來名聲普聞。

時化菩薩即於會前，升於上方，舉衆皆見其去，到衆香界，禮彼佛足，又聞其言：維摩詰稽首世尊足下，致敬無量！問訊起居，少病少惱，氣力安不？願得世尊所食之餘，欲於娑婆世界施作佛事，使此樂小法者得弘大道,亦使如來名聲普聞。

彼諸大士,見化菩薩,嘆未曾有:今此上人從何所來?娑婆世界爲在何許?云何名爲樂小法者?即以問佛。佛告之曰:下方度如四十二恒河沙佛土,有世界名娑婆,佛號釋迦牟尼,今現在。於五濁惡世爲樂小法衆生,敷演道教。彼有菩薩,名維摩詰,住不可思議解脫,爲諸菩薩說法,故遣化來,稱揚我名,並贊此土,令彼菩薩增益功德。彼菩薩言:其人何如,乃作是化,德力無畏,神足若斯?佛言:甚大!一切十方,皆遣化往,施作佛事,饒益衆生。

於是香積如來,以衆香缽盛滿香飯,與化菩薩。時彼九百萬菩薩,俱發聲言:我欲詣娑婆世界,供養釋迦牟尼佛,並欲見維摩詰等諸菩薩衆。佛言:可往!攝汝身香,無令彼諸衆生起惑著心。又當舍汝本形,勿使彼國求菩薩者,而自鄙恥。又汝於彼,莫懷輕賤,而作礙想。所以者何?十方國土,皆如虛空,又諸佛爲欲化諸樂小法者,不盡現其清淨土耳!

時化菩薩,既受缽飯,與彼九百萬菩薩俱,承佛威神,及維摩詰力,於彼世界忽然不現,須臾之間至維摩詰舍。時維摩詰即化作九百萬師子之座,嚴好如前,諸菩薩皆坐其上。是化菩薩以滿缽香飯與維摩詰,飯香普熏毗耶離城,及三千大千世界。

時毗耶離婆羅門、居士等,聞是香氣,身意快然,嘆未曾有。於是長者主月蓋,從八萬四千人,來入維摩詰舍,見其室中菩薩甚多,諸師子座高廣嚴好,皆大歡喜,禮衆菩薩及大弟子,卻住一面。諸地神、虛空神,及欲、色界諸天,聞此香氣,亦皆來入維摩詰舍。

時維摩詰語舍利弗等諸大聲聞:仁者可食!如來甘露味飯,大悲所熏,無以限意食之,使不消也。有異聲聞念:是飯少,而此大衆,人人當食?化菩薩曰:勿以聲聞小德小智,稱量如來無量福慧。四海有竭,此飯無盡。使一切人食揣若須彌,乃至一劫,猶不能盡。所以者何?無盡戒、定、智慧、解脫、解脫知見、功德具足者所食之餘,終不可盡。於是缽飯悉飽衆會,猶故不盡。其諸菩薩、聲聞、天、人,食此飯者,身安快樂,譬如一切樂莊嚴國諸菩薩也。又諸毛孔,皆出妙香,亦如衆香國土,諸樹之香。

爾時,維摩詰問衆香菩薩:香積如來,以何說法?彼菩薩曰:我土如來,無文字說,但以衆香,令諸天人得入律行。菩薩各各坐香樹下,聞斯妙香,即獲一切德藏三昧。得是三昧者,菩薩所有功德,皆悉具足。

彼諸菩薩問維摩詰:今世尊釋迦牟尼,以何說法?維摩詰言:此土衆生,剛强難化,故佛爲說剛强之語,以調伏之,言:是地獄,是畜生,是餓鬼,是諸難處,是愚人生處;是身邪行,是身邪行報;是口邪行,是口邪行報;是意邪行,是意邪行報;是殺生,是殺生報;是不與取,是不與取報;是邪淫,是邪淫報;是妄語,是妄語報;是兩舌,是兩舌報;是惡口,是惡口報;是無義語,是無義語報;是貪嫉,是貪嫉報;是瞋惱,是瞋惱報;是邪見,是邪見報;是慳吝,是慳吝報;是毁戒,是毁戒報;是瞋恚,是瞋恚報;是懈怠,是懈怠報;是亂意,是亂意報;是愚痴,是愚痴報;是結戒,是持戒,是犯戒;是應作,是不應作;是障礙,是不障礙;是得罪,是離罪;是淨,是垢;是有漏,是無漏;是邪道,是正道;是有爲,是無爲;是世間,是涅槃。以難化之人,心如猿猴,故以若干種法,制禦其心,乃可調伏。譬如象馬,㦬悷不調,加諸楚毒,乃至徹骨,然後調伏。如是剛强難化衆生,故以一切苦切之言,乃可入律。

彼諸菩薩聞說是已,皆曰:未曾有也!如世尊釋迦牟尼佛,隱其無量自在之力,乃以貧所樂法度脱衆生。斯諸菩薩亦能勞謙,以無量大悲生是佛土。

維摩詰言:此土菩薩,於諸衆生大悲堅固,誠如所言。然其一世饒益衆生,多於彼國百千劫行。所以者何?此娑婆世界,有十事善法,諸餘淨土之所無有。何等爲十?以佈施攝貧窮,以淨戒攝毁禁,以忍辱攝瞋恚,以精進攝懈怠,以禪定攝亂意,以智慧攝愚痴,說除難法度八難者,以大乘法度樂小乘者,以諸善根濟無德者,常以四攝成就衆生,是爲十。彼菩薩曰:菩薩成就幾法,於此世界行無瘡疣,生於淨土?維摩詰言:菩薩成就八法,於此世界行無瘡疣,生於淨土。何等爲八?饒益衆生而不望報;代一切衆生受諸苦惱,所作功德,盡以施之;等心衆生,謙下無礙;於諸菩薩,視之如佛;所未聞經,聞之不疑;不與聲聞而相違背;不嫉彼供,不高己利,而於其中調伏其心；常省己過，不訟彼短，恒以一心求諸功德，是爲八法。

維摩詰、文殊師利於大衆中，說是法時，百千天人皆發阿耨多羅三藐三菩提心，十千菩薩得無生法忍。

# 菩薩行品第十一

是時,佛說法於菴羅樹園,其地忽然廣博嚴事,一切衆會皆作金色。阿難白佛言:世尊! 以何因緣有此瑞應? 是處忽然廣博嚴事,一切衆會皆作金色。佛告阿難:是維摩詰、文殊師利,與諸大衆恭敬圍繞,發意欲來,故先爲此瑞應。於是維摩詰語文殊師利:可共見佛,與諸菩薩禮事供養。文殊師利言:善哉! 行矣! 今正是時。

維摩詰即以神力,持諸大衆並師子座,置於右掌,往詣佛所。到已著地,稽首佛足,右繞七匝,一心合掌,在一面立。其諸菩薩即皆避座,稽首佛足,亦繞七匝,於一面立。諸大弟子、釋、梵、四天王等,亦皆避座,稽首佛足,在一面立。於是世尊如法慰問諸菩薩已,各令復坐,即皆受教,衆坐已定。佛語舍利弗:汝見菩薩大士,自在神力之所爲乎? 唯然,已見。於汝意云何? 世尊! 我睹其爲不可思議,非意所圖,非度所測。

爾時,阿難白佛言:世尊! 今所聞香自昔未有,是爲何香? 佛告阿難:是彼菩薩毛孔之香。於是舍利弗語阿難言:我等毛孔,亦出是香。阿難言:此所從來? 曰:是長者維摩詰,從衆香國取佛餘飯,於捨食者,一切毛孔皆香若此。

阿難問維摩詰:是香氣住當久如? 維摩詰言:至此飯消。曰:"此飯久如當消? 曰:此飯勢力,至於七日,然後乃消。又阿難,若聲聞人,未入正位,食此飯者,得入正位,然後乃消;已入正位,食此飯者,得心解脫,然後乃消;若未發大乘意,食此飯者,至發意乃消;已發意,食此飯者,得無生忍,然後乃消;已得無生忍,食此飯者,至一生補處,然後乃消。譬如有藥,名曰上味，其有服者，身諸毒滅，然後乃消；此飯如是，滅除一切諸煩惱毒，然後乃消。

阿難白佛言：未曾有也！世尊，如此香飯能作佛事。

佛言：如是！如是！阿難，或有佛土，以佛光明而作佛事，有以諸菩薩而作佛事，有以佛所化人而作佛事，有以菩提樹而作佛事，有以佛衣服、臥具而作佛事，有以飯食而作佛事，有以園林、臺觀而作佛事，有以三十二相、八十隨形好而作佛事，有以佛身而作佛事，有以虛空而作佛事，衆生應以此緣得入律行。有以夢、幻、影、響、鏡中像、水中月、熱時炎，如是等喻而作佛事；有以音聲、語言、文字而作佛事；或有清淨佛土，寂寞無言無說、無示無識、無作無爲，而作佛事。如是，阿難，諸佛威儀進止，諸所施爲，無非佛事。阿難！有此四魔、八萬四千諸煩惱門，而諸衆生爲之疲勞，諸佛即以此法而作佛事，是名入一切諸佛法門。菩薩入此門者，若見一切淨好佛土，不以爲喜，不貪不高，若見一切不淨佛土，不以爲憂，不礙不沒；但於諸佛生清淨心，歡喜恭敬，未曾有也！諸佛如來，功德平等，爲化衆生故，而現佛土不同。阿難！汝見諸佛國土地有若干，而虛空無若干也；如是見諸佛色身有若干耳，其無礙慧無若干也。

阿難！諸佛色身、威相、種性、戒、定、智慧、解脫、解脫知見、力、無所畏、不共之法、大慈、大悲、威儀所行，及其壽命，說法教化，成就衆生，淨佛國土，具諸佛法，悉皆同等，是故名爲三藐三佛陀、名爲多陀阿伽度、名爲佛陀。阿難！若我廣說此三句義，汝以劫壽，不能盡受。正使三千大千世界滿中衆生，皆如阿難多聞第一，得念總持，此諸人等，以劫之壽亦不能受。如是，阿難！諸佛阿耨多羅三藐三菩提無有限量，智慧辯才不可思議。

阿難白佛言：我從今已往，不敢自謂以爲多聞。佛告阿難：勿起退意！所以者何？我說汝於聲聞中爲最多聞，非謂菩薩。且止！阿難，其有智者，不應限度諸菩薩也。一切海淵尚可測量，菩薩禪定、智慧、總持、辯才、一切功德，不可量也。阿難，汝等舍置菩薩所行，是維摩詰一時所現神通之力，一切聲聞、辟支佛於百千劫，盡力變化所不能作。

爾時，衆香世界菩薩來者，合掌白佛言：世尊！我等初見此土，生下劣想，今自悔責，捨離是心。所以者何？諸佛方便不可思議，爲度衆生故，隨其所應現佛國異。唯然，世尊！願賜少法，還於彼土，當念如來。

佛告諸菩薩：有盡、無盡解脫法門，汝等當學。何謂爲盡？謂有爲法。何謂無盡？謂無爲法。如菩薩者，不盡有爲，不住無爲。

何謂不盡有爲？謂不離大慈，不捨大悲；深發一切智心，而不忽忘；教化衆生，終不厭倦；於四攝法，常念順行；護持正法，不惜軀命；種諸善根，無有疲厭；志常安住，方便回向；求法不懈，說法無吝；勤供諸佛，故入生死而無所畏；於諸榮辱，心無憂喜；不輕未學，敬學如佛；墮煩惱者，令發正念；於遠離樂，不以爲貴；不著己樂，慶於彼樂；在諸禪定，如地獄想；於生死中，如園觀想；見來求者，爲善師想；捨諸所有，具一切智想；見毀戒人，起救護想；諸波羅蜜，爲父母想；道品之法，爲眷屬想；發行善根，無有齊限；以諸淨國嚴飾之事，成己佛土；行無限施，具足相好；除一切惡，淨身、口、意；生死無數劫，意而有勇；聞佛無量德，志而不倦；以智慧劍，破煩惱賊；出陰、界、入，荷負衆生，永使解脫；以大精進，摧伏魔軍；常求無念，實相智慧；行於世間法少欲知足，於出世間求之無厭，而不舍世間法；不壞威儀法，而能隨俗；起神通慧，引導衆生；得念總持，所聞不忘；善別諸根，斷衆生疑；以樂說辯，演法無礙；淨十善道，受天人福；修四無量，開梵天道；勸請說法，隨喜讚善，得佛音聲；身、口、意善，得佛威儀；深修善法，所行轉勝；以大乘教，成菩薩僧；心無放逸，不失衆善。行如此法，是名菩薩不盡有爲。

何謂菩薩不住無爲？謂修學空，不以空爲證；修學無相、無作，不以無相、無作爲證；修學無起，不以無起爲證；觀於無常，而不厭善本；觀世間苦，而不惡生死；觀於無我，而誨人不倦；觀於寂滅，而不永滅；觀於遠離，而身心修善；觀無所歸，而歸趣善法；觀於無生，而以生法荷負一切；觀於無漏，而不斷諸漏；觀無所行，而以行法教化衆生；觀於空無，而不舍大悲；觀正法位，而不隨小乘；觀諸法虛妄，無牢、無人、無主、無相，本願未滿，而不虛福德、禪定、智慧。修如此法，是名菩薩不住無爲。

　　又具福德故，不住無爲，具智慧故，不盡有爲；大慈悲故，不住無爲，滿本願故，不盡有爲；集法藥故，不住無爲，隨授藥故，不盡有爲；知衆生病故，不住無爲，滅衆生病故，不盡有爲。諸正士，菩薩以修此法，不盡有爲，不住無爲，是名盡、無盡解脫法門，汝等當學。

　　爾時，彼諸菩薩聞說是法，皆大歡喜，以衆妙華，若干種色、若干種香，散遍三千大千世界，供養於佛及此經法，並諸菩薩已，稽首佛足，嘆未曾有，言：釋迦牟尼佛，乃能於此善行方便。言已，忽然不現，還到彼國。

# 見阿閦佛品第十二

爾時，世尊問維摩詰：汝欲見如來，爲以何等觀如來乎？

維摩詰言：如自觀身實相，觀佛亦然。我觀如來，前際不來，後際不去，今則不住；不觀色，不觀色如，不觀色性；不觀受、想、行、識，不觀識如，不觀識性；非四大起，同於虛空；六入無積，眼、耳、鼻、舌、身、心已過；不在三界，三垢已離；順三脫門，具足三明，與無明等；不一相、不異相、不自相、不他相，非無相、非取相，不此岸、不彼岸、不中流而化衆生；觀於寂滅，亦不永滅，不此不彼，不以此、不以彼；不可以智知，不可以識識；無晦無明，無名無相，無強無弱，非淨非穢；不在方、不離方，非有爲、非無爲，無示無說；不施不慳，不戒不犯，不忍不恚，不進不怠，不定不亂，不智不愚，不誠不欺，不來不去，不出不入，一切言語道斷；非福田、非不福田，非應供養、非不應供養；非取非捨，非有相、非無相，同真際，等法性；不可稱、不可量，過諸稱量；非大非小，非見非聞，非覺非知，離衆結縛，等諸智，同衆生；於諸法無分別，一切無失，無濁無惱；無作無起，無生無滅；無畏無憂，無喜無厭，無著；無已有、無當有、無今有，不可以一切言說分別顯示。世尊！如來身爲若此，作如是觀，以斯觀者，名爲正觀；若他觀者，名爲邪觀。

爾時，舍利弗問維摩詰：汝於何没而來生此？維摩詰言：汝所得法，有没生乎？舍利弗言：無没生也。若諸法無没生相，云何問言：汝於何没而來生此？於意云何？譬如幻師幻作男女，寧没生耶？舍利弗言：無没生也。汝豈不聞佛說，諸法如幻相乎？答曰：如是。若一切法如幻相者，云何問言：汝於何没而來生此？舍利弗，没者，爲虛誑法，敗壞之相；生者，爲虛誑法,相續之相。菩薩雖没,不盡善本;雖生,不長諸惡。

　　是時,佛告舍利弗:有國名妙喜,佛號無動,是維摩詰於彼國没,而來生此。舍利弗言:未曾有也! 世尊! 是人乃能舍清淨土,而來樂此多怒害處。維摩詰語舍利弗:於意云何? 日光出時,與冥合乎答曰:不也,日光出時,即無衆冥。維摩詰言:夫日何故行閻浮提? 答曰:欲以明照,爲之除冥。維摩詰言:菩薩如是,雖生不淨佛土,爲化衆生,故不與愚闇而共合也,但滅衆生煩惱暗耳!

　　是時,大衆渴仰,欲見妙喜世界無動如來,及其菩薩、聲聞之衆。佛知一切衆會所念,告維摩詰言:善男子,爲此衆會,現妙喜國無動如來,及諸菩薩、聲聞之衆,衆皆欲見。

　　於是維摩詰心念:吾當不起於座,接妙喜國,鐵圍、山川、溪谷、江河、大海、泉源、須彌諸山,及日月星宿、天龍鬼神、梵天等宫,並諸菩薩、聲聞之衆,城邑、聚落、男女、大小,乃至無動如來,及菩提樹,諸妙蓮華,能於十方作佛事者。三道寶階從閻浮提至忉利天,以此寶階,諸天來下,悉爲禮敬無動如來,聽受經法;閻浮提人亦登其階,上升忉利,見彼諸天。妙喜世界成就如是無量功德。上至阿迦膩吒天,下至水際,以右手斷取,如陶家輪,入此世界,猶持華鬘,示一切衆。作是念已,入於三昧,現神通力,以其右手斷取妙喜世界,置於此土。

　　彼得神通菩薩,及聲聞衆並餘天人,俱發聲言:唯然! 世尊! 誰取我去? 願見救護。無動佛言:非我所爲,是維摩詰神力所作。其餘未得神通者,不覺不知己之所往。妙喜世界,雖入此土而不增減,於是世界亦不迫隘,如本無異。

　　爾時,釋迦牟尼佛告諸大衆:汝等且觀妙喜世界無動如來,其國嚴飾,菩薩行淨,弟子清白。皆曰:唯然已見。佛言:若菩薩欲得如是清淨佛土,當學無動如來所行之道。現此妙喜國時,娑婆世界十四那由他人,發阿耨多羅三藐三菩提心,皆願生於妙喜佛土。釋迦牟尼佛即記之曰:當生彼國! 時妙喜世界於此國土,所應饒益,其事訖已,還復本處,舉衆皆見。

　　佛告舍利弗:汝見此妙喜世界及無動佛不? 唯然已見。世尊! 願使一切眾生，得清淨土如無動佛，獲神通力如維摩詰。世尊！我等快得善利，得見是人，親近供養。其諸眾生，若今現在，若佛滅後，聞此經者亦得善利，況復聞已信解、受持、讀誦、解說、如法修行！若有手得是經典者，便為已得法寶之藏；若有讀誦、解釋其義，如說修行，即為諸佛之所護念；其有供養如是人者，當知即為供養於佛；其有書持此經卷者，當知其室即有如來；若聞是經能隨喜者，斯人即為取一切智；若能信解此經，乃至一四句偈，為他說者，當知此人即是受阿耨多羅三藐三菩提記。

# 法供養品第十三

　　爾時,釋提桓因於大衆中白佛言:世尊! 我雖從佛及文殊師利聞百千經,未曾聞此不可思議、自在神通、決定實相經典。如我解佛所說義趣,若有衆生聞是經法,信解、受持、讀誦之者,必得是法不疑,何況如說修行! 斯人即爲閉衆惡趣,開諸善門,常爲諸佛之所護念,降伏外學,摧滅魔怨,修治菩提,安處道場,履踐如來所行之跡。世尊! 若有受持、讀誦、如說修行者,我當與諸眷屬供養給事。所在聚落、城邑、山林、曠野,有是經處,我亦與諸眷屬,聽受法故,共到其所。其未信者,當令生信;其已信者,當爲作護。

　　佛言:善哉! 善哉! 天帝,如汝所說,吾助爾喜。此經廣說過去、未來、現在諸佛,不可思議阿耨多羅三藐三菩提。是故,天帝,若善男子、善女人,受持、讀誦、供養是經者,即爲供養去、來、今佛。天帝,正使三千大千世界,如來滿中,譬如甘蔗、竹葦、稻麻、叢林,若有善男子、善女人,或一劫或減一劫,恭敬尊重,贊嘆供養,奉諸所安;至諸佛滅後,以一一全身舍利起七寶塔,縱廣一四天下,高至梵天,表刹莊嚴,以一切華香、瓔珞、幢幡、伎樂,微妙第一,若一劫若減一劫,而供養之。於天帝意云何? 其人植福,寧爲多不?

　　釋提桓因言:多矣! 世尊! 彼之福德,若以百千億劫說不能盡。

　　佛告天帝:當知是善男子、善女人,聞是不可思議解脫經典,信解、受持、讀誦、修行,福多於彼。所以者何? 諸佛菩提皆從是生。菩提之相,不可限量,以是因緣,福不可量。

佛告天帝：過去無量阿僧祇劫，時世有佛，號曰藥王如來、應供、正遍知、明行足、善逝、世間解、無上士、調御丈夫、天人師、佛世尊！世界名大莊嚴，劫曰莊嚴，佛壽二十小劫。其聲聞僧三十六億那由他，菩薩僧有十二億。天帝！是時有轉輪聖王，名曰寶蓋，七寶具足，主四天下。王有千子，端正勇健，能伏怨敵。

爾時，寶蓋與其眷屬供養藥王如來，施諸所安至滿五劫。過五劫已，告其千子：汝等亦當如我，以深心供養於佛。於是千子受父王命，供養藥王如來，復滿五劫，一切施安。

其王一子，名曰月蓋，獨坐思惟：寧有供養殊過此者？

以佛神力，空中有天曰：善男子，法之供養勝諸供養。即問：何謂法之供養？天曰：汝可往問藥王如來，當廣爲汝說法之供養。即時，月蓋王子行詣藥王如來，稽首佛足，卻住一面，白佛言：世尊！諸供養中，法供養勝。云何爲法供養？

佛言：善男子，法供養者，諸佛所說深經，一切世間難信難受，微妙難見，清淨無染，非但分別思惟之所能得；菩薩法藏所攝，陀羅尼印印之，至不退轉，成就六度；善分別義，順菩提法，衆經之上；入大慈悲，離衆魔事，及諸邪見；順因緣法，無我、無人、無衆生、無壽命、空、無相、無作、無起，能令衆生坐於道場而轉法輪，諸天、龍、神、乾闥婆等，所共嘆譽；能令衆生入佛法藏，攝諸賢聖一切智慧，說衆菩薩所行之道，依於諸法實相之義，明宣無常、苦、空、無我、寂滅之法；能救一切毀禁衆生，諸魔、外道及貪著者能使怖畏，諸佛賢聖所共稱嘆，背生死苦，示涅槃樂，十方三世諸佛所說。若聞如是等經，信解、受持、讀誦，以方便力，爲諸衆生分別解說，顯示分明，守護法故，是名法之供養。又於諸法，如說修行，隨順十二因緣，離諸邪見，得無生忍，決定無我，無有衆生，而於因緣果報無違無諍，離諸我所；依於義，不依語；依於智，不依識；依了義經，不依不了義經；依於法，不依人；隨順法相，無所入，無所歸；無明畢竟滅故，諸行亦畢竟滅，乃至生畢竟滅故，老死亦畢竟滅。作如是觀，十二因緣無有盡相，不復起見，是名最上法之供養。

佛告天帝：王子月蓋，從藥王佛聞如是法，得柔順忍，即解寶衣嚴身之具，以供養佛，白佛言：世尊！如來滅後，我當行法供養，守護正法，願以威神加哀建立，令我得降魔怨，修菩薩行。佛知其深心所念，而記之曰：汝於末後，守護法城。天帝！時王子月蓋，見法清淨，聞佛授記，以信出家，修集善法，精進不久得五神通，逮菩薩道，得陀羅尼，無斷辯才。於佛滅後，以其所得神通、總持、辯才之力，滿十小劫，藥王如來所轉法輪隨而分佈。月蓋比丘以守護法，勤行精進，即於此身化百萬億人，於阿耨多羅三藐三菩提立不退轉；十四那由他人，深發聲聞、辟支佛心；無量眾生，得生天上。天帝！時王寶蓋豈異人乎？今現得佛，號寶炎如來；其王千子，即賢劫中千佛是也！從迦羅鳩孫馱爲始得佛，最後如來號曰樓至。月蓋比丘，即我身是。

如是，天帝，當知此要，以法供養，於諸供養爲上、爲最，第一無比。是故，天帝，當以法之供養，供養於佛。

# 囑累品第十四

　　於是佛告彌勒菩薩言:彌勒,我今以是無量億阿僧祇劫所集阿耨多羅三藐三菩提法,付囑於汝。如是輩經,於佛滅後末世之中,汝等當以神力,廣宣流佈於閻浮提,無令斷絕。所以者何? 未來世中,當有善男子、善女人,及天、龍、鬼、神、乾闥婆、羅剎等,發阿耨多羅三藐三菩提心,樂於大法,若使不聞如是等經,則失善利。如此輩人,聞是等經,必多信樂,發希有心,當以頂受,隨諸衆生所應得利,而爲廣說。彌勒當知,菩薩有二相。何謂爲二? 一者、好於雜句文飾之事;二者、不畏深義,如實能入。若好雜句文飾事者,當知是爲新學菩薩;若於如是無染無著甚深經典,無有恐畏,能入其中,聞已心淨,受持、讀誦、如說修行,當知是爲久修道行。彌勒! 復有二法,名新學者不能決定於甚深法。何等爲二? 一者、所未聞深經,聞之驚怖生疑,不能隨順,譭謗不信,而作是言:'我初不聞,從何所來? 二者、若有護持解說如是深經者,不肯親近、供養、恭敬,或時於中說其過惡。有此二法,當知是爲新學菩薩,爲自毀傷,不能於深法中調伏其心。彌勒! 復有二法,菩薩雖信解深法,猶自毀傷,而不能得無生法忍。何等爲二? 一者、輕慢新學菩薩而不教誨;二者、雖解深法而取相分別。是爲二法。

　　彌勒菩薩聞說是已,白佛言:世尊! 未曾有也! 如佛所說,我當遠離如斯之惡,奉持如來無數阿僧祇劫所集阿耨多羅三藐三菩提法。若未來世善男子、善女人求大乘者,當令手得如是等經,與其念力,使受持讀誦,爲他廣說。世尊! 若後末世,有能受持、讀誦、爲他說者,當知皆是彌勒神力之所建立。佛言:善哉! 善哉! 彌勒,如汝所說,佛助爾喜。

於是一切菩薩，合掌白佛：我等亦於如來滅後，十方國土廣宣流布阿耨多羅三藐三菩提法，復當開導諸說法者，令得是經。

爾時，四天王白佛言：世尊！在在處處，城邑、聚落、山林、曠野，有是經卷，讀誦解說者，我當率諸官屬，爲聽法故，往詣其所，擁護其人，面百由旬，令無伺求得其便者。

是時，佛告阿難：受持是經，廣宣流佈！阿難言：唯！然我已受持要者。世尊！當何名斯經？佛言：阿難！是經名爲《維摩詰所說》，亦名《不可思議解脫法門》，如是受持。

佛說是經已，長者維摩詰、文殊師利、舍利弗、阿難等，及諸天、人、阿修羅，一切大衆，聞佛所說，皆大歡喜，信受奉行。

第四編

中　論

龍樹菩薩造梵志青目釋

# 卷第一

不生亦不滅，不常亦不斷，

不一亦不異，不來亦不出。

能說是因緣，善滅諸戲論，

我稽首禮佛，諸說中第一。

問曰：何故造此論？

答曰：有人言萬物從大自在天生，有言從韋紐天生，有言從和合生，有言從時生，有言從世性生，有言從變生，有言從自然生，有言從微塵生，有如是等謬，故墮於無因、邪因、斷常等邪見。種種說我我所，不知正法，佛欲斷如是等諸邪見，令知佛法故。先於聲聞法中說十二因緣，又爲已習行有大心堪受深法者，以大乘法說因緣相。所謂一切法，不生不滅，不一不異等，畢竟空無所有。如《般若波羅蜜》中說：佛告須菩提！菩薩坐道場時，觀十二因緣。如虛空不可盡。”

佛滅度後，後五百歲像法中，人根轉鈍，深著諸法，求十二因緣、五陰、十二入、十八界等決定相，不知佛意，但著文字。聞大乘法中，說畢竟空，不知何因緣故空，即生疑見。若都畢竟空云何分別，有罪福報應等？如是則無世諦、第一義諦，取是空相，而起貪著，於畢竟空中生種種過。龍樹菩薩爲是等故。造此《中論》。

　　不生亦不滅，不常亦不斷，

　　不一亦不異，不來亦不出。

　　能說是因緣，善滅諸戲論，

　　我稽首禮佛，諸說中第一。

　　以此二偈贊佛，則已略說第一義。

　　問曰：諸法無量，何故但以此八事破？答曰：法雖無量，略說八事，則爲總破一切法。不生者，諸論師種種說生相，或謂因果一，或謂因果異，或謂因中先有果，或謂因中先無果，或謂自體生，或謂從他生，或謂共生，或謂有生，或謂無生。如是等說生相皆不然，此事後當廣說。生相決定不可得，故不生。不滅者，若無生何得有滅，以無生無滅故，餘六事亦無。

　　問曰：不生不滅已總破一切法，何故復說六事？答曰：爲成不生不滅義故。有人不受不生不滅，而信不常不斷，若深求不常不斷，即是不生不滅。何以故？法若實有則不應無，先有今無，是即爲斷。若先有性，是則爲常。是故說不常不斷，即入不生不滅義。有人雖聞四種破諸法，猶以四門成諸法，是亦不然！若一則無緣，若異則無相續，後當種種破，是故復說不一不異。有人雖聞六種破諸法，猶以來出成諸法。來者，言諸法從自在天、世性、微塵等來；出者，還去至本處。

　　復次，萬物無生，何以故？世間現見故，世間眼見劫初穀不生。何以故？離劫初穀，今穀不可得。若離劫初穀，有今穀者，則應有生。而實不爾，是故不生。

　　問曰：若不生則應滅？答曰：不滅。何以故？世間現見故。世間眼見劫初穀不滅，若滅今不應有穀，而實有穀。是故不滅。

　　問曰：若不滅則應常？答曰：不常。何以故？世間現見故。世間眼見萬物不常，如穀芽時種則變壞，是故不常。

　　問曰：若不常則應斷？答曰：不斷。何以故？世間現見故。世間眼見萬物不斷，如從穀有芽，是故不斷，若斷不應相續。

　　問曰：若爾者萬物是一？答曰：不一。何以故？世間現見故。世間眼見萬物不一,如穀不作芽,芽不作穀;若穀作芽,芽作穀者。應是一。而實不爾。是故不一。

問曰:若不一則應異?答曰:不異。何以故?世間現見故。世間眼見萬物不異。若異者,何故分別穀芽、穀莖、穀葉。不說樹芽、樹莖、樹葉、是故不異。

問曰:若不異應有來?答曰:無來。何以故?世間現見故。世間眼見萬物不來,如穀子中芽,無所從來。若來者,芽應從餘處來,如鳥來棲樹,而實不爾。是故不來。

問曰:若不來應有出?答曰:不出。何以故?世間現見故。世間眼見萬物不出,若有出,應見芽從穀出,如蛇從穴出。而實不爾,是故不出。

問曰:汝雖釋不生不滅義。我欲聞造論者所說。

答曰:

諸法不自生,亦不從他生,

不共不無因,是故知無生。

不自生者,萬物無有從自體生,必待衆因。復次,若從自體生,則一法有二體:一謂生,二謂生者。若離餘因,從自體生者,則無因無緣;又生更有生,生則無窮。自無故他亦無。何以故?有自故有他,若不從自生,亦不從他生。共生則有二過,自生他生故。若無因而有萬物者,是則爲常。是事不然!無因則無果。若無因有果者,佈施持戒等,應墮地獄,十惡五逆,應當生天,以無因故。

復次:

如諸法自性,不在於緣中,

以無自性故,他性亦復無。

諸法自性,不在衆緣中,但衆緣和合,故得名字。自性即是自體,衆緣中無自性。自性無故不自生,自性無故他性亦無。何以故?因自性有他性,他性於他亦是自性。若破自性,即破他性,是故不應從他性生。若破自性他性,即破共義,無因則有大過。有因尚可破,何況無因!於四句中,生不可得,是故不生。

問曰:阿毗曇人言,諸法從四緣生,云何言不生? 何謂四緣:

因緣次第緣,緣緣增上緣,

四緣生諸法,更無第五緣。

一切所有緣,皆攝在四緣,以是四緣,萬物得生。因緣,名一切有爲法;次第緣,除過去現在阿羅漢最後心心數法,餘過去現在心心數法;緣緣、增上緣一切法。

答曰:

果爲從緣生,爲從非緣生,

是緣爲有果,是緣爲無果。

若謂有果,是果爲從緣生? 爲從非緣? 若謂有緣,是緣爲有果? 爲無果? 二俱不然! 何以故?

因是法生果,是法名爲緣,

若是果未生,何不名非緣。

諸緣無決定。何以故? 若果未生。是時不名爲緣。但眼見從緣生果。故名之爲緣。緣成由於果。以果後緣先故。若未有果,何得名爲緣? 如瓶以水土和合,故有瓶生,見瓶緣知水土等是瓶緣。若瓶未生時,何以不名水土等爲非緣? 是故果不從緣生。緣尚不生,何況非緣!

復次:

果先於緣中,有無俱不可,

先無爲誰緣,先有何用緣。

緣中先非有果、非無果,若先有果,不名爲緣,果先有故;若先無果,亦不名爲緣,不生餘物故。

問曰:已總破一切因緣,今欲聞一一破諸緣。

答曰:

若果非有生,亦復非無生,

亦非有無生,何得言有緣。

若緣能生果,應有三種:若有、若無、若有無,如先偈中說。緣中若先有果,不應言生,以先有故;若先無果,不應言生,以先無故。亦應與非緣同故。有無亦不生者,有無名爲半有半無,二俱有過。又有與無相違,無與有相違,何得一法有二相！如是三種求果,生相不可得故,云何言有因緣！

次第緣者:

果若未生時,則不應有滅,

滅法何能緣,故無次第緣。

諸心心數法。於三世中次第生。現在心心數法滅。與未來心作次第緣;未來法未生;與誰作次第緣！若未來法已有即是生,何用次第緣！現在心心數法無有住時,若不住何能爲次第緣,若有住則非有爲法。何以故？一切有爲法,常有滅相故。若滅已則不能與作次第緣,若言滅法猶有則是常,若常則無罪福等。若謂滅時能與作次第緣,滅時半滅半未滅,更無第三法,名爲滅時。

又佛說,一切有爲法念念滅,無一念時住,云何言現在法有欲滅、未欲滅？汝謂一念中,無是欲滅、未欲滅,則破自法。汝《阿毗曇論》說:"有滅法,有不滅法;有欲滅法,有不欲滅法。"欲滅法者,現在法將欲滅;未欲滅法者,除現在將欲滅法,餘現在法及過去未來無爲法,是名不欲滅法,是故無次第緣。

緣緣者:

如諸佛所說,真實微妙法,

於此無緣法,云何有緣緣。

佛說大乘諸法,若有色無色,有形無形,有漏無漏,有爲無爲等諸法相,入於法性,一切皆空,無相無緣,譬如衆流入海,同爲一味。實法可信,隨宜所說,不可爲實,是故無緣緣。

增上緣者:

諸法無自性,故無有有相,

說有是事故,是事有不然。

經說十二因緣,是事有故是事有,此則不然。何以故？諸法從衆緣生故,自無定性。自無定性故,無有有相;有相無故,何得言是事有故是事有？是故無增上緣。

佛隨凡夫分別有無故說。

復次：

略廣因緣中，求果不可得，

因緣中若無，云何從緣出。

略者，於和合因緣中無果；廣者，於一一緣中亦無果。若略廣因緣中無果，云何言果從因緣出！

復次：

若謂緣無果，而從緣中出，

是果何不從，非緣中而出。

若因緣中，求果不可得，何故不從非緣出！如泥中無瓶，何故不從乳中出！

復次：

若果從緣生，是緣無自性，

從無自性生，何得從緣生。

果不從緣生，不從非緣生，

以果無有故，緣非緣亦無。

果從眾緣生，是緣無自性。若無自性則無法，無法何能生，是故果不從緣生。不從非緣生者，破緣故說非緣，實無非緣法，是故不從非緣生。若不從二生，是則無果，無果故緣非緣亦無。

## ～ 觀去來品第二 ～

問曰：世間眼見，三時有作，已去、未去、去時、以有作故、當知有諸法。

答曰：

已去無有去，未去亦無去，

離已去未去，去時亦無去。

已去無有去，已去故。若離去有去業，是事不然！未去亦無去，未有去法故。去時名半去、半未去。不離已去、未去故。

問曰：

動處則有去，此中有去時，

非已去未去，是故去時去。

隨有作業處，是中應有去。眼見去時中有作業，已去中作業已滅，未去中未有作業，是故當知去時有去。

答曰：

云何於去時，而當有去法，

若離於去法，去時不可得。

去時有去法，是事不然！何以故？離去法，去時不可得；若離去法，有去時者，應去時中有去，如器中有果。

復次：

若言去時去，是人則有咎，

離去有去時，去時獨去故。

若謂已去、未去中無去，去時實有去者，是人則有咎。若離去法有去時，則不相因待。何以故？若說去時有去，是則爲二。而實不爾，是故不得言離去有去時。

復次：

若去時有去，則有二種去，

一謂爲去時，二謂去時去。

若謂去時有去，是則有過。所謂有二去：一者，因去有去時，二者，去時中有去。

問曰：若有二去，有何咎？

答曰：

若有二去法，則有二去者，

以離於去者，去法不可得。

若有二去法，則有二去者。何以故？因去法有去者故，一人有二去。二去者，此則不然。是故去時亦無去。

問曰：離去者，無去法可爾！今三時中，定有去者。

答曰：

若離於去者，去法不可得，

以無去法故，何得有去者。

若離於去者，則去法不可得，今云何於無去法中，言三時定有去者！

復次：

去者則不去，不去者不去，

離去不去者，無第三去者。

無有去者，何以故？若有去者，則有二種：若去者若，不去者。若離是二，無第三去者。

問曰：若去者去，有何咎？

答曰：

若言去者去，云何有此義，

若離於去法，去者不可得。

若謂定有去者用去法，是事不然！何以故？離去法，去者不可得故。若離去者，定有去法，則去者能用去法，而實不爾！

復次：

若去者有去，則有二種去，

一謂去者去，二謂去法去。

若言去者用去法，則有二過，於一去者中，而有二去：一、以去法成去者，二、以去者成去法。去者成已，然後用去法，是事不然！是故先三時中，謂定有去者用去法，是事不然！

復次：

若謂去者去，是人則有咎，

離去有去者，說去者有去。

若人說去者能用去法，是人則有咎，離去法有去者。何以故？說去者用去法，是爲先有去者，後有去法，是事不然！是故三時中無有去者。

復次，若決定有去、有去者，應有初發。而於三時，求發不可得。何以故？

已去中無發，未去中無發，

去時中無發，何處當有發。

何以故三時中無發？

未發無去時，亦無有已去，

是二應有發，未去何有發。

無去無未去，亦復無去時，

一切無有發，何故而分別。

若人未發，則無去時，亦無已去。若有發，當在二處，去時、已去中。二俱不然！未去時，未有發故，未去中何有發！發無故無去，無去故無去者，何得有已去、未去、去時！

問曰：若無去、無去者，應有住、住者？

答曰：

去者則不住，不去者不住，

離去不去者，何有第三住。

若有住、有住者，應去者住，若不去者住。若離此二。應有第三住。是事不然！去者不住，去未息故，與去相違名為住。不去者亦不住，何以故？因去法滅故有住，無去則無住。離去者、不去者，更無第三住者。若有第三住者，即在去者、不去者中。以是故，不得言去者住。

復次：

去者若當住，云何有此義，

若當離於去，去者不可得。

汝謂去者住。是事不然！何以故？離去法，去者不可得；若去者在去相，云何當有住？去住相違故。

復次：

去未去無住，去時亦無住，

所有行止法，皆同於去義。

若謂去者住，是人應在去時、已去、未去中住。三處皆無住，是故汝言去者有住，是則不然！如破去法、住法，行止亦如是。行者，如從穀子相續至芽、莖、葉等;止者,穀子滅故芽、莖、葉滅。相續故名行,斷故名止。又如無明緣諸行,乃至老死是名行;無明滅故諸行等滅是名止。

問曰:汝雖種種門,破去去者,住住者,而眼見有去、住?

答曰:肉眼所見不可信,若實有去、去者,爲以一法成?爲以二法成?二俱有過!

何以故?

去法即去者,是事則不然,

去法異去者,是事亦不然。

若去法、去者一,是則不然。異亦不然。

問曰:一異有何過?

答曰:

若謂於去法,即爲是去者,

作者及作業,是事則爲一。

若謂於去法,有異於去者,

離去者有去,離去有去者。

如是二俱有過,何以故?若去法即是去者,是則錯亂,破於因緣。因去有去者,因去者有去。又去名爲法,去者名爲人,人常法無常。若一者則二俱應常,二俱無常,一中有如是等過。若異者則相違,未有去法,應有去者。未有去者,應有去法,不相因待,一法滅應一法在,異中有如是等過。

復次:

去去者是二,若一異法成,

二門俱不成,云何當有成。

若去者、去法有若,以一法成?若以異法成?二俱不可得。先已說,無第三法成,若謂有成,應說因緣,無去無去者,今當更說:

因去知去者,不能用是去,

先無有去法,故無去者去。

隨以何去法知去者。是去者不能用是去法。何以故?是去法未有時。無有去者。亦無去時已去未去。如先有人有城邑得有所起。去法去者則不然。去者因去法成。去法因去者成故。復次：

因去知去者，不能用異去，

於一去者中，不得二去故。

隨以何去法知去者。是去者不能用異去法。何以故？一去者中。二去法不可得故。

復次：

決定有去者，不能用三去，

不決定去者，亦不用三去。

去法定不定，去者不用三，

是故去去者，所去處皆無。

決定者名本實有，不因去法生。去法名身動，三種名未去、已去、去時。若決定有去者，離去法應有去者，不應有住，是故說決定有去者，不能用三去。若去者不決定，不決定名本實無。以因去法得名去者，以無去法故，不能用三去。因去法故有去者，若先無去法，則無去者，云何言不決定去者用三去？如去者，去法亦如是。

若先離去者，決定有去法，則不因去者有去法，是故去者不能用三去法。若決定無去法，去者何所用？如是思惟觀察，去法、去者、所去處，是法皆相因待。因去法有去者，因去者有去法，因是二法，則有可去處。不得言定有，不得言定無，是故決定知三法虛妄空無所有，但有假名，如幻如化。

## 觀六情品第三

問曰：經中說有六情。

所謂：

眼耳及鼻舌，身意等六情，

此眼等六情，行色等六塵。

此中眼爲内情,色爲外塵,眼能見色乃至意爲内情。法爲外塵,意能知法。

答曰:無也! 何以故?

是眼則不能,自見其己體,

若不能自見,云何見餘物。

是眼不能見自體。何以故? 如燈能自照亦能照他,眼若是見相,亦應自見,亦應見他。而實不爾! 是故偈中說:若眼不自見,何能見餘物?

問曰:眼雖不能自見,而能見他。如火能燒他,不能自燒。

答曰。

火喻則不能,成於眼見法,

去未去去時,已總答是事。

汝雖作火喻,不能成眼見法,是事《觀去來品》中已答。如已去中無去,未去中無去,去時中無去。如是已燒、未燒、燒時俱無有燒;如是已見、未見、見時,俱無見相。

復次:

見若未見時,則不名爲見,

而言見能見,是事則不然。

眼未對色,則不能見,爾時不名爲見。因對色名爲見,是故偈中說:未見時無見。云何以見能見!

復次,二處俱無見法。何以故?

見不能有見,非見亦不見,

若已破於見,則爲破見者。

見不能見,先已說過故:非見亦不見,無見相故。若無見相,云何能見? 見法無故,見者亦無。何以故? 若離見有見者,無目者亦應以餘情見;若以見見,則見中有見相。見者無見相,是故偈中說:若已破於見,則爲破見者。

復次:

離見不離見,見者不可得,

以無見者故,何有見可見。

若有見,見者則不成;若無見,見者亦不成。見者無故,云何有見、可見?若無見者,誰能用見法分別外色。是故偈中說:以無見者故,何有見可見。

復次:

見可見無故,識等四法無,

四取等諸緣,云何當得有。

見可見法無故,識觸受愛四法皆無。以無愛等故。四取等十二因緣分亦無。

復次:

耳鼻舌身意,聲及聞者等,

當知如是義,皆同於上說。

如見可見法空,屬眾緣故無決定。餘耳等五情,聲等五塵,當知亦同見可見法。義同故不別說。

## ～ 觀五陰品第四 ～

問曰:經說有五陰,是事云何。

答曰:

若離於色因,色則不可得,

若當離於色,色因不可得。

色因者,如布因縷。除縷則無布,除布則無縷。布如色,縷如因。

問曰:若離色因有色,有何過?

答曰:

離色因有色,是色則無因,

無因而有色,是事則不然。

如離縷有布,布則無因。無因而有法,世間所無有。

問曰:佛法、外道法、世間法中,皆有無因法。佛法有三無爲,無爲常故無因;外道法中虛空、時、方、識、微塵、涅槃等;世間法虛空、時、方等,是三法無處不有,故名爲常。常故無因,汝何以說無因法世間所無?

答曰:此無因法,但有言說,思惟分別則皆無。若法從因緣有,不應言無因;若無因緣,則如我說。

問曰:有二種因:一者作因,二者言說因。是無因法,無作因,但有言說因,令人知故。

答曰:雖有言說因,是事不然! 虛空如"六種"中破,餘事後當破。復次,現事尚皆可破,何況微塵等不可見法,是故說無因法世間所無。

問曰:若離色,有色因,有何過?

答曰:

若離色有因,則是無果因,

若言無果因,則無有是處。

若除色果,但有色因者,即是無果因。

問曰:若無果有因,有何咎?

答曰:無果有因,世間所無。何以故? 以果故名爲因,若無果云何名因! 復次,若因中無果者,物何以不從非因生! 是事如《觀因緣品》中說,是故無有無果因。

復次:

若已有色者,則不用色因,

若無有色者,亦不用色因。

二處有色因,是則不然。若先因中有色,不名爲色因;若先因中無色,亦不名爲色因。

問曰:若二處俱不然,但有無因色,有何咎?

答曰:

無因而有色,是事終不然,

是故有智者,不應分別色。

若因中有果,因中無果,此事尚不可,得何況無因有色。是故言:"無因而有色,是事終不然,是故有智者,不應分別色。"分別名凡夫,以無明愛染貪著色，然後以邪見生分別戲論，說因中有果、無果等。今此中求色不可得，是故智者不應分別。

復次：

若果似於因，是事則不然，

果若不似因，是事亦不然。

若果與因相似，是事不然，因細果粗故，因果色力等各異。如布似縷則不名布，縷多布一故。不得言因果相似。若因果不相似，是亦不然，如麻縷不成絹。粗縷無出細布，是故不得言，因果不相似。二義不然，故無色、無色因。

受陰及想陰，行陰識陰等，

其餘一切法，皆同於色陰。

四陰及一切法，亦應如是思惟破。又今造論者，欲讚美空義故，而說偈：

若人有問者，離空而欲答，

是則不成答，俱同於彼疑。

若人有難問，離空說其過，

是不成難問，俱同於彼疑。

若人論議時，各有所執。離於空義，而有問答者，皆不成問答，俱亦同疑。如人言瓶是無常，問者言何以故無常？答言從無常因生故，此不名答。何以故？因緣中亦疑，不知爲常、爲無常，是爲同彼所疑。

問者若欲說其過，不依於空，而說諸法無常，則不名問難。何以故？汝因無常，破我常；我亦因常，破汝無常。若實無常，則無業報，眼耳等諸法念念滅，亦無有分別。有如是等過，皆不成問難，同彼所疑。若依空破常者，則無有過。何以故？此人不取空相故，是故若欲問答，尚應依於空法，何況欲求，離苦寂滅相者！

## ∽ 觀六種品第五 ∽

問曰:六種各有定相,有定相故,則有六種。

答曰:

空相未有時,則無虛空法,

若先有虛空,即爲是無相。

若未有虛空相,先有虛空法者,虛空則無相。何以故?無色處名虛空相,色是作法無常。若色未生,未生則無滅。爾時無虛空相,因色故有無色處,無色處名虛空相。

問曰:若無相有虛空,有何咎?

答曰:

是無相之法,一切處無有,

於無相法中,相則無所相。

若於常、無常法中、求無相法不可得。如論者言、是有是無云何知,各有相故。生住滅是有爲相,無生住滅是無爲相。虛空若無相,則無虛空。若謂先無相,後相來相者,是亦不然!若先無相,則無法可相。

何以故?

有相無相中,相則無所住,

離有相無相,餘處亦不住。

如有峰有角,尾端有毛,頸下垂壺,是名牛相,離是相則無牛。若無牛是諸相無所住,是故說於無相法中,相則無所相。有相中相亦不住,先有相故,如水相中,火相不住。先有自相故。

復次,若無相中相住者,則爲無因。無因名爲無法而有相,相可相常相因待故。離有相、無相法,更無第三處可相。是故偈中說:離有相無相,餘處亦不住。

復次:

相法無有故,可相法亦無,

可相法無故,相法亦復無。

相無所住故,則無可相法;可相法無故,相法亦無,何以故?因相有可相,因可相有相,共相因待故。

是故今無相,亦無有可相,

離相可相已,更亦無有物。

於因緣中,本末推求,相可相決定不可得。是二不可得故,一切法皆無。一切法皆攝在相可相二法中,或相爲可相,或可相爲相。如火以煙爲相,煙亦復以火爲相。

問曰:若無有有,應當有無。

答曰:

若使無有有,云何當有無,

有無既已無,知有無者誰。

凡物若自壞,若爲他壞,名爲無。無不自有,從有而有,是故言若使無有有,云何當有無!眼見耳聞,尚不可得,何況無物!

問曰:以無有有,故無亦無,應當有"知有無者"?

答曰:若有知者,應在有中,應在無中?有無既破,知者亦同破。

是故知虛空,非有亦非無,

非相非可相,餘五同虛空。

如虛空種種,求相不可得。餘五種亦如是。

問曰:虛空不在初、不在後,何以先破?

答曰:地、水、火、風衆緣和合,故易破;識以苦樂因緣,故知無常變異,故易破。虛空無如是相,但凡夫悕望爲有,是故先破。復次,虛空能持四大,四大因緣有識,是故先破根本,餘者自破。

問曰:世間人盡見諸法,是有是無,汝何以獨與世間相違!言無所見?

答曰:

淺智見諸法,若有若無相,

是則不能見,滅見安隱法。

若人未得道,不見諸法實相,愛見因緣故,種種戲論。見法生時,謂之爲有,取相言有;見法滅時,謂之爲斷,取相言無。智者見諸法生,即滅無見;見諸法滅,即滅有見,是故於一切法雖有所見,皆如幻如夢。乃至無漏道見尚滅,何況餘見!是故若不見,滅見安隱法者,則見有、見無。

## 觀染染者品第六

問曰:經說貪欲、嗔恚、愚痴,是世間根本。貪欲有種種名,初名愛,次名著,次名染,次名淫欲,次名貪欲,有如是等名字。此是結使,依止衆生。衆生名染者,貪欲名染法。有染法染者故,則有貪欲。餘二亦如是,有嗔則有嗔者,有痴則有痴者,以此三毒因緣起三業,三業因緣起三界,是故有一切法。

答曰:經雖說有三毒名字,求實不可得。何以故?

若離於染法,先自有染者,

因是染欲者,應生於染法。

若無有染者,云何當有染,

若有若無染,染者亦如是。

若先定有染者,則不更須染,染者先已染故。若先定無染者,亦復不應起染,要當先有染者,然後起染。若先無染者,則無受染者。染法亦如是,若先離人定有染法,此則無因,云何得起!似如無薪火。若先定無染法,則無有染者。是故偈中說:若有若無染,染者亦如是。

問曰:若染法染者,先後相待生,是事不可得者,若一時生有何咎?

答曰:

染者及染法,俱成則不然,

染者染法俱,則無有相待。

若染法染者一時成,則不相待。不因染者有染法,不因染法有染者,是二應常,已無因成故。若常則多過,無有解脫法。

復次,今當以一異法,破染法染者。

何以故?

染者染法一，一法云何合，

染者染法異，異法云何合。

染法染者，若以一法合，若以異法合。若一則無合，何以故？一法云何自合，如指端不能自觸。若以異法合，是亦不可，何以故？以異成故。若各成竟，不須復合，雖合猶異。

復次，一異俱不可。何以故？

若一有合者，離伴應有合，

若異有合者，離伴亦應合。

若染染者一，強名爲合者，應離餘因緣，而有染染者。復次，若一亦不應有染染者二名。染是法，染者是人，若人法爲一，是則大亂。若染染者各異，而言合者，則不須餘因緣而有合。若異而合者，雖遠亦應合。

問曰：一不合可爾，眼見異法共合。

答曰：

若異而有合，染染者何事，

是二相先異，然後說合相。

若染染者，先有決定異相，而後合者，是則不合。何以故？是二相先已異，而後強說合。

復次：

若染及染者，先各成異相，

既已成異相，云何而言合。

若染染者，先各成別相，汝今何以強說合相！

復次：

異相無有成，是故汝欲合，

合相竟無成，而復說異相。

汝已染染者，異相不成，故復說合相，合相中有過。染染者不成，汝爲成合相，故復說異相。汝自已爲定，而所說不定。何以故？

異相不成故，合相則不成，

於何異相中，而欲說合相。

以此中染染者，異相不成故，合相亦不成。汝於何異相中，而欲說合相！

復次！

如是染染者，非合不合成，

諸法亦如是，非合不合成。

如染，恚、痴亦如是；如三毒，一切煩惱，一切法亦如是，非先非後，非合非散等因緣所成。

# 卷第二

## 觀三相品第七

問曰:經說有爲法,有三相生住滅,萬物以生法生,以住法住,以滅法滅,是故有諸法。

答曰:不爾! 何以故? 三相無決定故。是三相爲是有爲,能作有爲相? 爲是無爲,能作有爲相? 二俱不然!

何以故?

若生是有爲,則應有三相,

若生是無爲,何名有爲相。

若生是有爲,應有三相生住滅,是事不然! 何以故? 共相違故。相違者,生相應生法,住相應住法,滅相應滅法。若法生時,不應有住滅相違法。一時則不然,如明闇不俱。以是故,生不應是有爲法,住、滅相亦應如是。

問曰:生非有爲,若是無爲有何咎?

答曰:若生是無爲,云何能爲有爲法作相。何以故? 無爲法無性故。因滅有爲名無爲,是故說不生不滅,名無爲相。更無自相,是故無法,不能爲法作相。如兔角、龜毛等,不能爲法作相,是故生非無爲,住、滅亦如是。

復次:

三相若聚散,不能有所相,

云何於一處，一時有三相。

是生住滅相，若一一能爲有爲法作相，若和合能與有爲法作相，二俱不然。何以故？若謂一一者，於一處中或有有相，或有無相，生時無住滅，住時無生滅，滅時無生住。若和合者，共相違法，云何一時俱！若謂三相，更有三相者，是亦不然。

何以故？

若謂生住滅，更有有爲相，

是即爲無窮，無即非有爲。

若謂生住滅，更有有爲相，生更有生、有住、有滅，如是三相，復應更有相，若爾則無窮。若更無相，是三相則不名有爲法，亦不能爲有爲法作相。

問曰：汝說三相爲無窮，是事不然！生住滅雖是有爲，而非無窮。

何以故？

生生之所生，生於彼本生，

本生之所生，還生於生生。

法生時通自體，七法共生：一法，二生，三住，四滅，五生生，六住住，七滅滅。是七法中，本生除自體，能生六法，生生能生本生，本生能生生生。是故三相雖是有爲，而非無窮。

答曰：

若謂是生生，能生於本生，

生生從本生，何能生本生。

若是生生，能生本生者，是生生則不名從本生生。何以故？是生生從本生生，云何能生本生！

復次！

若謂是本生，能生於生生，

本生從彼生，何能生生生。

若謂本生，能生生生者，是本生不名從生生生。何以故？是本生從生生生，云何能生生生。生生法應生本生，而今生生不能生本生。生生未有自體，何能生本生。是故本生，不能生生生。

問曰：是生生生時，非先非後，能生本生。但生生生時，能生本生。

答曰：不然，何以故？

若生生生時，能生於本生，

生生尚未有，何能生本生。

若謂生生生時，能生本生可爾，而實未有。是故生生生時，不能生本生。

復次：

若本生生時，能生於生生，

本生尚未有，何能生生生。

若謂是本生生時，能生生生可爾。而實未有，是故本生生時，不能生生生。

問曰：

如燈能自照，亦能照於彼，

生法亦如是，自生亦生彼。

如燈入於闇室，能照諸物。亦能自照。生亦如是，能生於彼，亦能自生。

答曰：不然。何以故？

燈中自無闇，住處亦無闇，

破暗乃名照，無暗則無照。

燈體自無闇，明所及處亦無闇，明暗相違故。破暗故名照，無暗則無照，何得言燈自照亦照彼！

問曰：是燈非未生有照，亦非生已有照，但燈生時，能自照亦照彼。

答曰：

云何燈生時，而能破於闇，

此燈初生時，不能及於闇。

燈生時名半生、半未生，燈體未成就，云何能破闇！又燈不能及闇，如人得賊乃名爲破。若謂燈雖不到闇，而能破闇者，是亦不然。何以故？

燈若未及暗，而能破闇者，

燈在於此間,則破一切闇。

若燈有力,不到闇而能破者,此處燃燈,應破一切處闇,俱不及故。復次,燈不應自照照彼,何以故?

若燈能自照,亦能照於彼,

暗亦應自闇,亦能闇於彼。

若燈與闇相違故,能自照亦照於彼;闇與燈相違故,亦應自蔽蔽彼。若闇與燈相違,不能自蔽蔽彼;燈與闇相違,亦不應自照亦照彼。是故燈喻非也!

破生因緣未盡故,今當更說:

此生若未生,云何能自生,

若生已自生,生已何用生。

是生自生時,為生已生?為未生生?若未生生,則是無法,無法何能自生。若謂生已生,則為已成,不須復生。如已作不應更作。若已生、若未生,是二俱不生,故無生。汝先說生如燈,能自生亦生彼,是事不然!住、滅亦如是。

復次:

生非生已生,亦非未生生,

生時亦不生,去來中已答。

生名眾緣和合有生,已生中無作,故無生;未生中無作,故無生。生時亦不然!離生法,生時不可得;離生時,生法亦不可得。云何生時生?是事"去來"中已答。已生法不可生。何以故?生已復生,如是展轉,則為無窮。如作已復作。

復次,若生已更生者,以何生法生。是生相未生,而言生已生者,則自違所說。何以故?生相未生,而汝謂生。若未生謂生者,法或可生已而生,或可未生而生。汝先說生已生,是則不定。

復次,如燒已不應復燒,去已不應復去。如是等因緣故,生已不應生,未生法亦不生。何以故?法若未生,則不應與生緣和合;若不與生緣和合,則無法生。若法未與生緣和合而生者,應無作法而作,無去法而去,無染法而染，無恚法而恚，無痴法而痴。如是則皆破世間法，是故未生法不生。

復次，若未生法生者，世間未生法皆應生，一切凡夫未生菩提、今應生菩提不壞法；阿羅漢無有煩惱；今應生煩惱；兔等無角今皆應生；但是事不然！是故未生法亦不生。

問曰：未生法不生者，以未有緣、無作、無作者、無時、無方等，故不生。若有緣、有作、有作者、有時、有方等，和合故未生法生。是故若說一切未生法皆不生，是事不爾！

答曰：若法有緣、有時、有方等，和合則生者，先有亦不生，先無亦不生，有無亦不生，三種先已破。是故生已不生，未生亦不生，生時亦不生。何以故？已生分不生，未生分亦不生，如先答。

復次，若離生有生時者，應生時生。但離生無生時，是故生時亦不生。復次，若言生時生者，則有二生過：一以生故名生時，二以生時中生。二皆不然。無有二法，云何有二生，是故生時亦不生。復次，生法未發，則無生時，生時無故，生何所依。是故不得言生時生。

如是推求，生已無生，未生無生，生時無生。無生生，故生不成。生不成故住，住、滅亦不成；生住滅不成故，有爲法不成。是故偈中說：去、未去、去時中已答。

問曰：我不定言，生已生、未生生、生時生，但衆緣和合故有生。

答曰：汝雖有是說，此則不然。何以故？

若謂生時生，是事已不成，

云何衆緣合，爾時而得生。

生時生，已種種因緣破。汝今何以更說，衆緣和合故有生。若衆緣具足、不具足，皆與生同破。

復次：

若法衆緣生，即是寂滅性，

是故生生時，是二俱寂滅。

衆緣所生法無自性，故寂滅。寂滅名爲無此、無彼、無相，斷言語道，滅諸戲論。衆緣名如因縷有布,因蒲有席。若縷自有定相,不應從麻出;若布自有定相,不應從縷出。而實從縷有布,從麻有縷,是故縷亦無定性,布亦無定性。如燃可燃,因緣和合成,無有自性。可燃無故燃亦無,燃無故可燃亦無,一切法亦如是,是故從衆緣生法無自性。無自性故空,如野馬無實,是故偈中說:生與生時,二俱寂滅。不應說生時生。汝雖種種因緣欲成生相,皆是戲論非寂滅相。

問曰:定有三世別異,未來世法得生,因緣即生,何故言無生?

答曰:

若有未生法,說言有生者,

此法先已有,更復何用生。

若未來世中,有未生法而生。是法先已有,何用更生,有法不應更生。

問曰:未來雖有,非如現在相,以現在相,故說生。答曰:現在相未來中無,若無云何言,未來生法生。若有不名未來,應名現在。現在不應更生,二俱無生,故不生。

復次,汝謂生時生,亦能生彼。今當更說:

若言生時生,是能有所生,

何得更有生,而能生是生。

若生生時,能生彼。是生誰復能生?

若謂更有生,生生則無窮,

離生生有生,法皆能自生。

若生更有生,生則無窮。若是生更無生,而自生者,一切法亦皆能自生,而實不爾!

復次!

有法不應生,無亦不應生,

有無亦不生,此義先已說。

凡所有生,爲有法有生?爲無法有生?爲有無法有生?是皆不然!是事先已說。離此三事,更無有生,是故無生。

復次:

若諸法滅時,是時不應生,

法若不滅者,終無有是事。

若法滅相,是法不應生,何以故?二相相違故,一是滅相,知法是滅;一是生相,知法是生。二相相違法,一時則不然,是故滅相法不應生。

問曰:若滅相法不應生,不滅相法應生?答曰:一切有爲法,念念滅故。無不滅法,離有爲無有決定無爲法。無爲法但有名字,是故說不滅法,終無有是事。

問曰:若法無生應有住。

答曰:

不住法不住,住法亦不住,

住時亦不住,無生云何住。

住法亦不住,何以故?已有住故。因去故有住,若住法先有,不應更住。不住法不住,無住相故。住時亦不住,離住不住,更無住時。是故住時,亦不住。如是一切處,求住不可得故,即是無生。若無生云何有住?

復次:

若諸法滅時,是則不應住,

法若不滅者,終無有是事。

若法滅相欲滅,是法無有住相。何以故?一法中有二相,相違故。一是滅相,二是住相。一時一處有住滅相,是事不然!是故不得言,滅相法有住。問曰:若法不滅應有住?答曰:無有不滅法。何以故?

所有一切法,皆是老死相,

終不見有法,離老死有住。

一切法生時,無常常隨逐,無常有二名,老及死。如是一切法常有老死,故無住時。

復次:

住不自相住,亦不異相住,

如生不自生,亦不異相生。

若有住法,爲自相住,爲他相住?二俱不然。若自相住,則爲是常,一切有爲法,從衆緣生。若住法自住,則不名有爲。住若自相住,法亦應自相住。如眼不能自見,住亦如是。若異相住則,住更有住,是則無窮。

復次,見異法生異相,不得不因異法而有異相。異相不定故,因異相而住者,是事不然。

問曰:若無住應有滅?答曰:無。何以故?

法已滅不滅,未滅亦不滅,

滅時亦不滅,無生何有滅。

若法已滅則不滅,以先滅故;未滅亦不滅,離滅相故;滅時亦不滅,離二更無滅時。如是推求,滅法即是無生,無生何有滅。

復次:

法若有住者,是則不應滅,

法若不住者,是亦不應滅。

若法定住,則無有滅,何以故?由有住相故,若住法滅,則有二相,住相、滅相。是故不得言,住中有滅,如生死不得一時有。若法不住,亦無有滅,何以故?離住相故,若離住相則無法,無法云何滅?

復次:

是法於是時,不於是時滅,

是法於異時,不於異時滅。

若法有滅相,是法爲自相滅,爲異相滅?二俱不然,何以故?如乳不於乳時滅,隨有乳時,乳相定住故。非乳時亦不滅,若非乳不得言乳滅。

復次:

如一切諸法,生相不可得,

以無生相故,即亦無滅相。

如先推求,一切法生相不可得。爾時即無滅相,破生故無生,無生云何有滅?若汝意猶未已,今當更說破滅因緣。

若法是有者,是即無有滅,

不應於一法,而有有無相。

諸法有時,推求滅相不可得,何以故?云何一法中,亦有亦無相,如光影不同處。

復次:

若法是無者,是即無有滅,

譬如第二頭,無故不可斷。

法若無者,則無滅相,如第二頭、第三手,無故不可斷。

復次:

法不自相滅,他相亦不滅,

如自相不生,他相亦不生。

如先說生相,生不自生,亦不從他生。若以自體生,是則不然。一切物皆從眾緣生,如指端不能自觸,如是生不能自生。從他生亦不然,何以故?生未有故,不應從他生。是生無生,故無自體,自體無故他亦無,是故從他生亦不然!滅法亦如是,不自相滅,不他相滅。

復次:

生住滅不成,故無有有爲,

有爲法無故,何得有無爲。

汝先說,有生住滅相,故有有爲,以有有爲,故有無爲。今以理推求,三相不可得,云何得有有爲。如先說,無有無相法,有爲法無故,何得有無爲。無爲相名不生、不住、不滅,止有爲相,故名無爲相。無爲自無別相,因是三相,有無爲相。如火爲熱相,地爲堅相,水爲冷相。無爲則不然。

問曰:若是生住滅畢竟無者,云何論中得說名字?答曰:

如幻亦如夢,如乾闥婆城,

所說生住滅,其相亦如是。

生住滅相,無有決定,凡人貪著,謂有決定,諸賢聖憐愍,欲止其顛倒,還以其所著名字爲說,語言雖同,其心則異。如是說生住滅相,不應有難,如幻化所作,不應責其所由,不應於中有憂喜想,但應眼見而已。如夢中所見,不應求實,如乾闥婆城,日出時現,而無有實。但假爲名字,不久則滅。生住滅亦如是,凡夫分別爲有,智者推求,則不可得。

## ～ 觀作作者品第八 ～

問曰：現有作、有作者、有所用作法，三事和合，故有果報，是故應有作者作業。

答曰：上來品品中，破一切法，皆無有餘，如破三相。三相無故，無有有爲；有爲無故，無無爲；有爲無爲無故，一切法盡無，作、作者若是有爲，有爲中已破；若是無爲，無爲中已破，不應復問。汝著心深故，而復更問。今當復說：

決定有作者，不作決定業，

決定無作者，不作無定業。

若先定有作者，定有作業，則不應作。若先定無作者，定無作業，亦不應作。何以故？

決定業無作，是業無作者，

定作者無作，作者亦無業。

若先決定有作業，不應更有作者。又離作者，應有作業，但是事不然。若先決定有作者，不應更有作業。又離作業，應有作者，但是事不然。是故決定作者，決定作業，不應有作；不決定作者，不決定作業，亦不應有作。何以故？本來無故。有作者、有作業，尚不能作，何況無作者，無作業！

復次：

若定有作者，亦定有作業，

作者及作業，即墮於無因。

若先定有作者，定有作業，汝謂作者有作，即爲無因。離作業有作者，離作者有作業，則不從因緣有。

問曰：若不從因緣，有作者、有作業，有何咎？

答曰：

若墮於無因，則無因無果，

無作無作者，無所用作法。

若無作等法，則無有罪福，

罪福等無故，罪福報亦無。

若無罪福報，亦無有涅槃，

諸可有所作，皆空無有果。

若墮於無因，一切法則無因無果。能生法名爲因，所生法名爲果，是二即無。是二無故，無作、無作者，亦無所用作法，亦無罪福。罪福無故，亦無罪福果報及涅槃道，是故不得從無因生。

問曰：若作者不定，而作不定業，有何咎？

答曰：一事無尚不能起作業，何況二事都無？譬如化人以虛空爲舍，但有言說，而無作者、無作業。

問曰：若無作者、無作業，不能有所作。今有作者、有作業，應有作。

答曰：

作者定不定，不能作二業，

有無相違故，一處則無二。

作者定、不定，不能作定、不定業。何以故？有無相違故。一處不應有二，有是決定，無是不決定。一人一事，云何有有無？

復次：

有不能作無，無不能作有，

若有作作者，其過如先說。

若有作者而無業，何能有所作。若無作者而有業，亦不能有所作。何以故？如先說有中，若先有業，作者復何所作！若先無業，云何可得作！如是則破罪福等因緣果報。是故偈中說：有不能作無，無不能作有，若有作作者。其過如先說。

復次：

作者不作定，亦不作不定，

及定不定業，其過如先說。

定業已破，不定業亦破，定不定業亦破。今欲一時總破，故說是偈。是故作者，不能作三種業。今三種作者，亦不能作業。

何以故？

作者定不定，亦定亦不定，

不能作於業，其過如先說。

作者定不定，亦定亦不定，不能作於業。何以故？如先三種過因緣。此中應說，如是一切處，求作者、作業，皆不可得。

問曰：若言無作、無作者，則復墮無因？

答曰：是業從衆緣生，假名爲有，無有決定，不如汝所說。

何以故？

因業有作者，因作者有業，

成業義如是，更無有餘事。

業先無決定，因人起業，因業有作者。作者亦無決定，因有作業，名爲作者，二事和合故，得成作作者。若從和合生，則無自性，無自性故空，空則無所生。但隨凡夫憶想分別故，說有作業、有作者。第一義中，無作業、無作者。

復次：

如破作作者，受受者亦爾，

及一切諸法，亦應如是破。

如作、作者，不得相離，不相離故不決定。無決定故無自性，受、受者亦如是。受名五陰身，受者是人。如是離人無五陰，離五陰無人，但從衆緣生，如受、受者，餘一切法，亦應如是破。

## ～ 觀本住品第九 ～

問曰：有人言：

眼耳等諸根，苦樂等諸法，

誰有如是事，是則名本住。

若無有本住，誰有眼等法，

以是故當知，先已有本住。

眼、耳、鼻、舌、身、命等諸根，名爲眼、耳等根。苦受、樂受、不苦不樂受、想、思、憶念等，心、心數法，名爲苦、樂等法。有論師言：先未有眼等法，應有本住。因是本住，眼等諸根得增長。若無本住，身及眼等諸根，爲因何生而得增長。

答曰：

若離眼等根及，苦樂等法，

先有本住者，以何而可知。

若離眼、耳等根，苦、樂等法，先有本住者，以何可說？以何可知？如外法瓶、衣等，以眼等根得知，内法以苦、樂等根得知。如經中說：可壞是色相，能受是受相，能識是識相。汝說離眼、耳、苦、樂等，先有本住者，以何可知，說有是法？

問曰：有論師言，出、入、息、視、眴、壽命、思惟、苦、樂、憎、愛、動、發等是神相，若無有神，云何有出、入息等相？是故當知。離眼、耳等根苦樂等法，先有本住。

答曰：是神若有，應在身内，如壁中有柱；若在身外，如人被鎧。若在身内，身則不可壞，神常在内故。是故言神在身内，但有言說，虛妄無實。若在身外，覆身如鎧者，身應不可見，神細密覆故，亦應不可壞。而今實見身壞，是故當知，離苦、樂等，先無餘法。若謂斷臂時，神縮在内不可斷者，斷頭時亦應縮在内不應死。而實有死，是故知，離苦、樂等先有神者，但有言說，虛妄無實。

復次，若言身大則神大，身小則神小，如燈大則明大，燈小則明小者，如是神則隨身不應常。若隨身者，身無則神無，如燈滅則明滅。若神無常，則與眼、耳、苦、樂等同。是故當知，離眼、耳等先無別神。

復次，如風狂病人，不得自在，不應作而作。若有神，是諸作主者，云何言不得自在？若風狂病不惱神者，應離神別有所作。如是種種推求，離眼、耳等根苦、樂等法。先無本住。若必謂離眼、耳等根，苦、樂等法，有本住者，無有是事。

何以故？

若離眼耳等，而有本住者，

亦應離本住，而有眼耳等。

若本住離眼、耳等根，苦、樂等法先有者、今眼、耳等根，苦、樂等法，亦應離本住而有。

問曰：二事相離可爾，但使有本住。

答曰：

以法知有人，以人知有法，

離法何有人，離人何有法。

法者，眼、耳、苦、樂等；人者，是本住。汝謂以有法，故知有人，以有人故知有法。今離眼、耳等法，何有人？ 離人何有眼耳等法？

復次：

一切眼等根，實無有本住，

眼耳等諸根，異相而分別。

眼耳等諸根，苦樂等諸法，實無有本住。因眼緣色生眼識，以和合因緣，知有眼耳等諸根，不以本住故知。是故偈中說：一切眼等根，實無有本住，眼耳等諸根，異相而分別。

問曰：

若眼等諸根，無有本住者，

眼等一一根，云何能知塵。

若一切眼耳等諸根，苦樂等諸法，無本住者。今一一根，云何能知塵？眼耳等諸根，無思惟，不應有知，而實知塵。當知離眼耳等諸根，更有能知塵者。

答曰：若爾者，爲一一根中各有知者？ 爲一知者在諸根中？ 二俱有過。何以故？

見者即聞者，聞者即受者，

如是等諸根，則應有本住。

若見者即是聞者，聞者即是受者，則是一神。如是眼等諸根，應先有本住。色、聲、香等，無有定知者，或可以眼聞聲。如人有六向，隨意見聞。

若聞者。見者是一。於眼等根,隨意見聞。但是事不然!

　　若見聞各異,受者亦各異,

　　見時亦應聞,如是則神多。

　　若見者、聞者、受者各異,則見時亦應聞。何以故?離見者有聞者故。如是鼻、舌、身中,神應一時行。若爾者,人一而神多,以一切根一時知諸塵。而實不爾,是故見者、聞者、受者。不應俱用。

　　復次:

　　眼耳等諸根,苦樂等諸法,

　　所從生諸大,彼大亦無神。

　　若人言,離眼耳等諸根,苦樂等諸法,別有本住,是事已破。今於眼耳等所因四大,是四大中亦無本住。

　　問曰:若眼耳等諸根,苦樂等諸法,無有本住。可爾,眼耳等諸根,苦樂等諸法應有。

　　答曰:

　　若眼耳等根,苦樂等諸法,

　　無有本住者,眼等亦應無。

　　若眼、耳、苦、樂等諸法,無有本住者,誰有此眼耳等?何緣而有?是故眼耳等亦無。

　　復次:

　　眼等無本住,今後亦復無,

　　以三世無故,無有無分別。

　　思惟推求,本住於眼等,先無今後亦無。若三世無,即是無生寂滅,不應有難。若無本住,云何有眼等?如是問答,戲論則滅;戲論滅故,諸法則空。

## 〜〜〜 觀燃可燃品第十 〜〜〜

　　問曰:應有受受者,如燃可燃。燃是受者,可燃是受,所謂五陰。

答曰:是事不然,何以故? 燃可燃俱不成故。燃、可燃,若以一法成? 若以二法成? 二俱不成。

問曰:且置一異法,若言無燃可燃,今云何以一異相破,如兔角龜毛,無故不可破。世間眼見實有事,而後可思惟,如有金,然後可燒、可鍛。若無燃可燃,不應以一異法思惟。若汝許有一異法,當知有燃可燃。若許有者,則爲已有。

答曰:隨世俗法言說,不應有過。燃可燃若說一、若說異,不名爲受。若離世俗言說,則無所論。若不說燃可燃,云何能有所破。若無所說,則義不可明。如有論者,破破有無,必應言有無,不以稱有無故,而受有無,是以隨世間言說,無咎。若口有言,便是受者,汝言破即爲自破。燃可燃亦如是,雖有言說,亦復不受,是故以一異法,思惟燃可燃,二俱不成。何以故?

若燃是可燃,作作者則一,

若燃異可燃,離可燃有燃。

燃是火,可燃是薪;作者是人,作是業。若燃、可燃一,則作、作者亦應一。若作、作者一,則陶師與瓶一。作者是陶師,作是瓶。陶師非瓶,瓶非陶師,云何爲一! 是以作、作者不一故,燃、可燃亦不一。

若謂一不可則應異,是亦不然,何以故? 若燃與可燃異,應離可燃別有燃,分別是可燃、是燃,處處離可燃應有燃,而實不爾。是故異亦不可得。

復次:

如是常應燃,不因可燃生,

則無燃火功,亦名無作火。

若燃、可燃異,則燃不待可燃而常燃。若常燃者,則自住其體,不待因緣,人功則空。人功者,將護火令燃,是功現有,是故知火不異可燃。

復次,若燃異可燃,燃即無作,離可燃,火何所然? 若爾者,火則無作。無作火,無有是事。

問曰:云何火不從因緣生? 人功亦空?

答曰：

燃不待可燃，則不從緣生，

火若常燃者，人功則應空。

燃、可燃若異，則不待可燃有燃。若不待可燃有然，則無相因法，是故不從因緣生。

復次，若燃異可燃，則應常燃。若常燃者，應離可燃，別見有燃，更不須人功。何以故？

若汝謂燃時，名爲可燃者，

爾時但有薪，何物燃可燃。

若謂先有薪，燒時名可燃者，是事不爾！若離燃，別有可燃者，云何言燃時名可燃？

復次：

若異則不至，不至則不燒，

不燒則不滅，不滅則常住。

若燃異可燃，則燃不應至可燃。何以故？不相待成故。若燃不相待成，則自住其體，何用可燃，是故不至。若不至則不燃可燃，何以故？無有不至，而能燒故。若不燒則無滅，應常住自相。是事不爾！

問曰：

燃與可燃異，而能至可燃，

如此至彼人，彼人至此人。

燃與可燃異，而能至可燃，如男至於女，如女至於男。

答曰：

若謂燃可燃，二俱相離者，

如是燃則能，至於彼可燃。

若離燃有可燃，若離可燃有燃，各自成者，如是則應燃至可燃，而實不爾。何以故？離燃無可燃，離可燃無燃故。今離男有女，離女有男，是故汝喻非也！喻不成故，燃不至可燃。

問曰：燃可燃相待而有，因可燃有燃，因燃有可燃，二法相待成。

答曰：

若因可燃燃，因燃有可燃，

先定有何法，而有燃可燃。

若因可燃而燃成，亦應因燃可燃成。是中若先定有可燃，則因可燃而燃成；若先定有燃，則因燃可燃成。今若因可燃，而燃成者，則先有可燃，而後有燃，不應待燃，而有可燃。何以故？可燃在先，燃在後故。若燃不燃可燃，是則可燃不成；又可燃不在餘處，離於燃故。若可燃不成，燃亦不成。若先燃後有可燃，燃亦有如是過。是故燃可燃，二俱不成。

復次：

若因可燃燃，則燃成復成，

是爲可燃中，則爲無有燃。

若欲因可燃而成燃，則燃成已復成。何以故？燃自住於燃中。若燃不自住其體，從可燃成者，無有是事。是故有是燃，從可燃成，今則燃成復成，有如是過。復有可燃無燃過，何以故？可燃離燃，自住其體故。是故燃可燃相因待，無有是事。

復次：

若法因待成，是法還成待，

今則無因待，亦無所成法。

若法因待成，是法還成本因待。如是決定，則無二事。如因可燃而成燃，還因於燃而成可燃，是則二俱無定。無定故不可得。何以故？

若法有待成，未成云何待，

若成已有待，成已何用待。

若法因待成，是法先未成，未成則無，無則云何有因待？若是法先已成已成，何用因待！是二俱不相因待，是故汝先說，燃、可燃相因待成，無有是事。

是故：

因可燃無燃，不因亦無燃，

因燃無可燃，不因無可燃。

今因待可燃，燃不成；不因待可燃，燃亦不成。可燃亦如是。因燃不因燃，二俱不成，是過先已說。

復次：

燃不餘處來，燃處亦無燃，

可燃亦如是，餘如去來說。

燃不於餘方來入可燃中，可燃中亦無燃，析薪求燃不可得故。可燃亦如是，不從餘處來入燃中，燃中亦無可燃。如燃已不燃，未燃不燃，燃時不燃，是義如去來中說。

是故：

可燃即非然，離可燃無燃，

燃無有可燃，燃中無可燃。

可燃中無燃，可燃不燃。何以故？先已說，作、作者一過故。離可燃無燃，有常燃等過故。燃無有可燃，燃中無可燃，可燃中無燃，以有異過故，三皆不成。

問曰：何故說燃、可燃？

答曰：如因可燃有燃。如是因受有受者。受名五陰。受者名人。燃可燃不成故受受者亦不成。何以故？

以燃可燃法，說受受者法，

及以說瓶衣，一切等諸法。

如可燃非燃，如是受非受者，作、作者一過故。又離受無受者，異不可得故。以異過故，三皆不成。如受、受者外，瓶、衣等一切法，皆同上說，無生畢竟空。

是故：

若人說有我，諸法各異相，

當知如是人，不得佛法味。

諸法從本已來無生，畢竟寂滅相，是故“品末”說是偈。若人說我相，如犢子部眾說：不得言色即是我，不得言離色是我，我在第五不可說藏中。如薩婆多部眾說：諸法各各相，是善是不善，是無記，是有漏無漏、有為無爲等別異。如是等人，不得諸法寂滅相，以佛語作種種戲論。

## ～～ 觀本際品第十一 ～～

問曰：《無本際經》說："衆生往來生死，本際不可得。"是中說有衆生有生死，以何因緣故而作是說？

答曰：

大聖之所說，本際不可得，

生死無有始，亦復無有終。

聖人有三種：一者，外道五神通，二者，阿羅漢辟支佛，三者，得神通大菩薩。佛於三種中最上，故言大聖。佛所言說，無不是實。說生死無始，何以故？生死初後不可得，是故言無始。汝謂若無初後，應有中者，是亦不然！何以故？

若無有始終，中當云何有，

是故於此中，先後共亦無。

因中、後故有初，因初、中故有後。若無初無後，云何有中？生死中無初、中、後，是故說先後共不可得。

何以故？

若使先有生，後有老死者，

不老死有生，不生有老死。

若先有老死，而後有生者，

是則爲無因，不生有老死。

生死衆生，若先生漸有老，而後有死者，則生無老死。法應生有老死，老死有生。又不老死而生，是亦不然！又不因生有老死，若先老死後生，老死則無因。生在後故；又不生何有老死。若謂生老死，先後不可得。謂一時成者，是亦有過。

何以故？

生及於老死，不得一時共，

生時則有死,是二俱無因。

若生老死,一時則不然,何以故?生時即有死故。法應生時有、死時無,若生時有死,是事不然! 若一時生,則無有相因,如牛角一時出,則不相因。

是故!

若使初後共,是皆不然者,

何故而戲論,謂有生老死。

思惟生、老、死,三皆有過故,即無生畢竟空。而今何故貪著戲論生老死,謂有決定相?

復次:

諸所有因果,相及可相法,

受及受者等,所有一切法。

非但於生死,本際不可得,

如是一切法,本際皆亦無。

一切法者,所謂:因果、相可相、受及受者等、皆無本際。非但生死無本際,以略開示故,說生死無本際。

## ～～ 觀苦品第十二 ～～

有人說曰:

自作及他作,共作無因作,

如是說諸苦,於果則不然。

有人言:苦惱自作,或言他作,或言亦自作亦他作,或言無因作,於果皆不然。於果皆不然者,眾生以眾緣致苦,。厭苦欲求滅,不知苦惱實因緣。有四種謬,是故說於果皆不然。

何以故?

苦若自作者,則不從緣生,

因有此陰故,而有彼陰生。

　　若苦自作,則不從眾緣生,自名從自性生,是事不然!何以故?因前五陰,有後五陰生,是故苦不得自作。

　　問曰:若言此五陰作彼五陰者,則是他作。

　　答曰:是事不然!何以故?

　　若謂此五陰,異彼五陰者,

　　如是則應言,從他而作苦。

　　若此五陰與彼五陰異,彼五陰與此五陰異者,應從他作。如縷與布異者,應離縷有布;若離縷無布者,則布不異縷。如是彼五陰異此五陰者,則應離此五陰,有彼五陰;若離此五陰,無彼五陰者,則此五陰,不異彼五陰。是故不應言苦從他作。

　　問曰:自作者是人,人自作苦自受苦。

　　答曰:

　　若人自作苦,離苦何有人,

　　而謂於彼人,而能自作苦。

　　若謂人自作苦者,離五陰苦,何處別有人,而能自作苦。應說是人,而不可說,是故苦非人自作。若謂人不自作苦,他人作苦與此人者。是亦不然!

　　何以故?

　　若苦他人作,而與此人者,

　　若當離於苦,何有此人受。

　　若他人作苦,與此人者,離五陰無有此人受。

　　復次:

　　苦若彼人作,持與此人者,

　　離苦何有人,而能授於此。

　　若謂彼人作苦,授與此人者,離五陰苦,何有彼人作苦,持與此人?若有者應說其相。

　　復次:

　　自作若不成,云何彼作苦,

若彼人作苦,即亦名自作。

種種因緣,彼自作苦不成,而言他作苦,是亦不然!何以故?此彼相待故。若彼作苦於彼,亦名自作苦,自作苦先已破。汝受自作苦不成故,他作亦不成。

復次:

苦不名自作,法不自作法,

彼無有自體,何有彼作苦。

自作苦不然,何以故?如刀不能自割,如是法不能自作法,是故不能自作。他作亦不然!何以故?離苦無彼自性。若離苦有彼自性者,應言彼作苦,彼亦即是苦,云何苦自作苦!

問曰:若自作他作不然。應有共作?

答曰:

若此彼苦成,應有共作苦,

此彼尚無作,何況無因作。

自作、他作,猶尚有過,何況無因作。無因多過,如《破作作者品》中說。

復次:

非但說於苦,四種義不成,

一切外萬物,四義亦不成。

佛法中雖說,五受陰為苦,有外道人謂,苦受為苦。是故說,不但說於苦,四種義不成,外萬物地、水、山、木等,一切法皆亦不成。

## 觀行品第十三

問曰:

如佛經所說,虛誑妄取相,

諸行妄取故,是名為虛誑。

佛經中說,虛誑者,即是妄取相。第一實者,所謂涅槃,非妄取相。以是經說故,當知有諸行,虛誑妄取相。

答曰:

虛誑妄取者,是中何所取,

佛說如是事,欲以示空義。

若妄取相法,即是虛誑者,是諸行中爲何所取?佛如是說,當知說空義。

問曰:云何知一切諸行皆是空一?

答曰:一切諸行虛妄相故空。諸行生滅不住,無自性故空;諸行名五陰,從行生故。是五陰皆虛妄無有定相,何以故?如嬰兒時色,非匍匐時色;匍匐時色,非行時色;行時色,非童子時色;童子時色,非壯年時色;壯年時色,非老年時色。如色念念不住故,分別決定性不可得。嬰兒色爲即是匍匐色,乃至老年色爲異,二俱有過。何以故?若嬰兒色即是匍匐色,乃至老年色者,如是則是一色,皆爲嬰兒,無有匍匐,乃至老年。又如泥團,常是泥團,終不作瓶,何以故?色常定故。若嬰兒色異匍匐色者,則嬰兒不作匍匐,匍匐不作嬰兒,何以故?二色異故。如是童子、少年、壯年、老年色不應相續,有失親屬法,無父無子。若爾者,唯有嬰兒應得父,餘則匍匐乃至老年不應有分,是故二俱有過。

問曰:色雖不定,嬰兒色滅已相續更生,乃至老年色,無有如上過。

答曰:嬰兒色相續生者,爲滅已相續生?爲不滅相續生?若嬰兒色滅,云何有相續?以無因故。如雖有薪可燃,火滅故無有相續。若嬰兒色不滅,而相續者,則嬰兒色不滅,常住本相,亦無相續。

問曰:我不說滅不滅故相續生,但說不住相似生,故言相續生。

答曰:若爾者,則有定色而更生。如是應有千萬種色,但是事不然!如是亦無相續。如是一切處,求色無有定相,但以世俗言說故有。如芭蕉樹求實不可得,但有皮葉。如是智者求色相念念滅,更無實色可得,不住色形、色相,相似次第生,難可分別。如燈炎分別定色不可得,從是定色更有色生不可得,是故色無性故空,但以世俗言說故有。

受亦如是。智者種種觀察,次第相似故,生滅難可別知。如水流相續但以覺故,說三受在身,是故當知受同色說。想因名相生,若離名相則不生,是故佛說分別知名字相,故名爲想。非決定先有,從衆緣生無定性,無定性故,如影隨形。因形有影,無形則無影,影無決定性;若定有者,離形應有影,而實不爾!是故從衆緣生,無自性故不可得。

想亦如是,但因外名相,以世俗言說故有。識因色、聲、香、味、觸等,眼、耳、鼻、舌、身等生,以眼等諸根別異故,識有別異。是識爲在色、爲在眼、爲在中間? 無有決定,但生已識塵。識此人、識彼人,知此人識爲即是,知彼人識爲異,是二難可分別。如眼識、耳識亦難可分別。以難分別故,或言一、或言異,無有決定,分別從衆緣生故。眼等分別故,空無自性,如技人含一珠,出已復示人則生疑,爲是本珠? 爲更有異? 識亦如是,生已更生,爲是本識? 爲是異識? 是故當知,識不住故無自性,虛誑如幻。

諸行亦如是。諸行者身、口、意、行有二種,淨、不淨。何等爲不淨?惱衆生貪著等名不淨;不惱衆生實語,不貪著等名淨。或增或減。淨行者,在人中、欲天、色天、無色、天受果報已則減,還作故名增。不淨行者亦如是,在地獄、畜生、餓鬼、阿修羅中受果報已則減,還作故名增。是故諸行有增有減故不住。如人有病,隨宜將適,病則除愈。不將適,病則還集。諸行亦如是,有增有減,故不決定,但以世俗言說故有,因世諦故得見第一義諦。

所謂無明緣諸行,從諸行有識著,識著故有名色,從名色有六入,從六入有觸,從觸有受,從受有愛,從愛有取,從取有有,從有有生,從生有老死,憂悲苦惱,恩愛別苦,怨憎會苦等。如是諸苦皆以行爲本,佛以世諦故說。

若得第一義諦,生真智慧者,則無明息。無明息故,諸行亦不集,諸行不集故,見諦所斷,身見、疑、戒取等斷,及思惟所斷。貪、恚、色染、無色染、調戲、無明亦斷,以是斷故,一一分滅。所謂無明、諸行、識、名色、六入、觸、受、愛、取、有、生、老死,憂悲苦惱,恩愛別苦,怨憎會苦等皆滅。以是滅故,五陰身畢竟滅,更無有餘,唯但有空。是故佛欲示空義故,說諸行虛誑。

復次,諸法無性故虛誑,虛誑故空。

如偈說:

諸法有異故,知皆是無性,

無性法亦無,一切法空故。

諸法無有性,何以故?諸法雖生,不住自性,是故無性。如嬰兒定住自性者,終不作匍匐乃至老年。而嬰兒次第相續有異相現,匍匐乃至老年,是故說見諸法異相,故知無性。

問曰:若諸法異相無性,即有無性法,有何咎?

答曰:若無性云何有法!云何有相!何以故?無有根本故,但爲破性,故說無性。是無性法若有者,不名一切法空;若一切法空,云何有無性法。

問曰:

諸法若無性,云何說嬰兒,

乃至於老年,而有種種異。

諸法若無性,則無有異相。而汝說有異相,是故有諸法性;若無諸法性,云何有異相?

答曰:

若諸法有性,云何而得異,

若諸法無性,云何而有異。

若諸法決定有性,云何可得異?性名決定,有不可變異,如真金不可變。又如闇性不變爲明,明性不變爲闇。

復次:

是法則無異,異法亦無異,

如壯不作老,老亦不作壯。

若法有異者,則應有異相。爲即是法異?爲異法異?是二不然。若是法異,則老應作老,而老實不作老;若異法異者,老與壯異,壯應作老,而壯實不作老,二俱有過。

問曰:若法即異,有何咎?如今眼見年少經日月歲數則老。

答曰：

若是法即異，乳應即是酪，

離乳有何法，而能作於酪。

若是法即異者，乳應即是酪，更不須因緣，是事不然！何以故？乳與酪有種種異故，乳不即是酪，是故法不即異。若謂異法爲異者，是亦不然！離乳更有何物爲酪？如是思惟，是法不異，異法亦不異，是故不應偏有所執。

問曰：破是破異，猶有空在，空即是法。

答曰：

若有不空法，則應有空法，

實無不空法，何得有空法。

若有不空法相因故，應有空法。而上來種種因緣破不空法，不空法無故，則無相待，無相待故，何有空法？

問曰：汝說不空法無故，空法亦無。若爾者，即是說空但無相待，故不應有執。若有對應有相待，若無對則無相待。相待無故則無相，無相故則無執，如是即爲說空。

答曰：

大聖說空法，爲離諸見故，

若復見有空，諸佛所不化。

大聖爲破六十二諸見，及無明、愛等諸煩惱故說空，若人於空復生見者，是人不可化。譬如有病須服藥可治，若藥復爲病則不可治；如火從薪出，以水可滅，若從水生，爲用何滅；如空是水，能滅諸煩惱火，有人罪重貪著心深，智慧淺故，於空生見。或謂有空，或謂無空，因有無還起煩惱。若以空化此人者，則言我久知是空；若離是空，則無涅槃道。如經說：離空、無相、無作門得解脫者，但有言說。

## ～～ 觀合品第十四 ～～

說曰:上破根品中,說見、所見、見者皆不成,此三事無異法故則無合。無合義,今當說。

問曰:何故眼等三事無合?

答曰:

見可見見者,是三各異方,

如是三法異,終無有合時。

見是眼根,可見是色塵,見者是我,是三事各在異處,終無合時。異處者,眼在身內,色在外,我者或言在身內,或言遍一切處,是故無合。復次,若謂有見法,爲合而見? 不合而見? 二俱不然! 何以故? 若合而見者,隨有塵處,應有根有我,但是事不然! 是故不合。若不合而見者,根、我、塵各在異處,亦應有見,而不見。何以故? 如眼根在此,不見遠處瓶,是故二俱不見。

問曰:我意根塵,四事合故有知生,能知瓶衣等萬物,是故有見、可見、見者。

答曰:是事根品中已破,今當更說。汝說四事合故知生,是知爲見瓶衣等物已生? 爲未見而生? 若見已生者,知則無用:若未見而生者,是則未合,云何有知生? 若謂四事一時合而知生,是亦不然? 若一時生則無相待。何以故? 先有瓶、次見、後知生,一時則無先後。知無故,見、可見、見者亦無。如是諸法如幻、如夢,無有定相,何得有合? 無合故空。

復次:

染與於可染,染者亦復然,

餘入餘煩惱,皆亦復如是。

如見、可見、見者無合,故染、可染、染者亦應無合。如說見、可見、見者三法,則說聞、可聞、聞者餘入等;如說染、可染、染者,則說瞋、可瞋、瞋者餘煩惱等。

復次：

異法當有合，見等無有異，

異相不成故，見等云何合。

凡物皆以異故有合，而見等異相不可得，是故無合。

復次：

非但見等法，異相不可得，

所有一切法，皆亦無異相。

非但見、可見、見者等，三事異相不可得，一切法皆無異相。

問曰：何故無有異相？

答曰：

異因異有異，異離異無異，

若法從因出，是法不異因。

汝所謂異，是異因、異法，故名爲異，離異法不名爲異。何以故？若法從衆緣生，是法不異因，因壞果亦壞故。如因梁、椽等有舍、舍不異梁椽、梁椽等壞、舍亦壞故。

問曰：若有定異法。有何咎？

答曰：

若離從異異，應餘異有異，

離從異無異，是故無有異。

若離從異，有異法者，則應離餘異有異法，而實離從異，無有異法，是故無餘異。如離五指異，有拳異者，拳異應於瓶等異物有異，今離五指異，拳異不可得。是故拳異，於瓶等無有異法。

問曰：我經說，異相不從衆緣生，分別總相，故有異相。因異相故有異法。

答曰：

異中無異相，不異中亦無，

無有異相故，則無此彼異。

汝言分別總相，故有異相，因異相故有異法。若爾者，異相從衆緣生，如是即說眾緣法是異相，離異法不可得故。異相因異法而有，不能獨成，今異法中無異相。何以故？先有異法故，何用異相，不異法中，亦無異相。何以故？若異相在不異法中，不名不異法。若二處俱無，即無異相，異相無故，此彼法亦無。

復次，異法無故亦無合。

是法不自合，異法亦不合，

合者及合時，合法亦皆無。

是法自體不合，以一故，如一指不自合；異法亦不合，以異故，異事已成，不須合故。如是思惟，合法不可得，是故說合者、合時、合法，皆不可得。

# 卷第三

## 〰 觀有無品第十五 〰

問曰：諸法各有性，以有力用故。如瓶有瓶性，布有布性，是性衆緣合時則出。

答曰：

衆緣中有性，是事則不然，

性從衆緣出，即名爲作法。

若諸法有性，不應從衆緣出。何以故？若從衆緣出，即是作法，無有定性。

問曰：若諸法性，從衆緣作，有何咎？

答曰：

性若是作者，云何有此義，

性名爲無作，不待異法成。

如金雜銅，則非真金，如是若有性，則不須衆緣；若從衆緣出，當知無真性。又性若決定，不應待他出，非如長短彼此，無定性故，待他而有。

問曰：諸法若無自性，應有他性。

答曰：

法若無自性，云何有他性，

自性於他性，亦名爲他性。

諸法性衆緣作故,亦因待成,故無自性。若爾者,他性於他,亦是自性,亦從衆緣生,相待故亦無,無故云何言諸法從他性生? 他性亦是自性故。

問曰:若離自性、他性有諸法,有何咎?

答曰:

離自性他性,何得更有法,

若有自他性,諸法則得成。

汝說離自性、他性有法者,是事不然! 若離自性、他性,則無有法,何以故? 有自性,他性法則成,如瓶體是自性,衣物是他性。

問曰:若以自性、他性破有者、今應有無?

答曰:

有若不成者無云何可成

因有有法故有壞名爲無

若汝已受有不成者,亦應受無亦無,何以故? 有法壞敗故名無,是無因有壞而有。

復次:

若人見有無,見自性他性,

如是則不見,佛法真實義。

若人深著諸法,必求有見,若破自性,則見他性。若破他性則見有,若破有則見無,若破無則迷惑。若利根著心薄者,知滅諸見安隱,故更不生四種戲論,是人則見佛法真實義,是故說上偈。

復次:

佛能滅有無,如化迦旃延,

經中之所說,離有亦離無。

《刪陀迦旃延經》中,佛爲說正見義,離有離無。若諸法中,少決定有者,佛不應破有無,若破有則人謂爲無。佛通達諸法相,故說二俱無,是故汝應捨有無見。

復次：

若法實有性，後則不應異，

性若有異相，是事終不然。

若諸法決定有性，終不應變異，何以故？若定有自性，不應有異相，如上真金喻。今現見諸法有異相，故當知無有定相。

復次：

若法實有性，云何而可異，

若法實無性，云何而可異。

若法定有性，云何可變異；若無性則無自體，云何可變異？

復次：

定有則著常，定無則著斷，

是故有智者，不應著有無。

若法定有有相，則終無無相，是即為常。何以故？如說三世者，未來中有法相，是法來至現在，轉入過去，不捨本相，是則為常。又說因中先有果，是亦為常。若說定有無，是無必先有今無，是則為斷滅，斷滅名無相續因。由是二見，即遠離佛法。

問曰：何故因有生常見，因無生斷見？

答曰：

若法有定性，非無則是常，

先有而今無，是則為斷滅。

若法性定有，則是有相非無相，終不應無。若無則非有，即為無法，先已說過，如故是則墮常見。若法先有，敗壞而無者是名斷滅。何以故？有不應無故。汝謂有無，各有定相故，若有斷常見者，則無罪福等，破世間事，是故應捨。

## 觀縛解品第十六

問曰：生死非都無根本，於中應有眾生往來，若諸行往來，汝以何因緣故,說衆生及諸行盡空無有往來?

答曰:

諸行往來者,常不應往來,

無常亦不應,衆生亦復然。

諸行往來六道生死中者,爲常相往來?爲無常相往來?二俱不然!若常相往來者,則無生死相續,以決定故,自性住故。若以無常往來者,亦無往來生死相續,以不決定故,無自性故。若衆生往來者,亦有如是過。

復次:

若衆生往來,陰界諸入中,

五種求盡無,誰有往來者。

生死、陰、界、入即是一義,若衆生於此陰、界、入中往來者,是衆生於《燃可燃品》中,五種求不可得,誰於陰、界、入中而有往來者!

復次:

若從身至身,往來即無身,

若其無有身,則無有往來。

若衆生往來,爲有身往來?爲無身往來?二俱不然!何以故?若有身往來,從一身至一身,如是則往來者無身。又若先已有身,不應復從身至身;若先無身則無有,若無有,云何有生死往來!

問曰:經說有涅槃滅一切苦,是滅應諸行滅,若衆生滅?

答曰:二俱不然!何以故?

諸行若滅者,是事終不然,

衆生若滅者,是事亦不然。

汝說若諸行滅,若衆生滅,是事先已答。諸行無有性,衆生亦無,種種推求,生死往來不可得,是故諸行不滅,衆生亦不滅。

問曰:若爾者,則無縛無解,根本不可得故?

答曰:

諸行生滅相,不縛亦不解,

衆生如先說,不縛亦不解。

汝謂諸行及衆生有縛解者,是事不然！諸行念念生滅故,不應有縛解。衆生先說五種推求不可得,云何有縛解！

復次:

若身名爲縛,有身則不縛,

無身亦不縛,於何而有縛。

若謂五陰身名爲縛,若衆生先有五陰,則不應縛。何以故？一人有二身故。無身亦不應縛,何以故？若無身則無五陰,無五陰則空,云何可縛？如是第三更無所縛。

復次:

若可縛先縛,則應縛可縛,

而先實無縛,餘如去來答。

若謂可縛先有縛,則應縛可縛。而實離可縛先無縛,是故不得言衆生有縛;或言衆生是可縛,五陰是縛;或言五陰中諸煩惱是縛,餘五陰是可縛。是事不然！何以故？若離五陰先有衆生者,則應以五陰縛衆生,而實離五陰無別衆生。若離五陰別有煩惱者,則應以煩惱縛五陰,而實離五陰無別煩惱。

復次,如《去來品》中說:已去不去,未去不去,去時不去。如是“未縛不縛,縛已不縛,縛時不縛。

復次,亦無有解。何以故？

縛者無有解,無縛亦無解,

縛時有解者,縛解則一時。

縛者無有解,何以故？已縛故。無縛亦無解,何以故？無縛故。若謂縛時有解,則縛解一時,是事不然！又縛解相違故。

問曰:有人修道,現入涅槃得解脫,云何言無？

答曰:

若不受諸法,我當得涅槃,

若人如是者,還爲受所縛。

若人作是念,我離受得涅槃,是人即爲受所縛。

復次：

不離於生死，而別有涅槃，

實相義如是，云何有分別。

諸法實相第一義中，不說離生死別有涅槃。如經說：涅槃即生死，生死即涅槃。如是諸法實相中，云何言是生、死是涅槃！

## ～ 觀業品第十七 ～

問曰：汝雖種種破諸法，而業決定有，能令一切衆生受果報。如經說：一切衆生皆隨業而生，惡者入地獄，修福者生天，行道者得涅槃。是故一切法不應空。

所謂業者：

人能降伏心，利益於衆生，

是名爲慈善，二世果報種。

人有三毒，爲惱他故生，行善者先自滅惡。是故說降伏其心，利益他人。利益他者，行佈施、持戒、忍辱等，不惱衆生，是名利益他；亦名慈善福德；亦名今世後世樂果種子。

復次：

大聖說二業，思與從思生，

是業別相中，種種分別說。

大聖略說業有二種：一者思，二者從思生。是二業如《阿毗曇》中廣說。

佛所說思者，所謂意業是，

所從思生者，即是身口業。

思是心數法，諸心數法中，能發起有所作故名業，因是"思"故，起外身口業。雖因餘心心數法有所作，但思爲所作本，故說思爲業。是業今當說相！

身業及口業，作與無作業，

如是四事中,亦善亦不善。

從用生福德,罪生亦如是,

及思爲七法,能了諸業相。

口業者,四種口業,身業者,三種身業。是七種業有二種差別,有作、有無作、作時名作業,作已常隨逐生名無作業。是二種有善、不善,不善名不止惡,善名止惡。復有從用生福德,如施主施受者,若受者受用,施主得二種福:一從施生,二從用生。如人以箭射人,若箭殺人有二種罪:一者,從射生;二者,從殺生。若射不殺,射者但得射罪,無殺罪。是故偈中說:罪福從用生。如是名爲六種業,第七名思,是七種即是分別業相,是業有今世、後世果報。是故決定有業、有果報,故諸法不應空。

答曰:

業住至受報,是業即爲常,

若滅即無業,云何生果報。

業若住至受果報,即爲是常,是事不然!何以故?業是生滅相,一念尚不住。何況至果報!若謂業滅,滅則無,云何能生果報?

問曰:

如芽等相續,皆從種子生,

從是而生果,離種無相續。

從種有相續,從相續有果,

先種後有果,不斷亦不常。

如是從初心,心法相續生,

從是而有果,離心無相續。

從心有相續,從相續有果,

先業後有果,不斷亦不常。

如從穀有芽,從芽有莖、葉等相續,從是相續而有果生,離種無相續生,是故從穀子有相續,從相續有果。先種後有果,故不斷亦不常。如穀種喻,業果亦如是。初心起罪福,猶如穀種。因是心、餘心心數法相續生,乃至果報,先業後果,故不斷亦不常。若離業有果報,則有斷常。

是善業因緣果報者,所謂:

能成福德者,是十白業道,

二世五欲樂,即是白業報。

白名善淨,成福德因緣者,從是十白業道生。不殺、不盜、不邪淫、不妄語、不兩舌、不惡口、不無益語、不嫉、不恚、不邪見,是名爲善。從身、口、意生是果報者,得今世名利,後世天人中貴處生,佈施恭敬等,雖有種種福德,略說則攝在十善道中。

答曰:

若如汝分別,其過則甚多,

是故汝所說,於義則不然。

若以業果報相續故,以穀子爲喻者,其過甚多,但此中不廣說。汝說穀子喻者,是喻不然!何以故?穀子有觸、有形可見有相續,我思惟是事,尚未受此言。況心及業,無觸、無形不可見,生滅不住,欲以相續,是事不然!

復次,從穀子有芽等相續者,爲滅已相續?爲不滅相續?若穀子滅已相續者,則爲無因;若穀子不滅而相續者,從是穀子常生諸穀。若如是者,一穀子則生一切世間穀。是事不然!是故業果報相續則不然。

問曰:

今當復更說,順業果報義,

諸佛辟支佛,賢聖所稱嘆。

所謂:

不失法如券,業如負財物,

此性則無記,分別有四種。

見諦所不斷,但思惟所斷,

以是不失法,諸業有果報。

若見諦所斷,而業至相似,

則得破業等,如是之過咎。

一切諸行業,相似不相似,

一界初受身,爾時報獨生。

如是二種業,現世受果報,

或言受報已,而業猶故在。

若度果已滅,若死已而滅,

於是中分別,有漏及無漏。

不失法者,當知如券,業者如取物。是不失法,欲界系、色界系、無色界系亦不系,若分別善、不善、無記,無記中但是無記,是無記義《阿毗曇》中廣說。見諦所不斷,從一果至一果,於中思惟所斷,是以諸業,以不失法故果生。若見諦所斷者,業至相似,則得破業過,是事《阿毗曇》中廣說。

復次,不失法者,於一界諸業,相似、不相似。初受身時,果報獨生於現在身,從業更生業。是業有二種:隨重而受報,或有言是業受報已業猶在,以不念念滅故。若度果已滅,若死已而滅者,須陀洹等度果已而滅,諸凡夫及阿羅漢死已而滅。於此中分別有漏及無漏者,從須陀洹等諸賢聖,有漏無漏等應分別。

答曰:是義俱不離斷常過,是故亦不應受。

問曰:若爾者,則無業果報。

答曰:

雖空亦不斷,雖有亦不常,

業果報不失,是名佛所說。

此論所說義,離於斷常,何以故?業畢竟空,寂滅相自性離,有何法可斷?何法可失?顛倒因緣故,往來生死亦不常,何以故?若法從顛倒起,則是虛妄無實,無實故非常。復次,貪著顛倒,不知實相故,言業不失,此是佛所說。

復次:

諸業本不生,以無定性故,

諸業亦不滅,以其不生故。

若業有性者,是則名為常,

不作亦名業,常則不可作。

若有不作業，不作而有罪，

不斷於梵行，而有不淨過。

是則破一切，世間語言法，

作罪及作福，亦無有差別。

若言業決定，而自有性者，

受於果報已，而應更復受。

若諸世間業，從於煩惱生，

是煩惱非實，業當何有實。

第一義中，諸業不生，何以故？無性故。以不生因緣故則不滅，非以常故不滅。若不爾者，業性應決定有；若業決定有性，則爲是常；若常則是不作業。何以故？常法不可作故。

復次，若有不作業者，則他人作罪，此人受報。又他人斷梵行，而此人有罪。則破世俗法。若先有者，冬不應思爲春事，春不應思爲夏事，有如是等過。

復次，作福及作罪者，則無有別異，起佈施、持戒等業，名爲作福。起殺、盜等業，名爲作罪。若不作而有業，則無有分別。

復次，是業若決定有性，則一時受果報已，復應更受。是故汝說，以不失法故有業報，則有如是等過。

復次，若業從煩惱起，是煩惱無有決定，但從憶想分別有。若諸煩惱無實，業云何有實！何以故？因無性故，業亦無性。

問曰：若諸煩惱及業無性不實，今果報身現有，應是實。

答曰：

諸煩惱及業，是說身因緣，

煩惱諸業空，何況於諸身。

諸賢聖說煩惱及業是身因緣，是中愛能生著，業能生上中下、好醜貴賤等果報。今諸煩惱及業、種種推求無有決定、何況諸身有決定果、隨因緣故。

問曰：汝雖種種因緣，破業及果報，而經說有起業者，起業者有故，有業有果報。如說：

無明之所蔽，愛結之所縛，

而於本作者，不即亦不異。

《無始經》中說：眾生爲無明所覆，愛結所縛，於無始生死中往來，受種種苦樂。今受者於先作者，不即是亦不異。若"即是"人作罪受牛形，則人不作牛，牛不作人。若"異"則失業果報，墮於無因，無因則斷滅。是故今受者，於先作者，不即是亦不異。

答曰：

業不從緣生，不從非緣生，

是故則無有，能起於業者。

無業無作者，何有業生果，

若其無有果，何有受果者。

若無業、無作業者，何有從業生果報，若無果報，云何有受果報者。業有三種，五陰中假名人是作者，是業於善惡處生名爲果報，若起業者尚無，何況有業有果報及受果報者！

問曰：汝雖種種破業、果報及起業者，而今現見眾生作業、受果報，是事云何？答曰：

如世尊神通，所作變化人，

如是變化人，復變作化人。

如初變化人，是名爲作者，

變化人所作，是則名爲業。

諸煩惱及業，作者及果報，

皆如幻與夢，如炎亦如向。

如佛神通力，所作化人，是化人復化作化人。如化人無有實事，但可眼見。又化人口業說法，身業佈施等，是業雖無實，而可眼見。如是生死身、作者及業，亦應如是知。諸煩惱者，名爲三毒，分別有九十八使，九結、十纏、六垢等，無量諸煩惱。業名爲身、口、意業，今世、後世分別有善、不善、無記，苦報、樂報、不苦不樂報，現報業、生報業、後報業，如是等無量。

作者名爲能起諸煩惱業,能受果報者;果報名從善惡業生無記五陰。如是等諸業,皆空無性,如幻如夢,如炎如向。

## 〜〜 觀法品第十八 〜〜

問曰:若諸法盡畢竟空,無生無滅,是名諸法實相者,云何入?

答曰:滅我、我所著故。得一切法空、無我慧名爲入。

問曰:云何知諸法無我?

答曰:

若我是五陰,我即爲生滅,

若我異五陰,則非五陰相。

若無有我者,何得有我所,

滅我我所故,名得無我智。

有人說,神應有二種。若五陰即是神,若離五陰有神,若五陰是神者,神則生滅相。如偈中說:若神是五陰,即是生滅相。何以故?生已壞敗故。以生滅相故,五陰是無常;如五陰無常,生滅二法亦是無常。何以故?生滅亦生已壞敗,故無常。

神若是五陰,五陰無常,故神亦應無常生滅相,但是事不然!若離五陰有神,神即無五陰相。如偈中說:若神異五陰,則非五陰相。而離五陰更無有法。若離五陰有法者,以何相、何法而有!若謂神如虛空,離五陰而有者,是亦不然!何以故?《破六種品》中已破虛空,無有法名爲虛空。

若謂以有信故有神,是事不然!何以故?信有四種:一現事可信;二名比知可信,如見煙知有火;三名譬喻可信,如國無鍮石喻之如金;四名賢聖所說故可信,如說有地獄、有天、有鬱單越,無有見者,信聖人語故知。是神於一切信中不可得,現事中亦無,比知中亦無,何以故?比知名先見故,後比類而知,如人先見火有煙,後但見煙則知有火。神義不然!誰能先見神與五陰合,後見五陰知有神?若謂有三種比知:一者如本,二者如殘,三者共見。如本,名先見火有煙,今見煙知如本有火;如殘,名如炊飯一粒熟知餘者皆熟；共見，名如眼見人從此去到彼，亦見其去。日亦如是，從東方出至西方，雖不見去，以人有去相故，知日亦有去。

如是苦、樂、憎、愛、覺、知等，亦應有所依，如見人民知必依王。是事皆不然！何以故？共相信先見人與去法合而至餘方，後見日到餘方故知有去法；無有先見五陰與神合，後見五陰知有神，是故共相比知中亦無神，聖人所說中亦無神。何以故？聖人所說，皆先眼見而後說。又諸聖人說餘事可信故，當知說地獄等亦可信。而神不爾！無有先見神而後說者，是故於四信等諸信中，求神不可得。求神不可得故無，是故離五陰無別神。

復次《破根品》中，見、見者可見破故，神亦同破。又眼見粗法，尚不可得，何況虛妄、憶想等而有神！是故知無我。因有我故有我所，若無我則無我所。修習八聖道分，滅我、我所因緣故，得無我、無我所決定智慧。

得無我智者，是則名實觀，
得無我智者，是人爲希有。
內外我我所，盡滅無有故，
諸受即爲滅，受滅則身滅。
業煩惱滅故，名之爲解脫，
業煩惱非實，入空戲論滅。

又無我、無我所者，於第一義中亦不可得；無我、無我所者，能真見諸法。凡夫人以我、我所障慧眼，故不能見實。今聖人無我、我所故，諸煩惱亦滅；諸煩惱滅故，能見諸法實相。內外我、我所滅故；諸受亦滅，諸受滅故無量後身皆亦滅，是名說無餘涅槃。

問曰：有餘涅槃云何？

答曰：諸煩惱及業滅故，名心得解脫。是諸煩惱業，皆從憶想分別生無有實，諸憶想分別皆從戲論生，得諸法實相畢竟空，諸戲論則滅，是名說有餘涅槃，實相法如是。

諸佛或說我，或說於無我，
諸法實相中，無我無非我。
諸法實相者，心行言語斷，

無生亦無滅,寂滅如涅槃。

一切實非實,亦實亦非實,

非實非非實,是名諸佛法。

諸佛以一切智觀衆生,故種種爲說,亦說有我,亦說無我。若心未熟者,未有涅槃分,不知畏罪,爲是等故說有我。又有得道者,知諸法空但假名有我,爲是等故說我無咎。又有佈施持戒等福德,厭離生死苦惱,畏涅槃永滅,是故佛爲是等說無我諸法。但因緣和合,生時空生,滅時空滅,是故說無我,但假名說有我。又得道者,知無我不墮斷滅故,說無我無咎。是故偈中說:諸佛或說我,或說於無我,諸法實相中,不說我非我。

問曰:若無我是實,但以世俗故說有我,有何咎?

答曰:因破我法有無我,我決定不可得,何有無我!若決定有無我,則是斷滅,生於貪著。如《般若》中說菩薩有我亦非行,無我亦非行。

問曰:若不說我非我、空不空,佛法爲何所說?

答曰:佛說諸法實相,實相中無語言道,滅諸心行。心以取相緣,生以先世業果報故有,不能實見諸法,是故說心行滅。

問曰:若諸凡夫心不能見實,聖人心應能見實,何故說一切心行滅?

答曰:諸法實相即是涅槃,涅槃名滅,是滅爲向涅槃故,亦名爲滅。若心是實,何用空等解脫門?諸禪定中,何故以滅盡定爲第一?又亦終歸無餘涅槃,是故當知一切心行皆是虛妄,虛妄故應滅。諸法實相者,出諸心數法,無生無滅寂滅相,如涅槃。

問曰:經中說,諸法先來寂滅相,即是涅槃,何以言如涅槃?

答曰:著法者,分別法有二種:是世間,是涅槃。說涅槃是寂滅,不說世間是寂滅。此論中說一切法,性空寂滅相,爲著法者不解故,以涅槃爲喻。如汝說涅槃相空無相,寂滅無戲論,一切世間法亦如是。

問曰:若佛不說我非我,諸心行滅,言語道斷者,云何令人知諸法實相?

答曰:諸佛無量方便力,諸法無決定相,爲度衆生或說一切實,或說一切不實,或說一切實不實,或說一切非實非不實。一切實者,推求諸法實性,皆入第一義平等一相。所謂無相,如諸流異色異味,入於大海則一色一味。一切不實者，諸法未入實相時，各各分別，觀皆無有實，但衆緣合故有。一切實不實者，衆生有三品，有上中下。上者觀諸法相，非實非不實；中者觀諸法相，一切實一切不實；下者智力淺故，觀諸法相少實少不實。觀涅槃無爲法不壞故實，觀生死有爲法虛僞故不實。非實非不實者，爲破實不實故，說非實非不實。

問曰：佛於余處說，離非有非無，此中何以言，非有非無是佛所說？

答曰：余處爲破四種貪著故說，而此中於四句無戲論，聞佛說則得道，是故言非實非不實。

自知不隨他 寂滅無戲論

無異無分別 是則名實相 若法從緣生 不即不異因

是故名實相 不斷亦不常

不一亦不異 不常亦不斷

是名諸世尊 教化甘露味

若佛不出世 佛法已滅盡

諸辟支佛智 從於遠離生

問曰：知佛以是四句因緣說，又得諸法實相者，以何相可知？又實相云何？

答曰：若能不隨他。不隨他者，若外道雖現神力，說是道是非道，自信其心而不隨之，乃至變身雖不知非佛，善解實相故，心不可回。此中無法可取，可捨故，名寂滅相；寂滅相故，不爲戲論所戲論。戲論有二種：一者愛論，二者見論。是中無此二戲論，二戲論無故，無憶想分別，無別異相，是名實相。

問曰：若諸法盡空，將不墮斷滅耶？又不生不滅，或墮常耶？

答曰：不然。先說實相無戲論，心相寂滅言語道斷。汝今貪著取相，於實相法中見斷常過。得實相者，說諸法從衆緣生，不即是因亦不異因，是故不斷不常。若果異因則是斷，若不異因則是常。

問曰：若如是解，有何等利？

答曰：若行道者，能通達如是義，則於一切法，不一不異，不斷不常。

若能如是,即得滅諸煩惱戲論,得常樂涅槃,是故說諸佛以甘露味教化。如世間言得天甘露漿,則無老病死、無諸衰惱,此實相法是真甘露味。

若佛不出世,佛法已滅盡,

諸辟支佛智,從於遠離生。

佛說實相有三種,若得諸法實相,滅諸煩惱,名爲聲聞法;若生大悲發無上心,名爲大乘。若佛不出世,無有佛法時,辟支佛因遠離生智。若佛度衆生已,入無餘涅槃,遺法滅盡,先世若有應得道者,少觀厭離因緣,獨入山林,遠離憒鬧,得道名辟支佛。

## ～ 觀時品第十九 ～

問曰:應有時,以因待故成,因有過去時,則有未來、現在時;因現在時,有過去、未來時;因未來時,有過去、現在時。上、中、下、一、異等法,亦相因待故有。

答曰:

若因過去時,有未來現在,

未來及現在,應在過去時。

若因過去時,有未來、現在時者,則過去時中,應有未來、現在時。何以故?隨所因處有法成,是處應有是法。如因燈有明成,隨有燈處應有明。如是因過去時,成未來、現在時者,則過去時中,應有未來、現在時。若過去時中,有未來、現在時者,則三時盡名過去時。何以故?未來、現在時,在過去時中故。若一切時盡過去者,則無未、來現在時,盡過去故。若無未來、現在時,亦應無過去時。何以故?過去時因未來、現在時故,名過去時,如因過去時成未來、現在時。如是亦應因未來、現在時成過去時,今無未來、現在時故,過去時亦應無。是故先說,因過去時成未來、現在時、是事不然!若謂過去時中,無未來現在時,而因過去時成未來、現在時。是事不然!

何以故?

若過去時中，無未來現在，

未來現在時，云何因過去。

若未來現在時，不在過去時中者，云何因過去時，成未來現在時？何以故？若三時各異相，不應相因待成，如瓶、衣等物各自別成，不相因待。而今不因過去時，則未來、現在時不成；不因現在時，則過去未來時不成；不因未來時，則過去現在時不成。汝先說過去時中，雖無未來、現在時，而因過去時，成未來、現在時者，是事不然！

問曰：若不因過去時，成未來、現在時、而有何咎？

答曰：

不因過去時，則無未來時，

亦無現在時，是故無二時。

不因過去時，則不成未來、現在時，何以故？若不因過去時，有現在時者，於何處有現在時？未來亦如是，於何處有未來時？是故不因過去時，則無未來、現在時。如是相待有故，實無有時。

以如是義故，則知餘二時，

上中下一異，是等法皆無。

以如是義故，當知餘未來、現在亦應無，及上、中、下、一、異等，諸法亦應皆無。如因上有中、下，離上則無中、下，若離上有中、下，則不應相因待。因一故有異，因異故有一；若一實有，不應因異而有；若異實有，不應因一而有。如是等諸法，亦應如是破。

問曰：如有歲、月、日、須臾等差別，故知有時。

答曰：

時住不可得，時去亦叵得，

時若不可得，云何說時相。

因物故有時，離物何有時，

物尚無所有，何況當有時。

時若不住，不應可得，時住亦無。若時不可得，云何說時相。若無時相則無時，因物生故則名時，若離物則無時。上來種種因緣破諸物，物無故何有時。

## ～～ 觀因果品第二十 ～～

問曰：眾因緣和合，現有果生故，當知是果，從眾緣和合有？

答曰：

若眾緣和合，而有果生者，

和合中已有，何須和合生。

若謂眾因緣，和合有果生者，是果則和合中已有，而從和合生者，是事不然！何以故？果若先有定體，則不應從和合生。

問曰：眾緣和合中雖無果，而果從眾緣生者，有何咎？

答曰：

若眾緣和合，是中無果者，

云何從眾緣，和合而果生。

若從眾緣和合則果生者，是和合中無果，而從和合生，是事不然！何以故？若物無自性，是物終不生。

復次：

若眾緣和合，是中有果者，

和合中應有，而實不可得。

若從眾緣和合中有果者，若色應可眼見，若非色應可意知，而實和合中果不可得。是故和合中有果，是事不然！

復次：

若眾緣和合，是中無果者，

是則眾因緣，與非因緣同。

若眾緣和合中無果者，則眾因緣即同非因緣。如乳是酪因緣，若乳中無酪，水中亦無酪。若乳中無酪則與水同，不應言但從乳出，是故眾緣和合中無果者，是事不然！

問曰：因為果作因已滅，而有因果生，無如是咎？

答曰:

若因與果因,作因已而滅,

是因有二體,一與一則滅。

若因與果作因已而滅者,是因則有二體:一謂與因,二謂滅因。是事不然!一法有二體故,是故因與果作因已而滅,是事不然!

問曰:若謂因不與果作因已而滅,亦有果生,有何咎?

答曰:

若因不與果,作因已而滅,

因滅而果生,是果則無因。

若是因不與果,作因已而滅者,則因滅已而果生,是果則無因,是事不然!何以故?現見一切果,無有無因生者。是故汝說因不與果,作因已而滅,亦有果生者,是事不然!

問曰:眾緣合時,而有果生者,有何咎?

答曰:

若眾緣合時,而有果生者,

生者及可生,則爲一時俱。

若眾緣合時,有果生者,則生者、可生即一時俱、但是事不爾!何以故?如父子不得一時生,是故汝說眾緣合時有果生者,是事不然!

問曰:若先有果生,而後眾緣合,有何咎?

答曰:

若先有果生,而後眾緣合,

此即離因緣,名爲無因果。

若眾緣未合,而先有果生者,是事不然!果離因緣故,則名無因果,是故汝說眾緣未合時,先有果生者,是事則不然!

問曰:因滅變爲果者,有何咎?

答曰:

若因變爲果,因即至於果,

是則前生因,生已而復生。

因有二種:一者前生,二者共生。若因滅變爲果,是前生因應還更生,但是事不然! 何以故? 已生物不應更生,若謂是因即變爲果,是亦不然!何以故? 若即是不名爲變,若變不名即是。

問曰:因不盡滅,但名字滅,而因體變爲果。如泥團變爲瓶,失泥團名,而生瓶名。

答曰:泥團先滅而有瓶生,不名爲變。又泥團體不獨生瓶,瓮甕等皆從泥中出。若泥團但有名,不應變爲瓶,"變"名如乳變爲酪。是故汝說因名雖滅而變爲果,是事不然!

問曰:因雖滅失,而能生果,是故有果,無如是咎?

答曰:

云何因滅失,而能生於果,

又若因在果,云何因生果。

若因滅失已,云何能生果! 若因不滅而與果合,何能更生果!

問曰:是因遍有果,而果生。

答曰:

若因遍有果,更生何等果,

因見不見果,是二俱不生。

是因若不見果,尚不應生果,何況見! 若因自不見果,則不應生果,何以故? 若不見果,果則不隨因;又未有果,云何生果? 若因先見果,不應復生,果已有故。

復次:

若言過去因,而於過去果,

未來現在果,是則終不合。

若言未來因,而於未來果,

現在過去果,是則終不合。

若言現在因,而於現在果,

未來過去果,是則終不合。

過去果不與過去、未來、現在因合,未來果不與未來、現在、過去因合,

現在果不與現在、未來、過去因合。如是三種果,終不與過去、未來、現在
因合。

復次:

若不和合者,因何能生果,

若有和合者,因何能生果。

若因果不和合則無果,若無果云何因能生果！ 若謂因果和合時,因能
生果者,是亦不然！ 何以故？ 若果在因中,則因中已有果,云何而復生！

復次:

若因空無果,因何能生果,

若因不空果,因何能生果。

若因無果者,以無果故因空,云何因生果！ 如人不懷姙,云何能生子。
若因先有果,已有果故,不應復生。

復次,今當說果:

果不空不生,果不空不滅,

以果不空故,不生亦不滅。

果空故不生,果空故不滅,

以果是空故,不生亦不滅。

果若不空,不應生,不應滅,何以故？ 果若因中先決定有,更不須復
生。生無故無滅,是故果不空故,不生不滅。若謂果空故有生滅,是亦不
然！ 何以故？ 果若空,空名無所有,云何當有生滅,是故說果空故,不生
不滅。

復次,今以一異破因果。

因果是一者,是事終不然,

因果若異者,是事亦不然。

若因果是一,生及所生一,

若因果是異,因則同非因。

若果定有性,因爲何所生,

若果定無性,因爲何所生。

因不生果者,則無有因相,

若無有因相,誰能有是果。

若從衆因緣,而有和合生,

和合自不生,云何能生果。

是故果不從,緣合不合生,

若無有果者,何處有合法。

是衆緣和合法,不能生自體,自體無故,云何能生果。是故果不從緣合生,亦不從不合生。若無有果者,何處有合法。

## ～～ 觀成壞品第二十一 ～～

問曰:一切世間事,現是壞敗相,是故有壞?

答曰:

離成及共成,是中無有壞,

離壞及共壞,是中亦無成。

若有成,若無成,俱無壞;若有壞,若無壞,俱無成。

何以故?

若離於成者云何而有壞,

如離生有死是事則不然。

成壞共有者云何有成壞,

如世間生死一時俱不然。

若離於壞者云何當有成,

無常未曾有不在諸法時。

若離成,壞不可得,何以故?若離成有壞者,則不因成有壞,壞則無因。又無成法而可壞,成名衆緣合,壞名衆緣散。若離成有壞者,無成誰當壞,如無瓶不得言瓶壞,是故離成無壞。

若謂共成有壞者,是亦不然!何以故?法先別成而後有合,合法不離異;若壞離異,壞則無因,是故共成亦無壞。若離壞、共壞無有成者,若離壞有成,成則爲常,常是不壞相,而實不見有法常不壞相,是故離壞無成。若謂共壞有成者,是亦不然!成壞相違,云何一時有,如人有髮、無髮不得一時俱。成壞亦爾!是故共壞有成,是事不然!何以故?若謂分別法者,說成中常有壞,是事不然!何以故?若成中常有壞,則不應有住法,而實有住,是故若離壞、共壞,不應有成。

復次:

成壞共無成,離亦無有成,

是二俱不可,云何當有成。

若成壞共亦無成,離亦無成;若共成則二法相違,云何一時?若離則無因,二門俱不成,云何當有成,若有應說。

問曰:現有盡滅相法,是盡滅相法,亦說盡亦說不盡,如是則應有成壞?

答曰:

盡則無有成,不盡亦無成,

盡則無有壞,不盡亦不壞。

諸法日夜中,念念常滅盡,過去如水流不住,是則名盡。是事不可取、不可說,如野馬無決定性可得、如是盡無決定性可得,云何可得分別說有成?是故言盡亦不成。成無故亦不應有壞,是故說盡亦無有壞。

又念念生滅,常相續不斷,故名不盡。如是法決定常住不斷,云何可得分別說,言今是成時?是故說無盡亦無成。成無故無壞,是故說不盡亦無壞。如是推求,實事不可得故,無成無壞。

問曰:且置成壞,但令有法,有何咎?

答曰:

若離於成壞,是亦無有法,

若當離於法,亦無有成壞。

離成壞無法者,若法無成、無壞,是法應或無或常。而世間無有常法,汝說離成壞有法,是事不然!

問曰:若離法但有成壞,有何咎,答曰:離法有成壞,是亦不然!何以故？若離法誰成、誰壞，是故離法有成壞，是事不然！

復次：

若法性空者，誰當有成壞，

若性不空者，亦無有成壞。

若諸法性空，空何有成壞；若諸法性不空，不空則決定有，亦不應有成壞。

復次：

成壞若一者，是事則不然，

成壞若異者，是事亦不然。

推求成壞一，則不可得，何以故？異相故，種種分別故。又成壞異，亦不可得，何以故？無有別故，亦無因故。

復次：

若謂以眼見，而有生滅者，

則爲是癡妄，而見有生滅。

若謂以眼見有生滅者，云何以言說破，是事不然！何以故？眼見生滅者，則是愚癡顛倒故見。諸法性空無決定。如幻如夢，但凡夫先世。顛倒因緣得此眼，今世憶想分別因緣，故言眼見生滅。第一義中。實無生滅，是事已於《破相品》中廣說。

復次：

從法不生法，亦不生非法，

從非法不生，法及於非法。

從法不生法者，若至若失，二俱不然。從法生法，若至若失。是則無因，無因則墮斷常。若已至從法生法，是法至已，而名爲生，則爲是常。又生已更生，又亦無因生，是事不然！

若已失從法生法者，是則失因。生者無因，是故從失亦不生法。從法不生非法者，非法名無所有，法名有。云何從有相生無相？是故從法不生非法。從非法不生法者，非法名爲無，無云何生有？若從無生有者，是則無因，無因則有大過，是故不從非法生法。不從非法生非法者，非法名無所有,云何從無所有生無所有？如兔角不生龜毛,是故不從非法生非法。

問曰:法非法雖種種分別故無生,但法應生法？

答曰:

法不從自生,亦不從他生,

不從自他生,云何而有生。

法未生時無所有故,又即自不生故,是故法不自生。若法未生,則亦無他,無他故不得言從他生。又未生則無自,無自亦無他,共亦不生。若三種不生,云何從法有法生！

復次:

若有所受法,即墮於斷常,

當知所受法,爲常爲無常。

受法者,分別是善、是不善、常、無常等,是人必墮若常見、若斷見,何以故？所受法應有二種:若常,若無常。二俱不然！何以故？若常即墮常邊,若無常即墮斷邊。

問曰:

所有受法者,不墮於斷常,

因果相續故,不斷亦不常。

有人雖信受,分別說諸法,而不墮斷常。如經說五陰無常。苦空無我,而不斷滅。雖說罪福無量劫數不失,而不是常。何以故？是法因果常生滅相續故。往來不絕,生滅故不常,相續故不斷。

答曰:

若因果生滅,相續而不斷,

滅更不生故,因即爲斷滅。

若汝說諸法因果相續故,不斷不常。若滅法已滅,更不復生,是則因斷。若因斷,云何有相續？已滅不生故。

復次:

法住於自性,不應有有無,

涅槃滅相續,則墮於斷滅。

法決定在有相中,爾時無無相,如瓶定在瓶相,爾時無失壞相。隨有瓶時無失壞相,無瓶時亦無失壞相。何以故?若無瓶則無所破。以是義故滅不可得,離滅故亦無生。何以故?生滅相因待故。又有常等過故,是故不應於一法而有有無。

又汝先說因果生滅相續故,雖受諸法不墮斷常,是事不然!何以故?汝說因果相續,故有三有相續,滅相續名涅槃。若爾者,涅槃時應墮斷滅,以滅三有相續故。

復次:

若初有滅者,則無有後有,

初有若不滅,亦無有後有。

初有名今世有,後有名來世有。若初有滅,次有後有,是即無因。是事不然!是故不得言初有滅有後有。若初有不滅,亦不應有後有,何以故?若初有未滅。而有後有者,是則一時有二有。是事不然!是故初有不滅,無有後有。

問曰:後有不以初有滅生,不以不滅生,但滅時生。

答曰:

若初有滅時,而後有生者,

滅時是一有,生時是一有。

若初有滅時,後有生者,即二有一時俱。一有是滅時,一有是生時。

問曰:滅時、生時,二有俱者則不然,但現見初有滅時後有生。

答曰:

若言於生滅,而謂一時者,

則於此陰死,即於此陰生。

若生時、滅時,一時無二有,而謂初有滅時後有生者,今應隨在何陰中死,即於此陰生,不應餘陰中生。何以故?死者即是生者。如是死生相違法,不應一時一處,是故汝先說,滅時生時一時無二有,但現見初有滅時後有生者,是事不然!

復次：

三世中求有，相續不可得，

若三世中無，何有有相續。

三有名欲有、色有、無色有，無始生死中，不得實智故，常有三有相續，今於三世中諦求不可得。若三世中無有，當於何處有有相續。當知有有相續，皆從愚痴顛倒故有，實中則無。

# 卷第四

## 〰〰 觀如來品第二十二 〰〰

問曰：一切世中尊，唯有如來正遍知，號爲法王，一切智人是則應有？

答曰：今諦思惟，若有應取，若無何所取！何以故？如來：

非陰不離陰，此彼不相在，

如來不有陰，何處有如來。

若如來實有者，爲五陰是如來？爲離五陰有如來？爲如來中有五陰？爲五陰中有如來？爲如來有五陰？是事皆不然！五陰非是如來，何以故？生滅相故，五陰生滅相。若如來是五陰，如來即是生滅相；若生滅相者，如來即有無常斷滅等過。又受者受法則一，受者是如來，受法是五陰，是事不然！是故如來非是五陰。

離五陰亦無如來，若離五陰有如來者，不應有生滅相。若爾者，如來有常等過。又眼等諸根不能見知，但是事不然，是故離五陰亦無如來。如來中亦無五陰，何以故？若如來中有五陰，如器中有果，水中有魚者，則爲有異。若異者，即有如上常等過，是故如來中無五陰。

又五陰中無如來，何以故？若五陰中有如來，如床上有人，器中有乳者，如是則有別異，如上說過，是故五陰中無如來。如來亦不有五陰，何以故？若如來有五陰，如人有子，如是則有別異。若爾者，有如上過，是事不然！是故如來不有五陰。如是五種求不可得，何等是如來。

問曰:如是義求如來不可得,而五陰和合有如來?

答曰:

陰合有如來,則無有自性,

若無有自性,云何因他有。

若如來五陰和合故有,即無自性。何以故?因五陰和合有故。

問曰:如來不以自性有,但應因他性故有?

答曰:若無自性,云何因他性有! 何以故? 他性亦無自性。又無相待因故,他性不可得,不可得故,不名爲他。

復次:

法若因他生,是即爲非我,

若法非我者,云何是如來。

若法因衆緣生,即無有我。如因五指有拳,是拳無有自體;如是因五陰名我,是我即無自體。我有種種名,或名衆生、天人、如來等,若如來因五陰有,即無自性,無自性故無我。若無我云何說名如來! 是故偈中說:法若因他生,是即爲非我,若法非我者,云何是如來。

復次:

若無有自性,云何有他性,

離自性他性,何名爲如來。

若無自性,他性亦不應有。因自性故名他性,此無故彼亦無,是故自性、他性二俱無。若離自性、他性,誰爲如來。

復次:

若不因五陰,先有如來者,

以今受陰故,則說爲如來。

今實不受陰,更無如來法,

若以不受無,今當云何受。

若其未有受,所受不名受,

無有無受法,而名爲如來。

若於一異中,如來不可得,

五種求亦無，云何受中有。

又所受五陰，不從自性有，

若無自性者，云何有他性。

若未受五陰，先有如來者，是如來今應受五陰已作如來，而實未受五陰時先無如來，今云何當受！又不受五陰者，五陰不名爲受，無有無受而名爲如來！又如來一異中，求不可得，五陰中五種求亦不可得。若爾者，云何於五陰中說有如來？又所受五陰，不從自性有。若謂從他性有，若不從自性有，云何從他性有？何以故？以無自性故，又他性亦無。

復次：

以如是義故。受空受者空。

云何當以空。而說空如來。

以是義思惟，受及受者皆空。若受空者，云何以空受而說空如。

問曰：汝謂受空受者空，則定有空耶？

答曰：不然！何以故？

空則不可說，非空不可說，

共不共叵說，但以假名說。

諸法空則不應說，諸法不空亦不應說，諸法空不空亦不應說，非空非不空亦不應說，何以故？但破相違故，以假名說，如是正觀思惟，諸法實相中，不應以諸難爲難。

何以故？

寂滅相中無，常無常等四，

寂滅相中無，邊無邊等四。

諸法實相，如是微妙寂滅，但因過去世，起四種邪見。世間有常，世間無常，世間常無常，世間非常非無常，寂滅中盡無。何以故？諸法實相，畢竟清淨不可取。空尚不受，何況有四種見！四種見皆因受生，諸法實相無所因受。四種見皆以自見爲貴，他見爲賤，諸法實相無有此彼，是故說寂滅中無四種見。如因過去世有四種見，因未來世有四種見。亦如是，世間有邊，世間無邊，世間有邊無邊，世間非有邊非無邊。

問曰:若如是破如來者,則無如來耶?

答曰:

邪見深厚者,則說無如來,

如來寂滅相,分別有亦非。

邪見有二種:一者破世間樂,二者破涅槃道。破世間樂者,是粗邪見,言無罪無福,無如來等賢聖,起是邪見捨善爲惡,則破世間樂。破涅槃道者,貪著於我,分別有無,起善滅惡,起善故得世間樂,分別有無故不得涅槃。是故若言無如來者,是深厚邪見,乃失世間樂,何況涅槃!若言有如來,亦是邪見。何以故?如來寂滅相,而種種分別故。是故寂滅相中,分別有如來,亦爲非。

如是性空中,思惟亦不可,

如來滅度後,分別於有無。

諸法實相性空故,不應於如來滅後,思惟若有、若無、若有無、如來從本已來畢竟空,何況滅後。

如來過戲論,而人生戲論,

戲論破慧眼,是皆不見佛。

戲論名憶念取相,分別此彼,言佛滅、不滅等。是人爲戲論覆慧眼故,不能見如來法身,此《如來品》中,初中後思惟,如來定性不可得。

是故偈說:

如來所有性,即是世間性,

如來無有性,世間亦無性。

此品中思惟推求,如來性即是一切世間性。

問曰:何等是如來性?

答曰:如來無有性,同世間無性。

## 觀顛倒品第二十三

問曰:

從憶想分別,生於貪恚痴,

淨不淨顛倒，皆從衆緣生。

經說因淨、不淨顛倒，憶想分別，生貪、恚、痴，是故當知有貪恚痴。

答曰：

若因淨不淨，顛倒生三毒，

三毒即無性，故煩惱無實。

若諸煩惱，因淨不淨顛倒憶想分別生，即無自性，是故諸煩惱無實。

復次：

我法有以無，是事終不成，

無我諸煩惱，有無亦不成。

我無有因緣，若有若無而可成，今無我諸煩惱，云何以有無而可成！

何以故？

誰有此煩惱，是即爲不成，

若離是而有，煩惱則無屬。

煩惱名爲能惱他，惱他者應是衆生，是衆生於一切處推求不可得。若謂離衆生但有煩惱，是煩惱則無所屬，若謂雖無我而煩惱屬心，是事亦不然！

何以故？

如身見五種，求之不可得，

煩惱於垢心，五求亦不得。

如身見，五陰中五種求不可得；諸煩惱亦於垢心中，五種求亦不可得；又垢心於煩惱中，五種求亦不可得。

復次：

淨不淨顛倒，是則無自性，

云何因此二，而生諸煩惱。

淨不淨顛倒者，顛倒名虛妄。若虛妄即無性，無性則無顛倒。若無顛倒，云何因顛倒起諸煩惱！

問曰：

色聲香味觸，及法爲六種，

如是之六種，是三毒根本。

是六入三毒根本,因此六入生,淨、不淨顛倒,因淨、不淨顛倒生貪恚痴。

答曰:

色聲香味觸,及法體六種,

皆空如炎夢,如乾闥婆城。

如是六種中,何有淨不淨,

猶如幻化人,亦如鏡中像。

色聲香味觸法自體,未與心和合時,空無所有,如炎如夢,如化如鏡中像。但誑惑於心,無有定相,如是六入中,何有淨、不淨。

復次:

不因於淨相,則無有不淨,

因淨有不淨,是故無不淨。

若不因於淨,先無有不淨,因何而說不淨,是故無不淨。

復次:

不因於不淨,則亦無有淨,

因不淨有淨,是故無有淨。

若不因不淨,先無有淨,因何而說淨,是故無有淨。

復次:

若無有淨者,何由而有貪,

若無有不淨,何由而有恚。

無淨、不淨故,則不生貪恚。

問曰:經說常等四顛倒,若無常中見常是名顛倒。若無常中見無常,此非顛倒。餘三顛倒亦如是,有顛倒故,顛倒者亦應有,何故言都無?

答曰:

於無常著常,是則名顛倒,

空中無有常,何處有常倒。

若於無常中著常,名爲顛倒,諸法性空中無有常,是中何處有常顛倒。餘三亦如是。

復次：

若於無常中，著無常非倒，

空中無無常，何有非顛倒。

若著無常言是無常，不名爲顛倒者，諸法性空中無無常，無常無故誰爲非顛倒。餘三亦如是。

復次：

可著著者著，及所用著法，

是皆寂滅相，云何而有著。

可著名物，著者名作者，著名業，所用法名所用事。是皆性空寂滅相，如《如來品》中所說，是故無有著。

復次：

若無有著法，言邪是顛倒，

言正不顛倒，誰有如是事。

著名憶想、分別，此彼有無等，若無此著者，誰爲邪顛倒，誰爲正不顛倒！

復次：

有倒不生倒，無倒不生倒，

倒者不生倒，不倒亦不生。

若於顛倒時，亦不生顛倒，

汝可自觀察，誰生於顛倒。

已顛倒者，則更不生顛倒，已顛倒故。不顛倒者，亦不顛倒，無有顛倒故。顛倒時。亦不顛倒，有二過故。汝今除憍慢心，善自觀察，誰爲顛倒者。

復次：

諸顛倒不生，云何有此義，

無有顛倒故，何有顛倒者。

顛倒種種因緣破故，墮在不生，彼貪著不生，謂不生是顛倒實相，是故偈說：云何名不生爲顛倒？乃至無漏法尚不名爲不生相，何況顛倒是不生相。顛倒無故,何有顛倒者?因顛倒有顛倒者。

復次:

若常我樂淨,而是實有者,

是常我樂淨,則非是顛倒。

若常、我、樂、淨是四,實有性者,是常我樂淨則非顛倒。何以故?定有實事故,云何言顛倒。若謂常我樂淨倒是四無者,無常苦無我不淨,是四應實有,不名顛倒,顛倒相違故。名不顛倒,是事不然!

何以故?

若常我樂淨,而實無有者,

無常苦不淨,是則亦應無。

若常我樂淨是四實無,無故無常等,四事亦不應有,何以故?無相因待故。

復次:

如是顛倒滅,無明則亦滅,

以無明滅故,諸行等亦滅。

如是者如其義,滅諸顛倒故,十二因緣根本無明亦滅,無明滅故,三種行業,乃至老死等皆滅。

復次:

若煩惱性實,而有所屬者,

云何當可斷,誰能斷其性。

若諸煩惱即是顛倒,而實有性者,云何可斷?誰能斷其性?若謂諸煩惱,皆虛妄無性而可斷者,是亦不然!

何以故?

若煩惱虛妄,無性無屬者,

云何當可斷,誰能斷無性。

若諸煩惱虛妄無性,則無所屬,云何可斷?誰能斷無性法!

## ∽ 觀四諦品第二十四 ∽

問曰：破四顛倒，通達四諦，得四沙門果。

若一切皆空，無生亦無滅，

如是則無有，四聖諦之法。

以無四諦故，見苦與斷集，

證滅及修道，如是事皆無。

以是事無故，則無四道果，

無有四果故，得向者亦無。

若無八賢聖，則無有僧寶，

以無四諦故，亦無有法寶，

以無法僧寶，亦無有佛寶，

如是說空者，是則破三寶。

若一切世間皆空無所有者，即應無生無滅。以無生無滅故，則無四聖諦。何以故？從集諦生苦諦，集諦是因，苦諦是果；滅苦集諦，名爲滅諦，能至滅諦，名爲道諦，道諦是因，滅諦是果。

如是四諦有因有果，若無生無滅，則無四諦；四諦無故，則無見苦、斷集、證滅、修道；見苦、斷集、證滅、修道無故，則無四沙門果；四沙門果無故，則無四向四得者。

若無此八賢聖，則無僧寶；又四聖諦無故，法寶亦無；若無法寶僧寶者，云何有佛！得法名爲佛，無法何有佛？汝說諸法皆空，則壞三寶。

復次：

空法壞因果，亦壞於罪福，

亦復悉毀壞，一切世俗法。

若受空法者，則破罪福，及罪福果報，亦破世俗法。有如是等諸過故，諸法不應空！

答曰：

汝今實不能，知空空因緣，

及知於空義，是故自生惱。

汝不解云何是空相，以何因緣說空，亦不解空義。不能如實知故，生如是疑難。

復次：

諸佛依二諦，為眾生說法，

一以世俗諦，二第一義諦。

若人不能知，分別於二諦，

則於深佛法，不知真實義。

世俗諦者，一切法性空，而世間顛倒故，生虛妄法。於世間是實，諸賢聖真知顛倒性故，知一切法皆空無生，於聖人是第一義諦名為實。諸佛依是二諦，而為眾生說法，若人不能如實分別二諦，則於甚深佛法，不知實義。若謂一切法不生是第一義諦，不須第二俗諦者，是亦不然！

何以故？

若不依俗諦，不得第一義，

不得第一義，則不得涅槃。

第一義皆因言說，言說是世俗，是故若不依世俗，第一義則不可說。若不得第一義，云何得至涅槃，是故諸法雖無生，而有二諦。

復次：

不能正觀空，鈍根則自害，

如不善咒術，不善捉毒蛇。

若人鈍根，不善解空法，於空有失而生邪見。如為利捉毒蛇。不能善捉反為所害；又如咒術欲有所作，不能善成則還自害。鈍根觀空法，亦復如是。

復次：

世尊知是法，甚深微妙相，

非鈍根所及，是故不欲說。

世尊以法甚深微妙，非鈍根所解，是故不欲說。

復次：

汝謂我著空，而爲我生過，

汝今所說過，於空則無有。

汝謂我著空故，爲我生過，我所說性空，空亦復空，無如是過。

復次：

以有空義故，一切法得成，

若無空義者，一切則不成。

以有空義故，一切世間出世間法，皆悉成就。若無空義，則皆不成就。

復次：

汝今自有過，而以回向我，

如人乘馬者，自忘於所乘。

汝於有法中，有過不能自覺，而於空中見過，如人乘馬而忘其所乘。

何以故？

若汝見諸法，決定有性者，

即爲見諸法，無因亦無緣。

汝說諸法有定性，若爾者，則見諸法無因無緣。何以故？若法決定有
性，則應不生不滅，如是法何用因緣！若諸法從因緣生，則無有性，是故諸
法決定有性，則無因緣。若謂諸法決定住自性，是則不然。

何以故？

即爲破因果，作作者作法，

亦復壞一切，萬物之生滅。

諸法有定性，則無因果等諸事。

如偈說：

衆因緣生法，我說即是無，

亦爲是假名，亦是中道義。

未曾有一法，不從因緣生，

是故一切法，無不是空者。

衆因緣生法，我說即是空。何以故？衆緣具足，和合而物生，是物屬

衆因緣,故無自性,無自性故空。空亦復空,但爲引導衆生故,以假名說,離有無二邊,故名爲中道。是法無性故,不得言有;亦無空故,不得言無。若法有性相,則不待衆緣而有,若不待衆緣則無法,是故無有不空法。

汝上所說,空法有過者,此過今還在汝。何以故?

若一切不空,則無有生滅,

如是則無有,四聖諦之法。

若一切法,各各有性不空者,則無有生滅。無生滅故,則無四聖諦法。

何以故?

苦不從緣生,云何當有苦,

無常是苦義,定性無無常。

苦不從緣生故則無苦。何以故?經說無常是苦義,若苦有定性,云何有無常,以不捨自性故。

復次:

若苦有定性,何故從集生,

是故無有集,以破空義故。

若苦有定性者,則不應更生,先已有故。若爾者,則無集諦,以壞空義故。

復次:

苦若有定性,則不應有滅,

汝著定性故,即破於滅諦。

苦若有定性者,則不應滅。何以故?性則無滅故。

復次:

苦若有定性,則無有修道,

若道可修習,即無有定性。

法若定有,則無有修道。何以故?若法實者則是常,常則不可增益。若道可修,道則無有定性。

復次:

若無有苦諦,及無集滅諦,

所可滅苦道，竟爲何所至。

諸法若先定有性，則無苦集滅諦，今滅苦道，竟爲至何滅苦處！

復次：

若苦定有性，先來所不見，

於今云何見，其性不異故。

若先凡夫時，不能見苦性，今亦不應見。何以故？不見性定故。

復次：

如見苦不然，斷集及證滅，

修道及四果，是亦皆不然。

如苦諦性先不見者，後亦不應見，如是亦不應有，斷集、證滅、修道，何以故？是集性先來不斷，今亦不應斷，性不可斷故；滅先來不證，今亦不應證，先來不證故；道先來不修，今亦不應修，先來不修故；是故四聖諦，見、斷、證、修四種行，皆不應有。

四種行無故，四道果亦無。

何以故？

是四道果性，先來不可得，

諸法性若定，今云何可得。

諸法若有定性，四沙門果先來未得，今云何可得？若可得者，性則無定。

復次：

若無有四果，則無得向者，

以無八聖故，則無有僧寶。

無四沙門果故，則無得果向果者，無八賢聖故，則無有僧寶。而經說八賢聖，名爲僧寶。

復次：

無四聖諦故，亦無有法寶，

無法寶僧寶，云何有佛寶。

行四聖諦得涅槃法，若無四諦則無法寶，若無二寶，云何當有佛寶？汝以如是因緣，說諸法定性，則壞三寶。

問曰:汝雖破諸法,究竟道阿耨多羅三藐三菩提應有,因是道故,名爲佛。

答曰:

汝說則不因,菩提而有佛,

亦復不因佛,而有於菩提。

汝說諸法有定性者,則不應因菩提有佛,因佛有菩提,是二性常定故。

復次:

雖復勤精進,修行菩提道,

若先非佛性,不應得成佛,

以先無性故,如鐵無金性,雖復種種鍛煉,終不成金。

復次:

若諸法不空,無作罪福者,

不空何所作,以其性定故。

若諸法不空,終無有人作罪福者,何以故?罪福性先已定故,又無作、作者故。

復次:

汝於罪福中,不生果報者,

是則離罪福,而有諸果報。

汝於罪福因緣中,皆無果報者,則應離罪福因緣,而有果報。何以故?果報不待因出故。

問曰:離罪福可無善惡果報,但從罪福有善惡果報。

答曰:

若謂從罪福,而生果報者,

果從罪福生,云何言不空。

若離罪福無善惡果,云何言果不空。若爾,離作者則無罪福,汝先說諸法不空,是事不然!

復次:

汝破一切法,諸因緣空義,

則破於世俗,諸餘所有法。

汝若破眾因緣法,第一空義者,則破一切世俗法。

何以故?

若破於空義,即應無所作,

無作而有作,不作名作者。

若破空義,則一切果皆無作無因,又不作而作,又一切作者不應有所作,又離作者,應有業有果報有受者。但是事皆不然!是故不應破空。

復次:

若有決定性,世間種種相,

則不生不滅,常住而不壞。

若諸法有定性,則世間種種相,天人畜生萬物,皆應不生不滅,常住不壞。何以故?有實性不可變異故。而現見萬物各有變異相,生滅變易,是故不應有定性。

復次:

若無有空者,未得不應得,

亦無斷煩惱,亦無苦盡事。

若無有空法者,則世間出世間,所有功德未得者,皆不應得。亦不應有斷煩惱者,亦無苦盡。何以故?以性定故。

是故經中說,若見因緣法,

則爲能見佛,見苦集滅道。

若人見一切法從眾緣生,是人即能見佛法身,增益智慧。能見四聖諦,苦集滅道,見四聖諦得四果,滅諸苦惱,是故不應破空義。若破空義,則破因緣法;破因緣法,則破三寶;若破三寶,則爲自破。

## ～〜 觀涅槃品第二十五 〜～

問曰:

若一切法空,無生無滅者,

何斷何所滅,而稱爲涅槃。

若一切法空,則無生無滅,無生無滅者,何所斷?何所滅?而名爲涅槃。是故一切法不應空,以諸法不空故,斷諸煩惱滅五陰,名爲涅槃。

答曰:

若諸法不空,則無生無滅,

何斷何所滅,而稱爲涅槃。

若一切世間不空,則無生無滅,何所斷?何所滅?而名爲涅槃。是故有無二門,非至涅槃。

所名涅槃者:

無得亦無至,不斷亦不常,

不生亦不滅,是說名涅槃。

無得者,於行、於果無所得。無至者,無處可至。不斷者,五陰先來畢竟空故,得道入無餘涅槃時,亦無所斷。不常者,若有法可得分別者,則名爲常,涅槃寂滅無法可分別,故不名爲常。生滅亦爾,如是相者,名爲涅槃。

復次,經說涅槃,非有、非無、非有無、非非有、非非無,一切法不受内寂滅,名涅槃。何以故?

涅槃不名有,有則老死相,

終無有有法,離於老死相。

眼見一切萬物皆生滅故,是老死相,涅槃若是有,則應有老死相,但是事不然,是故涅槃不名有。又不見離生滅老死,別有定法而名涅槃。若涅槃是有,即應有生滅老死相,以離老死相故,名爲涅槃。

復次:

若涅槃是有,涅槃即有爲,

終無有一法,而是無爲者。

涅槃非是有,何以故?一切萬物從眾緣生,皆是有爲,無有一法名爲無爲者。雖常法假名無爲,以理推之,無常法尚無有。何況常法,不可見、不可得者!

復次：

若涅槃是有，云何名無受，

無有不從受，而名爲有法。

若謂涅槃是有法者，經則不應說無受是涅槃。何以故？無有有法，不受而有，是故涅槃非有。

問曰：若有非涅槃者，無應是涅槃耶？

答曰：

有尚非涅槃，何況於無耶，

涅槃無有有，何處當有無。

若有非涅槃，無云何是涅槃！何以故？因有故有無，若無有云何有無！如經說：先有今無則名無。涅槃則不爾，何以故？非有法變爲無故，是故無亦不作涅槃。

復次：

若無是涅槃，云何名不受，

未曾有不受，而名爲無法。

若謂無是涅槃，經則不應說不受名涅槃。何以故？無有不受。而名無法，是故知涅槃非無。

問曰：若涅槃非有非無者，何等是涅槃？

答曰：

受諸因緣故，輪轉生死中，

不受諸因緣，是名爲涅槃。

不如實知顛倒故，因五受陰往來生死。如實知顛倒故，則不復因五受陰往來生死。無性五陰不復相續故，說名涅槃。

復次：

如佛經中說，斷有斷非有，

是故知涅槃，非有亦非無。

有名三有，非有名三有斷滅。佛說斷此二事故，當知涅槃非有亦非無。

問曰：若有若，無非涅槃者，今有無共合，是涅槃耶？

答曰：

若謂於有無，合爲涅槃者，

有無即解脫，是事則不然。

若謂於有無合，爲涅槃者，即有無二事合爲解脫。是事不然！何以故？有無二事相違故，云何一處有！

復次：

若謂於有無，合爲涅槃者，

涅槃非無受，是二從受生。

若謂有無合，爲涅槃者，即經不應說涅槃名無受。何以故？有無二事從受生，相因而有，是故有無二事，不得合爲涅槃。

復次：

有無共合成，云何名涅槃，

涅槃名無爲，有無是有爲。

有無二事共合，不得名涅槃，涅槃名無爲，有無是有爲，是故有無非是涅槃。

復次：

有無二事共，云何是涅槃，

是二不同處，如明闇不俱。

有無二事，不得名涅槃。何以故？有無相違，一處不可得，如明闇不俱，是故有時無無，無時無有，云何有無共合，而名爲涅槃！

問曰：若有無共合，非涅槃者，今非有非無應是涅槃？

答曰：

若非有非無，名之爲涅槃，

此非有非無，以何而分別。

若涅槃非有非無者，此非有非無，因何而分別，是故非有非無，是涅槃者，是事不然！

復次：

分別非有無，如是名涅槃，

若有無成者,非有非無成。

汝分別非有非無,是涅槃者,是事不然!何以故?若有無成者,然後非有非無成,有相違名無,無相違名有,是有無第三句中已破。有無無故,云何有非有非無!是故涅槃,非非有非非無。

復次:

如來滅度後,不言有與無,

亦不言有無,非有及非無。

如來現在時,不言有與無,

亦不言有無,非有及非無。

若如來滅後若現在,有如來亦不受,無如來亦不受,亦有如來亦無如來亦不受,非有如來非無如來亦不受。以不受故,不應分別涅槃有無等。離如來誰當得涅槃,何時、何處、以何法說涅槃!是故一切時、一切種,求涅槃相不可得。

復次:

涅槃與世間,無有少分別,

世間與涅槃,亦無少分別。

五陰相續往來因緣故,說名世間五陰性畢竟空無受寂滅,此義先已說。以一切法不生不滅故,世間與涅槃無有分別,涅槃與世間亦無分別。

復次:

涅槃之實際,及與世間際,

如是二際者,無毫釐差別。

究竟推求世間涅槃,實際無生際,以平等不可得故,無毫釐差別。

復次:

滅後有無等,有邊等常等,

諸見依涅槃,未來過去世。

如來滅後有如來無如來,亦有如來亦無如來,非有如來非無如來;世間有邊世間無邊,世間亦有邊亦無邊,世間非有邊非無邊;世間常世間無常,世間亦常亦無常,世間非有常非無常。此三種十二見,如來滅後有無等四見,依涅槃起;世間有邊無邊等四見,依未來世起;世間常無常等四見,依過去世起。如來滅後有無等不可得,涅槃亦如是。如世間前際、後際、有邊、無邊、有常、無常等不可得,涅槃亦如是。是故說世間涅槃等無有異。

復次:

一切法空故,何有邊無邊,

亦邊亦無邊,非有非無邊。

何者爲一異,何有常無常,

亦常亦無常,非常非無常。

諸法不可得,滅一切戲論,

無人亦無處,佛亦無所說。

一切法、一切時、一切種,從衆緣生故,畢竟空故無自性。如是法中,何者是有邊?誰爲有邊?何者是無邊?亦有邊亦無邊?非有邊非無邊?誰爲非有邊非無邊?何者是常?誰爲是常?何者是無常?常無常?非常非無常?誰爲非常非無常?何者身即是神?何者身異於神?如是等六十二邪見,於畢竟空中皆不可得。諸有所得皆息,戲論皆滅,戲論滅故,通達諸法實相得安隱道。

從《因緣品》來分別推求諸法,有亦無,無亦無,有無亦無,非有非無亦無,是名諸法實相。亦名如法性、實際、涅槃,是故如來無時無處,爲人說涅槃定相。是故說諸有所得皆息,戲論皆滅。

# 觀十二因緣品第二十六

問曰:汝以摩訶衍,說第一義道,我今欲聞說聲聞法,入第一義道。

答曰:

衆生痴所覆,爲後起三行,

以起是行故,隨行墮六趣。

以諸行因緣,識受六道身,

以有識著故,增長於名色。

名色增長故,因而生六入,

情塵識和合,而生於六觸。

因於六觸故,即生於三受,

以因三受故,而生於渴愛。

因愛有四取,因取故有有,

若取者不取,則解脫無有。

從有而有生,從生有老死,

從老死故有,憂悲諸苦惱。

如是等諸事,皆從生而有,

但以是因緣,而集大苦陰。

是謂爲生死,諸行之根本,

無明者所造,智者所不爲。

以是事滅故,是事則不生,

但是苦陰聚,如是而正滅。

凡夫爲無明所盲故,以身口意業,爲後身起六趣諸行,隨所起行有上中下,識入六趣隨行受身,以識著因緣,故名色集,名色集故有六入,六入因緣故有六觸,六觸因緣故有三受,三受因緣故生渴愛,渴愛因緣故有四取,四取取時,以身口意業起罪福,令後三有相續,從有而有生,從生而有老死,從老死有憂悲苦惱種種衆患。但有大苦陰集,是故知凡夫無智,起此生死諸行根本。

智者所不起,以如實見故,則無明滅,無明滅故諸行亦滅,以因滅故果亦滅。如是修習觀十二因緣,生滅智故是事滅。是事滅故,乃至生老死憂悲大苦陰,皆如實正滅。正滅者畢竟滅,是十二因緣生滅義。如《阿毗曇》"修多羅"中廣說。

## 觀邪見品第二十七

問曰：已聞大乘法破邪見，今欲聞聲聞法破邪見。

答曰：

我於過去世，爲有爲是無，

世間常等見，皆依過去世。

我於未來世，爲作爲不作，

有邊等諸見，皆依未來世。

我於過去世，爲有爲無，爲有無爲非有非無，是名常等諸見依過去世。我於未來世，爲作爲不作，爲作不作，爲非作非不作，是名邊無邊等諸見，依未來世。如是等諸邪見，何因緣故，名爲邪見！

是事今當說：

過去世有我，是事不可得，

過去世中我，不作今世我。

若謂我即是，而身有異相，

若當離於身，何處別有我，

離有無身我，是事爲已成。

若謂身即我，若都無有我，

但身不爲我，身相生滅故，

云何當以受，而作於受者。

若離身有我，是事則不然，

無受而有我，而實不可得。

今我不離受，亦不即是受，

非無受非無，此即決定義。

我於過去世有者，是事不然！何以故？先世中我不即作今我，有常過故。若常則有無量過，何以故？如人修福因緣故，作天而後作人，若先世我即是今我者，天即是人。又人以罪業因緣故。作旃陀羅後作婆羅門，若先世我即是今我者，旃陀羅即是婆羅門。譬如舍衛國婆羅門名提婆達，到王舍城亦名提婆達，不以至王舍城故爲異。若先作天後作人，則天即是人，旃陀羅即是婆羅門，但是事不然！何以故？天不即是人，旃陀羅不即是婆羅門，有此等常過故。

若謂先世我不作今我，如人浣衣時名爲浣者，割時名爲割者，而浣者與割者雖不異，而浣者不即是割者。如是我受天身名爲天，我受人身名爲人，我不異而身有異者，是事不然！何以故？若即是者，不應言天作人。今浣者於割者，爲異爲不異？若不異，浣者應即是割者，如是先世天即是人；旃陀羅即是婆羅門，我亦有常過。若異者，浣者即不作割者，如是天不作人，我亦無常。無常則無我相，是故不得言即是。

問曰：我即是，但因受故分別是天、是人。受名五陰身，以業因緣故，分別是天、人、旃陀羅、婆羅門。而我實非天、非人、非旃陀羅、非婆羅門，是故無如是過。

答曰：是事不然！何以故？若身作天作人，作旃陀羅，作婆羅門，非是我者，則離身別有我。今罪福生死往來，皆是身非是我，罪因緣故墮三惡道，福因緣故生三善道。若苦樂嗔喜憂怖等，皆是身非我者，何用我爲！如治俗人罪，不予出家人，五陰因緣相續，罪福不失，故有解脫。若皆是身非我者，何用我爲！

問曰：罪福等依止於我，我有所知，身無所知故。知者應是我，起業因緣，罪福是作法，當知應有作者。作者是我，身是我所用，亦是我所住處。譬如舍主，以草木泥墼等治舍，自爲身故，隨所用治舍有好惡。我亦如是，隨作善惡等得好醜身，六道生死皆我所作，是故罪福之身，皆屬於我。譬如舍但屬舍主，不屬他人？

答曰：是喻不然！何以故？舍主有形、有觸、有力，故能治舍。汝所說我無形、無觸，故無作力，自無作力，亦不能使他作。若世間有一法，無形無觸，能有所作者，我則可信，受知有作者，但是事不然！若我是作者，則不應自作苦事，若是念者，可貪樂事不應忘失。若我不作苦，而苦強生者，餘一切皆亦自生，非我所作。若見者是我，眼能見色眼應是我；若眼見而非我，則違先言見者是我。若見者是我，我則不應得聞聲等諸塵。何以故？眼是見者，不能得聞聲等塵故。是故我是見者，是事不然！

若謂如割者用鐮割草，我亦如是，以手等能有所作者，是事不然！何以故？今離鐮別有割者，而離身心諸根無別作者。若謂作者雖非眼耳等所得，亦有作者，則石女兒能有所作，如是一切諸根皆應無我。若謂右眼見物而左眼識，當知別有見者，是事不然！今右手習作，左手不能，是故無別有作者。若別有作者，右手所習，左手亦應能，而實不能，是故更無作者。

復次，有我者言，見他食果口中涎出，是爲我相，是事不然！何以故？是念力故，非是我力。又亦即是破我因緣，人在衆中愧於涎出，而涎強出，不得自在，當知無我。

復次，又有顛倒過罪，先世是父，今世爲子，是父子我一。但身有異，如從一舍至一舍，父故是父，不以入異舍，故便有異。若有我是二應一，如是則有大過。若謂無我五陰，相續中亦有是過，是事不然！何以故？五陰雖相續，或時有用，或時無用。如蒲桃漿持戒者應飲，蒲萄酒不應飲，若變爲苦酒，還復應飲。五陰相續亦如是，有用有不用。若始終一我，有如是過，五陰相續無如是過。但五陰和合故，假名爲我，無有決定。如梁椽和合有舍，離梁椽無別舍，如是五陰和合故有我，若離五陰實無別我，是故我但有假名無有定實。汝先說離受別有受者，以受分別受者是天是人，是皆不然！當知但有受無別受者，若謂離受別有我，是事不然。若離受有我，云何可得說是我相？若無相可說，則離受無我。若謂離身無我但身是我，是亦不然，何以故？身有生滅相，我則不爾。

復次，云何以受即名受者，若謂離受有受者，是亦不然！若不受五陰而有受者，應離五陰別有受者，眼等根可得，而實不可得。是故我不離受，不即是受，亦非無受，亦復非無，此是定義。

是故當知，過去世有我者，是事不然。何以故？

過去我不作，是事則不然，

過去世中我，異今亦不然。

若謂有異者,離彼應有今,

我住過去世,而今我自生。

如是則斷滅,失於業果報,

彼作而此受,有如是等過。

先無而今有,此中亦有過,

我則是作法,亦爲是無因。

過去世中我,不作今我,是事不然! 何以故? 過去世中我,與今我不異。若今我與過去世我異者,應離彼我而有今我;又過去世我,亦應住彼,此身自更生。若爾者,即墮斷邊,失諸業果報,又彼人作罪,此人受報,有如是等無量過。又是我應先無而今有,是亦有過。我則是作法,亦是無因生,是故過去我,不作今我,是事不然!

復次:

如過去世中,有我無我見,

若共若不共,是事皆不然。

如是推求,過去世中邪見,有無亦有亦無,非有非無,是諸邪見,先說因緣過故,是皆不然。

我於未來世,爲作爲不作,

如是之見者,皆同過去世。

我於未來世中,爲作爲不作,如是四句,如過去世中過咎,應在此中說。

復次:

若天即是人,則墮於常邊,

天則爲無生,常法不生故。

若天即是人,是則爲常,若天不生人中,云何名爲人。常法不生故,常亦不然。

復次:

若天異於人,是即爲無常,

若天異人者,是則無相續。

若天與人異,則爲無常,無常則爲斷滅等過,如先說過。若天與人異,則無相續,若有相續,不得言異。

復次:

若半天半人,則墮於二邊,

常及於無常,是事則不然。

若衆生半身是天,半身是人,若爾則有常無常。半天是常,半人是無常。但是事不然!何以故?一身有二相過故。

復次:

若常及無常,是二俱成者,

如是則應成,非常非無常。

若常無常,二俱成者,然後成非常非無常。與常無常相違故,今實常無常不成,是故非常非無常亦不成。

復次,今生死無始,是亦不然!何以故?

法若定有來,及定有去者,

生死則無始,而實無此事。

法若決定有所從來,有所從去者,生死則應無始。是法以智慧推求,不得有所從來,有所從去。是故生死無始,是事不然。

復次:

今若無有常,云何有無常,

亦常亦無常,非常非無常。

若爾者,以智慧推求,無法可得常者,誰當有無常,因常有無常故。若二俱無者,云何有亦有常亦無常;若無有常無常,云何有非有常非無常。因亦有常亦無常故,有非有常非無常。是故依止過去世,常等四句不可得,有邊無邊等四句,依止未來世,是事不可得。

今當說,何以故?

若世間有邊云何有後世

若世間無邊云何有後世

若世間有邊,不應有後世,而今實有後世,是故世間有邊不然,若世間無邊,亦不應有後世,而實有後世,是故世間無邊亦不然,復次是二邊不可得,何以故?

　　五陰常相續,猶如燈火炎,

　　以是故世間,不應邊無邊。

　　從五陰復生五陰,是五陰次第相續,如衆緣和合有燈炎。若衆緣不盡,燈則不滅,若盡則滅。是故不得說,世間有邊無邊。

　　復次:

　　若先五陰壞,不因是五陰,

　　更生後五陰,世間則有邊。

　　若先陰不壞,亦不因是陰,

　　而生後五陰,世間則無邊。

　　若先五陰壞,不因是五陰,更生後五陰,如是則世間有邊。若先五陰滅已,更不生餘五陰,是名爲邊,邊名末後身。若先五陰不壞,不因是五陰,而生後五陰,世間則無邊,是則爲常。而實不爾,是故世間無邊,是事不然。世間有二種:國土世間,衆生世間。此是衆生世間。

　　復次,如《四百觀》中說:

　　真法及說者,聽者難得故,

　　如是則生死,非有邊無邊。

　　不得真法因緣故,生死往來無有邊,或時得聞真法得道故,不得言無邊。

　　今當更破,亦有邊亦無邊。

　　若世半有邊,世間半無邊,

　　是則亦有邊,亦無邊不然。

　　若世間半有邊半無邊,則應是亦有邊亦無邊。若爾者,則一法二相,是事不然。

　　何以故?

　　彼受五陰者,云何一分破,

　　一分而不破,是事則不然。

受亦復如是，云何一分破，

一分而不破，是事亦不然。

受五陰者，云何一分破，一分不破，一事不得亦常亦無常。受亦如是，云何一分破，一分不破，常無常二相過故。是故世間。亦有邊亦無邊，是則不然。

今當破，非有邊非無邊見。

若亦有無邊，是二得成者，

非有非無邊，是則亦應成。

與有邊相違故有無邊，如長相違有短。與有無相違，則有亦有亦無；與亦有亦無相違故，則有非有非無。若亦有邊亦無邊定成者，應有非有邊非無邊。何以故？因相待故。上已破亦有邊亦無邊第三句，今云何當有非有邊非無邊？以無相待故。如是推求，依止未來世，有邊等四見，皆不可得。

復次：

一切法空故，世間常等見，

何處於何時，誰起是諸見。

上以聲聞法破諸見，今此大乘法中說，諸法從本以來畢竟空性。如是空性法中無人無法，不應生邪見正見。“處”名土地，“時”名日月歲數，“誰”名爲人，“是”名諸見體。

若有常無常等，決定見者，應當有人出生此見，破我故無人。生是見應有處所，色法現見尚可破，何況時方。若有諸見者，應有定實，若定則不應破。上來以種種因緣破，是故當知見無定體，云何得生！

如偈說：何處於何時，誰起是諸見。

瞿曇大聖主。憐愍說是法。

悉斷一切見。我今稽首禮。

一切見者，略說則五見，廣說則六十二見，爲斷是諸見故說法。大聖主瞿曇，是無量無邊，不可思議智慧者，是故我稽首禮。

第五編

# 佛說阿彌陀經

# 佛說阿彌陀經

如是我聞：一時，佛在舍衛國祇樹給孤獨園，與大比丘僧，千二百五十人俱，皆是大阿羅漢，衆所知識：長老舍利弗，摩訶目犍連，摩訶迦葉，摩訶迦旃延，摩訶俱絺羅，離婆多，周利槃陀伽，難陀，阿難陀，羅睺羅，喬梵波提，賓頭盧頗羅墮，迦留陀夷，摩訶劫賓那，薄拘羅，阿那樓馱，如是等諸大弟子。並諸菩薩摩訶薩：文殊師利法王子，阿逸多菩薩，乾陀訶提菩薩，常精進菩薩，與如是等諸大菩薩。及釋提桓因等，無量諸天大衆俱。

爾時，佛告長老舍利弗：從是西方，過十萬億佛土，有世界名曰極樂。其土有佛，號阿彌陀，今現在說法。

舍利弗，彼土何故名爲極樂？其國衆生，無有衆苦，但受諸樂，故名極樂。

又舍利弗，極樂國土，七重欄楯，七重羅網，七重行樹，皆是四寶周匝圍繞，是故彼國名爲極樂。

又舍利弗，極樂國土，有七寶池，八功德水充滿其中。池底純以金沙布地。四邊階道，金、銀、琉璃、頗梨合成。上有樓閣，亦以金、銀、琉璃、頗梨、硨磲、赤珠、瑪瑙而嚴飾之。池中蓮華，大如車輪，青色青光，黃色黃光，赤色赤光，白色白光，微妙香潔。舍利弗，極樂國土，成就如是功德莊嚴。

又舍利弗，彼佛國土，常作天樂，黃金爲地，晝夜六時，雨天曼陀羅華。其土衆生，常以清旦，各以衣裓，盛衆妙華，供養他方十萬億佛。即以食時，還到本國，飯食經行。舍利弗，極樂國土，成就如是功德莊嚴。

　　復次舍利弗，彼國常有種種奇妙雜色之鳥：白鶴、孔雀、鸚鵡、舍利、迦陵頻伽、共命之鳥。是諸衆鳥，晝夜六時，出和雅音，其音演暢五根、五力、七菩提分、八聖道分，如是等法。其土衆生，聞是音已，皆悉念佛、念法、念僧。舍利弗，汝勿謂此鳥，實是罪報所生。所以者何？彼佛國土，無三惡道。舍利弗，其佛國土，尚無惡道之名，何況有實？是諸衆鳥，皆是阿彌陀佛欲令法音宣流，變化所作。舍利弗，彼佛國土，微風吹動，諸寶行樹，及寶羅網，出微妙音，譬如百千種樂，同時俱作。聞是音者，自然皆生念佛、念法、念僧之心。舍利弗，其佛國土，成就如是功德莊嚴。

　　舍利弗，於汝意云何？彼佛何故號阿彌陀？舍利弗，彼佛光明無量，照十方國，無所障礙，是故號爲阿彌陀。又舍利弗，彼佛壽命，及其人民，無量無邊阿僧祇劫，故名阿彌陀。舍利弗，阿彌陀佛，成佛以來，於今十劫。又舍利弗，彼佛有無量無邊聲聞弟子，皆阿羅漢，非是算數之所能知。諸菩薩衆，亦復如是。舍利弗，彼佛國土，成就如是功德莊嚴。

　　又舍利弗，極樂國土，衆生生者，皆是阿鞞跋致。其中多有一生補處，其數甚多，非是算數所能知之，但可以無量無邊阿僧祇說。

　　舍利弗，衆生聞者，應當發願，願生彼國。所以者何？得與如是諸上善人俱會一處。舍利弗，不可以少善根、福德、因緣，得生彼國。舍利弗，若有善男子、善女人，聞說阿彌陀佛，執持名號，若一日、若二日、若三日、若四日、若五日、若六日、若七日，一心不亂。其人臨命終時，阿彌陀佛與諸聖衆，現在其前。是人終時，心不顛倒，即得往生阿彌陀佛極樂國土。舍利弗，我見是利，故說此言。若有衆生，聞是說者，應當發願，生彼國土。

　　舍利弗，如我今者，贊嘆阿彌陀佛不可思議功德之利。東方亦有阿閦鞞佛、須彌相佛、大須彌佛、須彌光佛、妙音佛，如是等恒河沙數諸佛，各於其國，出廣長舌相，遍復三千大千世界，說誠實言：*汝等衆生，當信是稱贊不可思議功德，一切諸佛所護念經。*

　　舍利弗，南方世界有日月燈佛、名聞光佛、大焰肩佛、須彌燈佛、無量精進佛，如是等恒河沙數諸佛，各於其國，出廣長舌相，遍復三千大千世界，說誠實言：*汝等衆生，當信是稱贊不可思議功德，一切諸佛所護念經。*

　　舍利弗,西方世界有無量壽佛、無量相佛、無量幢佛、大光佛、大明佛、寶相佛、淨光佛,如是等恒河沙數諸佛,各於其國,出廣長舌相,遍復三千大千世界,說誠實言:汝等眾生,當信是稱讚不可思議功德,一切諸佛所護念經。

　　舍利弗,北方世界有焰肩佛、最勝音佛、難沮佛、日生佛、網明佛,如是等恒河沙數諸佛,各於其國,出廣長舌相,遍復三千大千世界,說誠實言:汝等眾生,當信是稱讚不可思議功德,一切諸佛所護念經。

　　舍利弗,下方世界有師子佛、名聞佛、名光佛、達摩佛、法幢佛、持法佛,如是等恒河沙數諸佛,各於其國,出廣長舌相,遍復三千大千世界,說誠實言:汝等眾生,當信是稱讚不可思議功德,一切諸佛所護念經。

　　舍利弗,上方世界有梵音佛、宿王佛、香上佛、香光佛、大焰肩佛、雜色寶華嚴身佛、娑羅樹王佛、寶華德佛、見一切義佛、如須彌山佛,如是等恒河沙數諸佛,各於其國,出廣長舌相,遍復三千大千世界,說誠實言:汝等眾生,當信是稱讚不可思議功德,一切諸佛所護念經。

　　舍利弗,於汝意云何,何故名爲一切諸佛所護念經?舍利弗,若有善男子、善女人,聞是經受持者,及聞諸佛名者,是諸善男子、善女人,皆爲一切諸佛之所護念,皆得不退轉於阿耨多羅三藐三菩提。是故舍利弗,汝等皆當信受我語,及諸佛所說。

　　舍利弗,若有人已發願、今發願、當發願,欲生阿彌陀佛國者,是諸人等,皆得不退轉於阿耨多羅三藐三菩提。於彼國土,若已生、若今生、若當生。是故舍利弗,諸善男子、善女人,若有信者,應當發願,生彼國土。

　　舍利弗,如我今者,稱讚諸佛不可思議功德,彼諸佛等,亦稱讚我不可思議功德。而作是言,釋迦牟尼佛,能爲甚難希有之事。能於娑婆國土,五濁惡世,劫濁、見濁、煩惱濁、眾生濁、命濁中,得阿耨多羅三藐三菩提。爲諸眾生,說是一切世間難信之法。舍利弗,當知我於五濁惡世,行此難事,得阿耨多羅三藐三菩提,爲一切世間說此難信之法,是爲甚難。

　　佛說此經已,舍利弗,及諸比丘,一切世間天人阿修羅等,聞佛所說,歡喜信受,作禮而去。

**拔一切業障根本得生淨土陀羅尼**

南無阿彌多婆夜,哆他伽多夜,哆地夜他,阿彌利都、婆毗。阿彌利哆、悉耽婆毗,阿彌唎哆、毗迦蘭帝,阿彌唎哆、毗迦蘭哆、伽彌膩,伽伽那、枳多迦隸,娑婆訶。

第六編

# 大智度論

# 卷第一<sup>①</sup>

~~~ 緣起論第一 ~~~

智度大道佛從來，智度大海佛窮盡，

智度相義佛無礙，稽首智度無等佛。

有無二見滅無餘，諸法實相佛所說，

常住不壞淨煩惱，稽首佛所尊重法。

聖衆大海行福田，學無學人以莊嚴，

後有愛種永已盡，我所既滅根亦除；

已捨世間諸事業，種種功德所住處，

一切衆中最爲上，稽首真淨大德僧。

一心恭敬三寶已，及諸救世彌勒等；

智慧第一舍利弗，無諍空行須菩提。

我今如力欲演說，大智彼岸實相義，

願諸大德聖智人，一心善順聽我說！

問曰：佛以何因緣故說《摩訶般若波羅蜜經》？諸佛法不以無事及小因緣而自發言，譬如須彌山王不以無事及小因緣而動。今有何等大因緣故，佛說《摩訶般若波羅蜜經》？答曰：佛於三藏中，廣引種種諸喻，爲聲聞

---

① 本篇限於篇幅，只選取部分内容。

說法，不說菩薩道。唯《中阿含.本末經》中，佛記彌勒菩薩汝當來世，當得作佛，號字彌勒，亦不說種種菩薩行。佛今欲爲彌勒等廣說諸菩薩行，是故說《摩訶般若波羅蜜經》。復次，有菩薩修念佛三昧，佛爲彼等欲令於此三昧得增益故說《般若波羅蜜經》。如《般若波羅蜜.初品》中說：佛現神足，放金色光明，遍照十方恒河沙等世界，示現大身，清淨光明，種種妙色滿虛空中。佛在眾中，端正殊妙，無能及者。譬如須彌山王，處於大海。諸菩薩見佛神變，於念佛三昧倍復增益，以是事故說《摩訶般若波羅蜜經》。復次，菩薩初生時，放大光明，普遍十方，行至七步，四顧觀察，作師子吼而偈言：

我生胎分盡，是最末後身；我已得解脫，當復度眾生。

作是誓已，身漸長大，欲捨親屬，出家修無上道。中夜起觀，見諸伎直、後妃婇女，狀若臭屍。即命車匿，令被白馬，夜半逾城，行十二由旬，到跋伽婆仙人所住林中，以刀剃髮，以上妙寶衣，貿粗布僧伽梨。於泥連禪河側，六年苦行，日食一麻，或食一米等，而自念言：是處非道！爾時，菩薩舍苦行處，到菩提樹下，坐金剛處。魔王將十八億萬眾來壞菩薩，菩薩以智慧功德力故，降魔眾已，即得阿耨多羅三藐三菩提。是時三千大千世界主梵天王，名式棄，及色界諸天等，釋提桓因及欲界諸天等，並四天王，皆詣佛所，勸請世尊初轉法輪；亦是菩薩念本所願，及大慈大悲故，受請說法。諸法甚深者，般若波羅蜜是。以是故佛說《摩訶般若波羅蜜經》。復次，有人疑佛不得一切智。所以者何？諸法無量無數，云何一人能知一切法？佛住般若波羅蜜實相清淨如虛空，無量無數法中，自發誠言：我是一切智人。欲斷一切眾生疑，以是故說《摩訶般若波羅蜜經》。復次，有眾生應得度者，以佛大功德智慧無量，難知難解故，爲惡師所惑，心没邪法，不入正道。爲是輩人，起大慈心，以大悲手授之，令入佛道；是故自現最妙功德，出大神力。如《般若波羅蜜.初品》中說：佛入三昧王三昧，從三昧起，以天眼觀十方世界，舉身毛孔皆笑，從其足下千輻輪相，放六百千萬億種種色光明，從足指上至肉髻，處處各放六百千萬億種種色光明，普照十方無量無數如恒沙等諸佛世界，皆令大明。佛從三昧起，欲宣示一切諸法實相,斷一切眾生疑結故,說《般若波羅蜜經》。復次,有惡邪人,懷嫉妒意,誹謗言:佛智慧不出於人,但以幻術惑世。斷彼貢高邪慢意故,現無量神力、無量智慧力,於《般若波羅蜜》中,自說:我神德無量,三界特尊,為一切覆護。若一發惡念,獲罪無量;一發淨信,受人天樂,必得涅槃果。復次,欲令人信受法故,言:我是大師,有十力、四無所畏,安立聖主住處,心得自在,能師子吼,轉妙法輪,於一切世界最尊最上。復次,佛世尊欲令眾生歡喜故,說是《般若波羅蜜經》言:汝等應生大喜! 何以故? 一切眾生入邪見網,為異學惡師所惑,我於一切惡師邪網中得出。十力大師,難可值見,汝今已遇,我隨時開發三十七品等諸深法藏,恣汝採取。復次,一切眾生為結使病所煩惱,無始生死已來,無人能治此病者,常為外道惡師所誤。我今出世為大醫王,集諸法藥,汝等當服。是故佛說《摩訶般若波羅蜜經》。復次,有人念言:佛與人同,亦有生死,實受飢渴、寒熱、老病苦。佛欲斷彼意故,說是《摩訶般若波羅蜜經》。示言:我身不可思議,梵天王等諸天祖父,於恒河沙等劫中,欲思量我身、尋究我聲,不能測度,況我智慧三昧? 如偈說:

　　諸法實相中,諸梵天王等,一切天地主,迷惑不能了!

　　此法甚深妙,無能測量者,佛出悉開解,其明如日照。

　　又如佛初轉法輪時,應時菩薩從他方來,欲量佛身,上過虛空無量佛剎,至華上佛世界,見佛身如故,菩薩說言:

　　虛空無有邊,佛功德亦爾;設欲量其身,唐勞不能盡!

　　上過虛空界,無量諸佛土,見釋師子身,如故而不異!

　　佛身如金山,演出大光明,相好自莊嚴,猶如春華敷。

　　如佛身無量,光明、音響亦復無量,戒、定、慧等諸佛功德皆悉無量。如《密跡經》中三密,此中應廣說。復次,佛初生時,墮地行七步,口自發言,言竟便默,如諸嬰孩,不行不語,乳餔三歲,諸母養育,漸次長大。然佛身無數,過諸世間,為眾生故,現如凡人。凡人生時,身分諸根及其意識未成就故,身四威儀:坐、臥、行、住,言談語默,種種人法,皆悉未了;日月歲過,漸漸習學,能具人法。今佛云何生便能語能行,後更不能? 以此致怪!

但爲此故,以方便力,現行人法,如人威儀,令諸衆生信於深法。若菩薩生時,便能行能語,世人當作是念:今見此人,世未曾有,必是天、龍、鬼、神,其所學法,必非我等所及。何以故?我等生死肉身,爲結使業所牽,不得自在。如此深法,誰能及之?以此自絕,不得成賢聖法器。爲是人故,於嵐毗尼園中生。雖即能至菩提樹下成佛,以方便力故,而現作孩童、幼小、年少、成人;於諸時中次第而受嬉戲、術藝、服禦、五欲,具足人法。後漸見老、病、死苦,生厭患心,於夜中半,逾城出家,到鬱特伽阿羅洛仙人所,現作弟子而不行其法。雖常用神通,自念宿命,迦葉佛時持戒行道,而今現修苦行六年求道。菩薩雖主三千大千世界,而現破魔軍,成無上道。隨順世法故,現是衆變。今於《般若波羅蜜》中現大神通智慧力故,諸人當知佛身無數,過諸世間。復次,有人應可度者,或墮二邊;或以無智故,但求身樂;或有爲道故,修著苦行。如是人等,於第一義中,失涅槃正道。佛欲拔此二邊,令入中道,故說《摩訶般若波羅蜜經》。

復次,分別生身、法身供養果報故,說《摩訶般若波羅蜜經》,如〈舍利塔品〉中說。復次,欲說阿鞞跋致,阿鞞跋致相故說。又爲魔幻、魔事故說。復次,爲當來世人,供養般若波羅蜜因緣故;又欲授三乘記別故,說是《般若波羅蜜經》。如佛告阿難:我涅槃後,此般若波羅蜜當至南方,從南方至西方,後五百歲中當至北方。是中多有信法善男子、善女人,種種華香、瓔珞、幢幡、伎樂、燈明、珍寶,以財物供養。若自書,若教人書,若讀誦、聽說,正憶念、修行,以法供養。是人以是因緣故,受種種世間樂;末後得三乘,入無餘涅槃。如是等觀諸品中因緣事故,說《般若波羅蜜經》。

復次,佛欲說第一義悉檀相故,說是《般若波羅蜜經》。有四種悉檀:一者、世界悉檀,二者、各各爲人悉檀,三者、對治悉檀,四者、第一義悉檀。四悉檀中,一切十二部經,八萬四千法藏,皆是實,無相違背。佛法中,有以世界悉檀故實,有以各各爲人悉檀故實,有以對治悉檀故實,有以第一義悉檀故實。有世界者,有法從因緣和合故有,無別性。譬如車、轅、軸、輻、輞等和合故有,無別車。人亦如是,五衆和合故有,無別人。若無世界悉檀者,佛是實語人,云何言我以清淨天眼,見諸衆生隨善惡業死此生彼受果報；善業者生天人中，惡業者墮三惡道？復次，經言：一人出世，多人蒙慶，福樂饒益，佛世尊也。如《法句》中說：神自能救神，他人安能救！神自行善智，是最能自救。如《瓶沙王迎經》中佛說：凡人不聞法，凡人著於我。又《佛二夜經》中說：佛初得道夜，至般涅槃夜，是二夜中間所說經教，一切皆實不顛倒。若實無人者，佛云何言我天眼見眾生？是故當知有人者，世界悉檀，故非是第一義悉檀。問曰：第一悉檀是真實，實故名第一，餘者不應實。答曰：不然！是四悉檀各各有實，如如、法性、實際，世界悉檀故無，第一義悉檀故有。人等亦如是，世界悉檀故有，第一義悉檀故無。所以者何？人五眾因緣有故有是人等。譬如乳，色、香、味、觸因緣有故有是乳；若乳實無，乳因緣亦應無。今乳因緣實有故，乳亦應有；非如一人第二頭、第三手，無因緣而有假名。如是等相，名爲世界悉檀。云何各各爲人悉檀者？觀人心行而爲說法，於一事中，或聽或不聽。如經中所說：雜報業故，雜生世間，得雜觸、雜受。更有《破群那經》中說：無人得觸，無人得受。問曰：此二經云何通？答曰：以有人疑後世，不信罪福，作不善行，墮斷滅見；欲斷彼疑，捨彼惡行，欲拔彼斷見，是故說雜生世間、雜觸、雜受。是破群那計有我有神，墮計常中。破群那問佛言：大德！誰受？若佛說某甲某甲受，便墮計常中，其人我見倍復牢固，不可移轉，以是故不說有受者、觸者。如是等相，是名各各爲人悉檀。對治悉檀者，有法，對治則有，實性則無。譬如重、熱、膩、酢、鹹藥草飲食等，於風病中名爲藥，於餘病非藥；若輕、冷、甘、苦、澀藥草飲食等，於熱病名爲藥，於餘病非藥；若輕、辛、苦、澀、熱藥草飲食等，於冷病中名爲藥，於餘病非藥。佛法中治心病亦如是：不淨觀思惟，於貪欲病中，名爲善對治法；於瞋恚病中，不名爲善，非對治法。所以者何？觀身過失，名不淨觀；若瞋恚人觀過失者，則增益瞋恚火故。思惟慈心，於瞋恚病中，名爲善對治法；於貪欲病中，不名爲善，非對治法。所以者何？慈心於眾生中求好事、觀功德；若貪欲人求好事、觀功德者，則增益貪欲故。因緣觀法，於愚痴病中，名爲善對治法；於貪欲、瞋恚病中，不名爲善，非對治法。所以者何？先邪觀故生邪見，邪見即是愚痴。問曰：如佛法中說十二因緣甚深，如說：佛告阿難：是因緣法甚深,難見難解,難覺難觀,細心巧慧人乃能解。愚痴人於淺近法,猶尚難解,何況甚深因緣?今云何言愚痴人應觀因緣法?答曰:愚痴人者,非謂如牛羊等愚痴;是人欲求實道,邪心觀故,生種種邪見。如是愚痴人,當觀因緣,是名爲善對治法。若行瞋恚、淫欲人,欲求樂、欲惱他,於此人中,非善非對治法;不淨、慈心思惟,是二人中,是善是對治法。何以故?是二觀能拔瞋恚、貪欲毒刺故。復次,著常顛倒衆生,不知諸法相似相續有;如是人觀無常,是對治悉檀,非第一義。何以故?一切諸法自性空故。如說偈言:

> 無常見有常,是名爲顛倒;空中無無常,何處見有常?

問曰:一切有爲法,皆無常相應,是第一義,云何言無常非實?所以者何?一切有爲法,生、住、滅相,前生、次住、後滅故,云何言無常非實?答曰:有爲法不應有三相。何以故?三相不實故。若諸法生、住、滅是有爲相者,今生中亦應有三相,生是有爲相故;如是一一處亦應有三相,是則無窮,住、滅亦如是。若諸生、住、滅各更無有生、住、滅者,不應名有爲法。何以故?有爲法相無故。以是故,諸法無常,非第一義。復次,若一切實性無常,則無行業報。何以故?無常名生滅失故,譬如腐種子不生果。如是則無行業,無行業云何有果報?今一切賢聖法有果報,善智之人所可信受,不應言無。以是故,諸法非無常性。如是等無量因緣說,不得言諸法無常性。一切有爲法無常,苦、無我等亦如是。如是等相,名爲對治悉檀。第一義悉檀者,一切法性,一切論議語言,一切是法非法,一一可分別破散;諸佛、辟支佛、阿羅漢所行真實法,不可破,不可散。上於三悉檀中所不通者,此中皆通。問曰:云何通?答曰:所謂通者,離一切過失,不可變易,不可勝。何以故?除第一義悉檀,諸餘論議,諸餘悉檀,皆可破故。如《衆義經》中所說偈:

> 各各自依見,戲論起諍競;若能知彼非,是爲知正見。
>
> 不肯受他法,是名愚痴人,作是論議者,真是愚痴人。
>
> 若依自是見,而生諸戲論,若此是淨智,無非淨智者。

此三偈中,佛說第一義悉檀相。所謂世間衆生自依見、自依法、自依論議而生諍競；戲論即諍競本，戲論依諸見生。如說偈言：

有受法故有諸論，若無有受何所論？有受無受諸見等，是人於此悉已除。

行者能如實知此者，於一切法、一切戲論，不受不著，不見是實，不共諍競，能知佛法甘露味。若不爾者，則謗法。若不受他法，不知不取，是無智人。若爾者，應一切論議人皆無智。何以故？各各不相受法故。所謂有人自謂法第一義淨，餘人妄語不淨。譬如世間治法，故治法者，刑罰殺戮，種種不淨，世間人信受行之，以爲真淨；於餘出家善聖人中，是最爲不淨。外道出家人法，五熱中一腳立、拔髮等，尼犍子輩以爲妙慧，餘人說此爲痴法。如是等種種外道出家、白衣婆羅門法，各各自以爲好，餘皆妄語。是佛法中亦有犢子比丘說：如四大和合有眼法，如是五衆和合有人法。《犢子阿毗曇》中說：五衆不離人，人不離五衆，不可說五衆是人、離五衆是人，人是第五不可說法藏中所攝。說一切有道人輩言：神人，一切種、一切時、一切法門中求不可得，譬如兔角龜毛常無。復次十八界、十二入、五衆實有，而此中無人。更有佛法中方廣道人言：一切法不生不滅，空無所有，譬如兔角龜毛常無。如是等一切論議師輩，自守其法，不受餘法，此是實，餘者妄語。若自受其法，自法供養，自法修行，他法不受、不供養，爲作過失。若以是爲清淨得第一義利者，則一切無非清淨。何以故？彼一切皆自愛法故。問曰：若諸見皆有過失，第一義悉檀何者是？答曰：過一切語言道，心行處滅，遍無所依，不示諸法。諸法實相，無初、無中、無後，盡、不壞，是名第一義悉檀。如摩訶衍義偈中說：

語言盡竟，心行亦訖；不生不滅，法如涅槃。

說諸行處名世界法；說不行處，名第一義。

一切實一切非實，及一切實亦非實，

一切非實非不實，是名諸法之實相。

如是等處處經中說第一義悉檀。是義甚深，難見難解，佛欲說是義故，說《摩訶般若波羅蜜經》。復次，欲令長爪梵志等大論議師於佛法中生信故，說是《摩訶般若波羅蜜經》。有梵志號名長爪，更有名先尼婆蹉衢多羅,更有名薩遮迦摩揵提等,是等閻浮提大論議師輩言:一切論可破,一切語可壞,一切執可轉故,無有實法可信可恭敬者。如《舍利弗本末經》中說:舍利弗舅摩訶俱絺羅,與姊舍利論議不如。俱絺羅思惟念言:非姊力也,必懷智人,寄言母口。未生乃爾,及生長大,當如之何?思惟已,生憍慢心,爲廣論議故,出家作梵志。入南天竺國,始讀經書。諸人問言:汝志何求?學習何經?長爪答言:十八種大經,盡欲讀之。諸人語言:盡汝壽命,猶不能知一,何況能盡?長爪自念:昔作憍慢,爲姊所勝,今此諸人復見輕辱。爲是二事故,自作誓言:我不剪爪,要讀十八種經書盡。人見爪長,因號爲長爪梵志。是人以種種經書智慧力,種種譏刺是法是非法、是應是不應、是實是不實、是有是無,破他論議。譬如大力狂象,搪揬蹴踏,無能制者。如是長爪梵志以論議力,摧伏諸論師已,還至摩伽陀國王舍城那羅聚落,至本生處,問人言:我姊生子,今在何處?有人語言:汝姊子者,適生八歲,讀一切經書盡;至年十六,論議勝一切人。有釋種道人姓瞿曇,與作弟子。長爪聞之,即起憍慢,生不信心而作是言:如我姊子聰明如是,彼以何術,誘誑剃頭作弟子?說是語已,直向佛所。爾時,舍利弗初受戒半月,佛邊侍立,以扇扇佛。長爪梵志見佛,問訊訖,一面坐,作是念:一切論可破,一切語可壞,一切執可轉,是中何者是諸法實相?何者是第一義?何者性?何者相?不顛倒?如是思惟,譬如大海水中,欲盡其涯底,求之既久,不得一法實可以入心者。彼以何論議道而得我姊子?作是思惟已,而語佛言:瞿曇!我一切法不受。佛問長爪:汝一切法不受,是見受不?佛所質義,汝已飲邪見毒,今出是毒氣,言:一切法不受,是見汝受不?爾時,長爪梵志如好馬見鞭影即覺,便著正道;長爪梵志亦如是,得佛語鞭影入心,即棄捐貢高,慚愧低頭,如是思惟:佛置我著二處負門中:若我說是見我受,是負處門粗,故多人知。云何自言一切法不受,今受是見?此是現前妄語,是粗負處門,多人所知。第二負處門細,我欲受之,以不多人知故。作是念已,答佛言:瞿曇!一切法不受,是見亦不受。佛語梵志:汝不受一切法,是見亦不受,則無所受,與衆人無異,何用自高而生憍慢?如是,長爪梵志不能得答,自知墮負處,即於佛一切智中起恭敬,生信心,自思惟：我墮負處，世尊不彰我負，不言是非，不以爲意。佛心柔濡，第一清淨；一切語論處滅，得大甚深法，是可恭敬處，心淨第一。佛說法斷其邪見故，即於坐處得遠塵離垢，諸法中得法眼淨。時，舍利弗聞是語，得阿羅漢。是長爪梵志出家作沙門，得大力阿羅漢。若長爪梵志不聞般若波羅蜜氣分，離四句第一義相應法，小信尚不得，何況得出家道果？佛欲導引如是等大論議師利根人故，說是《般若波羅蜜經》。

　　復次，諸佛有二種說法：一者、觀人心隨可度者，二者、觀諸法相。今佛欲說諸法實相故，說是《摩訶般若波羅蜜經》。如說〈相不相品〉中，諸天子問佛：是般若波羅蜜甚深，云何作相？佛告諸天子：空則是相，無相、無作相、無生滅相、無行之相，常不生、如性相、寂滅相等。復次，有二種說法：一者、靜處，二者、不靜處。靜處，如餘經中說；今欲明無靜處故，說是《般若波羅蜜經》。有相、無相，有物、無物，有依、無依，有對、無對，有上、無上，世界、非世界，亦如是。問曰：佛大慈悲心，但應說無靜法，何以說靜法？答曰：無靜法皆是無相，常寂滅不可說；今說佈施等及無常、苦、空等諸法，皆爲寂滅無戲論故說。利根者知佛意，不起靜；鈍根者不知佛意，取相、著心故起靜。此般若波羅蜜，諸法畢竟空故，無靜處；若畢竟空可得、可靜者，不名畢竟空。是故，《般若波羅蜜經》名無靜處，有無二事皆寂滅故。復次，餘經中多以三種門說諸法，所謂善門、不善門、無記門；今欲說非善門、非不善門、非無記門諸法相故，說《摩訶般若波羅蜜經》。學法、無學法、非學非無學法，見諦斷法、思惟斷法、無斷法，可見有對、不可見有對、不可見無對，上、中、下法，小、大、無量法，如是等三法門亦如是。復次，餘經中說四念處，隨聲聞法門。於是比丘觀內身三十六物，除欲貪病；如是觀外身，觀內外身。今於四念處，欲以異門說般若波羅蜜。如所說：菩薩觀內身，於身不生覺觀，不得身，以無所得故。如是觀外身，觀內外身，於身不生覺觀，不得身，以無所得故。於身念處中觀身而不生身覺觀，是事甚難；三念處亦如是。四正勤、四如意足、四禪、四諦等種種四法門亦如是。復次，餘經中佛說五衆，無常、苦、空、無我相；今於是五衆欲說異法門故，說《般若波羅蜜經》。如佛告須菩提：菩薩若觀色是常行，不行般若波羅蜜;受、想、行、識是常行,不行般若波羅蜜;色無常行,不行般若波羅蜜;受、想、行、識無常行,不行般若波羅蜜。五受衆、五道,如是等種種五法門亦如是。餘六、七、八等,乃至無量法門亦如是。如摩訶般若波羅蜜無量無邊,說《般若波羅蜜》因緣亦無量無邊。是事廣故,今略說摩訶般若波羅蜜因緣起法竟。

## ～～ 釋初品如是我聞一時第二 ～～

【經】如是我聞:一時。

【論】問曰:諸佛經何以故初稱如是語? 答曰:佛法大海,信爲能入,智爲能度。如是義者,即是信。若人心中有信清淨,是人能入佛法;若無信,是人不能入佛法。不信者言是事不如是,是不信相。信者言是事如是。譬如牛皮未柔,不可屈折;無信人亦如是。譬如牛皮已柔,隨用可作;有信人亦如是。復次,經中說:信如手。如人有手,入寶山中,自在取寶;有信亦如是,入佛法無漏根、力、覺、道、禪定寶山中,自在所取。無信如無手,無手人入寶山中,則不能有所取;無信亦如是,入佛法寶山,都無所得。佛言:若人有信,是人能入我大法海中,能得沙門果,不空剃頭染袈裟。若無信,是人不能入我法海中,如枯樹不生華實,不得沙門果,雖剃頭染衣,讀種種經,能難能答,於佛法中空無所得。以是故,如是義在佛法初,善信相故。復次,佛法深遠,更有佛乃能知。人有信者,雖未作佛,以信力故能入佛法。如梵天王請佛初轉法輪,以偈請佛:

閻浮提先出,多諸不淨法;願開甘露門,當說清淨道!

佛以偈答:

我法甚難得,能斷諸結使,三有愛著心,是人不能解!

梵天王白佛:大德! 世界中智,有上、中、下。善濡直心者,易可得度,是人若不聞法者,退墮諸惡難中,譬如水中蓮華,有生有熟,有水中未出者,若不得日光則不能開。佛亦如是,佛以大慈悲憐愍衆生,故爲說法。佛念:過去、未來、現在三世諸佛法,皆度衆生爲說法,我亦應爾。如是思惟竟，受梵天王等諸天請說法。爾時，世尊以偈答曰：

我今開甘露味門，若有信者得歡喜；於諸人中說妙法，非惱他故而為說。

佛此偈中，不說佈施人得歡喜，亦不說多聞、持戒、忍辱、精進、禪定、智慧人得歡喜，獨說信人。佛意如是：我第一甚深法微妙，無量無數，不可思議，不動、不猗、不著，無所得法，非一切智人則不能解。是故佛法中信力為初，信力能入，非佈施、持戒、禪定、智慧等能初入佛法。如說偈言：

世間人心動，愛好福果報，而不好福因，求有不求滅。

先聞邪見法，心著而深入，我此甚深法，無信云何解？

如提婆達大弟子俱迦梨等，無信法故墮惡道中。是人無信，於佛法自以智慧求不能得。何以故？佛法甚深故。如梵天王教俱迦梨說偈：

欲量無量法，智者所不量，無量法欲量，此人自覆沒！

復次，如是義者，若人心善直信，是人可聽法，若無是相則不解。如所說偈：

聽者端視如渴飲，一心入於語議中，踴躍聞法心悲喜，如是之人應為說。

復次，如是義在佛法初，現世利、後世利、涅槃利，諸利根本，信為大力。復次，一切諸外道出家，心念我法微妙，第一清淨。如是人自嘆所行法，毀他人法，是故現世相打鬥諍，後世墮地獄，受種種無量苦。如說偈：

自法愛染故，呰毀他人法，雖持戒行人，不脫地獄苦！

是佛法中，棄捨一切愛、一切見，一切吾我憍慢悉斷不著。如《筏喻經》言：汝曹若解我筏喻法，是時善法應棄捨，何況不善法？佛自於般若波羅蜜，不念不猗，何況餘法有猗著者？以是故，佛法初頭稱如是。佛意如是：我弟子無愛法，無染法，無朋黨，但求離苦解脫，不戲論諸法相。如說《阿他婆耆經》摩犍提難偈言：

決定諸法中，橫生種種想，悉捨內外故，云何當得道？

佛答言：

非見聞知覺，亦非持戒得；非不見聞等，非不持戒得。

如是論悉捨,亦捨我我所,不取諸法相,如是可得道。

摩犍提問曰:

若不見聞等,亦非持戒得;非不見聞等,非不持戒得。

如我心觀察,持啞法得道!

佛答言:

汝依邪見門,我知汝痴道。汝不見妄想,爾時自當啞!

復次,我法真實,餘法妄語;我法第一,餘法不實,是爲鬥諍本。今如是義,示人無諍法,聞他所說,說人無咎。以是故,諸佛經初稱如是。

略說如是義竟。

我者,今當說。問曰:若佛法中言一切法空,一切無有吾我,云何佛經初頭言如是我聞?答曰:佛弟子輩雖知無我,隨俗法說我,非實我也。譬如以金錢買銅錢,人無笑者。何以故?賣買法應爾。言我者亦如是,於無我法中而說我,隨世俗故不應難。如《天問經》中偈說:

有羅漢比丘,諸漏已永盡,於最後邊身,能言吾我不?

佛答言:

有羅漢比丘,諸漏已永盡,於最後邊身,能言有吾我。

世界法中說我,非第一實義中說。以是故,諸法空無我,世界法故,雖說我,無咎。復次,世界語言有三根本:一者邪見,二者慢,三者名字。是中二種不淨,一種淨。一切凡人三種語:邪、慢、名字;見道學人二種語:慢、名字;諸聖人一種語:名字。內心雖不違實法,而隨世界人故共傳是語,除世界邪見,故隨俗無諍。以是故,除二種不淨語,本隨世故用一種語。佛弟子隨俗故說我,無有咎。次,若人著無吾我相言是實,餘妄語,是人應難:汝一切法實相無我,云何言如是我聞?今諸佛弟子,一切法空無所有,是中心不著,亦不言著諸法實相,何況無我法中心著?以是故,不應難言何以說我。如《中論》中偈說:

若有所不空,應當有所空,不空尚不得,何況得於空?

凡人見不空,亦復見於空,不見見無見,是實名涅槃。

非二安隱門,能破諸邪見;諸佛所行處,是名無我法。

略說我義竟。

聞者，今當說。問曰：聞者，云何聞？用耳根聞耶？用耳識聞？用意識聞耶？若耳根聞，耳根無覺知故，不應聞。若耳識聞，耳識一念故不能分別，不應聞。若意識聞，意識亦不能聞。何以故？先五識識五塵，然後意識識；意識不能識現在五塵，唯識過去、未來五塵。若意識能識現在五塵者，盲聾人亦應識聲色。何以故？意識不破故。答曰：非耳根能聞聲，亦非耳識，亦非意識。能聞聲事，從多因緣和合故得聞聲，不得言一法能聞聲。何以故？耳根無覺故，不應聞聲；識無色無對無處故，亦不應聞聲；聲無覺亦無根故，不能知聲。爾時，耳根不破，聲至可聞處，意欲聞；情、塵、意和合故耳識生；隨耳識，即生意識，能分別——種種因緣得聞聲。以是故，不應作是難：誰聞聲？佛法中亦無有一法能作、能見、能知。如說偈：

有業亦有果，無作業果者，此第一甚深，是法佛能見。

雖空亦不斷，相續亦不常，罪福亦不失，如是法佛說。

略說聞竟。

一者，今當說。問曰：佛法中，數、時等法實無，陰、入、持所不攝故，何以言一時？答曰：隨世俗故有一時，無有咎。若畫泥木等作天像，念天故禮拜，無咎。說一時亦如是，雖實無一時，隨俗說一時，無咎。問曰：不應無一時。佛自說言：一人出世間，多人得樂，是者何人？佛世尊也。亦如說偈：

我行無師保，志一無等侶，積一行得佛，自然通聖道。

如是等，佛處處說一，應當有一。復次，一法和合故，物名為一，若實無一法，何以故一物中一心生，非二非三？二物中二心生，非一非三？三物中三心生，非二非一？若實無諸數，一物中應二心生，二物中應一心生；如是等三、四、五、六皆爾。以是故，定知一物中有一法，是法和合故，一物中心生。答曰：若一與物一，若一與物異，二俱有過。問曰：若一，有何過？答曰：若一、瓶，是一義，如因提梨、釋迦，亦是一義。若爾者，在在有一者，應皆是瓶；譬如在在有因提梨，亦處處有釋迦。今衣等諸物皆應是瓶，一、瓶一故。如是處處一，皆應是瓶；如瓶、衣等悉是一物，無有分別。復次，一是數法，瓶亦應是數法。瓶體有五法，一亦應有五法。瓶，有色有對；一，亦應有色有對。若在在一不名爲瓶，今不應瓶、一一！若說一不攝瓶，若說瓶亦不攝一，瓶、一不異故。又復欲說一，應說瓶；欲說瓶，應說一，如是則錯亂。問曰：一中過如是，異中有何咎？答曰：若一與瓶異，瓶則非一；若瓶與一異，一則非瓶。若瓶與一合，瓶名一者，今一與瓶合，何以不名一爲瓶？是故不得言瓶異一。問曰：雖一數合故，瓶爲一，然一不作瓶。答曰：諸數初一，一與瓶異，以是故瓶不作一。一無故，多亦無。何以故？先一後多故。如是異中，一亦不可得。以是故，二門中求一法不可得，不可得故，云何陰、持、入攝？但佛弟子隨俗語言名爲一，心實不著，知數法名字有。以是故，佛法中言一人、一師、一時，不墮邪見咎。略說一竟。

時者，今當說。問曰：天竺說時名有二種：一名迦羅，二名三摩耶。佛何以不言迦羅而言三摩耶？答曰：若言迦羅，俱亦有疑。問曰：輕易說故，應言迦羅；迦羅二字，三摩耶三字，重語難故。答曰：除邪見故，說三摩耶，不言迦羅。問曰：有人言：一切天地好醜皆以時爲因，如《時經》中偈說：

時來衆生熟，時至則催促；時能覺悟人，是故時爲因。

世界如車輪，時變如轉輪；人亦如車輪，或上而或下。

更有人言：雖天地好醜一切物非時所作，然時是不變因，是實有。時法細故，不可見、不可知，以華果等果故可知有時。往年今年，久近遲疾，見此相，雖不見時，可知有時。何以故？見果知有因故。以是故有時法，時法不壞故常。答曰：如泥丸是現在時，土塵是過去時，瓶是未來時。時相常故，過去時不作未來時；汝經書法，時是一物，以是故，過去世不作未來世，亦不作現在世，雜過故。過去世中亦無未來世，以是故無未來世。現在世亦如是。問曰：汝受過去土塵時，若有過去時，必應有未來時，以是故實有時法。答曰：汝不聞我先說，未來世瓶，過去世土塵。未來世不作過去世，墮未來世相中是未來世相時，云何名過去時？以是故，過去時亦無。問曰：何以無時？必應有時。現在有現在相，過去有過去相，未來有未來相。答曰：若令一切三世時有自相，應盡是現在世，無過去、未來時。若今有未來，不名未來，應當名現在。以是故，是語不然！問曰：過去時、未來時非現在相中行，過去時過去世中行，未來世未來時中行。以是故，各各法相有時。答曰：若過去復過去，則破過去相；若過去不過去，則無過去相。何以故？自相捨故。未來世亦如是。以是故，時法無實，云何能生天地好醜及華果等諸物？如是等種種除邪見故，不說迦羅時，說三摩耶。見陰、界、入生滅，假名爲時，無別時。所謂方、時、離、合，一、異、長、短等名字，出凡人心著，謂是實有法；以是故，除棄世界名字語言法。問曰：若無時，云何聽時食、遮非時食是戒？答曰：我先已說世界名字法有，時非實法，汝不應難！亦是毗尼中結戒法，是世界中實，非第一實法相，吾我法相實不可得故；亦爲衆人瞋呵故，亦欲護佛法使久存，定弟子禮法故，諸三界世尊結諸戒。是中不應求：有何實？有何名字等？何者相應？何者不相應？何者是法如是相？何者是法不如是相？以是故，是事不應難！問曰：若非時食、時藥、時衣，皆是柯邏，何以不說三摩耶？答曰：此毗尼中說，白衣不得聞，外道何由得聞而生邪見！餘經通皆得聞，是故說三摩耶令其不生邪見。三摩耶詭名，時亦是假名稱。又佛法中多說三摩耶，少說柯邏，少故不應難。如是、我、聞、一、時五語各各義略說竟。

# 卷第二

## 釋初品中總說如是我聞第三

如是我聞:一時,今當總說。問曰:若諸佛一切智人,自然無師,不隨他教,不受他法,不用他道,不從他聞而說法,何以言如是我聞?答曰:如汝所言,佛一切智人,自然無師,不應從他聞法而說。佛法非但佛口說者是,一切世間真實善語、微妙好語,皆出佛法中。如佛毗尼中說:何者是佛法?佛法有五種人說:一者、佛自口說,二者、佛弟子說,三者、仙人說,四者、諸天說,五者、化人說。復次,如《釋提桓因得道經》,佛告憍屍迦:世間真實善語、微妙好語,皆出我法中。如〈贊佛偈〉中說:

諸世善語,皆出佛法;善說無失,無過佛語。

餘處雖有,善無過語,一切皆是,佛法之餘。

諸外道中,設有好語,如蟲食木,偶得成字。

初中下法,自共相破,如鐵出金,誰當信者?

如伊蘭中,牛頭栴檀;如苦種中,甘善美果。

設能信者,是人則信,外經書中,自出好語。

諸好實語,皆從佛出;如栴檀香,出摩梨山。

除摩梨山,無出栴檀;如是除佛,無出實語。

復次,如是我聞,是阿難等佛大弟子輩說,入佛法相故,名為佛法。如佛般涅槃時,於俱夷那竭國薩羅雙樹間,北首臥,將入涅槃。爾時,阿難親屬愛未除,未離欲故,心沒憂海,不能自出。爾時,長老阿泥盧豆語阿難:汝守佛法藏人,不應如凡人自沒憂海!一切有爲法,是無常相,汝莫愁憂!又佛手付汝法,汝今愁悶,失所受事。汝當問佛:佛般涅槃後,我曹云何行道?誰當作師?惡口車匿,云何共住?佛經初作何等語?如是種種未來事,應問佛。阿難聞是事,悶心小醒,得念道力助,於佛末後臥床邊,以此事問佛。佛告阿難:若今現前,若我過去後,自依止,法依止,不餘依止。云何比丘自依止、法依止、不餘依止?於是比丘內觀身,常當一心智慧,勤修精進,除世間貪憂;外身、內外身觀,亦如是;受、心、法念處,亦復如是。是名比丘自依止、法依止、不餘依止。從今日,解脫戒經即是大師;如解脫戒經說身業、口業,應如是行。車匿比丘,我涅槃後,如梵法治;若心濡伏者,應教《刪陀迦旃延經》,即可得道。復次,我三阿僧祇劫所集法寶藏,是藏初應作是說:如是我聞:一時,佛在某方、某國土、某處樹林中。何以故?過去諸佛經初皆稱是語,未來諸佛經初亦稱是語,現在諸佛末後般涅槃時亦教稱是語。今我般涅槃後,經初亦應稱:如是我聞:一時。是故當知是佛所教,非佛自言如是我聞。佛一切智人,自然無師故,不應言我聞。若佛自說如是我聞,有所不知者,可有此難。阿難問佛,佛教是語,是弟子所言如是我聞,無有咎。復次,欲令佛法久住世間故,長老摩訶迦葉等諸阿羅漢問阿難:佛初何處說法?說何等法?阿難答:如是我聞:一時,佛在波羅㮈國仙人鹿林中,爲五比丘說是苦聖諦。我本不從他聞,法中正憶念得眼、智、明、覺。是經,是中應廣說。如《集法經》中廣說:佛入涅槃時,地六種動,諸河反流,疾風暴發,黑雲四起,惡雷掣電,雹雨驟墮,處處星流,師子惡獸哮吼喚呼,諸天、世人皆大號啕。諸天、人等皆發是言:佛取涅槃,一何疾哉!世間眼滅!當是時間,一切草木、藥樹,華葉一時剖裂;諸須彌山王盡皆傾搖,海水波揚,地大震動,山崖崩落;諸樹摧折,四面煙起,甚大可畏。陂池江河盡皆嬈濁,彗星晝出。諸人啼哭,諸天憂愁,諸天女等鬱伊哽咽,涕淚交流。諸學人等默然不樂,諸無學人念有爲諸法一切無常。如是天、人、夜叉、羅刹、犍闥婆、甄陀羅、摩睺羅伽及諸龍等,皆大憂愁。諸阿羅漢度老病死海,心念言:

已渡凡夫恩愛河，老病死券已裂破；

見身篋中四大蛇，今入無餘滅涅槃！

諸大阿羅漢各各隨意，於諸山林流泉溪谷，處處捨身而般涅槃；更有諸阿羅漢於虛空中飛騰而去，譬如雁王現種種神力，令眾人心信清淨，然後般涅槃。六欲天乃至遍淨天等，見諸阿羅漢皆取滅度，各心念言：佛日既沒，種種禪定解脫智慧弟子光亦滅。是諸眾生有種種淫怒痴病，是法藥師輩今疾滅度，誰當治者？無量智慧大海中生弟子蓮華，今已乾枯；法樹摧折，法雲散滅；大智象王既逝，象子亦隨去；法商人過去，從誰求法寶？如偈說：

佛已永寂入涅槃，諸滅結眾亦過去；

世界如是空無智，痴冥遂增智燈滅！

爾時，諸天禮摩訶迦葉足，說偈言：

耆年欲恚慢已除，其形譬如紫金柱，

上下端嚴妙無比，目明清淨如蓮華！

如是讚已，白大迦葉言：大德迦葉！仁者知不？法船欲破，法城欲頹，法海欲竭，法幢欲倒，法燈欲滅；說法人欲去，行道人漸少，惡人力轉盛，當以大慈建立佛法！爾時，大迦葉心如大海，澄靜不動，良久而答：汝等善說！實如所言，世間不久，無智盲冥。於是大迦葉默然受請。爾時，諸天禮大迦葉足，忽然不現，各自還去。

是時，大迦葉思惟：我今云何使是三阿僧祇劫難得佛法而得久住？如是思惟竟，我知是法可使久住，應當結集修妒路、阿毗曇、毗尼，作三法藏。如是佛法可得久住，未來世人可得受行。所以者何？佛世世勤苦慈愍眾生故，學得是法，為人演說；我曹亦應承用佛教，宣揚開化。是時，大迦葉作是語竟，住須彌山頂，撾銅揵稚，說此偈言：

佛諸弟子！若念於佛，當報佛恩，莫入涅槃！

是揵稚音、大迦葉語聲，遍至三千大千世界，皆悉聞知；諸有弟子得神力者，皆來集會大迦葉所。爾時，大迦葉告諸會者：佛法欲滅，佛從三阿僧祇劫種種勤苦，慈愍眾生，學得是法。佛般涅槃已，諸弟子知法、持法、誦法者,皆亦隨佛滅度;法今欲滅,未來衆生甚可憐愍,失智慧眼,愚痴盲冥;佛大慈悲愍傷衆生,我曹應當承用佛教,須待結集經藏竟,隨意滅度。諸來衆會,皆受教住。爾時,大迦葉選得千人,除善阿難,盡皆阿羅漢,得六神通,得共解脫,無礙解脫;悉得三明,禪定自在,能逆順行諸三昧,皆悉無礙。誦讀三藏,知內外經書,諸外道家十八種大經,盡亦讀知,皆能論議,降伏異學。問曰:是時,有如是等無數阿羅漢,何以故正選取千人,不多取耶? 答曰:頻婆娑羅王得道,八萬四千官屬亦各得道。是時,王教敕宮中,常設飯食,供養千人;阿闍貰王不斷是法。爾時,大迦葉思惟言:若我等常乞食者,當有外道強來難問,廢闕法事;今王舍城常設飯食供給千人,是中可住結集經藏。以是故,選取千人,不得多取。是時,大迦葉與千人俱,到王舍城耆闍崛山中,告語阿闍世王:給我等食,日日送來,今我曹等結集經藏,不得他行。是中夏安居三月,初十五日說戒時,集和合僧。大迦葉入禪定,以天眼觀,今是衆中,誰有煩惱未盡應逐出者! 唯有阿難一人不盡,餘九百九十九人諸漏已盡,清淨無垢。大迦葉從禪定起,衆中手牽阿難出,言:今清淨衆中結集經藏。汝結未盡,不應住此! 是時,阿難慚恥悲泣,而自念言:我二十五年隨侍世尊,供給左右,未曾得如是苦惱;佛實大德,慈悲含忍。念已,白大迦葉言:我能有力,久可得道;但諸佛法,阿羅漢者不得供給左右使令;以是故,我留殘結不盡斷耳。大迦葉言:汝更有罪! 佛意不欲聽女人出家,汝殷勤勸請,佛聽爲道;以是故,佛之正法五百歲而衰微,是汝突吉羅罪! 阿難言:我憐愍瞿曇彌,又三世諸佛法皆有四部衆,我釋迦文佛云何獨無? 大迦葉復言:佛欲涅槃時,近俱夷那竭城,脊痛,四疊漚多羅僧敷臥,語汝言:我須水。汝不供給,是汝突吉羅罪! 阿難答言:是時,五百乘車,截流而渡,令水渾濁,以是故不取。大迦葉復言:正使水濁,佛有大神力,能令大海濁水清淨。汝何以不與? 是汝之罪,汝去作突吉羅懺悔! 大迦葉復言:佛問汝:若有人四神足好修,可住壽一劫,若減一劫;佛四神足好修,欲住壽一劫,若減一劫。汝默然不答。問汝至三,汝故默然。汝若答佛:佛四神足好修,應住一劫,若減一劫。由汝故,令佛世尊早入涅槃,是汝突吉羅罪! 阿難言:魔蔽我心,是故無言;我非噁心而不答佛。大迦葉復言：汝與佛疊僧伽梨衣，以足蹋上，是汝突吉羅罪。阿難言：爾時，有大風起，無人助我捉衣，時風吹來墮我腳下，非不恭敬，故蹋佛衣。大迦葉復言：佛陰藏相，般涅槃後以示女人，是何可恥？是汝突吉羅罪！阿難言：爾時，我思惟：若諸女人見佛陰藏相者，便自羞恥女人形，欲得男子身，修行佛相，種福德根。以是故，我示女人，不為無恥而故破戒。大迦葉言：汝有六種突吉羅罪，盡應僧中悔過！阿難言：諾！隨長老大迦葉及僧所教！是時，阿難長跪合手，偏袒右肩，脫革屣，六種突吉羅罪懺悔。大迦葉於僧中，手牽阿難出，語阿難言：斷汝漏盡，然後來入；殘結未盡，汝勿來也！如是語竟，便自閉門。爾時，諸阿羅漢議言：誰能結集毗尼法藏者？長老阿泥盧豆言：舍利弗是第二佛，有好弟子，字憍梵波提（秦言牛呞），柔軟和雅，常處閑居，住心寂燕，能知毗尼法藏；今在天上屍利沙樹園中住，遣使請來。大迦葉語下坐比丘：汝次應僧使。下坐比丘言：僧有何使？大迦葉言：僧使汝至天上屍利沙樹園中，憍梵波提阿羅漢住處。是比丘歡喜踊躍受僧敕命，白大迦葉言：我到憍梵波提阿羅漢所，陳說何事？大迦葉言：到已，語憍梵缽提：大迦葉等漏盡阿羅漢，皆會閻浮提。僧有大法事，汝可疾來！是下坐比丘頭面禮僧，右繞三匝；如金翅鳥，飛騰虛空，往到憍梵波提所，頭面作禮，語憍梵波提言：軟善大德！少欲知足，常在禪定！大迦葉問訊有語：今僧有大法事，可疾下來，觀眾寶聚。是時，憍梵波提心覺生疑，語是比丘言：僧將無鬥諍事喚我來耶？無有破僧者不？佛日滅度耶？是比丘言：實如所言，大師佛已滅度。憍梵波提言：佛滅度大疾，世間眼滅！能逐佛轉法輪將，我和上舍利弗今在何所？答曰：先入涅槃。憍梵波提言：大師法將，各自別離，當可奈何！摩訶目伽連今在何所？是比丘言：是亦滅度。憍梵波提言：佛法欲散，大人過去，眾生可愍。問：長老阿難今何所作？是比丘言：長老阿難，佛滅度後，憂愁、啼哭、迷悶，不能自喻。憍梵波提言：阿難懊惱，由有愛結，別離生苦。羅睺羅復云何？答言：羅睺羅得阿羅漢故，無憂無愁，但觀諸法無常相。憍梵波提言：難斷愛已斷，無憂愁。憍梵波提言：我失離欲大師，於是屍利沙樹園中住，亦何所為？我和上、大師皆已滅度，我今不能復下閻浮提，住此般涅槃。說是言已,入禪定中,踴在虛空,身放光明;又出水火,手摩日月,現種種神變,自心出火燒身,身中出水,四道流下,至大迦葉所。水中有聲,說此偈言:

憍梵缽提稽首禮,妙衆第一大德僧,

聞佛滅度我隨去,如大象去象子隨!

爾時,下坐比丘持衣缽還僧。是時中間,阿難思惟諸法,求盡殘漏;其夜坐禪經行,殷勤求道。是阿難智慧多,定力少,是故不即得道;定智等者,乃可速得。後夜欲過,疲極偃息,卻臥就枕,頭未至枕,廓然得悟;如電光出,闇者見道。阿難如是入金剛定,破一切諸煩惱山;得三明、六神通、共解脫,作大力阿羅漢。即夜到僧堂門,敲門而喚。大迦葉問言:敲門者誰? 答言:我是阿難。大迦葉言:汝何以來? 阿難言:我今夜得盡諸漏。大迦葉言:不與汝開門,汝從門鑰孔中來! 阿難答言:可爾! 即以神力從門鑰孔中入,禮拜僧足懺悔:大迦葉! 莫復見責! 大迦葉手摩阿難頭言:我故爲汝,使汝得道;汝無嫌恨,我亦如是,以汝自證。譬如手畫虛空,無所染著;阿羅漢心亦如是,一切法中得無所著。復汝本坐。是時,僧復議言:憍梵波提已取滅度,更有誰能結集法藏? 長老阿泥盧豆言:是長老阿難,於佛弟子,常侍近佛,聞經能持,佛常嘆譽;是阿難能結集經藏。是時,長老大迦葉摩阿難頭言:佛囑累汝,令持法藏,汝應報佛恩! 佛在何處最初說法? 佛諸大弟子能守護法藏者,皆以滅度,唯汝一人在。汝今應隨佛心,憐愍衆生故,集佛法藏。是時,阿難禮僧已,坐師子床。時大迦葉說此偈言:

佛聖師子王,阿難是佛子,師子座處坐,觀衆無有佛。

如是大德衆,無佛失威神,如空無月時,有宿而不嚴。

汝大智人說,汝佛子當演,何處佛初說,今汝當佈現!

是時,長老阿難一心合手,向佛涅槃方如是說言:

佛初說法時,爾時我不見,如是展轉聞:佛在波羅柰,

佛爲五比丘,初開甘露門,說四真諦法:苦集滅道諦。

阿若憍陳如,最初得見道;八萬諸天衆,皆亦入道跡!

是千阿羅漢聞是語已,上升虛空高七多羅樹。皆言:咄! 無常力大,

如我等眼見佛說法,今乃言我聞! 便說偈言:

我見佛身相,猶如紫金山,妙相衆德滅,唯有名獨存。

是故當方便,求出於三界,勤集諸善根,涅槃最爲樂!

爾時,長老阿泥盧豆說偈言:

咄世間無常! 如水月芭蕉,功德滿三界,無常風所壞!

爾時,大迦葉復說此偈:

無常力甚大,愚智貧富貴,得道及未得,一切無能免!

非巧言妙寶,非欺誑力静,如火燒萬物,無常相法爾。

大迦葉語阿難:從《轉法輪經》至《大般涅槃》,集作四阿含:《增一阿含》、《中阿含》、《長阿含》、《相應阿含》。是名修妒路法藏。諸阿羅漢更問:誰能明了集毗尼法藏? 皆言:長老憂婆離,於五百阿羅漢中持律第一,我等今請。即請言:起,就師子座處坐! 說佛在何處初說毗尼結戒? 憂婆離受僧教,師子座處坐,說:如是我聞:一時,佛在毗舍離。爾時,須提那迦蘭陀長者子初作淫欲,以是因緣故,結初大罪。二百五十戒義作三部,七法、八法、比丘尼毗尼、增一、憂婆利問、雜部、善部;如是等八十部,作毗尼藏。諸阿羅漢復更思惟:誰能明了集阿毗曇藏? 念言:長老阿難,於五百阿羅漢中,解修妒路義第一,我等今請。即請言:起,就師子座處坐! 佛在何處初說阿毗曇? 阿難受僧教,師子座處坐,說:如是我聞:一時,佛在舍婆提城。爾時,佛告諸比丘:諸有五怖、五罪、五怨,不除不滅,是因緣故,此生中身、心受無量苦,復後世墮惡道中。諸有無此五怖、五罪、五怨,是因緣故,於今生種種身、心受樂,後世生天上樂處。何等五怖應遠? 一者殺,二者盜,三者邪淫,四者妄語,五者飲酒。如是等名阿毗曇藏。三法藏集竟,諸天、鬼神、諸龍、天女,種種供養,雨天華香、幡蓋、天衣,供養法故。於是說偈:

憐愍世界故,集結三藏法;十力一切智,說智無明燈!

問曰:《八犍度阿毗曇》、六分阿毗曇等,從何處出? 答曰:佛在世時,法無違錯;佛滅度後,初集法時,亦如佛在。後百年,阿輸迦王作般闍於瑟大會,諸大法師論議異故,有別部名字。從是以來,展轉至姓迦旃延婆羅門道人,智慧利根,盡讀三藏内外經書,欲解佛語故,作《發智經八犍度》,初品是世間第一法。後諸弟子等,爲後人不能盡解《八犍度》故,作《鞞婆娑》。有人言:六分阿毗曇中,第三分八品之名〈分別世處分〉(此是《樓炭經》作六分中第三分),是目犍連作;六分中,初分八品,四品是婆須蜜菩薩作,四品是罽賓阿羅漢作;餘五分諸論議師所作。有人言:佛在時,舍利弗解佛語故作阿毗曇;後犢子道人等讀誦,乃至今名爲《舍利弗阿毗曇》。摩訶迦旃延,佛在時,解佛語作蜫勒(蜫勒秦言篋藏),乃至今行於南天竺。皆是廣解佛語故。如說五戒:幾有色,幾無色? 幾可見,幾不可見? 幾有對,幾無對? 幾有漏,幾無漏? 幾有爲,幾無爲? 幾有報,幾無報? 幾有善,幾不善? 幾有記,幾無記? 如是等,是名阿毗曇。復次,七使:欲染使,瞋恚使,有愛使,憍慢使,無明使,見使,疑使。是七使,幾欲界系,幾色界系,幾無色界系? 幾見諦斷,幾思惟斷? 幾見苦斷,幾見集斷,幾見盡斷,幾見道斷? 幾遍使,幾不遍使? 十智:法智,比智,世智,他心智,苦智,集智,滅智,道智,盡智,無生智。是十智,幾有漏,幾無漏? 幾有爲,幾無爲? 幾有漏緣,幾無漏緣? 幾有爲緣,幾無爲緣? 幾欲界緣,幾色界緣,幾無色界緣? 幾不系緣? 幾無礙道中修,幾解脫道中修? 四果得時,幾得、幾失?

如是等分別一切法,亦名阿毗曇。爲阿毗曇三種:一者、阿毗曇身及義,略說三十二萬言;二者、六分,略說三十六萬言;三者、蜫勒,略說三十二萬言。蜫勒廣比諸事以類相從,非阿毗曇。略說如是我聞:一時總義竟。

## 釋初品中婆伽婆第四

【經】婆伽婆。

【論】今當說。釋曰:云何名婆伽婆? 婆伽婆者,婆伽言德,婆言有,是名有德。復次,婆伽名分別,婆名巧,巧分別諸法總相別相,故名婆伽婆。復次,婆伽名名聲,婆名有,是名有名聲,無有得名聲如佛者。轉輪聖王、釋、梵、護世者,無有及佛,何況諸餘凡庶! 所以者何? 轉輪聖王與結相應,佛已離結;轉輪聖王沒在生、老、病、死泥中,佛已得渡;轉輪聖王爲恩愛奴僕,佛已永離;轉輪聖王處在世間曠野災患,佛已得離;轉輪聖王處在無明闇中,佛處第一明中;轉輪聖王若極多領四天下,佛領無量諸世界;轉輪聖王財自在,佛心自在;轉輪聖王貪求天樂,佛乃至有頂樂亦不貪著;轉輪聖王從他求樂,佛內心自樂。以是因緣,佛勝轉輪聖王。諸餘釋、梵、護世者,亦復如是,但於轉輪聖王小勝。復次,婆伽名破,婆名能,是人能破淫怒痴故,稱爲婆伽婆。問曰:如阿羅漢、辟支佛亦破淫怒痴,與佛何異?答曰:阿羅漢、辟支佛雖破三毒,氣分不盡;譬如香在器中,香雖出,餘氣故在。又如草木薪火燒煙出,炭灰不盡,火力薄故;佛三毒永盡無餘,譬如劫盡,火燒須彌山,一切地都盡,無煙無炭。如舍利弗瞋恚氣殘,難陀淫欲氣殘,必陵伽婆磋慢氣殘;譬如人被鎖,初脫時,行猶不便。時,佛從禪起經行,羅睺羅從佛經行,佛問羅睺羅:何以羸瘦?羅睺羅說偈答佛:

若人食油則得力,若食酥者得好色,

食麻滓菜無色力,大德世尊自當知!

佛問羅睺羅:是衆中誰爲上座?羅睺羅答:和上舍利弗。佛言:舍利弗食不淨食。爾時,舍利弗轉聞是語,即時吐食,自作誓言:從今日不復受人請。是時,波斯匿王、長者須達多等,來詣舍利弗所,語舍利弗:佛不以無事而受人請,大德舍利弗復不受請,我等白衣云何當得大信清淨?舍利弗言:我大師佛言:舍利弗食不淨食。今不得受人請。於是波斯匿等至佛所,白佛言:佛不常受人請,舍利弗復不受請,我等云何心得大信?願佛敕舍利弗還受人請!佛言:此人心堅,不可移轉。佛爾時引本生因緣:昔有一國王爲毒蛇所齧,王時欲死,呼諸良醫令治蛇毒。時諸醫言:還令蛇嗽,毒氣乃盡。是時諸醫各設咒術,所齧王蛇即來王所。諸醫積薪燃火,敕蛇還嗽汝毒,若不爾者,當入此火!毒蛇思惟:我既吐毒,云何還嗽?此事劇死!思惟心定,即時入火。爾時毒蛇,舍利弗是。世世心堅,不可動也。復次,長老必陵伽婆蹉常患眼痛,是人乞食,常渡恒水,到恒水邊彈指言:小婢住!莫流!水即兩斷,得過乞食。是恒神到佛所白佛:佛弟子必陵伽婆蹉,常罵我言小婢住!莫流水!佛告必陵伽婆蹉懺謝恒神!必陵伽婆蹉即時合手語恒神言：小婢莫瞋！今懺謝汝！是時，大衆笑之：云何懺謝而復罵耶？佛語恒神：汝見必陵伽婆蹉合手懺謝不？懺謝無慢而有此言，當知非惡。此人五百世來，常生婆羅門家，常自憍貴，輕賤餘人，本來所習，口言而已，心無憍也。如是諸阿羅漢雖斷結使，猶有殘氣。如諸佛世尊，若人以刀割一臂，若人以栴檀香泥一臂，如左右眼，心無憎愛，是以永無殘氣。栴闍婆羅門女木杅謗佛，於大衆中言：汝使我有娠，何以不憂？與我衣食！爲爾無羞，誑惑餘人！是時，五百婆羅門師等，皆舉手唱言：是！是！我曹知此事。是時，佛無異色，亦無慚色。此事即時彰露，地爲大動，諸天供養，散衆名華，贊嘆佛德，佛無喜色。復次，佛食馬麥，亦無憂戚；天王獻食，百味具足，不以爲悅，一心無二。如是等種種飲食、衣被、臥具，贊呵、輕敬等種種事中，心無異也。譬如真金，燒鍛打磨，都無增損。以是故，阿羅漢雖斷結得道，猶有殘氣，不得稱婆伽婆。問曰：婆伽婆正有此一名？更有餘名？答曰：佛功德無量，名號亦無量；此名取其大者，以人多識故。復有異名，名多陀阿伽陀等。云何名多陀阿伽陀？如法相解，如法相說；如諸佛安隱道來，佛亦如是來，更不去後有中，是故名多陀阿伽陀。復名阿羅呵。云何名阿羅呵？阿羅名賊，呵名殺，是名殺賊。如偈說：

> 佛以忍爲鎧，精進爲剛甲，持戒爲大馬，禪定爲良弓，
>
> 智慧爲好箭；外破魔王軍，內滅煩惱賊，是名阿羅呵。

復次，阿名不，羅呵名生，是名不生。佛心種子，後世田中不生，無明糠脫故。復次，阿羅呵名應受供養。佛諸結使除盡，得一切智慧故，應受一切天地衆生供養，以是故，佛名阿羅呵。復名三藐三佛陀。云何名三藐三佛陀？三藐名正，三名遍，佛名知，是名正遍知一切法。問曰：云何正遍知？答曰：

> 知苦如苦相，知集如集相，知滅如滅相，知道如道相。

是名三藐三佛陀。復次，知一切諸法實不壞相，不增不減。云何名不壞相？心行處滅，言語道斷，過諸法如涅槃相不動。以是故，名三藐三佛陀。復次，一切十方諸世界名號，六道所攝衆生名號；衆生先世因緣，未來

世生處；一切十方衆生心相，諸結使、諸善根、諸出要，如是等一切諸法悉知，是名三藐三佛陀。復名鞞侈遮羅那三般那，秦言明行具足。云何名明行具足？宿命、天眼、漏盡，名爲三明。問曰：神通、明有何等異？答曰：直知過去宿命事，是名通；知過去因緣行業，是名明。直知死此生彼，是名通；知行因緣，際會不失，是名明。直盡結使，不知更生不生，是名通；若知漏盡，更不復生，是名明。是三明，大阿羅漢、大辟支佛所得。問曰：若爾者，與佛有何等異？答曰：彼雖得三明，明不滿足，佛悉滿足，是爲異。問曰：云何不滿？云何滿？答曰：諸阿羅漢、辟支佛宿命智，知自身及他人，亦不能遍；有阿羅漢知一世，或二世、三世、十、百、千、萬劫，乃至八萬劫，過是以往不能復知，是故不滿。天眼明未來世亦如是。佛一念中生、住、滅時，諸結使分，生時如是，住時如是，滅時如是。苦法忍、苦法智中所斷結使悉覺了。知如是結使解脫，得爾所有爲法解脫，得爾所無爲法解脫，乃至道比忍見諦道十五心中。諸聲聞、辟支佛所不覺知，時少疾故。如是知過去衆生因緣、漏盡，未來、現在亦如是，是故名佛明行具足。行名身口業，唯佛身、口業具足，餘皆有失，是名明行具足。復名修伽陀：修秦言好，伽陀或言去，或言說，是名好去、好說。好去者，於種種諸深三摩提、無量諸大智慧中去，如偈說：

佛一切智爲大車，八正道行入涅槃。

是名好去。好說者，如諸法實相說，不著法愛說。觀弟子智慧力，是人正使一切方便神通智力化之，亦無如之何。是人可度是疾、是遲，是人應是處度；是人應說佈施，或說戒，或說涅槃；是人應說五衆、十二因緣、四諦等諸法能入道。如是等種種知弟子智力而爲說法，是名好說。名路迦憊：路迦秦言世，憊名知，是名知世間。問曰：云何知世間？答曰：知二種世間：一、衆生，二、非衆生。及如實相知世間、世間因、知世間滅、出世間道。復次，知世間，非如世俗知，亦非外道知；知世間無常故苦，苦故無我。復次，知世間相，非有常非無常，非有邊非無邊，非去非不去，如是相亦不著，清淨、常不壞相如虛空，是名知世間。復名阿耨多羅，秦言無上。云何無上？涅槃法無上。佛自知是涅槃不從他聞，亦將導衆生令至涅槃。如諸法中涅槃無上，衆生中佛亦無上。復次，持戒、禪定、智慧，教化衆生，一切無有與等者，何況能過！故言無上。復次，阿名無，耨多羅名答。一切外道法，可答可破，非實非清淨故；佛法不可答、不可破，出一切語言道，亦實清淨故，以是故名無答。復名富樓沙曇藐婆羅提：富樓沙秦言丈夫，曇藐言可化，婆羅提言調御師，是名可化丈夫調御師。佛以大慈大悲大智故，有時軟美語，有時苦切語，有時雜語，以此調御令不失道。如偈說：

佛法爲車弟子馬，實法寶主佛調御，若馬出道失正轍，如是當治令調伏。

若小不調輕法治，好善成立爲上道，若不可治便棄捨，以是調御爲無上。

復次，調御師有五種：初父母兄姊親裏，中官法，下師法——今世三種法治，後世閻羅王治，佛以今世樂、後世樂及涅槃樂利益，故名師。上四種法治人不久畢壞，不能常實成就。佛成人以三種道，常隨道不失，如火自相不捨乃至滅；佛令人得善法亦如是，至死不捨。以是故，佛名可化丈夫調御師。問曰：女人，佛亦化令得道，何以獨言丈夫？答曰：男尊女卑故，女從男故，男爲事業主故。復次，女人有五礙：不得作轉輪王、釋天王、魔天王、梵天王、佛，以是故不說。復次，若言佛爲女人調御師，爲不尊重。若說丈夫，一切都攝。譬如王來，不應獨來，必有侍從。如是說丈夫，二根、無根及女盡攝，以是故說丈夫。用是因緣故，佛名可化丈夫調御師。復名舍多提婆魔㝹舍喃：舍多秦言教師，提婆言天，魔㝹舍喃言人，是名天人教師。云何名天人教師？佛示導是應作、是不應作，是善、是不善，是人隨教行、不捨道法，得煩惱解脫報，是名天人師。問曰：佛能度龍、鬼、神等墮餘道中生者，何以獨言天人師？答曰：度餘道中生者少，度天、人中生者多。如白色人，雖有黑黶子，不名黑人，黑少故。復次，人中結使薄，厭心易得；天中智慧利。以是故，二處易得道，餘道中不爾。復次，言天則攝一切天，言人則攝一切地上生者。何以故？天上則天大，地上則人大，是故說天則天上盡攝，說人則地上盡攝。復次，人中得受戒律儀、見諦道、思惟道及諸道果。或有人言：餘道中不得。或有人言：多少得。天、人中易得多得，以是故，佛爲天人師。復次，人中行樂因多，天中樂報多；善法是樂因，樂是善法報。餘道中善因報少，以是故，佛爲天人師。復名佛陀（秦言知者）。知何等法？知過去、未來、現在，衆生數、非衆生數，有常、無常等一切諸法。菩提樹下了了覺知，故名爲佛陀。問曰：餘人亦知一切諸法，如摩醯首羅天（秦言大自在），八臂，三眼，騎白牛。如韋紐天（秦言遍悶），四臂，捉貝持輪，騎金翅鳥。如鳩摩羅天（秦言童子），是天擎雞持鈴，捉赤幡，騎孔雀，皆是諸天大將。如是等諸天，各各言大，皆稱一切智。有人作弟子，學其經書，亦受其法，言是一切智。答曰：此不應一切智。何以故？瞋恚、憍慢心著故。如偈說：

> 若彩畫像及泥像，聞經中天及贊天，
>
> 如是四種諸天等，各各手執諸兵杖。
>
> 若力不如畏怖他，若心不善恐怖他，
>
> 此天定必若怖他，若少力故畏怖他。
>
> 是天一切常怖畏，不能除卻諸衰苦。
>
> 有人奉事恭敬者，現世不免没憂海；
>
> 有人不敬不供養，現世不妨受富樂。
>
> 當知虛誑無實事，是故智人不屬天。
>
> 若世間中諸衆生，業因緣故如迴圈，
>
> 福德緣故生天上，雜業因緣故人中，
>
> 世間行業屬因緣，是故智者不依天！

復次，是三天，愛之則欲令得一切願，惡之則欲令七世滅。佛不爾。菩薩時，若怨家賊來欲殺，尚自以身肉、頭目、髓腦而供養之，何況得佛不惜身時！以是故，獨佛應當受佛名號。應當歸命佛，以佛爲師，不應事天。復次，佛有二事：一者大功德神通力，二者第一淨心，諸結使滅。諸天雖有福德神力，諸結使不滅故，心不清淨；心不清淨故，神力亦少。聲聞、辟支佛雖結使滅，心清淨，福德薄故力勢少。佛二法滿足，故稱勝一切人；餘人不勝一切人。婆伽婆名有德，先已說。復名阿婆磨（秦言無等），復名阿婆摩婆摩（秦言無等等），復名路迦那他（秦言世尊），復名波羅伽（秦言度彼岸),復名婆檀陀(秦言大德),復名屍梨伽那(秦言厚德),如是等無量名號。父母名字悉達陀(秦言成利);得道時,知一切諸法故,是名爲佛,應受諸天世人供養。如是等得名大德、厚德。如是種種,隨德立名。問曰:汝愛刹利種淨飯王子字悉達多,以是故而大稱讚言一切智,一切智人無也!答曰:不爾! 汝惡邪故妒瞋佛,作妄語,實有一切智人。何以故? 佛一切衆生中,身色顏貌,端正無比,相、德、明具,勝一切人。小人見佛身相,亦知是一切智人,何況大人! 如《放牛譬喻經》中說:摩伽陀國王頻婆娑羅,請佛三月,及五百弟子。王須新乳酪酥供養佛及比丘僧,語諸放牛人,來近處住,日日送新乳酪酥。竟三月,王憐愍此放牛人,語言:汝往見佛,還出放牛。諸放牛人往詣佛所,於道中自共論言:我等聞人說佛是一切智人,我等是下劣小人,何能別知實有一切智人! 諸婆羅門喜好酥酪故,常來往諸放牛人所作親厚,放牛人由是聞婆羅門種種經書名字。故言:四違陀經中治病法、鬥戰法、星宿法、祠天法、歌舞、論議難問法,如是等六十四種世間伎藝,淨飯王子廣學多聞,若知此事不足爲難。其從生已來不放牛,我等以放牛秘法問之,若能解者,實是一切智人。作是論已,前入竹園,見佛光明照於林間。進前覓佛,見坐樹下,狀似金山,如酥投火,其炎大明,有似融金,散竹林間上,紫金光色,視之無厭,心大歡喜,自相謂言:

今此釋師子,一切智有無,見之無不喜,此事亦已足。

光明第一照,顏貌甚貴重,身相威德備,與佛名相稱。

相相皆分明,威神亦滿足,福德自纏絡,見者無不愛;

圓光身處中,觀者無厭足! 若有一切智,必有是功德。

一切諸彩畫,寶飾莊嚴像,欲比此妙身,不可以爲喻!

能滿諸觀者,令得第一樂,見之發淨信,必是一切智!

如是思惟已,禮佛而坐,問佛言:放牛人有幾法成就,能令牛群番息? 有幾法不成就,令牛群不增、不得安隱? 佛答言:有十一法,放牛人能令牛群番息。何等十一? 知色,知相,知刮刷,知覆瘡,知作煙,知好道,知牛所宜處,知好度濟,知安隱處,知留乳,知養牛主。若放牛人知此十一法,能令牛群番息;比丘亦如是,知十一法能增長善法。云何知色? 知黑、白、雜色;比丘亦如是,知一切色皆是四大,四大造。云何知相?知牛吉不吉相,與他群合,因相則識;比丘亦如是,見善業相,知是智人;見惡業相,知是愚人。云何刮刷?爲諸蟲飲血則增長諸瘡,刮刷則除害;比丘亦如是,惡邪覺觀蟲飲善根血,增長心瘡,除則安隱。云何覆瘡?若衣若草葉以防蚊虻惡刺;比丘亦如是,念正觀法,覆六情瘡,不令煩惱貪欲、瞋恚惡蟲刺蕀所傷。云何知作煙?除諸蚊虻,牛遙見煙則來趣向屋舍。比丘亦如是,如所聞而說,除諸結使蚊虻,以說法煙引衆生入於無我實相空舍中。云何知道?知牛所行來去好惡道;比丘亦如是,知八聖道能至涅槃,離斷常惡道。云何知牛所宜處?能令牛番息少病;比丘亦如是,說佛法時,得清淨法喜,諸善根增盛。云何知濟?知易入易度無波浪惡蟲處;比丘亦如是,能至多聞比丘所問法。說法者知前人心利鈍、煩惱輕重,令入好濟,安隱得度。云何知安隱處?知所住處無虎、狼、師子、惡蟲、毒獸;比丘亦如是,知四念處安隱,無煩惱、惡魔、毒獸,比丘入此,則安隱無患。云何留乳?犢母愛念犢子故與乳,以留殘乳故犢母歡喜,則犢子不竭,牛主及放牛人,日日有益;比丘亦如是,居士白衣給施衣食,當知節量,不令罄竭,則檀越歡喜,信心不絶,受者無乏。云何知養牛主?諸大特牛能守牛群故,應養護,不令羸瘦,飲以麻油,飾以瓔珞,標以鐵角,摩刷、贊譽稱等;比丘亦如是,衆僧中有威德大人,護益佛法,摧伏外道,能令八衆得種諸善根,隨其所宜恭敬供養等。放牛人聞此語已,如是思惟:我等所知不過三四事,放牛師輩遠不過五六事,今聞此說,嘆未曾有!若知此事,餘亦皆爾,實是一切智人,無復疑也。是經,此中應廣說。以是故,知有一切智人。問曰:世間不應有一切智人。何以故?無見一切智人者。答曰:不爾!不見有二種,不可以不見故便言無。一者、事實有,以因緣覆故不見。譬如人姓族初,及雪山斤兩、恒河邊沙數,有而不可知。二者、實無,無故不見。譬如第二頭、第三手,無因緣覆而不見。如是一切智人,因緣覆故汝不見,非無一切智人。何等是覆因緣?未得四信,心著惡邪;汝以是因緣覆故,不見一切智人。問曰:所知處無量故,無一切智人。諸法無量無邊,多人和合尚不能知,何況一人!以是故,無一切智人!答曰:如諸法無量,智慧亦無量無數無邊;如函大蓋亦大,函小蓋亦小。問曰:佛自說佛法,不說餘經。若藥方、星宿、算經世典,如是等法;若是一切智人,何以不說? 以是故,知非一切智人。答曰:雖知一切法,用故說,不用故不說;有人問故說,不問故不說。復次,一切法略說有三種:一者、有爲法,二者、無爲法,三者、不可說法,此已攝一切法。問曰:十四難不答故,知非一切智人。何等十四難? 世界及我常,世界及我無常,世界及我亦有常亦無常,世界及我亦非有常亦非無常;世界及我有邊,無邊,亦有邊亦無邊,亦非有邊亦非無邊;死後有神去後世,無神去後世,亦有神去亦無神去,死後亦非有神去亦非無神去後世;是身、是神,身異、神異。若佛一切智人,此十四難何以不答? 答曰:此事無實故不答。諸法有常,無此理;諸法斷,亦無此理;以是故,佛不答。譬如人問搆牛角得幾升乳,是爲非問,不應答。復次,世界無窮,如車輪無初無後。復次,答此無利有失,墮惡邪中。佛知十四難,常覆四諦諸法實相。如渡處有惡蟲水,不應將人渡;安隱無患處,可示人令渡。復次,有人言:是事非一切智人不能解,以人不能知,故佛不答。復次,若人無言有,有言無,是名非一切智人;一切智人有言有,無言無。佛有不言無,無不言有,但說諸法實相,云何不名一切智人? 譬如日不作高下,亦不作平地,等一而照;佛亦如是,非令有作無,非令無作有,常說實智慧光照諸法。如一道人問佛言:大德! 十二因緣佛作耶? 他作耶? 佛言:我不作十二因緣,餘人亦不作。有佛無佛,生因緣老死,是法常定住。佛能說是生因緣老死,乃至無明因緣諸行。復次,十四難中若答有過罪。若人問:石女、黃門兒,長短好醜何類? 此不應答,以無兒故。復次,此十四難,是邪見非真實;佛常以真實,以是故,置不答。復次,置不答,是爲答。有四種答:一、決了答,如佛第一涅槃安隱;二、解義答;三、反問答;四、置答。此中佛以置答。汝言無一切智人,有是言而無義,是大妄語。實有一切智人。何以故? 得十力故:知處非處故,知因緣業報故,知諸禪定解脫故,知衆生根善惡故,知種種欲解故,知種種世間無量性故,知一切至處道故,先世行處憶念知故,天眼分明得故,知一切漏盡故;淨不淨分明知故,說一切世界中上法故,得甘露味故,得中道故,知一切法若有爲、若無爲實相故,永離三界欲故。如是種種因緣故，佛爲一切智人。問曰：有一切智人，何等人是？

答曰：是第一大人，三界尊，名曰佛。如讚佛偈說：

頂生轉輪王，如日月燈明；釋迦貴種族，淨飯王太子。

生時動三千，須彌山海水；爲破老病死，哀愍故生世。

生時行七步，光明滿十方；四觀發大音，我生胎分盡。

成佛說妙法，大音振法鼓；以此覺衆生，世間無明睡。

如是等種種，希有事已現；諸天及世人，見之皆歡喜！

佛相莊嚴身，大光滿月面；一切諸男女，視之無厭足！

生身乳餔力，勝萬億香象；神足力無上，智慧力無量。

佛身大光明，照曜佛身表；佛在光明中，如月在光裏。

種種惡毀佛，佛亦無惡想；種種稱譽佛，佛亦無喜想。

大慈視一切，怨親等無異；一切有識類，咸皆知此事。

忍辱慈悲力，故能勝一切；爲度衆生故，世世受勤苦。

其心常一定，爲衆作利益。智慧力有十，無畏力有四，

不共有十八，無量功德藏。如是等無數，希有功德力，

如師子無畏，破諸外道法，轉無上梵輪，度脫諸三界。

是名爲婆伽婆。婆伽婆義無量，若廣說則廢餘事，以是故略說。

# 卷第三

## 釋初品中住王舍城第五

【經】住王舍城。

【論】今當說。問曰：何以不直說般若波羅蜜法，而說佛住王舍城？答曰：說方、時、人，令人心生信故。云何名住？四種身儀：坐、臥、行、住，是名住。又以怖魔軍衆、自令弟子歡喜入種種諸禪定故，在是中住。復次，三種住：天住、梵住、聖住。六種欲天住法，是爲天住。梵天等乃至非有想非無想天住法，是名梵住。諸佛、辟支佛、阿羅漢住法，是名聖住。於是三住法中，住聖住法；憐愍衆生故，住王舍城。復次，佈施、持戒、善心三事，故名天住。慈、悲、喜、捨四無量心，故名梵住。空、無相、無作，是三三昧名聖住。聖住法，佛於中住。復次，四種住：天住、梵住、聖住、佛住。三住，如前說。佛住者，首楞嚴等諸佛無量三昧、十力、四無所畏、十八不共法、一切智等種種諸慧，及八萬四千法藏度人門。如是等種種諸佛功德是佛所住處，佛於中住。略說住竟。

王舍城者。問曰：如舍婆提、迦毗羅婆、波羅㮈大城皆有諸王舍，何以故獨名此城爲王舍？答曰：有人言：是摩伽陀國王有子，一頭，兩面，四臂。時人以爲不祥，王即裂其身首，棄之曠野。羅刹女鬼名梨羅，還合其身而乳養之。後大成人，力能並兼諸國，王有天下，取諸國王萬八千人置此五山中。以大力勢治閻浮提，閻浮提人因名此山爲王舍城。復次，有人言：

摩伽陀王先所住城,城中失火,一燒一作,如是至七。國人疲役,王大憂怖,集諸智人問其意故。有言:'宜應易處。'王即更求住處,見此五山周匝如城,即作宮殿於中止住,以是故名王舍城。復次,往古世時,此國有王名婆藪,心厭世法,出家作仙人。是時居家婆羅門與諸出家仙人共論議。居家婆羅門言:經書云:'天祀中,應殺生噉肉。'諸出家仙人言:不應天祀中殺生噉肉。共諍云云。諸出家婆羅門言:此有大王出家作仙人,汝等信不?諸居家婆羅門言:信。諸出家仙人言:我以此人爲證,後日當問。諸居家婆羅門即以其夜先到婆藪仙人所,種種問已,語婆藪仙人:明日論議,汝當助我。如是明旦論時,諸出家仙人問婆藪仙人:天祀中應殺生噉肉不?婆藪仙人言:婆羅門法,天祀中應殺生噉肉。諸出家仙人言:於汝實心云何?應殺生噉肉不?婆藪仙人言:爲天祀故,應殺生噉肉。此生在天祀中死故,得生天上。諸出家仙人言:汝大不是!汝大妄語!即唾之言:罪人滅去。是時,婆藪仙人尋陷入地没踝,是初開大罪門故。諸出家仙人言:汝應實語,若故妄語者,汝身當陷入地中。婆藪仙人言:我知爲天故殺羊、噉肉無罪。即復陷入地至膝,如是漸漸稍没至腰,至頸。諸出家仙人言:汝今妄語得現世報,更以實語者,雖入地下,我能出汝,令得免罪。爾時,婆藪仙人自思惟言:我貴重人,不應兩種語。又婆羅門四圍陀法中,種種因緣贊祀天法,我一人死,當何足計!一心言:應天祀中殺生、噉肉無罪。諸出家仙人言:汝重罪人!催去!不用見汝!於是舉身没地中。從是以來乃至今日,常用婆藪仙人王法,於天祀中殺羊,當下刀時言:婆藪殺汝。婆藪之子,名曰廣車,嗣位爲王,後亦厭世法,而復不能出家。如是思惟:我父先王出家,生入地中,若治天下,復作大罪,我今當何以自處?如是思惟時,聞空中聲言:汝若行見難值希有處,汝應是中作舍住。作是語已,便不復聞聲。未經幾時,王出田獵,見有一鹿走疾如風,王便逐之,而不可及,遂逐不止,百官侍從無能及者。轉前見有五山,周匝峻固,其地平正,生草細軟,好華遍地,種種林木、華果茂盛,溫泉、涼池皆悉清淨。其地莊嚴,處處有散天華、天香,聞天伎樂。爾時,乾闥婆伎適見王來,各自還去。是處希有,未曾所見,今我正當在是中作舍住。如是思惟已,群臣百官尋跡而到。王告諸臣：我前所聞空中聲言：'汝行若見希有難值之處，汝應是中作舍住。'我今見此希有之處，我應是中作舍住。即舍本城，於此山中住。是王初始在是中住，從是已後次第止住。是王元起造立宮舍，故名王舍城。略說王舍城本起竟。

【經】耆闍崛山中。

【論】耆闍名鷲，崛名頭。問曰：何以名鷲頭山？答曰：是山頂似鷲，王舍城人見其似鷲故，共傳言鷲頭山，因名之爲鷲頭山。復次，王舍城南屍陀林中，多諸死人，諸鷲常來啖之，還在山頭，時人遂名鷲頭山。是山於五山中最高大，多好林水，聖人住處。

問曰：已知耆闍崛山義，佛何以故住王舍城？諸佛法普慈一切，如日照萬物，無不蒙明。如漚祇尼大城、富樓那跋檀大城、阿藍車多羅大城、弗迦羅婆多大城，如是等大城，多人豐樂而不住；何故多住王舍城、舍婆提大城？波羅奈、迦毗羅婆、瞻婆、婆翅多、拘睒鞞、鳩樓城等，雖有住時，而多住王舍城、舍婆提。云何知多住二處？見佛諸經多在二城說，少在餘城。答曰：佛雖大慈等及，以漚祇尼等諸大城是邊國故不住。又彌離車弊惡人多，善根未熟故。如偈說：

如日光等照，華熟則時開；若華未應敷，則亦不強開。

佛亦復如是，等心而說法，善根熟則敷，未熟則不開。

以是故世尊，住三種人中，利智善根熟，結使煩惱薄。

復次，知恩故，多住王舍城、舍婆提城。問曰：云何知恩故多住二城？答曰：憍薩羅國是佛所生地。如佛答頻婆娑羅王偈說：

有好妙國土，在於雪山邊，豐樂多異寶，名曰憍薩羅。

日種諸釋子，我在是中生，心厭老病死，出家求佛道。

又是憍薩羅國主波斯匿王，住舍婆提大城中；佛爲法王，亦住此城，二主應住一處故。復次，是憍薩羅國，佛生身地，知恩故，多住舍婆提。問曰：若知恩故多住舍婆提者，迦毗羅婆城近佛生處，何不多住？答曰：佛諸結盡無復餘習，近諸親屬亦無異想；然釋種弟子多未離欲，若近親屬則染著心生。問曰：何以不護舍婆提弟子，而多住舍婆提？答曰：迦毗羅婆弟子多。佛初還國，迦葉兄弟千比丘，本修婆羅門法，苦行山間，形容憔悴。父王見之，以此諸比丘不足光飾世尊，即選諸釋貴人子弟，兼人、少壯，戶遣一人，強令出家。其中有善心樂道，有不樂者，此諸釋比丘不應令還本生處。舍婆提弟子輩不爾，以是故佛多住舍婆提，不多住迦毗羅婆。復次，出家法應不近親屬，親屬心著，如火、如蛇。居家婆羅門子爲學問故，尚不應在生處，何況出家沙門！復次，如舍婆提城大，迦毗羅婆不爾。舍婆提城九億家，是中若少時住者，不得度多人，以是故多住。復次，迦毗羅婆城中佛生處，是中人已久習行，善根熟，利智慧，是中佛少時住說法，不須久住，度已而去。舍婆提人，或初習行，或久習行；或善根熟，或善根未熟；或利根，或不利根。多學種種經書故，研心令利，入種種邪見網中，事種種師，屬種種天。雜行人多，以是故佛住此久。如治癰師，知癰已熟，破出膿，與藥而去；若癰未熟，是則久住塗慰。佛亦如是，若弟子善根熟，教化已，更至餘處；若可度弟子善根未熟，則須久住。佛出世間，正爲欲度衆生，著涅槃境界安隱樂處故，是故多住舍婆提，不多住迦毗羅婆。佛於摩伽陀國尼連禪河側漚樓頻螺聚落，得阿耨多羅三藐三菩提，成就法身故，多住王舍城。問曰：已知多住王舍城、舍婆提因緣，於此二城，何以多住王舍城？答曰：以報生地恩故，多住舍婆提，一切衆生皆念生地。如偈說：

> 一切論議師，自愛所知法；如人念生地，雖出家猶静。

以報法身地恩故，多住王舍城，諸佛皆愛法身故。如偈說：

> 過去、未來，現在諸佛，供養法身，師敬尊重。

法身於生身勝故，二城中多住王舍城。復次，以坐禪精舍多故，餘處無有。如竹園、鞞婆羅跋恕、薩多般那求呵、因陀世羅求阿、薩簸恕魂直迦缽婆羅。王舍城有五精舍，竹園在平地；餘國無此多精舍。舍婆提一處，祇洹精舍；更有一處，摩伽羅母堂，更無第三處。婆羅奈斯國一處，鹿林中精舍，名梨師槃陀那。毗耶離二處：一名摩呵槃，二名彌猴池岸精舍。鳩睒彌一處，名劬師羅園。如是諸國，或一處有精舍，或空樹林。以王舍城多精舍，坐禪人所宜，其處安隱，故多住此。復次，是中有富那羅等六師，自言我是一切智人，與佛爲對；及長爪梵志，婆蹉姓、拘迦那大等，皆外道大論議師;及長者屍利崛多,提婆達多、阿闍貰等,是謀欲害佛,不信佛法,各懷嫉妒! 有是人輩故,佛多住此。譬如毒草生處,近邊必有良藥。如偈說:

> 譬如師子,百獸之王;爲小蟲吼,爲衆所笑。
>
> 若在虎狼,猛獸之中,奮迅大吼,智人所可。
>
> 諸論議師如猛虎,在此衆中無所畏;
>
> 大智慧人多見聞,在此衆中最第一。

以是大智多聞人皆在王舍城故,佛多住王舍城。復次,頻婆娑羅王到伽耶祇舍中迎佛,及餘結髮千阿羅漢。是時佛爲王說法,得須陀洹道,即請佛言:願佛及僧就我王舍城,盡形壽受我衣被、飲食、臥具、醫藥,給所當得。佛即受請,是故多住王舍城。復次,閻浮提四方中,東方爲始,日初出故;次第南方、西方、北方。東方中,摩伽陀國最勝。摩伽陀國中,王舍城最勝,是中有十二億家。佛涅槃後,阿闍貰王以人民轉少故,舍王舍大城,其邊更作一小城,廣長一由旬,名波羅利弗多羅,猶尚於諸城中最大,何況本王舍城! 復次,是中人多聰明,皆廣學多識,餘國無此。復次,有人應得道者,待時、待處、待人。佛豫知釋提桓因及八萬諸天,應在摩伽陀國石室中得道,是故佛多住王舍城。復次,其國豐樂,乞食易得,餘國不如。又以三因緣故:者、頻婆娑羅王約敕宮中常作千比丘食。二者、樹提伽雖人中生,常受天富樂;又多富貴諸優婆塞。三者、阿波羅邏龍王善心受化,作佛弟子,除世饑饉故,常降好雨,是故國豐。如佛涅槃後,長老摩訶迦葉欲集法,思惟:何國豐樂,乞食易得,疾得集法? 如是思已,憶王舍城中,頻婆娑羅王約敕常設千比丘食。頻婆娑羅王雖死,此法不斷,是中食易得,易可集法,餘處無如是常供。若行乞食時,諸外道來共論議,若共論議,集法事廢;若不共論,便言諸沙門不如我。如是思惟,擇取最上千阿羅漢,將就耆闍崛山,集結經藏。以是三因緣,故知摩伽陀國乞食易得。如《阿含》及《毗尼》中說,言毗耶離國時時有饑餓。如《降難陀婆難陀龍王兄弟經》中說,舍婆提國饑餓,餘諸國亦時時有饑餓;摩伽陀國中無是事,以是故知摩伽陀國豐樂,乞食易得。復次,王舍城在山中閑靜;餘國精舍平地故,多雜人入出，來往易故不閑靜。又此山中多精舍，諸坐禪人、諸聖人皆樂閑靜，多得住中；佛是聖人、坐禪人主，是故多住王舍城。如是等種種因緣，故多住王舍城。

問曰：若住王舍城，可爾。何以不多住竹園，而多住耆闍崛山？答曰：我已答，聖人、坐禪人樂閑靜處。問曰：餘更有四山，鞞婆羅跋恕等，何以不多住，而多住耆闍崛山？答曰：耆闍崛山於五山中最勝故。云何勝？耆闍崛山精舍近城，而山難上，以是故雜人不來；近城故，乞食不疲。以是故，佛多在耆闍崛山中，不在餘處。復次，長老摩訶迦葉於耆闍崛山集三法藏，可度衆生度竟，欲隨佛入涅槃；清朝著衣持鉢，入王舍城乞食已，上耆闍崛山，語諸弟子：我今日入無餘涅槃。如是語已，入房結加趺坐，諸無漏禪定自熏身。摩訶迦葉諸弟子入王舍城，語諸貴人：知不？尊者摩訶迦葉今日入無餘涅槃。諸貴人聞是語，皆大愁憂言：佛已滅度，摩訶迦葉持護佛法，今日復欲入無餘涅槃！諸貴人、諸比丘晡時皆共集耆闍崛山。長老摩訶迦葉晡時從禪定起，入衆中坐，贊說無常：諸一切有爲法，因緣生故無常；本無今有、已有還無故無常。因緣生故無常，無常故苦，苦故無我，無我故，有智者不應著我我所；若著我我所，得無量憂愁苦惱。一切世間中，心應厭求離欲。如是種種說世界中苦，開導其心，令入涅槃。說此語竟，著從佛所得僧伽梨，持衣鉢捉杖，如金翅鳥現，上升虛空，四種身儀：坐、臥、行、住，一身現無量身，滿東方世界，於無量身還爲一身；身上出火，身下出水；身上出水，身下出火。南、西、北方亦如是。衆心厭世，皆歡喜已，於耆闍崛山頭，與衣鉢俱，作是願言：令我身不壞，彌勒成佛，我是骨身還出，以此因緣度衆生。如是思惟已，直入山頭石內，如入軟泥；入已，山還合。後人壽八萬四千歲，身長八十尺時，彌勒佛出；佛身長百六十尺，佛面二十四尺，圓光十里。是時，衆生聞彌勒佛出世，無量人隨佛出家。佛在大衆中，初說法時，九十九億人得阿羅漢道，六通具足；第二大會，九十六億人得阿羅漢道；第三大會，九十三億人得阿羅漢道。自是已後，度無數人。爾時，人民久後懈厭。彌勒佛見衆人如是，以足指扣開耆闍崛山。是時，長老摩訶迦葉骨身，著僧伽梨而出，禮彌勒足；上升虛空，現變如前，即於空中滅身而般涅槃。爾時,彌勒佛諸弟子怪而問言:此是何人?似人而小,身著法衣,能作變化!彌勒佛言:此人是過去釋迦文尼佛弟子,名摩訶迦葉,行阿蘭若,少欲知足,行頭陀,比丘中第一,得六神通、共解脫大阿羅漢。彼時人壽百年,少出多減,以是小身能辦如是大事。汝等大身利根,云何不作如是功德?是時諸弟子皆慚愧,發大厭心;彌勒佛隨眾心,爲說種種法。有人得阿羅漢、阿那含、斯陀含、須陀洹;有種辟支佛善根;有得無生法忍,不退菩薩;有得生天人中受種種福樂。以是故,知是耆闍崛山福德吉處,諸聖人喜住處。佛爲諸聖人主,是故佛多住耆闍崛山。復次,耆闍崛山,是過去、未來、現在諸佛住處;如《富樓那彌帝隸耶尼子經》中說:佛語富樓那:若使三千大千世界劫燒若更生,我常在此山中住。一切眾生以結使纏縛,不作見佛功德,以是故不見我。復次,耆闍崛山清淨鮮潔,受三世佛及諸菩薩,更無如是處,是故多住耆闍崛山。復次,諸摩訶衍經多在耆闍崛山中說,餘處說少。何以故?是中淨潔有福德閑靜故;一切三世諸佛住處,十方諸菩薩,亦贊嘆恭敬此處;諸天、龍、夜叉、阿修羅、伽留羅、乾闥婆、甄陀羅、摩睺羅伽等大力眾神,守護供養恭敬是處。如偈說:

是耆闍崛山,諸佛所住處,人所止息,覆蔭一切故。

眾苦得解脫,唯有真法存。

復次,是中十方無量智慧福德大力菩薩,常來見釋迦牟尼佛,禮拜恭敬聽法故,佛說諸摩訶衍經,多在耆闍崛山。諸摩訶衍經,《般若》爲最大,今欲說故,云何不住耆闍崛山?略說住耆闍崛山因緣竟。

## 釋初品中共摩訶比丘僧第六

【經】共摩訶比丘僧。

【論】共名一處、一時、一心、一戒、一見、一道、一解脫,是名爲共。摩訶,秦言大,或多,或勝。云何大?一切眾中最上故,一切障礙斷故,天王等大人恭敬故,是名爲大。云何多?數至五千,故名多。云何勝?一切九十六種道論議,能破故名勝。云何名比丘?比丘名乞士,清淨活命故,名爲乞士。如經中說:舍利弗入城乞食,得已,向壁坐食。是時有梵志女,名淨目,來見舍利弗,問舍利弗言:沙門汝食耶?答言:食。淨目言:汝沙門下口食耶?答言:不!姊。仰口食耶?不!方口食耶?不!四維口食耶?不!淨目言:食法有四種,我問汝,汝言不;我不解,汝當說。舍利弗言:有出家人合藥、種穀、殖樹等不淨活命者,是名下口食。有出家人觀視星宿、日月,風雨、雷電、霹靂,不淨活命者,是名仰口食。有出家人曲媚豪勢,通使四方,巧言多求,不淨活命者,是名方口食。有出家人學種種咒術,蔔筮吉凶,如是等種種不淨活命者,是名四維口食。姊!我不墮是四不淨食中,我用清淨乞食活命。'是時淨目聞說清淨法食,歡喜信解。舍利弗因爲說法,得須陀洹道。如是清淨乞食活命,故名乞士。復次,比名破,丘名煩惱;能破煩惱,故名比丘。復次,出家人名比丘。譬如胡、漢、羌、虜,各有名字。復次,受戒時自言:我某甲比丘,盡形壽持戒,故名比丘。復次,比名怖,丘名能,能怖魔王及魔人民。當出家剃頭著染衣受戒,是時魔怖。何以故怖?魔王言:是人必得入涅槃。如佛說:有人能剃頭著染衣,一心受戒,是人漸漸斷結,離苦入涅槃。云何名僧伽?僧伽秦言衆;多比丘一處和合,是名僧伽。譬如大樹叢聚,是名爲林;一一樹不名爲林,除一一樹亦無林。如是一一比丘不名爲僧,除一一比丘亦無僧,諸比丘和合故僧名生。是僧四種:有羞僧、無羞僧、啞羊僧、實僧。云何名有羞僧?持戒不破,身、口清淨,能別好醜,未得道,是名有羞僧。云何名無羞僧?破戒,身、口不淨,無惡不作,是名無羞僧。云何名啞羊僧?雖不破戒,鈍根無慧,不別好醜,不知輕重,不知有罪無罪;若有僧事,二人共諍,不能斷決,默然無言。譬如白羊,乃至人殺,不能作聲,是名啞羊僧。云何名實僧?若學人、若無學人,住四果中、行四向道,是名實僧。是中二種僧,可共百一羯磨、說戒、受歲,種種得作。是中實聲聞僧六千五百。菩薩僧二種:有羞僧、實僧。以是實僧故,餘皆得名僧。以是故名比丘僧。

【經】大數五千分。

【論】云何名大數?少過少減,是名爲大數。云何名分?多衆邊取一分,是名分。是諸比丘,千萬衆中取一分五千人,以是故名五千分。

【經】皆是阿羅漢。

【論】云何名阿羅漢?阿羅名賊,漢名破;一切煩惱賊破,是名阿羅漢。復次,阿羅漢一切漏盡,故應得一切世間諸天人供養。復次,阿名不,羅漢名生;後世中更不生,是名阿羅漢。

【經】諸漏已盡。

【論】三界中三種漏已盡無餘,故言漏盡也。

【經】無復煩惱。

【論】一切結、使、流、受、扼、縛、蓋、見、纏等斷除故,名無煩惱也。

【經】心得好解脫,慧得好解脫。

【論】問曰:何以說心得好解脫,慧得好解脫? 答曰:外道離欲人,一處一道心得解脫,非於一切障法得解脫。以是故,阿羅漢名心得好解脫,慧得好解脫。復次,諸阿羅漢二道心得解脫:見諦道、思惟道,以是故名心得好解脫。學人心雖得解脫,非好解脫。何以故? 有殘結使故。復次,諸外道等助道法不滿,若行一功德,若行二功德,求道不能得。如人但佈施求清淨;如人祀天,言能脫憂衰,能得常樂國中生;亦更有言八清淨道:一、自覺,二、聞,三、讀經,四、畏內苦,五、畏大衆生苦,六、畏天苦,七、得好師,八、大佈施——但說第八名清淨道。復次,有外道但佈施、持戒說清淨,有但佈施、禪定說清淨,有但佈施、求智慧說清淨。如是等種種道不具足,若無功德、若少功德說清淨。是人雖一處心得解脫,不名好解脫,涅槃道不滿足故。如偈說:

無功德人不能渡,生老病死之大海;

少功德人亦不渡,善行道法佛所說。

是中應說《須跋陀梵志經》:須跋陀梵志,年百二十歲,得五神通,阿那跋達多池邊住。夜夢見一切人失眼,裸形,冥中立。日墮、地破,大海水竭,大風起吹須彌山破散。覺已恐怖,思惟言:何以故爾? 我命欲盡? 若天地主欲墮? 猶豫不能自了,以有此惡夢故。先世有善知識天,從上來下,語須跋陀言:汝莫恐怖! 有一切智人名佛,後夜半當入無餘涅槃,是故汝夢,不為汝身。是時,須跋陀明日到拘夷那竭國,樹林中見阿難經行,語阿難言:我聞汝師說新涅槃道,今日夜半當取滅度!我心有疑,請欲見佛,決我所疑。阿難答言:世尊身極,汝若難問,勞擾世尊。須跋陀如是重請至三,阿難答如初。佛遙聞之敕語阿難:聽須跋陀梵志來前,自在難問,是吾末後共談,最後得道弟子。是時須跋陀得前見佛,問訊世尊已,於一面坐,如是念:諸外道輩,捨恩愛財寶出家,皆不得道,獨瞿曇沙門得道。如是念竟,即問佛言:是閻浮提地六師輩,各自稱言我是一切智人,是語實不?爾時,世尊以偈答曰:

我年一十九,出家學佛道,我出家已來,已過五十歲。

淨戒禪智慧外道無一分,少分尚無有,何況一切智?

若無八正道,是中無第一果,第二、第三、第四果;若有八正道,是中有第一果,第二、第三、第四果。須跋陀!是我法中有八正道,是中有第一道果,第二、第三、第四道果。餘外道法皆空,無道、無果,無沙門,無婆羅門。如是我大眾中,實作師子吼!須跋陀梵志聞是法,得阿羅漢道。思惟言:我不應佛後般涅槃。如是思惟竟,在佛前結加趺坐,自以神力,身中出火燒身而取滅度。以是故,佛言:無功德、少功德,是助道法不滿,皆不得度。佛說一切功德具足故,能度弟子。譬如小藥師,以一種藥、二種藥,不具足故,不能差重病;大藥師輩,具足眾藥,能差諸病。問曰:若一切三界煩惱離故,心得解脫,何以故佛言染愛離,心得解脫?答曰:愛能系閉心,有大力,以是故說;不說餘煩惱。愛斷餘則斷。復次,若人言王來,知必有將從;染愛亦如是。又如捉巾一頭,餘則盡隨;愛染亦如是,愛斷則知餘煩惱皆已斷。復次,諸結使皆屬愛、見:屬愛煩惱覆心,屬見煩惱覆慧。如是愛離故,屬愛結使亦離,得心解脫。如是無明離故,屬見結使亦離,得慧解脫。復次,是五千阿羅漢,應不退法,得無生智,以是故言心得好解脫,慧得好解脫,不退故。退法阿羅漢得時解脫,如勉提迦等,雖得解脫,非好解脫,以退法故。

【經】心調柔軟。

【論】若有恭敬供養、瞋恚罵詈搥打者,心等無異;若得珍寶、瓦石,視之一等;若有持刀斫截手足,有持栴檀塗身者,亦等無異。復次,淫欲、瞋恚、憍、慢、疑、見,根本已斷故,是謂心調柔軟。復次,是諸阿羅漢,欲染處不染,應瞋處不瞋,應痴處不痴,守護六情,以是故名心調柔軟。如偈說:

> 人守護六情,如好馬善調;如是實智人,諸天所敬視。

諸餘凡人輩,不能守護六情,欲、瞋、慢、痴、疑、見不斷故,不調柔,如惡弊馬。以是故,諸阿羅漢名心調柔軟。

【經】摩訶那伽。

【論】摩訶言大,那名不,伽名罪。諸阿羅漢諸煩惱斷,以是故名不罪。復次,那伽或名龍,或名象。是五千阿羅漢,諸無數阿羅漢中最大力,是以故言如龍、如象。水行中龍力大,陸行中象力大。復次,如善調象王,能破大軍,直入不回,不畏刀杖,不難水火,不走不退,死至不避。諸阿羅漢亦復如是,修禪定、智慧故,能破魔軍及諸結使賊。罵詈、搥打,不悔、不恚;老死、水火,不畏不難。復次,如大龍王從大海出,起於大雲,遍覆虛空,放大電光,明照天地,澍大洪雨,潤澤萬物。諸阿羅漢亦復如是,從禪定、智慧大海水中出,起慈悲雲,潤及可度,現大光明,種種變化,說實法相,雨弟子心,令生善牙。

【經】所作已辦。

【論】問曰:云何名所作? 云何名已辦? 答曰:信、戒、捨、定等諸善法得故,名為所作;智慧、精進、解脫等諸善法得故,是名已辦。二法具足滿故,名所作已辦。復次,諸煩惱有二種:一種屬愛,一種屬見。屬愛煩惱斷故名所作,屬見煩惱斷故名已辦。復次,色法善見故名所作,無色法善見故名已辦。可見、不可見,有對、無對等二法亦如是。復次,不善、無記法斷故名所作,善法思惟故名已辦。聞、思慧成就故名所作,修慧成就故名已辦。種種三法亦如是。復次,暖法、頂法、忍法、世間第一法得故名所作,苦法忍等諸無漏善根得故名已辦。見諦道得故名所作,思惟道得故名已辦。成學道故名所作,無學道得故名已辦。心解脫得故名所作,慧解脫得故名已辦。漏盡故名所作,得共解脫故名已辦。一切結使除故名所作,得非時解脫故名已辦。自利益竟故名所作,利益他人故名已辦。如是等所作已辦義,自在說。

【經】棄擔能擔。

【論】五衆粗重常惱故名爲擔。如佛所說:何謂擔?五衆是擔。諸阿羅漢此擔已除,以是故言棄擔。能擔者,是佛法中二種功德擔應擔:一者自益利,二者他益利。一切諸漏盡、不悔解脫等諸功德,是名自利益;信、戒、捨、定、慧等諸功德能與他人,是名利益他。是諸阿羅漢,自擔、他擔能擔,故名能擔。復次,譬如大牛壯力,能服重載;此諸阿羅漢亦如是,得無漏根、力、覺、道,能擔佛法大事擔。以是故諸阿羅漢名能擔。

【經】逮得己利。

【論】云何名己利?云何非己利?行諸善法,是名己利;諸餘非法,是名非己利。復次,信、戒、捨、定、慧等諸功德,一切財寶勝故,今世後世常得樂故,能到甘露城故,以是三因緣故名己利。如〈信品〉中偈說:

若人得信慧,是寶最第一;諸餘世財利,不及是法寶!

復次,若人今世得樂,後世得樂,及涅槃常樂,是名己利;餘非己利。如偈說:

世知種種無道法,與諸禽獸等無異。當求正智要道法,得脫老死入涅槃!

復次,八正道及沙門果,是名諸阿羅漢己利。是五千阿羅漢得道及果,二事俱得,故名己利。以是故言逮得己利。

【經】盡諸有結。

【論】三種有:欲有、色有、無色有。云何欲有?欲界系業取因緣,後世能生,亦是業報,是名欲有。色有、無色有亦如是。是名爲有。結盡者,結有九結:愛結、恚結、慢結、痴結、疑結、見結、取結、慳結、嫉結。是結使盡及有,是有盡及結使,以是故名有結盡。問曰:諸阿羅漢結使應永盡,得一切煩惱離故。有不應盡。何以故?阿羅漢未滅度時,眼根等五衆、十二入、十八持諸有成就故。答曰:無所妨!是果中說因。如佛語:檀越施食時,與五事:命、色、力、樂?。食不能必與五事,有人大得飲食而死,有人得少許食而活。食爲五事因,是故佛言施食得五事。

如偈說：

斷食死無疑，食者死未定；以是故佛說，施食得五事。

亦如人食百斤金，金不可食，金是食因，故言食金。佛言女人爲戒垢，女人非戒垢，是戒垢因故，言女人爲戒垢。如人從高處墮未至地，言此人死，雖未死，知必死故，言此人死。如是諸阿羅漢結使已盡，知有必當盡故，言有結盡。

【經】正智已得解脫。

【論】如摩犍提梵志弟子，舉其屍著床上，輿行城市中多人處，唱言：若有眼見摩犍提屍者，是人皆得清淨道，何況禮拜供養者！多有人信其言。諸比丘聞是語，白佛言：世尊！是事云何？

佛說偈言：

小人眼見求清淨，如是無智無實道，

諸結煩惱滿心中，云何眼見得淨道？

若有眼見得清淨，何用智慧功德寶？

智慧功德乃爲淨，眼見求淨無是事。

以是故言正智得解脫。

問曰：諸阿羅漢所作已辦，更不求進，何以故常在佛邊，不餘處度衆生？

答曰：一切十方衆生，雖盡應供養佛，阿羅漢受恩重故，應倍供養。所以者何？是阿羅漢從佛得成，受無量功德，知結使斷，信心轉多，是故諸大德阿羅漢，佛邊受功德樂味，供養恭敬，報佛恩故，在佛邊住。諸阿羅漢圍繞佛故，佛德益尊。如梵天人繞梵天王，如三十三天繞釋提桓因，如諸鬼神繞毗沙門王，如諸小王繞轉輪聖王，如病人病癒住大醫邊；如是諸阿羅漢住在佛邊，諸阿羅漢圍繞供養故，佛德益尊。問曰：若諸阿羅漢所作已辦，逮得已利，不須聽法，何以故說般若波羅蜜時，共五千阿羅漢？答曰：諸阿羅漢雖所作已辦，佛欲以甚深智慧法試。如佛問舍利弗，如《波羅延經》阿耆陀難中偈說：

種種諸學人，及諸數法人，是人所行法，願爲如實說！

是中,云何學人?云何數法人?爾時,舍利弗默然。如是三問,三默。佛示義端,告舍利弗:有生不?舍利弗答:世尊!有生。有生者,欲爲滅有爲生法故,名學人;以智慧得無生法故,名數法人。是經,此中應廣說。復次,若有漏、若無漏,諸禪定未得故欲得,已得欲令堅深故,諸阿羅漢佛邊聽法。復次,現前樂故,如《難陀迦經》中說:以今世樂故聽法。復次,諸阿羅漢在佛邊聽法,心無厭足,如《蜫盧提迦經》中說:舍利弗語蜫盧提迦:我法中聽法無厭。復次,如佛大師,自一心從弟子邊聽法,不應難言阿羅漢所作已辦,何以聽法?譬如飽滿人得好食,猶尚更食,云何饑渴人而言不應食!以是故,諸阿羅漢雖所作已辦,常在佛邊聽法。復次,佛住解脫法中,諸阿羅漢亦住解脫法中,住法相應,眷屬莊嚴。如《栴檀譬喻經》中言:有栴檀林,伊蘭圍之;有伊蘭林,栴檀圍之。有栴檀,栴檀以爲叢林;有伊蘭,伊蘭自相圍繞。佛、諸阿羅漢,亦復如是。佛住善法解脫中,諸阿羅漢亦住善法解脫中,住法相應,眷屬莊嚴。佛以大眾圍繞,如須彌山王,十寶山圍繞;如白香象王,白香象圍繞;如師子王,師子眾圍繞。佛亦如是,佛爲世間無上福田,與諸弟子圍繞共住。

【經】唯除阿難在學地,得須陀洹。

【論】問曰:何以言唯除阿難?答曰:上所贊諸阿羅漢,阿難不在其數。何以故?以在學地,未離欲故。問曰:大德阿難第三師,大眾法將,種涅槃種已無量劫,常近佛,持法藏。大德利根,何以至今未離欲作學人?答曰:大德阿難本願如是:我於多聞眾中最第一。亦以諸佛法,阿羅漢所作已辦,不應作供給供養人,以其於佛法中能辦大事,煩惱賊破,共佛在解脫床上坐故。復次,長老阿難種種諸經,聽、持、誦利、觀故智慧多,攝心少;二功德等者,可得漏盡道。以是故,長老阿難是學人須陀洹。復次,貪供給世尊故,是阿難爲佛作供給人;如是念:若我早取漏盡道,便遠世尊,不得作供給人。以是故,阿難雖能得阿羅漢道,自製不取。復次,處、時、人未合故。何等處?能集法千阿羅漢未在耆闍崛山,是爲處;世尊過去時未到;長老婆耆子不在。以是故,長老阿難漏不盡。要在世尊過去,集法眾合,婆耆子說法勸諫——三事合故,得漏盡道。復次,大德阿難厭世法少,不如餘人。是阿難世世王者種,端正無比,福德無量;世尊近親,常侍從佛,必有此念:我佛近侍,知法寶藏,漏盡道法,我不畏失。以是事故,不大殷勤。問曰:大德阿難名,以何因緣?是先世因緣?是父母作字?是依因緣立名?答曰:是先世因緣,亦父母作名,亦依因緣立字。問曰:云何先世因緣?答曰:釋迦文佛先世作瓦師,名大光明。爾時,有佛名釋迦文,弟子名舍利弗、目乾連、阿難,佛與弟子俱到瓦師舍一宿。爾時,瓦師佈施草坐、燈明、石蜜漿,三事供養佛及比丘僧,便發願言:我於當來老、病、死、惱五惡之世作佛,如今佛名釋迦文;我佛弟子名,亦如今佛弟子名。以佛願故,得字阿難。復次,阿難世世立願:我在釋迦文佛弟子多聞衆中,願最第一,字阿難。復次,阿難世世忍辱除瞋,以是因緣故,生便端正。父母以其端正,見者皆歡喜故,字阿難(阿難者,秦言歡喜)。

是爲先世因緣字。

云何父母作字?

昔有日種王名師子頰,其王有四子:第一名淨飯,二名白飯,三名斛飯,四名甘露飯。有一女,名甘露味。

淨飯王有二子:佛、難陀。

白飯王有二子:跋提、提沙。

斛飯王有二子:提婆達多、阿難。

甘露飯王有二子:摩訶男、阿泥盧豆。

甘露味女有一子,名施婆羅。

是中悉達陀菩薩漸漸長大,棄轉輪聖王位,夜半出家,至漚樓鞞羅國中尼連禪河邊,六年苦行。是時,淨飯王愛念子故,常遣使問訊,欲知消息:我子得道不?若病?若死?

使來白王:菩薩唯有皮骨筋相連持耳,命甚微弱!若今日、若明日,不復久也。王聞其言,甚大愁念,沒憂惱海。我子既不作轉輪王,又不得作佛,一何衰苦,無所得而死!如是憂惱,荒迷憒塞。是時,菩薩棄苦行處,食百味乳糜,身體充滿;於尼連禪水中洗浴已,至菩提樹下,坐金剛座而自誓言:要不破此結加趺坐,成一切智;不得一切智,終不起也。是時,魔王將十八億衆到菩薩所,敢與菩薩決其得失。菩薩智慧力故,大破魔軍。魔不如而退,自念:菩薩巨勝,當惱其父。至淨飯王所,詭言:汝子今日後夜已了。王聞此語,驚怖墮床,如熱沙中魚。王時悲哭而說偈言:

阿夷陀虛言,瑞應亦無驗,得利之吉名,一切無所獲!

是時,菩提樹神大歡喜,持天曼陀羅華,至淨飯王所,說偈言:

汝子已得道,魔衆已破散;光明如日出,普照十方土!

王言:前有天來言汝子已了,汝今來言壞魔得道;二語相違,誰可信者?樹神又言:實不妄語。前來天者詭言已了,是魔懷嫉,故來相惱。今日諸天、龍神華香供養,空中懸繒;汝子身出光明,遍照天地。王聞其言,於一切苦惱心得解脫。王言:我子雖舍轉輪聖王,今得法轉輪王,定得大利,無所失也。王心大歡喜。是時,斛飯王家使來,白淨飯王言:貴弟生男。王心歡喜言:今日大吉,是歡喜日! 語來使言:是兒當字爲阿難。是爲父母作字。云何依因緣立名? 阿難端正清淨,如好明鏡,老少好醜,容貌顏狀,皆於身中現。其身明淨,女人見之,欲心即動,是故佛聽阿難著覆肩衣。是阿難能令他人見者心眼歡喜,故名阿難。於是造論者贊言:

面如淨滿月,眼若青蓮華;佛法大海水,流入阿難心!

能令人心眼,見者大歡喜;諸來求見佛,通現不失宜!

如是阿難雖能得阿羅漢道,以供給供養佛故,自不盡漏。以此大功德故,雖非無學,在無學數中;雖未離欲,在離欲數中;以是故共數五千中。以實未是阿羅漢故,言唯除阿難。

## 釋初品中四衆義第七

【經】復有五百比丘尼、優婆塞、優婆夷,皆見聖諦。

【論】問曰:何以諸比丘五千,餘三衆各五百? 答曰:女人多短智慧,煩惱垢重,但求喜樂;愛行多故,少能斷結使,得解脫證。如佛說:是因緣起法,第一甚深難得;一切煩惱盡、離欲得涅槃,倍復難見。以是故,女人不能多得,不如比丘。優婆塞、優婆夷有居家,故心不淨,不能盡漏,止可

得四聖諦,作學人。如偈說:

孔雀雖有色嚴身,不如鴻雁能遠飛;

白衣雖有富貴力,不如出家功德勝!

以是故,諸比丘尼雖出家棄世業,智慧短,是故有五百阿羅漢比丘尼。白衣二衆,居家事憒故,得道亦各五百。問曰:如五千阿羅漢皆贊,三衆何以不贊?答曰:大衆已贊,則知餘亦贊。復次,若別贊,外道輩當呵言:何以贊比丘尼!生誹謗故。若贊白衣,當言:爲供養故。以是故不贊。問曰:諸餘摩訶衍經,佛與大比丘衆俱,或八千人,或六萬、十萬人俱。是《摩訶般若波羅蜜經》,諸經中第一大。如〈囑累品〉中說:餘經悉忘失,其罪少少;失般若波羅蜜一句,其罪大多。以是故,知般若波羅蜜經第一大,是第一經中當第一大會,何以故聲聞衆數少,止有比丘五千,比丘尼、優婆塞、優婆夷各五百?答曰:以是大經甚深難解故,聲聞衆少。譬如王有真寶,不示凡人,示大人信愛者。如王謀議時,與諸大臣信愛智人共論,諸餘小臣則不得入。復次,是六千五百人盡得道,雖不盡解甚深般若波羅蜜,皆能信,得無漏四信故。餘經聲聞衆雖大多雜,不盡得道。復次,是中先贊千萬阿羅漢中,擇取最勝五千人;比丘尼、優婆塞、優婆夷亦爾。勝者難得,故不多。

# 卷第四

## ∽∽ 釋大智度初品中菩薩第八 ∽∽

【經】復有菩薩摩訶薩。

【論】問曰:若從上數,應先菩薩,次第比丘、比丘尼、優婆塞、優婆夷,菩薩次佛故;若從下數,應先優婆夷,次第優婆塞、比丘尼、比丘、菩薩。今何以先說比丘,次三眾,後說菩薩? 答曰:菩薩雖應次佛,以諸煩惱未盡故,先說阿羅漢。諸阿羅漢智慧雖少而已成熟,諸菩薩智慧雖多而煩惱未盡,是故先說阿羅漢。佛法有二種:一、秘密,二、現示。現示中,佛、辟支佛、阿羅漢皆是福田,以其煩惱盡無餘故。秘密中,說諸菩薩得無生法忍,煩惱已斷,具六神通,利益眾生。以現示法故,前說阿羅漢,後說菩薩。復次,菩薩以方便力現入五道,受五欲,引導眾生;若在阿羅漢上,諸天、世人當生疑怪,是故後說。問曰:在阿羅漢後可爾,何以乃在優婆塞、優婆夷後? 答曰:四眾雖漏未盡,盡在不久故,通名聲聞眾。若於四眾中間說菩薩者,則不便。如比丘尼得無量律儀故,應次比丘後,在沙彌前;佛以儀法不便故,在沙彌後。此諸菩薩亦如是,雖應在學人三眾上,以不便故,在後說。復次,有人言:菩薩功德、智慧超殊阿羅漢、辟支佛,是故別說。問曰:聲聞經中但說四眾,此中何以別說菩薩眾? 答曰:有二種道:一、聲聞道,二、菩提薩埵道。比丘、比丘尼、優婆塞、優婆夷四眾是聲聞道,菩薩摩訶薩是菩提薩埵道。以是故聲聞法中,經初無佛在某處某處住,爾所菩薩俱,但言佛某處某處住,與爾所比丘俱。如說:佛在波羅奈,與五比丘俱;佛在伽耶國中,與千比丘俱;佛在舍婆提,與五百比丘俱。如是種種經初,不說與菩薩若干人俱。問曰:諸菩薩二種:若出家,若在家。在家菩薩,總說在優婆塞、優婆夷中;出家菩薩,總在比丘、比丘尼中。今何以故別說?答曰:雖總在四衆中,應當別說。何以故?是菩薩必墮四衆中,有四衆不墮菩薩中。何者是?有聲聞人、辟支佛人、有求生天人、有求樂自活人,此四種人不墮菩薩中。何以故?是人不發心言我當作佛故。復次,菩薩得無生法忍故,一切名字、生死相斷,出三界,不墮衆生數中。何以故?聲聞人得阿羅漢道,滅度已,尚不墮衆生數中,何況菩薩?如《波羅延》優波屍難中偈說:

已滅無處更出不?若已永滅不出不?

既入涅槃常住不?惟願大智說其實!

佛答曰:

滅者即是不可量,破壞因緣及名相,

一切言語道已過,一時都盡如火滅。

如阿羅漢一切名字尚斷,何況菩薩能破一切諸法、知實相、得法身而不斷耶!以是故,摩訶衍四衆中別說菩薩。問曰:何以故大乘經初,菩薩衆、聲聞衆兩說,聲聞經初獨說比丘衆,不說菩薩衆?答曰:欲辯二乘義故:佛乘及聲聞乘。聲聞乘狹小,佛乘廣大;聲聞乘自利自爲,佛乘益一切。復次,聲聞乘多說衆生空,佛乘說衆生空、法空。如是等種種分別說是二道故,摩訶衍經聲聞衆、菩薩衆兩說。如贊摩訶衍偈中說:

得此大乘人,能與一切樂,利益以實法,令得無上道!

得此大乘人,慈悲一切故,頭目以佈施,捨之如草木!

得此大乘人,護持清淨戒,如犛牛愛尾,不惜身壽命!

得此大乘人,能得無上忍,若有割截身,視之如斷草!

得此大乘人,精進無厭惓,力行不休息,如抒大海者!

得此大乘人,廣修無量定,神通聖道力,清淨得自在!

得此大乘人,分別諸法相,無壞實智慧,是中已具得!

不可思議智，無量悲心力，不入二法中，等觀一切法。

驢馬駝象乘，雖同不相比；菩薩及聲聞，大小亦如是。

大慈悲爲軸，智慧爲兩輪，精進爲駛馬，戒定以爲銜，

忍辱心爲鎧，總持爲轡勒，摩訶衍人乘，能度於一切！

問曰：如聲聞經初但說比丘衆，摩訶衍經初何以不但說菩薩衆？

答曰：摩訶衍廣大，諸乘諸道皆入摩訶衍；聲聞乘狹小不受摩訶衍。譬如恒河不受大海，以其狹小故；大海能受衆流，以其廣大故。摩訶衍法亦如是。如偈說：

摩訶衍如海，小乘牛跡水；小故不受大，其喻亦如是。

問曰：何等名菩提？何等名薩埵？答曰：菩提名諸佛道，薩埵名或衆生，或大心。是人諸佛道功德盡欲得，其心不可斷不可破，如金剛山，是名大心。如偈說：

一切諸佛法，智慧及戒定，能利益一切，是名爲菩提。

其心不可動，能忍成道事，不斷亦不破，是心名薩埵。

復次，稱贊好法名爲薩，好法體相名爲埵。菩薩心自利利他故，度一切衆生故，知一切法實性故，行阿耨多羅三藐三菩提道故，爲一切賢聖之所稱贊故，是名菩提薩埵。所以者何？一切諸法中，佛法第一；是人欲取是法故，爲賢聖所贊嘆。復次，如是人爲一切衆生脫生、老、死故索佛道，是名菩提薩埵。復次，三種道皆是菩提：一者佛道，二者聲聞道，三者辟支佛道。辟支佛道、聲聞道雖得菩提，而不稱爲菩提；佛功德中菩提稱爲菩提。是名菩提薩埵。問曰：齊何來名菩提薩埵？答曰：有大誓願，心不可動，精進不退；以是三事，名爲菩提薩埵。復次，有人言：初發心作願，我當作佛度一切衆生。從是已來，名菩提薩埵。如偈說：

若初發心時，誓願當作佛，已過諸世間，應受世供養。

從初發心到第九無礙，入金剛三昧中，是中間名爲菩提薩埵。是菩提薩埵有兩種：有鞞跋致，有阿鞞跋致；如退法、不退法阿羅漢。阿鞞跋致菩提薩埵，是名實菩薩；以是實菩薩故，諸餘退轉菩薩皆名菩薩。譬如得四道人，是名實僧；以實僧故，諸未得道者皆得名僧。問曰：云何知是菩薩鞞

跋致、阿鞞跋致？答曰：般若波羅蜜阿鞞跋致品中，佛自說阿鞞跋致相，如是相是退轉，如是相是不退轉。復次，若菩薩一法得好修好念，是名阿鞞跋致菩薩。何等一法？常一心集諸善法。如說：諸佛一心集諸善法故，得阿耨多羅三藐三菩提。復次，有菩薩得一法，是阿鞞跋致相。何等一法？正直精進。如佛問阿難：阿難！汝說精進？如是，世尊！阿難！汝贊精進？如是，善逝！阿難！常行、常修、常念精進，乃至令人得阿耨多羅三藐三菩提。如經廣說。復次，若得二法，是時是阿鞞跋致相。何等二法？一切法實知空；亦念不舍一切眾生。如是人名為阿鞞跋致菩薩。復次，得三法：一者、若一心作願欲成佛道，如金剛不可動不可破；二者、於一切眾生，悲心徹骨入髓；三者、得般舟三昧，能見現在諸佛。是時名阿鞞跋致。

復次，阿毗曇中，迦旃延尼子弟子輩言：何名菩薩？自覺復能覺他，是名菩薩。必當作佛，是名菩薩。菩提名漏盡人智慧，是人從智慧生，智慧人所護，智慧人所養故，是名菩薩。又言：發阿鞞跋致心，從是已後名菩薩。又言：若離五法得五法，是名菩薩。何謂五法？離三惡道，常生天上、人間；離貧窮、下賤，常得尊貴；離非男法，常得男子身；離諸形殘缺陋，諸根具足；離捨喜忘，常憶宿命，得是宿命智慧，常離一切惡法，遠離惡人，常求道法，攝取弟子。如是名為菩薩。又言：從種三十二相業已來，是名菩薩。問曰：何時種三十二相業因緣？答曰：過三阿僧祇劫，然後種三十二相業因緣。問曰：幾時名阿僧祇？答曰：天人中能知算數者，極數不復能知，是名一阿僧祇。如：一一名二，二二名四，三三名九，十十名百，十百名千，十千名萬，千萬名億，千萬億名那由他，千萬那由他名頻婆，千萬頻婆名迦他，過迦他名阿僧祇。如是數三阿僧祇：若行一阿僧祇滿，行第二阿僧祇；第二阿僧祇滿，行第三阿僧祇。譬如算數法，算一乃至算百，百算竟，還至一。如是菩薩一阿僧祇過，還從一起。初阿僧祇中，心不自知我當作佛不作佛；二阿僧祇中，心雖能知我必作佛，而口不稱我當作佛；三阿僧祇中，心了了自知得作佛，口自發言，無所畏難：我於來世當作佛。釋迦文佛，從過去釋迦文佛到剌那屍棄佛，為初阿僧祇；是中菩薩永離女人身。從剌那屍棄佛至燃燈佛，為二阿僧祇；是中菩薩七枚青蓮華供養燃燈佛，敷鹿皮衣，布髮掩泥，是時燃燈佛便授其記，汝當來世作佛名釋迦牟尼。從燃燈佛至毗婆尸佛，爲第三阿僧祇。若過三阿僧祇劫，是時菩薩種三十二相業因緣。問曰：三十二相業，何處可種？答曰：欲界中，非色、無色界；於欲界五道，在人道中種；於四天下，閻浮提中種；於男子身種，非女人；佛出世時種，佛不出世不得種；緣佛身種，緣餘不得種。問曰：是三十二相業因緣，於身業、口業、意業，何業種？答曰：意業種，非身、口業。何以故？是意業利故。問曰：意業有六識，是三十二相業，爲是意識種？是五識種？答曰：是意識，非五識。何以故？五識不能分別，以是故意識種。問曰：何相初種？答曰：有人言：足安立相先種。何以故？先安立，然後能種餘相。有人言：紺青眼相初種，得此眼相，大慈觀衆生。此兩語雖有是語，不必爾也。若相因緣和合時，便是初種，何必安立足爲初。問曰：一思種？爲多思種？答曰：三十二思種三十二相，一一思種一一相，一一相百福德莊嚴。問曰：幾許名一福德？答曰：有人言：有業報轉輪聖王，於四天下受福樂，得自在，是名一福德。如是百福成一相。復有人言：作釋提桓因，於二天中得自在，是名一福德。復有人言：作他化自在天王，於欲界中得自在，是名一福。復有人言：除補處菩薩，餘一切衆生所得福報，是名一福。復有人言：天地劫盡，一切衆生共福德故，三千大千世界報立，是名一福。復有人言：是福不可量，不可以譬喻知：如三千大千世界一切衆生皆盲無目，有一人能治令差，是爲一福。一切人皆被毒藥，一人能治令差；一切人應死，一人能救之令脫；一切人破戒、破正見，一人能教令得淨戒、正見；如是等爲一福。復有人言：是福不可量，不可譬喻。是菩薩入第三阿僧祇中，心思大行種是三十二相因緣。以是故，是福無能量，唯佛能知。問曰：菩薩幾時能種三十二相？答曰：極遲百劫，極疾九十一劫。釋迦牟尼菩薩九十一大劫行辦三十二相。如經中言：過去久遠，有佛名弗沙。時有二菩薩：一名釋迦牟尼，一名彌勒。弗沙佛欲觀釋迦牟尼菩薩心純淑未？即觀見之，知其心未純淑，而諸弟子心皆純淑。又彌勒菩薩心已純淑，而弟子未純淑。是時，弗沙佛如是思惟：一人之心易可速化，衆人之心難可疾治。如是思惟竟，弗沙佛欲使釋迦牟尼菩薩疾得成佛，上雪山上，於寶窟中入火定。是時，釋迦牟尼菩薩作外道仙人，上山采藥，見弗沙佛坐寶窟中，入火定，放光明。見已，心歡喜信敬，翹一腳立；叉手向佛，一心而觀，目未曾眴，七日七夜，以一偈讚佛：

天上天下無如佛，十方世界亦無比，

世界所有我盡見，一切無有如佛者！

七日七夜諦觀世尊，目未曾眴，超越九劫，於九十一劫中得阿耨多羅三藐三菩提。問曰：若釋迦牟尼菩薩聰明多識，能作種種好偈，何以故七日七夜一偈讚佛？答曰：釋迦牟尼菩薩貴其心思，不貴多言。若更以餘偈讚佛，心或散亂，是故七日七夜以一偈讚佛。問曰：釋迦牟尼菩薩何以心未純淑而弟子純淑？彌勒菩薩自心純淑而弟子未純淑？答曰：釋迦牟尼菩薩饒益眾生心多，自爲身少故；彌勒菩薩多爲己身，少爲眾生故。從鞞婆屍佛至迦葉佛，於其中間九十一大劫，種三十二相業因緣集竟，六波羅蜜滿。何等六？檀波羅蜜、屍羅波羅蜜、羼提波羅蜜、毗梨耶波羅蜜、禪波羅蜜、般若波羅蜜。問曰：檀波羅蜜云何滿？答曰：一切能施，無所遮礙，乃至以身施時，心無所惜。譬如屍毗王以身施鴿。釋迦牟尼佛本身作王，名屍毗。是王得歸命救護陀羅尼，大精進，有慈悲心，視一切眾生如母愛子。時世無佛，釋提桓因命盡欲墮。自念言：何處有佛一切智人？處處問難，不能斷疑，知盡非佛，即還天上，愁憂而坐。巧變化師毗首羯磨天問曰：天主何以愁憂？答曰：我求一切智人不可得，以是故愁憂。毗首羯磨言：有大菩薩，佈施、持戒、禪定、智慧具足，不久當作佛。帝釋以偈答曰：

菩薩發大心，魚子庵樹華，三事因時多，成果時甚少！

毗首羯磨答曰：是優屍那種屍毗王，持戒、精進，大慈、大悲，禪定、智慧，不久作佛。釋提桓因語毗首羯磨：當往試之，知有菩薩相不？汝作鴿，我作鷹，汝便佯怖入王腋下，我當逐汝。毗首羯磨言：此大菩薩，云何以此事惱？釋提桓因說偈言：

我亦非噁心，如真金應試；以此試菩薩，知其心定不。

說此偈竟，毗首羯磨即自變身作一赤眼赤足鴿；釋提桓因自變身作一鷹，急飛逐鴿。鴿直來入王掖底，舉身戰怖，動眼促聲。

是時衆多人,相與而語曰:是王大慈仁,一切宜保信,

如是鴿小鳥,歸之如入舍;菩薩相如是,作佛必不久。

是時鷹在近樹上,語屍毗王:還與我鴿,此我所受! 王時語鷹:我前受此,非是汝受;我初發意時受此,一切衆生皆欲度之。鷹言:王欲度一切衆生,我非一切耶? 何以獨不見愍而奪我今日食? 王答言:汝須何食? 我作誓願:其有衆生來歸我者,必救護之。汝須何食,亦當相給。鷹言:我須新殺熱肉。王念言:如此難得,自非殺生無由得也! 我當云何殺一與一! 思惟心定,即自說偈:

是我此身肉,恒屬老病死,不久當臭爛,彼須我當與。

如是思惟已,呼人持刀,自割股肉與鷹。

鷹語王言:王雖以熱肉與我,當用道理,令肉輕重得與鴿等,勿見欺也! 王言:持稱來! 以肉對鴿,鴿身轉重,王肉轉輕。王令人割二股,亦輕不足;次割兩兩臏、兩乳、項脊,舉身肉盡,鴿身猶重,王肉故輕。是時近臣、內戚安施帳幔,卻諸看人:王今如此,無可觀也! 屍毗王言:勿遮諸人,聽令入看! 而說偈言:

天人阿修羅,一切來觀我! 大心無上志,以求成佛道。

若有求佛道,當忍此大苦;不能堅固心,則當息其意。

是時,菩薩以血塗手,攀稱欲上,定心以身盡以對鴿。

鷹言:大王! 此事難辦,何用如此? 以鴿還我!

王言:鴿來歸我,終不與汝。我喪身無量,於物無益,今欲以身求易佛道。以手攀稱,爾時,菩薩肉盡筋斷,不能自製,欲上而墮,自責心言:汝當自堅,勿得迷悶! 一切衆生墮憂苦大海,汝一人立誓欲度一切,何以怠悶! 此苦甚少,地獄苦多,以此相比,於十六分猶不及一! 我今有智慧、精進、持戒、禪定,猶患此苦,何況地獄中人無智慧者! 是時菩薩一心欲上,復更攀稱,語人:扶我! 是時菩薩心定無悔。諸天、龍王、阿修羅、鬼神、人民皆大贊言:爲一小鳥乃爾,是事稀有! 即時大地爲六種振動,大海波揚,枯樹生華,天降香雨及散名華,天女歌贊:必得成佛! 是時念我四方神仙皆來贊言:是真菩薩,必早成佛。鷹語鴿言:終試如此,不惜身命,是真菩薩!

即說偈言：

慈悲地中生，一切智樹牙，我曹當供養，不應施憂惱！

毗首羯磨語釋提桓因言：天主！汝有神力，可令此王身得平復。

釋提桓因言：不須我也。此王自作誓願，大心歡喜，不惜身命感發一切，令求佛道。帝釋語人王言：汝割肉辛苦，心不惱没耶？王言：我心歡喜，不惱不没。帝釋言：誰當信汝心不没者？是時菩薩作實誓願：我割肉血流，不瞋不惱，一心不悶以求佛道者，我身當即平復如故。即出語時，身復如本。人天見之，皆大悲喜，嘆未曾有：此大菩薩必當作佛，我曹應當盡心供養。願令早成佛道，當念我等！是時釋提桓因、毗首羯磨各還天上。如是等種種相，是檀波羅蜜滿。

問曰：屍羅波羅蜜云何滿？

答曰：不惜身命，護持淨戒，如須陀須摩王，以劫磨沙波陀大王故，乃至捨命不犯禁戒。昔有須陀須摩王，是王精進持戒，常依實語。晨朝乘車，將諸婇女入園遊戲。出城門時，有一婆羅門來乞，語王言：王是大福德人，我身貧窮，當見愍念，賜丐少多！王言：諾！敬如來告，當相佈施，須我出還。作此語已，入園澡浴嬉戲。時有兩翅王，名曰鹿足，空中飛來，於婇女中捉王將去，譬如金翅鳥海中取龍。諸女啼哭，號慟一園；驚城內外，搔擾悲惶。鹿足負王，騰躍虛空，至所住止，置九十九諸王中。須陀須摩王涕零如雨，鹿足王語言：大剎利王！汝何以啼如小兒？人生有死，合會有離。須陀須摩王答言：我不畏死，甚畏失信。我從生已來，初不妄語。今日晨朝出門時，有一婆羅門來從我乞，我時許言：'還當佈施。不慮無常，辜負彼心，自招欺罪，是故啼耳！鹿足王言：汝意欲爾，畏此妄語，聽汝還去七日，佈施婆羅門訖便來還。若過七日不還，我有兩翅力，取汝不難。須陀須摩王得還本國，恣意佈施，立太子爲王，大會人民，懺謝之言：我智不周物，治不如法，當見忠恕！如我今日，身非己有，正爾還去。舉國人民及諸親戚叩頭留之：願王留意，慈蔭此國，勿以鹿足鬼王爲慮也！當設鐵舍、奇兵，鹿足雖神，不畏之也！王言：不得爾也！而說偈言：

實語第一戒，實語升天梯，實語小而大，妄語入地獄。

我今守實語，寧棄身壽命，心無有悔恨。

如是思惟已，王即發去，到鹿足王所。鹿足遙見，歡喜而言：汝是實語人，不失信要。一切人皆惜身命，汝從死得脫，還來赴信，汝是大人！爾時，須陀須摩王讚實語：實語是爲人，非實語非人。如是種種讚實語，呵妄語。鹿足聞之，信心清淨，語須陀須摩王言：汝好說此，今相放舍；汝既得脫，九十九王亦佈施汝，隨意各還本國。如是語已，百王各得還去。如是等種種本生中相，是爲屍羅波羅蜜滿。問曰：羼提波羅蜜云何滿？答曰：若人來罵，撾捶割剝，支解奪命，心不起瞋。如羼提比丘爲迦梨王截其手、足、耳、鼻，心堅不動。問曰毗梨耶波羅蜜云何滿？答曰：若有大心、勤力如大施菩薩，爲一切故，以此一身，誓抒大海，令其乾盡，定心不懈。亦如讚弗沙佛，七日七夜翹一腳，目不眴。問曰：禪波羅蜜云何滿？答曰：如一切外道禪定中得自在。又如尚闍梨仙人，坐禪時無出入息，鳥於螺髻中生子，不動不搖，乃至鳥子飛去。問曰：般若波羅蜜云何滿？答曰：菩薩大心思惟分別，如劬嬪陀婆羅門大臣，分閻浮提大地作七分。若干大城、小城、聚落村民，盡作七分。般若波羅蜜如是。

是菩薩六波羅蜜滿，在迦葉佛所作弟子，持淨戒，行功德，生兜率天上。問曰：菩薩何以生兜率天上，而不在上生、不在下生；是大有福德，應自在生？答曰：有人言：因緣業熟，應在是中生。復次，下地中結使厚濁，上地中結使利；兜率天上結使不厚不利，智慧安隱故。復次，不欲過佛出世時故。若於下地生命短，壽終時佛未出世；若於上地生命長，壽未盡，復過佛出時；兜率天壽，與佛出時會故。復次，佛常居中道故。兜率天於六天及梵之中，上三、下三。於彼天下，必生中國，中夜降神，中夜出迦毗羅婆國，行中道得阿耨多羅三藐三菩提；中道爲人說法，中夜入無餘涅槃。好中法故，中天上生。如是菩薩兜率天上生竟。以四種觀人間：一者觀時，二者觀土地，三者觀種姓，四者觀生處。云何觀時？時有八種，佛出其中：第一、人長壽八萬四千歲時，第二、人壽七萬歲，第三、人壽六萬歲，第四、人壽五萬歲，第五、人壽四萬歲，第六、人壽三萬歲，第七、人壽二萬歲，第八、人壽一百餘歲。菩薩如是念：人壽百歲，佛出時到。是名觀時。云何觀土地？諸佛常在中國生，多金銀寶物，飲食豐美，其土清淨。云何觀種姓？佛生二種姓中：若剎利、若婆羅門。剎利種勢力大故，婆羅門種姓智慧大故。隨時所貴者，佛於中生。云何觀生處？何等母人能懷那羅延力菩薩，亦能自護淨戒？如是觀竟，唯中國迦毗羅婆淨飯王后能懷菩薩。如是思惟已，於兜率天下，不失正慧入於母胎。問曰：何以故，一切菩薩末後身從天上來，不從人中來？答曰：乘上道故，六道之中天道最上。復次，天上下時，種種瑞應未曾所有；若從人道，人道不能有此。復次，人敬重天故。問曰：一切人以垢心有相續入母胎，一切邪慧相應，云何名菩薩正慧入母胎？答曰：有人言：有相續時，一切眾生邪慧心入母胎，菩薩憶念不失故，名正慧入母胎。中陰中住則知中陰住，入胎時知入胎，歌羅羅時知住歌羅羅(受胎七日赤白精和合時也)，頞浮陀(二七日時如皰胞狀也)時知住頞浮陀，伽那時知住伽那(三七日時如凝酪也)，五皰時知住五皰，出生時知出生；是中憶念不失，是名正慧入母胎。復次，餘人在中陰住時，若男，於母生欲染心：此女人與我從事。於父生瞋恚；若女，於父生染欲心：此男子與我從事。於母生瞋恚。如是瞋恚心、染欲心，菩薩無此。菩薩先已了知是父、是母。是父、是母能長養我身，我依父母生身得阿耨多羅三藐三菩提。是淨心念父母相續入胎，是名正慧入母胎。是菩薩滿十月，正慧不失念。出胎，行七步，發口言：是我末後身。乃至將示相師：汝觀我子實有三十二大人相不？若有三十二相具足者，是應有二法：若在家當為轉輪聖王，若出家當成佛。諸相師言：地天太子實有三十二大人相，若在家者當作轉輪王，若出家者當成佛。王言：何等三十二相？相師答言：一者、足下安平立相：足下一切著地，間無所受，不容一針。二者、足下二輪相：千輻輞轂，三事具足，自然成就，不待人工，諸天工師毗首羯磨，不能化作如是妙相。問曰：何以故不能？答曰：是毗首羯磨諸天工師，不隱沒智慧；是輪相善業報。是天工師生報得智慧；是輪相行善根智慧得。是毗首羯磨一世得是智慧；是輪相從無量劫智慧生。以是故，毗首羯磨不能化作，何況餘工師？三者、長指相：指纖長端直，次第䏶好，指節參差。四者、足跟廣平相。五者、手足指縵網相：如雁王張指則現，不張則不現。六者、手足柔軟相:如細劫波毳,勝餘身分。七者、足趺高滿相:以足蹈地,不廣不狹。足下色如赤蓮華,足指間網及足邊色如真珊瑚,指爪如淨赤銅,足趺上真金色,足趺上毛青毗琉璃色。其足嚴好,譬如雜寶屐,種種莊飾。八者、伊泥延膊相:如伊泥延鹿膊,隨次纖纖。九者、正立手摩膝相:不俯不仰,以掌摩膝。十者、陰藏相:譬如調善象寶、馬寶。問曰:若菩薩得阿耨多羅三藐三菩提時,諸弟子何因緣見陰藏相? 答曰:爲度衆人決衆疑故,示陰藏相。復有人言:佛化作馬寶、象寶,示諸弟子言:我陰藏相亦如是。十一者、身廣長等相:如尼拘盧陀樹,菩薩身齊爲中,四邊量等。十二者、毛上向相:身有諸毛,生皆上向而稚。十三者、一一孔一毛生相:毛不亂,青琉璃色,毛右靡上向。十四者、金色相:問曰:何等金色? 答曰:若鐵在金邊則不現,今現在金比佛在時金則不現,佛在時金比閻浮那金則不現,閻浮那金比大海中轉輪聖王道中金沙則不現,金沙比金山則不現,金山比須彌山則不現,須彌山金比三十三諸天瓔珞金則不現,三十三諸天瓔珞金比焰摩天金則不現,焰摩天金比兜率陀天金則不現,兜率陀天金比化自在天金則不現,化自在天金比他化自在天金則不現,他化自在天金比菩薩身色則不現。如是色,是名金色相。十五者、丈光相:四邊皆有一丈光,佛在是光中端嚴第一,如諸天諸王寶光明淨。十六者、細薄皮相:塵土不著身,如蓮華葉不受塵水。若菩薩在幹土山中經行,土不著足;隨藍風來,吹破土山令散爲塵,乃至一塵不著佛身。十七者、七處隆滿相:兩手、兩足、兩肩、項中,七處皆隆滿端正,色淨勝餘身體。十八者、兩腋下隆滿相:不高不深。十九者、上身如師子相。二十者、大直身相:於一切人中身最大而直。二十一者、肩圓好相:一切治肩無如是者。二十二者、四十齒相:不多不少,餘人三十二齒,身三百餘骨,頭骨有九;菩薩四十齒,頭有一骨。菩薩齒骨多,頭骨少;餘人齒骨少,頭骨多。以是故,異於餘人身。二十三者、齒齊相:諸齒等,無粗無細,不出不入。齒密相,人不知者,謂爲一齒,齒間不容一毫。二十四者、牙白相:乃至勝雪山王光。二十五者、師子頰相:如師子獸中王平廣頰。二十六者、味中得上味相:有人言:佛以食著口中,是一切食皆作最上味。何以故? 是一切食中有最上味因故。無是相人,不能發其因故,不得最上味。復有人言:若菩薩舉食著口中,是時咽喉邊兩處流注甘露,和合諸味,是味清淨故,名味中得上味。二十七者、大舌相:是菩薩大舌從口中出,覆一切面分,乃至髮際;若還入口,口亦不滿。二十八者、梵聲相:如梵天王五種聲從口出:其一、深如雷;二、清徹遠聞,聞者悅樂;三、入心敬愛;四、諦了易解;五、聽者無厭。菩薩音聲亦如是,五種聲從口中出迦陵毗伽聲相,如迦陵毗伽鳥聲可愛;鼓聲相,如大鼓音深遠。二十九者、真青眼相:如好青蓮華。三十者、牛眼睫相:如牛王眼睫,長好不亂。三十一者、頂髻相:菩薩有骨髻,如拳等在頂上。三十二者、白毛相:白毛眉間生,不高不下,白淨右旋,舒長五尺。相師言:地天太子三十二大人相如是,菩薩具有此相。問曰:轉輪聖王有三十二相,菩薩亦有三十二相,有何差別? 答曰:菩薩相者,有七事勝轉輪聖王相。菩薩相者:一、淨好;二、分明;三、不失處;四、具足;五、深入;六、隨智慧行,不隨世間;七、隨遠離。轉輪聖王相不爾。問曰:云何名相? 答曰:易知故名相,如水異火,以相故知。問曰:菩薩何以故三十二相不多不少? 答曰:有人言:佛以三十二相莊嚴身者,端正不亂故。若少者身不端正,若多者佛身相亂;是三十二相端正不亂,不可益,不可減。猶如佛法不可增、不可減,身相亦如是。問曰:菩薩何以故以相嚴身? 答曰:有人見佛身相,心得信淨,以是故以相嚴身。復次,諸佛以一切事勝故,身色、威力、種姓、家屬,智慧、禪定、解脫、衆事皆勝,若佛不莊嚴身相,是事便少。復次,有人言:阿耨多羅三藐三菩提住是身中,若身相不嚴,阿耨多羅三藐三菩提不住此身中。譬如人欲娶豪貴家女,其女遣使語彼人言:若欲娶我者,當先莊嚴房室,除卻污穢,塗治香熏,安施床榻,被褥綩綖,幃帳幄幔,幡蓋華香,必令嚴飾,然後我當到汝舍。阿耨多羅三藐三菩提亦復如是,遣智慧使,未來世中到菩薩所言:若欲得我,先修相好以自莊嚴,然後我當住汝身中;若不莊嚴身者,我不住也。以是故,菩薩修三十二相自莊嚴身,爲得阿耨多羅三藐三菩提故。是時菩薩漸漸長大,見老病死苦,厭患心生,夜半出家,六年苦行,食難陀婆羅門女益身十六功德石蜜乳糜。食竟,菩提樹下破萬八千億鬼兵魔衆已,得阿耨多羅三藐三菩提。問曰:得何功德故名爲佛?

答曰：得盡智、無生智，故名爲佛。復次，有人言：得佛十力、四無所畏、十八不共法、三達、無礙、三意止。一者、受教敬重，佛無喜；二者、不受教不敬重，佛無憂；三者、敬重不敬重，心無異；大慈、大悲、三十七道品，一切諸法總相別相悉知故，故名爲佛。問曰：何以故未得佛道名爲菩薩，得佛道不名爲菩薩？答曰：未得佛道，心愛著求，欲取阿耨多羅三藐三菩提，以是故名爲菩薩；已成佛道，更得佛種種異大功德故，更有異名，名爲佛。譬如王子未作王，名爲王子；已作王，不復名王子。既爲王，雖是王子，不名王子。菩薩亦如是，未得佛道名爲菩薩，已得佛道名爲佛。聲聞法中，摩訶迦旃延尼子弟子輩，說菩薩相義如是。

摩訶衍人言：是迦旃延尼子弟子輩，是生死人，不誦不讀摩訶衍經，非大菩薩！不知諸法實相，自以利根智慧，於佛法中作論議，諸結使、智、定、根等於中作義，尚處處有失，何況欲作菩薩論議？譬如少力人跳小渠尚不能過，何況大河！於大河中則知沒失。問曰：云何失？答曰：如上言：三阿僧祇劫過名爲菩薩。三阿僧祇中，頭、目、髓、腦佈施，心無有悔，是阿羅漢、辟支佛所不能及。如昔菩薩爲大薩陀婆，渡大海水，惡風壞船。語衆賈人：捉我頭、髮、手、足，當渡汝等。衆人捉已，以刀自殺。大海水法不停死屍，即時疾風吹至岸邊。大慈如是而言非者，誰是菩薩？第二阿僧祇劫行滿，未入第三阿僧祇時，於燃燈佛所受記爲佛，即時上升虛空，見十方佛於虛空中立，贊然燈佛。然燈佛言：汝過一阿僧祇劫，當得作佛，名釋迦牟尼。得記如是，而言爾時未是菩薩，豈非大失！迦旃延尼子弟子輩言：三阿僧祇劫中未有佛相，亦無種佛相因緣，云何當知是菩薩？一切法先有相，然後可知其實，若無相則不知。摩訶衍人言：受記爲佛，上升虛空，見十方佛，此非大相耶？爲佛所記，當得作佛，得作佛者，此是大相，捨此大相而取三十二相！三十二相，轉輪聖王亦有，諸天魔王亦能化作此相。難陀、提婆達等皆有三十相；婆跋隸婆羅門有三相，摩訶迦葉婦有金色相；乃至今世人亦各各有一相、二相，若青眼、長臂、上身如師子；如是等種種或多或少，汝何以重此相？何經中言三阿僧祇劫中菩薩不種相因緣？如難陀澡浴鞞屍佛，願得清淨端正；於一辟支佛塔，青黛塗壁，作辟支佛像，因而作願:願我恒得金色身相。又作迦葉佛塔中級。以此三福因緣,世世受樂,處處所生,恒得端嚴。是福之餘,生迦毗羅婆釋種中,為佛弟子,得三十大人相,清淨端正,出家得阿羅漢道。佛說於五百弟子中,難陀比丘端正第一。此相易得,云何言於九十一大劫中種,餘一生中得? 是為大失! 汝言:初阿僧祇劫中,不知當作佛、不作佛;二阿僧祇劫中,知當作佛,不自稱說;三阿僧祇劫中,知得作佛,能為人說。佛何處說是語? 何經中有是語? 若聲聞法三藏中說? 若摩訶衍中說? 迦旃延尼子弟子輩言:雖佛口三藏中不說,義理應爾!《阿毗曇鞞婆沙·菩薩品》中如是說。答曰:摩訶衍中說:初發心,是時知我當作佛。如阿遮羅菩薩於長手佛邊初發心時,乃至金剛座處成佛道,於其中間,顛倒不淨心不生。如《首楞嚴三昧》中,四種菩薩,四種受記:有未發心而授記;有適發心而授記;有於前授記,他人盡知,己身不知;有於前授記,他人、己身盡知。汝云何言於二阿僧祇劫,知受記而不自稱說? 復次,佛言無量阿僧祇劫作功德,欲度眾生,何以故言三阿僧祇劫? 三阿僧祇劫有量有限。問曰:摩訶衍中雖有此語,我亦不能都信。答曰:是為大失! 是佛真法,佛口所說,汝無反復! 汝從摩訶衍中出生,云何言我不能都信? 復次,摩訶衍論議,此中應廣說。復次,說是三十二相業因緣,欲界中種,非色、無色界中種。無色界中以無身無色,是三十二相是身莊嚴故,於中不得種可爾,色界中何以不得種? 色界中大有諸梵王,常請佛初轉法輪,是智慧清淨,能求佛道,何以言不得種三十二相因緣? 又言:人中得種,非餘道。如娑伽度龍王十住菩薩,阿那婆達多龍王七住菩薩,羅睺阿修羅王亦是大菩薩,復何以言餘道不得種三十二相因緣? 汝言:人中閻浮提種,鬱怛羅曰不可種。有義,彼中人無吾我,著樂、不利根故。劬陀尼、弗婆提二處,福德、智慧、壽命勝閻浮提,何以不得種? 復次,汝言:一思種一相。是心彈指頃六十生滅,一心中不住、不能分別,云何能種大人相? 此大人相不應不了心得種,以是故,多思和合能種一相。如重物一人不能擔,必須多人力。如是種相,要得大心多思和合,爾乃得種。以是故,名百福相。百大心思種福德,是名百福相,不應一思種一相。餘事尚不得一思種一事,何況百福相! 何以故言釋迦文尼菩薩心未純淑，弟子心純淑；彌勒菩薩心純淑，弟子心未純淑？是語何處說？三藏中、摩訶衍中無是事，此言自出汝心。汝但見釋迦文尼菩薩於寶窟中見弗沙佛，七日七夜以一偈贊；彌勒菩薩亦種種贊弗沙佛，但《阿波陀那經》中不說，汝所不知。無因緣故，汝便謂彌勒弟子心未純淑，如是皆爲違失！汝言：菩薩一切物能施，無所愛惜，如屍毗王爲鴿故，割肉與鷹，心不悔恨。如以財寶佈施，是名下佈施；以身佈施，是名中佈施；種種施中心不著，是爲上佈施。汝何以贊中佈施爲檀波羅蜜滿？此施心雖大，多慈悲，有知智慧、有不知智慧。如人爲父母親屬不惜身，或爲主不惜身。以是故，知爲鴿不惜身，是中佈施。問曰：菩薩爲一切衆生、爲父母、爲主者、爲一切人故，以是故，非直不惜身爲檀波羅蜜滿。答曰：雖爲一切衆生，是心不清淨，不知己身無吾我；不知取者無人無主；不知所施物實性不可說一，不可說異。於是三事心著，是爲不清淨，於世界中得福德報，不能直至佛道。如說般若波羅蜜中三事不可得亦不著，是爲具足檀波羅蜜滿。如是乃至般若波羅蜜，能分別大地、城郭、聚落作七分，是爲般若波羅蜜滿。是般若波羅蜜無量無邊如大海水，諸天、聖人、阿羅漢、辟支佛，乃至初行菩薩尚不能知其邊涯，十地住菩薩乃能知，云何汝言能分大地、城郭、聚落作七分，是名般若波羅蜜滿？是事是算數法，能分地是世俗般若波羅蜜中少許分，譬如大海水中一渧兩渧。實般若波羅蜜名三世諸佛母，能示一切法實相。是般若波羅蜜無來處、無去處，一切處求不可得；如幻、如響、如水中月，見便失。諸聖人憐愍故，雖一相，以種種名字說是般若波羅蜜諸佛智慧寶藏，汝言大失！汝言四種觀：觀時、觀土地、觀種族、觀生處。人壽八萬歲佛出世，七、六、五、四、三、二萬歲中佛出世，人壽百歲是佛出世時。若諸佛常憐愍衆生，何以正八種時中出世，餘時不出？佛法不待時，如好藥服時便差病，佛法亦如是不待時。問曰：雖菩薩憐愍衆生諸佛不待時，過八萬歲，人長壽、多樂，染愛等結使厚，根鈍，非可化時。若百歲後時，人短壽、苦多，瞋恚等諸結使更厚。此樂時、苦時非得道時，以是故，佛不出世。答曰：諸天壽出千萬歲，有先世因緣，雖多樂，染愛厚，能得道，何況人中不大樂！三十六種不淨，易可教化，以是故，人壽過八萬歲，佛應出世。

是中，人無病、心樂故，人皆利根、福德；福德、利根故，應易得道。復次，師子鼓音王佛時，人壽十萬歲；明王佛時，人壽七百阿僧祇劫；阿彌陀佛時，人壽無量阿僧祇劫；汝云何言過八萬歲佛不出世？問曰：摩訶衍經有此事，我法中無十方佛，唯過去釋迦文尼、拘陳若等一百佛，未來彌勒等五百佛。答曰：摩訶衍論中種種因緣說三世十方佛。何以故？十方世界有老、病、死、淫、怒、痴等諸苦惱，以是故，佛應出其國。如經中說：無老、病、死、煩惱者，諸佛則不出世。復次，多病人應有多藥師。汝等聲聞法，《長阿含》中毗沙門王以偈白佛：稽首去、來、現在諸佛，亦復歸命釋迦文佛。汝經說過去、未來、現在諸佛言稽首，釋迦文尼佛言歸命，以此故知現在有餘佛。若無餘國佛，何以故前稽首三世佛，後別歸命釋迦文尼佛？此王未離欲，在釋迦文尼所得道，敬愛心重故歸命，於餘佛所直稽首。問曰：佛口說一世間無一時二佛出，亦不得一時二轉輪王出，以是故，不應現在有餘佛。答曰：雖有此言，汝不解其義。佛說一三千大千世界中無一時二佛出，非謂十方世界無現在佛也。如四天下世界中，無一時二轉輪聖王出，此大福德人，無怨敵共世故。以是故，四天下一轉輪聖王。佛亦如是，於三千大千世界中，亦無二佛出。佛及轉輪聖王，經說一種，汝何以信餘四天下更有轉輪聖王，而不信餘三千大千世界中更有佛？復次，一佛不能得度一切眾生，若一佛能度一切眾生者，可不須餘佛，但一佛出。如諸佛法，度可度眾生已而滅，如燭盡火滅，有爲法無常性空故；以是故，現在應更有餘佛。復次，眾生無量，苦亦無量，是故應有大心菩薩出，亦應有無量佛出世度諸眾生。問曰：如經中說：無量歲中佛時時出，譬如溫曇婆羅樹華時時一出。若十方佛充滿，佛便易出易得，不名爲難值！答曰：不爾！爲一大千世界中，佛無量歲時時出，不言一切十方世界中難。亦爲罪人不知恭敬，不勤精進求道，以是故語言：佛無量歲時時一出。又此眾生眾罪報故，墮惡道中，無量劫尚不聞佛名，何況見佛？以是人故，言佛出世難。問曰：若現在十方多有諸佛菩薩，今一切眾生罪惡苦惱，何以不來度之？答曰：眾生無量阿僧祇劫罪垢深厚，雖有種種餘福，無見佛功德，故不見佛。如偈說：

好福報未近，衰罪未除卻，現在不能見，大德有力人。

大德諸聖人，心亦無分別，慈悲一切人，一時令欲度。

衆生福德熟，智慧根亦利，若爲現度緣，即時得解脫。

譬如大龍王，隨願雨衆雨，罪福隨本行，各各如所受。

問曰：若自有福德、自有智慧，如是人佛能度；若無福德、智慧，佛不度。若爾者，自有福德、智慧，不待佛度！答曰：此福德、智慧，從佛因緣出。若佛不出世，諸菩薩以十善因緣、四無量意，後世罪、福報，種種因緣教道。若無菩薩，有種種經中說，人得此法，行福德因緣。復次，人雖有福德、智慧，若佛不出世，是世界中受報，不能得道；若佛出世，乃能得道，是爲大益。譬如人雖有目，日不出時，不能有所見，要須日明，得有所見，不得言我有眼，何用日爲！如佛說：二因二緣能生正見：一、從他聞法，二、内自如法思惟。福德事故，能生善心；利根智慧故，能如法思惟。以是故知從佛得度。如是等種種，多有違錯！欲作般若波羅蜜論議故，不能復廣論餘事。

# 卷第五

## ～～ 釋初品中摩訶薩埵第九 ～～

【經】摩訶薩埵。

【論】問曰：云何名摩訶薩埵？答曰：

摩訶者大；薩埵名眾生，或名勇心。此人心能為大事，不退不還，大勇心故，名為摩訶薩埵。復次，摩訶薩埵者，於多眾生中最為上首故，名為摩訶薩埵。復次，多眾生中起大慈大悲，成立大乘，能行大道，得最大處故，名摩訶薩埵。復次，大人相成就故，名摩訶薩埵。摩訶薩埵相者，如〈讚佛偈〉中說：

唯佛一人獨第一，三界父母一切智；

於一切等無與等，稽首世尊希有比！

凡人行惠為己利，求報以財而給施；

佛大慈仁無此事，怨親憎愛以等利！

復次，必能說法破一切眾生及己身大邪見、大愛慢、大我心等諸煩惱故，名為摩訶薩埵。復次，眾生如大海，無初、無中、無後；有明智算師，於無量歲計算，不能盡竟。如佛語無盡意菩薩：譬如十方一切世界，乃至虛空邊際，合為一水，令無數無量眾生共持一髮取一渧而去，更有無央數眾生如前共持一髮取一渧而去，如是令彼大水悉盡無餘，眾生故不盡。以是眾生等無邊、無量、不可數、不可思議，盡能救濟，令離苦惱，著於無為安隱樂中。有此大心，欲度多衆生故，名摩訶薩埵。如《不可思議經》中，漚舍那優婆夷語須達那菩薩言：諸菩薩摩訶薩輩，不爲度一人故，發阿耨多羅三藐三菩提心，亦非爲二、三乃至十人故，非百、非千、非萬、非十萬、非百萬，非一億十百千萬乃至億億。非爲阿由他億衆生故發心，非那由他億，非阿耶陀衆生故，非頻婆羅，非歌歌羅，非阿歌羅，非簸婆羅，非摩波羅，非波陀，非多婆，非鞞婆呵，非怖摩，非念摩，非阿婆迦，非摩伽婆，非毗羅伽，非僧伽摩，非毗薩羅，非謂闍婆，非鞞闍迦，非鞞盧呵，非鞞跋帝，非鞞伽多，非兜羅，非阿婆羅那，非他婆羅，非鞞婆耶婆，非藐寫，非鈍那耶寫，非醯婆羅，非鞞婆羅，非菩遮多，非阿跋伽陀，非鞞施他，非泥婆羅，非醯犁浮陀，非波摩陀夜，非比初婆，非阿犁浮陀，非阿犁薩寫，非醯雲迦，非度於多，非呵樓那，非摩樓陀，非叉夜，非烏羅多，非末殊夜摩，非三摩陀，非毗摩陀，非波摩陀，非阿滿陀羅，非婆滿多羅，非摩多羅，非醯兜末多羅，非鞞摩多羅，非波羅多羅，非屍婆多羅，非醯羅，非爲羅，非提羅，非枝羅，非翅羅，非尼羅，非斯羅，非波羅，非彌羅，非婆羅羅，非迷樓，非企盧，非摩屠羅，非三年羅，非阿婆夜，非劍摩羅，非摩摩羅，非阿達多，非醯樓，非鞞樓婆，非迦羅跋，非呵婆跋，非鞞婆跋，非婆婆，非阿羅婆，非娑羅婆羅，非迷羅浮羅，非摩遮羅，非陀摩羅，非波摩陀，非尼伽摩，非阿跋多，非泥提舍，非阿叉夜，非三浮陀，非婆摩摩，非阿婆陀，非漚波羅，非波頭摩，非僧佉，非伽提，非漚波伽摩，非阿僧祇，非阿僧祇阿僧祇，非無量，非無量無量，非無邊，非無邊無邊，非無等，非無等無等，非無數，非無數無數，非不可計，非不可計不可計，非不可思議，非不可思議不可思議，非不可說，非不可說不可說。非爲一國土微塵等衆生故發心，非爲二、三至十百千萬億千萬億阿由陀、那由他，乃至不可說不可說國土微塵等衆生故發心；非爲一閻浮提微塵等衆生故發心，非爲拘陀尼、鬱怛羅曰、弗婆提微塵等衆生故發心；非爲小千世界、中千世界、大千世界微塵等衆生故發心；非爲二、三至十百千萬億阿由他、那由陀，乃至不可說不可說三千大千世界微塵等衆生故發心。非爲供養供給一佛故發心，乃至非爲供養供給不可說不可說諸佛故發心；非爲供養供給一國土微塵等諸佛故發心，乃至非爲供養供給不可說不可說三千大千世界微塵等諸佛故發心。非爲淨一佛土故發心,乃至非爲淨不可說不可說三千大千世界微塵等佛土故發心。非爲受持一佛法故發心,乃至非爲受持不可說不可說三千大千世界微塵等佛法故發心。非爲令一三千大千世界中佛種不斷故發心,乃至非爲令不可說不可說三千大千世界微塵等三千大千世界中佛種不斷故發心。非爲分別知一佛願故發心,乃至非爲分別知不可說不可說三千大千世界微塵等佛願故發心。非爲莊嚴一佛土故發心,乃至非爲莊嚴不可說不可說三千大千世界微塵等佛土故發心。非爲分別知一佛會弟子衆故發心,乃至非爲分別知不可說不可說三千大千世界微塵等佛會弟子衆故發心。非爲持一佛法輪故發心,乃至非爲持不可說不可說三千大千世界微塵等佛法輪故發心。非爲知一人諸心故、非爲知一人諸根故、非爲知一三千大千世界中諸劫次第相續故、非爲分別斷一人諸煩惱故發心,乃至非爲分別斷不可說不可說三千大千世界微塵等人諸煩惱故發心。是諸菩薩摩訶薩願言:盡教化一切十方衆生,盡供養供給一切十方諸佛,願令一切十方諸佛土清淨,心堅受持一切十方諸佛法,分別知一切諸佛土故,盡知一切諸佛弟子衆故,分別知一切衆生諸心故,知斷一切衆生諸煩惱故,盡知一切衆生諸根故,諸菩薩發心作阿耨多羅三藐三菩提。如是等十門爲首,乃至百千萬億阿僧祇門是爲道法門,菩薩應知、應入! 略說如是諸菩薩實道。一切諸法皆入皆知,智慧知故,一切佛土菩薩道中莊嚴故。漚舍那言:善男子! 我願如是:自有世界已來,一切衆生盡清淨,一切煩惱悉斷。須達那言:是何解脫? 漚舍那答言:是名無憂安隱幢。我知此一解脫門,不知諸菩薩大心如大海水,一切諸佛法能持能受。諸菩薩心不動,如須彌山;諸菩薩如藥王,能除一切諸煩惱;諸菩薩如日,能照除一切闇;諸菩薩如地,能含受一切衆生;諸菩薩如風,能益一切衆生;諸菩薩如火,能燒一切外道諸煩惱;諸菩薩如雲,能雨法水;諸菩薩如月,福德光明能照一切;諸菩薩如釋提桓因,守護一切衆生。是菩薩道法甚深,我云何能盡知! 以是諸菩薩生大願,欲得大事,欲至大處故,名摩訶薩埵。復次,是《般若波羅蜜經》中摩訶薩埵相,佛自說:如是如是相,是摩訶薩埵相。舍利弗、須菩提、富樓那等諸大弟子各各說彼品,此中應廣說。

## ～～ 釋初品中菩薩功德第十 ～～

【經】皆得陀羅尼及諸三昧,行空、無相、無作,已得等忍。

【論】問曰:何以故以此三事次第讚菩薩摩訶薩? 答曰:欲出諸菩薩實功德故,應讚則讚,應信則信;以一切眾生所不能信甚深清淨法讚菩薩。復次,先說菩薩摩訶薩名字,未說所以為菩薩摩訶薩,以得諸陀羅尼、三昧及忍等諸功德故,名為菩薩摩訶薩。問曰:已知次第義,何以故名陀羅尼? 云何陀羅尼? 答曰:陀羅尼,秦言能持,或言能遮。能持者,集種種善法,能持令不散不失。譬如完器盛水,水不漏散。能遮者,惡不善根心生,能遮令不生;若欲作惡罪,持令不作。是名陀羅尼。是陀羅尼,或心相應,或心不相應;或有漏,或無漏;無色不可見無對;一持、一入、一陰攝:法持、法入、行陰;九智知(丹注云:除盡智);一識識(丹注云:一意識)。阿毗曇法陀羅尼義如是。復次,得陀羅尼菩薩,一切所聞法,以念力故,能持不失。復次,是陀羅尼法常逐菩薩,譬如間日瘧病;是陀羅尼不離菩薩,譬如鬼著;是陀羅尼常隨菩薩,如善不善律儀。復次,是陀羅尼持菩薩,不令墮二地坑;譬如慈父愛子,子欲墮坑,持令不墮。復次,菩薩得陀羅尼力故,一切魔王、魔民、魔人無能動、無能破、無能勝;譬如須彌山,凡人口吹不能令動。問曰:是陀羅尼有幾種? 答曰:是陀羅尼多種。一名聞持陀羅尼。得是陀羅尼者,一切語言諸法,耳所聞者,皆不忘失,是名聞持陀羅尼。復有分別知陀羅尼,得是陀羅尼者,諸眾生、諸法,大小好醜,分別悉知。如偈說:

諸象馬金,木石諸衣,男女及水,種種不同。

諸物名一,貴賤理殊,得此總持,悉能分別。

復有入音聲陀羅尼,菩薩得此陀羅尼者,聞一切語言音,不喜、不瞋。一切眾生如恒河沙等劫惡言罵詈,心不憎恨。問曰:菩薩諸漏未盡,云何能如恒河沙等劫忍此諸惡? 答曰:我先言:得此陀羅尼力故能爾。復次,是菩薩雖未盡漏，大智利根，能思惟除遣瞋心。作是念：若耳根不到聲邊，惡聲著誰？又如罵聲，聞便直過，若不分別，誰當瞋者？凡人心著吾我，分別是非而生恚恨。復次，若人能知諸言隨生隨滅，前後不俱，則無瞋恚。亦知諸法內無有主，誰罵誰瞋？若有人聞殊方異語，此言為好，彼以為惡，好惡無定，雖罵不瞋。若有人知語聲無定，則無瞋喜。如親愛罵之，雖罵不恨；非親惡言，聞則生恚。如遭風雨，則入舍持蓋；如地有刺，則著靴鞋；大寒燃火，熱時求水；如是諸患，但求遮法而不瞋之。罵詈諸惡，亦復如是，但以慈悲息此諸惡，不生瞋心。復次，菩薩知諸法不生不滅，其性皆空。若人瞋恚罵詈，若打若殺，如夢如化，誰瞋誰罵？復次，若有人如恒河沙等劫眾生，贊嘆供養衣食、臥具、醫藥、華香、瓔珞，得忍菩薩，其心不動，不喜、不著。問曰：已知菩薩種種不瞋因緣，未知實贊功德而亦不喜？答曰：知種種供養恭敬，是皆無常；今有因緣故，來贊嘆供養；後更有異因緣則瞋恚，若打若殺，是故不喜。復次，菩薩作是念：以我有功德智慧故，來贊嘆供養；是為贊嘆功德，非贊我也，我何以喜？復次，是人自求果報故，於我所作因緣，供養我作功德；譬如人種穀，溉灌修理，地亦不喜。復次，若人供養我，我若喜受者，我福德則薄，他人得福亦少，以是故不喜。復次，菩薩觀一切法如夢如響，誰贊誰喜？我於三界中未得脫，諸漏未盡，未得佛道，云何得贊而喜？若應喜者，唯佛一人。何以故？一切功德都已滿故。是故菩薩得種種贊嘆、供養、供給，心不生喜。如是等相，名為入音聲陀羅尼。復有名寂滅陀羅尼、無邊旋陀羅尼、隨地觀陀羅尼、威德陀羅尼、華嚴陀羅尼、音淨陀羅尼、虛空藏陀羅尼、海藏陀羅尼、分別諸法地陀羅尼、明諸法義陀羅尼。如是等略說五百陀羅尼門，若廣說則無量。以是故言諸菩薩皆得陀羅尼。

諸三昧者，三三昧：空、無作、無相。有人言：觀五陰無我、無我所，是名為空；住是空三昧，不為後世故起三毒，是名無作；緣離十相故：五塵、男、女、生、住、滅故，是名無相。有人言：住是三昧中，知一切諸法實相，所謂畢竟空，是名空三昧。知是空已無作。云何無作？不觀諸法若空若不空、若有若無等。如佛說《法句》中偈：

見有則恐怖,見無亦恐怖,是故不著有,亦復不著無。

是名無作三昧。云何無相三昧?一切法無有相,一切法不受不著,是名無相三昧。如偈說:

言語已息,心行亦滅,不生不滅,如涅槃相。

復次,十八空,是名空三昧;種種(丹注云:五道生有、本有、死有、中有、業)有中心不求,是名無作三昧;一切諸相破壞不憶念,是名無相三昧。問曰:有種種禪定法,何以故獨稱此三三昧?答曰:是三三昧中,思惟近涅槃故,令人心不高不下,平等不動,餘處不爾。以是故,獨稱是三三昧。餘定中,或愛多、或慢多、或見多;是三三昧中第一實義實利,能得涅槃門。以是故,諸禪定法中,以是三空法爲三解脫門,亦名爲三三昧,是三三昧實三昧故,餘定亦得名定。復次,除四根本禪,從未到地乃至有頂地,名爲定,亦名三昧,非禪;四禪亦名定,亦名禪,亦名三昧;諸餘定亦名定,亦名三昧;如四無量、四空定、四辯、六通、八背舍、八勝處、九次第定、十一切處等諸定法。復有人言:一切三昧法有二十三種。有言:六十五種。有言:五百種。摩訶衍最大故,無量三昧,所謂遍法性莊嚴三昧、能照一切三世法三昧、不分別知觀法性底三昧、入無底佛法三昧、如虛空無底無邊照三昧、如來力行觀三昧、佛無畏莊嚴力礜呻三昧、法性門旋藏三昧、一切世界無礙莊嚴遍月三昧、遍莊嚴法雲光三昧,菩薩得如是等無量諸三昧。復次,《般若波羅蜜.摩訶衍義品》中,略說則有一百八三昧:初名首楞嚴三昧,乃至虛空不著不染三昧;廣說則無量三昧。以是故說諸菩薩得諸三昧。行空、無相、無作者。問曰:前言菩薩得諸三昧,何以故復言行空、無相、無作?答曰:前說三昧名,未說相,今欲說相,是故言行空、無作、無相。若有人行空、無相、無作,是名得實相三昧。如偈說:

若持戒清淨,是名實比丘;若有能觀空,是名得三昧。

若有能精進,是名行道人;若有得涅槃,是名爲實樂。

已得等忍者。問曰:云何等?云何忍?答曰:有二種等:衆生等、法等。忍亦二種:衆生忍、法忍。云何衆生等?一切衆生中,等心、等念、等愛、等利,是名衆生等。問曰:慈悲力故,於一切衆生中應等念,不應等觀。

何以故？菩薩行實道，不顛倒，如法相；云何於善人不善人、大人小人、人及畜生一等觀？不善人中實有不善相，善人中實有善相，大人、小人，人及畜生亦爾。如牛相牛中住，馬相馬中住；牛相非馬中，馬相非牛中，馬不作牛故。衆生各各相，云何一等觀而不墮顛倒？答曰：若善相、不善相是實，菩薩應墮顛倒。何以故？破諸法相故。以諸法非實善相、非實不善相，非多相、非少相，非人、非畜生，非一、非異。以是故，汝難非也。如說諸法相偈：

不生不滅，不斷不常，不一不異，不去不來。

因緣生法，滅諸戲論，佛能說是，我今當禮。

復次，一切衆生中，不著種種相，衆生相、空相，一等無異。如是觀，是名衆生等。若人是中心等無礙，直入不退，是名得等忍。得等忍菩薩，於一切衆生不瞋不惱，如慈母愛子。如偈說：

觀聲如呼響，身行如鏡像；如此得觀人，云何而不忍？

是名衆生等忍。云何名法等忍？善法、不善法，有漏、無漏，有爲、無爲等法，如是諸法入不二入法門，入實法相門，如是入竟。是中深入諸法實相時，心忍直入，無諍無礙，是名法等忍。如偈說：

諸法不生不滅，非不生非不滅，亦不生滅非不生滅，亦非不生滅，非非不生滅。

已得解脫（丹注云：於邪見得離，故言解脫也），空、非空（丹注云：於空不取，故言非也），是等悉捨，滅諸戲論，言語道斷，深入佛法，心通無礙，不動不退，名無生忍，是助佛道初門。以是故，說已得等忍。

【經】得無礙陀羅尼。

【論】問曰：前已說諸菩薩得陀羅尼，今何以復說得無礙陀羅尼？答曰：無礙陀羅尼最大故。如一切三昧中，三昧王三昧最大，如人中之王；如諸解脫中無礙解脫大（丹注云：得佛得道時所得也）。如是一切諸陀羅尼中，無礙陀羅尼大，以是故重說。復次，先說諸菩薩得陀羅尼，不知是何等陀羅尼？有小陀羅尼，如轉輪聖王、仙人等所得；聞持陀羅尼、分別衆生陀羅尼、歸命救護不捨陀羅尼；如是等小陀羅尼，餘人亦有。是無礙陀羅尼，外道、聲聞、辟支佛、新學菩薩皆悉不得；唯無量福德智慧大力諸菩薩獨有是陀羅尼，以是故別說。復次，是菩薩輩自利已具足，但欲益彼，說法教化無盡，以無礙陀羅尼為根本。以是故，諸菩薩常行無礙陀羅尼。

【經】悉是五通。

【論】如意、天眼、天耳、他心智、自識宿命。云何如意？如意有三種：能到、轉變、聖如意。能到有四種：一者、身能飛行，如鳥無礙；二者、移遠令近，不往而到；三者、此沒彼出；四者、一念能至。轉變者，大能作小，小能作大，一能作多，多能作一，種種諸物皆能轉變。外道輩轉變，極久不過七日；諸佛及弟子轉變自在，無有久近。聖如意者，外六塵中不可愛不淨物，能觀令淨；可愛淨物，能觀令不淨。是聖如意法，唯佛獨有。是如意通，從修四如意足生；是如意足通等，色緣故次第生，不可一時得。天眼通者，於眼得色界四大造清淨色，是名天眼。天眼所見，自地及下地六道中眾生諸物，若近若遠，若覆若細諸色，無不能照。見天眼有二種：一者、從報得，二者、從修得。是五通中天眼從修得，非報得。何以故？常憶念種種光明得故。復次，有人言：是諸菩薩輩得無生法忍力故，六道中不攝，但為教化眾生故，以法身現於十方三界中；未得法身菩薩，或修得，或報得。問曰：是諸菩薩功德，勝阿羅漢、辟支佛，何以故讚凡夫所共小功德天眼，不讚諸菩薩慧眼、法眼、佛眼？答曰：有三種天：一、假號天，二、生天，三、清淨天。轉輪聖王、諸餘大王等，是名假號天；從四天王天，乃至有頂生處，是名生天；諸佛、法身菩薩、辟支佛、阿羅漢，是名清淨天。是清淨天修得天眼，是謂天眼通。佛、法身菩薩清淨天眼，一切離欲五通凡夫所不能得，聲聞、辟支佛亦所不得。所以者何？小阿羅漢小用心，見一千世界；大用心，見二千世界。大阿羅漢小用心，見二千世界；大用心，見三千大千世界。辟支佛亦爾。是名天眼通。云何名天耳通？於耳得色界四大造清淨色，能聞一切聲：天聲、人聲、三惡道聲。云何得天耳通修得？常憶念種種聲。是名天耳通。云何識宿命通？本事常憶念：日月年歲至胎中，乃至過去世中，一世、十世、百世、千萬億世，乃至大阿羅漢、辟支佛知八萬大劫；諸大菩薩及佛知無量劫。是名識宿命通。云何名知他心通？知他心若有垢、若無垢,自觀心生、住、滅時,常憶念故得。復次,觀他人喜相、瞋相、怖相、畏相,見此相已,然後知心,是爲他心智初門。是五通略說竟。

【經】言必信受。

【論】天、人、龍、阿修羅等,及一切大人,皆信受其語,是不綺語報故。諸綺語報者,雖有實語,一切人皆不信受。如偈說:

有墮餓鬼中,火炎從口出,四向發大聲,是爲口過報。

雖復多聞見,在大衆說法,以不誠信業,人皆不信受。

若欲廣多聞,爲人所信受,是故當至誠,不應作綺語!

【經】無復懈怠。

【論】懈怠法,破在家人財利、福利,破出家人生天樂、涅槃樂。在家、出家名聲俱滅,大失大賊,無過懈怠。如偈說:

懈怠没善心,痴闇破智明,妙願皆爲滅,大業亦已失!

以是故,說無復懈怠。

【經】已舍利養、名聞。

【論】是利養法如賊,壞功德本。譬如天雹,傷害五穀;利養、名聞亦復如是,壞功德苗,令不增長。如佛說譬喻:如毛繩縛人,斷膚截骨;貪利養人斷功德本,亦復如是。如偈說:

得入栴檀林,而但取其葉;既入七寶山,而更取水精。

有人入佛法,不求涅槃樂,反求利供養,是輩爲自欺!

是故佛弟子,欲得甘露味,當棄捨雜毒,勤求涅槃樂!

譬如惡雹雨,傷害於五穀;若著利供養,破慚愧頭陀。

今世燒善根,後世墮地獄;如提婆達多,爲利養自没。

以是故,言已舍利養、名聞。

【經】說法無所悕望。

【論】大慈憐愍,爲衆說法,不爲衣食、名聲、勢力故說;大慈悲故,心清淨故,得無生法忍故。如偈說:

多聞辯慧巧言語,美說諸法轉人心,自不如法行不正,譬如雲雷而不雨。

博學多聞有智慧，訥口拙言無巧便，不能顯發法寶藏，譬如無雷而小雨。

不廣學問無智慧，不能說法無好行，是弊法師無慚愧，譬如小雲無雷雨。

多聞廣智美言語，巧說諸法轉人心，行法心正無所畏，如大雲雷澍洪雨。

法之大將持法鏡，照明佛法智慧藏，持誦廣宣振法鈴，如海中船渡一切。

亦如蜂王集諸味，說如佛言隨佛意，助佛明法度衆生，如是法師甚難值！

【經】度甚深法忍。

【論】云何甚深法？十二因緣，是名甚深法。如佛告阿難：是十二因緣法甚深，難解難知！復次，依過去、未來世生六十二邪見網永離，是名甚深法。如佛語比丘：凡夫無聞，若欲贊佛，所贊甚小，所謂若贊戒清淨，若贊離諸欲。若能贊是甚深難解難知法，是爲實贊佛。是中，《梵網經》應廣說。復次，三解脫門，是名甚深法。如《佛說般若波羅蜜》中，諸天贊言：世尊！是法甚深！佛言：甚深法者，空則是義，無作、無相則是義。復次，解一切諸法相，實不可破不可動，是名甚深法。復次，除內心想智力，但定心諸法清淨實相中住。譬如熱氣盛，非黃見黃；心想智力故，於諸法轉觀，是名淺法。譬如人眼清淨無熱氣，如實見黃是黃。如是除內心想智力，慧眼清淨，見諸法實相。譬如真水精，黃物著中則隨作黃色，青、赤、白色皆隨色變；心亦如是，凡夫人內心想智力故，見諸法異相。觀諸法實相，非空非不空，不有非不有。是法中深入不轉，無所掛礙，是名度深法忍。度名得甚深法，具足滿，無所礙，得度彼岸，是名爲度。

【經】得無畏力。

【論】諸菩薩四無所畏力成就。問曰：如菩薩所作未辦，未得一切智，何以故說得四無所畏？答曰：無所畏有二種：菩薩無所畏、佛無所畏。是諸菩薩雖未得佛無所畏，得菩薩無所畏，是故名爲得無畏力。問曰：何等爲菩薩四無所畏？答曰：一者、一切聞能持故，得諸陀羅尼故，常憶念不忘故，衆中說法無所畏故。二者、知一切衆生欲解脫因緣，諸根利鈍，隨其所應而爲說法故，菩薩在大衆中說法無所畏。三者、不見若東方、南西北方、四維、上下，有來難問，令我不能如法答者。不見如是少許相故，於衆中說法無所畏。四者、一切衆生聽受問難，隨意如法答，能巧斷一切衆生疑故，菩薩在大衆中說法無所畏。

【經】過諸魔事。

【論】魔有四種：一者煩惱魔，二者陰魔，三者死魔，四者他化自在天子魔。

是諸菩薩得菩薩道故，破煩惱魔；得法身故，破陰魔；得道、得法性身故，破死魔；常一心故，一切處心不著故，入不動三昧故，破他化自在天子魔。以是故，說過諸魔事。復次，是《般若波羅蜜·覺魔品》中，佛自說魔業、魔事。是魔業、魔事盡已過故，是名已過魔事。復次，除諸法實相，餘殘一切法，盡名爲魔。如諸煩惱、結、使、欲、縛、取、纏、陰、界、入，魔王、魔民、魔人。如是等盡名爲魔。問曰：何處說欲縛等諸結使名爲魔？答曰：《雜法藏經》中，佛說偈語魔王：

欲是汝初軍，憂愁軍第二，饑渴軍第三，愛軍爲第四、

第五眠睡軍，怖畏軍第六，疑爲第七軍，含毒軍第八，

第九軍利養、著虛妄名聞，第十軍自高、輕慢於他人。

汝軍等如是，一切世間人，及諸一切天，無能破之者。

我以智慧箭，修定智慧力，摧破汝魔軍，如壞瓶沒水。

一心修智慧，以度於一切；我弟子精進，常念修智慧，

隨順如法行，必得至涅槃。汝雖不欲放，到汝不到處！

是時魔王聞，愁憂即滅去；是魔惡部黨，亦復沒不現！

是名諸結使魔。問曰：五衆、十八界、十二入，何處說是魔？答曰：莫拘羅山中，佛教弟子羅陀：色衆是魔，受、想、行、識亦如是。復次，若欲作未來世色身，是爲動處；若欲作無色身，是亦爲動處；若欲作有想、無想、非有想非無想身，是爲一切動處。動是魔縛，不動則不縛，從惡得脫。此中

說衆、界、入，是魔。自在天子魔、魔民、魔人即是魔，不須說。問曰：何以名魔？答曰：奪慧命，壞道法功德善本，是故名爲魔。諸外道人輩言：是名欲主，亦名華箭，亦名五箭(丹本注云：五欲箭也)，破種種善事故。佛法中名爲魔羅，是業是事，名爲魔事。是何等魔事？如《覺魔品》中說。復次，人展轉世間受苦樂，結使因緣，亦魔王力因緣；是魔名諸佛怨仇，一切聖人賊，破一切逆流人事，不喜涅槃，是名魔。是魔有三事：戲笑語言、歌舞邪視，如是等從愛生；縛打鞭拷、刺割斫截，如是等從瞋生；炙身、自凍、拔髮、自餓、入火、赴淵、投岩，如是等從愚痴生。有大過失不淨，染著世間，皆是魔事。憎惡利益，不用涅槃及涅槃道，亦是魔事。沒大苦海，不自覺知。如是等無量，皆是魔事。已棄已捨，是爲過諸魔事。

【經】一切業障悉得解脫。

【論】一切惡業得解脫，是名業障得解脫。問曰：若三種障：煩惱障、業障、報障；何以捨二障，但說業障？答曰：三障中業力最大故；積集諸業乃至百千萬劫中，不失、不燒、不壞，與果報時不亡。是諸業能久住，和合時與果報；如穀草子在地中，得時節而生，不失不壞。是諸佛一切智，第一尊重，如須彌山王，尚不能轉是諸業，何況凡人！如偈說：

生死輪載人，諸煩惱結使，大力自在轉，無人能禁止。
先世業自作，轉爲種種形，業力最爲大，世間中無比！
先世業自在，將人受果報，業力故輪轉，生死海中回。
大海水乾竭，須彌山地盡，先世因緣業，不燒亦不盡。
諸業久和集，造者自逐去，譬如責物主，追逐人不置。
是諸業果報，無有能轉者，亦無逃避處，非求哀可免。
三界中衆生，追之不暫離，如珂梨羅刹，是業佛所說。
如風不入實，水流不仰行，虛空不受害，無業亦如是。
諸業無量力，不逐非造者；果報時節來，不亡亦不失。
從地飛上天，從天入雪山，從雪山入海，一切處不離。
常恒隨逐我，無一時相捨；直至無失時，如星流趣月。

以是故說一切諸業障悉得解脫。

【經】巧說因緣法。

【論】十二因緣生法，種種法門能巧說煩惱、業、事法，次第展轉相續生，是名十二因緣。是中無明、愛、取三事，名煩惱；行、有二事，名爲業；餘七分，名爲體事。是十二因緣，初二過去世攝，後二未來世攝，中八現前世攝。是略說三事：煩惱、業、苦。是三事展轉更互爲因緣：是煩惱業因緣，業苦因緣，苦苦因緣，苦煩惱因緣，煩惱業因緣，業苦因緣，苦苦因緣，是名展轉更互爲因緣。過去世一切煩惱，是名無明。從無明生業，能作世界果，故名爲行。從行生垢心，初身因，如犢子識母，自相識故，名爲識。是識共生無色四陰，及是所住色，是名名色。是名色中生眼等六情，是名六入。情、塵、識合，是名爲觸。從觸生受。受中心著，是名渴愛。渴愛因緣求，是名取。從取後世因緣業，是名有。有還受後世五衆，是名生。從生五衆熟壞，是名老死。老死生憂、悲、哭、泣，種種愁惱，衆苦和合集。若一心觀諸法實相清淨，則無明盡，無明盡故行盡，乃至衆苦和合集皆盡。是十二因緣相，如是能方便不著邪見，爲人演說，是名爲巧。復次，是十二因緣觀中，斷法愛，心不著，知實相，是名爲巧。如彼《般若波羅蜜．不可盡品》中，佛告須菩提：痴如虛空不可盡，行如虛空不可盡，乃至衆苦和合集如虛空不可盡。菩薩當作是知！作是知者，爲捨痴際，應無所入。作是觀十二因緣起者，則爲坐道場，得薩婆若。

【經】從阿僧祇劫已來，發大誓願。

【論】阿僧祇義，〈菩薩義品〉中已說。劫義，佛譬喻說：四千里石山，有長壽人百歲過，持細軟衣一來拂拭，令是大石山盡，劫故未盡。四千里大城，滿中芥子，不概令平；有長壽人百歲過，一來取一芥子去，芥子盡，劫故不盡。菩薩如是無數劫，發大正願度脫衆生。願名大心要誓，必度一切衆生，斷諸結使，成阿耨多羅三藐三菩提，是名爲願。

【經】顏色和悅，常先問訊，所語不粗。

【論】瞋恚本拔故，嫉妒除故，常修大慈、大悲、大喜故，四種邪語斷故，得顏色和悅。如偈說：

若見乞道人，能以四種待：初見好眼視，迎逆敬問訊，床座好供養,充滿施所欲;佈施心如是,佛道如在掌。

若能除四種,口過妄語毒,兩舌惡綺語,得大美果報。

善軟人求道,欲度諸衆生,除四邪口業,譬如馬有䩤!

【經】於大衆中得無所畏。

【論】大德故,堅實功德智慧故,得最上辯陀羅尼故,於大衆中得無所畏。

如偈說:

內心智德薄,外善以美言;譬如竹無內,但示有其外。

內心智德厚,外善以法言;譬如妙金剛,中外力具足。

復次,無畏法成就故,端正、貴族、大力,持戒、禪定、智慧、語議等皆成就,是故無所畏。以是故,於大衆中無所畏。

如偈說:

少德無智慧,不應處高座,如豺見師子,竄伏不敢出。

大智無所畏,應處師子座,譬如師子吼,衆獸皆怖畏!

無量無邊智慧福德力集,故無所畏。

如偈說:

若人滅衆惡,乃至無小罪,如是大德人,無願而不滿。

是人大智慧,世界中無惱,是故如此人,生死涅槃一。

復次,獨得菩薩無所畏故,如《毗那婆那王經》中說。菩薩獨得四無所畏,如先說。

【經】無數億劫說法巧出。

【論】不放逸等諸善根,自身好修。是諸菩薩,非一世、二、三、四世,乃至無量阿僧祇劫集功德智慧。如偈說:

爲衆生故發大心,若有不敬生慢者,其罪甚大不可說,何況而復加噁心!

復次,是菩薩無數無量劫中,修身、修戒、修心、修慧,生滅、縛解、逆順中,自了了知諸法實相。有三種解:聞解、義解、得解。種種說法門中無所掛礙,皆得說法方便、智慧波羅蜜。是諸菩薩所說,如聖人說,皆應信受。如偈說：

有慧無多聞，是不知實相；譬如大闇中，有目無所見。

多聞無智慧，亦不知實義；譬如大明中，有燈而無目。

多聞利智慧，是所說應受。無慧亦無明，是名人身牛。

問曰：應言無數億劫巧說法，復何以言出？

答曰：於無智人中及弟子中說法易，若多聞利智善論議人中說法難。

若小智法師，是中退縮；若大學多聞問難中大膽欣豫，一切衆中有大威德。如《天會經》中偈說：

面目齒光明，普照於大會；映奪諸天光，種種皆不現。

以是故，名爲無數億劫巧說法中能得出。

# 卷第六

## ❧ 釋初品中十喻第十一 ❧

【經】解了諸法如幻、如焰、如水中月、如虛空、如響、如犍闥婆城、如夢、如影、如鏡中像、如化。

【論】是十喻，爲解空法故。問曰：若一切諸法空如幻，何以故諸法有可見、可聞、可嗅、可嘗、可觸、可識者？若實無所有，不應有可見乃至可識。復次，若無而妄見者，何以不見聲、聞色？若皆一等空無所有，何以有可見、不可見者？以諸法空故，如一指第一甲無，第二甲亦無，何以不見第二甲，獨見第一甲？以是故知：第一甲實有故可見，第二甲實無故不可見。答曰：諸法相雖空，亦有分別可見、不可見。譬如幻化象、馬及種種諸物，雖知無實，然色可見，聲可聞，與六情相對，不相錯亂。諸法亦如是，雖空而可見、可聞，不相錯亂。如《德女經》說：德女白佛言：世尊！如無明内有不？佛言：不！外有不？佛言：不！内外有不？佛言：不！世尊！是無明從先世來不？佛言：不！從此世至後世不？佛言：不！是無明有生者、滅者不？佛言：不！有一法定實性，是名無明不？佛言：不！爾時德女復白佛言：若無明無内，無外，亦無内外，不從先世至今世、今世至後世，亦無真實性者，云何從無明緣行乃至衆苦集？世尊！譬如有樹，若無根者，云何得生莖、節、枝、葉、華、果？佛言：'諸法相雖空，凡夫無聞無智故，而於中生種種煩惱，煩惱因緣作身、口、意業，業因緣作後身，身因緣受苦受樂。是中無有實作煩惱,亦無身、口、意業,亦無有受苦樂者。譬如幻師,幻作種種事。於汝意云何?是幻所作內有不?答言:不!外有不?答言:不!內外有不?答言:不!從先世至今世,今世至後世不?答言:不!幻所作有生者滅者不?答言:不!實有一法是幻所作不?答言:不!佛言:汝頗見頗聞幻所作妓樂不?答言:我亦聞亦見。佛問德女:若幻空,欺誑無實,云何從幻能作伎樂?德女白佛:世尊! 是幻相爾,雖無根本而可聞見。佛言:無明亦如是,雖不內有,不外有,不內外有;不先世至今世,今世至後世,亦無實性,無有生者、滅者,而無明因緣諸行生,乃至眾苦陰集。如幻息,幻所作亦息;無明亦爾,無明盡,行亦盡,乃至眾苦集皆盡。復次,是幻譬喻,示眾生一切有爲法空不堅固;如說:一切諸行如幻,欺誑小兒,屬因緣,不自在,不久住。是故說諸菩薩知諸法如幻。

如炎者,炎以日光風動塵故,曠野中見如野馬,無智人初見謂之爲水。男相、女相亦如是,結使煩惱日光熱諸行塵,邪憶念風,生死曠野中轉,無智慧者謂爲一相,爲男、爲女。是名如炎。復次,若遠見炎,想爲水,近則無水想。無智人亦如是,若遠聖法,不知無我,不知諸法空,於陰、界、入性空法中,生人相、男相、女相;近聖法,則知諸法實相,是時虛誑種種妄想盡除。以是故說諸菩薩知諸法如炎。

如水中月者,月實在虛空中,影現於水;實法相月在如、法性、實際虛空中,而凡天人心水中有我、我所相現。以是故名如水中月。復次,如小兒見水中月,歡喜欲取,大人見之則笑。無智人亦如是,身見故見有吾我;無實智故,見種種法;見已歡喜,欲取諸相:男相、女相等;諸得道聖人笑之。如偈說:

如水中月炎中水,夢中得財死求生;

有人於此實欲得,是人痴惑聖所笑!

復次,譬如靜水中見月影,攪水則不見。無明心靜水中,見吾我、憍慢諸結使影;實智慧杖攪心水,則不見吾我等諸結使影。以是故說諸菩薩知諸法如水中月。

如虛空者,但有名而無實法。虛空非可見法,遠視故,眼光轉見縹色。

諸法亦如是，空無所有，人遠無漏實智慧故，棄實相，見彼我、男女、屋舍、城郭等種種雜物心著。如小兒仰視青天，謂有實色，有人飛上極遠而無所見，以遠視故，謂爲青色；諸法亦如是。以是故說如虛空。

復次，如虛空性常清淨，人謂陰曀爲不淨。諸法亦如是，性常清淨，淫欲、瞋恚等曀故，人謂爲不淨。如偈說：

如夏月天雷電雨，陰雲覆曀不清淨；

凡夫無智亦如是，種種煩惱常覆心。

如冬天日時一出，常爲昏氣雲蔭曀；

雖得初果第二道，猶爲欲染之所蔽。

若如春天日欲出，時爲陰雲所覆曀；

雖離欲染第三果，餘殘痴慢猶覆心。

若如秋日無雲曀，亦如大海水清淨；

所作已辦無漏心，羅漢如是得清淨。

復次，虛空無初、無中、無後，諸法亦如是。

復次，如摩訶衍中，佛語須菩提：虛空無前世，亦無中世，亦無後世，諸法亦如是。彼經，此中應廣說。是故說諸法如虛空。問曰：虛空實有法。何以故？若虛空無實法者，若舉、若下、若來、若往、若屈、若申、若出、若入等，有所作應無有，以無動處故。答曰：若虛空法實有，虛空應有住處。何以故？無住處則無法。若虛空在孔穴中住，是爲虛空在虛空中住，以是故不應孔中住；若在實中住，是實非空，則不得住，無所受故。復次，汝言住處是虛空，如石壁實中，無有住處；若無住處則無虛空，以虛空無住處，故無虛空。復次，無相故無虛空；諸法各各有相，相有故知有法。如地堅相，水濕相，火熱相，風動相，識識相，慧解相，世間生滅相，涅槃永滅相；是虛空無相故無。問曰：虛空有相，汝不知故言無，無色處是虛空相。答曰：不爾！無色是名破色，更無異法，如燈滅，更無法。以是故，無有虛空相。復次，是虛空法無。何以故？汝因色故，以無色處是虛空相。若爾者，色未生時，則無虛空相。復次，汝謂：色是無常法，虛空是有常法。色未有時，應先有虛空法，以有常故。若色未有，則無無色處；若無無色處，則無虛空相;若無相則無法。以是故虛空但有名而無實。如虛空,諸法亦如是,但有假名而無實。以是故,諸菩薩知諸法如虛空。

如響者,若深山狹谷中,若深絕㵎中,若空大舍中;若語聲,若打聲,從聲有聲,名爲響。無智人謂爲有人語聲;智者心念:是聲無人作,但以聲觸,故更有聲,名爲響。響事空,能誑耳根。如人欲語時,口中風名憂陀那,還入至臍,觸臍響出,響出時觸七處退,是名語言。如偈說:

風名憂檀那,觸臍而上去;是風七處觸,項及斷齒脣,

舌咽及以胸,是中語言生。愚人不解此,惑著起瞋痴;

中人有智慧,不瞋亦不著,亦復不愚痴,但隨諸法相。

曲直及屈申,去來現語言,都無有作者。是事是幻耶?

爲機關木人?爲是夢中事?我爲熱氣悶,有是爲無是?

是事誰能知?是骨人筋纏,能作是語聲,如融金投水。

以是故言諸菩薩知諸法如響。

如揵闥婆城者,日初出時,見城門、樓櫓、宮殿、行人出入,日轉高轉滅;此城但可眼見而無有實,是名揵闥婆城。有人初不見揵闥婆城,晨朝東向見之,意謂實樂;疾行趣之,轉近轉失,日高轉滅;饑渴悶極,見熱氣如野馬,謂之爲水,疾走趣之,轉近轉滅;疲極困厄,至窮山狹谷中,大喚啼哭,聞有回應,謂有居民,求之疲極而無所見;思惟自悟,渴願心息。無智人亦如是,空陰、界、入中見吾我及諸法,淫瞋心著,四方狂走,求樂自滿,顛倒欺誑,窮極懊惱;若以智慧知無我無實法者,是時顛倒願息。復次,揵闥婆城非城,人心想爲城;凡夫亦如是,非身想爲身,非心想爲心。問曰:一事可知,何以多喻?答曰:我先已答,是摩訶衍如大海水,一切法盡攝;摩訶衍多因緣故,多譬喻無咎。復次,是菩薩甚深利智故,種種法門,種種因緣,種種喻,壞諸法;爲人解故,應多引喻。復次,一切聲聞法中,無揵闥婆城喻,有種種餘無常喻:色如聚沫,受如泡,想如野馬,行如芭蕉,識如幻,及《幻網經》中空譬喻。以是揵闥婆城喻異故,此中說。問曰:聲聞法中以城喻身,此中何以說揵闥婆城喻?答曰:聲聞法中城喻衆緣實有,但城是假名;揵闥婆城衆緣亦無,如旋火輪,但惑人目。聲聞法中爲破吾我

故,以城爲喻;此中菩薩利根深入諸法空中故,以揵闥婆城爲喻。以是故說如揵闥婆城。

如夢者,如夢中無實事,謂之有實,覺已知無,而還自笑;人亦如是,諸結使眠中,實無而著,得道覺時,乃知無實,亦復自笑。以是故言如夢。復次,夢者眠力故,無法而見;人亦如是,無明眠力故,種種無而見有,所謂我、我所,男女等。復次,如夢中無喜事而喜,無瞋事而瞋,無怖事而怖;三界衆生亦如是,無明眠故,不應瞋而瞋,不應喜而喜,不應怖而怖。復次,夢有五種:若身中不調,若熱氣多,則多夢見火,見黃、見赤;若冷氣多,則多見水、見白;若風氣多,則多見飛、見黑;又復所聞見事多思惟念故,則夢見;或天與夢,欲令知未來事故。是五種夢皆無實事而妄見。人亦如是,五道中衆生,身見力因緣故,見四種我:色陰是我,色是我所,我中色,色中我。如色,受、想、行、識亦如是,四五二十。得道實智慧覺已,知無實。問曰:不應言夢無實。何以故?識心得因緣便生;夢中識有種種緣,若無此緣,云何生識?答曰:無也!不應見而見,夢中見人頭有角,或夢見身飛虛空,人實無角,身亦不飛,是故無實。問曰:實有人頭,餘處亦實有角;以心惑故,見人頭有角。實有虛空,亦實有飛者;以心惑故,自見身飛,非無實也。答曰:雖實有人頭,雖實有角,但人頭生角者,是妄見。問曰:世界廣大,先世因緣種種不同;或有餘國,人頭生角,或一手一足,有一尺人,有九頭人,人有角何所怪?答曰:餘國人有角可爾,但夢見此國所識人有角,則不可得。復次,若人夢見虛空邊、方邊、時邊,是事云何有實?何處無虛空、無方、無時?以是故夢中無而見有。汝先言:無緣云何生識?雖無五塵緣,自思惟念力轉故,法緣生。若人言有二頭,因語生想;夢中無而見有,亦復如是。諸法亦爾,諸法雖無而可見、可聞、可知。如偈說:

如夢、如幻、如揵闥婆;一切諸法,亦復如是。

以是故,說諸菩薩知諸法如夢。

如影者,影但可見而不可捉;諸法亦如是,眼情等見、聞、覺、知,實不可得。如偈說:

是實知慧,四邊叵捉;如大火聚,亦不可觸;

法不可受，亦不應受。

復次，如影，映光則現，不映則無；諸結煩惱遮正見光，則有我相、法相影。復次，如影，人去則去，人動則動，人住則住。善惡業影亦如是，後世去時亦去，今世住時亦住，報不斷故，罪福熟時則出。如偈說：

空中亦逐去，山石中亦逐，地底亦隨去　海水中亦入！

處處常隨逐，業影不相離。

以是故，說諸法如影。復次，如影空無，求實不可得；一切法亦如是，空無有實。問曰：影空無有實，是事不然！何以故？《阿毗曇》說：云何名色入？青、黃、赤、白、黑、縹、紫、光、明、影等，及身業三種作色，是名可見色入。汝云何言無？復次，實有影，有因緣故——因爲樹，緣爲明，是二事合有影生，云何言無？若無影，餘法因緣有者，亦皆應無！復次，是影色，可見長短、大小、粗細、曲直，形動影亦動，是事皆可見，以是故應有。答曰：影實空無，汝言阿毗曇中說者，是釋阿毗曇義人所作；說一種法門，人不體其意，執以爲實。如《鞞婆沙》中說：微塵至細，不可破，不可燒。是則常有！復有三世中法，未來中出至現在，從現在入過去，無所失。是則爲常！又言：諸有爲法，新新生滅不住。若爾者，是則爲斷滅相！何以故？先有今無故。如是等種種異說，違背佛語，不可以此爲證。影今異於色法，色法生必有香、味、觸等，影則不爾，是爲非有。如瓶二根知：眼根、身根；影若有，亦應二根知，而無是事。以是故，影非有實物，但是誑眼法；如捉火㸔，疾轉成輪，非實。影非有物！若影是有物，應可破可滅；若形不滅，影終不壞，以是故空。復次，影屬形，不自在故空，雖空而心生眼見。以是故，說諸法如影。

如鏡中像者，如鏡中像非鏡作，非面作，非執鏡者作，亦非自然作，亦非無因緣。何以非鏡作？若面未到，鏡則無像，以是故非鏡作。何以非面作？無鏡則無像。何以非執鏡者作？無鏡、無面則無像。何以非自然作？若未有鏡、未有面則無像，像待鏡、待面然後有。以是故非自然作。何以非無因緣？若無因緣應常有；若常有，若除鏡、除面，亦應自出，以是故非無因緣。諸法亦如是，非自作，非彼作，非共作，非無因緣。云何非自作？

我不可得故,一切因生法不自在故,諸法屬因緣故,是以非自作。亦非他作者,自無故他亦無,若他作則失罪福力。他作有二種:若善、若不善;若善應與一切樂,若不善應與一切苦。若苦樂雜,以何因緣故與樂?以何因緣故與苦?若共,有二過故:自過、他過。若無因緣生苦樂,人應常樂,離一切苦;若無因緣,人不應作樂因、除苦因;一切諸法必有因緣,愚痴故不知。譬如人從木求火,從地求水,從扇求風;如是等種種各有因緣。是苦樂和合因緣,是苦樂和合因緣生:先世業因,今世若好行、若邪行緣,從是得苦樂;是苦樂種種因緣,以實求之,無人作,無人受,空五衆作,空五衆受。無智人得樂,淫心愛著,得苦生瞋恚;是樂滅時,更求欲得。如小兒見鏡中像,心樂愛著,愛著失已,破鏡求索,智人笑之;失樂更求,亦復如是,亦爲得道聖人所笑。以是故,說諸法如鏡中像。復次,如鏡中像實空,不生不滅,誑惑凡人眼;一切諸法亦復如是空無實,不生不滅,誑惑凡夫人眼。問曰:鏡中像從因緣生,有面、有鏡、有持鏡人、有明,是事和合故像生;因是像生憂喜,亦作因,亦作果,云何言實空不生不滅?答曰:從因緣生,不自在故空;若法實有,是亦不應從因緣生。何以故?若因緣中先有,因緣則無所用;若因緣中先無,因緣亦無所用。譬如,乳中若先有酪,是乳非酪因,酪先有故;若先無酪,如水中無酪,是乳亦非因;若無因而有酪者,水中何以不生酪?若乳是酪因,乳亦不自在,乳亦從因緣生;乳從牛有,牛從水草生,如是無邊,皆有因緣。以是故因緣中果,不得言有,不得言無,不得言有無,不得言非有非無,諸法從因緣生,無自性,如鏡中像。如偈說:

　　若法因緣生,是法性實空;若此法不空,不從因緣有。

　　譬如鏡中像,非鏡亦非面,亦非持鏡人,非自非無因。

　　非有亦非無,亦復非有無,此語亦不受,如是名中道。

　　以是故,說諸法如鏡中像。

　　如化者,十四變化心:初禪二:欲界、初禪;二禪三:欲界、初禪、二禪;三禪四:欲界、初禪、二禪、三禪;四禪五:欲界、初禪、二禪、三禪、四禪。是十四變化心,作八種變化:一者、能作小乃至微塵;二者、能作大乃至滿虛空;三者、能作輕乃至如鴻毛;四者、能作自在:能以大爲小,以長爲短,如是種種;五者、能有主力(有大力人無所下故言有主力);六者、能遠到;七者、能動地;八者、隨意所欲盡能得:一身能作多身,多身能作一;石壁皆過,履水蹈虛,手捫日月;能轉四大:地作水、水作地,火作風、風作火,石作金、金作石。是變化復有四種:欲界藥物、寶物、幻術能變化諸物;諸神通人神力故,能變化諸物;天龍鬼神輩得生報力故,能變化諸物;色界生報、修定力故,能變化諸物。如化人無生老病死、無苦無樂,異於人生,以是故空無實。一切諸法亦如是,皆無生住滅。以是故,說諸法如化。復次,化生無定物,但以心生,便有所作,皆無有實。人身亦如是,本無所因,但從先世心生今世身,皆無有實。以是故,說諸法如化。如變化心滅則化滅;諸法亦如是,因緣滅果亦滅,不自在。如化事雖實空,能令眾生生憂苦、瞋恚、喜樂、痴惑;諸法亦如是,雖空無實,能令眾生起歡喜、瞋恚、憂怖等。以是故,說諸法如化。復次,如變化生法,無初、無中、無後;諸法亦如是。如變化,生時無所從來,滅亦無所去;諸法亦如是。復次,如變化相,清淨如虛空,無所染著,不爲罪福所污;諸法亦如是,如法性,如如,如真際,自然常淨。譬如閻浮提四大河,一河有五百小河屬,是水種種不淨,入大海水中皆清淨。問曰:不應言變化事空。何以故?變化心亦從修定得,從此心作種種變化:若人、若法;是化有因有果,云何空?答曰:如影中已答,今當更答。此因緣雖有,變化果空。如口言無所有,雖心生口言,不可以心口有故,所言無所有便是有;若言有第二頭第三手,雖從心口生,不可言有頭有手。如佛說:觀無生,從有生得脫;依無爲,從有爲得脫。雖觀無生法無,而可作因緣,無爲亦爾;變化雖空,亦能生心因緣。譬如幻、焰等九譬喻雖無,能生種種心。復次,是化事於六因、四緣中求不可得,是中六因、四緣不相應故。復次,空不以不見爲空,以其無實用故言空。以是故,言諸法如化。問曰:若諸法十譬喻皆空無異者,何以但以十事爲喻,不以山河石壁等爲喻?答曰:諸法雖空而有分別,有難解空,有易解空。今以易解空喻難解空。復次,諸法有二種:有心著處,有心不著處。以心不著處解心著處。問曰:此十譬喻,何以是心不著處?答曰:是十事不久住,易生易滅故,以是故,是心不著處。復次,有人知十喻,詿惑耳目法,不知諸法空故,以此喻諸法。若有人於十譬喻中心著,不解種種難論,以此爲有,是十譬喻不爲其用,應更爲說餘法門。問曰:若諸法都空,不生不滅,是十譬喻等種種譬喻,種種因緣論議,我已悉知爲空。若諸法都空,不應說是喻;若說是喻,是爲不空。答曰:我說空,破諸法有。今所說者,若說有,先已破;若說無,不應難!譬如執事比丘高聲舉手唱言:衆皆寂靜!是爲以聲遮聲,非求聲也。以是故,雖說諸法空,不生不滅,愍念衆生故,雖說非有也。以是故,說諸法如化。

【經】得無礙無所畏。

【論】種種衆、界、入因緣中,心無礙、無盡、無滅,是爲無礙無所畏。問曰:如先說諸菩薩於無量衆中無所畏,今何以更說無礙無所畏?答曰:先說無所畏因,今說無所畏果。於諸大衆乃至菩薩衆中,說法無盡,論議無滅,心無疑難,已得無礙無所畏故。復次,如先說於無量衆中無所畏,不知以何等力故無畏;以是故,更說無所畏,以得無礙力故。問曰:若諸菩薩亦有無礙無所畏,佛與菩薩有何等異?答曰:如我先說,諸菩薩自有無所畏力故,於諸法中無所畏,非佛無所畏。復次,無礙法有二種:一者、一切處,二者、非一切處。非一切處者,如入一經書乃至百千經書中無礙,若入一衆、若入百千衆中無所畏。諸菩薩亦如是,自智慧中無礙,非佛智慧。如佛放鉢時,五百阿羅漢及彌勒等諸菩薩皆不能取。諸菩薩亦如是,自力中無礙,佛智慧力中有礙。以是故說諸菩薩得無礙無所畏。

【經】悉知衆生心行所趣,以微妙慧而度脫之。

【論】問曰:云何悉知衆生心行?答曰:知衆生心種種法中處處行,如日光遍照,菩薩悉知衆生心行有所趣向而教之。言一切衆生趣有二種:一者、心常求樂;二者、智慧分別,能知好惡。汝莫隨著心,當隨智慧,當自責心;汝無數劫來,集諸雜業而無厭足,而但馳逐世樂不覺爲苦。汝不見世間貪樂致患,五道受生,皆心所爲,誰使爾者?汝如狂象蹈藉殘害,無所拘制,誰調汝者?若得善調,則離世患。當知處胎不淨,苦厄猶如地獄;既生在世,老病死苦,憂悲萬端;若生天上,當復墮落;三界無安,汝何以樂著?

如是種種呵責其心，誓不隨汝。是爲菩薩知衆生心行。問曰：云何名以微妙慧而度脫之？是中云何名微妙慧？云何名粗智慧？答曰：世界巧慧是名粗智慧，行施、戒、定是名微妙慧。復次，佈施智是爲粗慧，戒、定智是名微妙慧。復次，戒、定智是爲粗慧，禪定智是名微妙慧。復次，禪定智是爲粗慧，無猗禪定是名微妙慧。復次，取諸法相是爲粗慧，於諸法相不取不舍是名微妙慧。復次，破無明等諸煩惱，得諸法相，是名粗慧；入如法相者，譬如真金不損不失，亦如金剛不破不壞，又如虛空無染無著，是名微妙慧。如是等無量微妙慧，菩薩自得，復教衆生。以是故，說諸菩薩悉知衆生心行所趣，以微妙慧而度脫之。

## 釋初品中意無礙第十二

【經】意無掛礙。

【論】云何名意無掛礙？菩薩於一切怨、親、非怨非親人中，等心無有礙。復次，一切世界衆生中，若來侵害，心不恚恨；若種種恭敬，亦不喜悅。如偈說：

諸佛菩薩，心不愛著；外道惡人，心不憎恚。

如是清淨，名爲意無掛礙。復次，於諸法中心無礙。問曰：是菩薩未得佛道，未得一切智，云何於諸法中心無礙？答曰：是菩薩得無量清淨智慧故，於諸法中心無礙。問曰：諸菩薩未得佛道故，不應有無量智；有殘結故，不應有清淨智。答曰：是諸菩薩，非三界中結業肉身，皆得法身自在，過老病死；憐愍衆生故，在世界中行；爲莊嚴佛土，教化衆生；已得自在，欲成佛能成。問曰：如法身菩薩，則與佛無異，何以名爲菩薩？何以禮佛、聽法？若與佛異，云何有無量清淨智？答曰：是菩薩雖爲法身，無老病死，與佛小異。譬如月十四日，衆人生疑，若滿若不滿；菩薩如是，雖能作佛、能說法，然未實成佛。佛如月十五日，滿足無疑。復次，無量清淨有二種：一者、實有量，於不能量者謂之無量。譬如海水、如恒河沙等，人不能量，名爲無量；於諸佛菩薩，非爲無量。菩薩無量清淨智亦復如是，於諸天人及聲聞、辟支佛所不能量,名爲無量智;菩薩得無生道時,諸結使斷故,得清淨智。問曰:若爾時已斷諸結,成佛時復何所斷? 答曰:是清淨有二種:一者、得佛時,除結都盡,得實清淨;二者、菩薩舍肉身、得法身時,斷諸結清淨。譬如一燈能除闇,得有所作,更有大燈,倍復明了。佛及菩薩斷諸結使亦復如是;菩薩所斷,雖曰已斷,於佛所斷猶爲未盡。是名得無量清淨智故,於諸法中意無掛礙。

【經】 大忍成就。

【論】問曰:先已說等忍、法忍,今何以故復說大忍成就? 答曰:此二忍增長,名爲大忍。復次,等忍在衆生中一切能忍;柔順法忍於深法中忍。此二忍增長作證,得無生忍;最後肉身,悉見十方諸佛化現在前於空中坐,是名大忍成就。譬如聲聞法中,暖法增長名爲頂法,頂法增長名爲忍法,更無異法增長爲異。等忍、大忍,亦復如是。復次,有二種忍:生忍、法忍,生忍名衆生中忍,如恒河沙劫等衆生種種加惡,心不瞋恚;種種恭敬供養,心不歡喜。復次,觀衆生無初,若有初則無因緣;若有因緣則無初,若無初亦應無後。何以故? 初後相待故。若無初後,中亦應無。如是觀時,不墮常、斷二邊,用安隱道觀衆生,不生邪見,是名生忍。甚深法中心無掛礙,是名法忍。問曰:何等甚深法? 答曰:如先甚深法忍中說。復次,甚深法者,於十二因緣中展轉生果,因中非有果,亦非無果,從是中出,是名甚深法。復次,入三解脫門:空、無相、無作,則得涅槃常樂故,是名甚深法。復次,觀一切法非空非不空,非有相非無相,非有作非無作;如是觀中心亦不著,是名甚深法。如偈說:

　　因緣生法,是名空相,亦名假名,亦名中道。

　　若法實有,不應還無;今無先有,是名爲斷。

　　不常不斷,亦不有無;心識處滅,言說亦盡。

　　於此深法信心無礙,不悔不没,是名大忍成就。

【經】 如實巧度。

【論】有外道法,雖度衆生,不如實度。何以故? 種種邪見結使殘故。二乘雖有所度,不如所應度。何以故? 無一切智,方便心薄故。唯有菩薩能如實巧度。譬如渡師，一人以浮囊草筏渡之，一人以方舟而渡，二渡之中相降懸殊；菩薩巧渡衆生亦如是。復次，譬如治病，苦藥針灸，痛而得差；如有妙藥名蘇陀扇陀，病人眼見，衆病皆愈。除病雖同，優劣法異。聲聞、菩薩教化度人亦復如是。苦行頭陀，初、中、後夜，勤心坐禪，觀苦而得道，聲聞教也。觀諸法相，無縛無解，心得清淨，菩薩教也。如文殊師利本緣：文殊師利白佛：大德！昔我先世過無量阿僧祇劫，爾時有佛名師子音王，佛及衆生壽十萬億那由他歲，佛以三乘而度衆生。國名千光明，其國中諸樹皆七寶成，樹出無量清淨法音：空、無相、無作、不生不滅、無所有之音，衆生聞之，心解得道。時師子音王佛初會說法，九十九億人得阿羅漢道，菩薩衆亦復如是。是諸菩薩，一切皆得無生法忍，入種種法門，見無量諸佛恭敬供養，能度無量無數衆生，得無量陀羅尼門，能得無量種種三昧。初發心新入道門菩薩不可稱數。是佛土無量莊嚴，說不可盡。時佛教化已訖，入無餘涅槃；法住六萬歲，諸樹法音亦不復出。爾時，有二菩薩比丘：一名喜根，二名勝意。是喜根法師，容儀質直，不捨世法，亦不分別善惡。喜根弟子聰明樂法，好聞深義；其師不贊少欲知足，不贊戒行頭陀，但說諸法實相清淨。語諸弟子：一切諸法淫欲相、瞋恚相、愚痴相，此諸法相即是諸法實相，無所掛礙。以是方便，教諸弟子入一相智。時諸弟子於諸人中無瞋無悔，心不悔故得生忍，得生忍故則得法忍，於實法中不動如山。勝意法師持戒清淨，行十二頭陀，得四禪、四無色定。勝意諸弟子鈍根多求，分別是淨、是不淨，心即動轉。勝意異時入聚落中，至喜根弟子家，於坐處坐；贊說持戒、少欲、知足，行頭陀行，閑處禪寂；訾毀喜根言：是人說法教人入邪見中，是說淫欲、瞋恚、愚痴無所掛礙相，是雜行人，非純清淨。是弟子利根得法忍，問勝意言：大德！是淫欲法名何等相？答言：淫欲是煩惱相。問言：是淫欲煩惱，在內耶？在外耶？答言：是淫欲煩惱不在內，不在外；若在內，不應待外因緣生；若在外，於我無事，不應惱我。居士言：若淫欲非內、非外，非東西南北、四維、上下來，遍求實相不可得，是法即不生不滅；若無生滅相，空無所有，云何能作惱？勝意聞是語已，其心不悅，不能加答，從座而起，說如是言：喜根多誑衆人著邪道中。是勝意菩薩未學音聲陀羅尼,聞佛所說便歡喜,聞外道語便瞋恚;聞三不善則不歡悅,聞三善則大歡喜;聞說生死則憂,聞涅槃則喜。從居士家至林樹間,入精舍中,語諸比丘:當知喜根菩薩是人虛誑,多令人入惡邪中。何以故?其言淫、恚、痴相,及一切諸法皆無礙相。是時,喜根作是念:此人大瞋,爲惡業所覆,當墮大罪!我今當爲說甚深法,雖今無所得,爲作後世佛道因緣。是時,喜根集僧,一心說偈:

淫欲即是道,恚痴亦如是;如此三事中,無量諸佛道。

若有人分別,淫怒痴及道;是人去佛遠,譬如天與地。

道及淫怒痴,是一法平等;若人聞怖畏,去佛道甚遠。

淫法不生滅,不能令心惱;若人計吾我,淫將入惡道。

見有無法異,是不離有無;若知有無等,超勝成佛道。

說如是等七十餘偈,時三萬諸天子得無生法忍,萬八千聲聞人,不著一切法故皆得解脫。是時,勝意菩薩身即陷入地獄,受無量千萬億歲苦!出生人中,七十四萬世常被誹謗,無量劫中不聞佛名。是罪漸薄,得聞佛法,出家爲道而復捨戒,如是六萬三千世常捨戒;無量世中作沙門,雖不捨戒,諸根闇鈍。是喜根菩薩於今東方過十萬億佛土作佛,其土號寶嚴,佛號光逾日明王。文殊師利言:爾時勝意比丘,我身是也,我觀爾時受是無量苦。文殊師利復白佛:若有人求三乘道,不欲受諸苦者,不應破諸法相而懷瞋恚。佛問文殊師利:汝聞諸偈,得何等利?答曰:我聞此偈,得畢衆苦,世世得利根智慧,能解深法,巧說深義,於諸菩薩中最爲第一。如是等,名巧說諸法相。是名如實巧度。

# 卷第七

## ～ 釋初品中佛土願第十三 ～

【經】願受無量諸佛世界。

【論】諸菩薩見諸佛世界無量嚴淨,發種種願。有佛世界都無衆苦,乃至無三惡之名者;菩薩見已,自發願言:我作佛時,世界無衆苦,乃至無三惡之名,亦當如是。有佛世界七寶莊嚴,晝夜常有清淨光明,無有日月;便發願言:我作佛時,世界常有嚴淨光明,亦當如是。有佛世界一切衆生皆行十善,有大智慧,衣被飲食,應念而至;便發願言:我作佛時,世界中衆生,衣被飲食,亦當如是。有佛世界純諸菩薩,如佛色身三十二相,光明徹照,乃至無有聲聞、辟支佛名,亦無女人,一切皆行深妙佛道,遊至十方,教化一切;便發願言:我作佛時,世界中衆生,亦當如是。如是等無量佛世界種種嚴淨,願皆得之。以是故名願受無量諸佛世界。問曰:諸菩薩行業清淨,自得淨報,何以要須立願然後得之? 譬如田家得穀,豈復待願? 答曰:作福無願,無所摽立,願爲導禦,能有所成。譬如銷金,隨師所作,金無定也。如佛所說:有人修少施福,修少戒福,不知禪法;聞人中有富樂人,心常念著,願樂不捨,命終之後,生富樂人中。復有人修少施福,修少戒福,不知禪法;聞有四天王天處、三十三天,夜摩天、兜率陀天、化樂天(專念色欲,化來從己)、他化自在天(此天他化色欲,與之行欲,展轉如是,故名他化自在),心常願樂,命終之後,各生其中;此皆願力所得。菩薩亦如是,修淨世界願，然後得之。以是故知，因願受勝果。復次，莊嚴佛世界事大，獨行功德不能成故，要須願力。譬如牛力雖能挽車，要須御者能有所至；淨世界願亦復如是，福德如牛，願如御者。問曰：若不作願，不得福耶？答曰：雖得，不如有願；願能助福，常念所行，福德增長。問曰：若作願得報，如人作十惡，不願地獄，亦不應得地獄報？答曰：罪福雖有定報，但作願者修少福，有願力故得大果報，如先說。罪中報苦，一切衆生皆願得樂，無願苦者，是故不願地獄。以是故，福有無量報，罪報有量。有人言：最大罪在阿鼻地獄，一劫受報；最大福在非有想非無想處，受八萬大劫報。諸菩薩淨世界願，亦無量劫入道得涅槃，是爲常樂。問曰：如〈泥黎品〉中謗般若波羅蜜罪，此間劫盡，復至他方泥黎中，何以言最大罪受地獄中一劫報？答曰：佛法爲衆生故，有二道教化：一者、佛道，二者、聲聞道。聲聞道中作五逆罪人，佛說受地獄一劫；菩薩道中破佛法人，說此間劫盡，復至他方受無量罪。聲聞法最第一福，受八萬劫；菩薩道中大福，受無量阿僧祇劫。以是故福德要須願，是名願受無量諸佛世界。

【經】念無量佛土，諸佛三昧，常現在前。

【論】無量佛土，名十方諸佛土。念佛三昧，名十方三世諸佛，常以心眼見，如現在前。問曰：云何爲念佛三昧？答曰：念佛三昧有二種：一者、聲聞法中，於一佛身，心眼見滿十方；二者、菩薩道於無量佛土中，念三世十方諸佛。以是故言，念無量佛土，諸佛三昧，常現在前。問曰：如菩薩三昧種種無量，何以故但贊是菩薩念佛三昧常現在前？答曰：是菩薩念佛故，得入佛道中。以是故，念佛三昧常現在前。復次，念佛三昧能除種種煩惱及先世罪；餘諸三昧，有能除淫不能除瞋，有能除瞋不能除淫，有能除痴不能除淫、恚，有能除三毒不能除先世罪。是念佛三昧，能除種種煩惱、種種罪。復次，念佛三昧有大福德，能度衆生；是諸菩薩欲度衆生，諸餘三昧無如此念佛三昧福德，能速滅諸罪者。如說：昔有五百估客，入海采寶；值摩伽羅魚王開口，海水入中，船去駛疾。船師問樓上人：汝見何等？答言：見三日出，白山羅列，水流奔趣，如入大坑。船師言：是摩伽羅魚王開口，一是實日，兩日是魚眼，白山是魚齒，水流奔趣是入其口。我曹了矣！

各各求諸天神以自救濟！是時諸人各各求其所事，都無所益。中有五戒優婆塞語衆人言：吾等當共稱南無佛，佛爲無上，能救苦厄！衆人一心同聲稱南無佛。是魚先世是佛破戒弟子，得宿命智，聞稱佛聲心自悔悟，即便合口，船人得脫。以念佛故，能除重罪、濟諸苦厄，何況念佛三昧！復次，佛爲法王，菩薩爲法將，所尊所重唯佛世尊，是故應常念佛。復次，常念佛得種種功德利。譬如大臣特蒙恩寵常念其主；菩薩亦如是，知種種功德、無量智慧皆從佛得，知恩重故常念佛。汝言云何常念佛，不行餘三昧者，今言常念，亦不言不行餘三昧，行念佛三昧多，故言常念。

復次，先雖說空、無相、無作三昧，未說念佛三昧，是故今說。

【經】能請無量諸佛。

【論】請有二種：一者、佛初成道，菩薩夜三、晝三六時禮請；偏袒右肩，合掌言：十方佛土無量諸佛初成道時未轉法輪，我某甲請一切諸佛爲衆生轉法輪度脫一切。二者、諸佛欲捨無量壽命入涅槃時，菩薩亦夜三時、晝三時，偏袒右肩，合掌言：十方佛土無量諸佛，我某甲請令久住世間，無央數劫度脫一切，利益衆生。是名能請無量諸佛。問曰：諸佛之法，法應說法廣度衆生，請與不請法自應爾，何以須請？若於自前面請諸佛則可，今十方無量佛土諸佛亦不自見，云何可請？答曰：諸佛雖必應說法，不待人請，請者亦應得福。如大國王雖多美膳，有人請者必得恩福，錄其心故。又如慈心念諸衆生令得快樂，衆生雖無所得，念者大得其福。請佛說法，亦復如是。復次，有諸佛無人請者，便入涅槃而不說法。如《法華經》中多寶世尊，無人請故便入涅槃。後化佛身及七寶塔，證說《法華經》故，一時出現。亦如須扇多佛，弟子本行未熟，便捨入涅槃，留化佛一劫以度衆生。今是釋迦文尼佛，得道後五十七日寂不說法；自言：我法甚深，難解難知！一切衆生縛著世法，無能解者，不如默然入涅槃樂。是時，諸菩薩及釋提桓因、梵天王諸天合掌敬禮，請佛爲諸衆生初轉法輪。佛時默然受請，後到波羅㮈鹿林中轉法輪。如是，云何言請無所益？復次，佛法等觀衆生，無貴無賤，無輕無重；有人請者，爲其請故便爲說法。雖衆生不面請佛，佛常見其心亦聞彼請；假令諸佛不聞不見，請佛亦有福德，何況佛悉聞見而無所益？問曰：既知請佛有益，何以正以二事請？答曰：余不須請，此二事要必須請；若不請而說，有外道輩言：體道常定，何以著法，多言多事？以是故，須請而說。若有人言：若知諸法相，不應貪壽久住世間而不早入涅槃。以是故須請。若不請而說，人當謂佛愛著於法，欲令人知；以是故，要待人請而轉法輪。諸外道輩自著於法，若請、若不請而自爲人說；佛於諸法不著不愛，爲憐愍衆生故，有請佛說者，佛便爲說，諸佛不以無請而初轉法輪。如偈說：

> 諸佛說何實，何者是不實，實之與不實，二事不可得。

> 如是真實相，不戲於諸法；憐愍衆生故，方便轉法輪。

復次，佛若無請而自說法者，是爲自顯自執法，應必答十四難。今諸天請佛說法，但爲斷老病死，無戲論處，是故不答十四難無咎。以是因緣故，須請而轉法輪。復次，佛在人中生，用大人法故，雖有大悲，不請不說；若不請而說，外道所譏。以是故，初要須請。又復外道宗事梵天，梵天自請，則外道心伏。復次，菩薩法，晝三時、夜三時常行三事：一者、清旦偏袒右肩，合掌禮十方佛，言：我某甲若今世、若過世無量劫，身口意惡業罪，於十方現在佛前懺悔，願令滅除，不復更作。中、暮、夜三亦如是。二者、念十方三世諸佛所行功德，及弟子衆所有功德，隨喜勸助。三者、勸請現在十方諸佛初轉法輪，及請諸佛久住世間無量劫，度脫一切。菩薩行此三事，功德無量，轉近得佛。以是故須請。

【經】能斷種種見、纏及諸煩惱。

【論】見有二種：一者常，二者斷。常見者，見五衆常，心忍樂；斷見者，見五衆滅，心忍樂。一切衆生多墮此二見中。菩薩自斷此二，亦能除一切衆生二見，令處中道。復有二種見：有見、無見。復有三種見：一切法忍，一切法不忍，一切法亦忍亦不忍。復有四種見：世間常，世間無常，世間亦常亦無常，世間亦非常亦非無常。我及世間有邊、無邊亦如是。有死後如去，有死後不如去，有死後如去不如去，有死後亦不如去亦不不如去。復有五種見：身見、邊見、邪見、見取、戒取。如是等種種諸見，乃至六十二見斷。如是諸見，種種因緣生，種種智門觀，種種師邊聞。如是種種相，能爲種種結使作因，能與衆生種種苦，是名種種見。見義，後當廣說。纏者，十纏：瞋纏、覆罪纏、睡纏、眠纏、戲纏、掉纏、無慚纏、無愧纏、慳纏、嫉纏。復次，一切煩惱結繞心故，盡名爲纏。煩惱者，能令心煩，能作惱故，名爲煩惱。煩惱有二種：內著，外著：內著者，五見、疑、慢等；外著者，淫、瞋等；無明內外共。復有二種結：一、屬愛，二、屬見。復有三種：屬淫，屬瞋，屬痴。是名煩惱。纏者，有人言十纏，有人言五百纏。煩惱名一切結使：結有九結，使有七，合爲九十八結。如《迦旃延子阿毗曇》義中說：十纏、九十八結，爲百八煩惱。《犢子兒阿毗曇》中結使亦同纏，有五百。如是諸煩惱，菩薩能種種方便自斷，亦能巧方便斷他人諸煩惱。如佛在時，三人爲伯、仲、季，聞毗耶離國淫女人名庵羅婆利，舍婆提有淫女人名須曼那，王舍城淫女人名優鉢羅槃那。有三人各各聞人贊三女人端正無比，晝夜專念，心著不捨，便於夢中夢與從事。覺已心念：彼女不來，我亦不往，而淫事得辦。因是而悟：一切諸法皆如是耶？於是往到颰陀婆羅菩薩所，問是事。颰陀婆羅答言：諸法實爾，皆從念生。如是種種爲此三人方便巧說諸法空，是時三人即得阿鞞跋致。是諸菩薩亦復如是，爲諸衆生種種巧說法，斷諸見、纏、煩惱。是名能斷種種見、纏及諸煩惱。

【經】遊戲出生百千三昧。

【論】諸菩薩禪定心調，清淨智慧方便力故，能生種種諸三昧。何等爲三昧？善心一處住不動，是名三昧。復有三種三昧：有覺有觀、無覺有觀、無覺無觀三昧。復有四種三昧：欲界系三昧、色界系三昧、無色界系三昧，不系三昧。是中所用菩薩三昧，如先說，於佛三昧中未滿，勤行勤修故，言能出生。問曰：諸菩薩何以故出生遊戲是百千種三昧？答曰：衆生無量，心行不同，有利有鈍，於諸結使有厚有薄；是故菩薩行百千種三昧，斷其塵勞。譬如爲諸貧人欲令大富，當備種種財物，一切備具，然後乃能濟諸貧者。又復如人欲廣治諸病，當備種種衆藥，然後能治。菩薩亦如是，欲廣度衆生故，行種種百千三昧。問曰：但當出生此三昧，何以故復遊戲其中？答曰：菩薩心生諸三昧，欣樂出入自在，名之爲戲，非結愛戲也。戲名自在；如師子在鹿中自在無畏故，名爲戲。是諸菩薩於諸三昧有自在力,能出能入亦能如是。餘人於三昧中,能自在入,不能自在住、自在出;有自在住,不能自在入、自在出;有自在出,不能自在住、自在入;有自在入、自在住,不能自在出;有自在住、自在出,不能自在入。是諸菩薩能三種自在,故言遊戲出生百千三昧。

【經】諸菩薩如是等無量功德成就。

【論】是諸菩薩共佛住,欲贊其功德,無量億劫不可得盡。以是故言無量功德成就。

【經】其名曰:颰陀婆羅菩薩(秦言善守)、剌那伽羅菩薩(秦言寶積)、導師菩薩、那羅達菩薩、星得菩薩、水天菩薩、主天菩薩、大意菩薩、益意菩薩、增意菩薩、不虛見菩薩、善進菩薩、勢勝菩薩、常勤菩薩、不舍精進菩薩、日藏菩薩、不缺意菩薩、觀世音菩薩、文殊屍利菩薩(秦言妙德)、執寶印菩薩、常舉手菩薩、彌勒菩薩,如是等無量千萬億那由他諸菩薩摩訶薩,皆是補處紹尊位者。

【論】如是等諸菩薩,共佛住王舍城耆闍崛山中。問曰:如是菩薩眾多,何以獨說二十二菩薩名?答曰:諸菩薩無量千萬億,說不可盡,若都說者,文字所不能載。復次,是中二種菩薩:居家、出家。善守等十六菩薩,是居家菩薩;颰陀婆羅居士菩薩,是王舍城舊人;寶積王子菩薩,是毗耶離國人;星得長者子菩薩,是瞻波國人;導師居士菩薩,是舍婆提國人;那羅達婆羅門菩薩,是彌梯羅國人;水天優婆塞菩薩。慈氏、妙德菩薩等,是出家菩薩。觀世音菩薩等,從他方佛土來。若說居家,攝一切居家菩薩;出家、他方亦如是。問曰:善守菩薩有何殊勝,最在前說?若最大在前,應說遍吉、觀世音、得大勢菩薩等;若最小在前,應說肉身初發意菩薩等。答曰:不以大,不以小,以善守菩薩是王舍城舊人,白衣菩薩中最大。佛在王舍城欲說般若波羅蜜,以是故最在前說。復次,是善守菩薩,無量種種功德,如《般舟三昧》中,佛自現前贊其功德。問曰:若彌勒菩薩應稱補處,諸餘菩薩何以復言紹尊位者?答曰:是諸菩薩於十方佛土皆補佛處。

## 釋初品中放光第十四

【經】爾時，世尊自敷師子座，結加趺坐，直身繫念在前，入三昧王三昧，一切三昧悉入其中。

【論】問曰：佛有侍者及諸菩薩，何以故自敷師子座？答曰：此是佛所化成，欲以可適大衆，以是故，阿難不能得敷。復次，佛心化作，故言自敷。問曰：何以名師子座？爲佛化作師子，爲實師子來，爲金銀木石作師子耶？又師子非善獸故，佛所不須，亦無因緣故，不應來！答曰：是號名師子，非實師子也。佛爲人中師子，佛所坐處若床若地，皆名師子座。譬如今者國王坐處，亦名師子座。復次，王呼健人，亦名人師子；人稱國王，亦名人師子。又如師子，四足獸中獨步無畏，能伏一切；佛亦如是，於九十六種道中一切降伏無畏故，名人師子。問曰：多有坐法，佛何以故唯用結加趺坐？答曰：諸坐法中結加趺坐最安隱，不疲極；此是坐禪人坐法，攝持手足，心亦不散；又於一切四種身儀中，最安隱。此是禪坐取道法坐，魔王見之，其心憂怖。如是坐者，出家人法，在林樹下結加趺坐，衆人見之皆大歡喜，知此道人必當取道。如偈說：

若結加趺坐，身安入三昧；威德人敬仰，如日照天下。

除睡懶覆心，身輕不疲懈；覺悟亦輕便，安坐如龍蟠。

見畫加趺坐，魔王亦愁怖，何況入道人，安坐不傾動。

以是故，結加趺坐。復次，佛教弟子應如是坐。有外道輩，或常翹足求道、或常立、或荷足——如是狂狷，心没邪海，形不安隱；以是故，佛教弟子結加趺直身坐。何以故直身？心易正故，其身直坐則心不懶；端心正意，繫念在前。若心馳散，攝之令還。欲入三昧故，種種馳念皆亦攝之；如此繫念，入三昧王三昧。云何名三昧王三昧？是三昧於諸三昧中最第一自在，能緣無量諸法。如諸人中王第一，王中轉輪聖王第一，一切天上天下佛第一；此三昧亦如是，於諸三昧中最第一。問曰：若以佛力故，一切三昧皆應第一，何以故獨稱三昧王爲第一？答曰：雖應以佛神力故，佛所行諸三昧皆第一，然諸法中應有差降。如轉輪聖王衆寶，雖勝一切諸王寶，然此珍寶中自有差別，貴賤懸殊。是三昧王三昧，何定攝？何等相？有人言：三昧王三昧名爲自在相，善五衆攝，在第四禪中。何以故？一切諸佛於第四禪中行見諦道，得阿那含，即時十八心中得佛道。在第四禪中舍壽，於第四禪中起，入無餘涅槃。第四禪中有八生住處。背舍、勝處、一切入多在第四禪中。第四禪名不動，無遮禪定法。欲界中諸欲遮禪定心，初禪中覺觀心動，二禪中大喜動，三禪中大樂動，四禪中無動。復次，初禪火所燒，二禪水所及，三禪風所至，四禪無此三患；無出入息，捨念清淨。以是故，三昧王三昧應在第四禪中，如好寶物置之好藏。更有人言：佛三昧誰能知其相？一切諸佛法，一相無相，無量、無數、不可思議。諸餘三昧尚不可量、不可數、不可思議，何況三昧王三昧！如此三昧，唯佛能知。如佛神足、持戒尚不可知，何況三昧王三昧！復次，三昧王三昧，諸一切三昧皆入其中故，名三昧王三昧。譬如閻浮提衆川萬流皆入大海，亦如一切民人皆屬國王。問曰：佛一切智無所不知，何以故入此三昧王三昧，然後能知？答曰：欲明智慧從因緣生故，止外道六師輩言我等智慧一切時常有、常知故。以是故言佛入三昧王三昧故知，不入則不知。問曰：若如是者，佛力減劣！答曰：入是三昧王三昧時，不以爲難，應念即得；非如聲聞、辟支佛、諸小菩薩方便求入。復次，入是三昧王三昧中，令六神通通徹十方，無限無量。復次，佛入三昧王三昧，種種變化現大神力。若不入三昧王三昧而現神力者，有人心念：佛用幻力、咒術力，或是大力龍神力，或是天，非是人。何以故？一身出無量身，種種光明變化故，謂爲非人。斷此疑故，佛入三昧王三昧。復次，佛若入餘三昧中，諸天、聲聞、辟支佛或能測知；雖言佛神力大而猶可知，敬心不重。以是故，入三昧王三昧中，一切諸衆聖，乃至十住菩薩不能測知，不知佛心何所依、何所緣。以是故，佛入三昧王三昧。復次，佛有時放大光明，現大神力：如生時、得道時、初轉法輪時、諸天聖人大集會時、若破外道時，皆放大光明。今欲現其殊特故，放大光明，令十方一切天人衆生及諸阿羅漢、辟支佛、菩薩皆得見知。以是故，入三昧王三昧。復次，光明神力有下、中、上：咒術、幻術能作光明變化，下也；

諸天龍神報得光明神力,中也;入諸三昧,以今世功德心力,放大光明現大神力,上也。以是故,佛入三昧王三昧。問曰:如諸三昧各各相,云何一切三昧悉入其中? 答曰:得是三昧王三昧時,一切三昧悉得,故言悉入其中。是三昧力故,一切諸三昧皆得,無量無數,不可思議。以是故名爲入。復次,入是三昧王三昧中,一切三昧欲入即入。復次,入是三昧王三昧,能觀一切三昧相,如山上觀下。復次,佛入是三昧王三昧中,能觀一切十方世界,亦能觀一切眾生。以是故,入三昧王三昧。

【經】爾時,世尊從三昧安庠而起,以天眼觀視世界,舉身微笑。

【論】問曰:云何世尊入三昧王三昧無所施作,而從定起觀視世界? 答曰:佛入是三昧王三昧,一切佛法寶藏悉開悉看。是三昧王三昧中觀已,自念:我此法藏無量無數,不可思議! 然後從三昧安庠而起,以天眼觀眾生,知眾生貧苦。此法藏者從因緣得,一切眾生皆亦可得,但坐癡冥,不求不索。以是故,舉身微笑。問曰:佛有佛眼、慧眼、法眼,勝於天眼,何以用天眼觀視世界? 答曰:肉眼所見不遍故;慧眼知諸法實相;法眼見是人以何方便、行何法得道;佛眼名一切法現前了了知。今天眼緣世界及眾生,無障無礙,余眼不爾。慧眼、法眼、佛眼雖勝,非見眾生法;欲見眾生,唯以二眼:肉眼、天眼。以肉眼不遍,有所障故,用天眼觀。問曰:今是眼在佛,何以名爲天眼? 答曰:此眼多在天中,天眼所見,不礙山壁樹木。若人精進、持戒、禪定行力得,非是生分。以是故,名爲天眼。復次,人多貴天,以天爲主,佛隨人心,以是故名爲天眼。復次,天有三種:名天、生天、淨天。名天:天王、天子是也。生天:釋、梵諸天是也。淨天:佛、辟支佛、阿羅漢是也。淨天中尊者是佛,今言天眼,亦無咎也。天眼觀視世界者,以世界眾生常求安樂而更得苦;心著吾我,是中實無吾我。眾生常畏苦而常行苦,如盲人求好道,反墮深坑。如是等種種觀已,舉身微笑。問曰:笑從口生,或時眼笑,今云何言一切身笑? 答曰:佛,世界中尊,得自在,能令一切身如口、如眼,故皆能笑。復次,一切毛孔皆開,故名爲笑;由口笑歡喜故,一切毛孔皆開。問曰:佛至尊重,何以故笑? 答曰:如大地,不以無事及小因緣而動;佛亦如是,若無事及小因緣則不笑,今大因緣故一切身笑。云何爲大？佛欲說摩訶般若波羅蜜，無央數衆生當續佛種，是爲大因緣。復次，佛言：我世世曾作小蟲、惡人，漸漸集諸善本，得大智慧；今自致作佛，神力無量最上最大。一切衆生亦可得爾，云何空受勤苦而墮小處？以是故笑。復次，有小因大果、小緣大報。如求佛道，贊一偈、一稱南無佛、燒一撚香，必得作佛；何況聞知諸法實不生不滅、不不生不不滅，而行因緣業亦不失！以是事故笑。復次，般若波羅蜜相，清淨如虛空，不可與，不可取。佛種種方便，光明神德，欲教化一切衆生令心調柔，然後能信受般若波羅蜜。以是故，因笑放光。笑有種種因緣：有人歡喜而笑，有人瞋恚而笑，有輕人而笑，有見異事而笑，有見可羞恥事而笑，有見殊方異俗而笑，有見希有難事而笑。今是第一希有難事：諸法相，不生不滅，真空無字無名，無言無說；而欲作名立字，爲衆生說令得解脫，是第一難事。譬如百由旬大火聚，有人負乾草入火中過，不燒一葉，是甚爲難。佛亦如是，持八萬法衆名字草，入諸法實相中，不爲染著火所燒，直過無礙，是爲甚難，以是難事故笑。如是種種希有難事，故舉身微笑。

## ～ 釋初品中三昧第十五 ～

【經】從足下千輻相輪中，放六百萬億光明。

【論】問曰：佛何以故先放身光？答曰：上笑因緣中已答，今當更說。有人見佛無量身，放大光明，心信清淨恭敬故，知非常人。復次，佛欲現智慧光明神相故，先出身光，衆生知佛身光既現，智慧光明亦應當出。復次，一切衆生常著欲樂，五欲中第一者色；見此妙光，心必愛著，捨本所樂；令其心漸離欲，然後爲說智慧。問曰：其餘天人亦能放光，佛放光明有何等異？答曰：諸天人雖能放光，有限有量；日月所照，唯四天下；佛放光明，滿三千大千世界，三千大千世界中出，遍至下方。餘人光明，唯能令人歡喜而已；佛放光明，能令一切聞法得度，以是爲異。問曰：如一身中，頭爲最上，何以故先從足下放光？答曰：身得住處，皆由於足。復次，一身中雖頭貴而足賤，佛不自貴光，不爲利養，以是故於賤處放光。復次，諸龍、大蛇、鬼神,從口中出光,毒害前物;若佛口放光明,眾生怖畏,是何大光!復恐被害,是故從足下放光。問曰:足下六百萬億光明,乃至肉髻,是皆可數;三千大千世界尚不可滿,何況十方!答曰:此身光是諸光之本,從本,枝流無量無數。譬如迦羅求羅蟲,其身微細,得風轉大,乃至能吞食一切;光明亦如是,得可度眾生轉增無限。

【經】足十指、兩踝、兩?、兩膝、兩髀、腰、脊、腹、背、臍、心、胸德字、肩、臂、手十指、項、口、四十齒、鼻兩孔、兩眼、兩耳、白毫相、肉髻,各各放六百萬億光明。

【論】問曰:足下光明能照三千大千及十方世界,何用身分各各放六百萬億光明?答曰:我先言足下光明照下方,餘方不滿,是故更放身分光明。有人言:一切身分,足爲立處故最大,餘不爾;是故佛初放足下六百萬億光明以示眾生。如三十二相中初種足下安住相,一切身分皆有神力。問曰:依何三昧、依何神通、何禪定中放此光明?答曰:三昧王三昧中放此光明,六通中如意通、四禪中第四禪放此光明。第四禪中火勝處、火一切入,此中放光明。復次,佛初生時、初成佛時、初轉法輪時皆放無量光明滿十方,何況說摩訶般若波羅蜜時而不放光?譬如轉輪聖王珠寶,常有光明照王軍眾,四邊各一由旬;佛亦如是,眾生緣故,若不入三昧,恒放常光。何以故?佛眾法寶成故。

【經】從是諸光,出大光明,遍照三千大千世界。從三千大千世界,遍照東方如恒河沙等諸世界,南西北方、四維、上下亦復如是。若有眾生遇斯光者,必得阿耨多羅三藐三菩提。

【論】問曰:如火相上焰,水相下潤,風相傍行;是光明火氣應當上去,云何遍滿三千大千世界及十方世界?答曰:光明有二種:一者火氣,二者水氣。日珠火氣,月珠水氣。火相雖焰上,而人身中火上下遍到。日火亦爾,是故夏月地水盡熱。以是故,知火不皆上。復次,是光明,佛力故,遍至十方;譬如強弓遣箭,隨所向至。問曰:何以先照東方,南、西、北後?答曰:以日出東方爲上故,佛隨眾生意,先照東方。復次,俱有一難。若先照南方,當言:何以不先照東、西、北方若先照西方、北方亦爾。問曰:光明幾時當滅? 答曰:佛用神力欲住便住,舍神力便滅。佛光如燈,神力如脂,若佛不舍神力,光不滅也。

【經】 光明出過東方如恒河沙等世界,乃至十方亦復如是。

【論】 問曰:云何爲三千大千世界? 答曰:佛《雜阿含》中分別說:千日、千月、千閻浮提、千瞿陀尼、千鬱怛羅越、千弗婆提、千須彌山、千四天王天處、千三十三天、千夜摩天、千兜率陀天、千化自在天、千他化自在天、千梵世天、千大梵天,是名小千世界,名周利。以周利千世界爲一,一數至千,名二千中世界。以二千中世界爲一,一數至千,名三千大千世界。初千小,二千中,第三名大千。千千重數,故名大千;二過復千,故言三千。是合集名。百億日月乃至百億大梵天,是名三千大千世界。是一時生、一時滅。有人言:住時一劫,滅時一劫,還生時一劫。是三千大千世界,大劫亦三種破:水、火、風;小劫亦三種破:刀、病、饑。此三千大千世界在虛空中;風上水,水上地,地上人。須彌山有二天處:四天處,三十三天處。餘殘夜摩天等,福德因緣七寶地,風舉空中;乃至大梵天,皆七寶地,皆在風上。是三千大千世界光明遍照,照竟,餘光過出,照東方如恒河沙等諸世界;南西北方、四維、上下,亦復如是。問曰:是光遠照,云何不滅? 答曰:光明以佛神力爲本,本在故不滅。譬如龍泉,龍力故水不竭。是諸光明以佛心力故,遍照十方,中間不滅。問曰:如閻浮提中種種大河,亦有過恒河者,何以常言恒河沙等? 答曰:恒河沙多,餘河不爾。復次,是恒河是佛生處、遊行處,弟子眼見,故以爲喻。復次,佛出閻浮提,閻浮提四大河北邊出,入四方大海中。北邊雪山中,有阿那婆達多池;是池中有金色七寶蓮華,大如車蓋。阿那婆達多龍王,是七住大菩薩。是池四邊有四流水:東方象頭,南方牛頭,西方馬頭,北方師子頭。東方象頭出恒河,底有金沙;南方牛頭出辛頭河,底亦有金沙;西方馬頭出婆叉河,底亦有金沙;北方師子頭出私陀河,底亦有金沙。是四河皆出北山:恒河出北山入東海,辛頭河出北山入南海,婆叉河出北山入西海,私陀河出北山入北海。是四河中,恒河最大;四遠諸人經書,皆以恒河爲福德吉河,若入中洗者,諸罪垢惡皆悉除盡。以人敬事此河,皆共識知故,以恒河沙爲喻。復次,餘河名字喜轉,此恒河世世不轉,以是故,以恒河沙爲喻,不取餘河。問曰:恒河中沙,爲有幾許？答曰:一切算數所不能知,唯有佛及法身菩薩能知其數。佛及法身菩薩,一切閻浮提中微塵生滅多少,皆能數知,何況恒河沙？如佛在祇桓外林中樹下坐,有一婆羅門來到佛所問佛:此樹林有幾葉？佛即時便答:有若干數。婆羅門心疑:誰證知者婆羅門去至一樹邊,取一樹上少葉藏,還問佛:此樹林定有幾葉？即答:今少若干葉。如其所取語之。婆羅門知已,心大敬信,求佛出家,後得阿羅漢道。以是故,知佛能知恒河沙數。問曰:有幾許人值佛光明必得阿耨多羅三藐三菩提？若值光明便得道者,佛有大慈,何以不常放光明令一切得道？何須持戒、禪定、智慧,然後得道？答曰:衆生種種因緣得度不同:有禪定得度者,有持戒說法得度者,有光明觸身而得度者。譬如城有多門入處,各各至處不異。有人光明觸身而得度者,有若見光明、若觸身不得度者。

【經】爾時,世尊舉身毛孔皆亦微笑而放光明,遍照三千大千世界,復至十方如恒河沙等世界。若有衆生遇斯光者,必得阿耨多羅三藐三菩提。

【論】問曰:上已舉身微笑,今何以故復一切毛孔皆笑？答曰:舉身微笑是粗分,今一切毛孔皆笑是細分。復次,先舉身微笑光明有數,今一切毛孔皆笑,有光明而無數。復次,先舉身光明所未度者,今值毛孔光明,即便得度。譬如搖樹取果,熟者前墮;若未熟者,更須後搖。又如捕魚,前網不盡,後網乃得。笑因緣,如上說。

# 卷第八

## ～ 釋初品中放光第十四之餘 ～

【經】爾時,世尊以常光明遍照三千大千世界,亦至東方如恒河沙等諸佛世界,乃至十方亦復如是。若有衆生遇斯光者,必得阿耨多羅三藐三菩提。

【論】問曰:上已舉身微笑及放毛孔光明,今何以復放常光而照十方? 答曰:有人見異光明,謂非佛光。見佛常光轉大,心則歡喜,此實佛光,便畢至阿耨多羅三藐三菩提。問曰:云何爲常光? 答曰:佛身四邊各一丈光明,菩薩生便有此,是三十二相之一,名爲丈光相。問曰:佛何以故光常一丈而不多? 答曰:一切諸佛常光無量,常照十方世界。釋迦牟尼佛神通身光無量,或一丈、百丈、千萬億,乃至滿三千大千世界;乃至十方,如諸佛常法。但於五濁世爲衆生少德、少智故,受一丈光明;若受多光,今衆生薄福鈍根,目不堪其明。如人見天身眼則失明,以光盛眼微故。若衆生利根福重,佛則爲之現無量光明。復次,有人見佛常光歡喜得度。譬如國王以常食之餘賜諸群下,得者大喜;佛亦如是,有人見佛種種餘光心不歡喜,見佛常光,必至阿耨多羅三藐三菩提。

【經】爾時,世尊出廣長舌相,遍覆三千大千世界,熙怡而笑。從其舌根出無量千萬億光,是一一光化成千葉金色寶華。是諸華上,皆有化佛結加趺坐,說六波羅蜜;衆生聞者,必得阿耨多羅三藐三菩提。復至十方如恒河沙等諸佛世界,皆亦如是。

【論】問曰:如佛世尊大德尊重,何以故出廣長舌,似如輕相? 答曰:上三種放光,照十方眾生令得度脫。今欲口說摩訶般若波羅蜜;摩訶般若波羅蜜甚深,難解、難知、難可信受,是故出廣長舌為證。舌相如是,語必真實。如昔一時佛於舍婆提國受歲竟,阿難從佛遊行諸國,欲到婆羅門城。婆羅門城王知佛神德,能化眾人感動群心,今來到此,誰復樂我? 便作制限:若有與佛食、聽佛語者,輸五百金錢。作制限後,佛到其國,將阿難持缽入城乞食。城中眾人皆閉門不應,佛空缽而出。是時,一家有一老使人,持破瓦器,盛臭?澱,出門棄之,見佛世尊空缽而來。老使人見佛相好:金色、白毛、肉髻、丈光,缽空無食;見已思惟:如此神人應食天廚,今自降身持缽行乞,必是大慈愍一切故。信心清淨,欲好供養,無由如願;慚愧白佛:思欲設供,更不能得,今此弊食,佛須者可取! 佛知其心信敬清淨,伸手以缽受其施食;佛時即笑,出五色光,普照天地,還從眉間相入。阿難合掌長跪白佛:唯然! 世尊! 今笑因緣,願聞其意! 佛告阿難:汝見老女人信心施佛食不? 阿難言:見。 佛言:是老女人施佛食故,十五劫中天上人間受福快樂,不墮惡道;後得男子身,出家學道,成辟支佛,入無餘涅槃。爾時佛邊有一婆羅門立,說偈言:

> 汝是日種剎利姓,淨飯國王之太子,
>
> 而以食故大妄語,如此臭食報何重?

是時,佛出廣長舌,覆面上至髮際,語婆羅門言:汝見經書,頗有如此舌人而作妄語不? 婆羅門言:若人舌能覆鼻,言無虛妄,何況乃至髮際? 我心信佛必不妄語,不解小施報多如是! 佛告婆羅門:汝頗曾見世所希有難見事不? 婆羅門言:見! 我曾共婆羅門道中行,見一尼拘盧陀樹,蔭覆賈客五百乘車,蔭猶不盡,是謂希有難見事也! 佛言:此樹種子,其形大小? 答言:大如芥子三分之一。佛言:誰當信汝言者? 樹大乃爾,而種子甚小! 婆羅門言:實爾! 世尊! 我眼見之,非虛妄也。佛言:我亦如是,見老女人淨信心施佛,得大果報,亦如此樹,因少報多;又是如來福田良美之所致也。婆羅門心開意解,五體投地悔過向佛:我心無狀,愚不信佛。佛爲種種說法,得初道果;即時舉手大發聲言:一切衆人!甘露門開,如何不出!城中一切諸婆羅門,皆送五百金錢與王,迎佛供養,皆言:得甘露味,誰當惜此五百金錢!衆人皆去,制限法破。是婆羅門王亦共臣民歸命佛法,城人一切皆得淨信。如是佛出廣長舌相,爲不信者故。問曰:如爲婆羅門出舌相覆面,今舌相光明,何以乃至三千大千世界?答曰:覆面發際,爲小信故;今爲般若波羅蜜大事興故,廣長舌相覆三千大千世界。問曰:是一城中人,盡得見此覆面舌相,猶尚爲難;何況今說摩訶般若波羅蜜,一切大會,此及他方無量衆集而得盡見?又以人目所睹不過數里,今言遍三千大千世界,無乃大而難信!答曰:佛以方便借其神力,能令一切皆見舌相覆此三千大千世界。若不加神力,雖復十住亦不知佛心;若加神力,乃至畜生能知佛心。如《般若波羅蜜》後品中說:一切衆人皆見阿閦佛會,與眼作對。亦如佛說阿彌陀佛世界種種嚴淨。阿難言:唯願欲見。佛時即令一切衆會皆見無量壽佛世界嚴淨。見佛舌相,亦復如是。佛以廣長舌相遍覆三千大千世界已,然後便笑。笑因緣,如上說。問曰:前已出舌相光明,今何以故舌根復放光明?答曰:欲令一切得重信故。又以舌相色如珊瑚,金光明淨共相發起,故復放光。復次,是諸光明變成千葉金色寶華。從舌相出此千葉金色寶華,光明徹照,如日初出。問曰:何以故光明中變化作此寶華?答曰:佛欲坐故。問曰:諸床可坐,何必蓮華?答曰:床爲世界白衣坐法。又以蓮華軟淨,欲現神力,能坐其上令花不壞故;又以莊嚴妙法座故;又以諸華皆小,無如此華香淨大者。人中蓮華,大不過尺;漫陀耆尼池及阿那婆達多池中蓮華,大如車蓋;天上寶蓮華復大於此,是則可容結加趺坐。佛所坐華,復勝於此百千萬倍。又如此華華臺,嚴淨香妙可坐。復次,劫盡燒時,一切皆空;衆生福德因緣力故,十方風至,相對相觸,能持大水;水上有一千頭人,二千手足,名爲韋紐;是人臍中出千葉金色妙寶蓮花,其光大明,如萬日俱照;華中有人結加趺坐,此人復有無量光明,名曰梵天王;此梵天王心生八子,八子生天地人民。是梵天王於諸淫瞋已盡無餘,以是故言:若有人修禪淨行,斷除淫欲,名爲行梵道。佛轉法輪,或名法輪,或名梵輪。是梵天王坐蓮華上,是故諸佛隨世俗故,於寶華上結加趺坐,說六波羅蜜。聞此法者,畢至阿耨多羅三藐三菩提。問曰:釋迦文尼佛化作無量千萬億諸佛,云何一時能說法耶?如《阿毗曇》說:一時無二心。若化佛語時,化主應默;化主語時,化亦應默。云何一時皆說六波羅蜜?答曰:如此說者,外道及聲聞變化法耳。如佛變化,無量三昧力不可思議,是故佛自語時,無量千萬億化佛亦一時皆語。又諸外道及聲聞,化不能作化;如佛世尊,化復作化。諸外道及聲聞,滅後不能留化;如佛世尊自身滅度後,復能留化如佛無異。復次,《阿毗曇》中,一時無二心;今佛亦如是,當化語時,亦不有心;佛心念化,欲令化語即便皆語。問曰:佛今欲說般若波羅蜜,何以令化佛說六波羅蜜?答曰:是六波羅蜜及般若波羅蜜,一法無異。是五波羅蜜不得般若波羅蜜,不名波羅蜜。如檀波羅蜜,不得般若波羅蜜,沒在世界有盡法中,或得阿羅漢、辟支佛道般涅槃;若得般若波羅蜜共合,是名波羅蜜,能至佛道。以是故般若波羅蜜與六波羅蜜,一法無異。般若波羅蜜有二種:一者莊嚴,二者未莊嚴。如人著好瓔珞莊嚴其身,有人不著,名未莊嚴。亦如國王將諸官從,是名王來;若無官從,是名獨身。如是東方如恒河沙等世界,乃至十方亦爾。問曰:若佛有如是大神力,無數千萬億化佛,乃至十方說六波羅蜜度脫一切,應盡得度,不應有殘!答曰:有三障:三惡道中眾生不能解知;人中、天上,若大小,若大老,若大病;及上無色、無想天;皆不能聞、不能知。問曰:諸能聞、能知者,何以不皆得道?答曰:是亦不應盡得道。何以故?結使、業障故。有人於結使重,常爲結使覆心,以是故不盡得道。問曰:當令十方諸佛,亦應遣化說六波羅蜜,我等亦無三障,何以不聞?答曰:當今眾生,生在惡世,則入三障中!生在佛後,不善業報,或有世界惡罪業障,或有厚重結使障。墮在佛後,人多爲厚重結使所障:或淫欲薄而瞋恚厚,瞋恚薄而淫欲厚,淫欲薄而愚痴厚,愚痴薄而瞋恚厚,如是等展轉互有厚薄。是結使障故,不聞、不知化佛說法,不見諸佛光明,何況得道!譬如日出,盲人不見,便謂世間無有日月,日有何咎!又如雷電震地,聾人不聞,聲有何過!今十方諸佛常說經法,常遣化佛至十方世界說六波羅蜜,罪業、盲聾故,不聞法聲;以是故不盡聞見。雖復聖人有大慈心,不能令皆聞、皆見。若罪欲滅、福將生者,是時乃得見佛聞法。

【經】爾時,世尊故在師子座,入師子遊戲三昧,以神通力感動三千大千世界,六種震動。

【論】問曰:此三昧何以名師子遊戲?答曰:譬如師子搏鹿,自在戲樂;佛亦如是,入此三昧,能種種回轉此地,令六反震動。復次,師子遊戲,譬如師子戲日,諸獸安隱;佛亦如是,入是三昧時,震動三千大千世界,能令三惡眾生一時得息,皆得安隱。復次,佛名人師子,師子遊戲三昧,是佛戲三昧也。入此三昧時,令此大地六種震動,一切地獄惡道眾生,皆蒙解脫得生天上,是名爲戲。問曰:佛何以故入此三昧?答曰:欲動三千大千世界,出三惡道眾生,著二道中故。復次,上三種變化,出自佛身,人或信心不深;今動大地,欲令眾生知佛神力無量,能令外物皆動,信淨心喜,皆得離苦。問曰:有諸阿羅漢及諸天亦能動地,何以獨言是佛神力?答曰:諸阿羅漢及諸天不能具足動,唯佛世尊能令大地六種震動。問曰:佛何以故震動三千大千世界?答曰:欲令眾生知一切皆空、無常故。有諸人言:大地及日月、須彌、大海,是皆有常。是以世尊六種動地,示此因緣,令知無常。復次,如人欲染衣,先去塵土;佛亦如是,先令三千世界眾生見佛神力,敬心柔軟,然後說法,是故六種動地。云何六種動?

【經】東湧西沒,西湧東沒;南湧北沒,北湧南沒;邊湧中沒,中湧邊沒。

【論】問曰:何以故正有六種動?答曰:地動有上、中、下。下者,二種動:或東湧西沒,或南湧北沒,或邊中。中者,有四:或東、西、南、北,或東、西、邊、中,或南、北、邊、中。上者,六種動。有種種因緣令地大動,如佛告阿難:八因八緣,令地震動。如別說。復次,有人言:四種地動:火動,龍動,金翅鳥動,天王動。二十八宿,月月一周繞:若月至昴宿、張宿、氐宿、婁宿、室宿、胃宿,是六種宿中,爾時地動若崩,是動屬火神;是時無雨,江河枯竭,年不宜麥,天子凶,大臣受殃。若柳宿、尾宿、箕宿、壁宿、奎宿、危宿,是六種宿中,爾時,地動若崩,是動屬龍神;是時無雨,江河枯竭,年不宜麥,天子凶,大臣受殃。若參宿、鬼宿、星宿、軫宿、亢宿、翼宿,是六種宿中,爾時,若地動若崩,是動屬金翅鳥;是時無雨,江河枯竭,年不宜麥,天子凶,大臣受殃。若心宿、角宿、房宿、女宿、虛宿、井宿、畢宿、觜宿、鬥宿,是九種宿中,爾時地動若崩,是動屬天帝;是時安隱豐雨,宜五穀,天子吉,大臣受福,萬民安隱。復次,地動因緣有小有大,有動一閻浮提,有動四天下、一千、二千、三千大千世界。小動以小因緣故:若福德人若生若死,一國地動,是爲小動。大動大因緣故:如佛初生時、初成佛時、將滅度時,三千大千世界皆爲震動,是爲大動。今佛欲大集衆生故,令此地六種震動。復次,《般若波羅蜜》中授諸菩薩記,當得作佛;佛爲天地大主,是時地神大喜:我今得主! 是故地動。譬如國主初立,臣民喜慶,皆稱萬歲,踴躍歌舞。復次,三千大千世界衆生福德因緣故,有此大地山河樹木一切衆物,而衆生不知無常! 是故佛以福德智慧大力,動此世界衆生福德,令知微薄,一切磨滅,皆歸無常。

【經】地皆柔軟,令衆生和悅。

【論】問曰:地動,云何能令衆生心得和悅? 答曰:心隨身故,身得樂事,心則欣悅。悅者,共住之人及便身之具,能令心悅。今以是三千大千世界雜惡衆生其心粗獷,無有善事;是故世尊動此大地,令皆柔軟,心得利益。譬如三十三天王歡樂園中,諸天入者,心皆柔軟,歡樂和悅,粗心不生;若阿修羅起兵來時,都無鬥心。是時,釋提婆那民將諸天衆入粗澀園中,以此園中樹木華實氣不和悅,粗澀惡故,諸天人衆鬥心即生。佛亦如是,以此大地粗澀弊惡故,變令柔軟,使一切衆生心得喜悅。又如咒術藥草熏人鼻時,恚心便生,即時鬥諍;復有咒術藥草能令人心和悅歡喜,敬心相向。咒術草藥尚能如此,何況三千大千世界地皆柔軟?

【經】是三千大千世界中地獄、餓鬼、畜生及八難處,即時解脫,得生天上,從四天王天處乃至他化自在天處。

【論】問曰:若佛入師子遊戲三昧,能令地獄、餓鬼、畜生及餘八難皆得解脫,生四天處乃至他化自在天者,復何用修福行善,乃得果報? 答曰:此如上說,福德多者,見光得度;罪垢深者,地動乃悟。譬如日出照蓮華池,熟者先開,生者未敷。佛亦如是,先放光明,福熟智利,先得解脫;其福未熟,智心不利,是故未得。佛大慈悲,等度一切,無憎愛也。亦如樹果,人動其樹,熟者先墮;佛亦如是,是三千大千世界如樹,動之者佛;先度者果熟,未度者果生。問曰:何以故善心因緣生欲界天,不生色界及無色界?答曰:佛欲度此眾生令得道證。無色界中以無身故,不可為說法;色界中則無厭心,難可得道,禪樂多故,慧心則鈍。復次,佛以神通感動,令此三千大千世界地皆柔軟,眾生心信得歡喜故,生欲界天;不行四禪及四空定故,不得生色、無色界。問曰:五眾無常、空、無我,云何生天人中?誰死誰生者?答曰:是事,《讚菩薩品》中已廣說,今當略答:汝言五眾無常、空、無我者,是般若波羅蜜中,五眾無有常無常、有空無空、有我無我。若如外道求索實我,是不可得;但有假名,種種因緣和合而有,有此名字。譬如幻人相殺,人見其死;幻術令起,人見其生;生死名字,有而無實。世界法中實有生死,實相法中無有生死。復次,生死人有生死,不生死人無生死。何以故?不生死人以大智慧能破生相。如說偈言:

> 佛法相雖空,亦復不斷滅;雖生亦非常,諸行業不失。
>
> 諸法如芭蕉,一切從心生;若知法無實,是心亦復空。
>
> 若有人念空,是則非道行;諸法不生滅,念有故失相。
>
> 有念墮魔網,無念則得出;心動故非道,不動是法印。

【經】是諸天人自識宿命,皆大歡喜,來詣佛所頭面禮佛足,卻住一面。

【論】問曰:諸天生時,有三事自知:知所從來處,知所修福田處,知本所作福德。是人生時,無此三事,云何識宿命?答曰:人道不定,或有識者,有不識者。復次,假佛神力,則識宿命。問曰:諸天有報五神通,自識宿命能到佛所;人雖蒙佛神力得知宿命,所住處遠,云何能至佛所?答曰:或有人生報得神通,如轉輪王、聖人等;或有人假佛神力。問曰:人生十月,三年乳餔,十歲後能自出。今蒙佛威神,三惡、八難皆得解脫,生天、人中,即至佛所。天則可爾,人法未成,云何得來?答曰:五道生法各各不同:諸天、地獄皆化生。餓鬼二種生:若胎、若化生。人道、畜生四種生:卵生、濕生、化生、胎生。卵生者,如毗舍佉、彌伽羅母三十二子(毗舍佉母生三十二卵,卵剖生三十二男,皆爲力士。彌伽羅,大兒字也,此母人得三道果)。如是等名卵生。濕生者,如掩羅婆利(掩烏甘反)淫女,頂生轉輪聖王;如是等名濕生。化生者,如佛與四衆遊行,比丘尼衆中,有比丘尼名阿羅婆,地中化生;及劫初生時,人皆化生;如是等名爲化生。胎生者,如常人生。化生人即時長大,能到佛所。有人報得神通故,能到佛所。復次,佛借神通力故,能到佛所。

【經】如是十方如恒河沙等世界,地皆六種震動;一切地獄、餓鬼、畜生及餘八難處,即得解脫,得生天上,齊第六天。

【論】問曰:三千大千世界無量無數,衆生甚多,何以復及十方如恒河沙等世界衆生? 答曰:佛力無量,雖度三千大千世界衆生,猶以爲少,以是故復及十方。問曰:若釋迦文尼佛以大神力廣度十方,復何須餘佛? 答曰:衆生無量,不一時熟故。又衆生因緣各各不同,如聲聞法中說:舍利弗因緣弟子,除舍利弗,諸佛尚不能度,何況餘人? 復次,今但說東方一恒河沙等,不說若二、三、四乃至千萬億恒河沙等諸世界。又以世界無邊無量,若有邊有量,衆生可盡。以是故十方無量世界,諸佛應度。

【經】爾時,三千大千世界衆生,盲者得視,聾者得聽,啞者能言,狂者得正,亂者得定,裸者得衣,饑渴者得飽滿,病者得愈,形殘者得具足。

【論】問曰:衆生苦患有百千種,若佛神力,何以不遍令得解脫? 答曰:一切皆救,今但略說粗者;如種種結使,略說爲三毒。問曰:但言盲者得視則足,何以故言生盲? 答曰:生盲者,先世重罪故。重罪者,猶尚能令得視,何況輕者? 問曰:云何先世重罪而令生盲? 答曰:若破衆生眼,若出衆生眼,若破正見眼,言無罪福,是人死墮地獄,罪畢爲人,從生而盲。若復盜佛塔中火珠及諸燈明,若阿羅漢、辟支佛塔珠及燈明,若餘福田中奪取光明。如是等種種先世業因緣故失明。今世若病、若打故失明,是今世因緣。復次,九十六種眼病,闍那迦藥王所不能治者,唯佛世尊能令得視。復次,先令得視,後令得智慧眼。聾者得聽,亦如是。問曰:若有生盲,何以不說生聾? 答曰:多有生盲,生聾者少,是故不說。問曰:以何因緣故聾? 答曰:聾者,是先世因緣:師父教訓,不受不行而反瞋恚,以是罪故聾。

復次,截眾生耳,若破眾生耳,若盜佛塔、僧塔、諸善人福田中揵稚、鈴、貝及鼓,故得此罪。如是等種種先世業因緣。今世因緣,若病、若打,如是等是今世因緣得聾。問曰:啞者不能言,作何等罪故啞? 答曰:先世截他舌,或塞其口,或與惡藥令不得語;或聞師教、父母教敕,斷其語,非其教;或作惡邪人,不信罪福破正語;地獄罪出,生世爲人,啞不能言。如是種種因緣故啞。問曰:狂者得正,云何爲狂? 答曰:先世作罪,破他坐禪,破坐禪舍,以諸咒術咒人令瞋鬥靜淫欲。今世諸結使厚重。如婆羅門失其福田,其婦復死,即時狂發,裸形而走。又如翅舍伽憍曇彌比丘尼,本白衣時,七子皆死,大憂愁故,失心發狂。有人大瞋不能自製,成大痴狂。有愚痴人惡邪故,以灰塗身,拔髮裸形,狂痴食糞。有人若風病、若熱病,病重成狂。有人惡鬼所著,或有人痴飲雨水而狂。如是失心,如是種種名爲狂。得見佛故,狂即得正。問曰:亂者得定,狂則是亂,以何事別? 答曰:有人不狂而心多散亂,志如獼猴,不能專住,是名亂心。復有劇務匆匆,心著眾事,則失心力,不堪受道。問曰:亂心有何因緣? 答曰:善心轉薄,隨逐不善,是名心亂。復次,是人不觀無常,不觀死相,不觀世空;愛著壽命,計念事務,種種馳散,是故心亂。復次,不得佛法中內樂,外求樂事,隨逐樂因,是故心亂。如是亂人得見佛故,其心得定。問曰:先言狂者得正,今言裸者得衣,除狂,云何更有裸? 答曰:狂有二種:一者、人皆知狂;二者、惡邪故自裸,人不知狂。如說:南天竺國中有法師,高坐說五戒義,是眾中多有外道來聽。是時國王難曰:若如所說,有人施酒及自飲酒,得狂愚報,當今世人應狂者多,正者少;而今狂者更少,不狂者多,何以故爾? 是時諸外道輩言:善哉! 斯難甚深! 是禿高坐,必不能答,以王利智故。是時法師以指指諸外道,而更說餘事,王時即解。諸外道語王言:王難甚深,是不知答,恥所不知,而但舉指更說餘事。王語外道:高坐法師指答已訖,將護汝故,不以言說;向者指汝,言汝等是狂,狂不少也。汝等以灰塗身,裸形無恥,以人髑髏盛糞而食;拔頭髮,臥刺上,倒懸熏鼻;冬則入水,夏則火炙。如是種種所行非道,皆是狂相。復次,汝等法以賣肉賣鹽,即時失婆羅門法;於天祠中得牛佈施,即時賣之,自言得法;牛則是肉,是誆惑人,豈非失耶?

又言入吉河水中，罪垢皆除，是爲罪福無因無緣。賣肉、賣鹽，此有何罪？入吉河水中言能除罪，若能除罪，亦能除福，誰有吉者？如此諸事，無因無緣，強爲因緣，是則爲狂。如是種種狂相，皆是汝等；法師將護汝故，指而不說。是名爲裸形狂。復次，有人貧窮無衣，或弊衣藍縷，以佛力故，令其得衣。問曰：饑者得飽，渴者得飲，云何饑渴？答曰：福德薄故，先世無因，今世無緣，是故饑渴。復次，是人先世奪佛、阿羅漢、辟支佛食，及父母所親食；雖值佛世，猶故饑渴，以罪重故。問曰：今有惡世生人得好飲食，值佛世生而更饑渴；若罪人不應生值佛世，若福人不應生惡世，何以故爾？答曰：業報因緣，各各不同。或有人有見佛因緣，無飲食因緣；或有飲食因緣，無見佛因緣。譬如黑蛇而抱摩尼珠臥，有阿羅漢人乞食不得。又如迦葉佛時，有兄弟二人出家求道，一人持戒、誦經、坐禪；一人廣求檀越，修諸福業。至釋迦文佛出世，一人生長者家，一人作大白象，力能破賊。長者子出家學道，得六神通阿羅漢，而以薄福，乞食難得。他日持缽入城乞食，遍不能得；到白象廄中，見王供象種種豐足。語此象言：我之與汝，俱有罪過。象即感結，三日不食。守象人怖，求覓道人，見而問言：汝作何咒，令王白象病不能食？答言：此像是我先身時弟，共於迦葉佛時出家學道。我但持戒、誦經、坐禪，不行佈施；弟但廣求檀越作諸佈施，不持戒，不學問。以其不持戒、誦經、坐禪故，今作此象；大修佈施故，飲食備具，種種豐足。我但行道，不修佈施故，今雖得道，乞食不能得。以是事故，因緣不同，雖值佛世，猶故饑渴。問曰：此諸衆生，云何飽滿？答曰：有人言：佛以神力變作食，令得飽滿。復有人言：佛光觸身，令不饑渴。譬如如意摩尼珠，有人心念，則不饑渴，何況值佛！病者得愈，病有二種：先世行業報故，得種種病。今世冷熱風發故，亦得種種病。今世病有二種：一者、內病，五藏不調，結堅宿疹；二者、外病，奔車逸馬，堆壓墜落，兵刃刀杖，種種諸病。問曰：以何因緣得病？答曰：先世好行鞭杖、拷掠、閉系，種種惱故，今世得病。現世病，不知將身，飲食不節，臥起無常。以是事故，得種種諸病。如是有四百四病，以佛神力故，令病者得愈。如說：佛在舍婆提國，有一居士請佛及僧於舍飯食，佛住精舍迎食有五因緣：一者、欲入定，二者、欲爲諸天說法，三者、欲遊行觀諸比丘房，四者、看諸病比丘，五者、若未結戒欲爲諸比丘結戒。是時佛手持戶排，入諸比丘房，見一比丘病苦，無人瞻視，臥大小便，不能起居。佛問比丘：汝何所苦？獨無人看！比丘答言：大德！我性懶，他人有病，初不看視；是故我病，他亦不看！佛言：善男子！我當看汝。時釋提婆那民盥水，佛以手摩其身。摩其身時，一切苦痛即皆除愈，身心安隱。是時，世尊安徐扶此病比丘起，將出房澡洗著衣，安徐將入，更與敷褥令坐。佛語病比丘：汝久來不勤求未得事令得、未到事令到、未識事令識，受諸苦患，如是方當更有大苦！比丘聞已，心自思念：佛恩無量，神力無數，以手摩我苦痛即除，身心快樂！以是故，佛以神力令病者得愈。形殘者得具足，云何名形殘者？若有人先世破他身，截其頭，斬其手足，破種種身分；或破壞佛像，毀佛像鼻，及諸賢聖形像；或破父母形像。以是罪故，受形多不具足。復次，不善法報，受身醜陋。若今世被賊，或被刑戮，種種因緣以致殘毀；或風寒熱病，身生惡瘡，體分爛壞，是名形殘。蒙佛大恩，皆得具足。譬如祇洹中奴，字犍抵（犍抵秦言續也），是波斯匿王兄子；端正勇健，心性和善。王大夫人見之心著，即微呼之，欲令從己。犍抵不從，夫人大怒，向王讒之，反被其罪。王聞，即節節解之，棄於塚間；命未絕頃，其夜虎、狼、羅刹來欲食之。是時佛到其邊，光明照之，身即平復，其心大喜；佛爲說法，即得三道；佛牽其手將至祇洹。是人言：我身已破、已棄，佛續我身，今當盡此形壽，以身佈施佛及比丘僧。明日波斯匿王聞如是事，來至祇洹，語犍抵言：向汝悔過！汝實無罪，枉相刑害，今當與汝分國半治。犍抵言：我已厭矣，王亦無罪。我宿世殃咎，罪報應爾！我今以身施佛及僧，不復還也。如是若有衆生形殘不具足者，蒙佛光明即時平復。是故言：乃至形殘皆得具足，蒙佛光明，即時平復。

【經】一切衆生皆得等心相視：如父如母、如兄如弟、如姉如妹，亦如親親及善知識。是時，衆生等行十善業道，淨修梵行，無諸瑕穢，惔然快樂，譬如比丘入第三禪；皆得好慧，持戒自守，不嬈衆生。

【論】問曰：是諸衆生未離欲，無禪定，不得四無量心，云何得等心？答曰：是等，非禪中等，是於一切衆生中無怨無恚；以此等故，善心相視。

復次，等心者，經中有言：云何等心？相視如父母，是名等心。問曰：視一切衆生便是父母、兄弟、姊妹不？答曰：不也！見老者如父母，長者如兄，少者如弟，姊妹亦爾。等心力故，皆如親親。問曰：云何非父母言父母，乃至非親親言親親？不墮妄語耶？答曰：一切衆生無量世中，無非父母、兄弟、姊妹、親親者。復次，實法相中，無父母、兄弟；人著吾我，顛倒計故，名爲父母、兄弟。今以善心力故，相視如父如母，非妄語也。復次，如人以義相親，非父事之爲父，非母事之爲母，兄弟、兒子亦復如是。如人有子行惡，黜而棄之；他姓善行，養以爲子。如是相視，則爲等心。如說偈：視他婦如母，見他財如火，一切如親親，如是名等見。是時，衆生等行十善業道者。身業道三種：不殺、不盜、不邪淫；口業道四種：不妄語、不兩舌、不惡口、不綺語；意業道三種：不貪、不惱害、不邪見。自不殺生，不教他殺，贊不殺者，見人不殺代其歡喜；乃至邪見亦有四種。問曰：後三業道非業，前七業道亦業，云何言十善業道？答曰：没少從多故，通名業道。後三雖非業，能起業；又復爲業故生，是故總名業道。淨修梵行，無諸瑕穢者。問曰：上說行十善業道，此理已足，今何以復言淨修梵行？答曰：有人行十善業道，不斷淫；今更贊此行梵天行，斷除淫欲故，言淨修梵行。無諸瑕穢者，行淫之人，身惡名臭，以是故贊斷淫人，言無諸瑕穢。惔然快樂者。問曰：此何等樂？答曰：是樂二種：內樂，涅槃樂。是樂不從五塵生，譬如石泉，水自中出，不從外來。心樂亦如是，行等心，修梵行，得十善業道，清淨無穢，是名內樂。問曰：此樂何界系？欲界系、色界系、無色界系耶？答曰：是樂欲界系，亦不系；非色、無色界系。今言譬如比丘入第三禪，若是色界系，不應言譬如。以是事故知非色界系。此欲界心生喜樂，一切滿身；譬如暖蘇漬身，柔軟和樂。不系者，得般若波羅蜜相，觀諸法不生不滅，得實智慧，心無所著，無相之樂，是爲不系。問曰：佛言涅槃第一樂，何以言第三禪樂？答曰：有二種樂：有受樂，有受盡樂。受盡樂，一切五衆盡更不生，是無餘涅槃樂。能除憂愁煩惱，心中歡喜，是名樂受；如是樂受滿足，在第三禪中。以是故言譬如第三禪樂。問曰：初禪、二禪亦有樂受，何以故但言第三禪？答曰：樂有上、中、下：下者初禪，中者二禪，上者三禪。

初禪有二種：樂根、喜根；五識相應樂根，意識相應喜根。二禪中意識相應喜根。三禪意識相應樂根。一切三界中，除三禪，更無意識相應樂根。是五識不能分別，不知名字相，眼識生如彈指頃，意識已生。以是故，五識相應樂根不能滿足樂，意識相應樂根能滿足樂。以是故，三禪中諸功德少，樂多故，無背舍、勝處、一切入。過是三禪更無樂，以是故言譬如比丘入第三禪。一切衆生皆得好慧，持戒、自守，不嬈衆生者。問曰：何以故次樂後，言皆得好慧？答曰：人未得樂，能作功德；既得樂已，心著樂多故，不作功德！是故樂後次第心得好慧。好慧者，持戒、自守，不嬈衆生。問曰：持戒是名自守，亦名不嬈衆生，何以故復言自守、不嬈衆生耶？答曰：身口善，是名持戒；撿心就善，是名自守，亦名不嬈衆生。一切諸功德，皆戒身、定身、慧身所攝。言好持戒，是戒身攝；好自守者，是定身攝；不嬈衆生，禪中慈等諸功德，是慧身攝。問曰：亦無有人言不好持戒者，今何以言好持戒？答曰：有如婆羅門著世界法者言：舍家好持戒，是爲斷種人。又以自力得財，廣作功德，如是有福。出家乞食，自身不給，何能作諸功德？如是爲呵好持戒。亦有著世界治法道人，呵好自守者言：人當以法治世，賞善罰惡，法不可犯，不舍尊親，立法濟世，所益者大，何用獨善其身，自守無事？世亂而不理，人急而不救！如是名爲呵好自守。亦有人呵好不嬈衆生者言：有怨不能報，有賊不能系，惡人不能治，有罪無以肅，不能卻患救難，默然無益，何用此爲！如是爲呵好不嬈衆生。如說：人而無勇健，何用生世間，親難而不救，如木人在地！如是等種種不善語，名爲呵不嬈衆生。是諸天人皆得好慧，持戒、自守，不嬈衆生；行是善法，身心安隱，無所畏難，無熱無惱，有好名善譽，人所愛敬，是爲向涅槃門。命欲終時，見福德心喜，無憂無悔。若未得涅槃，生諸佛世界，若生天上。以是故言：得好慧，持戒、自守，不嬈衆生。

# 卷第九

## 釋初品中放光之餘

【經】爾時，世尊在師子座上坐，於三千大千世界中，其德特尊，光明色像威德巍巍，遍至十方如恒河沙等諸佛世界。譬如須彌山王光色殊特，眾山無能及者。

【論】問曰：佛以何力故於一切眾生中其德特尊，光明、威德巍巍乃如是耶？如轉輪聖王、諸天、聖人亦有大力、光明、威德，何以獨言佛德特尊？答曰：此諸賢聖雖有光明、威德，有量有限。譬如眾星，日光既出，則沒不現。佛從無量阿僧祇劫集大功德，一切具足，因緣大故果報亦大；餘人無此。復次，佛世世修諸苦行，無量無數頭、目、髓、腦常施眾生，豈唯國、財、妻、子而已！一切種種戒、種種忍、種種精進、種種禪定，及無比清淨不可壞不可盡智慧，世世修行，已具足滿。此果力故，得不可稱量殊特威神，以是故言因緣大故果報亦大。問曰：若佛神力無量，威德巍巍，不可稱說，何以故受九罪報？一者、梵志女孫陀利謗，五百阿羅漢亦被謗；二者、旃遮婆羅門女繫木盂作腹謗佛；三者、提婆達推山壓佛，傷足大指；四者、迸木刺腳；五者、毗樓璃王興兵殺諸釋子，佛時頭痛；六者、受阿耆達多婆羅門請而食馬麥；七者、冷風動故脊痛；八者、六年苦行；九者、入婆羅門聚落，乞食不得，空鉢而還。復有冬至前後八夜，寒風破竹，索三衣禦寒。又復患熱，阿難在後扇佛。如是等世界小事，佛皆受之。若佛神力無量，三千大千世界乃至東方恒河沙等諸佛世界,南西北方、四維、上下,光明色像威德巍巍,何以故受諸罪報？ 答曰:佛在人中生,人父母,受人身力,一指節力勝千萬億那由他白象力,神通力無量無數、不可思議。是淨飯王子,厭老、病、死苦,出家得佛道,是人豈受罪報,爲寒熱等所困！ 如佛神力不可思議,不可思議法中,何有寒熱諸患？ 復次,佛有二種身:一者法性身,二者父母生身。是法性身滿十方虛空,無量無邊,色像端正,相好莊嚴,無量光明,無量音聲,聽法衆亦滿虛空(此衆亦是法性身,非生死人所得見也);常出種種身、種種名號、種種生處、種種方便度衆生,常度一切,無須臾息時。如是法性身佛,能度十方世界衆生。受諸罪報者是生身佛,生身佛次第說法如人法。以有二種佛故,受諸罪無咎。復次,佛即得道時,一切不善法盡斷,一切善法皆成就,云何今實有不善法報可受？ 但憐愍未來世衆生故,現方便受此諸罪。復次,如阿泥盧豆與一辟支佛食故受無量世樂,心念飲食應意即得;何況佛世世割肉、出髓以施衆生,而乞食不得空缽而還？以是事故,知佛方便爲度衆生故受此諸罪。云何方便憐愍未來世？ 五衆佛弟子施福薄故,乞種種自活之具不能得。諸白衣言:汝衣食不能得,有病不能除,何能得道以益於人？ 是五衆當答:我等雖無活身小事,有行道福德。我等今日衆苦,是先身罪報;今之功德,利在將來。我等大師佛入婆羅門聚落乞食,尚亦不得,空缽而還;佛亦有諸病,釋子畢罪時佛亦頭痛,何況我等薄福下人！ 諸白衣聞已,瞋心則息,便以四種供養、供給比丘,身得安隱,坐禪得道。是爲方便故,非實受罪。如《毗摩羅詰經》中說:佛在毗耶離國,是時佛語阿難:我身中熱風氣發,當用牛乳。汝持我缽乞牛乳來。阿難持佛缽,晨朝入毗耶離,至一居士門立。是時,毗摩羅詰在是中行,見阿難持缽而立,問阿難:汝何以晨朝持缽立此？ 阿難答言:佛身小疾,當用牛乳,故我到此。毗摩羅詰言:止！ 止！ 阿難！ 勿謗如來！ 佛爲世尊,已過一切諸不善法,當有何疾？ 勿使外道聞此粗語,彼當輕佛,便言:佛自疾不能救,安能救人？ 阿難言:此非我意,面受佛敕當須牛乳。毗摩羅詰言:此雖佛敕,是爲方便,以今五惡之世故,以是像度脫一切。若未來世,有諸病比丘當從白衣求諸湯藥。白衣言:汝自疾不能救,安能救餘人？諸比丘言：我等大師猶尚有病，況我等身如草芥能不病耶？以是事故諸白衣等以諸湯藥供給比丘，使得安隱，坐禪行道。有外道、仙人能以藥草、咒術除他人病，何況如來一切智德，自身有病而不能除？汝且默然，持缽取乳，勿令餘人異學得聞知也。以是故知佛爲方便，非實病也。諸罪因緣皆亦如是。以是故言佛其德特尊，光明色像，威德巍巍。

【經】爾時，世尊以常身示此三千大千世界一切眾生。是時，首陀會天、梵眾天、他化自在天、化自樂天、兜率陀天、夜磨天、三十三天、四天王天，及三千大千世界人與非人，以諸天華、天瓔珞、天澤香、天末香、天青蓮華、赤蓮華、白蓮華、紅蓮華、天樹葉香，持詣佛所。

【論】問曰：佛何以故以常身示此三千大千世界中一切眾生？答曰：佛欲說摩訶般若波羅蜜，入三昧王三昧，從足下相輪光明上至肉髻光焰大明。譬如劫盡燒時，諸須彌山王隨次燃盡。是光明遍滿三千大千世界，乃至十方恒河沙等諸佛世界皆悉大明。眾生見者畢至阿耨多羅三藐三菩提。是佛欲說般若波羅蜜初神力。第二、一切毛孔皆悉微笑。第三、放常光明，面各一丈。第四、舌相遍覆三千大千世界而笑。第五、入師子遊戲三昧，三千大千世界六反震動。第六、佛坐師子座，現最勝身光明色像，威德巍巍。以此神力感動眾生，其有信者皆至阿耨多羅三藐三菩提；其中疑者，示常身，便得信解，而各說言：今所見者是佛真身。以佛力故，此三千大千世界中人見佛常身，遠近無礙。是時，三千大千世界眾生皆大歡喜言：此真是佛身！佛初生時、初成佛時、初轉法輪時皆以此身。如是思惟，此真是佛身。問曰：何以故名爲淨居天、梵世天？答曰：第四禪有八種：五種是阿那含住處，是名淨居；三種，凡夫、聖人共住。過是八處，有十住菩薩住處，亦名淨居，號大自在天王。梵世天者，生處有三種：一者、梵眾天，諸小梵生處；二者、梵輔天，貴梵生處；三者、大梵天，是名中間禪生處。問曰：離欲是同，何以故有貴賤異處？答曰：初禪三種：下、中、上。若修下禪生梵眾，若修中禪生梵輔，若修上禪生大梵。慈行亦如是。如妙眼師念言：我爲眾人說法皆生梵天中，我今不應與弟子同處，當修上慈。修上慈故生大梵天中。復次，第一清淨心故，生大梵天中。問曰：何以故於四禪中但說初、後,不說中間? 答曰:初門離欲難故,最後微妙難得故;中間易入故不說。復次,言梵世已攝色界;以第四禪第一妙故別說。復次,以人多識梵天、不識餘天,是故但說梵天。以淨居天常憐愍眾生、常勸請佛故。復次,佛說法聲至梵天;佛得道時諸天展轉唱告乃至淨居天。以是故說初、後,不說中間。復次,梵天近欲界故應聞;淨居天是色界主是故應聞。譬如守門人識客,客至其主,主則識之。中間無事故不說。復次,二禪大喜、三禪大樂,喜、樂放逸,是故不說。問曰:何以名他化自在? 答曰:此天奪他所化而自娛樂,故言他化自在。化自樂者,自化五塵而自娛樂故言化自樂。兜率名知足天。夜摩名善分天。第二名三十三天。最下天是四天王諸天。須彌山高八萬四千由旬,上有三十三天城。須彌山邊有山,名由揵陀羅,高四萬二千由旬。此山有四頭,頭各有城,四天王各居一城。夜摩等諸天,七寶地在虛空中,有風持之令住。乃至淨居亦復如是。如是諸天見佛身清淨、大光明淨,持諸供具水陸諸華。陸地生華須漫提為第一,水中生華青蓮華為第一。若樹生華、若蔓生華,是諸名華種種異色、種種香熏。各持天華來詣佛所。以此諸華色好、多香、柔軟、細滑,是故以此為供養具。云何為天華? 天華芬熏,香氣逆風。諸天瓔珞懸在佛上,天澤香以塗佛地,天末香以散佛上。天蓮華青、赤、紅、白。何以無黃? 黃屬火,火非水華所宜故。天寶蓮華琉璃為莖,金剛為臺,閻浮那陀金為葉,柔軟且香。並天樹葉香,持詣佛所。問曰:若諸天供養應持天華,人及非人云何得天華? 答曰:佛以神足放大光明,地六種震動。諸天雨種種妙華,滿三千大千世界,以供養佛;是人、非人或取此華而以供養。復次,天竺國法,名諸好物皆名天物。是人華、非人華,雖非天上華,以其妙好故名為天華。是故言人、非人持諸天華,是則無咎。

【經】是諸天華乃至天樹葉香以散佛上。

【論】問曰:何以以華散佛身上? 答曰:恭敬供養故。又佛光照,皆遙見佛,心大歡喜,供養佛故,皆以諸華而散佛上。復次,佛於三界第一福田,以是故華散佛上。

【經】所散寶華,於此三千大千世界上,在虛空中化成大臺。

【論】問曰：何以化作此臺在虛空中？答曰：所散華少而化爲大臺，以示眾生因少果多。問曰：何以故臺在虛空中住而不墮落？答曰：佛以神力欲示眾生令知佛爲福田得報不失，乃至成佛其福不滅。

【經】是華臺邊垂諸瓔珞，雜色華蓋，五色繽紛。是諸華蓋、瓔珞遍滿三千大千世界。

【論】問曰：若佛自有神力，何以因所散華而變爲臺？答曰：欲令人心信清淨故。是人見所供養變成此臺，心大歡喜，因歡喜故得大福德。

【經】以是華蓋、瓔珞嚴飾故，此三千大千世界皆作金色，及十方如恒河沙等諸佛世界皆亦如是。

【論】有人言：轉輪聖王四世界主，梵天王千世界主，佛三千大千世界主。是語非實！以是故，佛所變化，乃至十方恒河沙等諸佛世界。

【經】爾時，三千大千世界及十方眾生各各自念：佛獨爲我說法，不爲餘人。

【論】問曰：佛以一身示三千大千世界及十方，今諸眾生何以各各見佛在前說法？答曰：佛有二種神力：一者、一處坐說法，令諸眾生遠處皆見、遠處皆聞；二者、佛在一處說法，能令一一眾生各自見佛在前說法。譬如日出，影現眾水。復次，眾生不同：有人見佛身遍三千大千世界而得淨信，有人各各見佛在前說法，得心清淨，信樂歡喜。以是故，佛今各各在前而爲說法。

【經】爾時，世尊在師子座熙怡而笑，光從口出，遍照三千大千世界。以此光故，此間三千大千世界中眾生皆見東方恒河沙諸佛及僧，彼間恒河沙等世界中眾生亦見此間三千大千世界中釋迦牟尼佛及諸大眾。南西北方、四維、上下亦復如是。

【論】問曰：佛上已多放光明，今以何故復放斯光？答曰：先放光明，各各有事，如先說。今以彼此眾會兩未相見故，以光明神力，令彼此世界一切大會兩得相見。問曰：如弟子中天眼第一大阿羅漢長老阿泥盧豆，暫觀見小千世界，諦觀見二千世界；大辟支佛暫觀見二千世界，諦觀見三千大千世界。今一切人云何能見東方恒河沙等諸佛世界？答曰：是佛神力令彼得見,非衆生力也。設阿羅漢及辟支佛等亦以佛力故所見無限。譬如轉輪聖王飛行,一切營從及諸象馬衆畜皆亦隨去。今佛神力故,衆生雖在遠處亦得相見。又如般舟三昧力故,雖不得天眼而見十方佛,眼耳無礙。亦如劫盡燒時,一切衆生自然皆得禪定,得天眼、天耳。佛以神力故,令一切衆生皆得遠見亦復如是。爾時,世尊在師子座而笑,笑如先說,餘未說者今當說。問曰:此間衆生遠見彼方是佛神力,彼間衆生亦見此方是誰力耶?答曰:是釋迦牟尼佛力,令彼得見此間三千大千世界,及見釋迦牟尼佛並一切衆會;南西北方、四維、上下亦復如是。

## ～ 釋初品中十方諸菩薩來第十五 ～

【經】是時,東方過如恒河沙等諸佛世界,其世界最在邊,世界名多寶,佛號寶積,今現在爲諸菩薩摩訶薩說般若波羅蜜。

【論】問曰:如佛所說一切世界無量無邊,云何言其世界最在邊?最在邊者,是墮有邊相;若世界有邊,衆生應盡。何以故?無量諸佛,一一佛度無量阿僧祇衆生令入無餘涅槃,更無新衆生,故者應盡!答曰:佛經雖言世界無量,此方便說,非是實教。如實無神,方便故說言有神。此十四難,世界有邊、無邊俱爲邪見。若無邊,佛不應有一切智。何以故?智慧普知,無物不盡,是名一切智。若世界無邊,是有所不盡。若有邊,如先說咎。此二俱邪見。何以故?依無邊以破有邊故。是多寶世界非一切世界邊,是釋迦牟尼佛因緣衆生可應度者最在邊。譬如一國中最在邊,不言一閻浮提最在邊。若無邊,佛不應一切智者,如上佛義中答,佛智無量故應知,譬如函大故蓋亦大。問曰:世界名多寶。寶有二種:財寶、法寶,何等寶多名爲多寶世界?答曰:二種皆有。又多菩薩照法性等諸寶(言此寶大菩薩所有,以爲寶冠;寶冠中皆見諸佛。又了達一切諸法之性),多故名爲多寶。是中有佛名寶積。以無漏根、力、覺、道等法寶集故,名爲寶積。問曰:若爾者,一切佛皆應號寶積!何以獨稱彼佛爲寶積?答曰:雖一切諸佛皆有此寶,但彼佛即以此寶爲名。如彌勒名爲慈氏,諸佛雖皆有慈,但彌勒即以慈爲名。復次,如寶華佛生時,一切身邊有種種華色光明故,名寶華太子。如燃燈佛生時,一切身邊如燈故,名燃燈太子,作佛亦名燃燈(丹注云:舊名定光佛也)。寶積佛亦如是,應當初生時亦多諸寶物生,或地生、或天雨,種種寶集故名爲寶積。問曰:唯有釋迦牟尼一佛,無十方佛。何以故?是釋迦文尼佛無量威力、無量神通,能度一切眾生,更無餘佛。如說:阿難一心思惟:過去諸佛寶華、燃燈等,皆生好世,壽命極長,能度一切眾生。今釋迦牟尼佛,惡世生,壽命短,將無不能度一切弟子耶?如是心疑。佛時即知阿難心之所念,即以日出時入日出三昧。爾時,佛身一切毛孔出諸光明,亦如日邊出諸光明,其光遍照閻浮提內;其明滿已,照四天下;照四天下滿已,照三千大千世界;照三千大千世界滿已,照十方無量世界。爾時世尊從臍邊出諸寶蓮華,如偈說:

青光琉璃莖,千葉黃金色,金剛爲華臺,琥珀爲華飾,
莖軟不粗曲,其高十餘丈,真青琉璃色,在佛臍中立。
其葉廣而長,白光間妙色,無量寶莊嚴,其華有千葉。
妙華色如是,從佛臍中出。是四華臺上,寶座曜天日,
一一諸寶座,座各有坐佛。如金山四首,光曜等如一。
從四佛臍中,各出妙寶華;華上有寶座,其座各有佛。
從是佛臍中,展轉出寶華,華華皆有座,座座各有佛。
如是展轉化,乃至淨居天。若欲知近遠,當以譬喻說:
有一大方石,縱廣如太山,從上放令下,直過無所礙,
萬八千三百,八十有三歲,如是年歲數,爾乃得到地。
於是兩中間,化佛滿其中,其光大盛明,逾於火日月。
有佛身出水,亦有身出火,或復現經行,有時靜默坐,
有佛行乞食,以此福眾生。或復說經行,有時放光明,
或到三惡趣,冰闇火地獄。和氣濟寒冰,光明照闇獄,
熱處施凉風,隨事救其害,安之以無患,度之以法樂!

如是種種方便,一時頃能度十方無量眾生;度眾生已,還入本處住佛臍中。爾時,世尊從日出三昧起,問阿難言:汝見此三昧神通力不?阿難

白佛:唯然！已見。重白佛言:若佛住世一日之中,所度弟子可滿虛空,何況在世八十餘年！以是故言一佛功德神力無量,現化十方,無異佛也。復次,如佛所言女人不得作轉輪聖王,不得作天帝釋、魔天王、梵天王,不得作佛;轉輪聖王不得一處並治,十力世尊亦無一世二佛。又佛說言佛言不虛,世無二佛;一法難值,是佛世尊也;無量億劫時時一有。是九十一劫中,三劫有佛。賢劫之前九十一劫,初有佛名鞞婆尸(秦言種種見)。第三十一劫中有二佛:一名尸棄(秦言火),二名鞞恕婆附(秦言一切勝)。是賢劫中有四佛:一名迦羅鳩餐陀,二名迦那伽牟尼(秦言金仙人也),三名迦葉,四名釋迦牟尼。除此餘劫皆空無佛,甚可憐愍。若有十方佛,何以故言餘劫無佛,甚可憐愍? 答曰:雖釋迦文尼佛有無量神力,能變化作佛,在十方說法、放光明、度眾生,亦不能盡度一切眾生,墮有邊故,則無未來世佛故。然眾生不盡,以是故應更有餘佛。復次,汝言:佛自說:女人不得作五事;二轉輪聖王不得同時出世,佛亦如是,同時一世亦無二佛。汝不解此義！佛經有二義:有易了義,有深遠難解義。如佛欲入涅槃時,語諸比丘:從今日應依法不依人,應依義不依語,應依智不依識,應依了義經不依未了義。依法者,法有十二部,應隨此法,不應隨人。依義者,義中無諍好惡、罪福、虛實故,語以得義,義非語也。如人以指指月以示惑者,惑者視指而不視月,人語之言:我以指指月令汝知之,汝何看指而不視月? 此亦如是,語爲義指,語非義也。是以故不應依語。依智者,智能籌量、分別善惡;識常求樂、不入正要。是故言不應依識。依了義經者:有一切智人佛第一,一切諸經書中佛法第一,一切眾生中比丘僧第一;佈施得大富,持戒得生天,如是等是了義經。如說法師說法有五種利:一者大富,二者人所愛,三者端正,四者名聲,五者後得涅槃,是爲未了義。云何未了? 施得大富,是爲了了可解;說法無財施而言得富,得富者,說法人種種讚施,破人慳心,亦自除慳,以是因緣得富,是故言未了。是《多持經》方便說,非實義。是經中佛雖言世無二佛俱出,不言一切十方世界;雖言世無二轉輪聖王,亦不言一切三千大千世界無,但言四天下世界中無二轉輪聖王,作福清淨故獨王一世,無諸怨敵;若有二王不名清淨。雖佛無嫉妒心,然以行業世世清淨故,亦不一世界有二佛出。百億須彌山,百億日月,名爲三千大千世界。如是十方恒河沙等三千大千世界,是名爲一佛世界。是中更無餘佛,實一釋迦牟尼佛。是一佛世界中,常化作諸佛種種法門、種種身、種種因緣、種種方便以度眾生。以是故,《多持經》中一時一世界無二佛,不言十方無佛。復次,如汝言:佛言:一事難值,是佛世尊。又言:九十一劫,三劫有佛,餘劫皆空無佛,甚可憐愍。佛爲此重罪不種見佛善根人,說言:佛世難值,如優曇波羅樹華,時時一有。如是罪人輪轉三惡道,或在人天中,佛出世時,其人不見。如說:舍衛城中九億家,三億家眼見佛,三億家耳聞有佛而眼不見,三億家不聞不見。佛在舍衛國二十五年,而此眾生不聞不見,何況遠者!復次,佛與阿難入舍衛城乞食,是時有一貧老母立在道頭。阿難白佛:此人可愍,佛應當度。佛語阿難:是人無因緣。阿難言:佛往近之,此人見佛相好光明,發歡喜心,爲作因緣。佛往近之,回身背佛;佛從四邊往,便四向背佛,仰面上向;佛從上來,低頭下向;佛從地出,兩手覆眼不肯視佛。佛語阿難:復欲作何因緣?有如是人無度因緣,不得見佛。以是故佛言:佛難得值,如優曇波羅樹華。譬如水雨雖多,處處易得,餓鬼常渴,不能得飲。汝言:九十一劫,三劫有佛。爲一佛世界故,不爲一切餘諸世界。是處劫空無有佛出,甚可憐愍者,亦是此間一佛世界,非爲一切餘諸世界也。以是故知有十方佛。復次,聲聞法中有十方佛,汝自不解。如《雜阿含經》中說:譬如大雨連注,渧渧無間,不可知數。諸世界亦如是,我見東方無量世界,有成、有住、有壞,其數甚多,不可分別;如是乃至十方。是十方世界中,無量眾生有三種身苦:老、病、死;三種心苦:淫、瞋、癡;三種後世苦:地獄、餓鬼、畜生。一切世界皆有三種人:下、中、上。下人著現世樂;中人求後世樂;上人求道,有慈悲心,憐愍眾生。有因緣云何無果報?佛言:若無老、病、死,佛不出世。是人見老、病、死苦惱眾生,心中作願:我當作佛,以度脫之,拔其心病,濟後世苦。如是十方世界皆有佛出因緣,何以故獨言此間有佛,餘處無耶?譬如有人言有木無火,有濕地而無水,是不可信。佛亦如是,眾生身有老、病、死苦,心有淫、瞋、癡病,佛爲斷此三苦,令得三乘故出世。一切世界中皆有此苦,云何無佛？復次，盲人無量而言唯須一醫，此亦不然。以是故應更有十方佛。復次，《長阿含》中有經言：有鬼神王守北方，與衆多百千萬鬼神後夜到佛所，頭面禮佛足，一面住，放清淨光，普照祇桓，皆令大明。合掌贊佛說此二偈：

大精進人我歸命！佛二足中尊最上，
智慧眼人能知見，諸天不解此慧事。
過去未來今諸佛，一切我皆稽首禮！
如是我今歸命佛，亦如恭敬三世尊。

如是偈中有十方佛。鬼神王稽首三世佛，然後別歸命釋迦牟尼佛。若無十方現在佛，當應但歸命釋迦文尼佛，不應言過去、未來、現在諸佛。是故知有十方佛。復次，過去世有無量佛，未來世亦有無量佛，以是故現在亦應有無量佛。復次，若佛於聲聞法中言有十方無數無量佛，衆生當言佛易可遇，不勤求脫；若不值此佛，當遇彼佛，如是懈怠，不勤求度。譬如鹿未被箭時不知怖畏，既被箭已，踔圍而出。人亦如是，有老、病、死苦，聞唯有一佛，甚難可遇，心便怖畏，勤行精進，疾得度苦。以是故佛於聲聞法中不言有十方佛，亦不言無。若有十方佛，汝言無，得無限罪；若無十方佛，而我言有，生無量佛想，得恭敬福。所以者何？善心因緣福德力大故。譬如慈心三昧力觀一切衆生皆見受樂，雖無實益，以慈觀故，是人得無量福。十方佛想亦復如是。若實有十方佛而言無，得破十方佛無量重罪。何以故？破實事故。肉眼人雖俱不知，但心信言有，其福無量；若實有而意謂無，其罪甚重。人自用心尚應信有，何況佛自說摩訶衍中言實有十方佛而不信耶？問曰：若有十方無量諸佛及諸菩薩，今此衆生多墮三惡道中，何以不來？答曰：衆生罪重故，諸佛菩薩雖來不見。又法身佛常放光明、常說法，而以罪故不見、不聞。譬如日出，盲者不見；雷霆振地，聾者不聞。如是法身常放光明、常說法，衆生有無量劫罪垢厚重不見、不聞。如明鏡淨水，照面則見；垢翳不淨，則無所見。如是衆生心清淨則見佛；若心不淨則不見佛。今雖實有十方佛及諸菩薩來度衆生，而不得見。復次，如釋迦牟尼佛在閻浮提中生，在迦毗羅國，多遊行東天竺六大城。有時飛到南天竺億耳居士舍受供養。有時暫來北天竺月氏國降阿波羅龍王。又至月氏國西,降女羅刹;佛在彼石窟中一宿,於今佛影猶在,有人就內看之則不見,出孔遙觀光相如佛。有時暫飛至罽賓隸跋陀仙人山上,住虛空中,降此仙人;仙人言:我樂住此中,願佛與我佛髮、佛爪,起塔供養。塔於今現存(此山下有離越寺;離越,應云隸跋陀)。人與佛同國而生猶不遍見,何況異處!以是故,不可以不見十方佛故而言無也。復次,彌勒菩薩有大慈悲而在天宮不來此間,可以不來故便謂無彌勒耶?彌勒近而不來不以爲怪,十方佛遠,何足怪也?復次,十方佛不來者,以衆生罪垢深重不種見佛功德,是故不來。復次,佛知一切衆生善根熟、結使薄然後來度。如說:

> 諸佛先觀知有人,一切方便不可度,
>
> 或有難度或易化,或復有遲或有疾,
>
> 或以光明或神足,種種因緣度衆生:
>
> 有欲作逆佛愍除,或欲作逆佛不遮;
>
> 剛強難化用粗言,心柔易度用軟言;
>
> 雖有慈悲平等心,知時智慧用方便。

以是故,十方佛雖不來,不應言無。復次,佛智慧力、方便、神通,舍利弗等大阿羅漢、大菩薩彌勒等尚不能知,何況凡人!復次,諸佛大菩薩,有時衆生恐懼急難,一心念,或時來度之。如大月氏西佛肉髻住處國,一佛圖中,有人癩風病,來至遍吉菩薩像邊,一心自歸念遍吉菩薩功德,願除此病。是時遍吉菩薩像即以右手寶?光明摩其身,病即除愈。復一國中,有一阿蘭若比丘大讀摩訶衍,其國王常佈髮令蹈上而過。有一比丘語王言:此人摩訶羅,不多讀經,何以大供養如是?王言:我一日夜半欲見此比丘,即往到其住處。見此比丘在窟中讀《法華經》,見一金色光明人騎白象、合手供養,我轉近便滅。我即問大德:以我來故,金色光明人滅?比丘言:此即遍吉菩薩。遍吉菩薩自言:若有人誦讀《法華經》者,我當乘白象來教導之。我誦《法華經》故遍吉自來。遍吉,《法華經》名爲普賢。復有一國,有一比丘誦《阿彌陀佛經》及《摩訶般若波羅蜜》,是人欲死時語弟子言:阿彌陀佛與彼大衆俱來。即時動身自歸,須臾命終。命終之後弟子積薪燒之。

明日,灰中見舌不燒。誦《阿彌陀佛經》故,見佛自來;誦《般若波羅蜜》故,舌不可燒。此皆今世現事。如經中說:諸佛菩薩來者甚多。如是處處,有人罪垢結薄、一心念佛、信淨不疑,必得見佛,終不虛也。以是諸因緣故知實有十方佛。

【經】 爾時,彼世界有菩薩,名曰普明。

【論】 菩薩義,如〈贊菩薩品〉中已說。問曰:云何名普明?答曰:其明常照一切世界,是故名普明。

【經】 見此大光,見地大動,又見佛身。到寶積佛所,白佛言:世尊!今何因緣有此光明照於世間,地大震動,又見佛身?

【論】 地動、佛身、光明如先說。問曰:是普明菩薩於諸菩薩中最尊第一,應自知因緣,何以問佛? 答曰:是普明菩薩雖大,不能知諸佛智慧、神力;譬如月光雖大,日出則滅。以是故問佛。復次,菩薩常欲見佛,心無厭足;無因緣尚欲見佛,何況有大因緣! 復次,是事不應疑。譬如犢子隨母,未足怪也! 又如小王朝宗大王,法應爾故。諸大菩薩亦如是,得利大故常欲隨佛。是菩薩見是事,心即覺知是必大事,見無數無量世界皆得相見,以是故問。復次,有人言:是菩薩自有神力能知,亦是釋迦牟尼佛力令知;但爲諸小菩薩不知故問佛。諸小菩薩怖難未除,不能問佛,是故爲之發問。是普明菩薩發其世界,與諸小男子、小女人俱,以是故知不能問佛。譬如大象能劈大樹,令諸小象得食枝葉。是故問佛:大德! 何因何緣有此大光明、地大震動,又見佛身?

# 卷第十

## 釋初品中十方菩薩來第十五之餘

【經】寶積佛報普明言：善男子！西方度如恒河沙等世界，有世界名娑婆，是中有佛，號釋迦牟尼，今現在欲爲諸菩薩摩訶薩說般若波羅蜜，是其神力。

【論】問曰：佛譬如須彌山，不爲大海水波所動，今何以答普明？是則動相。攝心則無語，散心則有說。說法從覺觀生，覺觀粗事，佛不應有此粗事！答曰：佛雖入深禪定，不爲世事所動，今以大慈悲心憐愍衆生，爲之說法斷疑。如須彌山王，小風則不能動，若隨藍風至則大動散；佛亦如是，有大慈悲風來，憐愍心動，散身無數，入五道教化衆生，或作天身乃至畜生。復次，佛實不動常入禪定，先世福德因緣故，身邊出聲，應物如響；如天伎樂，自然發聲。又如摩尼珠，隨人所欲，種種與之，若欲衣被、飲食、音樂，自恣所須，自然皆得；佛亦如是，從其身邊諸毛孔中自然有聲，隨心說法，是中佛無憶想，亦無分別。如說《密跡金剛經》中，佛有三密：身密、語密、意密。一切諸天人皆不解、不知。有一會衆生，或見佛身黃金色，白銀色，諸雜寶色；有人見佛身一丈六尺，或見一里、十里、百千萬億，乃至無邊無量遍虛空中，如是等名身密。語密者，有人聞佛聲一里，有聞十里、百千萬億無數無量遍虛空中；有一會中，或聞說佈施，或有聞說持戒，或聞說忍辱、精進、禪定、智慧，如是乃至十二部經、八萬法聚，各各隨心所聞，是名語密。是時目連心念：欲知佛聲近遠。即時以己神足力，至無量千萬億佛世界而息，聞佛音聲如近不異。所息世界，其佛與大眾方食。彼土人大，目連立其缽緣，彼佛弟子問其佛言：此人頭蟲從何所來？著沙門被服而行！其佛報言：勿輕此人！此是東方過無量佛土，有佛名釋迦牟尼，此是彼佛神足弟子。彼佛問：目度伽略子！汝何以來此？目連答言：我尋佛音聲故來至此。彼佛告目連：汝尋佛聲，過無量億劫，不能得其邊際。復次，佛出世，爲斷眾生疑故爲說法，此不應難！如不應問曰：何以除闇？佛亦如是。不應問佛何以故答！問曰：諸佛等故，名爲等覺，今何以稱言是彼神力？答曰：示無吾我，彼此滅嫉慢故。復次，世界有天常求尊勝，憍慢法故，自言天地、人物，是我化作。如梵天王謂諸梵言：我作汝等。毗紐天言：世間有大富貴名聞人，皆是我身威德力分，我能成就世間，亦能破壞世間，世間成壞皆是我作。有如是天，破因緣法相；諸佛實語不破因緣法相，故言是彼佛神力。

【經】是時，普明菩薩白寶積佛言：世尊！我今當往見釋迦牟尼佛，禮拜、供養；及見彼諸菩薩摩訶薩紹尊位者，皆得陀羅尼及諸三昧，於諸三昧而得自在。

【論】問曰：若諸佛持戒、禪定、智慧、度人皆等，是普明菩薩何以欲來見釋迦牟尼佛？答曰：諸菩薩常欲見佛無厭足，聽法無厭足，見諸菩薩僧無厭足；諸菩薩於世間法皆以厭患，於上三事心無厭足。如手居士從淨居天來欲見佛，其身微細沒失，譬如消蘇，不得立地。佛語手居士：汝化作粗身，觀此地相！居士即如佛言化作粗身，觀念此地相，頭面禮佛足，一面立。佛問居士：汝幾事無厭生淨居天？答言：我三事無厭生淨居天：一、見諸佛供養無厭，二、聽法無厭，三、供給僧無厭。如佛在閻浮提，四部眾常隨逐佛，聽法、問法；是我淨居諸天，亦常從我聽法、問法。聲聞猶尚聽法無厭足，何況法性身菩薩？以是故，普明菩薩來見釋迦牟尼佛。及見此間諸菩薩摩訶薩紹尊位者，皆得陀羅尼及諸三昧，如先贊菩薩品中說。諸三昧而得自在者。問曰：如佛一人，一切三昧中得自在，何以言菩薩亦一切三昧中得自在？答曰：有二種三昧：一者佛三昧，二者菩薩三昧。是諸菩薩於菩薩三昧中得自在,非佛三昧中。如說《諸佛要集經》中:文殊屍利欲見佛集,不能得到。諸佛各還本處,文殊屍利到諸佛集處,有一女人近彼佛坐入三昧,文殊屍利入,禮佛足已,白佛言:云何此女人得近佛坐而我不得?佛告文殊屍利:汝覺此女人,令從三昧起,汝自問之。文殊屍利即彈指覺之而不可覺,以大聲喚亦不可覺,捉手牽亦不可覺,又以神足動三千大千世界猶亦不覺。文殊屍利白佛言:世尊!我不能令覺。是時,佛放大光明照下方世界,是中有一菩薩名棄諸蓋,即時從下方出,來到佛所,頭面禮佛足,一面立。佛告棄諸蓋菩薩:汝覺此女人!即時彈指,此女從三昧起。文殊屍利白佛言:以何因緣,我動三千大千世界不能令此女起?棄諸蓋菩薩一彈指,便從三昧起?佛告文殊屍利:汝因此女人初發阿耨多羅三藐三菩提意,是女人因棄諸蓋菩薩初發阿耨多羅三藐三菩提意。以是故,汝不能令覺。汝於諸佛三昧中功德未滿。是諸菩薩三昧中得自在,佛三昧中少多入,而未得自在故耳。

【經】佛告普明:欲往隨意,宜知是時。爾時,寶積佛以千葉金色蓮華與普明菩薩而告之曰:善男子!汝以此華散釋迦牟尼佛上。生彼娑婆世界諸菩薩,難勝難及,汝當一心遊彼世界!

【論】問曰:佛何以言欲往隨意,宜知是時?答曰:佛於弟子愛斷故,於弟子中心不著故。復次,是菩薩未得一切智,未得佛眼故,心中少多有疑,謂釋迦牟尼佛功德大,所益或勝,是故語言:欲往隨意。復次,是菩薩遙見釋迦牟尼佛身小,心生小慢,言彼佛不如。是故佛語:汝往莫觀佛身,勿念世界,但聽佛說法!復次,是世界離娑婆世界極遠,最在東邊。是諸菩薩聞釋迦牟尼佛所說諸法相,與寶積佛說諸法相正同,便言:世界雖遠,法相不異!增益大信,心轉堅固。復次,先世因緣故,雖遠處生,應來聽法;譬如繩繫雀腳,雖復遠飛,攝之則還。復次,是娑婆世界中菩薩,見普明遠來聽法,便作是念:彼從遠來,況我生此世界中而不聽法?如是種種因緣,是故佛言:欲往隨意,宜知是時。問曰:諸佛力等,更不求福,何故以華為信?答曰:隨世間法行故。如二國王力勢雖同,亦相贈遺。復次,示善軟心故,以華為信。世間法中,使從遠來,必應有信;佛隨世法,是故致信。復次,諸佛恭敬法故,供養於法,以法爲師。何以故?三世諸佛,皆以諸法實相爲師。問曰:何以不自供養身中法,而供養他法?答曰:隨世間法,如比丘欲供養法寶,不自供養身中法,而供養餘持法、知法、解法者;佛亦如是,雖身中有法,而供養餘佛法。問曰:如佛不求福德,何以故供養?答曰:佛從無量阿僧祇劫中修諸功德,常行諸善,不但求報,敬功德故而作供養。如佛在時,有一盲比丘,眼無所見而以手縫衣,時針紉脫,便言:誰愛福德?爲我紉針!是時佛到其所,語比丘:我是愛福德人,爲汝紉針來!是比丘識佛聲,疾起著衣禮佛足,白佛言:佛功德已滿,云何言愛福德?佛報言:我雖功德已滿,我深知功德恩,功德果報,功德力,令我於一切衆生中得最第一。由此功德,是故我愛。佛爲此比丘贊功德已,次爲隨意說法。是比丘得法眼淨,肉眼更明。復次,佛雖功德已滿,更無所須,爲教化弟子故,語之言:我尚作功德,汝云何不作?如伎家百歲老翁而舞,有人呵之言:老翁年已百歲,何用是舞?翁答:我不須舞,但欲教子孫故耳!佛亦如是,功德雖滿,爲教弟子作功德故,而作供養。問曰:若爾者,佛何以不自遙散釋迦牟尼佛上,而遣人供養?答曰:爲此間諸菩薩信普明故。復次,佛所遣使,水、火、兵、毒,百千種害,終不能傷;道裏懸遠,欲令安隱故。問曰:何故不以好寶深經、若佛菩薩寶(言此寶諸天所不見,能出種種妙物如摩尼珠寶,故曰名佛寶)爲信,而以蓮華?蓮華小物,何足爲信?答曰:佛不須物,佛寶、天寶尚亦不須,何況人寶!以不須故不遣,亦以佛自等有故不遣。深經亦爾。復次,諸經於佛則無甚深,甚深之稱出自凡人。凡人所疑,於佛無礙;凡人所難,佛皆易之。復次,華香清妙,宜爲供養;如人獻贈,必以異物。問曰:何故正以蓮華,不以餘物?答曰:供養唯以華香、幡蓋;華有二事:有色、有香。問曰:餘華亦有香、有色,何故唯以蓮華供養?答曰:如《華手經》中說:十方佛皆以華供養釋迦文佛。復次,蓮華有三種:一者人華,二者天華,三者菩薩華。人華,大蓮華十餘葉;天華,百葉;菩薩華,千葉。彼世界中多有金色光明千葉蓮華,娑婆世界中唯有化華千葉,無水生者,以是故遣。是蓮華千葉金色,如上舌相中說。問曰:佛何以令普明以華散佛上?答曰:供養法,華、香、幡蓋:幡蓋應上,乾香應燒,濕香

應塗地，末香及華應散。問曰：何以不供奉而已，而自散上？答曰：手自供
養是身業，軟言問訊是口業，能起身、口業是意業。是三業得功德牢固，與
佛道作因緣。問曰：何以言汝當一心敬慎，娑婆世界中諸菩薩難及難勝？
答曰：佛、辟支佛、阿羅漢一切諸賢聖，皆一心敬慎。魔若魔民，及內身結
使，種種先世罪報皆是賊，近此諸賊故，應一心敬慎；譬如入賊中行，不自
慎護，爲賊所得。以是故言一心敬慎，以遊彼界。復次，以人心多散，如狂
如醉；一心敬慎，則是諸功德初門。攝心得禪，便得實智慧；得實智慧，便
得解脫；得解脫，便得盡苦。如是事，皆從一心得。如佛般涅槃後一百歲，
有一比丘，名優波鞠，得六神通阿羅漢，當爾時世爲閻浮提大導師。彼時
有一比丘尼，年百二十歲，此比丘尼年小時見佛。優波鞠來入其舍，欲問
佛容儀，先遣弟子。弟子語比丘尼：我大師優波鞠欲來見汝，問佛容儀。
是時，比丘尼以缽盛滿麻油，著戶扇下試之，知其威儀詳審以不？優波鞠
入，徐排戶扇，麻油小棄。坐已，問比丘尼：汝見佛不？容儀何似？爲我說
之！比丘尼答：我爾時年小，見佛來入聚落，衆人言佛來，我亦隨衆人出，
見光明便禮。頭上金釵墮地，在大闇林下，佛光明照之，幽隱皆見，即時得
釵。我自是後，乃作比丘尼。優波鞠更問：佛在世時，比丘威儀禮法何如？
答曰：佛在時，六群比丘無羞無恥，最是弊惡；威儀法則勝汝今日。何以知
之？六群比丘入戶不令油棄。此雖弊惡，知比丘儀法，行、住、坐、臥，不失
法則；汝雖是六神通阿羅漢，不如彼也！優波鞠聞是語，大自慚愧！以是
故言一心敬慎。一心敬慎，善人相也。復次，何以故言一心敬慎，是菩薩
難勝難及、難破、難近？譬如大師子王，難勝難破；亦如白象王及龍王，如
大火焰，皆難可近。是菩薩大福德智慧力故，若人欲勝欲破，是不可得，正
可自破，是故言難近。問曰：一切大菩薩皆大功德，智慧利根，一切難近，
何以獨言娑婆世界中菩薩難近？答曰：實如所言。但以多寶世界中菩薩
遠來，見此世界不如，石沙穢惡，菩薩身小，一切衆事皆亦不如，必生輕慢，
是故佛言：一心敬慎，彼諸菩薩難近。復次，樂處生人多不勇猛，不聰明，
少智慧。如鬱怛羅衛人，以大樂故，無出家、無受戒；諸天中亦爾。是娑婆
世界中，是樂因緣少，有三惡道、老、病、死，土地自活法難，以是故，易得厭

心。見老、病、死至,心大厭患;見貧窮人,知先世因緣所致,心生大厭。以是故智慧根利。彼間菩薩,七寶世界,種種寶樹,心念飲食,應意即得,如是生厭心難,是故智慧不能大利。譬如利刀,著好飲食中,刀便生垢,飲食雖好而與刀不相宜;若以石磨之,脂灰瑩治,垢除刀利。是菩薩亦如是,生雜世界中,利智難近。如人少小勤苦,多有所能,亦多有所堪;又如養馬不乘,則無所任。復次,是娑婆世界中菩薩,多方便故難近,餘處不爾。如佛說:我自憶念宿世,一日施人千命。度眾生故,雖諸功德、六波羅蜜一切佛事具足,而不作佛,恒以方便度脫眾生。以是事故,是娑婆世界中菩薩難近。

【經】爾時,普明菩薩從寶積佛受千葉金色蓮花,與無數出家、在家菩薩,及諸童男、童女,俱共發引。

【論】問曰:是普明菩薩大力神通故應能來,是出家、在家菩薩及童男、童女,云何自致? 多寶世界最在東邊,道裏悠遠,是自用力行? 爲寶積佛力? 是普明菩薩力耶? 爲釋迦牟尼佛力? 答曰:盡是四種人力。是出家、居家菩薩,或是不退五通成就菩薩,四如意足好修,先世釋迦牟尼佛因緣,亦自用己力,亦是普明菩薩力,何以故? 是中力勢薄者,是普明菩薩力故得來。如轉輪聖王飛上天時,四種兵及諸宮觀、畜獸,一切皆飛;轉輪聖王功德大故,能令一切隨而飛從。此亦如是,力勢薄者,以普明菩薩力故皆亦得來。亦是寶積佛力,及釋迦牟尼光明照之。若自無力,但釋迦牟尼佛光明照之,亦應能來,何況有三! 問曰:是普明菩薩何不獨來而多將眾人? 答曰:翼從所宜故。譬如國王出時,必有營從。復次,是普明菩薩及釋迦牟尼佛因緣人故。所以者何? 彼大眾中二眾共來,是故知有因緣者來,無因緣者住。問曰:是菩薩何以故與諸在家、出家,童男、童女俱來? 答曰:佛弟子七眾:比丘、比丘尼、學戒尼、沙彌、沙彌尼、優婆塞、優婆夷。優婆塞、優婆夷是居家,餘五眾是出家。出家、在家中更有二種:若大、若小者,童男、童女;餘者爲大。問曰:大者應行,小者何以能來? 答曰:在功德,不在大小。若失功德利,行不善法,雖老而小;若有功德利,行善法,雖小而大。復次,此小者遠來,人見則嘆:小而能爾,爲法遠來! 亦顯佛法小大皆得奉行。外道法中，婆羅門得行其法，非婆羅門不得行；佛法無大、無小，無內、無外，一切皆得修行。譬如服藥，以除病爲主，不擇貴賤大小。

【經】皆供養、恭敬、尊重、贊嘆東方諸佛。

【論】問曰：若皆供養東方諸佛，諸佛甚多，何時當訖，得來此間？答曰：是諸菩薩非作人、天法供養，自行菩薩供養法。菩薩供養法，身入禪定，其身直進，從其身邊出無量身，化作種種供養之物，滿諸佛世界。譬如龍王行時，從身出水，普雨天下。問曰：此諸菩薩欲詣釋迦牟尼佛，何以中道供養諸佛？答曰：諸佛第一福田，若供養者得大果報。譬如人廣修田業，爲多得穀故。諸菩薩見諸佛供養，得佛果報，是故供養。復次，菩薩常敬重於佛，如人敬重父母。諸菩薩蒙佛說法，得種種三昧、種種陀羅尼、種種神力，知恩故廣供養。如《法華經》中，藥王菩薩從佛得一切變現色身三昧，作是思惟：我當云何供養佛及法華三昧？即時飛到天上，以三昧力，雨七寶、華、香、幡蓋，供養於佛。出三昧已，意猶不足。於千二百歲，服食衆香，飲諸香油，然後以天白疊纏身而燒，自作誓言：使我身光明，照八十恒河沙等佛世界！是八十恒河沙等世界中諸佛贊言：善哉！善哉！善男子！以身供養，是爲第一！勝以國城妻子供養百千萬倍，不可以譬喻爲比。於千二百歲，身然不滅。復次，是供養佛，得無量名聞福德利益，諸不善事皆悉滅除，諸善根得增長，今世、後世常得供養報，久後得作佛。如是供養佛，得種種無量利。以是故，諸菩薩供養佛。

【經】持諸華、香、瓔珞、末香、澤香、燒香、塗香、衣服、幢蓋，向釋迦牟尼佛所。到已，頭面禮佛足，一面立。

【論】問曰：應言禮，何以名頭面禮足？答曰：人身中第一貴者頭，五情所著而最在上故；足第一賤，履不淨處，最在下故。是故以所貴禮所賤，貴重供養故。復次，有下、中、上禮：下者揖，中者跪，上者稽首；頭面禮足，是上供養。以是故佛毗尼中，下坐比丘兩手捉上坐兩足，以頭面禮。問曰：四種身儀：若坐、若立、若行、若臥，何以故一面立？答曰：爲來故不應行，爲恭敬供養故不應臥，此事易明，何足問耶？應問或坐、或立。坐者，於供養不重；立者，恭敬供養法。復次，佛法中，諸外道出家及一切白衣，來到佛所皆坐。外道他法輕佛，故坐；白衣如客，是故坐；一切五衆身、心屬佛，是故立。若得道諸阿羅漢，如舍利弗、目連、須菩提等，所作已辦，是故聽坐；余雖得三道，亦不聽坐，大事未辦，結賊未破故。譬如王臣，大有功勛故得坐。是諸菩薩中，雖有白衣，以從遠來供養佛，故立。

【經】白佛言：寶積如來致問世尊：少惱、少患、興居輕利，氣力安樂不？又以此千葉金色蓮華，供養世尊。

【論】問曰：寶積佛一切智，何以方問訊釋迦牟尼佛少惱、少患，興居輕利，氣力安樂不？答曰：諸佛法爾，知而故問。如毗尼中，達貳迦比丘作赤色瓦窟，佛見已知而問：阿難！此作何物？阿難白佛：是陶家子出家，字達貳迦，作小草舍，常爲放牛人所壞，三作三破，是故作此瓦舍。佛語阿難：破此瓦窟！何以故？外道輩當言：佛大師在時，漏處法出！如是等，處處知而故問。復次，佛雖一切智，隨世界法，世人問訊，佛亦問訊，佛人中生，受人法，寒熱、生死與人等，問訊法亦應等。復次，世界中大貴、大賤不應相問訊；佛等力故，應相問訊。復次，是多寶世界清淨莊嚴，佛身色像光明亦大，若不問訊，人謂輕慢。又復欲示佛世界身色光明，種種雖勝，智慧、神力俱等無異，是故問訊。問曰：何以問少病、少惱不？答曰：有二種病：一者外因緣病，二者内因緣病。外者，寒熱、饑渴、兵刃、刀杖、墜落、堆壓，如是等種種外患，名爲惱。内者，飲食不節，臥起無常，四百四病，如是等種種，名爲内病。如此二病，有身皆苦，是故問：少惱、少患不？問曰：何以不問無惱、無病，而問少惱、少患？答曰：聖人實知身爲苦本，無不病時。何以故？是四大合而爲身，地、水、火、風，性不相宜，各各相害。譬如疽瘡，無不痛時，若以藥塗，可得少差而不可愈；人身亦如是，常病常治，治故得活，不治則死。以是故，不得問無惱、無病。外患，常有風、雨、寒、熱爲惱故。復有身四威儀：坐、臥、行、住，久坐則極惱，久臥、久住、久行皆惱。以是故問少惱、少患。問曰：問少惱、少患則足，何以復言興居輕利？答曰：人雖病差，未得平復，以是故問興居輕利。問曰：何以故言氣力安樂不？答曰：有人病差，雖能行步坐起，氣力未足，不能造事施爲、攜輕舉重，故問氣力。有人雖病得差，能舉重攜輕，而未受安樂，是故問：安樂不？問曰：若無病有力，何以未受安樂？答曰：有人貧窮、恐怖、憂愁，不得安樂，以是故問：得安樂不？復次，有二種問訊法：問訊身，問訊心。若言少惱、少病，興居輕利，及氣力，是問訊身。若言安樂不，是問訊心。種種內、外諸病，名爲身病；淫欲、瞋恚、嫉妒、慳貪、憂愁、怖畏等種種煩惱，九十八結，五百纏，種種欲願等，名爲心病。是一一病問訊故，言少惱、少病，興居輕利，氣力安樂不。問曰：人問訊則應爾，諸天尚不應如此問訊，何況於佛？答曰：佛身二種：一、神通變化身，二、父母生身。父母生身，受人法故，不如天，是故應如人法問訊。問曰：一切賢聖，心無所著，不貪身，不惜壽，不惡死，不悅生，若如是者，何用問訊？答曰：隨世界法故，受人法問訊。遣問訊，亦以人法。千葉金色蓮華，如上說。

【經】爾時，釋迦牟尼佛受是千葉金色蓮華已，散東方恒河沙等世界中佛。

【論】問曰：佛無勝如，今何以故向東方諸佛散華供養？如佛初得道時，自念：人無所尊，則事業不成，今方天地誰可尊事者？我欲師而事之！是時，梵天王等諸天白佛：佛爲無上，無過佛者佛亦自以天眼觀三世十方天地中無勝佛者，心自念言：我行摩訶般若波羅蜜，今自致作佛，是我所尊，即是我師，我當恭敬供養尊事是法。譬如有樹名爲好堅，是樹在地中百歲，枝葉具足，一日出生高百丈，是樹出已，欲求大樹以蔭其身。是時林中有神，語好堅樹言：世中無大汝者，諸樹皆當在汝蔭中。佛亦如是，無量阿僧祇劫，在菩薩地中生，一日於菩提樹下金剛座處坐，實知一切諸法相，得成佛道。是時自念：誰可尊事以爲師者，我當承事恭敬供養。時，梵天王等諸天白佛言：佛爲無上，無過佛者。今何以故復供養東方諸佛？答曰：佛雖無上，三世十方天地中無過佛者，而行供養。供養有上、中、下：下於己者而供養之，是下供養；供養勝己，是上供養；供養與己等者，是中供養。諸佛供養，是中供養。如大愛道比丘尼，與五百阿羅漢比丘尼等，一日中一時入涅槃。是時，諸得三道優婆塞，舉五百床；四天王舉佛乳母大愛道床；佛自在前擎香爐燒香供養。佛語比丘：汝等助我供養乳母身。爾時，諸阿羅漢比丘，各各以神足力，到摩梨山上，取牛頭栴檀香薪，助佛作？
是爲下供養。以是故，雖不求果而行等供養。復次，唯佛應供養佛，餘人
不知佛德。如偈說：

智人能敬智，智論則智喜；智人能知智，如蛇知蛇足！

以是故，諸佛一切智，能供養一切智。復次，是十方佛世世勸助釋迦
牟尼佛。如七住菩薩，觀諸法空無所有，不生不滅。如是觀已，於一切世
界中心不著，欲放舍六波羅蜜入涅槃。譬如人夢中作筏，渡大河水，手足
疲勞，生患厭想。在中流中夢覺已，自念言：何許有河而可渡者？是時，勤
心都放。菩薩亦如是，立七住中，得無生法忍，心行皆止，欲入涅槃。爾
時，十方諸佛皆放光明，照菩薩身，以右手摩其頭，語言：善男子！勿生此
心！汝當念汝本願，欲度衆生。汝雖知空，衆生不解，汝當集諸功德，教化
衆生，共入涅槃！汝未得金色身、三十二相、八十種隨形好、無量光明、三
十二業。汝今始得一無生法門，莫便大喜！是時，菩薩聞諸佛教誨，還生
本心行六波羅蜜以度衆生。如是等初得佛道時，得是佐助。又佛初得道
時，心自思惟：是法甚深，衆生愚蒙薄福，我亦五惡世生，今當云何？念已，
我當於一法中作三分，分爲三乘以度衆生。作是思惟時，十方諸佛皆現光
明，贊言：善哉！善哉！我等亦在五惡世中，分一法作三分以度衆生。是
時，佛聞十方諸佛語聲，即大歡喜，稱言：南無佛！如是十方佛處處勸助爲
作大利，知恩重故，以華供養十方佛。最上福德，無過此德。何以故？是
華寶積佛功德力所生，非是水生華。普明是十住法身菩薩，送此華來，上
釋迦牟尼佛。釋迦牟尼佛知十方佛是第一福田，故以供養，是福倍多。何
以故？佛自供養佛故。佛法中有四種佈施：一、施者清淨，受者不淨；二、
施者不淨，受者清淨；三、施者清淨，受者亦淨；四、施者不淨，受者不淨。
今施東方諸佛，是爲二俱清淨，是福最大。以是故，佛自供養十方佛。問
曰：一切聖人不受報果，後更不生，云何言是施福最大？答曰：是福雖無人
受，其相自大；若有人受者，其報無量。諸聖人知有爲法皆無常、空故，捨
入涅槃，是福亦舍；譬如燒金丸，雖眼見其好，不可以手觸，燒人手故。復
次，如人有瘡，則須藥塗；若無瘡者，藥無所施。人有身亦如是，常爲饑、

渴、寒、熱所逼，亦如瘡發；以衣被、飲食，溫暖將適，如藥塗瘡。如愚痴人，爲貪藥故，不用除瘡；若其無瘡，藥亦無用。諸佛以身爲瘡，舍放身瘡故，亦不受報藥。以是故，雖有大福，亦不受報。

【經】所散蓮華，滿東方如恒河沙等諸佛世界。

【論】問曰：華少而世界多，云何滿？答曰：佛神通力故，如上八種自恣變化法：大能令小，小能令大，輕能令重，重能令輕，自在無礙，隨意所到，能動大地，所願能辦。諸大聖人皆得是八種自在，是故佛能以小華滿東方如恒河沙等世界。又復以示衆生未來福報，如此少華，滿東方世界。又勸東方菩薩，言殖福於佛田中，所得果報，亦如此華彌滿無量土；汝雖遠來，應當歡喜，遇此大福田，果報無量！

【經】一一華上皆有菩薩，結加趺坐，說六波羅蜜；聞此法者，畢至阿耨多羅三藐三菩提。

【論】問曰：上佛以舌相光明化作千葉寶華，一一華上皆有坐佛；今何以故一一華上皆有坐菩薩？答曰：上是佛所化華，故有坐佛；此是普明菩薩所供養華，是故有坐菩薩。復次，上諸衆生應見坐佛得度，今此衆生應見坐菩薩得度。結加趺坐，說六波羅蜜；聞此法者，畢至阿耨多羅三藐三菩提，如先說。

【經】諸出家、在家菩薩，及諸童男、童女，頭面禮釋迦牟尼佛足，各以供養具，供養恭敬，尊重贊嘆釋迦牟尼佛。是諸出家、在家菩薩，及諸童男、童女，各各以善根福德力故，得供養釋迦牟尼佛多陀阿伽度、阿羅呵、三藐三佛陀。

【論】如說偈：

諸聖所來道，佛亦如是來；實相及所去，佛亦爾無異；

諸聖如實語，佛亦如實說：以是故名佛，多陀阿伽度。

忍鎧心堅固，精進弓力強，智慧利勁箭，破憍慢諸賊。

應受天世人，一切諸供養，以是故名佛，以爲阿羅訶。

正知苦實相，亦實知苦集，知苦滅實相，亦知苦滅道。

真正解四諦，定實不可變，是故十方中，號三藐三佛。

得微妙三明,清淨行亦具,是故號世尊,鞞闍遮羅那。

解知一切法,自得妙道去,或時方便說,愍念一切故。

滅除老病死,令到安隱處,以是故名佛,以爲修伽陀。

知世所從來,亦知世滅道,以是故名佛,爲路迦鞞陀。

禪戒智等眼,無及況出上,以是故名佛,爲阿耨多羅。

大悲度衆生,軟善教調禦,以是故名佛,富樓沙曇藐。

智慧無煩惱,說最上解脫,以是故名佛,提婆摩㝹舍。

三世動不動,盡及不盡法,道樹下悉知,是故名爲佛。

【經】南方度如恒河沙等諸佛世界,其土最在邊,世界名離一切憂,佛號無憂德,菩薩名離憂。西方度如恒河沙等諸佛世界,其世界最在邊,世界名滅惡,佛號寶山,菩薩名儀意。北方度如恒河沙等諸佛世界,其世界最在邊,世界名勝,佛號勝王,菩薩名得勝。下方度如恒河沙等諸佛世界,其世界最在邊,世界名善,佛號善德,菩薩名華上。上方度如恒河沙等諸佛世界,其世界最在邊,世界名喜,佛號喜德,菩薩名得喜。如是一切,皆如東方。

【論】問曰:如佛法中,實無諸方名,何以故?諸五衆、十二入、十八界中所不攝,四法藏中亦無。說方是實法,因緣求亦不可得,今何以故此中說十方諸佛、十方菩薩來?答曰:隨世俗法所傳故說方,求方實不可得。問曰:何以言無方?汝四法藏中不說,我六法藏中說。汝衆、入、界中不攝,我陀羅驃中攝。是方法,常相故,有相故,亦有亦常。如經中說:日出處是東方,日没處是西方,日行處是南方,日不行處是北方。日有三分合:若前合,若今合,若後合。隨方日分,初合是東方,南方、西方亦如是。日不行處是無分。彼間、此間,彼此是方相;若無方,無彼、此,彼、此是方相而非方。答曰:不然!須彌山在四域之中,日繞須彌,照四天下:鬱怛羅越日中,是弗婆提日出,於弗婆提人是東方;弗婆提日中,是閻浮提日出,於閻浮提人是東方。是實無初,何以故?一切方皆東方,皆南方,皆西方,皆北方。汝言日出處是東方,日行處是南方,日没處是西方,日不行處是北方,是事不然!復次,有處日不合,是爲非方,無方相故。問曰:我說一國中方相，汝以四國爲難，以是故，東方非無初。答曰：若一國中，日與東方合是爲有邊，有邊故無常，無常故是不遍。以是故，方但有名而無實。

【經】爾時，是三千大千世界，變成爲寶，華遍覆地，懸繒幡蓋，香樹、華樹，皆悉莊嚴。

【論】問曰：此誰神力令地爲寶？答曰：是佛無量神力變化所爲。有人咒術、幻法，及諸鬼神、龍王、諸天等能變化少物；令三千大千世界皆爲珍寶，餘人及梵天王皆所不能。佛入四禪中十四變化心，能令三千大千世界華香樹木，一切土地皆悉莊嚴；一切衆生皆悉和同，心轉爲善。何以故？莊嚴此世界，爲說般若波羅蜜故。亦爲十方諸菩薩客來，及諸天世人故莊嚴。如人請貴客，若一家請則莊嚴一家，一國主則莊嚴一國，轉輪聖王則莊嚴四天下，梵天王則莊嚴三千大千世界。佛爲十方無量恒河沙等諸世界中主，是諸他方菩薩及諸天世人客來故。亦爲此彼衆人見此變化莊嚴，則生大心，生清淨歡喜心，從大心發大業，從大業得大報，受大報時更生大心，如是展轉增長，得成阿耨多羅三藐三菩提。以是故，變此世界皆悉爲寶。云何名寶？寶有四種：金、銀、毗琉璃、頗梨。更有七種寶：金、銀、毗琉璃、頗梨、車𤚡、馬瑙、赤真珠（此珠極貴，非是珊瑚）。更復有寶：摩羅伽陀（此珠金翅鳥口邊出，綠色，能辟一切毒），因陀尼羅（天青珠）、摩訶尼囉（大青珠）、缽摩羅伽（赤光珠）、越闍（金剛）、龍珠、如意珠、玉貝、珊瑚、琥珀等種種名爲寶。是寶有三種：有人寶、天寶、菩薩寶。人寶力少，唯有清淨光色，除毒、除鬼、除闇，亦除饑、渴、寒、熱種種苦事。天寶亦大、亦勝，常隨逐天身，可使令，可共語，輕而不重。菩薩寶勝於天寶，能兼有人寶、天寶事；又能令一切衆生知死此生彼因緣本末，譬如明鏡見其面像。復次，菩薩寶勝，能出種種法音；若爲首飾寶冠，則雨十方無量世界諸佛上，幢幡、華蓋種種供養之具以供養佛。又雨衣被、臥具、生活之物，種種衆事，隨衆生所須皆悉雨之給施衆生；如是等種種衆寶，以除衆生貧窮苦厄。問曰：是諸珍寶從何處出？答曰：金出山石沙赤銅中，真珠出魚腹中、竹中、蛇腦中，龍珠出龍腦中，珊瑚出海中石樹，生貝出蟲甲中，銀出燒石，餘琉璃、頗梨等皆出山窟中。如意珠出自佛舍利；若法沒盡時，諸舍利皆變爲如意珠;譬如過千歲冰,化爲頗梨珠。如是等諸寶,是人中常寶。佛所莊嚴一切世界,是最殊勝,諸天所不能得,何以故?是從大功德所生。種種華、幡,如先說。香樹者,名阿伽樓(蜜香樹)、多伽樓(木香樹)、栴檀,如是等種種香樹。華樹名占匐(黃華樹)、阿輸迦(無憂花樹)、婆呵迦羅(赤華樹),如是等種種華樹。

【經】譬如華積世界、普華世界,妙德菩薩、善住意菩薩,及餘大威神諸菩薩,皆在彼住。

【論】問曰:何以言譬如華積世界?答曰:彼世界常有淨華,此世界變化一時,故以喻也。譬喻法,以小喻大。如人面好,譬如滿月。問曰:更有十方諸清淨世界,如阿彌陀佛安樂世界等,何以故但以普華世界爲喻?答曰:阿彌陀佛世界,不如華積世界。何以故?法積比丘,佛雖將至十方觀清淨世界,功德力薄,不能得見上妙清淨世界,以是故,世界不如。復次,當佛變化此世界時,正與華積世界相似。以是故言譬如華積世界。問曰:更有餘大菩薩,如毗摩羅詰、觀世音、遍吉菩薩等,何以不言此諸菩薩在彼住,而但言文殊屍利、善住意菩薩?答曰:是遍吉菩薩,一一毛孔常出諸佛世界及諸佛菩薩,遍滿十方以化衆生,無適住處。文殊屍利分身變化入五道中,或作聲聞,或作緣覺,或作佛身,如《首楞嚴三昧經》中說文殊師利菩薩,過去世作龍種尊佛,七十二億世作辟支迦佛,是可言可說。遍吉菩薩不可量、不可說,住處不可知;若住,應在一切世界中住,是故不說。復次,及諸大威神菩薩者,亦應總說遍吉等諸大菩薩。

【經】爾時,佛知一切世界,若天世界,若魔世界,若梵世界;若沙門、若婆羅門及天,若揵闥婆、人、阿修羅等,及諸菩薩摩訶薩紹尊位者一切皆集。

【論】問曰:佛神力無量,一切十方衆生,若盡來在會者,一切世界應空;若不來者,佛無量神力有所不能!答曰:不應盡來,何以故?諸佛世界無邊無量,若盡來者,便爲有邊。又復十方各各有佛,亦說般若波羅蜜,如彼《般若波羅蜜》四十三品中,十方面各千佛現,皆說般若波羅蜜。以是故不應盡來。問曰:若有十方諸佛,皆說般若波羅蜜,十方諸菩薩何以故來?

答曰:如普明菩薩來章中已說,與釋迦牟尼佛因緣故來。復次,是諸菩薩本願故,若有說般若波羅蜜處,我當聽受、供養,是以遠來。欲以身力積功德故,亦以示諸眾生:我從遠來供養法故,云何汝在此世界而不供養?問曰:佛於法不著,何以故七現神力而令眾生大集?答曰:是般若波羅蜜甚深,難知難解,不可思議,是故廣集諸大菩薩,令新發意者心得信樂。譬如小人所語不爲人信,貴重大人人必信受。問曰:何以故言若天世界,若魔世界,若梵世界?但應言天世界、人世界則足,何以故?十號中言天、人師,以是故應言天、人而已。答曰:諸天有天眼、天耳,利根智慧多,自知來,以是故言天世界。問曰:若天世界已攝魔、梵,何以故別說若魔、若梵?答曰:天中有三大主:釋提婆那民,二處天主;魔王,六欲天主;梵世界中,大梵天王爲主。問曰:如夜魔天、兜率陀天、化樂天皆有主,何以但有三主?答曰:釋提婆那民依地住,佛亦在地住,常來佛所,大有名稱,人多識故。魔王常來嬈佛,又是一切欲界中主;夜摩天、兜率陀天、化樂天,皆屬魔王。復次,天世界,則三界天皆攝是天中;一切欲界,魔爲主,是故別說。復次,魔常嬈佛,今來聽般若波羅蜜,餘人增益信故。問曰:色界中大有天,何以但言梵世界集?答曰:上諸天無覺觀,不喜散心,又難聞故。梵世界有四識,易聞故。又梵世界近故。復次,梵名離欲清淨,今言梵世界,已總說色界諸天。復次,餘天未有人民,劫初生時,梵天王獨在梵宮寂漠無人,其心不悅而自生念:此間何以不生人民?是時光音天命盡者,應念來生。梵王便自生念:此諸天先無,隨我念故生,我能生此諸天。諸天是時亦各自念:我從梵王生,梵王是我父也。以是故,但說梵世界。復次,二禪、三禪、四禪天,於欲界見佛聽法,若勸助菩薩,眼識、耳識、身識皆在梵世界中取。以是故,別說梵世界。問曰:何以故獨說諸沙門、婆羅門,不說國王及長者諸餘人衆?答曰:智慧人有二分:沙門、婆羅門。出家名沙門,在家名婆羅門。餘人心存世樂,是故不說。婆羅門多學智慧求福,出家人一切求道,是故但說沙門、婆羅門。在家中七世清淨,生滿六歲皆受戒,名婆羅門。是沙門、婆羅門中,有道德智慧,以是故說。問曰:先已說天世界,今何以復說天?答曰:天世界是四天王、切利天,魔是他化自在天,梵是色界。今說天,是欲界中夜摩、兜率陀、化樂、愛身天等;愛身在六天上,形色絕妙,故言愛身。問曰:何以但說揵闥婆,不說諸餘鬼神及龍王? 答曰:是揵闥婆是諸天伎人,隨逐諸天,其心柔軟,福德力小減諸天。諸鬼神,鬼神道中攝;龍王,畜生道中攝。甄陀羅亦是天伎,皆屬天,與天同住共坐,飲食伎樂皆與天同。是揵闥婆王名童籠磨(秦言樹)。是揵闥婆、甄陀羅,恒在二處住,常所居止在十寶山間;有時天上爲諸天作樂,此二種常番休上下。人在四天下生,生有四種,極長壽乃至無量歲,極短壽乃至十歲。阿修羅惡心鬥諍而不破戒,大修施福,生在大海邊住,亦有城郭宮殿。是阿修羅王名毗摩質多、婆梨、羅睺羅,如是等名阿修羅王。如說:一時,羅睺羅阿修羅王欲啖月,月天子怖疾到佛所,說偈言:

　　大智成就佛世尊,我今歸命稽首禮;

　　是羅睺羅惱亂我,願佛憐愍見救護!

　　佛與羅睺羅而說偈言:

　　月能照闇而清凉,是虛空中大燈明,

　　其色白淨有千光,汝莫吞月疾放去!

　　是時,羅睺羅怖懅流汗,即疾放月。婆梨阿修羅王見羅睺羅惶怖放月,說偈問曰:

　　汝羅睺羅何以故,惶怖戰慄疾放月?

　　汝身流汗如病人,心怖不安乃如是!

　　羅睺羅爾時說偈答曰:

　　世尊以偈而敕我,我不放月頭七分;

　　設得生活不安隱,以故我今放此月!

　　婆梨阿修羅王說偈:

　　諸佛甚難值,久遠乃出世;

　　說此清淨偈,羅睺即放月。

　　問曰:何以不說地獄、畜生、餓鬼? 答曰:地獄大苦心亂,不能受法;畜生愚痴覆心,不能受化;餓鬼爲饑渴火燒身故,不得受法。復次,畜生、餓鬼中,少多有來聽法者,生福德心而已,不堪受道,是故不說。問曰:若爾者，捷闥婆、阿修羅亦不應說，何以故？鬼神道中已攝故。答曰：佛不說攝，今何以言攝？此是迦旃延子等說。如阿修羅力與天等，或時戰鬥勝天。捷闥婆是諸天伎，與天同受福樂，有智慧能別好醜，何以不得受道法？如雜阿含天品中說：富那婆藪鬼神母，佛遊行宿其處。爾時，世尊說上妙法甘露，女男二人啼泣，母爲說偈止之：

汝鬱怛羅勿作聲，富那婆藪亦莫啼！

我今聞法得道證，汝亦當得必如我。

以是事故，知鬼神中有得道者。復次，摩訶衍中密跡金剛力士，於諸菩薩中勝，何況餘人！如屯侖摩甄陀羅王、捷闥婆王，至佛所，彈琴贊佛，三千世界皆爲震動，乃至摩訶迦葉不安其坐。如此人等，云何不能得道？如諸阿修羅王、龍王，皆到佛所，問佛深法，佛隨其問而答深義，何以言不能得道？問曰：於五道眾生中，佛是天人師，不說三惡道，以其無福、無受道分故。是諸龍、鬼，皆墮惡道中。答曰：佛亦不分明說五道，說五道者，是一切有部僧所說；婆蹉弗妒路部僧說有六道。復次，應有六道。何以故？三惡道一向是罪處；若福多罪少，是名阿修羅、捷闥婆等，生處應別。以是故，應言六道。復次，三惡道亦有受道福，少故言無。及諸菩薩紹尊位者，如先說。

# 卷第十一

## 釋初品中舍利弗因緣第十六

【經】佛告舍利弗。

【論】問曰:般若波羅蜜是菩薩摩訶薩法,佛何以故告舍利弗而不告菩薩? 答曰:舍利弗於一切弟子中,智慧最第一,如佛偈說:

一切衆生智,唯除佛世尊;欲比舍利弗,智慧及多聞,於十六分中,猶尚不及一。

復次,舍利弗智慧多聞,有大功德。年始八歲,誦十八部經,通解一切經書義理。是時,摩伽陀國有龍王兄弟:一名姞利,二名阿伽羅。降雨以時,國無荒年,人民感之,常以仲春之月,一切大集至龍住處,爲設大會,作樂談義,終此一日。自古及今,斯集未替,遂以龍名以名此會。此日常法,敷四高座:一爲國王,二爲太子,三爲大臣,四爲論士。爾時,舍利弗以八歲之身,問衆人言:此四高座,爲誰敷之? 衆人答言:爲國王、太子、大臣、論士。是時,舍利弗觀察時人婆羅門等,神情瞻向,無勝己者,便升論床,結跏趺坐。衆人疑怪,或謂愚小無知,或謂智量過人。雖復嘉其神異,而猶各懷自矜,恥其年小,不自與語,皆遣年少弟子傳言問之。其答酬旨趣,辭理超絶! 時諸論師嘆未曾有,愚智大小一切皆伏。王大歡喜,即命有司封一聚落,常以給之。王乘象輿,振鈴告告宣示一切,十六大國,六大城中無不慶悅。是時,告占師子,名拘律陀,姓大目揵連,舍利弗友而親之。舍利弗才明見重,目揵連豪爽最貴。此二人者,才智相比,德行互同;行則俱遊,住則同止;少長繾綣,結要終始。後俱厭世,出家學道,作梵志弟子。情求道門,久而無徵,以問於師。師名刪闍耶,而答之言:自我求道,彌歷年歲,不知爲有道果無耶? 我非其人耶? 而亦不得! 他日其師寢疾,舍利弗在頭邊立,大目連在足邊立,喘喘然其命將終,乃憮爾而笑。二人同心,俱問笑意。師答之言:世俗無眼,爲恩愛所侵。我見金地國王死,其大夫人自投火?,求同一處,而此二人行報各異,生處殊絕。是時二人筆受師語,欲以驗其虛實。後有金地商人,遠來摩伽陀國,二人以疏驗之,果如師語,乃憮然嘆曰:我等非其人耶? 爲是師隱我耶? 二人相與誓曰:若先得甘露,要畢同味。是時,佛度迦葉兄弟千人,次遊諸國,到王舍城,頓止竹園。二梵志師聞佛出世,俱入王舍城,欲知消息。爾時,有一比丘,名阿說示(五人之一),著衣持缽,入城乞食。舍利弗見其儀服異容,諸根靜默,就而問言:汝誰弟子? 師是何人? 答言:釋種太子厭老、病、死苦,出家學道,得阿耨多羅三藐三菩提,是我師也。舍利弗言:汝師教授爲我說之! 即答偈曰:

我年既幼稚,學日又初淺,豈能宣至真,廣說如來義!

舍利弗言:略說其要! 爾時,阿說示比丘說此偈言:

諸法因緣生,是法說因緣,是法因緣盡,大師如是說。

舍利弗聞此偈已,即得初道,還報目連。目連見其顏色和悅,迎謂之言:汝得甘露味耶? 爲我說之! 舍利弗即爲其說向所聞偈。目連言:更爲重說! 即復爲說,亦得初道。二師與二百五十弟子,俱到佛所。佛遙見二人與弟子俱來,告諸比丘:汝等見此二人,在諸梵志前者不? 諸比丘言:已見! 佛言:是二人者,是我弟子中,智慧第一、神足第一弟子。大衆俱來,以漸近佛,既到稽首,在一面立,俱白佛言:世尊! 我等於佛法中欲出家受戒! 佛言:善來比丘! 即時鬚髮自落,法服著身,衣缽具足,受成就戒。過半月後,佛爲長爪梵志說法時,舍利弗得阿羅漢道。所以半月後得道者,是人當作逐佛轉法輪師,應在學地,現前自入諸法,種種具知,是故半月後得阿羅漢道。如是等種種功德甚多,是故舍利弗雖是阿羅漢,佛以是般若波羅蜜甚深法,爲舍利弗說。問曰:若爾者,何以初少爲舍利弗說,後多爲須菩提說? 若以智慧第一故應爲多說,復何以爲須菩提說? 答曰:舍利弗佛弟子中智慧第一;須菩提於弟子中,得無諍三昧最第一。無諍三昧相,常觀衆生不令心惱,多行憐愍。諸菩薩者,弘大誓願以度衆生,憐愍相同,是故命說。復次,是須菩提好行空三昧,如佛在忉利天,夏安居受歲已,還下閻浮提。爾時,須菩提於石窟中住,自思惟:佛從忉利天來下,我當至佛所耶? 不至佛所耶? 又念言:佛常說:若人以智慧眼觀佛法身,則爲見佛中最。是時,以佛從忉利天下故,閻浮提中四部衆集,諸天見人,人亦見天。座中有佛,及轉輪聖王、諸天大衆,衆會莊嚴,先未曾有! 須菩提心念:今此大衆,雖復殊特,勢不久停,磨滅之法,皆歸無常。因此無常觀之初門,悉知諸法空無有實;作是觀時,即得道證。爾時,一切衆人皆欲求先見佛,禮敬供養。有華色比丘尼,欲除女名之惡,便化爲轉輪聖王及七寶千子,衆人見之,皆避坐起去。化王到佛所已,還復本身,爲比丘尼最初禮佛。是時,佛告比丘尼:非汝初禮,須菩提最初禮我。所以者何? 須菩提觀諸法空,是爲見佛法身,得真供養,供養中最,非以致敬生身爲供養也。以是故言須菩提常行空三昧,與般若波羅蜜空相相應。以是故佛命令說般若波羅蜜。復次,佛以衆生信敬阿羅漢諸漏已盡,命之爲說,衆得淨信故。諸菩薩漏未盡,若以爲證,諸人不信。以是故,與舍利弗、須菩提,共說般若波羅蜜。問曰:何以名舍利弗? 爲是父母所作字? 爲是依行功德立名? 答曰:是父母所作名字。於閻浮提中第一安樂,有摩伽陀國,是中有大城名王舍,王名頻婆娑羅,有婆羅門論議師,名摩陀羅,王以其人善能論故,賜封一邑,去城不遠。是摩陀羅遂有居家,婦生一女,眼似舍利鳥眼,即名此女爲舍利。次生一男,膝骨粗大,名拘郗羅。拘郗羅(秦言大膝也)是婆羅門,既有居家,畜養男女,所學經書,皆已廢忘,又不業新。是時,南天竺有一婆羅門大論議師,字提舍,於十八種大經,皆悉通利。是人入王舍城,頭上戴火,以銅鍱腹。人問其故,便言:我所學經書甚多,恐腹破裂,是故鍱之。又問:頭上何以戴火? 答言:以大闇故。衆人言:日出照明,何以言闇? 答言:闇有二種:一者、日光不照,二者、愚痴闇蔽。今雖有日明,而愚痴猶黑。眾人言:汝但未見婆羅門摩陀羅,汝若見者,腹當縮,明當闇。是婆羅門巡至鼓邊,打論議鼓。國王聞之,問是何人? 眾臣答言:南天竺有一婆羅門,名提舍,大論議師,欲求論處,故打論鼓。王大歡喜,即集眾人而告之曰:有能難者,與之論議! 摩陀羅聞之自疑,我以廢忘,又不業新,不知我今能與論不? 儜俯而來。於道中見二特牛,方相抵觸,心中作想:此牛是我,彼牛是彼,以此爲占,知誰得勝? 此牛不如,便大愁憂而自念言:如此相者,我將不如。欲入眾時,見有母人,挾一瓶水,正在其前,躄地破瓶。復作是念:是亦不吉。甚大不樂。既入眾中,見彼論師,顏貌意色,勝相具足,自知不如。事不獲已,與共論議。論議既交,便墮負處。王大歡喜:大智明人,遠入我國! 復欲爲之封一聚落。諸臣議言:一聰明人來,便封一邑,功臣不賞,但寵語論,恐非安國全家之道! 今摩陀羅論議不如,應奪其封以與勝者;若更有勝人,復以與之。王用其言,即奪與後人。是時摩陀羅語提舍言:汝是聰明人,我以女妻汝,男兒相累;今欲遠出他國,以求本志。提舍納其女爲婦。其婦懷妊,夢見一人,身被甲冑,手執金剛,摧破諸山,而在大山邊立。覺已白其夫言,我夢如是。提舍言:汝當生男,摧伏一切諸論議師,唯不勝一人,當與作弟子。舍利懷妊,以其子故,母亦聰明,大能論議。其弟拘郗羅,與姊談論,每屈不如;知所懷子,必大智慧,未生如是,何況出生! 即捨家學問,至南天竺,不剪指爪,讀十八種經書,皆令通利,是故時人號爲長爪梵志。姊子既生,七日之後,裹以白疊,以示其父。其父思惟:我名提舍,逐我名字,字爲憂波提舍。(憂波,秦言逐;提舍,星名)是爲父母作字。眾人以其舍利所生,皆共名之爲舍利弗(弗秦言子)。復次,舍利弗世世本願,於釋迦文尼佛所作智慧第一弟子,字舍利弗。是爲本願因緣名字,以是故名舍利弗。問曰:若爾者,何以不言憂波提舍,而但言舍利弗? 答曰:時人貴重其母,於眾女人中聰明第一,以是因緣故稱舍利弗。

【經】菩薩摩訶薩欲以一切種知一切法,當習行般若波羅蜜。

【論】菩薩摩訶薩義,如先贊菩薩品中說。問曰:云何名一切種? 云何名一切法? 答曰:智慧門名爲種。有人以一智慧門觀,有以二、三、十、百、千、萬乃至恒河沙等阿僧祇智慧門觀諸法。今以一切智慧門入一切種,觀一切法,是名一切種。如凡夫人三種觀,欲求離欲、離色故:觀欲、色界粗惡、誑惑、濁重。佛弟子八種觀:無常、苦、空、無我、如病、如癰、如箭入體、惱患。是八種觀,入四聖諦中,爲十六行之四。十六者,觀苦四種:無常、苦、空、無我;觀苦因四種:集、因、緣、生;觀苦盡四種:盡、滅、妙、出;觀道四種:道、正、行、跡。出入息中復有十六行:一、觀入息,二、觀出息,三、觀息長息短,四、觀息遍身,五、除諸身行,六、受喜,七、受樂,八者、受諸心行,九、無作喜,十、心作攝,十一、心作解脫,十二、觀無常,十三、觀散壞,十四、觀離欲,十五、觀滅,十六、觀棄捨。復有六種念:念佛者,佛是多陀阿伽陀、阿羅呵、三藐三佛陀,如是等十號。五念如後說。世智、出世智,阿羅漢、辟支佛、菩薩、佛智,如是等智慧知諸法,名爲一切種。一切法者,識所緣法,是一切法。所謂眼識緣色,耳識緣聲,鼻識緣香,舌識緣味,身識緣觸,意識緣法;緣眼、緣色、緣眼識,耳聲、鼻香、舌味、身觸亦如是,乃至緣意、緣法、緣意識。是名一切法,是爲識所緣法。復次,智所緣法,是一切法。所謂苦智知苦,集智知集,盡智知盡,道智知道,世智知苦、集、盡、道及虛空、非數緣滅,是爲智所緣法。復次,二法攝一切法:色法、無色法,可見法、不可見法,有對法、無對法,有漏、無漏,有爲、無爲,心相應、心不相應,業相應、業不相應(丹注云:心法中除思,餘盡相應,業即是思,故除),近法、遠法等。如是種種二法,攝一切法(丹注云:現在及無爲是名近法,未來、過去是名遠法)。復次,三種法攝一切法:善、不善、無記;學、無學、非學非無學;見諦斷、思惟斷、不斷。復有三種法:五衆、十二入、十八界。持如是等種種三法,盡攝一切法。復有四種法:過去、未來、現在法、非過去未來現在法;欲界繫法、色界繫法、無色界繫法、不繫法;因善法、因不善法、因無記法、非因善不善無記法;緣緣法、緣不緣法、緣緣不緣緣法、亦非緣緣非不緣緣法。如是等四種法,攝一切法。有五種法:色、心、心相應、心不相應、無爲法。如是等種種五法,攝一切法。有六種法:見苦斷法、見習、盡、道斷法、思惟斷法、不斷法。如是等種種六法。乃至無量法攝一切法。是爲一切法。問曰:諸法甚深微妙不可思議,若一切衆生尚不能得知，何況一人欲盡知一切法？譬如有人欲量大地，及數大海水渧，欲稱須彌山，欲知虛空邊際，如是等事皆不可知，云何欲以一切種知一切法？答曰：愚痴闇蔽甚大苦，智慧光明最爲樂！一切衆生皆不用苦，但欲求樂。是故菩薩求一切第一大智慧，一切種觀，欲知一切法。是菩薩發大心，普爲一切衆生求大智慧，是故欲以一切種知一切法。如醫爲一人、二人，用一種、二種藥則足；若欲治一切衆生病者，當須一切種藥。菩薩亦如是，欲度一切衆生故，欲知一切種一切法。如諸法甚深微妙無量，菩薩智慧亦甚深微妙無量。先答破一切智人中已廣說，如函大蓋亦大。復次，若不以理求一切法，則不可得；若以理求之，則無不得。譬如鑽火以木，則火可得；析薪求火，火不可得。如大地有邊際，自非一切智人，無大神力，則不能知；若神通力大，則知此三千大千世界地邊際。今此大地在金剛上，三千大千世界四邊則虛空，是爲知地邊際。欲稱須彌山，亦如是。欲量虛空，非不能量，虛空無法，故不可量。

【經】舍利弗白佛言：世尊！菩薩摩訶薩云何欲以一切種知一切法，當習行般若波羅蜜？

【論】問曰：佛欲說般若波羅蜜故，種種現神變，現已即應便說，何以故令舍利弗問而後說？答曰：問而後說，佛法應爾。復次，舍利弗知般若波羅蜜甚深，微妙無相之法，難解難知。自以智力種種思惟：若觀諸法無常，是般若波羅蜜耶？不是耶？不能自了，以是故問。復次，舍利弗非一切智，於佛智慧中譬如小兒。如說《阿婆檀那經》中：佛在祇洹住，晡時經行，舍利弗從佛經行。是時有鷹逐鴿，鴿飛來佛邊住，佛經行過之，影覆鴿上，鴿身安隱，怖畏即除，不復作聲。後舍利弗影到，鴿便作聲，戰怖如初。舍利弗白佛言：佛及我身，俱無三毒，以何因緣佛影覆鴿，鴿便無聲，不復恐怖？我影覆上，鴿便作聲，戰慄如故？佛言：汝三毒習氣未盡，以是故，汝影覆時恐怖不除。汝觀此鴿宿世因緣，幾世作鴿？舍利弗即時入宿命智三昧，觀見此鴿從鴿中來，如是一、二、三世，乃至八萬大劫，常作鴿身；過是已往，不能復見。舍利弗從三昧起，白佛言：是鴿八萬大劫中，常作鴿身；過是已前，不能復知。佛言：汝若不能盡知過去世，試觀未來世，此鴿何時當脫？舍利弗即入願智三昧，觀見此鴿，一、二、三世，乃至八萬大劫，未脫鴿身；過是已往，亦不能知。從三昧起，白佛言：我見此鴿從一世、二世、乃至八萬大劫，未免鴿身；過此已往，不復能知！我不知過去、未來齊限，不審此鴿何時當脫？佛告舍利弗：此鴿除諸聲聞、辟支佛所知齊限，復於恒河沙等大劫中常作鴿身，罪訖得出。輪轉五道中，後得爲人，經五百世中，乃得利根。是時有佛，度無量阿僧祇眾生，然後入無餘涅槃。遺法在世，是人作五戒優婆塞，從比丘聞贊佛功德，於是初發心，願欲作佛。然後於三阿僧祇劫，行六波羅蜜，十地具足，得作佛，度無量眾生已而入無餘涅槃。是時，舍利弗向佛懺悔，白佛言：我於一鳥尚不能知其本末，何況諸法！我若知佛智慧如是者，爲佛智慧故，寧入阿鼻地獄受無量劫苦，不以爲難。如是等，於諸法中不了故問。

## ～ 釋初品中檀波羅蜜義第十七 ～

【經】佛告舍利弗：菩薩摩訶薩以不住法住般若波羅蜜中，以無所舍法具足檀波羅蜜，施者、受者及財物不可得故。

【論】問曰：般若波羅蜜是何等法？答曰：有人言：無漏慧根是般若波羅蜜相。何以故？一切慧中第一慧是名般若波羅蜜；無漏慧根是第一，以是故，無漏慧根名般若波羅蜜。問曰：若菩薩未斷結，云何得行無漏慧？答曰：菩薩雖未斷結，行相似無漏般若波羅蜜，是故得名行無漏般若波羅蜜。譬如聲聞人行暖法、頂法、忍法、世間第一法，先行相似無漏法，後易得生苦法智忍。復有人言：菩薩有二種：有斷結使清淨，有未斷結使不清淨。斷結使清淨菩薩，能行無漏般若波羅蜜。問曰：若菩薩斷結清淨，復何以行般若波羅蜜？答曰：雖斷結使，十地未滿，未莊嚴佛土，未教化眾生，是故行般若波羅蜜。復次，斷結有二種：一者、斷三毒心，不著人天中五欲；二者、雖不著人天中五欲，於菩薩功德果報五欲未能捨離。如是菩薩，應行般若波羅蜜。譬如長老阿泥盧豆，在林中坐禪時，淨愛天女等，以淨妙之身來試阿泥盧豆。阿泥盧豆言：諸姊作青色來，不用雜色。欲觀不淨,不能得觀;黃、赤、白色,亦復如是。時阿泥盧豆閉目不視,語言:諸姊遠去! 是時天女即滅不現。天福報形,猶尚如是,何況菩薩無量功德果報五欲? 又如甄陀羅王與八萬四千甄陀羅來到佛所,彈琴歌頌,以供養佛。爾時,須彌山王及諸山樹木、人民、禽獸一切皆舞。佛邊大衆,乃至大迦葉,皆於座上不能自安。是時,天須菩薩問長老大迦葉:耆年舊宿,行十二頭陀法之第一,何以在座不能自安? 大迦葉言:三界五欲不能動我;是菩薩神通功德果報力故,令我如是,非我有心不能自安也。譬如須彌山,四邊風起,不能令動;至大劫盡時,毗藍風起,如吹爛草。以是事故,知二種結中一種未斷;如是菩薩等,應行般若波羅蜜。是阿毗曇中如是說,復有人言:般若波羅蜜是有漏慧。何以故? 菩薩至道樹下乃斷結;先雖有大智慧,有無量功德,而諸煩惱未斷。是故言菩薩般若波羅蜜是有漏智慧。復有人言:從初發意乃至道樹下,於其中間所有智慧,是名般若波羅蜜。成佛時,是般若波羅蜜轉名薩婆若。復有人言:菩薩有漏、無漏智慧,總名般若波羅蜜。何以故? 菩薩觀涅槃,行佛道,以是事故,菩薩智慧應是無漏;以未斷結使,事未成辦故,應名有漏。復有人言:菩薩般若波羅蜜,無漏無爲,不可見無對。復有人言:是般若波羅蜜,不可得相,若有若無,若常若無常,若空若實。是般若波羅蜜,非陰界入所攝,非有爲、非無爲、非法、非非法,無取無捨,不生不滅,出有無四句,適無所著。譬如火焰,四邊不可觸,以燒手故;般若波羅蜜相,亦如是不可觸,以邪見火燒故。問曰:種種人說般若波羅蜜,何者爲實? 答曰:有人言:各各有理,皆是實。如經說:五百比丘各各說二邊及中道義,佛言皆有道理。有人言:末後答者爲實。所以者何? 不可破、不可壞故。若有法如毫釐許有者,皆有過失可破,若言無亦可破。此般若中,有亦無,無亦無,非有非無亦無,如是言說亦無,是名寂滅、無量、無戲論法。是故不可破、不可壞,是名真實般若波羅蜜,最勝無過者。如轉輪聖王降伏諸敵而不自高;般若波羅蜜亦如是,能破一切語言戲論,亦不有所破。復次,從此已後,品品中種種義門,說般若波羅蜜,皆是實相。以不住法住般若波羅蜜中,能具足六波羅蜜。問曰:云何名不住法住般若波羅蜜中,能具足六波羅蜜? 答曰:如是菩薩觀一切法,非常非無常,非苦非樂,非空非實,非我非無我,非生滅非不生滅。如是住甚深般若波羅蜜中,於般若波羅蜜相亦不取,是名不住法住;若取般若波羅蜜相,是爲住法住。問曰:若不取般若波羅蜜相,心無所著,如佛所言:一切諸法,欲爲其本。若不取者,云何得具足六波羅蜜? 答曰:菩薩憐愍衆生故,先立誓願,我必當度脫一切衆生。以精進波羅蜜力故,雖知諸法不生不滅如涅槃相,復行諸功德,具足六波羅蜜。所以者何? 以不住法住般若波羅蜜中故。是名不住法住般若波羅蜜中。

## ～ 釋初品中贊檀波羅蜜義第十八 ～

問曰:檀有何等利益故,菩薩住般若波羅蜜中,檀波羅蜜具足滿? 答曰:檀有種種利益:檀爲寶藏,常隨逐人;檀爲破苦,能與人樂;檀爲善禦,開示天道;檀爲善府,攝諸善人(施攝善人,與爲因緣,故言攝);檀爲安隱,臨命終時心不怖畏;檀爲慈相,能濟一切;檀爲集樂,能破苦賊;檀爲大將,能伏慳敵;檀爲妙果,天人所愛;檀爲淨道,賢聖所遊;檀爲積善福德之門;檀爲立事聚衆之緣;檀爲善行愛果之種;檀爲福業善人之相;檀破貧窮、斷三惡道;檀能全護福樂之果;檀爲涅槃之初緣;入善人聚中之要法;稱譽贊嘆之淵府;入衆無難之功德;心不悔恨之窟宅;善法道行之根本;種種歡樂之林藪;富貴安隱之福田;得道涅槃之津梁;聖人大士智者之所行;餘人儉德寡識之所效。復次,譬如失火之家,黠慧之人,明識形勢,及火未至,急出財物;舍雖燒盡,財物悉在,更修室宅。好施之人,亦復如是,知身危脆,財物無常,修福及時,如火中出物;後世受樂,亦如彼人更修宅業,福慶自慰。愚惑之人,但知惜屋,匆匆營救,狂愚失智,不量火勢,猛風絶焰,土石爲焦,翕響之間,蕩然夷滅。屋既不救,財物亦盡,饑寒凍餓,憂苦畢世。慳惜之人,亦復如是,不知身命無常,須臾叵保,而更聚斂守護愛惜,死至無期,忽焉逝没,形與土木同流,財與委物俱棄,亦如愚人憂苦失計。復次,大慧之人,有心之士,乃能覺悟,知身如幻,財不可保,萬物無常,唯福可恃,將人出苦,津通大道。復次,大人大心,能大佈施,能自利己;小人小心,不能益他,亦不自厚。復次,譬如勇士見敵,必期吞滅;智人慧心,深得悟理,慳賊雖強,亦能挫之,必令如意。遇良福田,值好時節(時:應施之時也。遇而不施是名失時),覺事應心,能大佈施。復次,好施之人,爲人所敬,如月初出,無不愛者;好名善譽,周聞天下,人所歸仰,一切皆信。好施之人,貴人所念,賤人所敬;命欲終時,其心不怖。如是果報,今世所得,譬如樹華。大果無量,後世福也。生死輪轉,往來五道,無親可恃,唯有佈施若生天上、人中,得清淨果,皆由佈施;象、馬畜生得好櫪養,亦是佈施之所得也。佈施之德,富貴歡樂;持戒之人,得生天上;禪智心淨,無所染著,得涅槃道。佈施之福,是涅槃道之資糧也;念施故歡喜,歡喜故一心,一心觀生滅無常,觀生滅無常故得道。如人求蔭故種樹,或求華,或求果故種樹;佈施求報亦復如是,今世、後世樂如求蔭,聲聞、辟支佛道如華,成佛如果。是爲檀種種功德。

## 釋初品中檀相義第十九

問曰:云何名檀? 答曰:檀名佈施。心相應善思,是名爲檀。有人言:從善思起身、口業,亦名爲檀。有人言:有信、有福田、有財物,三事和合時,心生捨法,能破慳貪,是名爲檀。譬如慈法,觀衆生樂而心生慈;佈施心數法,亦復如是,三事和合,心生捨法,能破慳貪。檀有三種:或欲界系,或色界系,或不系。(丹本注云:聖人行施故名不系)心相應法,隨心行,共心生,非色法,能作緣。非業,業相應,隨業行,共業生,非先世業報生。二種修:行修、得修。二種證:身證、慧證。若思惟斷,若不斷,二見斷:欲界、色界盡見斷。有覺有觀法;凡夫、聖人共行。如是等,阿毗曇中廣分別說。

復次,施有二種:有淨,有不淨。不淨施者,直施無所爲。或有爲求財故施,或愧人故施,或爲嫌責故施,或畏懼故施,或欲取他意故施,或畏死故施,或狂人令喜故施,或自以富貴故應施,或諍勝故施,或妒瞋故施,或憍慢自高故施,或爲名譽故施,或爲咒願故施,或解除衰求吉故施,或爲聚衆故施,或輕賤不敬施。如是等種種,名爲不淨施。淨施者,與上相違,名爲淨施。復次,爲道故施,清淨心生,無諸結使,不求今世後世報,恭敬憐愍故,是爲淨施。淨施是趣涅槃道之資糧,是故言爲道故施。若未得涅槃時施,是人天報樂之因。淨施者,如華瓔珞,初成未壞,香潔鮮明;爲涅槃淨施,得果報香,亦復如是。如佛說:世有二人爲難得:一者出家中非時解脫比丘,二者在家白衣能清淨佈施。是淨施相,乃至無量世,世世不失,譬如券要,終無失時。是佈施果,因緣和合時便有。譬如樹得時節會,便有華葉果實;若時節未至,有因而無果。是佈施法,若以求道,能與人道。何以故?結使滅名涅槃。當佈施時,諸煩惱薄故,能助涅槃。於所施物中不惜故除慳,敬念受者故除嫉妒,直心佈施故除諂曲,一心佈施故除調,深思惟施故除悔,觀受者功德故除不恭敬,自攝心故除不慚,知人好功德故除不愧,不著財物故除愛,慈愍受者故除瞋,恭敬受者故除憍慢,知行善法故除無明,信有果報故除邪見,知決定有報故除疑。如是等種種不善諸煩惱,佈施時悉皆薄,種種善法悉皆得。佈施時六根清淨,善欲心生,善欲心生故內心清淨;觀果報功德故信心生,身心柔軟故喜樂生,喜樂生故得一心,得一心故實智慧生。如是等諸善法悉皆得。復次,佈施時心生相似八正道:信佈施果故得正見,正見中思惟不亂故得正思惟,清淨說故得正語,淨身行故得正業,不求報故得正命,勤心施故得正方便,念施不廢故得正念,心住不散故得正定。如是等相似三十七品善法,心中生。復次,有人言:佈施是得三十二相因緣。所以者何?施時與心堅固,得足下安立相;佈施時五事圍繞,受者是眷屬業因緣故,得足下輪相;大勇猛力施故,得足跟廣平相;施攝人故,得手足縵網相;美味飲食施故,得手足柔軟、七處滿相;施以益命故,得長指、身不曲、大直相;施時言我當相與、施心轉增故、得足趺高、毛上向相;施時受者求之,一心好聽,殷勤約敕,令必疾得故,得伊泥延?相;不瞋不輕求者故,得臂長過膝相;如求者意施,不待言故,得陰藏相;好衣服、臥具、金銀、珍寶施故,得金色身相、薄皮相;佈施令受者獨得自在用故,得一一孔一毛生、眉間白毫相;求者求之,即言當與,以是業故得上身如師子、肩圓相;病者施藥,饑渴者與飲食故,得兩腋下滿、最上味相;施時勸人行施而安慰之,開佈施道故,得肉髻相、身圓如尼拘盧相;有乞求者,意欲與時,柔軟實語,必與不虛故,得廣長舌相、梵音聲相、如迦陵毗伽鳥聲相;施時如實語,利益語故,得師子頰相;施時恭敬受者,心清淨故,得牙白、齒齊相;施時實語、和合語故,得齒密相、四十齒相;施時不瞋不著,等心視彼故,得青眼相、眼?如牛王相。是爲種三十二相因緣。復次,以七寶、人民、車乘、金銀、燈燭、房舍、香華佈施故,得作轉輪王,七寶具足。復次,施得時故,報亦增多。如佛說:施遠行人,遠來人,病人,看病人,風寒衆難時施,是爲時施。復次,佈施時隨土地所須施故,得報增多。復次,曠路中施故,得福增多;常施不廢故,得報增多;如求者所欲施故,得福增多;施物重故,得福增多,如以精舍、園林、浴池等;若施善人故,得報增多;若施僧故,得報增多;若施者、受者俱有德故(丹注云:如菩薩及佛慈心佈施,是爲施者;若施佛及菩薩、阿羅漢、辟支佛是爲受者故),得報增多;種種將迎恭敬受者故,得福增多;難得物施故,得福增多;隨所有物盡能佈施故,得福增多。譬如大月氏弗迦羅城中,有一畫師,名千那。到東方多刹陀羅國,客畫十二年,得三十兩金,持還本國。於弗迦羅城中,聞打鼓作大會聲,往見衆僧,信心清淨,即問維那:此衆中幾許物得作一日食?維那答曰:三十兩金足得一日食。即以所有三十兩金付維那,爲我作一日食,我明日當來。空手而歸,其婦問曰:十二年作得何等物?答言:我得三十兩金。即問:三十兩金今在何所?答言:已在福田中種。婦言:何等福田?答言:施與衆僧。婦便縛其夫送官治罪,斷事大官問:以何事故?婦言:我夫狂痴,十二年客作得三十兩金,不憐愍婦兒,盡以與他人;依如官制,輒縛送來。大官問其夫:汝何以不供給婦兒,乃以與他?答言:我先世不行功德,今世貧窮,受諸辛苦;今世遭遇福田,若不種福,後世復貧,貧貧相續,無得脫時。我今欲頓舍貧窮,以是故,盡以金施衆僧。大官是優婆塞,信佛清淨,聞是語已,贊言:是爲甚難!勤苦得此少物,盡以施僧,汝是善人!即脫身瓔珞及所乘馬,並一聚落,以施貧人,而語之言:汝始施衆僧,衆僧未食,是爲穀子未種,牙已得生,大果方在後身!以是故言難得之物盡用佈施其福最多。

復次,有世間檀,有出世間檀;有聖人所稱譽檀,有聖人所不稱譽檀;

有佛菩薩檀,有聲聞檀。何等世間檀？凡夫人佈施,亦聖人作有漏心佈施,是名世間檀。復次,有人言:凡夫人佈施,是爲世間檀。聖人雖有漏心佈施,以結使斷故,名出世間檀。何以故？是聖人得無作三昧故。復次,世間檀者不淨,出世間檀者清淨。二種結使:一種屬愛,一種屬見。爲二種結使所使,是爲世間檀。無此二種結使,是爲出世間檀。若三礙系心,是爲世間檀。何以故？因緣諸法實無吾我,而言我與彼取,是故名世間檀。復次,我無定處。我以爲我,彼以爲非;彼以爲我,我以爲非。以是不定故,無實我也。所施財者,從因緣和合有,無有一法獨可得者。如絹、如布,衆緣合故成,除絲除縷,則無絹、布;諸法亦如是,一相無相,相常自空。人作想念,計以爲有,顛倒不實,是爲世間檀。心無三礙,實知法相,心不顛倒,是爲出世間檀。出世間檀爲聖人所稱譽,世間檀聖人所不稱譽。復次,清淨檀,不雜結垢,如諸法實相,是聖人所稱譽;不清淨,雜結使,顛倒心著,是聖人所不稱譽。復次,實相智慧和合佈施,是聖人所稱譽;若不爾者,聖人所不稱譽。復次,不爲衆生,亦不爲知諸法實相故施,但求脫生、老、病、死,是爲聲聞檀;爲一切衆生故施,亦爲知諸法實相故施,是爲諸佛菩薩檀。於諸功德不能具足,但欲得少許分,是爲聲聞檀;一切諸功德欲具足滿,是爲諸佛菩薩檀。畏老、病、死故施,是爲聲聞檀;爲助佛道,爲化衆生,不畏老、病、死,是爲諸佛菩薩檀。是中應說菩薩本生經,如說《阿婆陀那經》中:昔閻浮提中有王,名婆薩婆。爾時有婆羅門菩薩,名韋羅摩,是國王師,教王作轉輪聖王法。韋羅摩財富無量,珍寶具足,作是思惟:人謂我爲貴人,財富無量,饒益衆生,今正是時,應當大施。富貴雖樂,一切無常,五家所共,令人心散,輕洸不定,譬如獼猴不能暫住;人命逝速,疾於電滅,人身無常,衆苦之藪。以是之故,應行佈施。如是思惟已,自作手疏,普告閻浮提諸婆羅門及一切出家人:願各屈德,來集我舍,欲設大施。滿十二歲,飯汁行船,以酪爲池,米麵爲山,蘇油爲渠,衣服、飲食、臥具、湯藥,皆令極妙。過十二歲,欲以佈施八萬四千白象,犀甲金飾,珞以名寶,建大金幢,四寶莊嚴;八萬四千馬,亦以犀甲金飾,四寶交絡;八萬四千車,皆以金、銀、琉璃、頗梨、寶飾,覆以師子、虎豹之皮,若白劍婆羅寶？雜飾,以為莊嚴；八萬四千四寶床，雜色綩綖種種茵蓐，柔軟細滑，以為挍飾；丹枕錦被，置床兩頭，妙衣盛服，皆亦備有；八萬四千金缽盛滿銀粟，銀缽盛金粟，琉璃缽盛頗梨粟，頗梨缽盛琉璃粟；八萬四千乳牛，牛出乳一斛，金飾其？角，衣以白氎；八萬四千美女，端正福德，皆以白珠名寶瓔珞其身。略舉其要，如是種種，不可勝記。爾時，婆羅婆王及八萬四千諸小國王，並諸臣民豪傑長者，各以十萬舊金錢，贈遺勸助，設此法祠。具足施已，釋提婆那民來語韋羅摩菩薩，說此偈言：

天地難得物，能喜悅一切；汝今皆以得，為佛道佈施！

爾時，淨居諸天現身而贊，說此偈言：

開門大佈施，汝所為者是；憐愍眾生故，為之求佛道！

是時，諸天作是思惟：我當閉其金瓶，令水不下。所以者何？有施者，無福田故。是時，魔王語淨居天：此諸婆羅門皆出家持戒，清淨入道，何以故乃言無有福田？淨居天言：是菩薩為佛道故佈施，今此諸人皆是邪見，是故我言無有福田。魔王語天言：云何知是人為佛道故佈施？是時，淨居天化作婆羅門身，持金瓶，執金杖，至韋羅摩菩薩所，語言：汝大佈施，難捨能捨，欲求何等？欲作轉輪聖王，七寶、千子、王四天下耶？菩薩答言：不求此事！汝求釋提婆那民，為八千那由他天女主耶？答言：不！汝求六欲天主耶？答言：不！汝求梵天王，主三千大千世界，為眾生祖父耶？答言：不！汝欲何所求？是時，菩薩說此偈言：

我求無欲處，離生老病死，欲度諸眾生，求如是佛道！

化婆羅門言：佈施主！佛道難得，當大辛苦；汝心軟串樂，必不能求成辦此道。如我先語轉輪聖王、釋提婆那民、六欲天王、梵天王，是易可得，不如求此！菩薩答言：汝聽我一心誓：

假令熱鐵輪，在我頭上轉，一心求佛道，終不懷悔恨！若使三惡道，人中無量苦，一心求佛道，終不為此轉！

化婆羅門言：佈施主！善哉！善哉！求佛如是。便贊偈言：

汝精進力大，慈愍於一切，智慧無掛礙，成佛在不久！

是時，天雨眾華，供養菩薩。諸淨居天閉瓶水者，即隱不現。菩薩是時至婆羅門上座前,以金瓶行水,水閉不下。衆人疑怪:此種種大施,一切具足,佈施主人功德亦大,今何以故瓶水不下? 菩薩自念:此非他事,將無我心不清淨耶? 得無施物不具足乎? 何以致此? 自觀祠經十六種書,清淨無瑕。是時,諸天語菩薩言:汝莫疑悔! 汝無不辦! 是諸婆羅門惡邪不淨故也。即說偈言:

是人邪見網,煩惱破正智,離諸清淨戒,唐苦墮異道!

以是故,水閉不下。如是語已,忽然不現。爾時,六欲天放種種光明,照諸衆會,語菩薩而說偈言:

邪惡海中行,不順汝正道;諸受施人中,無有如汝者!

說是語已,忽然不現。是時,菩薩聞說此偈,自念:會中實自無有與我等者,水閉不下,其將爲此乎? 即說偈言:

若有十方天地中,諸有好人清淨者,我今歸命稽首禮!

右手執瓶灌左手,而自立願我一人,應受如是大佈施!

是時,瓶水踴在虛空,從上來下而灌其左手。是時,婆薩婆王見是感應,心生恭敬而說偈言:

大婆羅門主,清琉璃色水,從上流注下,來墮汝手中!

是時,大婆羅門衆恭敬心生,合手作禮,歸命菩薩。菩薩是時說此偈言:

今我所佈施,不求三界福;爲諸衆生故,以用求佛道!

說此偈已,一切大地、山川、樹木,皆六返震動。韋羅摩本謂此衆應受供養故與,既知此衆無堪受者,今以憐愍故,以所受物施之。如是種種檀本生因緣,是中應廣說。是爲外佈施。云何名内佈施? 不惜身命,施諸衆生。如本生因緣說:釋迦文佛本爲菩薩,爲大國王時,世無佛、無法、無比丘僧,是王四出求索佛法,了不能得。時有一婆羅門言:我知佛偈,供養我者,當以與汝。王即問言:索何等供養? 答言:汝能就汝身上,破肉爲燈炷供養我者,當以與汝。王心念言:今我此身危脆不淨,世世受苦,不可復數,未曾爲法,今始得用,甚不惜也! 如是念已,喚旃陀羅,遍割身上以作燈炷,而以白疊纏肉,酥油灌之,一時遍燒,舉身火燃,乃與一偈。又復,釋迦文佛本作一鴿，在雪山中。時大雨雪，有一人失道，窮厄辛苦，饑寒並至，命在須臾。鴿見此人，即飛求火，爲其聚薪然之；又復以身投火，施此饑人。如是等頭、目、髓、腦給施衆生，種種本生因緣經，此中應廣說。如是等種種，是名內佈施。如是內、外佈施無量，是名檀相。

## ～～ 釋初品中檀波羅蜜法施義第二十 ～～

問曰：云何名法佈施？ 答曰：有人言：常以好語，有所利益，是爲法施。復次，有人言：以諸佛語妙善之法，爲人演說，是爲法施。復次，有人言：以三種法教人：一、修妒路，二、毗尼，三、阿毗曇，是爲法施。復次，有人言：以四種法藏教人：一、修妒路藏，二、毗尼藏，三、阿毗曇藏，四、雜藏，是爲法施。復次，有人言：略說以二種法教人：一、聲聞法，二、摩訶衍法，是爲法施。問曰：如提婆達、呵多等，亦以三藏、四藏、聲聞法、摩訶衍法教人，而身入地獄，是事云何？ 答曰：提婆達邪見罪多，呵多妄語罪多，非是爲道清淨法施，但求名利恭敬供養。惡心罪故，提婆達生入地獄，呵多死墮惡道。復次，非但言說名爲法施，常以淨心善思以教一切，是名法施。譬如財施，不以善心，不名福德；法施亦爾，不以淨心善思，則非法施。復次，說法者，能以淨心善思，贊嘆三寶，開罪福門，示四真諦，教化衆生，令入佛道，是爲真淨法施。復次，略說法有二種：一者、不惱衆生，善心慈愍，是爲佛道因緣；二者、觀知諸法真空，是爲涅槃道因緣。在大衆中興愍哀心，說此二法，不爲名聞利養恭敬，是爲清淨佛道法施。如說：阿輪伽王一日作八萬佛圖，雖未見道，於佛法中少有信樂，日日請諸比丘入宮供養，日日次第留法師說法。有一三藏年少法師，聰明端正，次應說法。在王邊坐，口有異香；王甚疑怪，謂爲不端，欲以香氣動王宮人，語比丘言：口中何等？開口看之！ 即爲開口，了無所有；與水令漱，香氣如故。王問：大德！新有此香？舊有之耶？ 比丘答言：如此久有，非適今也。又問：有此久如？ 比丘以偈答言：

迦葉佛時，集此香法，如是久久，常若新出。

王言：大德！略說未解，爲我廣演！ 答言：王當一心，善聽我說：我昔於迦葉佛法中，作說法比丘，常在大衆之中，歡喜演說迦葉世尊無量功德、諸法實相、無量法門，殷勤贊嘆，教誨一切。自是以來，常有妙香從口中出，世世不絕，恒如今日。而說此偈：

草木諸華香，此香氣超絕，能悅一切心，世世常不滅。

於時國王愧喜交集，白比丘言：未曾有也！說法功德，大果乃爾！比丘言：此名爲華，未是果也。王言：其果云何？願爲演說！答言：果，略說有十，王諦聽之！即爲說偈言：

大名聞端政，得樂及恭敬，威光如日月，爲一切所愛，

辯才有大智，能盡一切結，苦滅得涅槃，如是名爲十。

王言：大德！贊佛功德，云何而得如是果報？爾時，比丘以偈答曰：

贊佛諸功德，令一切普聞，以此果報故，而得大名譽。

贊佛實功德，令一切歡喜，以此功德故，世世常端正。

爲人說罪福，令得安樂所，以此之功德，受樂常歡豫。

贊佛功德力，令一切心伏，以此功德故，常獲恭敬報。

顯現說法燈，照悟諸衆生，以此之功德，威光如日曜。

種種贊佛德，能悅於一切，以此功德故，常爲人所愛。

巧言贊佛德，無量無窮已，以此功德故，辯才不可盡。

贊佛諸妙法，一切無過者，以此功德故，大智慧清淨。

贊佛功德時，令人煩惱薄，以此功德故，結盡諸垢滅。

二種結盡故，涅槃身已證，譬如澍大雨，火盡無餘熱。

重告王言：若有未悟，今是問時，當以智箭破汝疑軍。王白法師：我心悅悟，無所疑也。大德福人，善能贊佛。如是等種種因緣，說法度人，名爲法施。問曰：財施、法施，何者爲勝？答曰：如佛所言：二施之中，法施爲勝。所以者何？財施果報，在欲界中；法施果報，或在三界，或出三界。復次，口說清淨，深得理中，心亦得之，故出三界。復次，財施有量，法施無量。財施有盡，法施無盡；譬如以薪益火，其明轉多。復次，財施之報，淨少垢多；法施之報，垢少淨多。復次，若作大施，必待衆力；法施出心，不待

他也。復次,財施能令四大諸根增長;法施能令無漏根、力、覺、道具足。復次,財施之法,有佛無佛,世間常有;如法施者,唯有佛世乃當有耳。是故當知法施甚難!云何爲難?乃至有相辟支佛不能說法,直行乞食,飛騰變化而以度人。復次,從法施中能出生財施,及諸聲聞、辟支佛、菩薩及佛。復次,法施能分別諸法:有漏、無漏法,色法、無色法,有爲、無爲法,善、不善、無記法,常法、無常法,有法、無法。一切諸法實相清淨,不可破不可壞。如是等法,略說則八萬四千法藏,廣說則無量。如是等種種,皆從法施分別了知。以是故,法施爲勝。是二施和合,名之爲檀行。是二施願求作佛,則能令人得至佛道,何況其餘!問曰:四種捨,名爲檀。所謂財捨、法捨、無畏捨、煩惱捨。此中何以不說二種捨?答曰:無畏捨,與屍羅無別,故不說。有般若故,不說煩惱捨。若不說六波羅蜜,則應具說四捨。

# 卷第十二

## ～～ 釋初品中檀波羅蜜法施之餘 ～～

問曰：云何名檀波羅蜜滿？答曰：檀義，如上說。波羅（秦言彼岸）蜜（秦言到），是名渡佈施河得到彼岸。問曰：云何名不到彼岸？答曰：譬如渡河未到而還，名爲不到彼岸。如舍利弗於六十劫中行菩薩道，欲渡佈施河。時有乞人來乞其眼，舍利弗言：眼無所任，何以索之？若須我身及財物者，當以相與！答言：不須汝身及以財物，唯欲得眼。若汝實行檀者，以眼見與！爾時，舍利弗出一眼與之。乞者得眼，於舍利弗前嗅之嫌臭，唾而棄地，又以腳蹋。舍利弗思惟言：如此弊人等，難可度也！眼實無用而強索之，既得而棄，又以腳蹋，何弊之甚！如此人輩，不可度也。不如自調，早脫生死。思惟是已，於菩薩道退，回向小乘，是名不到彼岸。若能直進不退，成辦佛道，名到彼岸。復次，於事成辦，亦名到彼岸（天竺俗法，凡造事成辦皆言到彼岸）。復次，此岸名慳貪，檀名河中，彼岸名佛道。復次，有無見名此岸，破有無見智慧名彼岸，勤修佈施是名河中。復次，檀有二種：一者魔檀，二者佛檀。若爲結使賊所奪，憂惱怖畏，是爲魔檀，名曰此岸。若有清淨佈施，無結使賊，無所怖畏，得至佛道，是爲佛檀，名曰到彼岸，是爲波羅蜜。如《佛說毒蛇喻經》中：有人得罪於王，王令掌護一篋，篋中有四毒蛇。王敕罪人，令看視養育。此人思惟：四蛇難近，近則害人，一猶叵養，而況於四？便棄篋而走，王令五人拔刀追之。復有一人，口言附順,心欲中傷,而語之言:養之以理,此亦無苦!其人覺之,馳走逃命,至一空聚。有一善人,方便語之:此聚雖空,是賊所止處,汝今住此,必爲賊害,慎勿住也!於是復去,至一大河,河之彼岸,即是異國。其國安樂,坦然清淨,無諸患難。於是集衆草木,縛以爲筏,進以手足,竭力求渡,既到彼岸,安樂無患。王者,魔王;篋者,人身;四毒蛇者,四大;五拔刀賊者,五衆;一人口善心惡者,是染著;空聚是六情;賊是六塵;一人愍而語之是爲善師;大河是愛;筏是八正道;手足勤渡是精進;此岸是世間;彼岸是涅槃;度者漏盡阿羅漢。菩薩法中亦如是,若施有三礙:我與、彼受、所施者財,是爲墮魔境界,未離衆難。如菩薩佈施,三種清淨,無此三礙,得到彼岸,爲諸佛所贊,是名檀波羅蜜。以是故名到彼岸。此六波羅蜜,能令人渡慳貪等煩惱染著大海,到於彼岸,以是故名波羅蜜。問曰:阿羅漢、辟支佛亦能到彼岸,何以不名波羅蜜? 答曰:阿羅漢、辟支佛渡彼岸,與佛渡彼岸,名同而實異。彼以生死爲此岸,涅槃爲彼岸,而不能渡檀之彼岸。所以者何? 不能以一切物、一切時、一切種佈施;設能佈施,亦無大心;或以無記心、或有漏善心、或無漏心施;無大悲心;不能爲一切衆生施。菩薩施者,知佈施不生不滅,無漏無爲,如涅槃相,爲一切衆生故施,是名檀波羅蜜。復次,有人言:一切物、一切種內外物,盡以佈施,不求果報;如是佈施,名檀波羅蜜。復次,不可盡故,名檀波羅蜜。所以者何? 知所施物畢竟空,如涅槃相;以是心施衆生,是故施報不可盡,名檀波羅蜜。如五通仙人,以好寶物,藏著石中;欲護此寶,磨金剛塗之,令不可破。菩薩佈施亦復如是,以涅槃實相智慧磨塗之佈施,令不可盡。復次,菩薩爲一切衆生故佈施,衆生數不可盡故,佈施亦不可盡。復次,菩薩爲佛法佈施,佛法無量無邊,佈施亦無量無邊。以是故,阿羅漢、辟支佛,雖到彼岸,不名波羅蜜。

問曰:云何名具足滿? 答曰:如先說,菩薩能一切佈施,內外大小,多少粗細,著不著,用不用,如是等種種物,一切能舍,心無所惜,等與一切衆生,不作是觀:大人應與,小人不應與;出家人應與,不出家人不應與;人應與,禽獸不應與。於一切衆生平等心施,施不求報,又得施實相,是名具足滿。亦不觀時,無晝無夜,無冬無夏,無吉無衰,一切時常等施,心無悔惜,乃至頭目髓腦，施而無吝，是爲具足滿。復次，有人言：菩薩從初發心，乃至菩提樹下三十四心，於是中間，名爲佈施具足滿。復次，七住菩薩得一切諸法實相智慧，是時，莊嚴佛土，教化眾生，供養諸佛，得大神通，能分一身作無數身，一一身皆雨七寶、華香、幡蓋，化作大燈如須彌山，供養十方佛及菩薩僧；復以妙音讚頌佛德，禮拜供養，恭敬將迎。復次，是菩薩於一切十方無量餓鬼國中，雨種種飲食、衣被，令其充滿；得滿足已，皆發阿耨多羅三藐三菩提心。復至畜生道中，令其自善，無相害意，除其畏怖，隨其所須，各令充足；得滿足已，皆發阿耨多羅三藐三菩提心。於地獄無量苦中，能令地獄火滅湯冷，罪息心善，除其饑渴，得生天上、人中；以此因緣故，皆發阿耨多羅三藐三菩提心。若十方人，貧窮者給之以財，富貴者施以異味異色，令其歡喜；以此因緣故，皆發阿耨多羅三藐三菩提心。若至欲天中，令其除卻天上欲樂，施以妙寶法樂，令其歡喜；以此因緣故，皆發阿耨多羅三藐三菩提心。若至色天中，除其樂著，以菩薩禪法而娛樂之；以此因緣故，皆發阿耨多羅三藐三菩提心。如是乃至十住，是名檀波羅蜜具足滿。

復次，菩薩有二種身：一者結業生身，二者法身。是二種身中，檀波羅蜜滿，是名具足檀波羅蜜。問曰：云何名結業生身檀波羅蜜滿？答曰：未得法身，結使未盡，能以一切寶物、頭、目、髓、腦、國、財、妻、子，內、外所有，盡以佈施，心不動轉。如須提挐太子（秦言好愛）以其二子佈施婆羅門，次以妻施，其心不轉。又如薩婆達王（秦言一切施）爲敵國所滅，身竄窮林。見有遠國婆羅門來，欲從己乞。自以國破家亡，一身藏竄，愍其辛苦，故從遠來而無所得，語婆羅門言：我是薩婆達王，新王募人，求我甚重。即時自縛以身施之，送與新王，大得財物。亦如月光太子，出行遊觀。癩人見之要車，白言：我身重病，辛苦懊惱，太子嬉遊，獨自歡耶？大慈愍念，願見救療！太子聞之，以問諸醫。醫言：當須從生長大無瞋之人血髓，塗而飲之，如是可愈。太子念言：設有此人，貪生惜壽，何可得耶？自除我身，無可得處。即命旃陀羅，令除身肉，破骨出髓以塗病人，以血飲之。如是等種種，身及妻子，施而無吝，如棄草木。觀所施物，知從緣有，推求其實,都無所得,一切清淨,如涅槃相,乃至得無生法忍,是爲結業生身行檀波羅蜜滿。云何法身菩薩行檀波羅蜜滿?菩薩末後肉身得無生法忍,捨肉身得法身。於十方六道中,變身應適以化衆生,種種珍寶、衣服、飲食,給施一切。又以頭、目、髓、腦、國、財、妻、子,内、外所有,盡以佈施。譬如釋迦文佛曾爲六牙白象,獵者伺便,以毒箭射之。諸象競至,欲來蹈殺獵者。白象以身捍之,擁護其人,愍之如子,諭遣群象。徐問獵人:何故射我?答曰:我須汝牙!即時以六牙内石孔中,血肉俱出,以鼻舉牙,授與獵者。雖曰象身,用心如是,當知此象非畜生行報。阿羅漢法中,都無此心,當知此爲法身菩薩。有時閻浮提人,不知禮敬。耆舊有德,以言化之,未可得度。是時,菩薩自變其身,作迦頻闍羅鳥。是鳥有二親友:一者大象,二者獼猴,共在必缽羅樹下住。自相問言:我等不知誰應爲長?象言:我昔見此樹在我腹下,今大如是。以此推之,我應爲長!獼猴言:我曾蹲地,手挽樹頭。以是推之,我應爲長!鳥言:我於必缽羅林中,食此樹果,子隨糞出,此樹得生。以是推之,我應最長!鳥復說言:先生宿舊,禮應供養!即時大象背負獼猴,鳥在猴上,周遊而行。一切禽獸見而問之:何以如此?答曰:以此恭敬供養長老!禽獸受化,皆行禮敬,不侵民田,不害物命。衆人疑怪,一切禽獸不復爲害。獵者入林,見象負獼猴,獼猴戴鳥,行敬化物,物皆修善。傳告國人,人各慶曰:時將太平,鳥獸而仁!人亦效之,皆行禮敬。自古及今,化流萬世。當知是爲法身菩薩。復次,法身菩薩,一時之頃,化作無央數身,供養十方諸佛;一時能化無量財寶,給足衆生;能隨一切上中下聲,一時之頃,普爲說法;乃至坐佛樹下。如是等種種,名爲法身菩薩行檀波羅蜜滿。

復次,檀有三種:一者、物施,二者、供養恭敬施,三者、法施。云何物施?珍寶、衣、食、頭、目、髓、腦;如是等一切内、外所有,盡以佈施,是名物施。恭敬施者,信心清淨,恭敬禮拜,將送迎逆,贊繞供養,如是等種種,名爲恭敬施。法施者,爲道德故,語言論議,誦讀講說,除疑問答,授人五戒,如是等種種,爲佛道故施,是名法施。是三種施滿,是名檀波羅蜜滿。復次,三事因緣生檀:一者、信心清淨,二者、財物,三者、福田。心有三種:若憐愍,若恭敬,若憐愍恭敬。施貧窮下賤及諸畜生,是爲憐愍施;施佛及諸法身菩薩等,是爲恭敬施;若施諸老病貧乏阿羅漢、辟支佛,是爲恭敬憐愍施。施物清淨,非盜非劫,以時而施,不求名譽,不求利養。或時從心大得福德,或從福田大得功德,或從妙物大得功德。第一從心,如四等心、念佛三昧、以身施虎,如是名爲從心大得功德。福田有二種:一者、憐愍福田,二者、恭敬福田。憐愍福田,能生憐愍心;恭敬福田,能生恭敬心。如阿輸伽(秦言無憂)王以土上佛。復次,物施中,如一女人,酒醉沒心,誤以七寶瓔珞佈施迦葉佛塔,以福德故,生三十三天。如是種種,名爲物施。

問曰:檀名捨財,何以言具足無所捨法? 答曰:檀有二種:一者、出世間,二者、不出世間。今說出世間檀無相,無相故無所捨,是故言具足無所捨法。復次,財物不可得故,名爲無所捨。是物未來、過去空,現在分別,無一定法,以是故言無所捨。復次,以行者捨財時,心念此施大有功德,倚是而生憍慢、愛結等;以是故言無所捨。以無所捨故無憍慢,無憍慢故愛結等不生。復次,施者有二種:一者、世間人,二者、出世間人。世間人能捨財,不能捨施;出世間人能捨財,能捨施。何以故? 以財物、施心俱不可得故。以是故言具足無所捨法。復次,檀波羅蜜中,言:財、施、受者,三事不可得。問曰:三事和合,故名爲檀;今言三事不可得,云何名檀波羅蜜具足滿? 今有財、有施、有受者,云何三事不可得? 如所施疊實有。何以故? 疊有名,則有疊法,若無疊法,亦無疊名;以有名故,應實有疊。復次,疊有長、有短,粗、細、白、黑、黃、赤,有因有緣,有作有破,有果報,隨法生心。十尺爲長,五尺爲短;縷大爲粗,縷小爲細;隨染有色;有縷爲因,織具爲緣,是因緣和合故爲疊。人功爲作,人毀爲破;禦寒暑,弊身體,名果報。人得之大喜,失之大憂。以之施故,得福助道;若盜若劫,戮之都市,死入地獄。如是等種種因緣,故知有此疊,是名疊法,云何言施物不可得? 答曰:汝言有名故有,是事不然。何以知之? 名有二種:有實、有不實。不實名,如有一草名朱利(朱利秦言賊也),草亦不盜不劫,實非賊而名爲賊。又如兔角、龜毛,亦但有名而無實。疊雖不如兔角、龜毛無,然因緣會故有,因緣散故無。如林、如軍,是皆有名而無實。譬如木人,雖有人名,不應求其人法。疊中雖有名,亦不應求疊真實。疊能生人心念因緣,得之便喜,失之便憂,是爲念因緣。心生有二因緣:有從實而生,有從不實而生。如夢中所見,如水中月,如夜見杌樹謂爲人,如是名從不實中能令心生。是緣不定,不應言心生有故便是有。若心生因緣故有,更不應求實有。如眼見水中月,心生謂是月,若從心生便是月者,則無復真月。復次,有,有三種:一者、相待有,二者、假名有,三者、法有。相待者,如長短、彼此等,實無長短,亦無彼此,以相待故有名。長因短有,短亦因長;彼亦因此,此亦因彼;若在物東,則以爲西,在西則以爲東;一物未異而有東、西之別,此皆有名而無實也。如是等,名爲相待有,是中無實法,不如色、香、味、觸等。假名有者,如酪有色、香、味、觸,四事因緣合故,假名爲酪。雖有,不同因緣法有;雖無,亦不如兔角、龜毛無;但以因緣合故,假名有酪。疊亦如是。復次,有極微色、香、味、觸,故有毛分,毛分因緣故有毛,毛因緣故有毳,毳因緣故有縷,縷因緣故有疊,疊因緣故有衣。若無極微色、香、味、觸因緣,亦無毛分,毛分無故亦無毛,毛無故亦無毳,毳無故亦無縷,縷無故亦無疊,疊無故亦無衣。問曰:亦不必一切物皆從因緣和合故有,如微塵至細故無分,無分故無和合。疊粗故可破,微塵中無分,云何可破?答曰:至微無實,強爲之名。何以故?粗細相待,因粗故有細,是細復應有細。復次,若有極微色,則有十方分;若有十方分,是不名爲極微;若無十方分,則不名爲色。復次,若有極微,則應有虛空分齊;若有分者,則不名極微。復次,若有極微,是中有色、香、味、觸作分,色、香、味、觸作分,是不名極微。以是推求,微塵則不可得。如經言:色若粗若細,若內若外,總而觀之,無常無我。不言有微塵。是名分破空。復有觀空:是疊隨心有。如坐禪人觀疊或作地、或作水、或作火、或作風,或青、或黃、或白、或赤,或都空,如十一切入觀。如佛在耆闍崛山中,與比丘僧俱,入王舍城。道中見大水,佛於水上敷尼師壇坐,告諸比丘:若比丘入禪,心得自在,能令大水作地,即成實地。何以故?是水中有地分故。如是水、火、風、金、銀種種寶物即皆成實。何以故?是水中皆有其分。復次,如一美色,淫人見之以爲淨妙,心生染著;不淨觀人視之,種種惡露,無一淨處;等婦見之,妒瞋憎

惡,目不欲見,以爲不淨;淫人觀之爲樂;妒人觀之爲苦;行人觀之得道;無
豫之人觀之,無所適莫,如見土木。若此美色實淨,四種人觀,皆應見淨;
若實不淨,四種人觀,皆應不淨。以是故,知好醜在心,外無定也。觀空亦
如是。復次,是疊中有十八空相故,觀之便空,空故不可得。如是種種因
緣財物空,決定不可得。云何施人不可得? 如疊因緣和合故有,分分推
之,疊不可得。施者亦如是,四大圍虛空,名爲身,是身識動作來往坐起,
假名爲人。分分求之,亦不可得。復次,一切衆、界、入中,我不可得,我不
可得故,施人不可得。何以故? 我,有種種名字:人、天,男、女,施人、受
人、受苦人、受樂人、畜生等;是但有名,而實法不可得。問曰:若施者不可
得,云何有菩薩行檀波羅蜜? 答曰:因緣和合故有名字,如屋、如車,實法
不可得。問曰:云何我不可得? 答曰:如上我聞一時中已說,今當更說。
佛說六識:眼識及眼識相應法,共緣色,不緣屋舍、城郭種種諸名。耳、鼻、
舌、身識,亦如是。意識及意識相應法,知眼、知色、知眼識,乃至知意、知
法、知意識。是識所緣法,皆空無我,生滅故,不自在故。無爲法中亦不計
我,苦樂不受故。是中若強有我法,應當有第七識識我;而今不爾,以是故
知無我。問曰:何以識無我? 一切人各於自身中生計我,不於他身中生
我;若自身中無我,而妄見爲我者,他身中無我,亦應於他身而妄見爲我。
復次,若內無我,色、識念念生滅,云何分別知是色青、黃、赤、白? 復次,若
無我,今現在人識,漸漸生滅,身命斷時亦盡,諸行罪福,誰隨誰受? 誰受
苦樂? 誰解脫者? 如是種種因緣故知有我。答曰:此俱有難! 若於他身
生計我者,復當言何以不自身中生計我? 復次,五衆因緣生故空無我,從
無明因緣生二十身見,是我見自於五陰相續生。以從此五衆緣生故,即計
此五衆爲我,不在他身,以其習故。復次,若有神者,可有彼我。汝神有無
未了,而問彼我! 其猶人問兔角,答似馬角。馬角若實有,可以證兔角;馬
角猶尚未了,而欲以證兔角。復次,自於身生我故,便自謂有神。汝言神
遍,亦應計他身爲我。以是故,不應言自身中生計我心,於他身不生,故知
有神。復次,有人於他物中我心生,如外道坐禪人,用地一切入觀時,見地
則是我,我則是地,水、火、風、空,亦如是。顛倒故,於他身中亦計我。復

次,有時於他身生我,如有一人,受使遠行,獨宿空舍。夜中有鬼擔一死人來著其前,復有一鬼逐來,瞋罵前鬼:是死人是我物,汝何以擔來? 先鬼言:是我物,我自持來。後鬼言:是死人實我擔來! 二鬼各捉一手爭之。前鬼言:此有人可問。後鬼即問:是死人誰擔來? 是人思惟:此二鬼力大,若實語亦當死,若妄語亦當死,俱不免死,何爲妄語? 語言:前鬼擔來。後鬼大瞋,捉人手拔出著地,前鬼取死人一臂拊之即著。如是兩臂、兩腳、頭、脅,舉身皆易。於是二鬼共食所易人身,拭口而去。其人思惟:我人母生身,眼見二鬼食盡,今我此身盡是他肉。我今定有身耶? 爲無身耶? 若以爲有,盡是他身;若以爲無,今現有身。如是思惟,其心迷悶,譬如狂人。明朝尋路而去,到前國土,見有佛塔衆僧,不論餘事,但問己身爲有爲無? 諸比丘問:汝是何人? 答言:我亦不自知是人、非人? 即爲衆僧廣說上事。諸比丘言:此人自知無我,易可得度。而語之言:汝身從本已來,恒自無我,非適今也。但以四大和合故,計爲我身,如汝本身,與今無異。諸比丘度之爲道,斷諸煩惱,即得阿羅漢。是爲有時他身亦計爲我。不可以有彼此故謂有我。復次,是我實性,決定不可得。若常相、非常相,自在相、不自在相,作相、不作相、色相、非色相,如是等種種皆不可得。若有相則有法,無相則無法,我今無相,則知無我。若我是常,不應有殺罪。何以故? 身可殺,非常故;我不可殺,常故。問曰:我雖常故不可殺,但殺身則有殺罪。答曰:若殺身有殺罪者,《毗尼》中言:自殺無殺罪。罪福從惱他益他生,非自供養身、自殺身故有罪有福。以是故《毗尼》中言:自殺身無殺罪,有愚癡、貪欲、瞋恚之咎。若神常者,不應死,不應生。何以故? 汝等法神常,一切遍滿五道中,云何有死生? 死名此處失,生名彼處出。以是故,不得言神常。若神常者,亦應不受苦樂。何以故? 苦來則憂,樂至則喜,若爲憂喜所變者,則非常也。若常,應如虛空,雨不能濕,熱不能乾,亦無今世、後世。若神常者,亦不應有後世生、今世死。若神常者,則常有我見,不應得涅槃。若神常者,則無起無滅,不應有忘失;以其無神,識無常故,有忘有失,是故神非常也! 如是等種種因緣,可知神非常相。若神無常相者,亦無罪無福。若身無常,神亦無常,二事俱滅,則墮斷滅邊。墮斷滅,則無到後世受罪福者。若斷滅,則得涅槃不須斷結,亦不用後世罪福因緣。如是等種種因緣,可知神非無常。若神自在相、作相者,則應隨所欲得皆得;今所欲更不得,非所欲更得。若神自在,亦不應有作惡行,墮畜生惡道中。復次,一切衆生皆不樂苦,誰當好樂而更得苦?以是故,知神不自在,亦不作。又如人畏罪故,自強行善,若自在者,何以畏罪而自強修福?又諸衆生不得如意,常爲煩惱愛縛所牽。如是等種種因緣,知神不自在、不自作。若神不自在、不自作者,是爲無神相,言我者,即是六識,更無異事。復次,若不作者,云何閻羅王問罪人:誰使汝作此罪者?罪人答言:是我自作。以是故,知非不自作。若神色相者,是事不然。何以故?一切色無常故。問曰:人云何言色是我相?答曰:有人言:神在心中,微細如芥子,清淨名爲淨色身。更有人言如麥,有言如豆,有言半寸,有言一寸。初受身時,最在前受,譬如像骨;及其成身,如像已莊。有言:大小隨人身,死壞時,此亦前出。如此事,皆不爾也!何以故?一切色,四大所造,因緣生故無常。若神是色,色無常,神亦無常。若無常者,如上所說。問曰:有二種:粗身及細身。粗身無常,細身是神,世世常去入五道中。答曰:此細身不可得。若有細身,應有處所可得,如五藏、四體一一處中求,皆不可得。問曰:此細身微細,初死時已去,若活時則不可求得,汝云何能見?又此細身,非五情能見能知,唯有神通聖人乃能得見。答曰:若爾者,與無無異。如人死時,舍此生陰,入中陰中。是時,今世身滅,受中陰身,此無前後,滅時即生。譬如蠟印印泥,泥中受印,印即時壞,成壞一時,亦無前後。是時,受中陰中有,舍此中陰,受生陰有。汝言細身,即此中陰,中陰身無出無入。譬如然燈,生滅相續,不常不斷。佛言:一切色衆,若過去、未來、現在,若內、若外,若粗、若細,皆悉無常。汝神微細色者,亦應無常斷滅。如是等種種因緣,可知非色相。神非無色相,無色者,四衆及無爲。四衆無常故,不自在故,屬因緣故,不應是神。三無爲中,不計有神,無所受故。如是等種種因緣,知神非無色相。如是天地間,若內若外,三世、十方,求我不可得。但十二入和合生六識,三事和合名觸,觸生受、想、思等心數法。是法中,無明力故身見生,身見生故謂有神。是身見,見苦諦,苦法智及苦比智則斷,斷時則不見有神。汝先言:若內無神,色識念念生滅,云何分別知色青、黃、赤、白?汝若有神,亦不能獨知,要依眼識故能知。若爾者,神無用也。眼識知色,色生滅,相似生,相似滅,然後心中有法生,名爲念。是念相有爲法,雖滅過去,是念能知。如聖人智慧力,能知未來世事;念念亦如是,能知過去法。若前眼識滅,生後眼識,後眼識轉利有力。色雖暫有不住,以念力利故能知。以是事故,雖念念生滅無常,能分別知色。又汝言:今現在人識新新生滅,身命斷時亦盡,諸行罪福,誰隨誰受?誰受苦樂?誰解脫者?今當答汝:今未得實道,是人諸煩惱覆心,作生因緣業,死時從此五陰相續生五陰。譬如一燈,更然一燈。又如穀生,有三因緣:地、水、種子。後世身生,亦如是。有身,有有漏業,有結使,三事故後身生。是中身、業因緣,不可斷、不可破,但諸結使可斷。結使斷時,雖有殘身、殘業,可得解脫。如有穀子、有地,無水故不生。如是雖有身、有業,無愛結水潤則不生。是名雖無神,亦名得解脫。無明故縛,智慧故解,則我無所用。復次,是名色和合,假名爲人。是人爲諸結所繫,得無漏智慧爪,解此諸結,是時,名人得解脫。如繩結、繩解,繩即是結,結無異法,世界中說結繩、解繩。名色亦如是,名色二法和合,假名爲人。是結使與名色不異,但名爲名色結、名色解。受罪福亦如是,雖無一法爲人實,名色故受罪福果,而人得名。譬如車載物,一一推之,竟無車實,然車受載物之名。人受罪福亦如是,名色受罪福,而人受其名。受苦樂亦如是。如是種種因緣,神不可得。神即是施者,受者亦如是。汝以神爲人,以是故,施人不可得,受人不可得亦如是。如是種種因緣,是名財物、施人、受人不可得。問曰:若施於諸法,是如實相無所破、無所滅、無所生、無所作,何以故言三事破析不可得?答曰:如凡夫人見施者、見受者、見財物,是爲顛倒妄見,生世間受樂,福盡轉還。是故佛欲令菩薩行實道,得實果報,實果報則是佛道。佛爲破妄見故,言三事不可得,實無所破。何以故?諸法從本已來畢竟空故。如是等種種無量因緣,不可得故,名爲檀波羅蜜具足滿。

復次,若菩薩行檀波羅蜜,能生六波羅蜜,是時,名爲檀波羅蜜具足滿。云何佈施生檀波羅蜜?檀有下、中、上:從下生中,從中生上。若以飲食粗物,軟心佈施,是名爲下;習施轉增,能以衣服寶物佈施,是爲從下生中;施心轉增,無所愛惜,能以頭、目、血、肉、國、財、妻、子盡用佈施,是爲從中生上。如釋迦牟尼佛初發心時,作大國王,名曰光明,求索佛道,少多佈施。轉受後身作陶師,能以澡浴之具及石蜜漿,佈施異釋迦牟尼佛及比丘僧。其後轉身作大長者女,以燈供養憍陳若佛。如是等種種,名爲菩薩下佈施。如釋迦文尼佛本身作長者子,以衣佈施大音聲佛;佛滅度後,起九十塔。後更轉身作大國王,以七寶蓋供養師子佛。後復受身作大長者,供養妙目佛上好房舍及七寶妙華。如是等種種,名爲菩薩中佈施。如釋迦牟尼佛本身作仙人,見憍陳若佛端政殊妙,便從高山上自投佛前,其身安隱,在一面立。又如衆生喜見菩薩,以身爲燈,供養日月光德佛。如是等種種,不惜身命,供養諸佛,是爲菩薩上佈施。是名菩薩三種佈施。若有初發佛心,佈施衆生,亦復如是。初以飲食佈施,施心轉增,能以身肉與之。先以種種好漿佈施,後心轉增,能以身血與之。先以紙墨經書佈施,及以衣服、飲食四種供養,供養法師;後得法身,爲無量衆生說種種法,而爲法施。如是等種種,從檀波羅蜜中生檀波羅蜜。

云何菩薩佈施生屍羅波羅蜜?菩薩思惟:衆生不佈施故,後世貧窮;以貧窮故,劫盜心生;以劫盜故而有殺害;以貧窮故,不足於色;色不足故而行邪淫。又以貧窮故,爲人下賤;下賤畏怖而生妄語——如是等貧窮因緣故,行十不善道。若行佈施,生有財物,有財物故,不爲非法。何以故?五塵充足,無所乏短故。如提婆達本生曾爲一蛇,與一蝦蟆、一龜,在一池中,共結親友。其後池水竭盡,饑窮困乏,無所控告。時蛇遣龜以呼蝦蟆,蝦蟆說偈以遣龜言:

若遭貧窮失本心,不惟本義食爲先;

汝持我聲以語蛇,蝦蟆終不到汝邊!

若修佈施,後生有福,無所短乏,則能持戒,無此衆惡,是爲佈施能生屍羅波羅蜜。復次,佈施時,能令破戒諸結使薄,益持戒心,令得堅固;是爲佈施因緣增益於戒。復次,菩薩佈施,常於受者生慈悲心,不著於財,自物不惜,何況劫盜?慈悲受者,何有殺意?如是等能遮破戒,是爲施生戒。

若能佈施以破慳心，然後持戒、忍辱等，易可得行。如文殊師利，在昔過去久遠劫時曾爲比丘，入城乞食，得滿鉢百味歡喜丸。城中一小兒，追而從乞。不即與之，乃至佛圖，手捉二丸而要之言：汝若能自食一丸，以一丸施僧者，當以施汝！即相然可，以一歡喜丸佈施衆僧，然後於文殊師利許受戒，發心作佛。如是佈施，能令受戒發心作佛，是爲佈施生屍羅波羅蜜。復次，佈施之報，得四事供養，好國善師，無所乏少，故能持戒。又佈施之報，其心調柔；心調柔故，能生持戒；能生持戒故，從不善法中能自製心。如是種種因緣，從佈施生屍羅波羅蜜。

云何佈施生羼提波羅蜜？菩薩佈施時，受者逆罵，若大求索，若不時索，或不應索而索。是時，菩薩自思惟言：我今佈施，欲求佛道，亦無有人使我佈施。我自爲故，云何生瞋？如是思惟已，而行忍辱，是名佈施生羼提波羅蜜。復次，菩薩佈施時，若受者瞋惱，便自思惟：我今佈施內外財物，難捨能捨，何況空聲而不能忍？若我不忍，所可佈施則爲不淨。譬如白象，入池澡浴，出已還復以土坌身；佈施不忍，亦復如是。如是思惟已，行於忍辱。如是等種種佈施因緣，生羼提波羅蜜。

云何佈施生毗梨耶波羅蜜？菩薩佈施時，常行精進。何以故？菩薩初發心時，功德未大，爾時，欲行二施，充滿一切衆生之願。以物不足故，勤求財、法，以給足之。如釋迦文尼佛本身，作大醫王，療一切病，不求名利，爲憐愍衆生故。病者甚多，力不周救，憂念一切而不從心，懊惱而死，即生忉利天上。自思惟言：我今生天，但食福報，無所長益。即自方便，自取滅身，捨此天壽。生婆迦陀龍王宮中爲龍太子。其身長大，父母愛重，欲自取死，就金翅鳥王，鳥即取此龍子於舍摩利樹上吞之。父母嗥啕，啼哭懊惱。龍子既死，生閻浮提中爲大國王太子，名曰能施。生而能言，問諸左右：今此國中有何等物，盡皆持來以用佈施！衆人怪畏，皆捨之走。其母憐愛，獨自守之。語其母言：我非羅刹，衆人何以故走？我本宿命常好佈施，我爲一切人之檀越。母聞其言，以語衆人，衆人即還。母好養育，及年長大，自身所有，盡以施盡；至父王所，索物佈施，父與其分，復以施盡。見閻浮提人貧窮辛苦，思欲給施而財物不足，便自啼泣，問諸人言：作何方便,當令一切滿足於財?諸宿人言:我等曾聞有如意寶珠,若得此珠,則能隨心所索,無不必得。菩薩聞是語已,白其父母:欲入大海求龍王頭上如意寶珠。父母報言:我唯有汝一兒耳,若入大海,衆難難度。一旦失汝,我等亦當何用活爲? 不須去也! 我今藏中猶亦有物,當以給汝! 兒言:藏中有限,我意無量。我欲以財充滿一切,令無乏短,願見聽許,得遂本心,使閻浮提人一切充足! 父母知其志大,不敢制之,遂放令去。是時,五百賈客,以其福德大人,皆樂隨從;知其行日,集海道口。菩薩先聞婆伽陀龍王頭上有如意寶珠,問衆人言:誰知水道,至彼龍宮? 有一盲人名陀舍,曾以七反入大海中,具知海道。菩薩即命共行。答曰:我年既老,兩目失明,曾雖數入,今不能去! 菩薩語言:我今此行,不自爲身,普爲一切求如意寶珠,欲給足衆生令身無乏,次以道法因緣而教化之。汝是智人,何得辭耶? 我願得成,豈非汝力! 陀舍聞其要言,欣然同懷,語菩薩言:我今共汝俱入大海,我必不全,汝當安我屍骸,著大海之中金沙洲上。行事都集,斷第七繩,船去如馳,到衆寶渚。衆賈競取七寶,各各已足。語菩薩言:何以不取? 菩薩報言:我所求者,如意寶珠,此有盡物,我不須也。汝等各當知足知量,無令船重,不自免也! 是時,衆賈白菩薩言:大德! 爲我咒願,令得安隱! 於是辭去。陀舍是時語菩薩言:別留艇舟,當隨是別道而去。待風七日,博海南岸,至一險處,當有絶崖,棗林枝皆覆水。大風吹船,船當摧覆! 汝當仰板棗枝,可以自濟。我身無目,於此當死。過此隘岸,當有金沙洲,可以我身置此沙中;金沙清淨,是我願也! 即如其言,風至而去。既到絶崖,如陀舍語。菩薩仰板棗枝,得以自免。置陀舍屍,安厝金地,於是獨去。如其先教,深水中浮七日,至疊咽水中行七日,疊腰水中行七日,疊膝水中行七日,泥中行七日。見好蓮華,鮮潔柔軟,自思惟言:此華軟脆,當入虛空三昧,自輕其身。行蓮華上七日,見諸毒蛇,念言:含毒之蟲,甚可畏也! 即入慈心三昧,行毒蛇頭上七日,蛇皆擎頭授與菩薩,令蹈上而過。過此難已,見有七重寶城,有七重塹,塹中皆滿毒蛇,有三大龍守門。龍見菩薩形容端政,相好嚴儀,能度衆難,得來至此,念言:此非凡夫,必是菩薩大功德人! 即聽令前,逕得入宮。龍王夫婦喪兒未久,猶故哀泣;見菩薩來,龍王婦有神通,知是其子,兩乳汁流出。命之令坐,而問之言:汝是我子,舍我命終,生在何處?菩薩亦自識宿命,知是父母,而答母言:我生閻浮提上,爲大國王太子。憐愍貧人,饑寒勤苦,不得自在,故來至此,欲求如意寶珠!母言:汝父頭上有此寶珠,以爲首飾,難可得也!必當將汝入諸寶藏,隨汝所欲,必欲與汝。汝當報言:其餘雜寶,我不須也,唯欲大王頭上寶珠;若見憐愍,願以與我。如此可得。即往見父。父大悲喜,歡慶無量;愍念其子,遠涉艱難,乃來至此,指示妙寶,隨意與汝,須者取之。菩薩言:我從遠來,願見大王,求王頭上如意寶珠;若見憐愍,當以與我,若不見與,不須餘物!龍王報言:我唯有此一珠,常爲首飾,閻浮提人薄福下賤,不應見也!菩薩白言:我以此故,遠涉艱難,冒死遠來,爲閻浮提人薄福貧賤,欲以如意寶珠濟其所願,然後以佛道因緣而教化之!龍王與珠而要之言:今以此珠與汝,汝既去世,當以還我!答曰:敬如王言!菩薩得珠,飛騰虛空,如屈伸臂頃,到閻浮提。人王父母見兒吉還,歡悅踴躍,抱而問言:汝得何物?答言:得如意寶珠。問言:今在何許?白言:在此衣角裏中。父母言:何其泰小?白言:在其神德,不在大也。白父母言:當敕城中內外,掃灑燒香,懸繒幡蓋,持齋受戒。明日清旦,以長木爲表,以珠著上。菩薩是時自立誓願:若我當成佛道、度脫一切者,珠當如我意願,出一切寶物,隨人所須,盡皆備有!是時,陰雲普遍,雨種種寶物,衣服、飲食、臥具、湯藥,人之所須,一切具足。至其命盡,常爾不絕。如是等,名爲菩薩佈施生精進波羅蜜。

云何菩薩佈施生禪波羅蜜?菩薩佈施時,能除慳貪。除慳貪已,因此佈施而行一心,漸除五蓋;能除五蓋,是名爲禪。復次,心依佈施,入於初禪,乃至滅定禪。云何爲依?若施行禪人時,心自念言:我以此人行禪定故,淨心供養,我今何爲自替於禪?即自斂心,思惟行禪。若施貧人,念此宿命作諸不善,不求一心,不修福業,今世貧窮。以是自勉修善,一心以入禪定。如說喜見轉輪聖王,八萬四千小王來朝,皆持七寶妙物來獻。王言:我不須也,汝等各可自以修福!諸王自念:大王雖不肯取,我等亦復不宜自用。即共造工,立七寶殿,殖七寶行樹,作七寶浴池。於大殿中造八萬四千七寶樓,樓中皆有七寶床座,雜色被枕,置床兩頭,懸繒幡蓋,香熏塗地。衆事備已,白大王言:願受法殿、寶樹、浴池!王默然受之,而自念言:我今不應先處新殿以自娛樂,當求善人、諸沙門、婆羅門等先入供養,然後我當處之!即集善人,先入寶殿,種種供養,微妙具足。諸人出已,王入寶殿,登金樓,坐銀床,念佈施,除五蓋,攝六情,卻六塵,受喜樂,入初禪。次登銀樓,坐金床,入二禪。次登毗琉璃樓,坐頗梨寶床,入三禪。次登頗梨寶樓,坐毗琉璃床,入四禪。獨坐思惟,終竟三月。玉女寶後,與八萬四千諸侍女俱,皆以白珠名寶瓔珞其身,來白大王:久違親觀,敢來問訊!王告諸妹:汝等各當端心,當爲知識,勿爲我怨!玉女寶後垂淚而言:大王!何爲謂我爲妹?必有異心,願聞其意,云何見敕當爲知識,勿爲我怨?王告之言:汝若以我爲世因緣,共行欲事以爲歡樂,是爲我怨;若能覺悟非常,知身如幻,修福行善,絶去欲情,是爲知識。諸玉女言:敬如王敕!說此語已,各遣令還。諸女出已,王登金樓,坐銀床,行慈三昧;登銀樓,坐金床,行悲三昧;登毗琉璃樓,坐頗梨床,行喜三昧;登頗梨寶樓,坐毗琉璃床,行舍三昧。是爲菩薩佈施生禪波羅蜜。

云何菩薩佈施生般若波羅蜜?菩薩佈施時,知此佈施必有果報而不疑惑,能破邪見無明,是爲佈施生般若波羅蜜。復次,菩薩佈施時,能分別知:不持戒人,若鞭打拷掠閉系,枉法得財而作佈施,生象、馬、牛中,雖受畜生形,負重鞭策,羈靽乘騎,而常得好屋好食,爲人所重,以人供給。又知惡人多懷瞋恚,心曲不端而行佈施,當墮龍中,得七寶宮殿,妙食好色。又知憍人多慢、瞋心佈施,墮金翅鳥中,常得自在。有如意寶珠以爲瓔珞,種種所須,皆得自恣,無不如意,變化萬端,無事不辦。又知宰官之人,枉濫人民,不順治法而取財物,以用佈施,墮鬼神中,作鳩槃茶鬼,能種種變化,五塵自娛。又知多瞋很戾、嗜好酒肉之人而行佈施,墮地夜叉鬼中,常得種種歡樂、音樂、飲食。又知有人剛愎強梁而能佈施,車馬代步,墮虛空夜叉中而有大力,所至如風。又知有人妒心好靜,而能以好房舍、臥具、衣服、飲食佈施,故生宮觀飛行夜叉中,有種種娛樂便身之物。如是種種,當佈施時能分別知,是爲菩薩佈施生般若。復次,佈施飲食得力、色、命、樂、瞻。若佈施衣服，得生知慚愧，威德端正，身心安樂；若施房舍，則得種種七寶宮觀，自然而有，五欲自娛；若施井池泉水種種好漿，所生則得無饑、無渴，五欲備有；若施橋船及諸履屣，生有種種車馬具足；若施園林，則得豪尊，爲一切依止，受身端政，心樂無憂。如是等種種人中，因緣佈施所得。若人佈施修作福德，不好有爲作業生活，則得生四天王處；若人佈施，加以供養父母，及諸伯叔兄弟姊妹，無瞋無恨，不好諍訟，又不喜見諍訟之人，得生忉利天上、焰摩、兜術、化自在、他化自在。如是種種分別佈施，是爲菩薩佈施生般若。若人佈施，心不染著，厭患世間，求涅槃樂，是爲阿羅漢、辟支佛佈施；若人佈施爲佛道，爲眾生故，是爲菩薩佈施。如是等種種佈施中分別知，是爲佈施生般若波羅蜜。復次，菩薩佈施時，思惟三事實相，如上說。如是能知，是爲佈施生般若波羅蜜。復次，一切智慧功德因緣，皆由佈施。如千佛始發意時，種種財物佈施諸佛，或以華香、或以衣服、或以楊枝佈施而以發意。如是等種種佈施，是爲菩薩佈施生般若波羅蜜。

# 鳩摩羅什譯事年表

**公元 344 年(東晉建元二年)**

　　生於西域龜茲國(今新疆庫車一帶)。

**公元 399 年(後涼龍飛四年,咸寧元年,後秦弘始元年),56 歲**

　　四月十三日,於涼州試譯《大品經》,只譯出部分內容①。

　　譯《十住論》十卷,未迄。龍樹菩薩造。今闕②。

**公元 401 年(東晉隆安五年,後秦弘始三年),58 歲**

　　十二月二十日,從涼州被迎至長安,待以國師之禮,於長安大寺及逍遙園譯經。

**公元 402 年(東晉元興元年,後秦弘始四年),59 歲**

　　一月五日,譯出《禪經》三卷。又名《菩薩禪法經》《作禪三昧經》《阿蘭若習禪法》《禪法要》③。此經二卷收入《大正藏》十五卷,採用經名《坐禪三昧經》,經號為 0614。

　　二月八日,譯出《阿彌陀經》一卷,初出④。此經收錄《大正藏》第十二

---

① 威武市檔案局. 鳩摩羅什在涼州. 李林山,撰. 北京:宗教文化出版社,2018:150.

② 《開元錄》謂此經為闕本。詳見:[唐]智昇,撰. 開元釋教錄. 富世平,點校. 北京:中華書局,2018:233.

③ [唐]智昇,撰. 開元釋教錄. 富世平,點校. 北京:中華書局,2018:231.

④ [唐]智昇,撰. 開元釋教錄. 富世平,點校. 北京:中華書局,2018:228.

卷,經名採用《佛說阿彌陀經》,經號爲 0366。

三月五日,譯出《賢劫經》七卷。第二出,與法護譯者同本,曇恭筆受。今闕①。

十二月一日,於逍遙園譯出《思益經》四卷。又名《思益義經》《思益梵天所問經》,與法護《持心》、留支《勝思惟》並同本,第二譯②,僧叡、道恒筆受。僧叡作序。此經收錄《大正藏》第十五卷,採用經名《思益梵天所問經》,經號爲 0586。

夏,於逍遙園譯出《大智度論》一百卷③。龍樹菩薩造,僧叡作序。此經收錄《大正藏》第二十五卷,經號爲 1509。

譯出《彌勒成佛經》一卷。又名《佛說彌勒大成佛經》,第二出,與西晉竺法護《彌勒成佛經》同本④。此經收錄《大正藏》第十四卷,採用經名《佛說彌勒大成佛經》,經號爲 0456。

於大寺譯出《金剛經》一卷⑤。此經收錄《大正藏》第八卷,採用經名《金剛般若波羅蜜經》,經號爲 0235。

### 公元 403 年(東晉元興二年,後秦弘始五年),60 歲

四月二十三日,於逍遙園始譯《大品經》二十七卷(二十四卷)⑥。又名《新大品經》《大品般若經》《新大品般若經》《摩訶般若波羅蜜經》。

十二月二十五日譯出。此經二十七卷收錄《大正藏》第八卷,採用經

---

① 《開元錄》謂此經爲闕本。詳見:[唐]智升,撰. 開元釋教錄. 富世平,點校. 北京:中華書局,2018:232.

② [唐]智升,撰. 開元釋教錄. 富世平,點校. 北京:中華書局,2018:228.

③ 《祐錄》記載爲一百卷或七十卷,《開元錄》則記載爲一百卷,或七十卷,或一百十卷。詳見:[梁]釋僧祐,撰. 出三藏記集. 蘇晉仁,蕭鍊子,點校. 北京:中華書局,1995:50;[唐]智升,撰. 開元釋教錄. 富世平,點校. 北京:中華書局,2018:230.

④ [唐]智升,撰. 開元釋教錄. 富世平,點校. 北京:中華書局,2018:228.

⑤ [梁]釋慧皎. 高僧傳. 湯用彤,校注;湯一玄,整理. 北京:中華書局,1992:52;賴永海,主編. 金剛經·心經. 陳秋平. 北京:中華書局,2010:7.

⑥ 《祐錄》記錄爲二十四卷,《開元錄》記錄爲四十卷,或三十卷,或二十四卷,或二十七卷。詳見:[梁]釋僧祐,撰. 出三藏記集. 蘇晉仁,蕭鍊子,點校. 北京:中華書局,1995:49-51;[唐]智升,撰. 開元釋教錄. 富世平,點校. 北京:中華書局,2018:226.

名《摩訶般若波羅蜜經》,經號爲 0223。

### 公元 404 年(東晉元興三年,後秦弘始六年),61 歲

四月,校正檢括《大品經》,四月二十三日譯迄①。

十月十七日,於大寺譯出《十誦律》五十八卷②。

譯出《百論》二卷③,提婆菩薩撰,僧肇作序。此經收錄《大正藏》第三十卷,經號爲 1569。

### 公元 405 年(東晉義熙元年,後秦弘始七年),62 歲

六月十二日,譯出《佛藏經》三卷(或二卷,或四卷)。又名《選擇諸法》④。此經三卷收錄《大正藏》第十五卷,經號爲 0653。

十月,譯出《雜譬喻經》二卷(或一卷)。比丘道略集⑤,又稱《衆經撰雜譬喻》。此經二卷收錄《大正藏》第四卷,採用經名《衆經撰雜譬喻》,經號 0208。

十二月二十七日,譯訖《大智度論》一百卷。⑥《大品經》文乃成正。

譯出《菩薩藏經》三卷(或二卷)。又名《富樓那問經》《大悲心經》,編入《寶積》,當第十七會,名《富樓那會》,第二出,與竺法護出者同本⑦。此經《大正藏》未收錄。

---

① [唐]智昇,撰. 開元釋教錄. 富世平,點校. 北京:中華書局,2018:226.

② 羅什初步譯出,共五十八卷,未及刪改;後卑摩羅又整理、增補,成爲六十一卷。詳見:[梁]釋慧皎. 高僧傳. 湯用彤,校注;湯一玄,整理. 北京:中華書局,1992:52,63-64.

③ [梁]釋僧祐,撰. 出三藏記集. 蘇晉仁,蕭鍊子,點校. 北京:中華書局,1995:51;[唐]智昇,撰. 開元釋教錄. 富世平,點校. 北京:中華書局,2018:247.

④ [梁]釋僧祐,撰. 出三藏記集. 蘇晉仁,蕭鍊子,點校. 北京:中華書局,1995:49;[唐]智昇,撰. 開元釋教錄. 富世平,點校. 北京:中華書局,2018:229.

⑤ [梁]釋僧祐,撰. 出三藏記集. 蘇晉仁,蕭鍊子,點校. 北京:中華書局,1995:50;[唐]智昇,撰. 開元釋教錄. 富世平,點校. 北京:中華書局,2018:231.

⑥ [唐]智昇,撰. 開元釋教錄. 富世平,點校. 北京:中華書局,2018:230.

⑦ [唐]智昇,撰. 開元釋教錄. 富世平,點校. 北京:中華書局,2018:227.

譯出《稱揚諸佛功德經》三卷,又名《集華經》,初出。闕本①。

## 公元 406 年(東晉義熙二年,後秦弘始八年),63 歲

夏,於大寺譯出《法華經》七卷,僧叡筆受並制序,第五譯②。此經收錄《大正藏》第九卷,採用經名《妙法蓮華經》,經號 0262。

於大寺譯出《維摩詰經》三卷,僧肇筆受,僧叡制序,第六譯③。此經收錄《大正藏》第十四卷,採用經名《維摩詰所說經》,經號爲 0475。

譯出《華手經》十卷(或十三卷)。又名《佛說華手經》《華首經》《攝諸善根經》《攝諸福德經》④。此經十卷收錄《大正藏》第十六卷,採用經名《佛說華手經》,經號爲 0657。

於草堂寺譯迄《梵網經》二卷。第二出,三千學士最後出此一品,道融、曇影等三百人一時受菩薩戒,僧肇爲筆受⑤。此經收錄《大正藏》第二十四卷,經號爲 1484。

## 公元 407 年(東晉義熙三年,後秦弘始九年),64 歲

閏五月五日,重校正《禪經要》三卷⑥。

尚書令姚顯第出《自在王菩薩經》二卷。或無"菩薩"二字,稱《自在王經》,初出,與《奮迅王經》同本,僧叡筆受並制序⑦。此經收錄《大正藏》第十三卷,經號爲 0420。

---

① [唐]智升,撰. 開元釋教錄. 富世平,點校. 北京:中華書局,2018:232.
② [梁]釋僧祐,撰. 出三藏記集. 蘇晉仁,蕭鍊子,點校. 北京:中華書局,1995:49;
　　[唐]智升,撰. 開元釋教錄. 富世平,點校. 北京:中華書局,2018:228.
③ [梁]釋僧祐,撰. 出三藏記集. 蘇晉仁,蕭鍊子,點校. 北京:中華書局,1995:51;
　　[唐]智升,撰. 開元釋教錄. 富世平,點校. 北京:中華書局,2018:230.
④ 《祐錄》記載爲十卷,《開元錄》記載爲十三卷,或十卷,或十一卷,或十二卷. 詳見:
　　[梁]釋僧祐,撰. 出三藏記集. 蘇晉仁,蕭鍊子,點校. 北京:中華書局,1995:49;
　　[唐]智升,撰. 開元釋教錄. 富世平,點校. 北京:中華書局,2018:229.
⑤ [唐]智升,撰. 開元釋教錄. 富世平,點校. 北京:中華書局,2018:229.
⑥ [梁]釋僧祐,撰. 出三藏記集. 蘇晉仁,蕭鍊子,點校. 北京:中華書局,1995:51.
⑦ [唐]智升,撰. 開元釋教錄. 富世平,點校. 北京:中華書局,2018:227.

## 公元 408 年(東晉義熙四年,後秦弘始十年),65 歲

二月六日,譯出《小品經》七卷(或十卷)。又名《新小品經》《小品般若經》《小品般若波羅蜜經》,四月二十日,譯迄[1],第七譯,僧叡作序,後秦太子請出。此經十卷收錄《大正藏》第八卷,採用經名爲《小品般若波羅蜜經》,經號爲 0227。

於大寺譯出《十二門論》一卷,龍樹菩薩造,僧叡制序[2]。此經收錄《大正藏》第三十卷,經號爲 1568。

## 公元 409 年(東晉義熙五年,後秦弘始十一年),66 歲

於大寺譯出《中論》四卷(或八卷)[3]。龍樹菩薩造,僧叡制序一,曇影制序二。此經四卷收錄《大正藏》第三十卷,經號爲 1564。

## 公元 411 年(東晉義熙七年,後秦弘始十三年),68 歲

九月八日,姚顯請出《成實論》十六卷(或二十四卷,或二十七卷,或二十卷,或十四卷),曇晷筆受[4],曇影正寫。此經十六卷收錄《大正藏》第三十二卷,經號爲 1646。

## 公元 412 年(東晉義熙八年,後秦弘始十四年),69 歲

九月十五日,譯迄《成實論》[5]。

## 公元 413 年(東晉義熙九年,後秦弘始十五年),70 歲

歲在癸丑,於四月十三日,薨於大寺。

---

① 《祐錄》著爲七卷,四月二十日迄;《開元錄》著爲十卷,四月三十日迄。詳見:[梁]釋僧祐,撰. 出三藏記集. 蘇晉仁,蕭錬子,點校. 北京:中華書局,1995:49;[唐]智升,撰. 開元釋教錄. 富世平,點校. 北京:中華書局,2018:227.
② [唐]智升,撰. 開元釋教錄. 富世平,點校. 北京:中華書局,2018:230.
③ [梁]釋僧祐,撰. 出三藏記集. 蘇晉仁,蕭錬子,點校. 北京:中華書局,1995:49;[唐]智升,撰. 開元釋教錄. 富世平,點校. 北京:中華書局,2018:229.
④ [唐]智升,撰. 開元釋教錄. 富世平,點校. 北京:中華書局,2018:230.
⑤ [唐]智升,撰. 開元釋教錄. 富世平,點校. 北京:中華書局,2018:230.

# 中華譯學館·中华翻译家代表性译文库

许 钧 郭国良／总主编

| 第一辑 | 第二辑 |
|---|---|